LE

PEINTRE-GRAVEUR

PAR

J. D. PASSAVANT.

LE

PEINTRE-GRAVEUR

PAR

J. D. PASSAVANT.

CONTENANT

L'HISTOIRE DE LA GRAVURE SUR BOIS, SUR MÉTAL ET AU BURIN
JUSQUE VERS LA FIN DU XVI. SIÈCLE.

L'HISTOIRE DU NIELLE AVEC COMPLÉMENT DE LA PARTIE
DESCRIPTIVE DE L'ESSAI SUR LES NIELLES
DE **DUCHESNE AINÉ.**

ET

UN CATALOGUE SUPPLÉMENTAIRE AUX ESTAMPES DU XV. ET XVI.
SIÈCLE DU PEINTRE-GRAVEUR
DE **ADAM BARTSCH.**

TOME TROISIÈME.

LEIPSIC,
RUDOLPH WEIGEL.
1862.

CONTENU DU TOME TROISIÈME.

V.

Catalogue des estampes néerlandaises du XVIe. Siècle.

VI.

Catalogue des estampes de la haute et de la basse Allemagne du XVIe. Siècle.

Maîtres de Nuremberg de la première moitié du XVIe. Siècle.

Maîtres d'Augsbourg et de la Bavière.

Maîtres du haut Rhin et de la Suisse.

LES

MAÎTRES NÉERLANDAIS ET ALLEMANDS

DU XVIᵉ. SIÈCLE.

SUPPLEMENT

AU

PEINTRE-GRAVEUR DE ADAM BARTSCH.

VOL. VII — X.

Graveurs néerlandais du XVIe. siècle.

Ł

Lucas de Leyde né 1494, mort 1533.

(Bartsch VII. p. 339.)

Nous ne pouvons, à moins de répéter ce que nous avons déjà dit dans la partie historique de cet ouvrage surtout relativement au développement de l'art dans les Pays-Bas durant le XVIe. siècle, ajouter quelque chose d'essentiel aux renseignements donnés par Bartsch sur cet artiste distingué; nous nous arrêterons seulement à quelques considérations sur la carrière du maître. Il est d'abord digne de remarque qu'il ait commencé à manier le burin dans l'âge le plus tendre et dès sa quatorzième année avec une certaine adresse, comme nous le prouve son estampe de Sergius et Mahomet avec la date de 1508. Plusieurs autres pièces de lui, sans date, paraissent appartenir à la même époque et même avoir été exécutées auparavant. Elles portent toutes des hachures très-fines et serrées, et l'expression des têtes et les mouvements ont beaucoup de vie et de vérité quoique le dessin n'en soit pas toujours très-correct. Il se montre déjà maître consommé dans sa grande estampe, avec la date de 1510, qui a pour sujet le Christ montré au peuple. Une partie de ses meilleures gravures paraît avoir été produite entre cette date et celle de 1520; à cette époque probablement, après avoir fait la connaissance d'Albert Durer, il fut induit à en exécuter quelques-unes à l'eau forte. Dès ses premiers essais son style semble incliner vers le naturalisme qu'il pousse quelque-

1 *

fois jusqu'à la caricature dans certaines figures des hommes du peuple, mais qui révèlent néanmoins souvent un caractère gracieux, comme par exemple, dans la composition .d'Esther devant Assuérus de 1518. Plus tard il apparaît plus large dans son maniement du burin, le sentiment profond du caractère idéal disparaît complètement, tandis qu'il se montre admirable et plein de vie dans la représentation des incidents de la vie ordinaire; nous citerons parmi les compositions de ce genre son chirurgien de 1524 et un joueur de violon de la même année. Plus tard, quand il voulut se faire l'émule de Marc Antoine en imitant sa manière, comme dans l'Adam et Ève et le Mars et Vénus, tous deux de l'an 1530, il fait voir, d'une manière très-désagréable, un defaut de sentiment pour le beau idéal et les grâces du dessin. Et le maniement large du burin qui dans sa dernière période révèle le maître consommé ne compense nullement la manière gracieuse et sentie de ses premiers ouvrages; mais c'est surtout sous ce dernier point de vue qu'il prend le premier rang parmi tous ses contemporains et qu'il n'a guère été surpassé depuis. C'est avec raison que Vasari vante son adresse à traiter le paysage dans lequel il réussit, jusqu'à un certain point, à indiquer la perspective aërienne, art que l'on doit dans l'origine aux Néerlandais, qui fut pratiqué par les Van Eyck et leur école quoiqu'il n'ait atteint que plus tard le plus haut degré d'excellence.

Lucas de Leyde a en outre contribué beaucoup au développement de la gravure sur bois par les dessins qu'il a exécutés dans un style répondant aux besoins de cette branche de l'art. En les comparant néanmoins à ceux d'Albert Durer, ils sont de beaucoup inférieurs à ces derniers, car l'artiste de Leyde ne possédait point la beauté et l'excellence du dessin, le grandiose et l'énergie dans la composition du maître de Nuremberg. Il n'est fait mention par aucun des écrivains anciens que Lucas de Leyde ait gravé lui-même sur bois et cela est d'autant moins probable que, durant la courte période de sa vie, il a dû consacrer tout son temps, tous ses soins à l'exécution de ses tableaux qui sont tous d'un fini précieux et si nous tenons compte en outre de ses gravures nombreuses exécutées également avec la plus grande diligence, nous devrions nous émerveiller qu'il ait pu produire autant dans un aussi court espace de temps.

Observations au Catalogue de Bartsch.

1. La création d'Ève. Le millésime qu'on y lit n'est pas celui de 1519 mais bien de 1529.

19—23. L'histoire de Joseph. Les épreuves plus récentes ont été tirées des planches fortement retouchées.

24. Le sujet de cette pièce n'est point celui de Jephté allant à la rencontre de son père, mais bien celui de l'entrevue d'Abigaïl et du roi David (Samuel I. chap. 25.)

66. Le Christ au jardin des oliviers. Cette eau-forte paraît être une copie de la gravure No. 57 et n'a pas été exécutée par Lucas de Leyde.

74. Le mont du Calvaire. On en trouve un troisième état d'après la planche retouchée.

76. L'homme de douleurs. Notre maître a peint cette composition de grandeur presque naturelle. Le tableau à l'huile se trouve dans la Tribune à Florence.

83. La Vierge assise sous un arbre. On en trouve une petite copie en sens inverse. A l'arbre pend une tablette avec les initiales C T. H. 1 p. 5 l. L. 2 p. 2 l.

114. St. Jérôme. Il existe de cette pièce une petite copie marquée I V M qui n'appartient pas cependant à Israël van Meckenen. H. 3 p. 9 l. L. 5 p. 3 l. Paris.

124. La Madeleine sur des nuages. Bartsch (IX. 493. No. 1) mentionne une copie de cette pièce, en contrepartie, signée également I V M. Une autre, dans le sens de l'original, est marquée du même millésime 1518, mais à rebours et n'a point la lettre L.

126. Le moine Sergius poignardé par Mahomet. Cette indication n'est pas exacte et Sotzmann en a trouvé, dans le fragment d'un vieux livre, l'explication suivante:

„Comment le serviteur de Mahomet perça un hermite durant l'ivresse (de son maître). C'est pourquoi Mahomet défendit l'usage du vin.“

„Pendant qu'il était ivre, son serviteur poignarda un hermite qu'il (Mahomet) aimait beaucoup et lui mit dans la main (de son maître) pendant qu'il dormait dans l'ivresse son épée enfoncée dans le corps de l'hermite, afin qu'il crut l'avoir fait pendant son ivresse, ainsi que le serviteur le disait, car celui-ci n'était pas affectionné à l'hermite que Mahomet écoutait volontiers et qu'il visitait souvent, tandis qu'il (le servi-

teur) était obligé souvent d'attendre (son maître) fort longtemps. Après
cela il (Mahomet) défendit le vin.“ On devrait donc intituler cette
pièce **Mahomet et le moine Sergius** tué.

136. **Virgile suspendu dans un panier.** Bartsch répète
à ce sujet l'assertion erronée de Vasari qui, après avoir loué cette gravure outre mesure, dit que Albert Durer en fut tellement frappé qu'il
résolut de produire quelque chose d'analogue en donnant ainsi occasion
à l'exécution de sa fameuse gravure „le cheval de la mort“ (B. No. 98).
Mais l'auteur allemand aurait dû remarquer, avant de copier l'historien
de l'art italien, que la pièce de Durer porte le millésime de 1513 pendant que celle de Lucas a la date de 1525, c'est-à-dire qu'elle a été
gravée douze ans après la première. Du reste, ces deux gravures se
distinguent par une exécution absolument diverse et celle d'Albert Durer
mérite la préférence à tous égards quoique celle de Lucas révèle un
travail plus libre.

154. **La femme avec un chien,** de 1510. Brulliot mentionne dans son dictionnaire (Vol. III. No. 1500) une pièce de la même
composition, mais en contrepartie et signée ⚹, 1703 (1503) et croit,
par conséquent, qu'elle a été exécutée avant celle de Lucas de Leyde.
Mais l'exemplaire de Berlin est marqué comme suit: 17013, ce qui
indiquerait 1513, et cette gravure, par conséquent, n'a pu servir d'o-
riginal à notre maître, mais se trouverait être une copie postérieure
de trois années.

155. **Les musiciens.** On en trouve une bonne copie dans le
sens de l'original; on la distingue en ce que les pierres à droite n'ont
point de contours arrêtés. Du reste, la gravure n'en est point aussi
fine que celle de l'original et les têtes ont moins de vérité et de vie.

174. **Portrait d'un jeune homme.** Il en existe une copie
plus en petit marquée I V M, mais qui n'est point d'Israël van
Meckenen. Elle porte en haut l'inscription: **RESPICE FINEM.**
H. 4 p. 2 l. L. 2 p. 9 l.

Additions à Bartsch.

175. **Le Christ et la Ste. Vierge,** demi-figures. Jésus est
à gauche, enveloppé d'un manteau, la couronne d'épines en tête et
les mains croisées. La Vierge est à droite, les mains également croisées. Dans le fond de paysage on voit le Calvaire. En haut, dans le

coin à droite, l'initiale L surmontée du millésime 1522. H. 4 p. 10 l. L. 4 p. Amsterdam.

176. Même sujet. La composition est la même, mais avec un fond d'architecture. L'initiale L, sans millésime, se voit à droite derrière la Vierge. H. 3 p. 1 l. L. 5 p. 1 l. Amsterdam.

177. Le baiser dans un bois. Une dame s'avance au milieu et tourne la tête vers un jeune homme auquel elle donne un baiser; celui-ci se trouve derrière elle, à droite, et tient sa barrette de la main gauche. A gauche, une suivante porte sur la tête une cassette à joyaux. Dans le fond plusieurs arbres. Pièce non signée. H. 3 p. 10 l. L. 3 p. 1 l. Collection privée du roi de Saxe et Musée Britannique. (Voyez les Archives de Naumann I. p. 193 où s'en trouve aussi un facsimile.)

Pièce attribué à Lucas de Leyde.

Le vieillard et la courtisane. Sur un banc, devant un grand lit, est assis un vieillard embrassant une jeune femme nue sur le sein de laquelle il porte la main. Elle fouille, de la main droite, dans la bourse du vieillard et donne de l'autre quelques pièces d'or à un jeune homme qui se voit à droite derrière les rideaux du lit. A gauche, près du lit, se tient un bouffon qui en riant fait avec les mains une oreille d'âne. A droite, la mort regarde par une fenêtre dans l'intérieur et tient un sablier. Sur le mur du fond un tableau avec l'histoire de Judith. Une petite feuille de papier courbée du côté droit et marquée de l'initiale L se voit par terre. La composition et le dessin révèlent la manière du maître; il n'en est pas de même de la gravure qui paraît avoir été exécutée d'après un de ses dessins. H. 6 p. 9 l. L. 5 p. 1 l. Oxford.

Gravures sur bois.

Ottley dans son excellent ouvrage „An inquiry into the origin and early history of engraving etc." London 1816, p. 751, a déjà remarqué que plusieurs des gravures exécutées d'après les dessins de Lucas de Leyde et rapportées par Bartsch appartiennent à deux suites différentes de sujets représentant „Les tromperies des femmes et la folie des hommes". Celles de plus grandes dimensions (15 p. 4 l. de hauteur sur 10 p. 9—10 l. de largeur) sont les suivantes:

1. Adam et Ève mangent le fruit défendu. B. 1.
2. Dalila coupe la chevelure de Samson. B. 6.
3. Salomon adore l'idole Moloch. B. 8.
4. La reine de Saba devant Salomon. B. 10.
5. La fille d'Hérodiade reçoit la tête de St. Jean-Baptiste. B. 12.
6. Virgile suspendu dans un panier. B. 16.

A cette suite appartient en outre une pièce inconnue à Bartsch.

7. La bocca della verita (la bouche de la vérité) déçue par une femme et que nous décrirons plus tard sous le No. 23.

Seconde suite des mêmes sujets ou compositions analogues; de plus petit format (H. 9 p. L. 6 p. 5 l.).

1. Adam et Ève ou la chute du premier homme. B. 2.
2. Jahel fait crever les yeux à Jesaïah. B. 7.
3. Dalila coupe les cheveux de Samson. B. 5.
4. Salomon adore Moloch. B. 9.
5. Jézabel promet à Achab la vigne de Naboth. B. 11.
6. La fille d'Hérodiade reçoit la tête de St. Jean-Baptiste. B. 13.

Ces dernières pièces se trouvent quelquefois entourées d'une bordure gravée à part et qui porte la hauteur des pièces à 13 p. sur 8 p. 7 l. de largeur. Elles sont accompagnées, au bas, d'une large tablette sur laquelle on lit la description du sujet imprimée avec caractères mobiles et se trouvent numérotées avec les caractères gothiques de ᴀ à ᴣ dans l'ordre suivi plus haut, ce qui paraît indiquer que cette seconde série est complète comme elle se trouve, tandis que dans la première, de plus grand format, il se pourrait que quelques-unes des compositions qui la forment nous seraient restées jusqu'ici inconnues.

Additions à Bartsch.

18. L'adoration des Mages. A gauche la Vierge, demi-figure, tient debout devant elle l'enfant Jésus qui porte la main sur le vase que lui offre le plus vieux des trois rois. Au milieu, un roi barbu et, plus à droite, le roi maure. Pièce non signée. H. 10 p. L. 8 p. 11 l. Berlin, Amsterdam.

Il en existe une copie d'exécution médiocre mais signée d'un L à gauche. Amsterdam.

19. Jésus et la Samaritaine. Il est assis à droite, près du

puits et vis-à-vis la Samaritaine. Sur une colline, à gauche, on voit trois disciples. Grande pièce. Collection Albertine à Vienne.

20. **Jésus prend congé de sa mère.** Elle est assise à terre avec trois autres saintes femmes. Fond de paysage. Pièce in-folio. Même collection.

21. **Le Christ en croix.** A gauche la Vierge debout tient les mains croisées sur la poitrine; à droite St. Jean s'essuie les yeux de la main droite. Dans les ciels, le soleil et la lune. Le tout est renfermé dans une riche architecture de deux colonnes soutenant un arc. Au bas et vers le milieu, une croix grecque. Cette gravure appartenant à un missel, est probablement du genre de celles que l'on place devant le canon de la messe. Pièce non signée. H. 9 p. 10 l. L. 6 p. 5 l. Berlin.

Il en existe un exemplaire sur parchemin à Francfort s. M.

22. **Les emblèmes de la Vierge avec leurs légendes.** Elle est debout sur le croissant, les mains croisées; au-dessus d'elle Dieu le père (avec une croix dans l'auréole) et devant elle le St. Esprit. A côté de ce dernier une banderole avec l'inscription: **Tota pulchra et unica mea et macula non est in te.** Près du soleil et de la lune, à gauche: **Electa ut sol, pulchra ut luna.** Près d'une porte: **Porta celi.** A côté d'un arbre: **Exaltata cedrus.** Près d'une rose: **Plantatio rosae.** A côté d'un puits: **Puteus aquarum** etc. A côté d'un jardin cloturé: **Ortus conclusus** etc. Près de la Vierge on voit un miroir avec les lettres **I. h. S. M. speculum sine macula**; à côté d'une fontaine: **Fons ortorum.** Enfin au bas près d'une ville: **Civitas Dei.** Pièce non signée, mais tout-à-fait dans la manière du maître dans sa jeunesse, et très-belle. H. 8 p. 5 l. L. 5 p. 8 l. Liége.

23. **La bouche de la vérité, déçue par une femme.** Une femme agenouillée prête serment devant le juge en posant la main gauche dans la gueule d'une figure de lion; son mari est derrière elle. Dans le fond on apperçoit à peu près dix personnes et, parmi elles, une figure tenant une massue et une moitié de saucisse (Hanswurst) et qui est particulièrement remarquable; c'est un bouffon coiffé de son capuchon. H. 15 p. 2 l. L. 10 p. 9 l. Amsterdam, Berlin.

Dans le livre intitulé „Mirabilia Urbis Romæ" qui formait le guide des pèlerins pendant le Jubilé de Rome, on lit ce qui suit ayant rapport au sujet représenté dans cette gravure:

„Près de l'église de Notre Dame di Scala Greca (in Cosmedin) on voit encore la pierre qui mordait les doigts aux gens qui avaient fait un faux serment. Cette pierre est appelée en italien „Bocca della Verita‟, et ce fut Virgile qui l'avait établie, mais elle perdit sa vertu par le fait d'une méchante femme qui parvint à tromper cette pierre.‟ La légende que ce passage indique est la suivante. Un chevalier lombard soupçonnait sa femme d'avoir une intrigue avec son cocher. Celle-ci offrit de prouver son innocence au moyen „della Bocca della verita‟ à Rome. On se mit donc en route avec le cocher déguisé par elle en nonne et rendu méconnaissable qui, arrivé sur les lieux, se mêle à la foule des spectateurs. Alors la femme jure qu'elle n'a pas eu davantage affaire au cocher qu'à cette nonne qui était là bas et, comme le serment était vrai, elle retire sa main intacte de la gueule du lion et peut convaincre son mari de son innocence. Mais Virgile, irrité de ce qu'elle avait déçu non seulement son mari, mais le simulacre de la vérité, détruisit dans sa colère l'ouvrage de ses mains. (Voyez Sotzmann, Deutsches Kunstblatt 1851. No. 303.)

    24. Le duc Puppyn de Brabant, demi-figure tournée vers la gauche et tenant une banderole sur laquelle on lit: Hertoech Puppyn vā brabāt. H. 3 p. 5 l. L. 3 p. 1 l. Cette pièce a été enlevée d'un livre imprimé. Berlin. ¹)

---

    1) Cette pièce paraît appartenir à l'ouvrage intitulé: „Die Cronycke van Holland, Zeeland ende Westvriesland, beghinnende van Adams tiden tot de geboorte ons Heeren Jhesu, voertgaende tot den jare 1517. Tot Leyden bi Jan Seversz den XVIII dag in Oestmaent An° 1517.‟ in-fol. et dont on croit que les gravures sur bois sont de l'invention de Lucas de Leyde. Nous n'avons jamais vu ce livre, ni l'édition qui, sous le même titre, a paru à Anvers chez Jan van Doesborch en 1530. Mais d'après différentes gravures sur bois qui se trouvent dans la collection d'Amsterdam nous avons lieu d'en douter. Ce sont les suivantes: quelques fragments de figures de comtes et de chevaliers ainsi que de neuf figures d'hommes et d'une dame dans une chambre. Ces gravures appartiennent à une chronique de Hollande imprimée à Leyde, en 1517, par Jaan Sevestren. Le dessin rappelle encore celui de l'école de Van Eyck, les hachures sont irrégulières et donnent à l'ensemble une apparence tachée. On y voit également une gravure sur bois représentant un gentilhomme debout et richement habillé, avec l'inscription: „Van gods ghenaden, Wilhelm hertooch van Gulyck, Cleve en Berghe, grave van der Marck, van Ravenspurg, heere van Ravensteyn.‟ La fin de l'inscription porte: „Ghedruckt Thantwerpen op de Lombardeveste by my Hans Liefrinck, Formschnyder.‟ Ce graveur était originaire de Leyde et, de 1540 à 1580, habita Anvers. Le costume des figures appartient néanmoins au premier quart du XVIᵉ. siècle et l'exécution est excellente. Mais une gravure, représentant deux gentilshommes qui prient, est de la seconde moitié du même siècle; dans cette pièce on voit Dieu le père dans une gloire et, dans le fond, des sacs d'argents, une maison, une femme et divers biens de la terre. La figure

25. **Une dame à cheval.** Elle s'avance vers la gauche, ayant derrière elle un cavalier donc le heaume est orné d'une longe plume. Petit in-4. Collection Albertine à Vienne.

26. **L'innocence et l'avarice.** Une vieille femme au milieu de trois hommes porte devant elle, dans un panier, une petite figure de femme. Au haut on lit le mot „Onnozelheid" et au-dessus celui de „Ghiericheid". In-folio. Même collection.

27. **Un homme avec un capuchon pointu.** Il est assis devant un pupitre et représente peut-être un prophète.

28. **Un homme à capuchon arrondi.** Comme dans la pièce précédente et tourné vers la gauche. Deux petites pièces dans la Collection Albertine à Vienne.

Rudolph Weigel mentionne dans son catalogue les gravures sur bois suivantes de Lucas de Leyde qui sont restées inconnues à Bartsch.

29. Nos premiers parents près de leur fils frappé de mort. H. 4 p. 1 l. L. 2 p. 11 l. Kunstcatalog No. 21512.

30. Moïse devant le buisson ardent.

31. Moïse, Aaron et une autre figure. Le premier tient une branche avec l'inscription: Aaron. Ces deux pièces sont cintrées. H. 3 p. 5 l. L. 2 p. 5 l. K. C. No. 21513.

32. **Tête virile à barbe touffue.** Elle est tournée vers la droite et coiffée d'un chapeau. En haut, à gauche, le millésime 1521. H. 2 p. 9 l. L. 2 p. 5 l. K. C. No. 21514.

AR. 1528.

(Bartsch VII. p. 545.)

Ce peintre et graveur au burin hollandais se rapproche beaucoup dans sa manière de celle de Lucas de Leyde; à tout événement il paraît s'être formé d'après ce maître. Nous possédons encore de lui quelques

---

agenouillée à gauche adresse sa prière à Dieu; la seconde, à droite, aux objets dans le fond. On lit au haut: „Van de Twee aenbidders". Au-dessous un texte de St. Jean chap. IV. v. 23 et d'Isaïe chap. XXIX. v. 13. Gedruct voor Marten Jansen Brandt Boecvercooper tot Amsterdam. Enfin un Ecce homo, demi-figure, avec l'adresse: „T'Amsterdam by Cornelius Dircksz-Cool." Cette pièce paraît être du commencement du XVIe. siècle.

tableaux, entre autres, dans l'hôtel de ville de Louvain, une conversion de St. Paul avec deux volets représentant la libération de St. Pierre de sa prison et une Ste. Marguerite. Deux de ces tableaux sont signés du monogramme ci-dessus que l'on explique, sur les lieux, par le nom d'un peintre Reichs, sans que pourtant on en puisse fournir une preuve ou qu'il soit fait mention de ce nom dans l'histoire de l'art. Le Cabinet des gravures de Berlin conserve également de lui un tableau à l'huile traité dans la manière d'un dessin à la plume, c'est-à-dire avec des hachures noires au pinceau sur fond gris et rehaussées de blanc. Il représente le jugement de Salomon et porte le monogramme avec l'année 1528. Bartsch ne connaissait de ce maître qu'une seule gravure au burin; nous sommes en mesure d'en adjoindre quatre autres.

1. La sainte famille. Bartsch No. 1.

2. La chute du premier homme. Adam est assis, à gauche, sur la branche d'un arbre et regarde Ève debout devant lui. Celle-ci tient la pomme derrière elle où se trouve le serpent. A droite, sur une tablette, le monogramme. H. 4 p. 2 l. L. 3 p. 3 l. Oxford.

3. La Vierge et l'enfant Jésus. Elle est assise au milieu, près de quelques constructions et se tourne vers la droite. L'enfant Jésus, vêtu, tient une pomme. Sur le mur, à gauche, une tablette avec le monogramme. H. 4 p. 9 l. L. 3 p. 7 l. (Brulliot, Tab. gén. No. 603.) Francfort s. M.

4. Le Christ en croix. A gauche la Vierge et Ste. Marie Madeleine agenouillée; à droite St. Jean ayant, près du pied droit, un crâne. Fond de paysage. Le monogramme est au milieu du bas. H. 4 p. 10 l. L. 3 p. 7 l. (Brulliot, Tab. gén. No. 603.)

5. Pyrame et Thisbé. Il est étendu sous un mûrier, la tête vers la droite; on lit sur le baudrier de son épée les lettres PIRA. Thisbé est vue à gauche, se plongeant l'épée dans le sein. Pièce non signée, mais traitée absolument dans le style de la sainte famille No. 1 et assurément de notre artiste. H. 5 p. 1 l. L. 3 p. 8 l. Berlin.

P ᵛL. ⚓ ₽VL

(Bartsch VIII. p. 24.)

Si nous en jugeons par le maniement du burin et le style de composition, on peut placer ce maître parmi les imitateurs de Lucas de Leyde quoique sous plusieurs rapports, il se rapproche souvent d'Alart Claessen. S'il nous était permis de baser une conjecture sur son monogramme nous l'expliquerions par le nom de Pieter van Leyden en entendant par là Pieter Cornelisz Kunst de Leyde, fils aîné de Cornelis Engelbrechtsen et dont Carel van Mander, dans la vie du père, nous dit qu'il était un excellent peintre ou dessinateur sur verre (Glasschryver). Cet artiste a exécuté plusieurs travaux de ce genre avec Lucas de Leyde, mais van Mander ne dit pas qu'il ait été graveur au burin. Il mourut en 1544 à l'âge de 51 ans.

Additions à Bartsch.

4. La nativité. La Vierge, agenouillée et tournée vers la gauche, adore l'enfant Jésus couché sur une draperie. Dans le fond, à gauche, St. Joseph entre par la porte. A droite, dans l'étable, le bœuf et l'âne, et en haut, sur l'édifice, la seconde des marques ci-dessus. H. 2 p. 9 l. L. 2 p. Paris.

5. L'enlèvement d'Europe. Le taureau sur lequel la nymphe est assise et dont elle tient une des cornes, nage vers la droite. A gauche, sur le premier plan, on voit quatre des compagnes d'Europe qui se lamentent et une cinquième un peu plus loin. Dans le lointain trois autres femmes près de deux nacelles. Au milieu, sur un rocher, Mercure debout parle à Jupiter dans les nuages. A droite, dans le fond, deux femmes qui s'embrassent. A la droite du bas une tablette avec le second monogramme. La taille de cette pièce est un peu raide et les têtes rondes. H. 8 p. 8 l. L. 6 p. 5 l. Berlin, Paris.

6. Pyrame et Thisbé. Il est étendu près d'une fontaine surmontée de la statue de Vénus. Au milieu, et derrière lui, Thisbé se perce d'une épée. Dans le paysage rocailleux on voit, à droite, quelques édifices. A la droite du bas une tablette avec les initiales P ᵛ L. Pièce ronde. Diamètre 2 p. 7 l. Musée Britannique.

S

Jan Swart de Groeningue.
(Bartsch VII. p. 492.)

Nous ne pouvons donner avec certitude les dates de la naissance
et de la mort de ce peintre néerlandais. Lorsque Jan Schoreel revint
d'Italie, en 1522, Carel van Mander nous informe que Jan Swart habita
Gouda pendant quelque temps, où il s'appropria beaucoup de la manière italienne de ce maître; d'où nous pouvons conclure qu'il était à
cette époque un homme à la fleur de l'âge. Le même auteur ajoute
qu'on a de lui plusieurs gravures sur bois (c'est-à-dire qu'il en avait
fourni les dessins) entre autres quelques Turcs à cheval, avec des arcs
et des carquois, qui étaient fort beaux. Et pareillement le s e r m o n d u
C h r i s t délivré sur la nacelle avec beaucoup d'auditeurs; sur le premier
plan on y voyait quelques Mamelucs, vus de dos, et cette pièce était
également très-belle. Cette gravure, du reste, porte tout le caractère
de l'école hollandaise de Lucas de Leyde, telle qu'elle existait au commencement du XVIᵉ. siècle.

Bartsch a mentionné cette pièce, sans en donner pourtant une
description exacte ni avoir pu déchiffrer le monogramme.

On trouve encore le même monogramme, avec le millésime 1518,
accompagné d'un rochoir sur une gravure sur bois représentant la
s a i n t e c è n e. H. 4 p. 6 l. L. 3 p. 3 l. Le dessin de cette pièce
est trop faible pour qu'on puisse l'attribuer à notre maître. Du reste
l'exemplaire que nous avons devant nous porte au verso un texte allemand
qui a rapport au pouvoir du pape et le rochoir indiquerait que l'artiste
était orfèvre. (Voyez aussi Brulliot, Dict. I. No. 2695 et III. No. 309.)

Gravure sur bois.

1. L e s e r m o n s u r l a n a c e l l e. A quelque distance du bord,
Jésus, monté sur une nacelle, prêche au peuple assemblé. Sur le de-
vant et au milieu de l'estampe un groupe de trois orientaux s'entre-
tiennent avec quelques figures vues de dos et vêtues à l'européenne.
Le monogramme est au bas vers le milieu. Pièce très-bien exécutée.
H. 8 p. 10 l. L. 13 p. 7 l. Munich, Francfort s. M.

Il existe une copie du graveur au monogramme ⊬K.

L Æ H

(Bartsch VII. p. 542.)

Ce graveur au burin, dont le monogramme n'a pas encore été expliqué, appartient à l'école hollandaise du commencement du XVI°. siècle et se rapproche du style et de la manière de Lucas de Leyde, ce qui nous induit à lui donner une place ici. Nous ne connaissons de lui qu'une seule gravure qui est également décrite par Bartsch.

1. Judith coupant la tête d'Holopherne; près d'elle une jeune suivante tient un sac. Pièce ronde. Diamètre 5 p. 3 l. Wolfegg.

La seule estampe que nous connaissions de ce graveur est traitée tellement dans la manière de Lucas de Leyde qu'elle paraît avoir été exécutée d'après un de ses dessins.

1. Le bouvier. Il est debout, à droite, tenant un bâton et regardant un bœuf, vu de profil. Trois autres de ces animaux, dans diverses positions, se tiennent près de deux arbres. En bas, à droite, le monogramme. Pièce ronde; diamètre 7 p. 8 l. L'exemplaire à Paris est rogné du bas.

Le maître à l'écrevisse.

(Bartsch VII. p. 527.)

Nous manquons de renseignements anciens, et surtout de ceux appuyés sur des documents, touchant l'artiste qui s'est servi de ce monogramme. Nous croyons décidemment avec Zani qu'il doit être un maître hollandais du premier tiers du XVI°. siècle. Renouvier, dans son ouvrage intitulé: „Des types et des manières des maîtres graveurs etc.“ Montpellier 1854, p. 115, croit que c'est le peintre sur

verre Wouter Crabeth qui a exécuté de très-beaux ouvrages en ce
genre à Gouda de 1555 à 1576. En laissant de côté la justesse de
l'analogie entre le mot hollandais indiqué par le monogramme Kreeft
ou Krabbe et le nom de Crabeth, nous-ferons remarquer que l'artiste dont nous nous occupons a dû appartenir à une époque antérieure
à celle où vivait le peintre sur verre, comme le prouve suffisamment
l'estampe de la Ste. Vierge qui porte le millésime 1528. En laissant
reposer cette opinion de l'auteur français sur ses propres mérites, nous
observerons qu'il est beaucoup plus probable que le maître à l'écrevisse
ou au crabe est ce François Crabbe dont C. van Mander et Immerzeel[2]) disent qu'il naquit à Malines où il peignit à la détrempe pour le
maître autel de l'église des frères Mineurs de cette ville, la passion de
Jésus Christ. Le tableau central représente le crucifiement et les volets ont divers compartiments, avec de très-belles têtes dans le style
de Quintin Metsys. Le reste de l'ouvrage a beaucoup de rapport à
la manière de Lucas de Leyde. Ce peintre était riche et mourut en
1548. Le monogramme qui peut indiquer également une écrevisse ou
un crabe (Krabbe) aurait alors une analogie complète avec le nom
du peintre Crabbe et l'opinion qui le lui attribuerait se trouverait
confirmée par le caractère que l'on donne à son œuvre et dont l'exactitude nous est prouvée par celui des différentes gravures que nous
avons de lui. Cependant trois de celles-ci rappellent beaucoup dans
la composition la manière de Jean de Mabuse; ce sont l'annonciation
B. No. 1, la Lucrèce B. No. 23 et une Ste. Vierge No. 38 du catalogue qui suit. Son maniement du burin a ceci de particulier qu'il
est serré et très-délicat dans les hachures entremêlées de quantité de
points. Il tirait souvent ses épreuves avec une encre très-pâle ce qui
leur donne l'apparence de dessins à la plume. Plusieurs de ses pièces
sont des eaux fortes.

Nous n'avons rien a remarquer relativement aux pièces décrites
par Bartsch sinon que Heinecken, Nouvelles recherches, p. 390,
mentionne une Lucrèce qui dans la composition parait être la même
que le No. 23 ci-dessus, mais qui est de plus petites dimensions
puisque l'estampe qu'il indique ne doit mesurer que 5 p. de hauteur
sur 3 p. 3 l. de largeur. Si Heinecken n'a point commis d'erreur

---

2) Dans son ouvrage intitulé: „De levens en Werken des hollandsche en Vlaamsche Kunstschilder etc." (Vies des peintres hollandais et flamands, leurs ouvrages etc.)
Amsterdam 1842. D'après Christiaan Kramm, dans son livre supplémentaire à celui
d'Immerzeel, Frans Crabbe et Crabeth serait la même personne.

il y aurait donc deux différentes gravures de cette composition du même maître. Il faut ajouter, néanmoins, que jusqu'ici la pièce désignée par lui n'a été retrouvée par personne.

Additions à Bartsch.

Série de la passion No. 6—19. H. 6 p. L. 4 p.

11. La flagellation. Le Christ, au milieu d'une cour, est attaché à la colonne; un bourreau le fouette avec des verges. Dans le fond plusieurs figures. La marque est au bas.

12. Le couronnement d'épines. Le Christ est assis au milieu de l'estampe, deux bourreaux lui pressent avec des tenailles la couronne d'épines sur la tête. Celui de droite s'aide encore avec un bâton. Sur le devant, à droite, un autre bourreau agenouillé s'apprête à donner un soufflet au Sauveur. A gauche, dans le fond, cinq personnes et à droite deux autres individus. En bas, à droite, la marque.

14. Le portement de croix. Le Christ, tourné vers la gauche, succombe sous le poids de la croix. Sur le devant est agenouillée Ste. Véronique vue presque de dos. Derrière, à droite, une foule de peuple et sur le devant la Vierge évanouie soutenue par St. Jean. En bas, à gauche, la marque.

Ces trois pièces se trouvent dans la collection privée de feu le roi de Saxe à Dresde.

25. Esther devant Assuérus. Il est assis, à droite, sur un trône et étend son sceptre au-dessus de la tête de son épouse. Une servante tient la queue de la robe de celle-ci. Plusieurs hommes et femmes occupent le fond. Pièce non signée. H. 9 p. 10 l. L. 7 p. 1 l. Collection Albertine à Vienne, Musée Britannique, Paris.

26. La fille de Jephté. Elle vient au devant de son père qui retourne chez lui de Mizpa. (Juges chap. XI. v. 34.) Elle s'avance, richement vêtue, vers le milieu du premier plan en traversant un ruisseau et retroussant sa robe d'une main, tandis qu'elle regarde vers le bas. A droite, tout-à-fait sur le devant, on voit une figure d'homme, la couronne en tête, regardant vers la gauche et un autre, vêtu d'une large robe, vu de dos. Sur la rive à gauche se trouvent cinq femmes en conversation et, plus loin en arrière, plusieurs hommes dirigeant leurs regards sur la fille de Jephté. Dans le paysage, à gauche, un

rocher élevé; à droite, sur le devant, un grand tronc d'arbre à branches sèches et dont une seulement est feuillée. Pièce non signée. H. 9 p. 7 l. L. 7 p. 2 l. Berlin, Paris, Musée Britannique.

27. **L'Adoration des Mages.** A l'entrée d'une ville on voit la Vierge, avec l'enfant Jésus, assise à gauche; à côté d'elle St. Joseph. A droite est agenouillé un des rois ayant, derrière lui, les deux autres avec leur suite. Pièce non signée. H. 6 p. 7 l. L. 4 p. 8 l. Paris. R. Weigel Cat. No. 12911.

28. **La décollation de St. Jean Baptiste.** Il est agenouillé sur le devant, tourné vers la droite. L'exécuteur, l'épée levée, se tient derrière lui. A droite, trois femmes richement vêtues dont celle vue de dos tient un grand plat. Dans le milieu du fond, un lansquenet parmi les spectateurs. La partie supérieure de l'estampe montre une grande salle où l'on apporte à Hérode la tête du précurseur. Sans signature. H. 9 p. 4 l. L. 6 p. 8 l. Paris, Amsterdam.

29. **Le Calvaire.** Le Christ en croix entre les deux larrons dont celui de gauche est très-obèse. A gauche on voit une sainte femme qui étend les bras vers le Christ, tandis que la Vierge tombe évanouie dans les bras de St. Jean. A droite deux cavaliers et une foule de peuple dans le fond; plus loin encore, une porte en ruine et la ville de Jérusalem. Vigoureuse pièce à l'eau forte sans signature. H. 9 p. 6 l. L. 6 p. 8 l. Collection Albertine à Vienne provenant du Cabinet Durand.

30. **Le Christ en croix** et à ses côtés la Vierge, St. Jean et Marie Madeleine. La signature est au bas, sur une pierre. H. 9 p. 4 l. L. 6 p. 5 l. Paris.

31. **La Vierge, demi-figure.** Elle s'incline vers l'enfant Jésus auquel elle offre le sein de la main droite, tandis qu'elle le soutient de la gauche. Elle a la tête entourée d'une quintuple auréole de rayons. A gauche, sous l'appui horizontal, l'écrevisse. Cette pièce est traitée dans la manière de Jean de Mabuse. H. 4 p. 1 l. L. 3 p. 1 l. Bibliothèque de Vienne, Berlin, Paris.

32. **La Vierge, demi-figure.** Elle offre une poire à l'enfant Jésus debout sur un coussin; l'enfant étend la main vers ce fruit. La tête de la Vierge est entourée d'une auréole. Fond noir; à gauche, sur une table, le millésime 1528. Pièce non signée, de la dernière manière du maître. H. 5 p. 3 l. L. 3 p. 8 l. Berlin.

33. **La Vierge, demi-figure.** Elle est tournée vers la gauche et tient dans les bras l'enfant Jésus couché. Ils ont tous deux des

auréoles.   Pièce légèrement gravée à l'eau forte, sans signature. H. 3 p. 11 l. L. 3 p.   Berlin.

34.   La Vierge assise.   Elle embrasse l'enfant Jésus qui lui jette les bras autour du cou.   Sa tête est ornée d'un réseau de perles. Le fond représente une riche architecture.   Au bas l'écrevisse.   Belle pièce de la dernière manière du maître.   H. 5 p. 9 l. L. 4 p.   Collection Albertine à Vienne.   On en trouve des exemplaires postérieurs qui, au-dessus de l'écrevisse, portent le monogramme d'Albert Durer.

35.   La Vierge sous un arbre.   Elle est assise sur un banc et embrasse, en arrière, l'enfant Jésus qui grimpe sur elle en la caressant; elle tient une grappe de raisin dans la main droite et porte sur la tête une rangée de perles.   Dans le fond, à droite, quelques arbres.   Pièce légèrement gravée à l'eau forte, sans signature. H. 6 p. 3 l. L. 4 p. 1 l.   Musée Britannique, Paris.

36.   La Vierge avec l'enfant Jésus.   Il est agenouillé sur sa mère assise qui le caresse.   Dans le fond une ville avec une église. La signature en bas à gauche.   H. 6 p. L. 4 p.   Paris.

37.   L'homme de douleur.   Il est assis, tourné vers la droite, la tête couronnée d'épines et embrasse de la droite la partie inférieure de la croix, tenant de l'autre sa tête, tandis qu'il appuie le coude sur la jambe gauche.   Des jambes croisées, on ne voit que la moitié de celle de droite. A droite de l'estampe, une colonne à laquelle sont suspendues des verges. Pièce non signée.   H. 4 p. L. 3 p.   Collection privée du roi de Saxe.

38.   L'homme de douleur.   Il est assis, tourné vers la droite, sur un sarcophage.   Deux petits anges le soutiennent par derrière, tandis qu'un troisième se voit à ses pieds.   La croix est à gauche et, à droite, une ville près d'un fleuve avec le mont du Calvaire.   Vers le milieu du haut, le soleil.   Pièce non signée.   H. 3 p. 7 l. L. 2 p. 6 l.   Paris.

39.   Ecce homo.   Le Christ, demi-figure, a les épaules seules couvertes d'un manteau et tourne vers la droite sa tête couronnée d'épines; il a les mains liées et tient dans la droite une baguette.   La tête est entourée de rayons.   La marque se voit sur l'appui à gauche. H. 5 p. L. 3 p. 5 l.   Paris, Musée Britannique.

40.   Le Christ dans l'acte de bénir; demi-figure.   Il est vu de face, les regards dirigés en haut et bénit de la main droite, tandis qu'il appuie la gauche sur le globe du monde surmonté d'une croix.   Une double auréole de rayons lui entoure la tête.   A gauche, sur l'appui, l'écrevisse.   H. 4 p. 11 l. L. 3 p. 2 l.   L'épreuve à Paris est imprimée en rouge.

41—44. Les quatres évangélistes. Quatre pièces à l'eau forte. H. 5 p. 9 l. L. 4 p. Paris.

41. St. Mathieu. Il est assis à gauche dans l'acte de joindre les mains. Devant lui l'ange, debout, dans une riche salle. La marque est en haut.

42. St. Luc. Il est assis à droite et regarde vers la gauche où lui apparaît la Vierge avec l'enfant Jésus. Au bas, le bœuf ailé au-dessus duquel se trouve une tablette avec l'écrevisse.

43. St. Jean. Il est assis, tourné vers la gauche, devant un pupitre et lit dans un livre. Riche architecture avec l'aigle debout. A gauche une vue de paysage. Pièce non signée.

44. St. Marc. Il est assis devant un pupitre et place la main droite sur la tête du lion. Cette pièce, qui appartient à la série des quatre évangélistes, n'est point signée par le maître à l'écrevisse, mais porte, sur le pupitre, le monogramme NH.

45. Pyrame et Thisbé. Il est étendu, à droite, sur le mur d'une fontaine. Thisbé est à gauche, deshabillée, et dans l'acte de se plonger l'épée dans le sein. Dans le fond un château fort dans la forêt et à gauche le lion avec le vêtement de Pyrame. Pièce non signée. H. 9 p. L. 7 p. Paris.

46. Le vieillard et la jeune femme. Dans une chambre on voit un vieillard portant la main sur le sein d'une courtisane qui puise dans sa bourse et donne, avec la main gauche, de l'argent à un jeune homme qui se trouve à droite. Derrière celui-ci se tient une vieille femme et près du vieillard un bouffon qui d'une main lui forme des oreilles d'âne et de l'autre montre sa bourse. Pièce non signée mais traitée dans le style du maître. H. 7 p. 6 l. L. 5 p. 3 l. Le filigrane de l'exemplaire de Paris porte le lis français.

47. Un cheval. Il est vu presque de dos, monté sur une pierre carrée et tournant la tête à droite, tandis qu'il porte la queue à gauche. Il a une crinière très-frisée. A gauche un mur et, un peu plus en arrière, une partie d'arc. Au bas, deux autres pierres carrées. Dans le lointain, à droite, la mer avec deux rochers élevés. Pièce non signée. H. 5 p. 3 l. L. 3 p. 9 l. Don de Mr. E. Harzen de Hambourg au Musée Britannique. Berlin. R. Weigel.

Appendice.

Dans le Catalogue d'Evans et fils de Londres, 1857, on trouve les deux pièces suivantes non signées, attribuées à notre maître.

48. Le Christ devant Pilate. Vers la gauche on voit, jusqu'aux genoux, le Christ tenant un long roseau des deux mains. Pilate, au milieu de l'estampe, tient de la main gauche un sceptre et son vêtement de la main droite. Tout-à-fait vers la droite, un bourreau avec des verges dans la main gauche. Derrière le Sauveur, à gauche, un homme tenant son vêtement de la main gauche et derrière celui-ci deux autres têtes. Fond de riche architecture; à travers une porte, à gauche, on aperçoit un village. H. 9 p. L. 8 p.

49. La sainte famille. A gauche est assise la Vierge tenant sur les genoux l'enfant Jésus qui étend la main gauche vers Ste. Anne. Celle-ci est assise à droite avec un plat de fruits sur les genoux et une pomme dans la main droite. A droite, St. Joseph s'appuie des deux mains à une colonne. En haut, Dieu le père et le St. Esprit; dans les nuages on aperçoit des têtes de chérubin. H. 9 p. 5 l. L. 7 p.

La pièce suivante est également attribuée au même maître quoiqu'elle ne réponde pas complètement à sa manière.

50. Adam et Ève. Il est debout à gauche, vu de dos, et reçoit la pomme que lui présente Ève. Celle-ci élève la main gauche vers la pomme que le serpent, entortillé à l'arbre, lui offre. Dans le fond boisé est couché, à gauche, un bœuf et au milieu un cerf. Pièce non signée d'une impression très-faible. H. 4 p. 3 l. L. 2 p. 9 l. Collection privée de feu le roi de Saxe.

F. C. ou E. C. 1522.
(Bartsch VIII. p. 5.)

Le monogramme de cet artiste est donné par Bartsch comme étant F C, mais toutes les estampes que nous connaissons de lui jusqu'à présent semblent être signées E C. Son maniement du burin ressemble tellement à celui du maître à l'écrevisse que l'on pourrait facilement croire les deux graveurs identiques et, dans ce cas, si les initiales F C forment l'exacte signature, nous aurions une nouvelle indication pour croire que Franz Crabbe soit réellement le nom du maître à l'écrevisse.

1. St. Jérôme. Bartsch No. 1. La signature qui s'y voit est celle de E C et au-dessus le millésime | ℰ Σ Σ.

2. Lucrèce, demi-figure. Elle est debout derrière un mur d'appui et s'enfonce, des deux mains, le poignard au-dessous du sein. En bas, à gauche, E C | ℰ Σ Σ. H. 3 p. 8 l. L. 2 p. 4 l. Paris.

Addition à Bartsch.

La gravure suivante est traitée absolument dans la manière de Lucas de Leyde et paraît être l'empreinte d'un nielle exécuté par notre maître E C. On doit, à tout évènement, lire la signature comme suit : 1516. C E. Nous l'avons également enrégistrée sous les nielles (No. 784).

3. Trois gaines de poignard sur une seule feuille. H. 6 p. 5 l. L. 2 p. 1 l. Paris.

a. En haut un hallebardier; en bas des ornements de feuillage.

b. En haut, l'Amour debout tient un vase. Ornements de feuillage.

c. L'Amour est assis, en haut, sur un casque; au bas la signature ЭƆ ꗷⅭƐ (1516).

Jean de Mabuse.

Nous ne connaissons point la date de la naissance de cet artiste distingué, mais comme il avait déjà peint en Angleterre, vers 1499, les portraits des enfants de Henri VII. nous en devons conclure qu'il est né vers 1475. Ses premières œuvres ont encore une certaine analogie avec celles de l'école de Van Eyck, mais plus tard, après être revenu d'Italie en 1527 environ, il s'adonna à l'imitation des Italiens, et devint très-maniéré. Il n'est mentionné nulle part qu'il ait cherché à s'exercer dans la gravure à l'eau forte, mais comme nous possédons une gravure en ce genre qui représente le Christ bafoué et que cette pièce est d'une franchise qui révèle un maître, tout en reproduisant le style et la manière de notre artiste dans le même sujet qu'il a peint plusieurs fois, nous n'hésitons pas à la lui attribuer.

1. Le Christ bafoué. Il est assis au milieu d'une ruine, la tête couronnée d'épines, légèrement couvert d'un drap et s'appuyant sur les deux coudes. Vis-à-vis, dans le fond, est assis un valet de bourreau, vu à mi-corps, qui indique vers le haut et tient un roseau devant le Sauveur. Pièce non signée. Eau forte très-vigoureuse. H. 7 p. 5 l. L. 5 p. 5 l. Paris.

Des impressions plus récentes, portent vers le milieu du bas, le monogramme d'Albert Durer. Heller décrit cette pièce sous le No. 2263 dans l'œuvre de ce dernier maître.

Il faut ajouter ici que deux gravures au burin représentant la Vierge et signées I M S (Joannis Malbogius sculpsit?) qui sont décrites par Bartsch VII. p. 546 sont tellement dans le style de Jean de Mabuse qu'il est plus que vraisemblable qu'elles sont exécutées par ce maître. On trouve un facsimile du No. 1 dans l'ouvrage de Ottley „A Collection of 129" etc.

Il y a encore une gravure sur bois représentant Hercule et Omphale qui est également signée I M S et dont le style et le dessin répondent tout-à-fait à la manière de Jean de Mabuse, ce qui pourrait faire croire que cet artiste a fait un essai dans cette branche de l'art. Cette pièce est décrite par Bartsch VII. p. 547 sous le No. 3.

D ☆ V
Dirk van Star.
(Bartsch VIII. p. 26.)

Nous ne connaissons ni la date de la naissance, ni la patrie de cet artiste dont le nom même ne nous est garanti par aucun document. Cependant Paul Behaim, dans son Catalogue de 1618, le nomme Dietrich von Stern et un éditeur de gravures du nom de Johannes Star vivait en 1580 environ. Le style de ses ouvrages ne laisse aucun doute qu'il n'ait appartenu à la Hollande; à en juger par quelques-uns de ses dessins et notamment par ceux que l'on conserve à Francfort sur Mein, il paraît avoir préparé des compositions pour la peinture sur verre. Probablement c'est le même que Guicciardini, dans sa description des Pays-Bas, nomme Théodore Stas de Campen et qu'il n'y a qu'une faute d'impression dans le nom Stas, au lieu de Star.

A part les 19 gravures du maître décrites par Bartsch, nous n'en connaissons pas d'autres, si ce n'est un St. Christophe qu'Ottley à Londres doit avoir possédé, mais à propos duquel des notices précises nous manquent. En revanche nous avons rencontré une gravure sur bois signée de son monogramme et datée de 1526, dont le vieux Fussli semble avoir eu connaissance. Nous ajouterons ici que, dans la copie du Faune de 1522 (Bartsch No. 12), on ne trouve point le vase placé sur le terrain à droite dans l'original.

Gravure sur bois.

Allégorie. Au milieu on voit un bœuf ailé qui, de la patte droite de devant, tient un écusson avec les trois palettes de la corporation des peintres de St. Luc et, derrière lui, s'élève une fleur. Plus bas, sur une tablette, on lit: WT. IONSTEN. VERSAEMT. et à côté le monogramme. Des lambrequins ornent les côtés; en haut se trouvent les armes de l'empire dans un rond et, à côté, la devise PLVS OVLTRE avec le millésime 1526 au-dessus. La gravure sur bois est un peu rude. Cette pièce a sans doute dû son origine à quelque confirmation de la corporation des peintres dans les Pays-Bas faite par Charles V., comme l'indiquerait l'inscription: Uit gunsten verzamelt., Par grâce réunis, accompagnée des armes impériales. Oxford.

Jacob Cornelisz van Oostsauen dans le Waterland.
(Bartsch VII. p. 444.)

L'artiste au monogramme ci-dessus est nommé par les écrivains du siècle passé Jan Werner ou Jan Walther van Assen de Oostsanen, sans qu'ils produisent cependant aucun document pour soutenir leur assertion. Une découverte récente, où le nom de Jacob Cornelisz d'Amsterdam se trouve indiqué, près de plusieurs gravures sur bois, avec le monogramme ci-dessus, paraît nous éclairer sur le vrai nom de notre maître. Nous ne connaissons cependant pas son nom de famille qui pourrait peut-être expliquer d'une manière plus satisfaisante les lettres dont se compose le monogramme. Carel van Mander indique seulement que Jacob Cornelisz (ou Jacques, fils de Cornelis) naquit à Oostsanen dans le Waterland et qu'il vécut à Amsterdam en ajoutant qu'il devint le second maître de Jean Schoorel et qu'il a peint d'excellents tableaux. Il nous est prouvé que ce monogramme lui appartient par une série de pièces rondes sur bois représentant la passion de Jésus Christ dont il se trouve une seconde mais très-ancienne édition avec le titre suivant: Historia Christi patientis et morientis iconibus artificiosissimis delineata per Jacobum Cornelisz etc. Bruxellae apud J. Mommartium, 1651, in-fol., et dont les gravures portent toutes ce monogramme. Brulliot, Dict. I. No. 19, a été le premier à attirer notre attention sur cette particularité en ajoutant la notice que le maître lui-même s'est nommé ainsi dans un livre appartenant à un certain Mr. Koning: „Det Boek behoor toe Jacob Cornelisz Schilder tot Amsterdam in die Calverstraat.“ Quelques-uns de ses tableaux sont parvenus jusqu'à nous, entre autres celui représentant le Triomphe de la religion qui est signé de son monogramme accompagné du millésime de 1523. Il se conserve dans la galerie de Cassel où on l'attribue faussement à Jean de Mabuse. Puis une Hérodiade avec la date de 1524 dans le Musée de la Haye. Ils indiquent un peintre qui se rapproche de la manière de Lucas de Leyde.

Nous n'avons, du reste, à considérer ici que les gravures sur bois qui ont été exécutées d'après ses dessins. Bartsch en décrit 21 dont les 12 premières appartiennent à une série de la Passion et qui sont en partie datées de 1511 (No. 7), 1512 (No. 2) et 1514 (Nos. 8, 9, 11 et 12). Ces gravures rondes ont paru, ou seules chez divers éditeurs sans aucune bordure, ou bien ornées de diverses manières, quelquefois avec un encadrement composé de petits sujets tirés de la Bible. L'exemplaire qui se trouve au Cabinet de Paris, de format gr. in-folio, montre au-dessous du sujet principal dans un rond, trois autres compositions plus petites, y relatives, tirées de l'ancien testament, entre autres:

1. La Cène. Au-dessous, trois petites compositions placées à côté l'une de l'autre dans des espèces de niches — à gauche Abraham et Melchisedech; au milieu, dans un champ plus petit, deux figures comme dans toutes les autres feuilles; à droite Moïse avec les tables de la loi, puis la récolte de la Manne. Sur l'épreuve, actuellement rognée, se trouvait une inscription dont on peut lire encore la partie suivante: ....frequentissimo tuti' Hollandie Emporio dodo (?) Petr' Typograph' excudebat.

2. Le Christ au jardin des oliviers. Comme dans la pièce

précédente; à gauche, Moïse reçoit les tables de la loi; à droite, Esther devant Assuérus.

3. La trahison de Judas. A gauche, la trahison d'Abner; à droite ...?

4. Le Christ maltraité. A gauche, Samson prisonnier; à droite un roi en fuite.

5. Le Christ bafoué. A gauche, Noé raillé par son fils; à droite, les enfants dévorés par des ours pour s'être moqués du prophète.

6. La flagellation. A gauche, les sept frères sont battus de verges; à droite, Job, couvert de plaies, est tourmenté par le diable.

7. Le couronnement d'épines. A gauche, on chasse un roi; à droite, Salomon couronné par sa mère.

8. Ecce homo. A gauche, Jézabel se moque du prophète; à droite, un roi et deux guerriers. —

9. Le portement de croix. A gauche, Isaac qui porte le bois à son père Abraham; à droite, une femme porte également du bois.

10. Le crucifiement. A gauche, Abraham dans l'acte de sacrifier son fils; à droite, le serpent d'airain.

11. La mise au tombeau. A gauche, sépulture de Saül; à droite, Jonas précipité dans la mer.

12. La résurrection. A gauche, Samson enlève les portes de Gaza; à droite, Jonas vomi par la baleine.

Dans une autre édition, de 1651, qui se conserve dans le Cabinet de Munich, les épreuves sont entourées d'une bordure carrée dont les coins sont remplis par des rinceaux de feuilles et de fruits. Le titre montre l'homme de douleur assis, d'après Albert Durer, dans un médaillon avec le titre suivant: Historia Christi patientis et morientis iconibus artificiosissimis delineata per Jacobum Cornelisz. Nunc primum e tenebris in lucem eruta et excusa. Bruxellae apud Joannem Mommartium M.D.C.LI.

Sur le revers de la feuille 10 est un fragment de gravure sur bois, pareillement circulaire, qui représente la fuite en Égypte et qui est daté de 1511. Un exemplaire entier de cette pièce, également ronde, avec la signature du maître sur une tablette suspendue à un arbre à droite, est décrit dans le Catalogue de R. Weigel sous le No. 15287. Elle paraît ou mal gravée ou mal réussie dans l'impression et, en apparence, exécutée sur quelque métal doux.

Nos. 13—21. A cette suite appartient encore une autre gravure restée inconnue à Bartsch et qui représente:

Les trois saintes femmes se rendant au tombeau du Christ. Celle de devant tient à la main droite un vase. A gauche, dans la caverne, est assis un ange. En haut, à droite, le monogramme sur une tablette. H. 4 p. 1 l. L. 2 p. 11 l. (Heller, additions à Bartsch p. 42.)

Additions à Bartsch.

22—96. 75 pièces gravées sur bois et représentant deux sujets de l'ancien testament, les autres étant tirés du nouveau. Elles portent le monogramme du maître et une d'elles la date de 1521. La taille n'est point uniforme étant quelquefois très-rude. H. 4 p. 2 l. L. 2 p. 11 l. Berlin où se trouvent 68 de ces gravures.

Le Cabinet de Paris ne possède que 60 de ces pièces.

Titre: hier begint een scoene storie passye met Coriē wt den bybel en evangelien tot lᶻᶻᵛ fighuren. En haut, Moïse avec les tables de la loi, accompagné du roi David et d'un prophète. Aux côtés des colonnes et, au bas, deux enfants qui tiennent un écusson avec la marque de l'éditeur: „Doen Pieterzoon“ H. 4 p. 6 l. L. 3 p. 1 l.

Le Blanc, Manuel de l'amateur d'estampes I. p. 61, décrit les 60 planches qui se trouvent à Paris commençant par la Chute du premier homme et se terminant par la Descente du St. Esprit.

97—102. Six scènes de la vie de Jésus. H. 7 p. à 7 p. 7 l. L. 4 à 5 p. 7 l. R. Weigel, Cat. No. 16752.

97. Le Christ à table bénit les mets en présence de sa mère, de Lazare et des deux sœurs de celui-ci.

98. Le Christ prend congé de sa mère. Celle-ci est agenouillée à gauche.

99. Le Christ mort pleuré par la Vierge, accompagnée de trois saintes femmes et de St. Jean.

100. La mise au tombeau. La Vierge est à gauche.

101. Jésus apparaît à sa mère qui est agenouillée, à droite, devant un prie-Dieu.

102. La descente du St. Esprit.

103. Quatre sujets de la vie de la Vierge sur une grande

feuille in-folio. En haut, deux médaillons; à gauche, Joachim quittant le temple; à droite, l'ange apparaissant au même Saint et au-dessous deux banderoles avec les inscriptions: AVE M͞A ELECTA FILIA SVBLIMISSĪA. — AVE M͞A A͞CILLA TRINITAT? HVMILĪMA. Au dessous, à gauche, Jésus dans le temple instruisant les docteurs est assis à gauche, tandis que la Vierge et St. Joseph sont debout devant lui; cinq docteurs de la loi l'entourent. — A droite, les noces de Cana; Jésus est assis au bout de la table à côté de l'épouse, près d'elle un jeune homme avec une auréole; sur le devant, à droite, Marie. Derrière un serviteur remplit les six vases. Le tout dans un ornement d'architecture gothique avec des statuettes sous des tabernacles et les armes de la ville d'Amsterdam. H. 25 p. L. 9 p. 8 l.? Collection du duc d'Aremberg à Bruxelles.

104. Jésus disputant avec les docteurs. Il est assis au milieu de l'estampe sous un baldaquin; à gauche, près de lui, Marie et Joseph. Sur le devant est assis un des docteurs et trois autres à droite où se voit la signature. Pièce bien gravée. H. 4 p. L. 2 p. 10 l. Même collection.

105. La résurrection de Lazare. Jésus est debout devant le tombeau qu'il bénit et dont Lazare s'apprête à sortir en se levant sur son séant. A gauche, derrière le Christ, St. Pierre et quelques disciples; à droite, la Vierge, Marthe et une foule de peuple. La signature se voit sur le sarcophage. H. 3 p. 8 l. L. 2 p. 7 l. Berlin.

106. Le couronnement d'épines et deux autres sujets latéraux. A gauche, un roi lapidé (Livre des rois II. 15); à droite, une femme pose une couronne sur la tête d'un roi captif (Cant. Cant. III.)? Aux côtés, quatre hommes et une autre demi-figure font l'office de spectateurs. La signature du maître se trouve sur le compartiment du milieu. Collection Albertine à Vienne.

107. Le Christ en croix. Au bas, la Vierge, la Madeleine et St. Jean. La riche bordure est surmontée de deux anges qui tiennent des rinceaux de fleurs et l'écusson des armes d'Amsterdam. Aux côtés, deux autres petits anges dont l'un verse l'eau d'un cruche dans une coupe. A gauche, on lit sur un billet portant neuf cachets les mots: Quintus. Joannis. vir. p͞r. Uue etc. A gauche, la signature, à droite le millésime 1513. H. 13 p. 6 l. L. 8 p. 10 l.? Berlin.

108. St. Quirinus. Il est à cheval, tourné vers la droite. Au bas, à droite, la signature. Voyez Le Blanc No. 74.

109. St. Hubert. Cette pièce porte la date de 1510. Voyez Le Blanc No. 73.

110. St. Adrien. Il est à cheval, en armure complète, accompagné de son nom, St. Hadrianus, et de l'adresse: Amstelodami, in ædibus Donardi Petri ad signū Castri Angelici. Voyez Strutt I. p. 35.

111—117. Les vertus et les sept péchés capitaux. Suite de sept pièces, gr.-in-folio. Chacune contient six sujets différents dans une bordure architectonique dans laquelle se trouve en langue hollandaise l'explication du sujet. Voyez Huber et Rost, Manuel V. p. 33.

111. Fides, la Foi, entre Abraham, à droite, qui immole son fils Isaac et l'annonciation, à gauche. Superbia, l'Orgueil, au milieu de deux prophétesses, demi-figures.

112. Charitas, la Charité; aux côtés la Vierge et l'enfant Jésus et la descente aux limbes. Avaricia, l'Avarice, entre les Sibylles Persique et Lybique.

113. Spes, l'Espérance, entre la nativité et l'annonciation aux bergers. En bas et au milieu, Luxuria, la Luxure, entre la Sibylle de Cumes et une autre femme tenant un berceau.

114. Prudentia, la Prudence, entre la fuite en Égypte et la Vierge couronnée, tenant l'enfant Jésus adoré par des anges. Au milieu, Invidia, l'Envie, et aux côtés des Sibylles annonçant la venue du Messie.

115. Justicia, la Justice, au milieu de Jésus bafoué et de la flagellation. Ira, la Colère, entre deux Sibylles.

116. Temperancia, la Tempérance, entre le couronnement d'épines et le crucifiement. Gula, la Gourmandise, avec les Sibylles Delphique et Hellespontique aux côtés.

117. Fortitudo, la Force, entre la résurrection et le couronnement de la Vierge. En bas et au milieu, Pigricia, la Paresse, avec une Sibylle de chaque côté. Sur cette dernière estampe on lit: Geprent tot Amstelredam by Doen Pieterzoon in Enghelenburch.

118—127. Les Comtes et Comtesses de Hollande à cheval. Série de dix feuilles qui paraissent former une espèce de frise. H. 6 p. 9 l. à 7 p. 1 l. L. inégale de 9 p. 10 l. à 11 p. 2 l. Paris. R. Weigel, Cat. No. 15278.

118. Quatre cavaliers dont le premier portant un chapeau pointu orné de grandes plumes se tourne vers son voisin. La signature est au milieu du bas. Deux feuilles faisant pendant.

119. Une dame qui tient un sceptre et deux cavaliers. Deux pièces sans signature.

120. Une dame tenant une fleur et trois cavaliers. Deux pièces sans signature.

121. Quatre cavaliers dont le premier est presque de profil. Une pièce non signée.

122. Quatre cavaliers. Le premier porte un casque à ailes. La signature au bas à gauche.

123. Quatre cavaliers dont le premier tient élevé un bâton de commandement. Pièce non signée.

124. Deux cavaliers. Une dame et deux cavaliers, formant pendant. Deux feuilles sans signature.

125. Quatre cavaliers dont le troisième porte un chapeau à large retroussis. Deux pièces formant pendant et non signées.

126. Quatre cavaliers, le dernier conduisant une dame. Deux pièces faisant pendant. Au bas, à droite, la signature.

127. Quatre cavaliers. Le dernier tire une épée du fourreau. Deux feuilles non signées, formant pendant.

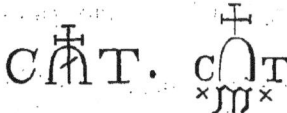

Cornelis Teunisse d'Amsterdam.

(Bartsch IX. p. 152.)

Houbraken appelle cet artiste Cornelis Antonisze, en ajoutant qu'il était peintre et qu'en 1536 il peignit une vue de la ville d'Amsterdam, où il était né, comme elle se trouvait en 1482. Il avait également exécuté sur bois les 12 planches de la vue d'Amsterdam. En 1547 il serait devenu conseiller de la ville et il paraît avoir, en 1550, rempli les fonctions d'échevin pour la dernière fois. Le T du monogramme ci-dessus indique le mot Teunisse qui dans le dialecte du peuple signifie fils d'Antoine et l'on pourrait prendre la figure du milieu comme indiquant la clochette du Saint de ce nom. Dans la salle du conseil de ville à Amsterdam on voit un tableau nommé la „Braspennings-maaltyd" et représentant une réunion d'Arbalétriers assis autour d'une table. Ce tableau porte le second monogramme de notre artiste et la date de 1533, et probablement l'on pourrait trouver parmi eux le portrait du maître, puisque, selon Houbraken, il appartenait à la société des archers du „Voetboogs Doelen“. Nous avons de lui quelques gravures à l'eau forte exécutées d'une pointe franche et large, tandis que la plupart des gravures sur bois qui portent son monogramme sont exécutées par Jean Ewoutzoon d'après ses dessins. On y retrouve un style moins bon que celui de Jacob Cornelisz.

Additions à Bartsch.

Gravures à l'eau forte et au burin.

1. **Allégorie.** Près d'un grand arbre qui s'élève au milieu de l'estampe jusqu'à toucher le bord supérieur, on voit une figure de femme et à droite, debout, une seconde tenant une corne d'abondance et portant un enfant sur le bras droit. A gauche un homme couvert du manteau royal, joignant les mains et ayant à côté de lui trois sacs remplis d'or. Le fond est un paysage montagneux avec une ville. On lit sur cette pièce diverses inscriptions hollandaises. Au bas, à droite, la signature avec la date de 1539. H. 4 p. 2 l. L. 9 p. 2 l. Brulliot, Table générale etc. p. 705. Eau forte.

2. **Ruine de la tour de Babel.** La destruction de la tour se voit au milieu; sur le devant une foule de peuple dans le désespoir. A gauche un pont avec des cariatides; sur la mer on voit sombrer un navire. En haut, à gauche, on lit sur une banderole: ALST. OP. THOECHSTE. WAS. MOST. HET. DOEN. NIET. VALLEN. A droite, dans les nuages, on voit écrit: BABELON. GENESIS. 14. Au-dessous une chauve-souris, avec la signature; en bas, à gauche, le millésime 1547. H. 11 p. 10 l. L. 13 p. 1 l. Berlin, Francfort s. M.

3. **Carolus V. Imperator.** Buste avec les mains. Il est vu de trois quarts, tourné vers la gauche, la tête couverte d'une barrette. En haut, à gauche, la signature surmontant la date de 1548. L'inscription est à droite au-dessus des armoiries de l'empire. Pièce au burin d'un bon dessin, mais mal réussie dans le tirage. H. 5 p. 7 l. L. 4 p. Wolfegg. Des épreuves retouchées portent le millésime 1584.

Remarques à Bartsch.

2. **M u t i u s S c é v o l a.** On trouve des épreuves de cette gravure
sur bois qui portent la signature **Ⅸ Ⅲ** à côté d'un compas, indiquant
le graveur sur bois J a n E w o u t z o o n d'Amsterdam qui paraît avoir
exécuté toutes les gravures sur bois (ou du moins la plus grande
partie) d'après les dessins de Cornelis Teunisse.

3. **J e u n e f e m m e a i l é e, d e b o u t s u r u n s e r p e n t.** Il paraît
que Bartsch ne connaissait qu'une épreuve défectueuse à laquelle manquait le cartouche du bas qui doit contenir, selon l'indication de R.
Weigel (Kunstcatalog No. 8245), l'inscription: DILIGENTIA.

4. **P i è c e a l l é g o r i q u e s u r l a r a p i d i t é d u t e m p s.** Cette
gravure sur bois porte quelquefois la même signature (avec le compas
de Jan Ewoutzoon) que le No. 2.

Additions à Bartsch.

6. **L a f e m m e m o n t é e s u r u n â n e.** Elle se dirige vers la
gauche en tenant un marcassin sous le bras gauche. Un chat est posé
sur sa main droite élevée et une pie perchée sur sa tête. Au bas, à
gauche, la signature. En haut on lit sur deux lignes: E l c k d i e n t s i n t e
a e l w a e r m e t g r o o t e r b e g h e e r t, d i e v a n v e e l m e n s c h e n
w o r d t g h e e e r t. En bas, à gauche, une autre inscription et à droite:
G h e p r e n t t o t A e m s t e l r e d ā, a e n d e o u t e s i d e i n d i e K e r c k-
s t r a e t, B y m i J a n E w o u t z o o n F i g u e r s n y d e r i n d ē v e r g u l-
d e n P a s s e r. Pièce bien exécutée. H. 8 p. L. 6 p. 6 l. Paris.

7. **L ' h o m m e d a n s l a b o n n e e t d a n s l a m a u v a i s e f o r-
t u n e.** En bas, à gauche, un enfant au berceau, puis un jeune homme debout qui tient un cheval par la bride et porte un faucon sur le poing gauche.
On lit, au bas: I c k m a c h r y d e n, v l i e g h e n o f g a e n, T o t n i e m a t s
d i e n s t e n d e r f i c k s t a e n. Plus loin, à droite, un autre jeune homme
avec des ailes d'où tombent des plumes, accompagné d'un chien de
chasse. Puis vient un homme, le pied droit estropié et s'appuyant sur
une béquille. A ses pieds on voit un hibou et auprès le monogramme.
Plus loin un autre homme debout, tourné vers la droite, avec une
entrave munie de son cadenas au pied et l'inscription: O n g h e l u c k;
derrière lui, où une tête d'ange souffle des crânes hors de la bouche,

on lit: quade. fortium. Enfin, à gauche, un homme debout, enveloppé d'une fourrure et qui, tourné vers le spectateur, lève la main droite; à côté de lui l'inscription: Die vlieghen wit eer dat hy vloghelen heeft, Tis recht dat hy en armoede sneeft. Enfin, au bas, la même adresse que dans la pièce précédente. Trois feuilles. H. 12 p. L. 32 p. Nagler, die Monogrammisten etc. II. p. 284 No. 10.

8. RYCDOM. Allégorie. Une femme, richement vêtue, tient une perle dans la main gauche. In-folio. Catalogue de R. Weigel No. 8248.

9. Les époques de la vie humaine. En bas, à gauche, on voit un enfant au berceau et les époques de la vie suivent jusqu'au côté droit, où est assis un vieillard près d'une tombe ouverte dans laquelle on aperçoit un squelette. Ces différents degrés de la vie humaine sont au-dessus d'un arc d'architecture, dans le milieu duquel est représenté le jugement dernier et, au-dessus, la mort, tenant des flèches et un sablier avec l'inscription: die cyt (le temps). En outre il y a plusieurs inscriptions hollandaises sur l'arc. Le monogramme se trouve en bas, à gauche, près d'une grille sur laquelle est un pot. H. 18 p. 4 l. L. 13 p. 5 l. Brulliot, Table générale etc. p. 705. No. 2.

10. Trois femmes allégoriques. Celle du milieu est debout sur un globe; l'autre, à côté, tient une tête de mort et un hameçon; la troisième une corne d'abondance et un épi de blé. Pièce avec la signature du maître. H. 8 p. 7 l. L. 13 p. 1 l. Nagler, die Monogrammisten etc. II. p. 284. No. 14.

11. Riche composition allégorique sur deux feuilles. Les figures ont des inscriptions hollandaises, comme: Aermoede, la pauvreté; Sorgheloos, l'insouciance; Ghemaek, l'aisance etc. Gr.-in-folio. (R. Weigel, Kunstcatalog No. 11261.)

12. Charles V., figure entière debout. Il est coiffé d'une petite barrette, tient ses gants de la main droite, de la gauche le sceptre, et porte autour du cou l'ordre de la Toison d'or. On lit, à gauche: Carolus quintus imperator max. pater patriae, felix semper augustus. Vis-à-vis l'aigle impériale entre les deux colonnes, accompagné du Plus ultra. Le monogramme se lit au bas, à gauche. H. 19 p. 10 l. L. 13 p. 5 l. Copenhague.

13. Jean, roi de Portugal. Il s'avance, à cheval, vers la gauche. La signature est en bas avec l'inscription: Johannes rex Portugalie, Arabie, Persie, Indie, et autour de la bordure:

Imprimé en Anvers par moy Silvestre de Paris, Tailleur de figures. Nagler, Künstler-Lex. I.

14. Vue de la ville d'Amsterdam. C'est un plan composé de douze feuilles, dont trois doivent être placées l'une à côté de l'autre et sur quatre rangées superposées. Elles portent au milieu du haut l'inscription suivante: Die vermaerde Coopstadt van Amstelredam gheconterfeyt etc. — Wtghegeuen by Cornelis Anthoniszoon Schilder, met octroye etc. — en ghedateert van den Jare duysend vyf hondert dreinveertich etc. — Men vintse to cope in die vermaerde coopstadt van Amstelredam after die neuwe kerck by de vorschreuen Cornelis Antoniszoon schilder in de schryuende hant. Daniel 5. Mane. Tekel. Phares. — Ensuite une main écrivant et, au-dessous, le premier des monogrammes ci-dessus et la date de 1544. A droite se trouve un grand Neptune qui tient l'écusson d'Amsterdam et, de la gauche, une tablette avec le mot: AMSTERDAM. H. 39 p. 61. L. 48 p. 71.? Collection de Mr. de Reider à Bamberg.

15. Pierre sépulcrale de l'archevêque de Mayence, Willigisius. Elle est entourée d'une inscription et porte à gauche „millesimo CCCC L" (1450). A droite, le monogramme du maître surmontant un ЛЇ. Voyez Heller.

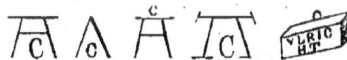

Alart Cláessen, d'Amsterdam.
(Bartsch IX. p. 117.)

Les ouvrages du maître qui se désigne par les monogrammes ci-dessus se rangent par ordre de 1520 à 1555 et on le dit natif d'Utrecht. Ceci nous serait indiqué par une de ses gravures, la femme nue avec le dragon, décrite par Bartsch sous le No. 34, et où le mot VTRICH se trouverait à côté du monogramme de notre maître.

Jusqu'à présent nous n'avons rencontré de cette estampe que des épreuves où cette indication n'est venue dans l'impression que très-imparfaitement et se trouve à peine visible; mais nous avons découvert deux autres estampes, la nativité du Christ et Hercule et Omphale, dans la Collection d'Oxford, où le mot VLRICHT, sur une tablette, se lit très-distinctement, ce qui nous ne paraît pas pouvoir désigner le nom de la ville d'Utrecht. De plus, il est remarquable que dans l'estampe de la naissance du Christ, ainsi que dans celle de la femme nue avec le dragon [3]), ce nom incertain se trouve à côté du monogramme d'Alart Claessen, mais très-faiblement indiqué, tandis que ce dernier est gravé, à ce qu'il paraît, postérieurement et d'une manière très-marquée. On pourrait en conclure que ces gravures sont originairement exécutées par un maître Ulricht, mais le style du dessin et le maniement du burin répondent dans ces deux cas tout-à-fait à celui d'Alart Claessen et seulement dans l'estampe, représentant Hercule et Omphale et qui ne porte que la signature VLRICHT, le faire est différent. D'après ces données il faudrait d'abord examiner si Bartsch ne s'est pas trompé en lisant VTRICH au lieu de VLRICHT et de plus chercher s'il existe un graveur du nom d'Ulricht, ce qui nous paraît très-problématique puisque l'histoire de l'art ne fait aucune mention de lui.

Le monogramme du maître 𝌆 a donné lieu à diverses inter-prétations: de Marolles l'explique par Adrien Collaert, le vieux, d'Anvers, mais nous connaissons de celui-ci une gravure qui appartient à la fin du XVIe siècle; il se signait ⚭ ou même avec son nom entier Adrian Collaert inv. sculps. et excud. et demeurait à Anvers. Renouvier, qui s'appuie de l'autorité de Leviel „Art de la peinture sur verre" croit expliquer les monogrammes ci-dessus en les rapportant au peintre Aertgen Classen ou Classoon de Leyde qui exécuta un grand nombre de dessins pour les peintres sur verre, comme le dit Van Mander qui, cependant, n'ajoute point qu'il ait gravé au burin. Ce dernier écrivain assure au contraire que Aertgen a été d'abord élève de Cornelis Engelbrechtsoon dont il a imité en premier lieu la manière pour suivre ensuite successivement celle de Schooreel et de Heemskerk et que ses compositions sont peu agréables; mais toutes ces particularités ne s'accordent pas avec les indices re-cueillis sur notre graveur dont le nom paraît pour la première fois dans les anciens catalogues de vente de la Hollande et elles s'appuient probablement sur l'opinion de Jacob de Jongh (Édit. de van Mander de 1764. Vol. I. p. 236) qui, dans la vie de Pieter Aertsen, fait mention

---

3) La Collection d'Oxford conserve une copie en contrepartie et plus petite, n'ayant que 1 pouce 7 lignes de diamètre. Elle n'a pas de signature, mais elle est tout-à-fait traitée dans la manière de notre maître. En Angleterre on croit que le sujet a rapport à la légende de Siegfried au corps endurci (der gehörnte Siegfried), ce qui ne nous paraît aucunement fondé.

du peintre Alart Claessen d'Amsterdam qui a gravé au burin en mar-
quant ses pièces du monogramme connu d'un A gothique renfermant
un petit c et il en donne pour preuve le baptême de l'Eunuque par
l'apôtre St. Philippe, de l'année 1524, pièce décrite par Bartsch sous
le No. 12. Comme nous n'avons aucune raison de douter de l'assertion de De Jongh, nous l'avons suivie dans le nom que nous avons
donné du graveur aux monogrammes ci-dessus.

Alart Claessen qui a exécuté pour la plupart des petites gravures, ne
se montre point dessinateur habile ou correct; sa taille est même un peu
maigre, mais il se révèle sous un meilleur jour quant il copie d'après
Lucas de Leyde, Albert Durer et surtout d'après les petits maîtres
allemands.

On doit ajouter à la description de son œuvre par Bartsch, que
le David No. 8 est une copie d'après Jacob Binck, tandis que le Ca-
tamelata No. 30 a été probablement exécuté d'après le dessin original
du Mantègne ou même seulement d'après une gravure du même sujet
par Jacopo Francia.

Additions à Bartsch.

60. Bethsabée au bain. Elle est debout dans l'eau, à droite,
s'appuyant à une fontaine. A gauche le messager de David; celui-ci la
regarde de la fenêtre de son palais. La signature est au bas avec le
millésime 1526. H. 2 p. 8 l. L. 1 p. 9 l.

61. Jézabel. Elle est debout, toute nue, sur une petite figure
et tient de la main droite un serpent, de l'autre une écuelle. En
haut le Tout puissant, demi-figure, dans l'acte de lui décocher une
flèche. A gauche, près d'une couronne, une tablette contenant le
mot IEZABE. La signature est en bas, à gauche, avec l'année 1526.
H. 2 p. 3 l. L. 1 p. 9 l. Munich.

62. La nativité. La Vierge est à genoux en adoration, tournée
vers la droite, devant l'enfant Jésus couché par terre et entouré de
rayons. A gauche, derrière une colonne, on voit un berger; à droite,
dans l'étable, St. Joseph en prières. La signature se trouve à côté de
la Vierge. H. 4 p. 10 l. L. 3 p. 3 l.

Des épreuves récentes portent l'indication P. Overaet excudit.
— Berlin.

63. La nativité. La Vierge est agenouillée dans un palais en

ruines, vue de profil et tournée vers la gauche ayant l'enfant Jésus couché devant elle. Elle a la tête entourée de rayons, tandis que celle de l'enfant est couronnée d'une auréole circulaire. A droite on aperçoit les têtes du bœuf et de l'âne et, en haut, un ange qui plane. En bas, à droite, sur une pierre formant un carré long, le nom VLRICHT et à côté, dans un espace carré, le monogramme /C\. H. 5 p. L. 3 p. 11 l. Oxford.

64. L'adoration des Mages. La Vierge avec l'enfant Jésus est assise à gauche; le plus vieux des trois rois est agenouillé. A droite, dans le fond, l'âne et à côté une partie du bœuf. En bas, à droite, la signature. H. 3 p. 3 l. L. 2 p. 1 l. Berlin, où l'exemplaire est tiré en rouge.

65. Le baptême du Christ. St. Jean baptise le Sauveur; à gauche deux anges; le St. Esprit plane au-dessus du groupe. En haut, à gauche, Dieu le père avec le globe du monde. La signature au bas, à droite. H. 2 p. 11 l. L. 2 p. Munich.

66. La décollation de St. Jean Baptiste. A gauche Salomé, à genoux, reçoit du bourreau la tête du Saint. Au milieu et dans le fond Hérode est assis auprès d'Hérodiade et d'un autre personnage à table. Au bas, à droite, la signature. Pièce ronde. 3 p. 1 l. de diamètre. R. Weigel, Cat. No. 15641.

67. La Cène. Le Christ, entouré de ses disciples, est assis à une table ronde; St. Jean appuie la tête sur le sein de Jésus qui, avec deux autres apôtres, est assis sur un banc à dossier richement sculpté. Au-dessus, dans une niche du fond, deux anges tiennent une écuelle et, sur le devant, on voit une grosse cruche. H. 7 p. 6 l. L. 9 p. 7 l. Cat. Evans & Son 1857. No. 65.

68. L'arrestation de Jésus. Il est saisi par une troupe de soldats, à gauche, au milieu des cinq apôtres qui l'entourent. Les deux premiers soldats sont renversés à terre. A droite, un rocher. Au-dessus, dans un médaillon, la trahison de Judas où St. Pierre coupe l'oreille à Malchus. Au bas, à gauche, la signature. H. 2 p. 10 l. L. 1 p. 11 l. Coll. Detmold Cat. No. 326.

69. La déposition de croix. A gauche, la Vierge tombe évanouie entre les bras de deux saintes femmes. Cette pièce est signée du monogramme du graveur. H. 8 p. L. 6 p. 11 l.

70. Jésus et la Madeleine. Il est assis à gauche, tenant la croix de son bras droit. A droite, la Madeleine éplorée joint les mains. Fond noir, avec la signature en bas, à gauche. H. 6 p. L. 2 p. 1 l. Dans le commerce.

71. **Le Christ pleuré par sa mère.** La Vierge est assise devant la croix, tenant sur les genoux le corps de son fils et tournée vers la droite. A droite, sur le terrain, se trouve la signature. En losange. H. 2 p. 9 l. L. 1 p. 10 l. Coll. Detmold No. 325.

72. **L'homme de douleur.** Il est assis dans un paysage, la tête couronnée d'épines, couvert jusqu'à la ceinture et appuyant la tête sur l'avant-bras gauche. Devant lui un crâne. En haut, dans les coins, et entourés d'un cercle flamboyant, se trouvent deux petits anges dont l'un tient un lys et l'autre une épée. Sur un arbre, à gauche, est suspendue une tablette marquée E.ⳁ.O. etc. La signature est près du pied gauche du Sauveur. H. 3 p. 9 l. L. 2 p. 7 l. Liége.

73. **Même sujet.** Demi-figure. Le Christ penche la tête à gauche en élevant les deux mains où se voient les plaies. La croix est maintenue dans le bras gauche et la colonne par le bras droit. En haut une banderole et, plus à droite, la signature. H. 3 p. 2 l. L. 2 p. 4 l. Berlin.

74. **La mère de douleur.** Elle est assise sur un tronc d'arbre, le sein percé d'une épée. Aux côtés, un moine agenouillé et deux anges. En haut, dans un médaillon de l'architecture gothique avec arabesques, le portement de croix. H. 3 p. 7 l. L. 2 p. 11 l. R. Weigel, Kunstcat. No. 16477.

75. **Même sujet,** traité différemment. Le moine manque et dans le médaillon supérieur se trouve la fuite en Égypte. R. Weigel, Kunstcat. No. 16478.

76. **Même sujet,** sans le moine agenouillé. En haut, dans le médaillon de la riche bordure architectonique avec des arabesques, on voit la Présentation au temple. H. 4 p. L. 3 p. 7 l. R. Weigel, Kunstcat. No. 16479.

77. **La Vierge.** Elle est assise, tournée vers la gauche, et présente une poire à l'enfant Jésus assis sur ses genoux. Marie est entourée de rayons et de nuages formant un cercle. En haut, une arabesque formée d'animaux chimériques, au bas un ornement semblable de deux bustes de figures terminés par des rinceaux de feuillage. H. 2 p. 5 l. L. 1 p. 6½ l. Berlin.

78. **La Vierge.** Elle est couronnée et assise près d'un arbre, tenant sur les genoux l'enfant Jésus dans l'attitude de bénir. A droite, dans le lointain, une île avec une ville sur le bord de la mer. Sur une pierre, à gauche, la signature. H. 2 p. 10 l. L. 2 p. Musée Britannique.

79. La Trinité. Dieu le père tient de la main droite la croix appuyée sur ses genoux, avec le Sauveur crucifié. En haut, à droite, le St. Esprit; à gauche la signature. H. 3 p. 3 l. L. 2 p. 6 l. Collection Albertine à Vienne.

80—87. Les apôtres avec la représentation de leur martyre. Rudolph Weigel décrit dans son catalogue, sous les Nos. 16483—90, huit pièces d'une série qui a existé probablement au complet et qui aura ainsi représenté les douze apôtres. Ces huit pièces nous montrent les figures des SS. Pierre, Jacques le majeur, Mathias, Mathieu, Simon, Jacques le mineur, Philippe et Paul, debout dans un ornement d'arabesques à fleurs et surmontés d'un médaillon où se voit représenté le martyre de chacun. Au bas de chaque se trouve le nom du Saint avec une invocation pour son intercession, comme p. e. S. PETRVS: ORA. P. —S. MATHIAS: ORA. P. etc. H. 3 p. 10 l.—4 p. L. 2 p. 10 l.—3 p.

88. St. George. Il s'élance, à cheval, vers la droite et perce, de sa lance, le dragon renversé sur le dos. A gauche, dans le fond, la princesse. Pièce ronde. 1 p. 7 l. de diamètre. Munich.

89. Même sujet. Il s'élance, vers la droite, contre le dragon renversé sur le dos, et lui enfonce sa lance dans la gueule. A droite, dans le fond, la princesse; à gauche une ville sur le bord de la mer. La signature est sur le rocher à gauche. Pièce d'une belle exécution. H. 3 p. 5 l. L. 2 p. 5 l. Collection Albertine à Vienne.

90. St. Eustache. Il est agenouillé, tourné vers le cerf à droite. Deux chiens qui l'accompagnent s'arrêtent, assis sur leurs jambes de derrière. Dans le paysage, à gauche, le cheval du Saint et un chasseur tenant un cor. La bordure représente des scènes de chasse. La signature est au bas. H. 3 p. 7 l. L. 2 p. 6 l. Liége.

91. Le martyre de St. Lambert. Il est agenouillé, en prières, devant un autel, tandis qu'un de ses meurtriers le frappe de son épée, que l'autre en fait autant à un diacre agenouillé sur le premier plan et qu'on poignarde un second diacre derrière lui. Sur le toit de la chapelle on voit un soldat qui lance un coup au Saint. En bas, à gauche, la signature. Dans la bordure ornée se trouve, de chaque côté, un chevalier armé d'une épée. H. 3 p. 3 l. L. 2 p. 6 l. Liége.

92. Un saint évêque. Il est debout, entouré de figures agenouillées. Dans le médaillon supérieur, St. Martin. Le tout dans une bordure gothique d'arabesques avec des enfants. H. 3 p. 9 l. L. 2 p. 4 l. R. Weigel, Cat. No. 16475.

93. Ste. Marie Madeleine. Demi-figure. Elle est debout

devant une table, tenant de la main gauche un crucifix et dans la
droite, appuyée sur la table même, un livre. Un vase à parfums
se voit à droite. En haut, à gauche, un petit ange tient un rideau.
En bas, à gauche, le monogramme à rebours. H. 6 p. 10 l. L. 5 p. 5 l.
Collection Albertine à Vienne.

94. Ste. Ursule. Elle est debout, richement vêtue, et couvre de
son manteau les jeunes vierges ses compagnes; sous son bras gauche
elle tient un livre et de la droite une flèche. En haut, à gauche, la
signature. H. 2 p. 6 l. L. 1 p. 9 l. Collection Albertine à Vienne.

95. Ste. Agathe. Elle est debout, tournée vers la gauche,
tenant de la droite un livre et de la gauche des tenailles. La signature
est en bas, à droite. H. 2 p. 6 l. L. 1 p. 9 l. Collection Albertine
à Vienne.

96. Ste. Catherine. Demi-figure, de profil, tournée vers la
droite. De la main gauche elle tient une épée dont la pointe est dirigée vers le sol et appuie la droite sur un fragment de roue. Au
bas, sur un livre à gauche, la signature. H. 2 p. 6 l. L. 1 p. 9 l.
Musée Britannique.

97. Même sujet; demi-figure, dans la même attitude que la
précédente, mais tournée vers la gauche et tenant de la main gauche
le bout de sa ceinture. A gauche, un fragment de roue. Sur un mur,
le monogramme. H. 2 p. 9 l. L. 1 p. 9 l. Musée Britannique.

98. Même sujet. Elle est debout, le pied gauche appuyé sur
une roue brisée, à côté de laquelle se voit une épée. Ses longs cheveux sont recouverts d'un ornement de tête singulier et elle tient un
livre à la main. A gauche, deux colonnes auxquelles une table est
appuyée. La signature est en bas, à droite. H. 2 p. 6 l. L. 1 p. 8 l.
Munich.

99. Ste. Agnès. Demi-figure, tournée vers la droite. Elle
tient de la main droite une palme et de la gauche un anneau; devant
elle l'agneau. La signature est au bas, à gauche. H. 3 p. 3 l. L. 2 p. 3 l.
Berlin.

100. Même sujet. Elle est debout, tournée vers la droite, et
contemple un anneau qu'elle tient de la main gauche. L'agneau devant
elle est attaché par un cordon à sa main droite; elle porte au cou
une rangée de perles. De chaque côté, une colonne d'où part une
saillie avec des figures chimériques qui ferme presqu'en entier la partie
supérieure de l'estampe. H. 2 p. 10 l. L. 1 p. 11 l. Cat. Evans 1857.
No. 69.

101. **Ste. Apollonie.** Elle est entourée d'un ornement d'architecture avec des arabesques de fleurs. Dans le médaillon supérieur on a représenté son martyre. En bas, à gauche, la signature. H. 4 p. 4 l. L. 4 p. Rud. Weigel, Cat. No. 16476.

102. **Une sainte avec un calice.** A côté d'elle, deux enfants et un troisième dans la partie supérieure de l'estampe où l'on voit un médaillon représentant la tentation de la sainte par le démon. Dans une bordure d'architecture gothique avec des arabesques. Au bas on déchiffre une partie de texte presque illisible; .... vā die verlornē kinderē. H. 4 p. L. 3 p. R. Weigel, Cat. No. 16480.

103. **Une sainte avec un crucifix et un cœur.** A côté d'elle, un saint avec un bâton surmonté d'une croix. Dans le médaillon du haut on voit la Vierge, sur le croissant, tenant l'enfant Jésus et entourée de dévots. Dans un ornement gothique. H. 4 p. L. 2 p. 10 l. R. Weigel, Cat. No. 16481.

Sujets profanes.

104. **Saturne.** Il est assis, tourné vers la droite, élevant de la droite un enfant et tenant, de la gauche, une boule sur le genou. Au côté gauche une niche; à droite un paysage. Sans marque. H. 2 p. 6 l. L. 1 p. 9 l. Collection Albertine à Vienne.

105. **Hercule et Vénus.** Deux côtés d'une gaine. Le dieu tient de la main droite une massue et pose le pied gauche sur une boule; la déesse est debout, à droite, et tient le petit Cupidon. Ornement avec deux dauphins. La figure de la déesse est empruntée à celle de la gravure de Marc Antoine No. 311. Fond noir, avec un ornement vers le haut. H. 2 p. 10 l. L. en haut 1 p. 8 l., en bas 1 p. 4 l. Musée Britannique et la Vénus seule dans la Collection Albertine à Vienne.

106. **Pallas.** Elle est assise, tournée vers la gauche et couverte d'une riche armure, tandis qu'elle appuie la main droite sur un bouclier avec la tête de Méduse et tient de la gauche une lance. La signature est en haut, à droite. H. 2 p. 6 l. L. 1 p. 9 l. Musée Britannique.

107. **Persée.** Il est revêtu d'une armure et s'appuie sur un tronc d'arbre, tenant de la main gauche un bouclier avec la tête de Méduse et de la droite une lance. Le monogramme à la droite du haut. H. 2 p. 5 l. L. 1 p. 8 l. Cat. Evans 1857. No. 74.

108. **La nymphe et le berger.** Elle est couchée à droite, et il s'incline vers elle. Fond de paysage. Le groupe est emprunté

à la gravure de Marc Antoine No. 429. La signature en haut, à gauche. H. 2 p. 9 l. L. 1 p. 11 l. Musée Britannique, Berlin.

109. Cléopatre. Elle est assise, presque renversée, dans un paysage et tient de la main droite élevée un serpent qui la mord au sein. Son vêtement lui couvre seulement la moitié inférieure du corps. A la gauche du haut se lit son nom et en bas, dans le fond, le monogramme avec le millésime 1528. Figure assez maniérée dans la pose, et outrée dans le dessin, comme la Pallas ci-dessus (No. 106). H. 2 p. 7 l. L. 1 p. 9 l. Musée Britannique, Munich.

110. Cléopatre. Elle est assise près d'un arbre et tient de chaque main un serpent. Entre ses pieds une tablette avec le monogramme. A droite une pierre et une couronne. H. 2 p. 11 l. L. 2 p. 1 l. Munich.

111. Lucrèce. Elle est assise à droite, la tête tournée vers la gauche, tandis qu'elle s'enfonce une épée dans le sein. A droite une vue de ville. A la gauche du bas la signature. En haut un ornement d'où pendent deux rangées de perles. H. 2 p. 3 l. L. 1 p. 7 l. Berlin.

112. La Mélancolie. Elle a des formes très-pleines et se voit assise, la tête appuyée sur le bras gauche. Derrière elle est assis un génie sur une meule de moulin et devant elle se trouve une scie. En bas, à gauche, on lit le mot MELANCOLIA. La signature se voit sur le siége. H. 2 p. 5 l. L. 1 p. 9 l. Musée Britannique.

113. La Géométrie. Elle est assise, une équerre suspendue au bras gauche et la main droite appuyée sur le genou. En haut le nom GEOMETRIA. En bas, à droite, la signature et la date de 1526 sur une pierre pyramidale. H. 2 p. 8 l. L. 1 p. 9 l. Munich.

114. Une femme nue assise sur des nuages. Près d'elle un enfant ailé tient une tablette sur laquelle on lit: A . B . C . CARMENTIS INVENTRIX. Dans Ottley „Collection of prints" p. 28.

115. Deux adolescents voyageant sur mer dans une coquille. Un jeune homme nu, tourné vers la gauche et embarqué sur une coquille, tient une voile; un autre jeune homme est étendu, à ses pieds un sablier. Sans monogramme. La première figure est empruntée à l'estampe de Marc Antoine B. No. 476. On attribue également une composition semblable à Giorgio Ghisi. H. 10 p. 10 l. L. 8 p. 5 l. Collection Albertine à Vienne, Munich.

116. Un combat de centaures. Il y en a quatre tenant une femme en croupe. Les deux du milieu combattent l'un contre l'autre.

Copie en contrepartie d'après Sébald Beham No. 94. H. 1 p. 11. L. 3 p. 11.
Collection Albertine à Vienne.

117. Combat de cinq guerriers romains. Celui de devant,
à gauche, frappe de son épée le second renversé par terre et qui
pare le coup avec son bouclier. A droite deux autres, dans le fond,
sont couchés par terre, percés par la lance du cinquième. Plus au
fond, un château fort où l'on voit une tête suspendue à un poteau.
Pièce non signée. H. 7 p. 8 l. L. 6 p. Collection Albertine à Vienne, Berlin.

118. Combat de soldats romains. Au milieu de l'estampe
on voit un de ces fantassins renversé sur le dos d'un autre et élevant
son bouclier rond pour parer le coup de sabre que lui lance un troisième venant de gauche; entre eux un trompette. Les figures sont
au nombre de 16, divisées en cinq groupes principaux. Pièce non
signée; fond noir. H. 2 p. 7 l. L. 8 p. 1 l. Collection Albertine à
Vienne, Berlin.

119. Marche triomphale. Une femme debout près d'un
homme sur un char de triomphe tiré par deux chevaux; ils sont accompagnés de cavaliers, hommes et femmes, portant des torches et des
rameaux de palmier. La marche est vers la droite. Copie d'après
B. Beham No. 44. H. 9 l. L. 5 p. Collection Albertine à Vienne.

120. Un porte-enseigne. Il marche vers la gauche, coiffé
d'un grand chapeau à plumes et tenant de la gauche un étendard dont
il tient un coin de la droite. A droite le monogramme et au-dessous
une tablette avec les chiffres $\frac{54}{15}$ (1554). H. 5 p. 7 l. L. 3 p. 9 l. Berlin.

121. Porte-enseigne, tambour et fifre. Le premier est
debout au centre de l'estampe; le tambour, à gauche, est vu de dos;
à côté du fifre se trouve la signature vers la droite. Pièce ronde;
diamètre 2 p. Berlin.

122. L'enfant et le chien. Il est nu, assis à terre et dort
après avoir passé le bras gauche autour du cou d'un chien. Tout près
une pierre avec le monogramme. Pièce ronde de 1 p. 10 l. de diamètre. Cat. Evans 1857. No. 79.

123. La chasse au cerf. Il est poursuivi par sept chiens;
à droite le chasseur armé d'un épieu; à gauche deux lièvres suivis par
un chien. La signature est à la droite du bas. H. 1 p. 4 l. L. 5 p. 4 l.
Cabinet Detmold, No. 329 du Catalogue.

124. La chasse au loup. Il s'enfuit dans le bois, poursuivi
par les chasseurs, en courant vers la gauche. Le monogramme est
en bas, à droite. Cat. Sternberg No. 1214.

125. Un ostensoir. Dans le milieu de l'ornement gothique se trouvent sept médaillons avec des sujets de la vie de Jésus Christ. H. 4 p. 9 l. L. 3 p. 4 l. R. Weigel Cat. No. 16474.

126. La partie supérieure d'une gaine. Dans une niche Adam et Ève debout. Celle-ci passe le bras autour du cou d'Adam et lui présente une pomme. Au bas, entre les deux figures, se trouve le monogramme. H. 3 p. 2 l. L. en haut 1 p. 2 l., en bas 1 p.

127. Une gaine. En haut la Madeleine; au bas deux petits anges aux côtés d'un vase. A droite un petit écusson avec le monogramme. H. 2 p. 1 l. L. en haut 1 p. 1 l., en bas 1 p. Amsterdam.

128. Deux côtés d'une gaine. Ils sont placés l'un près de l'autre. a. Un guerrier aux pieds duquel se voit un Oriental. b. Un seigneur coiffé d'une barrette et tenant une épée; à ses pieds un lion. A droite la signature. H. 2 p. 7 l. L. 1 p. 7 l. Collection Albertine à Vienne.

129. Deux côtés de gaine, l'un près de l'autre. a. Une femme en armure antique tenant un arc et des flèches; à ses pieds un roi. b. Un homme avec une barrette à plumes, armé d'une épée; à ses pieds un lion près duquel on voit le monogramme. H. 2 p. 7 l. L. 1 p. 7 l. Berlin.

130. Une gaine. Sous un arc se voient un cavalier et une dame. H. 2 p. 8 l. L. en haut 11 l., en bas 10 l.

131. Une gaine avec deux figures allégoriques. Elles sont représentées jusqu'au genou et vêtues à l'antique; une est l'Amour qui tient de la main droite un cœur, l'autre la Force saisissant des deux mains une colonne. H. 3 p. 2 l. L. en haut 2 p., en bas 1 p. 6 l.

132. Arabesques avec des centaures, terminant en rinceaux d'ornements. La femelle du Centaure tient le mâle par les cheveux; les jambes de devant sont entrelacées. Les rinceaux se terminent de chaque côté en guirlandes de fleurs. Au milieu du haut le monogramme avec la date de 1520 (?) dans une tablette. H. 2 p. 2 l. L. 3 p.

133. Arabesque avec deux figures d'homme. L'un est armé d'arc et de flèches, l'autre d'une épée. Ottley, Collection of prints etc. p. 28, sans indication de mesure.

134. Arabesque avec des tritons. Un triton femelle se défend contre les violences lubriques d'un mâle. La signature se voit en haut accompagné du millésime 1529. In-12° oblong.

135. Arabesque. Au bas une sirène, au-dessus d'elle un

écusson avec le monogramme, ensuite une chimère ailée. Fond noir.
H. 5 p. 2 l. L. 2 p. Collection Albertine à Vienne.

136. Arabesque. En bas, un enfant tient un instrument ressemblant à un cor. En haut, un rinceau d'ornements se terminant par deux fleurs. Fond noir; pièce non signée. H. 4 p. 6 l. L. 11 p. Collection Albertine à Vienne.

137. Arabesque. Au bas un vase avec rinceaux d'ornements, au milieu un médaillon avec un buste de taureau ailé; au haut deux dauphins et ornements de feuillage. La signature est à la gauche du bas. H. 4 p. 6 l. L. 11 p. Collection Albertine à Vienne.

138. Arabesque. Un ornement touffu de feuillage occupe les deux côtés de l'estampe et aux extrémités on voit des masques. Au haut une tablette avec le monogramme. Fond noir. H. 1 p. 1 l. L. 11 l. Cab. Detmold, No. 328 du Catalogue.

139. Arabesque aux deux Sphinx. Au milieu un vase; à la base duquel se trouvent deux dauphins; aux côtés deux Sphinx dont le premier porte des cornes entrelacées, le second des oreilles d'âne. H. 1 p. 4 l. L. 2 p. 9 l. Heller, Additions à Bartsch.

140. Portrait, à mi-corps, d'un homme coiffé d'un chapeau à plumes, portant un manteau de fourrure et ayant une tête de mort sur la poitrine. Aux côtés, deux colonnes ornées et, au haut, deux génies avec des arabesques. Probablement le portrait du maître lui-même. H. 3 p. 2 l. L. 2 p. 11 l. R. Weigel, Cat. No. 18974.

Appendice.

141. Hercule et Omphale (?). Le héros est debout, vu de face, et les reins entourés d'une guirlande de feuilles de vigne; il appuie la droite sur un grand bouclier et tient une massue de la gauche. A droite Omphale, pareillement debout et le milieu du corps couvert par une semblable guirlande, est vue de face. Elle pose un pied sur un tronc d'arbre et tient des deux mains l'Amour enfant. Les deux principales figures sont chaussées de sandales. Sur le devant de l'estampe on voit une grande plante et dans le fond des arbres dont celui plus élevé, à gauche, porte la tablette figurée ci-dessus avec le nom VLRICHT. H. 4 p. 2 l. L. 3 p. Oxford.

1565 〈monogram〉

142. La mort et les deux époux. Une jeune femme, richement vêtue, place la main droite dans celle de son époux, debout près d'elle. Derrière, entre les deux, la mort qui jette le bras droit autour du cou de la femme et tient de la gauche étendue un sablier derrière le cavalier. Au-dessous le millésime 1562 et le monogramme ci-dessus.

La composition révèle la manière de Henri Aldegrever, mais le dessin est très-faible, en outre le monogramme, composé de A C, se rapporte à celui de Alart Claessen. Mais le style de gravure s'éloigne de celui de ce maître dont nous ne connaissons, du reste, que des pièces qui n'outrepassent point la date de 1555. Il se pourrait, néanmoins, que cette gravure fut un de ses derniers ouvrages et vraisemblablement d'après un dessin d'Aldegrever. H. 3 p. 3 l. L. 2 p. 5 l. Dans le Mss. du frère Trudo de Liége chez Mr. T. O. Weigel.

·N· H· 1523—1525.

(Bartsch VII. p. 547.)

Le style de ce graveur au burin appartient à l'école néerlandaise et il est souvent grandiose dans ses compositions. Il a une excellente manière de burin avec des contours arrêtés et de fines hachures, mais il n'est point toujours correct de dessin. Renouvier (Des types etc. p. 118) le croit hollandais et peintre sur verre et peut-être ce même Höningen auquel Albert Durer fit présent de deux livres durant son séjour à Anvers, ce qui est néanmoins une pure conjecture. Bartsch ajoute à la description des 12 pièces de son œuvre celle d'une gravure sur bois représentant un combat d'hommes nus contre des paysans et qui a été gravée par Lutzelburger. Mais le dessin de cette pièce est très-différent de celui de nôtre maître et, loin de lui appartenir, il paraît plutôt devoir être attribué au maître de la haute Allemagne dont Bartsch nous donne une gravure au burin représentant la Ste. Vierge dans le VIIᵉ. vol. de son ouvrage p. 545.

Le catalogue de Mr. Evans & Son, Londres 1857, mentionne également, p. 66 sous le No. 332, une gravure sur bois attribuée à notre maître N H. Elle représente la dispersion des apôtres dans un paysage qui porte la marque NH surmontée du millésime 1522 et de l'inscription: „Divisio apostolorum.“ H. 13 p. 3 l. L. 18 p. 6 l. Mais cette pièce appartient aussi au maître de la haute Allemagne dont nous venons de parler. Voyez aussi Brulliot, Dict. des monogrammes I. No. 2439.

Supplément à Bartsch.

13. **La Vierge, demi-figure.** Elle est assise près d'un tronc d'arbre, tournée vers la droite, et donne à l'enfant Jésus le sein qu'il saisit des deux mains. A la droite, au haut, les initiales N H surmontées du chiffre XXIII (1523). H. 6 p. 3 l. L. 4 p. 5 l. Munich, Paris.

14. **Ste. Catherine.** Elle est debout, vue de face, appuyant le bras droit sur la roue et tenant l'épée de la gauche. Une auréole de rayons lui entoure la tête. A la droite du bas N.H et au-dessus XXV. H. 4 p. 5 l. L. 3 p. Paris.

15. **Oedipe consultant le Sphynx.** On donne ce nom au sujet d'une estampe où un homme en armure antique se voit dans un édifice ruiné et semble frappé de terreur en entendant une statue, posée sur une colonne, lui parler. A droite, dans le fond obscur, se voit encore une autre figure d'homme. Signée N.H. XXIIII. H. 4 p. 4 l. L. 3 p. Paris, Oxford.

S, S, S F, 1519. 1520.
Le maître S et son école.
(Bartsch VIII. p. 13.)

Le maître au monogramme S était orfèvre et graveur et paraît avoir vécu à Bruxelles. Bartsch n'a connu de lui que onze pièces dont les Nos. 2 et 4 sont des copies d'après Lucas de Leyde. Cependant c'était un artiste très-productif et il a exécuté une quantité de petites gravures au burin et de nielles de sa propre composition. Il paraît en même temps avoir eu un grand nombre d'élèves qui ont travaillé d'après ses dessins, puisque nous connaissons de lui et de ses imitateurs un nombre de près de 300 pièces. L'exécution du maître a plus de finesse que celle de ses élèves, sans qu'il se montre pourtant, sous ce rapport, au-dessus du rang des artistes secondaires; ses contours qui trahissent l'orfèvre, sont lourds, le dessin n'a point de finesse et il semble avoir travaillé de pratique sans avoir employé dans son œuvre beaucoup d'étude ou de diligence. Ces particularités donnent à ses gravures quelque chose d'archaïque, quoique ses draperies ne soient plus à cassures angulaires, mais à plis arrondis et flottants dans le style emprunté à l'Italie peu après le commencement du XVIᵉ. siècle. Notre artiste appartient en effet à cette époque, comme nous le prouve une suite d'apôtres avec les dates de 1519, 1520 et qui sont les seules de son œuvre qui soient marquées d'un millésime.

Il signait d'ordinaire ses gravures d'un S; elles se trouvent néanmoins très-souvent sans signatures et nous ne connaissons qu'une seule, Hercule et Omphale No. 263, marquée S F. Quelques pièces doivent même porter les initiales S E, entre autres les quatre représentant les Vierges sages (No. 260 de notre Catalogue), mais comme elles ne nous sont connues que pour avoir été mentionnées dans un catalogue de vente à Leipsic, du 31 Janvier 1853, nous ne savons pas si elles appartiennent réellement à notre maître. Nous en douterions si nous considérons qu'une gravure d'un tambour et d'un fifre, signée S E en caractères très-forts et très-grands sur une tablette et conservée dans le Cabinet de Berlin, est assurément d'un de ses élèves qui, bien qu'il ait quelque rapport avec notre maître dans le maniement du burin, est très-différent quant au style et au dessin qui est beaucoup plus plein que le sien. Nous avons encore moins de raisons de lui attribuer une „lapidation de St. Étienne“ dans la même collection et qui porte pour signature un ∃ entrelacé d'un S dans un petit écusson; la taille en est bonne, mais le dessin peu correct et les plis des draperies à cassures angulaires diffèrent des plis arrondis du maître, de même que les arbres qui ne sont point traités dans le genre des siens. Nous mentionnerons encore une autre pièce représentant l'Apparition de Jésus à sa mère, signée | ꓘ ∘ S ̌ 6 ꓘ, d'une taille très-maigre et qui paraît n'avoir servi dès son origine qu'à une fraude pour faire croire notre graveur plus ancien qu'il ne l'est réellement.

Les opinions sur le lieu de sa résidence sont très-diverses. Sotzmann le place à Cologne, en s'appuyant sur les armoiries de cette ville qui se retrouvent dans la pièce indiquée ci-dessus du „martyre de

St. Étienne", mais comme nous l'avons dit déjà et comme Sotzmann semble lui-même l'admettre, cette gravure est d'un des élèves du maître qui aurait pu avoir demeuré à Cologne. Nous connaissons nous-même une autre pièce représentant le Couronnement d'épines, avec une inscription en bas-allemand: „Dit syn die seite ... ons Herrn ihesu" qui paraît avoir été exécutée par le graveur de la Lapidation.

Ce qui prouverait davantage que notre maître appartenait à la Néerlande, c'est que l'on trouve sur plusieurs de ses pièces, entre autres sur les Nos. 185, 187, 273, 274, 284 de notre catalogue, des inscriptions dans le dialecte flamand. On doit remarquer principale-ment celle qui se lit sur la représentation d'une cour de justice: „Dit is .... woe IHS vor geriechte stont" et où le mot woe (au lieu de waer, waar, wa, wo) appartient exclusivement au dialecte de Bruxelles.[4]) Nous trouvons également dans un estampe de Pyrame et Thisbé (No. 266 de notre catalogue) qu'il a introduit, sur la fontaine, la statue connue dans cette ville sous le nom du „Manneken-Pis", ce qui laisserait à peine un doute qu'il n'ait vécu à Bruxelles. Cependant il ne faut point passer sous silence que quelques-uns de ses élèves ont tra-vaillé à Liége ou même pour le monastère de St. Trond et que l'on trouve une inscription française sur l'estampe représentant une dame servie par un page.

La plus grande partie de son œuvre se compose de sujets reli-gieux entourés de bordures ornées dans le goût des miniatures néer-landaises de l'époque et qui ont souvent servi à l'illustration des li-vres d'heures dont quelques-uns se sont conservés jusqu'à nos jours. Un de ces manuscrits se trouve à Berlin, dans lequel les gravures sont même imprimées sur le papier destiné au manuscrit latin. Sotz-mann nous en donne une description dans les Archives de Naumann III. p. 32.

On peut aussi déduire que le maître S a été orfèvre de la cir-constance que nous avons de lui quelques épreuves de nielles; nous mentionnerons principalement ceux en médaillon qui sont revêtus de sa marque. Une de ces pièces représente la messe de St. Grégoire où le Saint bénit de la main gauche et une autre la décollation de

---

4) Nous devons à Mr. Woutersz ce renseignement, ainsi que plusieurs autres sur les idiomes néerlandais, qui sont très-difficiles à distinguer les uns des autres, et dont nous ferons usage en diverses occasions.

Ste. Catherine où le bourreau tire son épée également de la main gauche. Plusieurs autres pièces de lui sont traitées dans le même genre, sans que l'on puisse décider cependant si ce sont ou non des véritables épreuves de nielles.

Comme Bartsch ne donne que onze pièces de l'œuvre du maître qui comprend au moins 200 gravures et qu'il est incertain si celles qu'il décrit sont de lui ou de ses élèves, soit d'après ses dessins, soit de leur propre invention, surtout quand elles ne sont point signées, nous avons compris ces onze estampes dans notre catalogue pour y ajouter au besoin les remarques nécessaires.

Sujets de l'ancien testament.

1. **Adam et Ève.** (B. No. 1.) Adam est assis au pied de l'arbre de la sience du bien et du mal. Ève, à son côté, tient la main gauche passée sur les épaules de son mari et tend la droite pour recevoir le fruit défendu que lui présente le serpent qu'on remarque au haut de l'arbre. Le fond offre une vue du paradis terrestre où l'on distingue un lion à la gauche et un cerf à la droite du devant, tous deux couchés. La lettre S se trouve vers la gauche du bas. H. 2 p. 7 l. L. 1 p. 6 l.

2. **Lot et ses filles.** Il est assis à gauche et embrasse une de ses filles, tandis que l'autre verse du vin dans une coupe; près de celle-ci se trouve un chien. Dans le fond, la ville de Sodome en flammes. Pièce ronde, 1 p. 5 l. de diamètre. Berlin.

3. **La récolte de la Manne et la Cène.** Deux petites compositions l'une à côté de l'autre. Dans la première, Dieu le père, entouré d'un cercle de nuages, élève la main pour bénir; au bas, parmi le peuple, on voit un enfant. Dans la seconde, le Christ est assis à une table ronde avec quatre de ses disciples; les autres sont debout derrière lui. Chaque composition mesure H. 3 p. 1 l. L. 1 p. 9 l. Pièce médiocre de l'école du maître. Dans la bibliothèque de Liége.

4. **Bethsabée au bain.** Elle est debout, nue, près d'une fontaine à gauche. David, une harpe à la main, la contemple d'une fenêtre de son palais dans le fond. A droite un messager lui présente une lettre. D'autres personnages se trouvent dans le fond à droite. La lettre S est gravée sur le bord du bassin. Pièce ronde de 2 p. de diamètre. Musée Britannique.

5. **Visite de la reine de Saba.** (?) Elle s'agenouille dans l'attitude d'une suppliante devant le roi à cheval, couvert d'une armure de chevalier et qui, suivi de son escorte, s'arrête à droite. A gauche

la suite de la reine avec des chameaux. La signature S est à la gauche du bas. Pièce ronde; diamètre 1 p. 7 l. Berlin.

D'après cette composition qui s'éloigne de la représentation ordinaire d'un pareil sujet, Sotzmann croit devoir remarquer: „que, si ce n'était des chameaux, l'on pourrait croire que l'estampe représente la femme qui demande à l'empereur Trajan justice contre le meurtrier de son fils."

Sujets du nouveau testament.

6—59. **Suite de sujets tirés de la vie de Jésus.** 54 petites pièces représentant des incidents de la vie de Jésus et de Marie; elles sont pour la plupart marquées de la lettre S et se trouvent collées dans un petit livre de prières dans l'ordre suivant. H. 2 p. 5—6 l. L. 1 p. 6—7 l. Voyez Brulliot, Dict. II. No. 2460ᵃ.

6. La Vierge sur le croissant.
7. L'annonciation. (Voyez aussi Heinecken N. N. p. 383.)
8. La visitation.
9. La nativité.
10. L'annonciation aux bergers.
11. L'adoration des bergers.
12. La circoncision.
13. L'adoration des Mages.
14. La fuite en Égypte.
15. Jésus parmi les docteurs.
16. La Vierge au rosaire.
17. Une sainte famille.
18. Le baptême de Jésus.
19. La tentation au désert.
20. Les noces de Cana.
21. La guérison du possédé.
22. La résurrection de Lazare.
23. Jésus à table chez le Pharisien.
24. La transfiguration.
25. L'entrée à Jérusalem.
26. La dispersion des apôtres.
27. La Vierge au rosaire, apparaissant à un religieux.
28. La Cène.
29. Le lavement des pieds.
30. Jésus au jardin des oliviers.

4*

31. La prise de Jésus.
32. Le Christ devant le grand prêtre.
33. Jésus insulté dans le prétoire.
34. Le Christ devant Pilate.
35. Le Christ devant Hérode.
36. Le couronnement d'épines.
37. Le cœur de Jésus.
38. Jésus présenté au peuple.
39. Pilate se lavant les mains.
40. Le portement de croix.
41. Jésus dépouillé de ses habits.
42. Jésus attaché à la croix.
43. Le Christ en croix.
44. Le Christ entre les deux larrons.
45. Le Christ en croix; autre composition.
46. Le Christ en croix; troisième composition.
47. Le Christ en croix; quatrième composition.
48. La Vierge pleurant sur le corps de son fils.
49. Le Christ en croix; cinquième composition.
50. Le Christ en croix; sixième composition.
51. La déposition.
52. La sépulture.
53. Descente aux limbes.
54. La résurrection.
55. L'ascension.
56. La pentecôte.
57. Jésus et la Vierge entourés d'anges.
58. Le jugement dernier.
59. Le couronnement de la Vierge.

Sotzmann a mentionné, dans les Archives de Naumann III. p. 32,
48 gravures absolument semblables et de la même dimension qui se
trouvent imprimées dans un livre manuscrit latin conservé au Musée
de Berlin et parmi lesquelles il s'en trouve quelques-unes qui n'ont point
été décrites parmi les précédentes, savoir:

60. L'enfant Jésus adoré par les anges. Pièce signée.
61. La présentation au temple.
62. La guérison du boiteux. Au milieu du bas la marque S.

A peu près vers la moitié du manuscrit on trouve la notice que
„Johannes legatus sacrae Romanae ecclesiae Cardinalis

1449", comme aussi: „Nicolaus S. Petri ad vincula Rom. Eccl. Presbyter Cardinalis 1451", et „Raymundus 1502" avaient accordé certaines indulgences à ceux qui les jours de fêtes, ou en d'autres occasions, visiteraient par piété la chapelle de St. Reynold, et le livre termine par les règles de St. Augustin, de l'an 1448.

63—108. 46 sujets de la vie de Jésus. Ces estampes offrent, au milieu, un médaillon de 1 p. 11 l. de diamètre entouré d'une grande marge et, en bas et en haut, des compartiments avec des ornements de feuillage ou des banderoles avec inscriptions. La signature S se trouve d'ordinaire dans la partie inférieure du médaillon et peu de pièces se présentent sans signature. Ces estampes paraissent avoir été destinées à l'ornement des livres. H. 3 p. 7 l. L. 2 p. 6 l. Musée Britannique.

63. L'annonciation.

64. La visitation.

65. La nativité.

66. L'annonciation aux bergers. Non signée.

67. La présentation au temple.

68. L'adoration des Mages.

69. La circoncision; non signée.

70. Siméon tenant l'enfant Jésus.

71. La fuite en Égypte.

72. St. Joseph travaille comme charpentier pendant que des petits anges jouent avec l'enfant Jésus.

73. Jésus parmi les docteurs.

74. Le baptême du Christ.

75. La tentation dans le désert.

76. Les noces de Cana.

77. Le Christ guérit un estropié.

78. La Madeleine oint les pieds du Sauveur.

79. La transfiguration.

80. Jésus guérit un possédé.

81. L'entrée dans Jérusalem.

82. La Cène.

83. Le Christ dans le jardin des oliviers.

84. La trahison de Judas.

85. Le Christ devant Caïphe.

86. Le Christ bafoué.

87. Jésus devant Pilate.

88. Jésus devant Hérode.

89. Pilate se lave les mains.

90. La flagellation.

91. Le Christ présenté au peuple.

92. Le portement de croix.

93. Le Christ attaché à la croix.

94. Le Christ en croix entre les deux larrons.

95. Le Christ en croix entouré d'une foule de peuple.

96. Le Christ en croix; à gauche la Vierge, à droite St. Jean.

97. Le Christ en croix; la Vierge s'évanouit.

98. Le Christ en croix; Longin lui perce le côté de sa lance;
A droite Marie, St. Jean et les saintes femmes.

99. La déposition.

100. La mise au tombeau.

101. La descente aux limbes.

102. La résurrection.

103. L'ascension.

104. La descente du St. Esprit.

105. Le jugement dernier.

106. La Vierge entourée d'anges.

107. Le couronnement de la Vierge.

108. La Vierge debout avec l'enfant Jésus sur le bras. Elle
est entourée de rayons et adorée par les Saints.

109—129. 21 compositions de la passion. Ces estampes
en hauteur ont, comme dans la série précédente, un médaillon au milieu entouré d'une marge et ayant 4 p. 2 l. de diamètre. Les espaces,
en haut et en bas, sont remplis d'ornements et de petites figures. Seulement une partie de cette suite est signée d'une S. C'est une œuvre
capitale du maître. H. 5 p. 1 l. L. 4 p. 4 l. Musée Britannique; 14 pièces
seulement dans le Cabinet de Paris et 17 chez Mr. Drugulin à Leipsic.

109. La Cène. La table est ronde; sur le devant un chat et
deux chiens. Dans l'ornement du bas, trois enfants ailés dont l'un
tire contre un oiseau.

110. Le Christ au jardin des oliviers. Sur le devant
les trois disciples endormis; dans le fond Judas avec la cohorte.
En haut et en bas, des génies dans un ornement de feuillage et,
dans le compartiment inférieur, un lièvre avec deux chiens. Un
exemplaire de cette pièce est mentionné dans le catalogue Sprickmann sous le No. 35.

111. La trahison de Judas. Celui-ci donne à son maître
le baiser; à droite, St. Pierre coupe l'oreille à Malchus. En haut,
deux petits médaillons dont l'un représente la trahison de Joab en-
vers Abner. Deux petits anges, dans le milieu du bas, tiennent le
saint suaire.

112. Le Christ maltraité dans le jardin. Il est renversé à terre, les mains liées; un soldat, à droite, le traine par les
cheveux; un second, au milieu, lui donne des coups de pied et un
troisième, à gauche, le frappe avec une corde. En haut, trois petits
génies et dans les deux petits médaillons on voit un roi avec sa
suite et un géant avec deux jeunes gens qui lui mettent son armure.

113. Le Christ devant Caïphe. Celui-ci est assis à droite
et déchire ses habits. Un homme armé est dans l'acte de donner
un soufflet au Christ. En haut deux petits génies tiennent un écusson. On voit encore dans deux médaillons des sujets, en petit,
de l'ancien testament, trois figures dans chacun.

114. Le Christ bafoué et battu. A droite, un bourreau
le saisit par la barbe tandis qu'un second le frappe par derrière.
Sur le devant, à droite, est un lévrier assis. Dans le fond on voit
encore le Sauveur devant Caïphe. Au haut, deux génies ailés et
deux médaillons avec le prophète Élie bafoué par les enfants et Noé
endormi et découvert.

115. Le Christ devant Hérode. Celui-ci est assis à
gauche, le sceptre en main. Jésus, lié, est conduit devant lui; dans
le fond divers soldats. Au haut deux petits médaillons contenant
chacun deux figures.

116. Le Christ devant Pilate, qui se lave les mains
tandis qu'on emmène le Christ. En haut, dans un ornement gothique, deux petits médaillons avec deux figures chacun.

117. La flagellation. Le Christ, attaché à une colonne,
est battu par deux bourreaux. Dans le fond, à gauche, on le voit
emmené par deux soldats. En haut, dans deux petits médaillons,
la flagellation de deux prophètes (?) et la tentation dans le désert.

118. Le couronnement d'épines. Deux bourreaux pressent,
avec deux bâtons posés en croix, la couronne d'épines sur la tête
du Christ. Devant lui est agenouillé un troisième bourreau qui tire
la langue et lui offre une palme. Dans le fond Pilate avec trois
conseillers. Deux petits médaillons, en haut, avec deux figures
chacun.

119. Le Christ montré au peuple. Il est vu vers la gauche dans une salle élevée; en arrière la ville. En haut deux petits médaillons contenant chacun deux figures.

120. Le portement de croix. Simon de Cyrène soutient, par derrière, la croix sous le poids de laquelle le Christ a succombé. Sur le devant, à droite, est agenouillée Ste. Véronique. Dans une salle, vers le fond, on voit la Vierge évanouie soutenue par St. Jean et les saintes femmes. Dans les deux petits médaillons du haut se trouvent Isaac chargé du bois pour le sacrifice et une femme qui porte quelque chose.

121. Le Christ attaché à la croix. A gauche on remarque trois docteurs de la loi, à droite deux cavaliers. Sur une colline, dans le fond, une autre représentation du Christ, assis et bafoué. Deux figures dans chacun des médaillons du haut et, au bas, deux enfants avec des ornements de feuillage. Pièce signée.

122. Le crucifiement, avec les deux larrons en croix aux deux côtés. A gauche se tiennent la Vierge, St. Jean et trois saintes femmes; à droite plusieurs cavaliers et une foule de peuple. La signature S se trouve au pied de la croix du milieu. Dans les deux médaillons du haut, le serpent d'airain et le sacrifice d'Abraham.

123. La déposition. Deux hommes, montés sur deux échelles appuyées à la croix, descendent le corps du Sauveur. Sur le devant la Vierge est assise avec trois saintes femmes; à droite St. Jean, éploré, regarde vers le haut. En haut, dans les deux médaillons, l'élévation du serpent d'airain et une femme avec un enfant. Au bas, quatre enfants faisant de la musique. Le S est au bas du médaillon central.

124. Le Christ pleuré par les siens. La tête du Christ est soulevée, à droite, par Joseph d'Arimathie; derrière le corps, la Vierge est soutenue par St. Jean; à gauche quatre saintes femmes éplorées. On voit dans le lointain Judas qui s'est pendu. Dans les deux médaillons supérieurs des figures pleurant leurs morts. Au bas six petits génies dans un ornement de feuillage. Le S est dans la marge du grand médaillon. Voyez aussi la Collection Sprickmann, Cat. No. 36. Dresde.

125. La mise au tombeau. A droite la tête du Christ. Il est placé dans le sarcophage par Joseph d'Arimathie et Nicodème. Plus en arrière des disciples en pleurs, la Vierge et d'autres saintes

femmes. Dans les médaillons du haut, Joseph descendu dans le puits et Jonas englouti par la baleine. Pièce signée.

126. La descente aux limbes. Le Christ est debout, à droite, avec l'étendard de la croix et tend la main à Adam prosterné devant lui. Un diable tire un coup d'arquebuse, des fenêtres de la tour infernale, contre le Christ; un autre lui jette des pierres. Dans les médaillons du haut, David renversant Goliath et Samson déchirant la gueule du lion. Pièce non signée.

127. La résurrection. Le Christ, tenant l'étendard de la croix, est debout dans le sarcophage. Aux côtés quatre soldats éblouis et, dans le fond, les trois Maries. Dans les médaillons supérieurs, Samson avec les portes de Gaza et Jonas sortant de la baleine. Le S est au bas du médaillon central.

128. Le Christ apparaît à sa mère. On le voit dans une salle richement ornée, tenant l'étendard de la croix et bénissant, tourné vers la gauche, la Vierge agenouillée devant lui. Aux côtés, le Christ apparaissant à la Madeleine et à un de ses disciples. Dans les médaillons supérieurs, David vainqueur de Goliath et une femme avec une cithare venant à sa rencontre.

129. Le jugement dernier. Le Christ est assis sur l'arc en ciel; à sa droite la Vierge, agenouillée, montre son propre sein; vis-à-vis St. Jean Baptiste. Au-dessous du Sauveur, l'archange St. Michel tient une balance. Sur le terrain, les morts qui ressuscitent, l'entrée du paradis et une gueule d'enfer. En haut, dans les deux médaillons, le jugement de Salomon et une exécution. Pièce signée.

130. 12 sujets de la vie de Jésus, dans des médaillons rangés trois à trois sur une feuille; sans signature. Les médaillons ont 1 pouce de diamètre et le tout H. 4 p. 1 l. L. 3 p. 1 l. Musée Britannique, Berlin.

Les trois premières compositions se suivent à rebours de gauche à droite. Ce sont, en tout, les suivantes:

a. La trahison de Judas. Le Christ au jardin des oliviers. La Cène.

b. Le Christ devant Hérode. La flagellation. Le couronnement d'épines.

c. Pilate se lavant les mains. Le portement de croix. Le Christ en croix.

d. La déposition. La mise au tombeau. La résurrection.

131. 7 sujets de la vie de Jésus Christ dans des médail-

lons de 10—11 l. de diamètre et dans un ornement gothique de 3 p. de diamètre qui s'appuie sur quatre pilastres perpendiculaires et isolés, sans terrain, et qui se termine en haut par un couronnement, en bas, par un piédouche. Les médaillons sont disposés deux, trois et deux. Sans signature. H. 4 p. 10 l. L. 3 p. 5 l. Berlin.

a. Le Christ en croix. La mise au tombeau.

b. Le portement de croix. Le Christ pleuré. Le Christ parmi les docteurs.

c. La circoncision. La fuite en Égypte.

132. 7 compositions de la vie de Jésus et de Marie, dans des médaillons de 11 l. de diamètre. Ils se trouvent renfermés dans un cercle formé par deux branches d'arbre croisées et soutenant un vase où l'on voit deux enfants assis l'un vis-à-vis de l'autre. L'ordre dans lequel on a disposé les médaillons est le même que dans la planche précédente. H. 4 p. 2 l. L. 3 p. Berlin.

a. La nativité. L'annonciation.

b. Le Christ apparaît à sa mère. Le couronnement de la Vierge. La visitation.

c. L'adoration des Mages. La descente du St. Esprit.

133—135. Trois sujets de la passion. Chacune de ces pièces a, au-dessous du sujet principal et dans l'arc supérieur, un autre plus petit dans un médaillon. Le tout est entouré d'une riche bordure architectonique. En bas et sur chaque estampe, est une inscription en blanc sur fond noir. Elles ne sont point signées quoiqu'elles appartiennent aux gravures les plus finement exécutées du maître. H. 3 p. L. 2 p. 2 l. Musée Britannique.

133. Le Christ au jardin des oliviers. Dans le médaillon la prise de Jésus.

134. Le Christ devant Pilate. En haut on entraîne le Christ lié.

135. Le portement de croix. Au haut le Christ cloué à la croix.

136. 137. Deux sujets de la passion. Ces compositions sont disposées comme dans les trois pièces précédentes; mais leur format est plus petit. H. 2 p. 9 l. L. 1 p. 9 l. Musée Britannique.

136. Le Christ montré au peuple; au-dessus, le portement de croix.

137. La déposition; au-dessus, la mère de douleurs.

138—140. Trois sujets de la passion. Ils sont entourés

d'un double trait de bordure. Pièces non signées, mais d'une exécution fine de notre maître. H. 1 p. 9 l. L. 1 p. Musée Britannique.

138. Le portement de croix. Le bourreau, à gauche, donne un coup de pied au Christ. A droite la Véronique avec le voile, mais sans l'impression de la sainte face.

139. Le crucifiement. A droite, Longin perce le côté du Christ. La Madeleine est agenouillée au pied de la croix.

140. Le Christ pleuré par les siens. Dans le fond le mont Calvaire et, au pied de la croix, la couronne d'épines.

141. L'annonciation. La Vierge, à gauche, lève les mains avec une expression d'étonnement; à droite, l'ange debout. Pièce non signée, mais certainement du maître. Ovale de 8 l. de hauteur. Musée Britannique. [5])

142. Même sujet. L'ange est à gauche; au sceptre qu'il porte est enroulée une banderole avec l'inscription: „Ave Maria" etc. A droite, Marie, agenouillée devant un prie-Dieu, se tourne vers l'ange; au-dessus d'elle plane le St. Esprit. Un arc, vu seulement en partie, est soutenu par deux pilastres ornés. Au haut et au bas des listels avec des arabesques. Pièce médiocre, non signée. H. 3 p. 5 l. L. 2 p. 6 l. Collection Aremberg à Bruxelles.

143. La nativité. La Vierge est agenouillée, à gauche, devant l'enfant Jésus couché sur un pan de son manteau; derrière celui-ci se tiennent plusieurs petits anges qui l'adorent. A gauche, dans le fond, le bœuf et l'âne. Par la porte, à droite, on voit deux pasteurs et au-dessus d'eux dans le lointain, l'annonciation aux bergers. Pièce non signée. H. 3 p. 10 l. L. 2 p. 10 l. (Heinecken No. 32.) Dresde.

144. Même sujet. La composition est dans un médaillon renfermé dans un carré en hauteur. Aux coins supérieurs on voit Moïse devant le buisson ardent et un prêtre qui dit la messe; à droite et au-

---

5) On trouve au Musée Britannique 22 très-petites pièces de forme ronde ou ovale, qui sont toutes attribuées au maître S, bien qu'elles ne lui appartiennent qu'en partie, comme l'annonciation que nous venons de décrire, de même qu'un portement de croix en ovale et une Vierge avec l'enfant Jésus, assise, couronnée et entourée de rayons dans un médaillon. Quatre autres pièces, de dimensions un peu plus grandes et représentant la mère de douleurs, ne sont pas seulement d'un travail très-inférieur, mais montrent un style tout-à-fait différent dans les cassures angulaires des draperies. Toutes ces estampes ont été trouvées dans un livre de prières et sont légèrement coloriées.

dessous, un ornement. Pièce non signée. H. 3 p. 8 l. L. 2 p. 8 l. (Heinecken No. 25.) Dresde.

145. L'adoration des Mages. Cette composition, qui se trouve sous un portail gothique, est entourée de six autres sujets dans des médaillons, savoir à gauche: 1. l'annonciation, 2. la visitation, 3. la nativité; à droite: 4. le Christ apparaît à sa mère, 5. la descente du St. Esprit, 6. le couronnement de la Vierge. Dans les ouvertures latérales du portail on voit assises, à gauche Ste. Catherine, à droite Ste. Barbe. Pièce non signée. H. 6 p. 2 l. L. 4 p. Berlin. Brulliot, dans son Dictionnaire II. No. 2460, décrit une portion de cette gravure. Il en existe un pendant représentant le crucifiement et un second avec la famille de Ste. Anne que nous décrirons sous les Nos. 158 et 173.

146. Même sujet. La Vierge est assise, au milieu, dans une salle soutenue par des colonnes et tient sur les genoux l'enfant Jésus qui se tourne vers le roi agenouillé à droite; près de celui-ci un autre roi debout. Dans le fond trois spectateurs. Le S se voit sur un pan de maçonnerie. H. 2 p. 11 l. L. 2 p. 4 l. Cat. Sprickmann No. 37. R. Weigel, Cat. No. 19595.

147. Même sujet. La Vierge est assise au milieu; devant elle, à genoux, le vieux roi sans barbe; le second est debout derrière lui et le plus jeune des rois se tient à gauche. En haut, dans les coins, on voit deux écussons d'armoiries; le premier portant en champ un cor de chasse, le second un cœur percé de deux flèches en sautoir. Pièce médiocre. H. 3 p. 2 l. L. 2 p. 5 l. Musée Britannique.

148. Le Christ avec quatre de ses disciples. Ils sont debout, à gauche, près d'une fontaine; vis-à-vis d'eux quatre docteurs de la loi. Au haut, Dieu le père. Pièce médiocre sans signature. Médaillon de 1 p. 7 l. de diamètre. Liége.

149. La Madeleine oignant les pieds du Christ. Celui-ci est assis à gauche à une table près de quatre autres figures. De la droite s'avance un serviteur portant un plat et, plus en arrière, on voit deux autres personnages debout. La Madeleine est à genoux essuyant de ses cheveux les pieds du Sauveur. Pièce ronde de 4 p. 4 l. de diamètre. Musée Britannique.

150. Le Christ devant Caïphe. Celui-ci déchire ses vêtements. Dans un compartiment au-dessus, se trouvent sept enfants ailés, nus. Le tout dans un médaillon entouré d'un carré et renfermés tous deux par une bordure de 3 l. de largeur avec des arabesques dans

les intervalles. Au milieu du haut, trois enfants ailés et, dans les coins, des médaillons de 1 p. de diamètre. Pièce non signée. H. 5 p. 8 l. L. 4 p. 3 l. Berlin.

151. Le couronnement d'épines. La composition principale est entourée de sept médaillons qui contiennent les sept douleurs de Marie. Les deux médaillons du bas sont soutenus par deux enfants, au-dessus de leur tête. Au bas une inscription néerlandaise: 𝕯𝖎𝖙. 𝖋𝖞𝖓. 𝖉𝖎𝖈. 𝖋𝖈𝖎𝖙𝖊̄. ... 𝖔𝖚𝖘. 𝕳𝖊𝖗𝖗𝖚. 𝖎𝖍𝖈𝖋𝖚. Pièce non signée et probablement gravée par un élève du maître. H. 3 p. 5 l. L. 2 p. 6 l. Musée Britannique.

152. Le Christ montré au peuple. Il est debout derrière un appui avec la couronne d'épines et le roseau; Pilate, à droite, tient un des pans du manteau du Christ. A gauche les deux larrons et, derrière eux, on aperçoit encore trois têtes. A droite, derrière Pilate un bourreau avec des verges. Dans le fond, riche architecture et une vue de la ville par une porte ouverte. Pièce non signée. H. 9 p. 11 l. L. 8 p. Musée Britannique.

153. Le portement de croix. Le Christ, tourné à droite, succombe sous le poids de la croix. Un bourreau, à gauche, lui donne un coup de pied, tandis que le Cyrénéen soutient la croix. A droite est agenouillée la Véronique tenant le voile. Sur une hauteur, plus loin, se voit la Vierge entourée de saintes femmes assises. A gauche des cavaliers. Pièce ronde non signée, de 2 p. 4 l. de diamètre. Musée Britannique.

154. Même sujet. La marche se dirige à droite. Un bourreau donne un coup de pied au Christ qui succombe. Au milieu du bas le S. Médaillon de 1 p. 8 l. de diamètre. Berlin.

155. Même sujet. Le Christ est tombé sur un genou. Simon de Cyrène porte la partie inférieure de la croix; à côté de lui la Vierge et la Véronique, agenouillée, tenant le voile. Dans le fond, une foule de peuple et de soldats; à droite la porte de la ville. Pièce ronde de 4 p. 10 l. de diamètre, entourée d'une bordure avec des fleurs dans le style néerlandais. Gravure médiocre de l'école du maître. Francfort s. M.

156. Les soldats font boire le Christ avant son crucifiement. Copie d'après Lucas de Leyde B. No. 73. H. 2 p. 6 l. L. 2 p. Voyez Bartsch VIII. p. 13. No. 2.

157. Le crucifiement. Trois anges reçoivent, dans des calices, le sang qui coule des plaies du Christ. A gauche, la Vierge évanouie,

St. Jean et une sainte femme. La Madeleine embrasse le pied de la croix. A droite le peuple et des soldats. La composition principale est entourée d'un ornement à guise d'arabesque où se trouvent plusieurs petits sujets. En haut, trois d'entre eux se rapportent au sacrifice d'Abraham. Aux côtés sont disposés six petits médaillons avec la circoncision, le Christ au jardin, la flagellation, le couronnement d'épines, Jésus dépouillé de ses habits et le crucifiement. Le S est au milieu du bas. H. 5 p. 3 l. L. 4 p. Collection Albertine à Vienne.

158. Le crucifiement, entouré des sept douleurs de la Vierge. La composition principale occupe le centre de l'estampe et on voit, au-dessus, la mère de douleurs entourée de sept glaives, assise et tenant sur les genoux le corps de son fils. Trois médaillons de chaque côté contiennent des sujets de la passion et, dans les intervalles du haut, se trouvent les quatre docteurs de l'église. En bas, à gauche, Job avec ses amis; à droite, le sacrifice d'Abraham. H. 6 p. L. 3 p. 11 l. Cobourg.

159. Le crucifiement. Le Christ est en croix entre les deux larrons; au bas les saintes femmes et le peuple. A la croix du larron de droite est appuyée une échelle sur laquelle est monté un bourreau armé d'une massue. La signature S est au bas, à droite. Médaillon de 1 p. 7 l. de diamètre. Berlin.

160. Le crucifiement. A gauche la Vierge, St. Jean et une sainte femme. La Madeleine embrasse la croix. A droite Longin perçant de sa lance le côté du Christ, et une foule de peuple. Deux petits anges recueillent dans des calices le sang qui coule des plaies des mains. En haut le soleil et la lune. La signature S au bas. H. 3 p. L. 1 p. 11 l. Paris.

161. Le Christ en croix. La Madeleine est agenouillée au pied de la croix. A gauche la Vierge debout, une grande épée enfoncée dans le sein; à droite St. Jean les mains élevées. H. 1 p. 8 l. L. 1 p. 1 l. B. No. 3.

162. Même sujet. A gauche la Vierge debout regardant en haut et s'essuyant les yeux de la main gauche. A droite St. Jean, vu de face, le visage tourné et croisant les mains. Au haut le soleil et la lune et au pied de la croix un crâne. Le fond est rempli de rayons venant du ciel. Pièce cintrée. H. 2 p. 11 l. L. 2 p. 2 l. Collection Detmold à Hanovre.

163. Même sujet. La Vierge est à gauche, l'épée enfoncée dans le sein; St. Jean à droite avec la Madeleine embrassant la croix.

En haut le soleil et la lune. Le S à gauche. H. 4 p. L. 2 p. 7 l. Collection Albertine à Vienne.

164. Le Christ en croix. A gauche la Vierge debout, à droite St. Jean et derrière lui un arbre. La signature est à côté de la Vierge. H. 3 p. 3 l. L. 2 p. 4 l. Musée Britannique.

165. Le Christ pleuré par les siens. Composition principale, entourée de six autres plus petites, savoir: à gauche la circoncision; à droite Jésus dans le temple. En haut la fuite en Égypte, le portement de croix, le mont Calvaire et la mise au tombeau. Pièce non signée. H. 9 p. 5 l. L. 7 p. (?) Paris.

166. Même sujet. La tête du Christ est à droite, soutenue par la Madeleine. La Vierge, s'appuyant sur St. Jean, tient le bras droit de son fils et aux côtés se voient deux saintes femmes. Sur la montagne, dans le fond, on aperçoit deux cavaliers et deux hommes portant une échelle. Le S est à la droite du bas. H. 3 p. 4 l. L. 2 p. 7 l. Musée Britannique.

167. Même sujet. Le corps du Christ est soutenu, à gauche, par Joseph d'Arimathie. La Vierge est agenouillée au milieu embrassant de la main droite la tête couronnée d'épines de son fils et de la gauche sa main droite. A côté d'elle St. Jean, debout à droite, avec la Madeleine agenouillée et une autre sainte femme. Deux échelles sont appuyées à la croix en forme de T qui se voit dans le fond. Pièce un peu rude, sans signature. H. 3 p. 11 l. L. 2 p. 11 l. Cobourg.

168. La déposition et la mise au tombeau. La tête du Christ est vers la gauche. Deux hommes le soutiennent sur un linceuil. Au milieu de l'estampe la Vierge éplorée. Pièce non signée. H. 1 p. 5 l. L. 1 p. Musée Britannique.

169. La résurrection. Le Christ avec l'étendard de la croix est porté sur un nuage. Au bas neuf soldats renversés. Pièce ronde, sans signature, de 2 p. 2 l. de diamètre. Musée Britannique.

170. Même sujet. Le Christ est debout sur le tombeau; au bas cinq soldats épouvantés. Cette composition est dans un ovale, placé perpendiculairement et entouré en haut et en bas d'un ornement de feuillage. Dans la partie inférieure se trouvent un écureuil et trois lapins. Pièce non signée. H. 2 p. 8 l. L. 1 p. 3 l. Paris.

171. Même sujet. Le Christ, tenant l'étendard de la croix, est debout sur le sarcophage, dans l'action de bénir. Autour cinq soldats endormis. Dans le paysage on voit les trois Maries. Au bas, dans une

tablette, un burin, une boîte et un époussetoir. Pièce non signée.
H. 2 p. 7 l. L. 1 p. 9 l. Paris.

172. La résurrection. Le Christ, grande figure presque
au milieu de l'estampe, donne sa bénédiction en tenant l'étendard de
la croix. Sur le devant, à gauche, cinq soldats. Dans le milieu du fond,
Jésus se montre aux trois saintes femmes et, à droite, à la Madeleine. Dans
le lointain, la ville de Jérusalem où le Christ apparaît à sa mère; au milieu
il est avec ses disciples et, à droite, à table avec les disciples d'Emaüs.
Un peu plus en avant, il est debout sous deux grands arbres et prend
St. Pierre par les deux mains. Le S au bas. H. 10 p. L. 14 p. 5 l.
Paris, Bâle.

Images de la Vierge et de Saints.

173. La famille de Ste. Anne. Elle est assise sur un
siége élevé et lit dans un livre. Derrière elle, aux côtés et placés
derrière un socle, deux hommes debout et, devant, deux anges faisant de la musique. La Vierge avec l'enfant Jésus est assise à ses
pieds près de deux saintes femmes avec quatre enfants, apôtres futurs.
Ce groupe est placé sous une riche architecture gothique terminée aux
côtés par une bordure architectonique où se trouvent placés St. Jean
Baptiste et St. Jean l'Évangéliste et, dans le haut, trois médaillons avec
des sujets de la vie de Ste. Anne. H. 6 p. 1 l. L. 4 p. 1 l. Dans
la bibliothèque de l'université de Gottingue. H. Loedel en donne un
facsimile dans son ouvrage intitulé: „Kleine Beiträge zur Kunstgeschichte“,
Goettingen 1857. in-4°. Cette pièce forme pendant avec l'adoration des
Mages No. 144 et le crucifiement No. 158.

174. La famille de Ste. Anne. Elle est assise sur un trône,
ayant à ses pieds la Vierge qui tient devant elle l'enfant Jésus. Derrière un mur à hauteur d'appui on voit St. Joseph et St. Joachim et,
au-dessus, le St. Esprit. Deux petits anges sont assis sur les montants
du trône. En haut et aux côtés, des bordures avec des ornements de
fleurs. H. 3 p. 7 l. L. 2 p. 9 l. Liége.

175. Les sept allégresses de la Vierge. Dans un rond
d'ornement gothique se trouvent sept petits médaillons dont celui du
milieu représente la Vierge entourée de quatre anges. Les autres médaillons contiennent l'annonciation, la visitation, la nativité, l'adoration
des Mages, le Christ apparaissant à sa mère et la descente du St. Esprit. Dans l'ornement de feuillage qui entoure le tout on voit, en
haut, deux petits anges qui tiennent la tête d'un agneau liée à

un ruban. Pièce non signée. H. 4 p. 3 l. L. 3 p. Dresde,
Paris. [6])

176. Les sept allégresses de la Vierge. La Vierge est
assise; au milieu de l'estampe, sur un trône et tient sur les genoux
l'enfant Jésus qui lui jette les bras autour du cou. Elle est entourée des
sujets des sept allégresses dans des médaillons, trois de chaque côté et un
en haut. Le tout est renfermé dans une architecture ornée dans le style
de la renaissance. Pièce qui paraît être du maître S. H. 2 p. 7 l. L. 1 p. 10 l.
Dans le Mss. du frère Trudon de Liége du XVIe. siècle, T. O. Weigel
à Leipsic.

177. La Ste. Famille. La Vierge est assise sous un tabernacle gothique et tient sur le genou gauche l'enfant Jésus debout;
celui-ci a passé le bras gauche autour du cou de sa mère. A droite
St. Joseph, assis, lui présente une fleur. Dans le couronnement du
tabernacle se trouvent deux petits anges. H. 3 p. 2 l. L. 2 p. 4 l.
Musée Britannique.

178. La Vierge avec deux petits anges. Elle est assise
et tient sur le genou droit l'enfant Jésus auquel elle offre une pomme.
De chaque côté un petit ange jouant de la flûte. Fond noir et orné
de rayons. Belle pièce, non signée, du maître; médaillon de 1 p. 3 l.
de diamètre. Musée Britannique.

179. La Vierge couronnée par deux anges. Elle est debout sur le croissant et couronnée par deux anges, sous un arc gothique. La lettre S est à la gauche du bas. H. 3 p. 5 l. L. 2 p. 2 l.
Voyez Brulliot, II. No. 55.

Sotzmann décrit, dans les „Archives de Naumann“ III. p. 29, une
pièce absolument semblable, mais avec deux anges agenouillés au bas
et sans signature, qui se conserve à Berlin.

180. Sujet analogue. La Vierge, avec l'enfant Jésus, est debout sur le croissant et tournée vers la gauche; deux petits anges
tiennent une couronne au-dessus de sa tête. Aux côtés, des colonnes
à guise de candélabres. Pièce cintrée; la lettre S est en haut.
H. 1 p. 10 l. L. 1 p. 2 l. Paris.

181. La Vierge adorée par un Saint. Elle est assise, à
gauche, dans une chapelle et adorée par un saint abbé. Au second
plan, à droite, le Sauveur s'incline de la croix vers un ecclésiastique

---

6) Voyez les sept douleurs de la Vierge, où le crucifiement forme le sujet
principal, No. 158 de notre Catalogue.

III. 5

à genoux. La lettre S se trouve vers la gauche du bas. H. 3 p. L. 2 p. 4 l. R. Weigel, Cat. No. 19596. De la Collection Sprickmann, Cat. No. 38.

182. La Vierge avec deux anges qui font de la musique. Elle est debout, avec l'enfant Jésus dans les bras, au milieu d'une salle soutenue par des colonnes. Aux côtés, sur des socles, deux anges font de la musique. La signature est au bas. Pièce ronde de 1 p. 6 l. de diamètre. Liége.

183. La Vierge couronnée par deux anges. Elle est tournée à gauche et donne le sein à l'enfant Jésus. Deux anges la couronnent. Cette composition se trouve dans un médaillon, renfermé dans un carré dont les coins sont remplis d'arabesques. H. et L. 2 p. 4 l. Cat. Sprickmann No. 40.

184. La Vierge couronnée par deux anges et accompagnée de Saints. Elle est debout, sur le croissant, avec l'enfant Jésus et couronnée par deux anges, sous un portail gothique dans les vides latéraux duquel on voit debout, à gauche, Ste. Marie Madeleine avec le vase à parfums; à droite, Ste. Marie Égyptienne qui tient trois pains. Dans le pignon, au-dessus du milieu, se trouve St. Jean l'Évangéliste portant le calice, entre deux anges, sur les projections du pignon, qui font de la musique. Enfin sur chacune des deux colonnes formant les côtés de l'ouverture centrale deux figures d'hommes dans le costume du temps. Pièce non signée. H. 4 p. 10 l. L. 3 p. 6 l. Berlin.

185. Marie avec l'enfant Jésus et Ste. Anne. Les figures sont assises; dans le fond, à gauche, un château fort. Cette composition est entourée d'une bordure à zig-zag, dans chaque dentelure de laquelle se trouve une fleur, et dont la largeur de 5—10 l. n'est pas uniforme partout. Avec la bordure H. 3 p. 10 l. L. 2 p. 6 l. Sans la bordure H. 2 p. 5 l. L. 1 p. 6 l. Berlin.

Cette pièce, non signée, est d'un travail assez rude et s'éloigne, dans la forme de l'auréole du Saint, de la manière du maître, c'est-à-dire qu'elle n'est point à faisceaux et formée à guise de rayons, ce qui pourrait indiquer que c'est l'ouvrage d'un élève. Voyez Sotzmann, Archives de Naumann III. p. 29. No. 9.

186. La Vierge avec l'enfant Jésus. Elle prend dans un vase, à droite, une rose vers laquelle l'enfant Jésus tend aussi la main. En haut, dans la bordure, on voit l'écusson d'armoiries de la ville de Liége, une aigle à deux têtes au-dessus d'un mur maçonné. Deux génies

tiennent une banderole avec l'inscription flamande: ꝏt minnen verfaemt (unis par amour), devise analogue à celle de l'académie d'Anvers: ꝏt joensten verfaemt (unis par faveur). Et au bas: S. TRVYDEN (St. Trond). Pièce non signée. H. 3 p. 9 l. L. 2 p. 6 l. Liége.

187. La Vierge avec l'enfant Jésus, qu'elle tient sur les genoux. A ses pieds le croissant et la tête de Satan; l'enfant tient un rosaire. Les deux figures sont entourées de rayons. Cette composition se trouve dans un rhomboïde renfermé dans un carré dont les coins sont remplis par des roses. En haut dans une banderole: WT MINNEN VERSAEMT (unis par amour). Pièce non signée. H. 3 p. L. 2 p. 4 l. Liége.

188. La reine des cieux. La Vierge est debout sur le croissant, foulant aux pieds la tête du démon et offrant à l'enfant Jésus, qu'elle tient du bras droit, une pomme. Elle porte sur la tête une couronne de rayons et toute la figure est entourée de rayons circonscrits par des roses. La bordure du haut est fermée par des roses croissant dans des vases. Pièce non signée. H. 3 p. 6 l. (?) L. 2 p. 11 l. Liége.

189. La Vierge et les Saints dans 15 médaillons qui sont disposés trois à trois sur une même feuille et contiennent des demi-figures. La suite supérieure montre au milieu la Vierge, à gauche Ste. Barbe, à droite Ste. Catherine. La suite inférieure est composée du St. chevalier Achatius avec un rosaire et une couronne d'épines, à gauche St. Christophe, à droite St. Eustache. Le tout est renfermé dans un ornement gothique. H. 4 p. 4 l. L. 2 p. 11 l. Dresde.

190. Mater dolorosa. La Vierge est assise les mains jointes et le sein percé de sept glaives. Au haut une banderole dans un ornement avec l'inscription: SICVT LILIVM INTER SPINAS. Pièce non signée. H. 2 p. 7 l. L. 2 p. (?) Liége.

191. La Trinité. Devant Dieu le père, le Christ agenouillé montre ses plaies et semble intercéder pour les hommes derrière lui qui sont tous couronnés de feuillage. Au-dessus plâne le St. Esprit. A la marge supérieure deux anges tiennent un écusson rhomboïdal sur lequel on voit représenté le Christ debout sur son tombeau. Le heaume porte pour cimier la couronne d'épines et les trois clous. Au bas de la bordure, ornée de fleurs, on lit: MEMENTO MEI DOMI. H. 4 p. 3 l. L. 3 p. 3 l. (?) Liége.

192. Le Sauveur du monde. Le Christ tient sur le bras gauche le globe du monde qu'il bénit. Aux côtes, sur deux piédestaux, deux anges

faisant de la musique. La lettre S est au bas. Médaillon de 1 p. 6 l. de diamètre. Pendant de la Vierge No. 182. Liége.

193. Le bon pasteur. Le Christ, les épaules chargées d'un agneau, est représenté au haut de l'estampe dans une gloire. Au bas, et séparés en deux groupes de six personnes chacun, des hommes et des femmes contemplent émerveillés une femme qui élève une hostie de la main droite et de la gauche sonne une petite cloche. Aux côtés se dressent deux pilastres soutenant chacun un petit ange assis. Dans la bordure de feuillage qui entoure cette estampe, on voit en haut la lettre S dans une banderole. H. 3 p. 1 l. L. 2 p. 2 l. Francfort s. M.

194. L'homme de douleurs. Il est assis, les mains liées, sur un tronc d'arbre. A gauche la Vierge, à droite St. Jean, tous deux les mains jointes. Au-dessus de la première figure se trouve le monogramme I H S dans une auréole de rayons et, au-dessus de St. Jean, le voile de la Véronique. Tout autour dans la bordure, les instruments de la passion. H. 3 p. 11 l. L. 2 p. 9 l. Gravure médiocre de l'école du maître. Musée Britannique.

195. Même sujet. Le Christ est debout, tourné vers la droite et les reins couvert d'une draperie; il tient du bras gauche la croix et dans la même main des verges; de l'autre la lance surmontée de l'éponge. Derrière lui, une colonne sur laquelle on voit un coq et les trois dés. A terre, tout auprès, le calice et un fouet. Un arc, soutenu par deux pilastres ornés, ferme le haut. La lettre S est placée sous le bras droit du Christ. Pièce finement exécutée. H. 2 p. 3 l. L. 1 p. 3 l. Musée Britannique.

196. Même sujet. Le Christ, demi-figure, se voit dans un sarcophage. Aux côtés la Vierge et St. Jean en prières. En haut deux petits anges avec les instruments de la passion et, au bas, l'inscription: ECCE HOMO. Pièce cintrée par le haut. H. 2 p. 8 l. L. 1 p. 10 l. Paris.

197. St. Michel. Il foule le diable aux pieds. Le corps de l'archange est tourné vers la gauche avec la tête à droite et il lève son épée de la main gauche. A droite, dans le paysage, un moulin-à-vent sur une montagne. Pièce ronde, non signée. 1 p. 10 l. de diamètre. Musée Britannique.

198. St. Jean Baptiste. Il est debout, revêtu d'une haire, tenant de la main gauche un livre ouvert et indiquant de la droite l'agneau de Dieu, couché devant lui. On lit autour de son auréole:

ECCE AGNVS DEI; un arc orné sert de bordure. Pièce non signée.
H. 3 p. 6 l. L. 2 p. 7 l. Collection Albertine à Vienne.

199. La décollation de St. Jean Baptiste. A droite le
bourreau, aux pieds duquel est étendu le cadavre du Saint, place la tête
de celui-ci sur le plat que lui présente Hérodiade. Au milieu du haut
une tablette avec le S. Copie en contrepartie de l'estampe de Lucas
de Leyde B. No. 111. H. 3 p. 8 l. L. 3 p. 5 l. Bartsch No. 4.

200. Les apôtres. Jusqu'à présent nous n'avons vu que quatre
pièces de cette série qui contient probablement les 12 apôtres. Ce sont
des figures isolées, debout et entourées d'une large bordure ornée. Ils sont
tous marqués du S et du millésime 1519 ou 1520. H. 3 p. 3 l. L. 2 p. 5 l. Deux
de ces pièces sont passé du Cabinet Detmold dans celui de Francfort s. M.

    a. St. Jacques le mineur. Il est vu de profil, tourné vers
la droite et tient une équerre. Au haut, sur une banderole, S. 1319.
(Par erreur un 3 au lieu d'un 5.)

    b. St. Simon. Il est vu de face, tenant un livre et regardant
la scie qu'il tient de la main droite. Dans l'arabesque à droite se
trouve la lettre S dans une tablette, et dans le centre, en haut, le
millésime 1519.

    c. St. Mathias. Il est tourné vers la droite, et tient une halle-
barde. A gauche, dans l'arabesque, une banderole à enroulements
avec le millésime 1520.

    d. St. Thomas. Il est vu de face, lisant dans un livre et tenant,
du bras droit, une lance. A gauche la lettre S et au haut, dans le
coin, un ruban avec le millésime 1520.

201. Les apôtres. Figures isolées, debout. En haut, dans
un médaillon, on voit le martyre de chacun et le tout est renfermé
dans une bordure de fleurs. On ne connaît jusqu'ici que trois pièces
de cette suite. H. 2 p. 8 l. L. 1 p. 10 l.

    a. St. Pierre. Il est debout, tenant une clé de la main gauche
et lisant dans un livre. En haut, dans le médaillon, le crucifiement
de l'apôtre. Le S est près du pied droit. Musée Britannique.

    b. St. André. Il est vu de face, devant sa croix et lit dans
un livre. Dans le médaillon le crucifiement du Saint. La lettre S
se trouve au bas. Paris.

    c. St. Jacques le majeur. Il est vu de face, et tient un
livre. Dans le médaillon sa décollation. Munich.

202. Les apôtres. Ils sont entourés d'une bordure ornée
dans laquelle se trouve la lettre S et portent des numéros, ce qui in-

dique que les deux que nous connaissons appartiennent à une série de 12. Ils sont de format carré, portant en tout sens 2 p. 11 l. Voyez Brulliot II. No. 2460^a.

     a. St. Mathias.

     b. St. Simon.

     203. Les apôtres, chacun sur une feuille séparée et placés debout sous un portail, avec un médaillon supérieur contenant le martyre de l'apôtre représenté. Au bas, en lettres grises sur fond noir, le nom de chacun avec l'inscription: ORA PRO NOBIS. H. 4 p. 3 l. L. 3 p.

     Ces estampes se trouvent collées dans un manuscrit de 1526. Le St. Jacques de cette suite est indiqué dans le Cat. Buckingham II. No. 2086. Sotzmann, Archives de Naumann III. p. 30. No. 16.

     204. St. Jean l'Évangéliste. Il est debout, vu de face et tient de la main gauche le calice d'où s'élève un serpent qu'il bénit de la droite. Aux deux côtés se trouve un soubassement avec des colonnes dont celle de droite porte la lettre S. Derrière celles-ci on aperçoit un petit ange. Médaillon de 1 p. 6 l. de diamètre, mais fort rogné, la pièce étant originairement carrée. Dans le mss. du frère Trudon de Liége chez Mr. T. O. Weigel à Leipsic.

     205. Le crucifiement de St. Pierre. Trois bourreaux sont occupés à lui lier les mains et les pieds avec des cordes. On en voit deux autres dans le fond et, à droite, trois figures d'hommes. Dans la marge du bas: S. PETRVS. H. 2 p. 9 l. L. 1 p. 10 l. Liége.

     206. Martyre de l'apôtre St. Simon. Il est pendu par les jambes, la tête en bas et scié au milieu du corps. En tout, dix figures près de quelques arbres. Dans la marge du bas on lit: S. SIMON. H. 2 p. 9 l. L. 1 p. 10 l. Liége. Pendant du No. précédent et appartenant, selon toute probabilité, à une série d'estampes représentant le martyre des douze apôtres.

     207. St. Étienne et St. Laurent. Ils sont debout l'un à côté de l'autre, avec leurs symboles, sous un arc double. En haut un médaillon avec le martyre de St. Laurent. Petit-in-8°. L'exemplaire de Liége est très-rogné.

     208. St. Laurent. Il est debout, tourné vers la droite, lisant dans un livre qu'il tient de la main gauche tandis qu'il appuie la droite sur le gril. A la gauche du bas, la lettre S. Un riche ornement, où l'on voit plusieurs enfants qui jouent, s'appuie sur deux pilastres surmontés de deux autres enfants qui donnent du cor. On

lit au bas: S. Lavrentius ora pro nobis. H. 4 p. 6 l. L. 3 p. 1 l.
Musée Britannique.

Sotzmann, dans les Archives de Naumann III, p. 30, décrit sous
le No. 19 un sujet analogue du Cabinet de Berlin, mais signé des initiales MdS.

209. St. Sébastien. Il est debout, tourné vers la gauche et
attaché à un arbre sec, avec une grosse flèche enfoncée dans la poitrine. La signature est à la gauche du bas. H. 2 p. 1 l. L. 1 p. 3 l.
Musée Britannique.

210. St. Christophe. Il s'avance, à cheval, vers la droite
et tourne la tête vers l'enfant Jésus qui, placé sur ses épaules, le bénit.
Le Saint tient de la main droite un long bâton; dans le fond, à gauche,
l'hermite avec la lanterne. Fond noir et travail médiocre. Le S est au
milieu du bas. Pièce ronde de 1 p. 4 l. de diamètre. R. Weigel.

211. St. George. Il galoppe à droite et frappe de son épée
le dragon sur le premier plan à gauche. La princesse est attachée à
un rocher à droite; la lettre S se trouve du même côté. Pièce ronde,
1 p. 8 l. de diamètre. Bartsch No. 6.

212. St. Jérôme. Il est agenouillé, tourné vers la droite, devant un crucifix portant l'inscription I N R I et tient une pierre de la
main gauche. On voit de nouveau, dans le paysage, le Saint assis à
côté du lion. Dans le fond deux chameaux qui s'avancent vers la
porte d'un couvent. Pendant du St. Michel No. 197. Pièce ronde,
1 p. 11 l. de diamètre. Musée Britannique.

213. Le même sujet. St. Jérôme est agenouillé devant un
tableau de Jésus crucifié avec la Vierge et St. Jean aux côtés et tient
une pierre de la main droite; à côté de lui est couché le lion. Dans
une fente de rocher on aperçoit une chouette; à gauche de grands
arbres dans un paysage. Près du lion une petite tablette avec la lettre
S. Travail très-fin. H. 4 p. L. 3 p. Musée Britannique.

214. Même sujet. Il est debout, un peu tourné vers la droite,
lisant et tenant un crucifix du bras droit. A ses pieds et à droite le
lion. En haut un léger ornement de feuillage repose sur des con-
soles. Pièce non signée. Au bas on lit: S. Cheronim' ora pro
nobis. H. 3 p. L. 1 p. 9 l. Musée Britannique.

215. Même sujet. Il est debout, lisant, un peu tourné vers
la droite et tient du bras droit un bâton recourbé. Un petit lion
est couché à ses pieds et à gauche. Un arc gothique s'élance de deux
pilastres, sur chacun desquels est un petit ange qui tient un rin-

ceau de fruits. H. 4 p. L. 2 p. 11 l. Imitation de la pièce précédente.

216. St. Augustin. Il est debout, tourné vers la droite et couvert des vêtements épiscopaux, sous un rinceau de feuillage à enroulements. Il tient au-devant de lui un cœur percé d'une flèche et, du bras droit, une crosse. Pièce non signée. Au-dessus: Sanctus Avgvstinvs. H. 3 p. 1 l. L. 2 p. Musée Britannique.

217. Même sujet. Il tient de la droite une crosse et de la gauche un cœur. A la gauche du bas la lettre S et au-dessous: S. Avgvstinvs, ora pro nobis. H. 2 p. 11 l. L. 1 p. 9 l. Brulliot II. No. 2460. No. 56.

218. La messe de St. Grégoire. Le Saint est agenouillé, tourné vers la droite, devant l'autel où apparaît la figure du Christ couronné d'épines. Un diacre tient le manteau du Saint, derrière lequel on voit un cardinal et un évêque. A gauche St. Jean Baptiste. Tout-à-fait sur le devant et de proportions plus petites, un ecclésiastique agenouillé et lisant. Dans le fond les instruments de la passion. Pièce non signée. H. 3 p. 3 l L. 2 p. 8 l. Musée Britannique.

219. Même sujet. Le Saint est agenouillé, tourné vers la gauche, devant l'autel où lui apparaît le Christ. Sur le devant, à gauche, un diacre pareillement agenouillé. Plus en arrière un autre diacre avec un cierge allumé, auprès d'un cardinal et d'un évêque. Le S est au bas. Pièce ronde de 1 p. 11 l. de diamètre. Musée Britannique.

220. Même sujet. Le Saint, vu de dos, est agenouillé au milieu devant l'autel avec l'apparition du Christ, ayant de chaque côté un diacre. Dans le fond, à gauche, un cardinal à genoux et deux évêques debout. La signature se trouve au bas dans un écusson. Pièce ronde de 1 p. 4 l. de diamètre. Musée Britannique.

221. Même sujet. Il est agenouillé, tourné vers la droite, devant l'autel où paraît la demi-figure du Christ. Derrière le Saint, deux ecclésiastiques agenouillés. Fond noir. En haut, sur un pilier, la lettre S. St. Grégoire bénit avec la main gauche. Épreuve de nielle, pièce ronde de 1 p. de diamètre. Dresde.

222. Les Saints Antoine, Sébastien et Roch. Le premier se trouve au milieu, devant une colonnade ou cour de cloître, tenant de la main gauche un bâton et un livre; on voit le pourceau près de lui. A gauche, St. Sébastien, dans les vêtements de l'époque, tient un arc; à droite, St. Roch et son chien. Le S est à la gauche du bas. Pièce ronde de 2 p. de diamètre. Musée Britannique.

223. Tentation de St. Antoine. Il est assis à droite, exorcisant des démons qui se tiennent devant lui sous trois figures de femmes vêtues selon la mode de l'époque. En haut, à gauche, la lettre S sur un rocher. H. 2 p. 3 l. L. 1 p. 5 l. Bartsch No. 5.

224. St. Bernard. Il est agenouillé à gauche devant la Vierge, avec l'enfant Jésus dans les bras, qui lui apparaît dans une gloire et presse de son sein un jet de lait qui retombe sur lui. En haut, dans une banderole, l'inscription: MONSTRA TE ESSE MATREM. Médaillon de 1 p. 3 l. de diamètre, orné par le haut et posé, à guise d'ostensoir, sur un pied dont les bords contournés portent à chaque angle une figurine d'homme assis. Pièce non signée. H. 2 p. 2 l. L. 1 p. 5 l. Berlin.

225. St. Benoît. Il est debout, un peu tourné vers la droite et tient de la main droite un livre, tandis qu'il bénit de la gauche. Pièce de l'école du maître S. H. 1 p. 4 l. L. 1 p. Dans le mss. du frère Trudon de Liége chez Mr. T. O. Weigel à Leipsic.

226. St. François. Il est agenouillé à droite et reçoit les stigmates d'un crucifix ailé. Médaillon dans un carré orné portant aux coins les symboles des évangélistes entourés de banderoles. La signature est à la gauche du bas. H. 2 p. 6 l. L. 2 p. 4 l. Cat. Sprickmann No. 39.

227. Même sujet. Le Saint est agenouillé, tourné vers la gauche et regardant vers le crucifix, muni de six ailes, dont les rayons impriment au Saint les stigmates. Le frère Élie est endormi à droite. Dans le riche paysage se trouvent deux ecclésiastiques. Pièce peu importante de l'école du maître S. H. 2 p. 7 l. L. 1 p. 7 l. Dans le mss. du frère Trudon de Liége chez Mr. T. O. Weigel à Leipsic.

228. St. Achatius. Il est debout en armure complète, couronné d'épines, tenant de la main droite une branche sèche et de la gauche une grosse croix. Au haut un ornement gothique et au bas, à gauche, la signature sur une pierre. Au-dessous: S. Achati? ora pro nobis. H. 2 p. 11 l. L. 1 p. 8 l. Musée Britannique.

229. St. Martin. Il est à cheval et partage son manteau avec un perclus placé derrière lui. Un second pauvre est assis à droite et demande l'aumône. Au haut un ornement gothique. Pièce non signée. H. 3 p. 9 l. L. 3 p. 2 l. Collection Albertine à Vienne, Dresde. (Heinecken No. 222.)

230. St. Roch. Il est assis à droite, avec son chien, dans le voisinage d'une ville. A droite, un ange est agenouillé devant lui.

Le S est vers la droite du bas. H. 3 p. L. 2 p. 6 l. Collection Albertine à Vienne.

231. St. Bruno et autres Saints. Il est assis sur un trône, tenant une branche à la main. A ses côtés deux saints évêques de l'ordre des Carmélites et, à droite et à gauche sur le devant, deux femmes couronnées, Sainte Élisabeth et Ste. Hélène. A côté de la première se trouve la lettre S. H. 3 p. 3 l. L. 2 p. 5 l. Collection Albertine à Vienne.

232. Même sujet. Le Saint, debout, tient de la main gauche une verge fleurie et de la droite un livre. Aux côtés deux évêques carmélites et, tout-à-fait vers la droite, un saint chevalier portant une bannière. Au premier plan et de chaque côté sont agenouillés deux religieux de l'ordre. Pièce non signée. H. 3 p. 4 l. L. 2 p. 11 l. Collection Albertine à Vienne.

233. Un saint archevêque. (St. Eustache?) Il tient dans les mains un cor de chasse et, au bras, la triple croix archiépiscopale. Au haut, dans l'ornement d'architecture gothique, on voit les figures de St. Pierre et de la Madeleine. H. 3 p. 7 l. L. 2 p. 10 l. Collection Albertine à Vienne.

234. St. Eustache. Il est agenouillé au milieu de l'estampe et tourné vers la gauche où se trouve le cerf avec le crucifix. Dans le bois, à gauche, se trouve son cheval et, sur le devant, s'élance un chien. Pièce ronde, non signée, de 1 p. 4 l. de diamètre. Musée Britannique.

235. St. Quirin. Il est debout, en armure recouverte d'un haubert, la tête coiffée d'une barrette, tenant de la main gauche son bouclier et de la droite une lance sur la banderole de laquelle se voient les neuf boules. Aux deux côtés, des pilastres soutenant des petits génies qui tiennent des écussons vides. H. 3 p. 10 l. L. 2 p. 11 ½ l. Bâle.

236. St. Dominique; demi-figure. Sur le socle, au devant de lui on voit un chien tenant dans la bouche une torche. A droite un globe impérial ou globe du monde. Dans l'ornement d'architecture qui sert de bordure se trouvent, dans un médaillon, la Vierge avec l'enfant Jésus qui présente un rosaire à St. Dominique agenouillé devant lui. Au-dessous on lit: DOMINICVS PDICATORIE FAMILIE: FVDATOR. H. 5 p. 8 l. L. 3 p. 9 l. Paris.

237. St. Dominique. Il est debout, un peu tourné vers la droite, le front marqué d'une étoile, portant sur la main droite un livre ouvert et de la gauche un bâton avec un crucifix. A ses pieds,

à droite, un chien couché avec un flambeau dans la gueule. Belle
pièce du maître S, non signée. H. 2 p. 5 l. L. 1 p. 7 l. Dans le
mss. du frère Trudon à Liége, T. O. Weigel à Leipsic.

238. St. Éloi. (?) Le Saint, en armure complète, est debout
tourné vers la droite, tenant de la main droite une épée haute et sur
le bras gauche une enclume. Près de lui, à droite, un lion couché;
aux côtés, des pilastres ornés. Pièce non signée. H. 3 p. 5 l. L. 2 p. 7 l.
Dresde. (Heinecken No. 229.)

239. Quinze demi-figures de Saints, dans des médaillons, sur une seule feuille. Ils sont au nombre de cinq sur trois
rangs et près de chacun se lit son nom, commençant par celui de
Ste. Barbe et finissant par St. Eustache. De l'école du maître S.
H. 4 p. 4 l. L. 2 p. 11 l. Dresde. (Heinecken No. 105.)

240. Un saint couple. (?) Un jeune homme sans auréole est
assis sur un trône à côté d'une Sainte et on le voit couronné par
un ange debout au milieu. Deux autres anges tiennent les rideaux
du baldaquin du trône. A gauche, dans le fond, le jeune homme parle
à la Sainte, tandis qu'à droite il écoute, appuyé contre une colonne,
la conversation d'un ange avec elle. La lettre S est sur le banc à
droite. H. 3 p. 3 l. L. 2 p. 6 l. Collection Albertine à Vienne, Paris.

241. Un Saint debout. Il lit, un peu tourné vers la gauche,
dans le livre qu'il tient de la main droite et soutient, de la gauche, un
bâton surmonté d'une croix. Le S est à la droite du bas. H. 2 p. L. 1 p. 1 l.
Bartsch No. 7.

242. Ste. Marie Madeleine. Elle est debout, tournée vers
la gauche, sous un arc de feuillage et entre deux petites collines. Elle
soulève le couvercle du vase à parfums qu'elle tient devant elle. Le
S est à la gauche du bas. H. 2 p. 7 l. L. 1 p. 9 l. Paris.

243. Même sujet. La Sainte est debout, tournée vers la gauche
et tient de la main droite un beau vase dont elle porte le couvercle
de la gauche. Une auréole de rayons entoure sa tête. Pièce qui paraît
être de l'école du maître S. H. 2 p. 5 l. L. 1 p. 4 l. Mss. du frère
Trudon à Liége, T. O. Weigel à Leipsic.

244. Ste. Claire. Elle tient un ostensoir de la main droite et
de la gauche le bâton d'abbesse. Aux côtés s'élèvent deux colonnes
soutenant des petites figures de Franciscains. Pièce cintrée par un arc
orné. H. 3 p. 11 l. L. 2 p. 7 l. Musée Britannique.

245. Ste. Barbe. Elle est debout, tournée vers la droite, tenant une palme de la main droite et de l'autre un livre. La tour est

derrière une pierre de taille à droite. Pièce non signée. H. 3 p. 7 l. L. 2 p. 6 l.
Musée Britannique.

246. Ste. Barbe. La Sainte est tournée vers la droite et tient
un livre et une palme. Elle porte une coiffure richement ornée. Au
pied de la tour, à droite, la signature S. Ornements de feuillage au
haut. H. 3 p. 4 l. L. 2 p. 1 l. Musée Britannique, Paris.

247. Même sujet. Ste. Barbe est debout, tournée vers la
droite, tenant de la main gauche une tour et de la droite une palme.
Au bas deux collines couvertes de verdure où se trouve la lettre S à gauche.
Les coins supérieurs sont ornés de feuillage. H. 2 p. 7 l. L. 1 p. 9 l.
Collection d'Aremberg à Bruxelles.

248. Ste. Catherine. Elle est tournée vers la droite, tenant
de la main gauche un livre et appuyant la droite sur l'épée dont la pointe
repose sur le terrain. A gauche et derrière elle la roue. Des ornements de feuillage au haut de l'estampe et, au bas à droite, la signature. H. 3 p. 4 l. L. 2 p. 1 l. Musée Britannique.

249. Baptème de Ste. Catherine. Elle est agenouillée,
tournée vers la droite et reçoit le baptême d'un hermite. Derrière elle
on voit trois anges et au-dessus dans des nuages le Christ, demi-
figure, dans l'action de bénir. La lettre S est à la droite du bas.
Le tout est entouré d'un riche ornement de feuillage. H. 3 p. L. 1 p. 11 l.
Musée Britannique.

250. La décollation de Ste. Catherine. Elle est agenouillée
au milieu de l'estampe, tournée vers la gauche; le bourreau tient l'épée
de la main gauche et lève la droite. A gauche, la roue brisée sous
laquelle se voient renversés quelques hommes; au haut un ange tenant
une épée. Une foule de peuple occupe le fond à droite. La lettre
S est au haut et le tout est entouré d'une riche bordure de feuillage.
Pendant du No. 249. H. 3 p. L. 1 p. 11 l. Musée Britannique.

251. Même sujet. Elle est agenouillée à droite; au milieu le
bourreau, vu de dos, tire l'épée; deux figures d'homme à gauche. Le
S se voit entre les pieds du bourreau. Fond noir; pièce ronde de
1 p. 5 l. de diamètre. Musée Britannique.

252. Même sujet. Le bourreau, vu de dos, est placé sur le
devant et tire l'épée de la main gauche. A droite la Sainte agenouillée
et, derrière elle, la roue brisée. Trois hommes sont en conversation à
gauche. La signature est au bas. Épreuve de nielle d'un travail très-fin;
médaillon de 11 l. de diamètre. Collection du roi de Saxe à Dresde.

253. Même sujet. La Sainte est agenouillée à gauche; des

rayons de flammes frappent le bourreau qui cherche à se garantir;
derrière lui un personnage d'un rang élevé. A la gauche du bas, la
lettre S. Médaillon à fond noir de 1 p. de diamètre. Berlin. (Sotzmann, Archives de Naumann III. p. 36. No. 49.)

254. Ste. Catherine et deux Saintes. Elle est assise sur
un trône lisant dans un livre et tient une palme dans la main droite;
à ses pieds sont assises Ste. Dorothée tenant une fleur qu'elle a prise
dans une petite corbeille et Ste. Agathe qui porte un instrument semblable à des tenailles. Plus en arrière, une arcade ouverte avec vue
dans le lointain où se trouve une tour. En haut, un médaillon de
1 p. 3 l. de diamètre où l'on voit le martyre de Ste. Catherine. Le
tout dans un portail d'architecture avec une bordure de fleurs de 5 l.
de largeur. H. 4 p. L. 2 p. 9 l. Berlin.

255. Ste. Apollonie. Elle est debout, vue de face et tient
de la main droite une dent, de la gauche un livre. A ses côtés se
trouvent encore deux saintes femmes, vues seulement à mi-corps. En
haut, au milieu d'une riche architecture, est le martyre de Ste. Apollonie dans un médaillon et, aux côtés, des petits anges faisant de la
musique. H. 3 p. 9 l. L. 2 p. 1 l. Liége.

256. Ste. Gertrude. Elle est debout, tournée à gauche, lisant
dans un livre et tient la crosse d'abbesse. Neuf souris grimpent le
long de son vêtement. Aux côtés se trouvent des colonnes qui soutiennent un tabernacle orné de petites figures de Saints et un arc de
feuillage à enroulements. On lit au bas: O Sancta Gertrvdis ora
pro nobis. H. 4 p. L. 2 p. 8 l. Paris. (Ste. Gertrude de Nivelle
était particulièrement vénérée à Liége.)

Il en existe une copie de la même dimension et dans le même
sens, sans l'inscription, mais au piédestal de droite pend une petite
tablette avec le monogramme ⌐H. Collection Meyer No. 150. (Voyez
Brulliot I. No. 1286 où la Sainte est nommée Ste. Mathilde.)

257. Ste. Élisabeth de Thuringe. Elle est debout, tournée
vers la droite, devant un perclus auquel elle présente un vêtement
et tient une couronne de la main droite. En haut, dans les coins,
deux rinceaux de feuillage. Pièce non signée. H. 2 p. 6 l. L. 2 p. 8 l.

258. Ste. Ursule. Elle est devant l'appui d'une grande fenêtre
avec un tapis qui, ouvert des deux côtés, offre une vue dans le lointain.
Au-dessus de la Sainte un baldaquin au bord duquel se lit l'inscription
AVE MARIA GRATIA PLENA et dont les rideaux sont tenus également
ouverts par deux petits anges sur l'aile. La Sainte est très-richement

vêtue, tenant un épieu de la main gauche et entr'ouvre de la droite son manteau, sous lequel on voit dix à douze jeunes filles d'une proportion de moitié moindre que la figure principale. La lettre S est au milieu du bas. H. 3 p. 5 l. L. 2 p. 5 l. Cabinet Sotzmann à Berlin.

259. Une sainte abbesse, tenant de la main droite sa crosse et de la gauche un livre ouvert. Elle est debout sous un portail, entouré d'une large bordure de fleurs, qui forme l'entrée d'une salle semi-circulaire laquelle, soutenue par de minces colonnes, repose sur une base peu élevée. Au côté intérieur du portail, à droite et à gauche, deux petites figures de Saints sur des colonnes. Dans le médaillon du haut on voit représenté un homme à cheval portant une femme en croupe et s'avançant vers la gauche. Pièce non signée. H. 4 p. L. 2 p. 4 l. Berlin.

260. Les vierges sages. Le catalogue de vente de Leipsic du 31. Janvier 1853 décrit sous le No. 1699 les pièces suivantes. Trois vierges sages et une vierge folle sur fond noir et surmontées d'arabesques. Une des estampes, la plus grande de toutes, porte la signature S. Toutes les autres offrent les initiales jusqu'ici inconnues de SE. In-12°. On conserve au Musée Britannique une estampe qui paraît appartenir à cette série des vierges sages. La figure est tournée vers la droite, richement vêtue et coiffée d'une espèce de turban. Elle tient une lampe devant elle. Le sujet est fermé en haut par un arc d'architecture. A la droite du bas, sur fond noir, la lettre S. Pièce d'une exécution fine. H. 1 p. 7½ l. L. 1 p.

261. Une intercession. Le saint sacrement est exposé sur un autel dont le tableau représente : à la partie inférieure, la Cène ; au milieu, un Ecce homo, et en haut, Dieu le père accompagné du St. Esprit et entouré de quatre anges. A la gauche de l'autel sont agenouillés un pape, des cardinaux, des évêques, des moines, des religieuses et des jeunes filles ; à droite un empereur, un roi, des princes et du peuple. Au bas, on aperçoit quelques âmes du purgatoire pour lesquelles semblent intercéder les divers personnages agenouillés devant l'autel. H. 10 p. 8 l. L. 7 p. 8 l. Paris.

262. La Sibylle Tiburtine et l'empereur Auguste. Elle montre à l'empereur agenouillé, la figure de la Vierge, avec l'enfant Jésus dans les bras, qui apparaît sur des nuages. A gauche une tour avec salle ouverte au milieu de laquelle on aperçoit quatre hommes assis. Le S est à la gauche du bas. Fond noir. Médaillon de 1 p. de diamètre. Berlin.

Sujets profanes.

263. Hercule et Omphale. Il est debout à gauche, la dépouille du lion sur les épaules et tenant de la main droite une corne d'abondance renversée. Omphale est à côté de lui, vue de face et tenant de la main droite, et un peu devant elle, son vêtement qui se détache. On voit une lyre entre les deux figures. Dans l'ornement du haut sont assis deux petits Amours et, au-dessous des pieds du héros, on trouve les initiales S F. Fond noir et belle exécution. H. 2 p. 4 l. L. 1 p. 3 l. Musée Britannique.

264. Lucrèce. Elle est nue, tournée vers la gauche et debout sur un crâne. De sa coiffure, à guise de turban, tombe un long bandeau qu'elle saisit de la droite, tandis que de la main gauche elle se plonge une épée dans le sein. Dans les rinceaux à enroulements du haut on voit trois petits Amours. La lettre S est à la gauche du bas. H. 2 p. 6 l. L. 1 p. 7 l. Musée Britannique.

265. La Fortune. Elle est nue, tournée vers la gauche et la tête de profil; elle tient de la main droite un vase à boire et pose la gauche devant elle. Dans l'ornement de feuillage du haut deux petits génies assis tiennent, entre eux deux, une tête de mort. Le S est à la gauche du bas. Fond noir. H. 2 p. ½ l. L. 1 p. 1 l. Paris.

Pièce décrite par Duchesne comme un nielle sous le No. 317 de son Catalogue et intitulée la Tempérance.

266. Pyrame et Thisbé. Pyrame, vêtu à la mode du XVIe siècle, est étendu à gauche près d'une fontaine dont le bassin est surmonté de la statue d'un petit Amour décochant une flèche, et qui lance de l'eau de la même manière que la statuette si connue du „Manneken-Pis" à Bruxelles. A droite, Thisbé se précipite sur la pointe de l'épée et derrière elle, près d'un arbre, on aperçoit le lion. Pièce ronde, à fond noir, sans signature, de 1 p. 8 l. de diamètre. Musée Britannique et Cat. officinal de Drugulin No. 2156.

267. Un prince à cheval accompagné de six guerriers. Un de ceux-ci tient une hallebarde. En haut un demi-cercle avec quatre arcs gothiques. Au-dessus des têtes, à droite, la lettre S. H. 1 p. 10 l. L. 1 p. 2 l. (?) Musée Britannique.

268. Deux orientaux à cheval. Ils s'élancent vers la droite la tête couverte d'une coiffure à guise de turban et un d'eux brandit une lance tenue en équilibre. Ils sont suivis, à gauche, par un homme à pied. Sur le terrain la lettre S. Pièce ronde, à fond noir, de 1 p. 7 l. de diamètre. Musée Britannique.

269. Le prisonnier. Il est entouré d'une bande de soldats dont un le frappe; dans le fond un commandant à cheval et, sur le devant, un chien à côté duquel se trouve la lettre S. Pièce cintrée. H. 2 p. 1 l. L. 1 p. Paris.

270. Le guerrier colossal. Il tient une épée de la main gauche et lève la droite comme pour parler. Derrière lui, et de chaque côté, se trouvent debout trois hommes de plus petites dimensions. Dans le fond un arc ouvert avec vue dans le lointain. Pièce non signée. H. 2 p. 6 l. L. 2 p. (?) Paris.

271. Un cavalier en armure. Il galoppe vers la gauche, la tête tournée de face. Au-dessous de lui, trois hommes renversés en armure complète. La lettre S est à droite. H. 1 p. 9 l. L. 1 p. 5 l. Paris.

272. Un homme terrassant un taureau. Un guerrier, armé de toutes pièces et dont le heaume est orné de quatre longues plumes, abat de son épée, dentelée à guise de scie, un taureau qu'il a saisi par le muffle et sur lequel il pose le pied droit. A gauche, sur un rocher, se trouvent un dragon, un ours et un bœuf. A droite, vue d'une ville sur la mer. Fond noir; la marque se trouve au côté droit du guerrier. Pièce ronde de 1 p. 7 l. de diamètre. Musée Britannique.

273. Les amoureux. Une jeune femme est assise près d'un homme, couché par terre derrière elle, et dont la toque est ornée de trois grandes plumes. La lettre S se trouve sur le tertre où l'homme est couché, et on lit au-dessus, en dialecte flamand, sur une banderole: ENE ⋀OEU. AIEN ◖IE °CEB (?) (Een hoer aien, caresser une p....n). Pièce ronde de 1 p. 3 l. de diamètre. Munich.

274. Trois femmes nues. Celle du milieu est agenouillée sur une boule où se trouve le S, et se voit couronnée par les deux autres debout à ses côtés. Celles-ci tiennent des banderoles; sur celle de gauche on lit l'inscription peu distincte suivante en dialecte flamand: EEN. ⋀OER. AIEN. DIE GELL⟆⋀. PE...M, sur celle de droite: AG TIN. NC. Oh. EEN. Pièce ronde de 1 p. 5 l. de diamètre. Musée Britannique.

275. La vieille femme à cheval. Elle s'avance à droite sur une vieille rosse qu'elle aiguillonne avec un rameau sec. Deux hommes sont à ses côtés. Au milieu du bas le S. Pièce ronde de 1 p. 3 l. de diamètre. Musée Britannique.

276. Deux hommes à cheval. Ils s'avancent vers la droite

et le premier tient un bouclier suspendu sur le dos. Sur le devant deux hommes dont l'un, portant un long bouclier, suit l'autre. Le S au milieu du bas. Pendant du No. 275. Pièce ronde, 1 p. 4 l. de diamètre. Musée Britannique.

277. **Le soldat et sa maîtresse.** Un jeune homme, armé, est assis auprès d'une femme qui tient une tasse et porte la main vers une petite cruche à gauche. Il a également une bouteille dans la main droite. Dans le fond, à gauche, une fontaine. Pièce ronde, non signée et d'une impression très-claire, de 2 p. de diamètre. Musée Britannique.

278. **L'homme et la femme marchant ensemble.** Un homme, vêtu d'une manière fantastique et avec une toque à plumes pendue sur les épaules, est conduit par une femme marchant vers la droite. Un oiseau sur l'épaule gauche de l'homme s'élance contre la femme. Dans le rinceau d'ornements du haut se trouvent trois petits Amours dont celui du milieu est assis sur la tête de l'homme. La lettre S est à la gauche du bas. Pièce finement gravée. H. 2 p. 6 l. L. 1 p. 5$\frac{1}{2}$ l. Musée Britannique, Berlin. (Bartsch No. 8.)

279. **Le couple amoureux et la mort.** Ils sont assis ensemble dans une niche entre deux Amours. Derrière eux la Mort s'apprête à les percer de sa lance. Pièce ronde, non signée, de 1 p. 9 l. de diamètre. Paris.

280. **Le couple se promenant et la mort.** Ils marchent vers la gauche et la femme porte l'épée de son compagnon; à côté de celui-ci est assis un petit épagneul. Derrière un tronc d'arbre sec, dans le milieu de l'estampe, la Mort dirige un dard vers la jeune femme. La lettre S est à la droite du bas. H. 2 p. 2 l. L. 1 p. 5 l. Paris.

281. **Une famille à table.** Le père et la mère sont assis derrière une table ronde couverte de mets et de liqueurs; la mère boit dans un verre. A gauche est assise une jeune fille, tandis qu'une autre, à droite, se chauffe près d'une cheminée. Sur le devant deux chiens. Pièce non signée. H. 2 p. 1 l. L. en haut 1 p. 9 l., en bas 1 p. 7 l. Paris.

282. **La conversation.** Un cavalier et une dame sont assis l'un à côté de l'autre; derrière le premier se voit un chien. Dans l'ornement du dessin, deux Amours. La lettre S est aux pieds du chien. H. 2 p. 7 l. L. 9 l. Brulliot II. No. 2460[b].

283. **Même sujet.** Un monsieur et une dame, tournés l'un vers l'autre, sont assis sur un grand fauteuil, en conversation. La signa-

ture S est à la gauche du haut. Pièce ronde, à fond noir, de 1 p. de diamètre. Berlin. (Voyez Sotzmann dans les Archives de Naumann III. p. 36. No. 50.)

284. Le vieux roi sur son trône. Il est vu dans une salle de riche architecture, entouré de courtisans des deux sexes. Devant lui est un orateur et un homme portant une hure de sanglier sur un plat. En haut, dans un médaillon, est représenté Jésus devant Caïphe. A la marge du bas on lit en dialecte de Bruxelles[7]: dit is .... (mot illisible) woe IHS vor gericht stont (ceci est ... où Jésus se tenait devant le tribunal). La lettre S est sur le baldaquin du trône. H. 4 p. 4 l. L. 3 p. 4 l. (Brulliot II. 2460ᵇ.)

285. L'escrimeur. Un homme, habillé à l'allemande, s'avance vers la gauche. Il tient de la main droite un espadon appuyé sur l'épaule et porte de la gauche un bonnet orné d'un panache. Pièce cintrée par un rinceau d'ornements. La lettre S est à la gauche du bas. H. 2 p. 5 l. L. 1 p. 5 l. (Bartsch No. 9.)

286. Autre escrimeur, dirigé pareillement vers la gauche. Il porte sur l'épaule un espadon qu'il tient de la main gauche et place l'autre main sur le poignard passé à sa ceinture. Son chapeau, orné de plumes, lui pend sur le dos. La lettre S est à la gauche du bas. Pièce cintrée par un rinceau d'ornements. H. 2 p. 6 l. L. 1 p. 5 l. (Bartsch No. 10.)

287. Trois têtes de mort. On lit sur un écriteau: GLORIA CITIVS VITE CARO TABET AGITE VENIT. Le tout dans un médaillon au-dessus d'une pierre tumulaire et au milieu la lettre S. Dans un manuscrit de 1526. Berlin. (Sotzmann, Archives de Naumann III. p. 34. No. 35.)

288. Gaîne de couteau. Un homme de condition et une dame s'embrassent. Au-dessus sont assis deux petits Amours dos-à-dos. Deux autres, qui se tiennent debout sur une seule jambe, se voient à mi-hauteur de la gaîne. Au bas les figures d'une femme et d'un homme terminées par des rinceaux. H. 5 p. 7 l. L. en haut 8 l., en bas 5 l. (Bartsch No. 11.)

289. Gaîne de poignard. En haut trois génies dont les deux du côté tiennent les ailes de celui du milieu. Au-dessous un

---

7) Le mot w o e appartient essentiellement au dialecte de Bruxelles et des environs. Ailleurs c'est w a e r, w a a r, w a, w o; le reste de l'inscription pourrait répondre à l'idiome flamand ou hollandais.

porte-étendard qui serre la main d'une femme. Le socle sur lequel ils
se trouvent est soutenu par un génie. Dans le rinceau d'ornements
qui s'y rattache se trouvent un génie assis, un buste d'homme dans
un médaillon, un satyre femelle, deux têtes de vieillard, une tête d'ange
et, tout-à-fait au bas, deux cornes d'abondance dirigées vers le haut.
La lettre S se trouve gravée sur un piédestal. H. 7 p. 6 l. L. en haut
1 p. 1 l., en bas 6½ l. Cat. Drugulin No. 2155.

Appendice.

290. Le Christ apparaît à sa mère après la résurrection. Le sujet est représenté dans le chœur d'une église bâtie dans
le style de la renaissance. Aux côtés des piliers se voit toujours un
Saint accompagné d'une figure agenouillée. La composition principale
se trouve dans un médaillon renfermé dans un carré long, dans les
coins inférieurs duquel et dans deux petits médaillons se voit, à gauche,
un homme qui apporte à une femme une tête coupée (le bourreau et
Hérodiade?) et à droite une femme qui présente une semblable tête à
un vieillard. Tout près, un arbre avec une banderole et l'inscription
AVE MARIA, correspondant à un autre au bas avec le mot ALLELVIA,
toutes deux à rebours. On lit sur la marge inférieure du grand médaillon : 1♀∘S∘6♀ . H. 5 p. 8 l. L. 4 p. 3 l. Collection du roi
de Saxe à Dresde.

La taille ressemble, en général, à celle du maître S, mais elle est
beaucoup plus maigre et certainement ne lui appartient pas. Ne serait-
ce pas une imitation récente? Ce qui est positif c'est que la date de
1464 est évidemment falsifiée, afin de donner au maître S une an-
cienneté plus grande que celle résultant des millésime 1519 et 1520
qui se trouvent sur une partie de ses gravures et qui prouvent qu'il
a vécu au commencement du XVIe. siècle.

Elèves ou imitateurs du maître S qui se sont signés d'un monogramme.

SE et ES.

Nous avons déjà remarqué plus haut que certaines pièces marquées de ces initiales ont été attribuées au maître S, ce que nous ne pouvons admettre si nous devons en juger par celle des „Joueurs d'instruments" qui est la seule que nous avons vue et qui indique un élève du maître dont le dessin est plus plein et plus large que le sien et dont les hachures sont plus finement traitées. Sa manière de se signer, dans une tablette, s'éloigne aussi de celle du graveur S; mais il faut admettre que du moins le maître S E a travaillé d'après lui, comme nous le prouvent les quatre pièces mèntionnées plus haut: „Les Vierges sages" et que nous reproduisons ici de nouveau.

1—4. Les Vierges sages et folles. Ces pièces sont indiquées dans le catalogue d'unè vente faite à Leipsic le 31. Janvier 1853, No. 1699, sous la rubrique suivante: „Quatre Vierges sages et une des folles, sur fond noir, avec arabesques vers le haut. La plus grande de ces pièces porte la marque S, les autres la marque S E, jusqu'ici inconnue. In-12°."

5. Deux joueurs d'instruments. A gauche, un fifre coiffé d'un grand chapeau à panache; à droite, un tambour, le chapeau pendu sur le dos, tous deux dans le costume de soldats du temps, c'est-à-dire vers 1530. Cette gravure a la forme d'un losange, au haut duquel, dans une tablette en largeur, les initiales E S sont fortement gravées. Dans les deux coins, à côté des figures, se trouve un écusson avec une arbalète et un autre écusson très-contourné, avec une croix. La hauteur du losange est de 4 p. 3 l. sur une égale largeur. Berlin.

On ne connait sous ce monogramme qu'une seule gravure paraissant appartenir à un élève du maître S, puisque son style montre une certaine ressemblance avec celui de ce dernier; bien qu'ayant une assez grande force de burin, il est moins adroit que ce dernier dans le dessin et s'éloigne de lui dans les plis angulaires des draperies et dans la manière de traiter les arbres. Les armoiries de Cologne qui se trouvent sur l'estampe que nous avons de lui indiquent qu'il a habité cette ville.

1. Le martyre de St. Étienne. Dans les nuages, Dieu le père reçoit l'âme du Saint qui est emporté dans une draperie par deux anges; au bas on le voit lapidé sous un portail dont l'arc élevé et plat touche la ligne de bordure. Au haut, dans le coin de droite, l'écusson ci-dessus avec les initiales E S entrelacées et à rebours; à gauche, l'écusson d'armoiries de la ville de Cologne avec les trois couronnes. H. 3 p. 10 l. L. 2 p. 8 l. Berlin.

D ᛏ, Ɖ Ŧ

Ce graveur s'approche, dans la manière, de celle du maître S, mais sa taille est plus maigre. Aucune des estampes que nous connaissons de lui ne portent de date; cependant il paraît appartenir au premier tiers du XVIᵉ siècle et avoir vécu à Liége, puisqu'il a gravé deux fois le St. Trudon pour le cloître de ce nom qui existait dans la même ville.

1. St. Trudon. Il est assis sur un siége, tenant de la main gauche le modèle d'une église. Au haut, dans un médaillon, un jeune Saint est à genoux et, à gauche, une femme jette des pierres contre lui. (D'après la légende St. Trudon, à l'âge de sept ans, bâtit une petite église, mais qui fut détruite par une femme. Elle fut punie de cécité et ne recouvra la vue que par l'intercession du Saint.) La bordure de la gravure est composée de feuilles, de fleurs et de raisins. Au haut, dans les coins, se trouvent deux génies tenant des écussons avec les initiales du maître. Au bas on lit: Sanctus Trudo. H. 5 p. 1 l. L. 3 p. 7 l. Liége. (Voyez aussi Nagler, les monogrammistes etc. No. 1395.)

2. St. Trudon. Le saint prêtre est debout, vu de face, mais un peu tourné vers la gauche, tenant une petite église et la palme

du martyre. Dans le haut du portail sous lequel il se trouve, on voit
deux petits génies soutenant des candelabres; au milieu, les armoiries
de Liége et, à chacun des coins inférieurs, un écusson; celui de gauche
porte un lion rampant; celui de droite, un chevron accompagné de
trois fleurs de lys, deux en chef, l'autre en pointe. Aux côtés
du bas, sur des banderoles, on lit: Sanctvs Trudo. Au haut, le
premier groupe des initiales ci-dessus. H. 3 p. 4 l. L. 2 p. 3 l.
Liége.

3. St. Rupert. Il est debout tourné vers la gauche, en armure complète et recouvert d'un manteau, tenant de la main gauche un
étendard et de la droite un bouclier suspendu à une courroie. Dans
le fond une ville et sur une banderole l'inscription: 𝕾𝖆𝖓𝖘 𝕽𝖚𝖕𝖊𝖗𝖙 𝖒𝖎𝖙
𝖛𝖊𝖗𝖙 . . 𝖙𝖊𝖗 . 𝖑𝖊𝖌𝖎𝖔̄𝖎𝖘 𝕿𝖍𝖊𝖇𝖊𝖔𝖗𝖎𝖟. Dans le haut, deux petits écussons, sur l'un desquels, à gauche, le D; à droite le T. Cette pièce
est, à peu de choses près, au simple contour. H. 4 p. 6 l. L. 3 p. 5 l.
Liége.

4. St. Guibert. Il est agenouillé, en armure complète, devant
St. Pierre couvert des vêtements pontificaux, et il lui présente une petite église (comme signe qu'il en avait dédiée une sous l'invocation
de ce Saint). A droite, un suivant debout près de son cheval. En
haut, deux petits génies tiennent un écusson portant une fasce surmontée de deux étoiles. Aux coins, les deux lettres D et T et dans
deux banderoles: Sanctvs Petrus. — Sctus Wibertus cōfessor
fundator monasterii Gemblacensis. H. 4 p. 6 l. L. 3 p. 3 l.
Liége.

D B

La seule pièce que nous connaissons jusqu'ici de ce graveur est
tellement dans la manière du maître S qu'on doit la considérer comme
ayant été exécutée par un de ses élèves immédiats.

1. Ste. Catherine. Elle est debout, tournée vers la gauche,
auprès d'un roi couché à ses pieds et tient un livre et une épée.
Dans la partie supérieure de l'architecture, représentant une salle,
est un médaillon avec la décollation de la Sainte. Le tout entouré
d'une bordure de feuillage de 2½ l. de largeur. Le monogramme

est gravé sur un gradin, en bas, à droite. H. 3 p. 8 l. L. 2 p. (?)
Liége.[8]

La gravure qui porte ce monogramme montre une certaine analogie
avec la manière du maître S et paraît provenir d'un artiste de son
école. Le dessin et le mouvement en sont bons, mais le maniement du
burin dénote de l'inexpérience et la taille n'est point fine.

1.. La dame et le page. Elle est assise et le jeune homme,
agenouillé devant elle, est occupé à lui passer un bas, tandis qu'il la
regarde en riant. La dame lui présente une jarretière avec les mots:
montez mieux. A côté du page est suspendu un écusson avec le monogramme ci-dessus. Deux pilastres aux côtés soutiennent une toiture
en bois. Médaillon de 1 p. 6 l. de diamètre, avec deux traits de bordure. Collection Weber de Bonn.

La pièce marquée de ce monogramme est traitée dans la manière
du maître S et se distingue davantage par la bonté de l'invention que
par celle de l'exécution. Elle paraîtrait donc être une copie d'après un
meilleur original et qui aurait aussi donné occasion à la seconde gravure de ce sujet.

1. Vanité des joies de la vie. Un jeune homme, richement
vêtu, est assis près d'une dame devant une table couverte d'instruments de
musique, de fruits et d'un jeu de cartes. Ils tiennent tous deux une
tasse et on voit près d'eux une tête de mort. En haut, entre un
sablier et une pendule, on voit une petite figure de la Mort qui tient
une banderole avec les mots suivants: VAN. MINEN. DRANCK. VEL.

---

8) Un exemplaire de cette pièce, mais dont la marge est rognée, se trouve
également dans le livre écrit par „Frater Trudo Gemblacensis", chez Mr. T. O. Weigel à Leipsic.

IC. V. SCHENKEN. VELT. OM. STERVEN. DENKEN. (Je vous don-
nerai à boire de ma boisson, veuillez penser à la mort.) Au haut,
entre deux rinceaux d'ornements, est gravé le monogramme ci-dessus
et au bas, à droite, le millésime 1559. H. 3 p. 5 l. L. 2 p. 9 l.
Liége.

 2.   Vanité des joies de la vie. La même composition et
dans le même sens que la pièce précédente, mais non signée. Cette
gravure est entourée d'une bordure composée de crânes et d'os et, en
bas, on voit étendu le cadavre d'une femme, le corps ouvert et la poitrine couverte de serpents. A droite plane un ange, à gauche un démon.
Pièce d'une exécution médiocre. H. 4 p. 4 l. L. 3 p. 1 l. Liége.

M. M̃

Le maître qui emploie ce monogramme, de même que celui aux
initiales DT et les deux suivants, semble avoir vécu à Liége, puisque
toutes leurs gravures se trouvent collées dans des manuscrits de la
fin du XVIe. siècle, qui proviennent du cloître de St. Trond de cette
ville. La bibliothèque de Liége conserve la plupart de ces Mss. qui
ont été écrits ou réunis ensemble par le moine Jacques Gomer, à l'exception d'un volume in-folio du „Frater Trudo Gemblacensis" qui se
trouve chez Mr. T. O. Weigel à Leipsic et qui contient 58 gravures
dont 7 de notre maître. Elles semblent être de la moitié du XVIe.
siècle et ne manquent point de finesse ni de caractère dans le style
néerlandais de cette époque.

 1.   Le crucifiement. Jésus est attaché, dans le milieu, à une
croix en forme de T. Aux côtés les deux larrons dans des positions
forcées. A gauche, la Vierge, St. Jean et cinq femmes; à droite, un
docteur de la loi indiquant le Christ et, derrière lui, trois hommes et
un cavalier, probablement le centurion. Aux pieds de la croix se
trouvent quatre soldats à genoux qui jouent aux dés les vêtements du
Sauveur et se disputent. Marquée d'un M. Le maniement du burin
dans cette pièce rappelle celui du maître S. H. 3 p. 11 l. L. 2 p. 7 l.
R. Weigel, Kunstcatalog No. 22121.

 2.   L'homme de douleurs. Il est dans un sarcophage et
montre ses plaies; derrière lui la croix entourée des instruments de

la passion et, devant le sarcophage, trois calices. Au bas le M. Médaillon de 2 p. 5 l. de diamètre. Liége.

3. Le saint Suaire, tenu par les apôtres St. Pierre et St. Paul. Le premier est à gauche, portant de la droite une grosse clé; le second, à droite, tient une épée, la pointe à terre, sur laquelle se trouve la signature M. Gravure fine. H. 3 p. 1 l. L. 2 p. 3 l. Mss. du frère Trudon.

4. St. Bernard agenouillé devant la Vierge. Marie, avec l'enfant Jésus sur les genoux, presse de son sein découvert un jet de lait vers St. Bernard en adoration devant elle, à droite. De la bouche du Saint sort une banderole avec l'inscription: MONSTR. TE. ESSE. MATRĒ, suivie du monogramme M. H. 2 p. 1 l. L. 1 p. 9 l. Mss. du frère Trudon.

5. St. Roch. Il est debout, tourné vers la gauche, et montre l'ulcère sur sa cuisse droite. Devant lui un chien assis et au bas la signature M. H. 2 p. 6 l. L. 1 p. 9 l. Mss. du frère Trudon.

6. St. Servatius. Le saint évêque est debout, tourné un peu vers la droite et tenant de la droite sa crosse, de la gauche une grosse clé. Un dragon rampe à ses pieds. A gauche la marque M. H. 2 p. 6 l. L. 1 p. 7 l. Mss. du frère Trudon.

7. St. Guibert offrant à St. Pierre une église. Le premier est en armure, agenouillé au milieu de l'estampe et offre au second, coiffé d'une tiare, le modèle d'une église. Vis-à-vis, à gauche, un valet tient le cheval du saint donateur, dont un ange, planant au-dessus, tient les armoiries, qui portent une fasce surmontée d'une étoile. Le second monogramme ci-dessus se trouve au milieu du bas, mais la pièce est du maître M. H. 2 p. 6 l. L. 2 p. 9 l. Mss. du frère Trudon.

8. St. Nicolas de Bari. Il est vu de face, donnant sa bénédiction et tient de la main gauche la crosse épiscopale. A gauche les trois enfants dans une baignoire. La marque est en bas, à gauche. H. 3 p. 2 l. L. 2 p. 2 l. Paris.

9. Ste. Barbe. Elle est debout, tournée vers la gauche, tenant de la main droite un livre ouvert et de la gauche une palme. A gauche se trouve une tour carrée et au-dessous l'initiale M. Cette pièce rappelle la manière de Lucas de Leyde, mais elle est d'une exécution inférieure. H. 2 p. 7 l. L. 1 p. 8 l. A Liége et dans le Mss. du frère Trudon.

10. Ste. Dorothée. Elle s'avance vers la gauche, tenant de

la main droite un livre fermé et de la gauche une petite corbeille avec des roses (?) dans laquelle un enfant nu, près d'elle, met la main. La marque M est à la gauche du bas. H. 2 p. 6 l. L. 1 p. 7 l. Mss. du frère Trudon.

  11. Ste. Gertrude de Nivelle. Elle est debout, tenant un livre et la crosse d'abbesse, et tournée vers la droite où se trouve, à genoux, un ecclésiastique de plus petites proportions. Sur le terrain on voit deux souris, dont l'une blanche; tandis qu'une troisième, par derrière, grimpe sur le vêtement de la Sainte. En haut, un triple arc gothique. H. 2 p. 3 l. L. 1 p. 7 l. (?) L'exemplaire qui se trouve dans le Mss. du frère Trudon n'a pas la marque du maître, mais la pièce est rognée.

———————

  Le monogramme de ce graveur paraît se composer des lettres M I et c. Son style et sa manière de graver rappellent le maître S, mais le travail en est plus rude.

  1. La nativité. L'enfant Jésus est couché à terre, entouré d'une gloire de rayons; la Vierge, à droite, s'incline en adoration devant lui. Sur le devant, à gauche, un berger agenouillé et, derrière lui, un jeune homme. Dans le fond, à droite, St. Joseph tenant un cierge allumé et plus loin l'âne à la crèche. A la droite du haut et près d'une colonne dans le style de la renaissance, un petit ange tenant une banderole. Travail médiocre. Le monogramme se trouve près du berger agenouillé. H. 3 p. 4 l. L. 2 p. 2 l. Dans le Mss. du frère Trudon de Liége chez Mr. T. O. Weigel à Leipsic.

  2. Le couronnement d'épines. Le Christ, assis sur un banc, est tourné vers la droite; au milieu, deux bourreaux pressent avec un bâton la couronne d'épines sur sa tête, tandis qu'un troisième frappe dessus avec une massue. Le monogramme est au bas. Pièce ronde d'un travail un peu rude. Diamètre 1 p. 11 l. Liége.

———————

℗ ℗,CP,℗.

Quoique les gravures de ce maître appartiennent aux années qui se trouvent entre 1565—1578 cependant elles se rattachent, par la manière, à celles du maître S. Comme les graveurs DT. et M., notre artiste paraît avoir demeuré à Liége puisqu'il a exécuté pour les moines de St. Trond quatre estampes représentant leur saint protecteur et cinq de St. Guibert, fondateur de l'église de St. Pierre. On les a trouvées dans les manuscrits du cloître de St. Trond qui se conservent tous dans la bibliothèque de Liége, à l'exception d'un manuscrit du „Fratre Trudo Gemblacensis", actuellement à Leipsic chez Mr. T. O. Weigel. A tout prendre ce n'est qu'un graveur médiocre.

1. St. Christophe. Il est revêtu d'une armure ornée, s'avance vers la droite et regarde l'enfant Jésus, assis sur son épaule, dans l'acte de bénir. L'enfant pose le pied droit sur un globe du monde. A droite, l'hermite avec la lanterne et près de l'eau une ville. A la marge on lit l'inscription: „Ambrosius Christoforo tante virtutis etc." En haut, à gauche, un écusson d'armoiries; à droite un autre écusson avec le second des monogrammes ci-dessus. A la gauche du bas le millésime 1565. Maniéré de dessin et grossier d'exécution. H. 4 p. 1 l. L. 2 p. 11 l. Liége.

2. St. Trudon. Le Saint abbé est debout sous un arc de triomphe dans un paysage, tenant la petite église et la palme du martyre. Au bas se trouve une inscription latine qui termine par le premier monogramme ci-dessus et le millésime 1565. L. 5 p. 9 l. L. 4 p. 3 l. Liége (dans un manuscrit No. 248 de la bibliothèque).

3. Le même Saint. Il est debout sur un monstre, tenant l'église et la palme. On voit dans la bordure douze petits sujets; en bas, à gauche, St. Eucher, à droite St. Libert en armure. Dans les sept médaillons autant d'incidents de la vie du Saint. Deux petits anges tiennent, en haut, l'écusson des armoiries de Liége. A gauche des pieds du Saint les initiales CP. et au bas l'inscription: TRVDO: TRVSIT etc. H. 3 p. L. 5 p. 5 l. Liége. Bibliothèque de Bruxelles.

4. St. Trudon. Le Saint, regardant à droite, est debout sur un petit démon et tient une église et une palme. A la gauche du bas une tablette avec la signature CP. Au bas un cartouche avec une inscription sur cinq lignes commençant: TRVDO. TRVSIT HOSTÊ etc. Les dimensions de la bordure qui entoure la figure principale, ainsi

que les détails, sont semblables à ceux de la pièce précédente. Au
bas et à gauche St. Eucher, à droite St. Libert. Dans les médaillons du haut des sujets de la vie de St. Trudon. En haut, à côté
de celui où deux lumières célestes apparaissent au Saint endormi, deux
anges tiennent des écussons. Pièce cintrée. H. 7 p. 10 l. L. 5 p. 5 l.
Dans le Mss. du frère Trudon.

    5. St. Trudon. Le Saint, couvert des vêtements sacerdotaux,
foule aux pieds un démon; il est tourné vers la droite et tient l'église
et la palme. A droite une colonne; à gauche et vers le haut, un
petit ange tient l'écusson des armoiries de Liége. On lit sur une
banderole: Sanctus Trudo. 1571. Sur la marge à gauche les initiales
C P. H. 4 p. 10 l. L. 3 p. 1 l.

    L'exemplaire conservé à Liége est imprimé en rouge de même
que celui du Mss. du frère Trudon à Leipsic.

    6. St. Guibert. Il est debout, en armure complète, sous un
arc et tient de la main droite une petite église. Dans deux niches
on voit des figures de Saints (S. B et S. A.?) et au-dessus des génies
tenant des écussons avec les inscriptions Lambert — Genbloux
dans des banderoles. En haut, dans un médaillon, on voit le Saint
représenté à genoux devant St. Pierre, revêtu de ses habits pontificaux,
et lui offrant une église. Aux côtés du médaillon on voit des hommes
agenouillés avec des inscriptions commençant ainsi: FOVE TVOS FA-
MVLOS etc. et à la marge du bas on lit: SANCTVS GVIBERTVS
CONFESSOR AC FVNDATOR MONASTERII GEMBLACENCIS. ORET
PRO NOBIS. 1567. A droite et aux pieds du Saint se trouve une
tablette avec les initiales C P. H. 5 p. 9 l. L. 3 p. 11 l. Liége et
dans le manuscrit du frère Trudon à Leipsic.

    7. Le même Saint. Il est en armure complète, agenouillé à
droite et présentant à l'apôtre St. Pierre le petit modèle d'un monastère. Derrière lui un suivant tient un cheval et en haut un petit ange
soutient son écusson d'armoiries avec une banderole portant l'indication:
ANNO 1571. Sur une console en haut, à droite, se trouve la signature C P. et au bas, dans un cartouche, l'inscription: SANCTVS GVI-
BERTˢ CONFESSOR & FVNDATOR MONASTERI S. PETRI GEM-
BLACEˢ ORET P. NOB. etc. H. 3 p. 10 l. L. 2 p. 7 l. Mss. du
frère Trudon.

    8. Le même Saint. Cette pièce est très-semblable au No. 6,
mais datée plus tard, 1574, et maniérée de dessin. D'autres différences existent également dans cette dernière; les Saints, dans les

niches, étant St. Trudon et St. Benoît. On voit en haut des anges sans inscriptions, et dans le médaillon St. Guibert est agenouillé devant l'apôtre. Les inscriptions à côté des hommes agenouillés commencent: CONSERVE TVOS FAMVLOS etc. et l'inscription du bas: SANCTVS GVIBERTVS etc. termine: IN CELIS QVI CVM VENERAMVR IN TERRIS. Cette estampe est également marquée C P. H. 6 p. 61. L. 4 p. 31. Liége.

9. St. Guibert. Il est debout, en armure et couvert d'un manteau, tenant de la main droite le modèle d'une église avec deux tours et de l'autre une hallebarde. A gauche on voit agenouillé, de proportions plus petites, un chanoine et au-dessous, à droite, ses armoiries, portant une fasce, surmontée d'une étoile dans le canton senestre. A la gauche du haut on lit la date de 1576 et au bas l'inscription: SANCTE GVIBERTE ORA PRO NOBIS. C P. Ces dernières initiales indiquent le nom du graveur. H. 2 p. 4 l. L. 2 p. Pièce imprimée en rouge, dans le Mss. du frère Trudon.

10. Le même Saint. Il est debout, en armure complète, vu de face, la tête découverte et tournée à droite. De ce côté on voit en adoration un chanoine agenouillé et de proportions plus petites. Le Saint tient de la droite une lance de tournoi et de la gauche un modèle de cloître. Aux deux côtés se trouvent des moitiés de colonnes ornées autour desquelles s'enroule un rinceau de verdure soutenant deux écussons; à gauche celui du chanoine, décrit plus haut, à droite un autre avec trois clés en pal. Sur la colonne de gauche le quatrième des monogrammes ci-dessus et sur le terrain le millésime 1578. Au bas l'inscription: S. GVIBERTVS CONF. AC FVNDATOR. M. S. PETRI GEMBLCEN. ORET PRO NOB' Ī CELIS. Q. EV VNRAM' Ī TERRIS. H. 3 p. 11 l. L. 2 p. 8 l. Mss. du frère Trudon.

11. Ste. Gertrude de Nivelle. Elle est debout, vue de face, tenant un livre et la crosse d'abbesse le long de laquelle grimpe une souris. Le tout est entouré d'une large bordure avec des fleurs. En haut, au milieu, se trouve la signature C P. H. 3 p. 9 l. L. 2 p. 6 l. Liége.

Maîtres (à monogrammes) néerlandais du XVIᵉ. siècle.

1528 ⴲ

1. L'archange St. Michel. Il est en armure complète et lève son épée contre le démon étendu à ses pieds. En haut et de petites proportions, Dieu le père; dans les coins deux petits anges combattant des démons. A la gauche du bas, le monogramme précédé du millésime 1548. Le dessin et la pose sont un peu maniérés, et ont quelque analogie avec la dernière manière de Mabuse. H. 7 p. 21. L. 5 p. 6 l. Bibliothèque de Liége.

———

ⴲ

1. St. George. Il chevauche vers la droite, tandis que le cheval tourne la tête à gauche et que le Saint lève l'épée contre le dragon étendu aux pieds de sa monture. Dans le fond, à gauche et sur une hauteur escarpée, est agenouillée la princesse. A droite un arbre sec près duquel se trouve le monogramme ci-dessus. Gravure médiocre, mais d'un burin assez fin, de la première partie du XVIᵉ. siècle. H. 3 p. 1 l. L. 2 p. 1 l. Collée dans le manuscrit du „frater Trudo Gemblacensis" chez Mr. T. O. Weigel à Leipsic.

———

Ⱶ

1. L'homme de douleur. Il est assis sur une pierre, les mains liées et la tête couronnée d'épines, le corps tourné à gauche et la tête à droite. On lit à ses côtés: ECCE — HOMO. Au haut se trouve un ornement. L'initiale est gravée sur la pierre. Pièce d'un travail inférieur. H. 2 p. 8 l. L. 1 p. 9 l. Liége.

———

AK

1. **Symbole de la mort.** Dans la partie supérieure de l'estampe se trouve une grosse tête de mort avec un serpent entre les dents et une mouche sur l'os du front; sur trois banderoles qui entourent cette tête on lit. SOE. OOIT. CHI WEL. DE TYT ES CORT, DE DOOT ES SNEL — WACHT WVAN SONDEN. (Faites ce qui est bien. Le temps est court, la mort est vite. — Évitez les péchés.) Au bas on voit un cercueil sur des tréteaux qui portent les initiales ci-dessus et sur un fond blanc on lit l'inscription suivante:

EN HOEPT EN DESE WERRELT NIET ƆEER
DIT HWSKE BLYF TW EN NIET MEER.

Pièce d'une bonne exécution. H. 3 p. 11 l. L. 2 p. 5 l. Liége.

---

1. **Ste. Barbe.** Elle est debout, ornée de riches atours, la main droite étendue et tenant une palme de la gauche. A gauche une tour et au bas la tablette avec les initiales ci-dessus. H. 2 p. 8 l. L. 1 p. 8 l. Liége.

M R 1518.

1. **La Vierge,** figure en buste. Elle a la tête couverte de son manteau maintenu par une agrafe sur la poitrine et au-dessus d'elle s'élève un arc dans le style de la renaissance. Dans les coins se trouvent, à gauche, la lettre M, à droite, la lettre R. Les hachures sont fines et serrées. H. 5 p. 2 l. L. 3 p. 9 l. Paris.

2. **St. Rémi.** Le Saint est debout, tourné vers la droite, lisant dans un livre et tenant de la main droite la croix double archiépiscopale. Devant lui se lève, pour le vénérer, une jeune fille de son tombeau. En haut, à gauche, un écusson plain portant en cœur un autre plus petit chargé de trois boules. Vis-à-vis, à droite, un oiseau qui soulève le couvercle d'un vase. A la gauche du bas les ini-

tiales M R et au-dessous l'inscription: S. REMI6I' ARCHIEP̂S R̄MEN-
SIS. 1⟩18. Pièce d'une bonne exécution dans le style néerlandais.
H. 4 p. 2 l. L. 2 p. 9 l. Paris.

Appendice.

3. Le Christ en croix. A gauche se trouve la Ste. Vierge,
les mains jointes, et levant les yeux; à droite, St. Jean les mains
levées, le regard également fixé vers le Sauveur. Dans le fond une
ville gothique, et près du pied de la croix la signature M R. L'exécution de cette gravure est assez rude et ne répond guère à celle des
pièces décrites plus haut, de sorte qu'il est plus que douteux qu'elle
soit du même maître. H. 8 p. 2 l. L. 6 p. 1 l. Francfort s. M.

W. 1527.

1. Le Christ. Le Sauveur du monde, de proportions alongées,
est debout entre deux arbres, tenant de la main droite un livre et
posant le pied gauche sur un globe. Dans le fond les murs d'un monastère. Le W est à la gauche du bas. Cette pièce est exécutée dans un
style bien différent de celui de Venceslas d'Olmutz et par un maître
peu important. H. 3 p. 9 l. L. 2 p. 5 l. Liége.

2. Buste viril. Il est vu de profil tourné vers la droite,
coiffé d'une barrette et sortant la main droite du manteau dont il est
recouvert; cette main est trop petite de proportions. En haut, dans
les coins, est gravé ⅚——Σ7. Eau forte. H. 3 p. 4 l. L. 2 p. 10 l.
Paris.

⌐SD. F.

Brulliot, Dict. I. No. 1593, décrit quatre pièces de ce maître qui,
dans son opinion, est Hollandais et graveur moins adroit qu'un autre
maître qui signait du même monogramme sans le F et qui a entre
autres exécuté les douze apôtres d'après Hans Sébald Beham.

1. **Un homme**, demi-figure. Il tâte une poule. On lit au
bas: **En vuilt myn Hinniken — Sprou geracken**, et ensuite
la marque.

2. **Une femme**, demi-figure. Elle est coiffée d'un chapeau de
paille. Au bas: **Noch vint men — Eyern tasten**, et la signature.

3. **Une jeune fille**. Elle tient une fleur dans la main et au-
dessous: **Sae myn blommeken — en is te doen**. Ici le monogramme se trouve sans le F.

4. **Un jeune homme**. Il porte une épée sous le bras. On
lit au bas: **V. blommeken — vor wuytruken**. La signature sans
le F est gravée à la gauche du bas.

ᴐᴧᴇ, COR.ᴧᴇᴛ. ᴐᴧ
Cornelius Matsys. 1533—1560.
(Bartsch IX. p. 90 et 97.)

Ce maître était peintre et graveur à Anvers. Il appartenait à la
nombreuse famille d'artistes, les Massys, de cette ville, dont Quentin
Massys a été le plus grand ornement. Dans plusieurs documents, depuis 1466 à 1577, le nom de famille est écrit tantôt Mertsys, Metsys,
Matsys, mais le plus souvent Massys. En 1531 on trouve Cornelius
inscrit dans le livre intitulé le „Lyggere" de la confraternité de
St. Luc, comme ayant été reçu franc-maître. Il paraît être le petit-fils
de Quentin et fils de Jean Matsys qui fut reçu, en 1501, franc-maître
dans la même confrérie. On ne trouve point mention, dans aucun document, d'un autre Cornelius. [9])

Notre artiste a signé ses premières gravures du premier et du second
des monogrammes ci-dessus avec l'E, tandis qu'on voit dans les suivantes,
depuis 1544, le troisième monogramme avec l'A, ou son nom: Cornelius Matsys. Cette circonstance a fait croire à Bartsch qu'il s'agissait
ici de deux maîtres distincts, mais le maniement du burin dans ces diverses pièces et la disposition même de la taille dans les copies d'après
Marc Antoine montrent une telle analogie que déjà Heinecken et d'autres

---

9) Voyez Catalogue du Musée d'Anvers 1857, p. 48, le passage relatif à notre
maître.

historiens de l'art après lui n'ont pas hésité à les attribuer à un seul et même graveur. Bartsch lui-même a été induit par cette analogie à admettre parmi les gravures qu'il donne exclusivement à Corneille Matsys ùne pièce (la Charité No. 40), bien que le monogramme porte le E, tandis que les autres pièces de la série, du No. 38 à 46, sont signées du monogramme avec l'A. Cet écrivain énumère sous les deux rubriques d'abord 17, ensuite 58 estampes, en tout 75, auxquelles noùs en pouvons ajouter encore un nombre assez considérable.

Observations à Bartsch.

1—6. L'histoire de Tobie. Cette suite se compose de huit pièces puisque le No. 20, représentant le vieux Tobie conduit par sa femme qui lui annonce son fils avec l'ange dans le paysage, et une autre estampe, inconnue à Bartsch, représentant la femme de Tobie qui conduit un chevreau à la maison (No. 78 de notre catalogue), appartiennent toutes deux à la série.

58. Portrait de Henri VIII. roi d'Angleterre. On en trouve des impressions postérieures avec le millésime de 1548 sous les armes d'Angleterre, avec la jarretière et la devise: Hony soyt qui mal y pēse. Ce portrait paraît avoir été gravé d'après Holbein.

Additions à Bartsch.

76. Abraham donne l'hospitalité aux trois anges. Il est assis sur le devant à une table ronde et paraît étonné de ce qu'un des anges, assis derrière la table, lui dit en montrant la maison vers la gauche où l'on voit Sarah sous la porte. Derrière la table un gros arbre et à droite une vue très-étendue. A la gauche du bas le monogramme avec l'A. H. 3 p. 7 l. L. 5 p. 2 l. Berlin, Collection Albertine à Vienne, R. Weigel.

77. Le combat d'Abraham contre Kédor Lahomer et les rois alliés avec lui. Il délivre son frère Loth de la captivité. A la gauche du haut, le monogramme ⋀Æ et la date de 1545. Au bas, sur une tablette: GENE. 14. Cette pièce appartient à la même série que l'Abraham avec Melchisédech. B. No. 21. H. 3 p. 7 l. L. 5 p. 1 l. Paris.

78. La femme de Tobie traine un chevreau dans la maison. Tobie est assis à une table ronde, contre laquelle est appuyée une béquille. Il fait un mouvement vers sa femme qui amène un chevreau; à droite, sur la base du siége, le monogramme avec l'A. Cette pièce appartient à la série 1—6 et No. 20 de Bartsch. H. 2 p. 7 l. L. 3 p. 5 l. Munich.

79. Judith. Elle est debout devant la tente d'Holopherne dont elle tient la tête de la main droite et l'épée de la gauche. Sur le devant, à gauche sur une pierre, le monogramme avec l'E, au-dessous du millésime 1539. H. 2 p. 3 l. L. 2 p. 1 l. Paris, Berlin.

80. Dalila coupe les cheveux de Samson. Elle est assise, au milieu de l'estampe, près d'un pilastre. Samson, dont la tête repose sur les genoux de la courtisane, a le bras gauche armé d'un bouclier. Derrière, à droite, deux Philistins; un troisième à gauche qui regarde à travers une fenêtre. A la droite du bas: COR. MET. 1537. H. 2 p. 11 l. L. 2 p. 3 l. Paris.

81. Susanne au bain. Elle est vêtue, assise entre les deux vieillards dont celui de gauche l'embrasse. Sur le devant, à gauche, une fontaine; à droite un vase. Dans le fond un palmier. A la droite du haut le monogramme avec l'A et la date de 1555. H. 2 p. 4 l. L. 1 p. 11 l.

82. David coupe la tête de Goliath. Il soulève un grand cimeterre et place son pied droit sur le dos du géant. Celui-ci cherche à se soulever sur la main droite et tient de la gauche un gros bâton. Dans le fond des Philistins qui s'enfuient. En haut: VT SCIAT OMNIS TERRA etc. Le monogramme avec l'A est à la gauche du bas. H. 3 p. 8 l. L. 3 p. 2 l. et à la marge supérieure 3 p. 4 l. Collection Albertine à Vienne.

83. David. Il est debout, au milieu de l'estampe, et tient de la main droite la tête de Goliath par les cheveux et de la gauche une grande épée. A gauche est étendu le corps du géant. Plusieurs édifices avec un temple circulaire dans le fond. A droite on lit: COR. MET. H. 2 p. 2 l. L. 1 p. 8 l. Berlin.

84. David consacré roi. Il est à genoux, tourné vers la gauche, devant Samuel qui l'oint avec l'huile sainte. Six hommes contemplent la cérémonie qui a lieu dans une salle ornée de colonnes. A la droite du bas le monogramme avec l'A et l'inscription: HOMO VIDET EA etc. H. 3 p. 8 l. L. 3 p. 2 l. Collection Albertine à Vienne.

85. La sainte famille. La Vierge est assise, au milieu de

l'estampe près d'un arbre et tient assis sur les genoux, l'enfant Jésus
qui se tourne vers la gauche où l'on voit le petit St. Jean agenouillé
qui l'adore. A gauche de la Vierge se trouve Ste. Élisabeth. Fond
de paysage. A la droite du haut: COR. MET. H. 2 p. L. 1 p. 9 l.
Paris, Berlin.

86. Le Christ chez Simon le pharisien. Il est assis à
droite à une table, près du pharisien; dans le milieu est agenouillée
la Madeleine oignant les pieds du Sauveur. Composition de cinq figures.
Dans le fond une grand fenêtre partagée en deux par une colonne.
A la gauche du haut le monogramme avec l'A. H. 2 p. 4 l. L. 3 p. 3 l.
Paris.

87. Le Christ à table chez le Pharisien, sous un arbre.
Simon est assis à droite, vu de dos à moitié, tandis que le Sauveur
est placé entre deux autres personnages dont celui de gauche indique
une femme debout sous la porte. A la gauche du bas le monogramme
avec l'A. H. 7 p. 7½ l. L. 5 p. 2½ l.

88. La mise au tombeau. Le corps du Christ est tourné
vers la droite. Copie d'après le Parmesan. On lit sur une pierre:
JAC. PAR. INVE. COR. MET. H. 6 p. 11 l. L. 5 p. 6 l. Bibliothèque de Vienne et Collection Albertine.

89. Même sujet. Également d'après le Parmesan, mais sans
le nom des deux artistes. H. 9 p. 8 l. L. 7 p. 6 l. Bibliothèque de
Vienne.

90. Pietà. La Vierge tient, sur ses genoux, le corps du Christ;
dans le fond, à droite, l'entrée du tombeau. Au bas, sur deux lignes,
l'inscription: „Michaelangelos Bonarotvs Florent. etc. D'après
la célèbre Piété de St. Pierre à Rome. (Nagler, die Monogrammisten etc.
II. p. 169. No. 9.)

91. St. Jean Baptiste, d'après le Parmesan. Le Saint est
assis sous un arbre, tourné vers la droite et indiquant du doigt dans
la même direction. Devant lui, à gauche, un agneau. On lit sur une
pierre: 1533. JAC. PAR. INV. COR. MET. H. 3 p. 9 l. L. 4 p. 9 l.
Collection Albertine et Berlin.

92. Vénus. Elle est assise dans une coquille sur la mer, tenant
de la main droite un bâton auquel est attachée une voile gonflée qu'elle
saisit de la gauche. Quelques montagnes à gauche dans le fond. Sur
le devant, à droite, le monogramme avec l'A. H. 4 p. 5 l. L. 2 p. 9 l.
Paris.

93. Mars et Vénus. Il est debout et embrasse la déesse, assise

à droite. A côté de celle-ci l'Amour. On lit au bas: MARS. VENVS.
A la droite du bas le monogramme avec l'A. Pièce à l'eau forte.
H. 3 p. L. 2 p. 1 l. Collection Albertine à Vienne.

94. Vénus et Cupidon. Elle est couchée sur un lit; Cupidon
est devant elle, à droite. Au-dessus de celui-ci on lit CVPIDO, accompagné du monogramme avec l'A. Eau forte. H. 1 p. 11 l. L. 3 p. 7 l.

95. Silène chevauchant un âne. Il s'appuie sur un Faune.
A gauche un Satyre avec une grappe de raisin et une outre de vin.
Grand médaillon qui se trouve dans un carré dont les coins sont
remplis de quatre médaillons plus petits avec des ornements. Pièce
non signée de 6 p. 9 l. en carré. Berlin.

96. Le Satyre dansant. Il est tourné vers la droite, élevant
de la main droite une grappe de raisin. A gauche, un arbre autour
duquel grimpe un cep de vigne. A la gauche du haut la marque
avec l'E. H. 2 p. 5 l. L. 1 p. 7 l. Berlin.

97. Un Satyre femelle et deux petits. Elle est assise au
milieu sous un arbre et donne le sein à ses deux petits dont l'un est
assis sur la jambe de sa mère et l'autre debout près d'elle. Au milieu
du bas: COR. MET. Pendant de la pièce précédente. H. 2 p. 5 l. L. 1 p. 7 l.
Paris.

98. Le Satyre et l'enfant. Copie en contrepartie d'après
Marc Antoine B. No. 281. Le Satyre est assis sous un arbre, tourné
vers la gauche; devant lui un enfant qui tient une grappe de raisin
dont il met un grain dans la bouche du Satyre. A la droite du bas:
1538. COR. MET. H. 4 p. 8 l. L. 3 p. 7 l. Collection Albertine
à Vienne, Berlin.

99. Cléopatre. Elle est couchée, presque nue, sur un lit de
repos, la tête tournée vers la droite et un aspic enroulé autour du bras.
Au bas une tablette contenant le monogramme avec l'A et la date de
1550. H. 3 p. 6 l. L. 5 p. 7 l. Musée Britannique, Berlin.

100. La Géométrie. Elle est tournée vers la droite, agenouillée
du genou gauche sur une pierre et tenant devant elle un fil-à-plomb.
Au-dessous on lit: Geometria. L'exemplaire de Berlin, qui est rogné,
mesure 5 p. sur 2 p. 7 l. (?)

101. Allégorie connue sous le nom de la „Diligence et de la
paresse" ou peut-être mieux „Hercule au sein de la volupté rappelé
par la vertu à une vie plus active." A gauche, un jeune homme est
couché sur les genoux d'une femme et vis-à-vis de lui se trouve un autre
jeune homme près d'une jeune femme couronnée de lauriers qui regarde

une tablette où son compagnon a écrit quelque chose. Au milieu des
deux groupes une figure de femme debout, la partie supérieure du
corps découverte, touche d'une baguette le front du premier jeune homme
et montre de la gauche la tablette et une coupe tenue par la jeune
femme. Dans le fond on voit les événements symbolisés de la vie des
deux jeunes gens. On lit au bas:

     - SVM. BONA. LAVDATIS. SIC. DICTA. SOLERTIA. SECLIS.
       DESIDIAM. SPERNO. SED. PLACET. VSQVE. LABOS.

Le monogramme manque. La composition est prise d'un tableau de
Siciolante da Sermoneta du Cabinet Crozat qui a été gravé par Haus-
sart, intitulé „la Vertu“. La gravure de Matsys s'éloigne de l'original, surtout dans le paysage qui offre dans le fond une mer agitée
par la tempête. H. 13 p. 3 l. L. 17 p. 6 l. Bibliothèque de Vienne.

    102. L'homme endormi. Il est couché à gauche à l'entrée
d'un bois, tandis qu'à droite une femme, vue de dos et agenouillée,
semble lever de terre une espèce de vase; de la main droite elle embrasse un homme, qui lève les mains au ciel, comme s'il voulait détourner la femme de son projet. A la gauche du bas: COR. MET.
Copie en contrepartie d'après Marc Antoine. B. No. 438. H. 4 p. 5 l. L. 3 p.
Paris.

    103. Les amoureux trahis. Deux couples sont assis près
d'une table et s'embrassent, tandis que deux femmes, à gauche, sont
occupées à vider les poches du premier couple. Sur le devant, à
droite, un bouffon. En bas, à gauche: COR. MET. Au-dessous l'inscription suivante:

     TIS HIER GOEV VENTE LAET DRVCK VERSLAEN
     DWORT AL VER COCHT EERT VOORT IS GHEDAEN.

H. 2 p. 10 l. L. 4 p., de la bordure 3 l. Paris.

    104. La femme portant culottes. Elle est assise à droite
et bat un homme en habits de femme renversé devant elle à terre. A la
marge inférieure on lit: SVS SŸSE GEPLAECHT, ALS DWIE DE
BROECK DRAECHT. Au haut, sur une fenêtre: COR. MET. Hauteur, y inclus la bordure, 2 p. 1 l. L. 1 p. 2 l. Munich.

    105. Frise d'ornements. Au milieu est assise une figure
d'homme ou d'idole dont le siége est soutenu par deux autres figures
d'hommes terminant en rinceaux. Aux côtés, des femmes suppliantes;
au-devant d'elles pendent des vases et un encensoir. Plus en arrière
des demi-figures de femmes regardant dans des coquillages et, aux extrémités, deux demi-figures de femmes couronnées, dont chacune a au

sein un enfant au maillot. Au milieu du bas le monogramme avec l'A. H. 2 p. 4 l. L. 8 p. 3 l. Berlin.

106. Arabesque. Au milieu, un Satyre femelle avec une draperie; aux côtés, deux termes de Satyres. Au bas, une tête de lion et une tablette avec le monogramme et le millésime 1560. R. Weigel (Kunst-Catalog No. 20292) croit que le chiffre 6 a été alongé puisqu'on ne connait de notre artiste aucune pièce d'une date aussi rapprochée. A tout événement, cette date a été gravée de nouveau, mais elle paraît avoir été la même dans l'origine. H. 4 p. L. 2 p. 4 l.

107. Arabesque. Un Satyre est assis dans une espèce de treillage et élève des deux mains des branches de laurier. Au milieu du bas un masque à côté duquel se trouve le monogramme. H. 2 p. L. en haut 1 p. 9 l., en bas 1 p. 7 l. R. Weigel.

108. Arabesque, avec une figure de femme à mi-corps. Au milieu du haut le millésime 1549 et à gauche la signature avec l'A. 2 p. 1 l. en carré.

109. Arabesque. Une femme, vers le milieu du haut, pose les mains sur la tête de deux enfants nus. In-12°. (Nagler, Die Monogrammisten etc. II. p. 170. No. 23.)

---

15 ₵ 45

Jan Cornelisz Vermeyen, surnommé Maius.

Ce peintre distingué naquit l'an 1500 à Beverdyck près de Harlem et mourut, en 1559, à Bruxelles. Quoiqu'il se fût appliqué principalement dans sa jeunesse à l'étude des mathématiques, il exécuta cependant un grand nombre de dessins de batailles, de cavalcades et de paysages et s'y montra d'une telle excellence que l'empereur Charles V. le prit à son service. A Madrid on le nomma et pour sa prestance et pour sa longue barbe qui traînait jusqu'à terre, Juan de Mayo el barbuto ou Barbalunga. En 1534 Vermeyen accompagna l'empereur à Tunis et dessina les principaux événements de la campagne. D'après ces dessins il exécuta les grands cartons coloriés pour les tentures qui, les uns et les autres, se conservent encore à Vienne. Il suivit également l'empereur dans ses campagnes d'Italie et d'Allemagne dont il dessina les principaux événements pour les reproduire sur des tableaux qui ont disparu pour la plupart. Nous avons aussi de lui quelques gravures à l'eau forte exécutées d'une manière large et spirituelle qui sont devenues très-rares et dont nous pouvons indiquer les suivantes.

Eaux fortes.

1. **La Ste. Vierge.** Elle est assise, tenant devant elle l'enfant Jésus. A gauche la demi-figure d'une femme ailée dans le costume du XVIᵉ. siècle et qui joue du luth. Sur le siége de la Vierge est gravé le monogramme ci-dessus accompagné du millésime 1545. H. 9 p. 3 l. L. 12 p. 8 l. Paris.

2. **Vénus et l'Amour.** La déesse, endormie et la tête appuyée sur la main droite, est couchée, vue jusqu'aux genoux, sur un lit vers la droite. A gauche est étendu l'Amour sous les traits d'un enfant vulgaire légèrement vêtu et tenant une flèche à la main. Le monogramme est à la gauche du haut. H. 6 p. 9 l. L. 8 p. 7 l.

3. **La femme ailée.** Elle est richement vêtue, avec de grandes ailes et une auréole, et joue de la guitarre. On croit que c'est le portrait d'une maîtresse de Charles V, mais cette figure pourrait aussi représenter le génie de la musique. Cette feuille, in-4°, porte la signature du maître.

4. **La femme à l'ouvrage.** Elle est assise dans une chambre, la tête couverte d'une draperie, selon le costume espagnol, et s'occupe d'un travail d'aiguille. A droite, près d'elle et sur une fenêtre, est placé un vase avec des fleurs et, au-dessous, un chien est couché près d'un luth. Dans un autre vase on voit un cœur percé d'une flèche et sur le parquet des fleurs et des feuilles éparses. Derrière un rideau on entrevoit des arabesques avec un masque de théâtre, une figure de marmouset etc. Sur le devant, à gauche, deux chats. Le monogramme, avec la date de 1545, est à la droite du bas. H. 9 p. 3 l. L. 6 p. 3 l. Paris.

Cette pièce est également désignée sous le nom de la Constance et on veut qu'elle représente la seconde femme ou la fille de l'artiste.

5. **Une jeune fille.** Demi-figure en costume oriental, vue presque de profil. Elle joue avec un chat qu'elle tient dans ses bras. A la gauche du haut le monogramme et la date de 1546. H. 7 p. 9 l. L. 5 p.

6. **Le banquet espagnol,** ou l'amant trahi. Les convives, demi-figures, sont assis autour d'une table couverte de mets etc. Sur le devant, à gauche, une femme embrasse un homme, tandis qu'elle lui tire sa bourse de la poche. A droite, derrière la table, un bouffon qui porte ses doigts dans ses joues gonflées. Au milieu, trois femmes qui jouent des castagnettes. A la gauche du bas, le monogramme entre le millésime 1545 et l'inscription suivante: Sic hispana venᵉ

(Venus) loculos excālāt amādo; sic fucata rapᵗ basia stultˢ amans. H. 11 p. 3 l. L. 15 p. 8 l.

7. Philippe II. à cheval, dans un paysage. Sur le terrain se lit: La figure de Philippes Roy d'Angleterres, Prince d'Espaignes etc. comme il entra la ville de Bruxelles le VIII de Septembre l'àn MDLV. Io Maius fecit cum Privilegio. H. 8 p. 7 l. L. 11 p. 5 l.

8. Philippe II. Demi-figure, vue de face. A droite, en haut, l'inscription: Philippus Rex Anḡlorum, Princeps Hispaniarum anno 1555. H. 5 p. 6 l. L. 4 p.

9. Henri II. En haut, à gauche, se trouve l'inscription: Henricus Rex Gallorum, Anno Dni. MDLV. H. 5 p. 3 l. L. 3 p. 10 l.

10. Muley Achmet. Portrait d'un prince africain. Pièce signée du monogramme et du nom Maius. Grande planche à l'eau forte. (Cat. raisonné des estampes de James Hazard, p. 104. No. 800.)

11. Buste de femme, d'âge moyenne, vue de face et regardant vers la gauche. Elle a la tête couverte d'un voile. On croit y reconnaître le portrait de la première femme de l'artiste. A la gauche du haut le monogramme avec la date de 1545. H. 8 p. L. 6 p. 10 l.

Mariette mentionne, dans son exemplaire interfolié de l'Abécédaire d'Orlandi, encore trois pièces de notre maître que nous n'avons pas eu l'occasion de voir, savoir: 1. Le portrait du cardinal Werara de la Marck. 2. Vue du palais royal de Madrid. 3. Vue du fameux aqueduc de Ségovie.

C. F. Jnventor anno 1554.

Cornelis Floris.

Cet artiste, né à Anvers en 1518 et mort en 1572, séjourna quelque temps à Rome. C'était un frère du célèbre Frans Floris et il exerçait en même temps la sculpture et l'architecture. Il a aussi gravé à l'eau forte quelques morceaux d'architecture qui parurent chez Jérôme Cock d'Anvers. Ces gravures sont d'une exécution rude, l'eau forte ayant beaucoup mordu.

1—4. Quatre feuilles d'ornements. H. 11 p. 3 l. L. 7 p. 7 l. Berlin. Dans des ornements d'architecture se voient des figures dans le style du XVIᵉ siècle. Le titre est comme suit: Job. 19. Novi ego quod vindex meus vivit et novissime etc. Sans signature.

5. Porte cintrée dans le milieu, deux femmes qui filent aux côtés, plusieurs figures dans les légers ornements d'architecture composés d'arcs et de listels. Au bas deux sphynx. Dans un ovale au-dessous de l'arc on trouve l'inscription ci-dessus avec la date de 1554.

6. Une bordure ornée. On y voit deux Satyres; l'espace du milieu est vide. Au bas une tablette oblongue avec l'inscription: C. F. Inventor anno 1554.

7. Un enfoncement à guise de niche. De chaque côté une cariatide; au bas deux hommes dans les ceps. Pièce non signée.

Brulliot mentionne encore dans son Dictionnaire III. No. 252, à propos de la seconde des signatures ci-dessus, qu'elle se trouve également sur quelques grotesques publiés par Jérôme Cock, mais sans les décrire d'une manière plus précise. Ce sont peut-être ceux cités par C. T. de Murr dans sa „Bibliothèque de peinture etc." Francfort s. M. 1770, vol. II. p. 574 et qui se trouvent dans l'ouvrage intitulé: „Veelderley veranderingen van grotessen ende compertementen, ghemaekt tot dienste van alle die conste beminnen ende ghebraiken. Gedruckt by Hieronimius Cock, 1556, Cornelis Floris inventor. In-fol.

J. van Stalburch. 1555—1562.
(Bartsch IX. p. 476.)

Bartsch décrit seulement de ce maître deux gravures qui sont également signées de son nom en entier; cependant nous avons encore six pièces, représentant des vices, marquées du monogramme ci-dessus et comme elles sont exécutées dans sa manière, nous n'hésitons pas à les lui attribuer. Il est évident pour nous qu'il a souvent gravé d'après d'autres maîtres non seulement par l'Allégorie No. 2 de Bartsch qui est de l'invention de Martin Heemskerk, mais aussi par la pièce No. 3, le Parnasse d'après Frans Floris.

3. Le Parnasse. Apollon, debout à droite, joue de la lyre; une des Muses au milieu souffle dans une flûte; les autres chantent, assises et rangées trois à trois. On lit sur une pierre: Franc flor. invent.; à gauche, sur un écriteau: Stalburch 1555, et plus bas: Cock exc. H. 11 p. 5 l. L. 15 p. 9 l. Pièce d'un travail un peu rude, dans le style italien et nullement belle de dessin. Berlin.

4—10. Les sept Vices ou péchés capitaux, suite de sept feuilles (le No. 7, Ira, manque dans l'exemplaire de Berlin). Ces figures allégoriques sont assises dans des paysages et portent le monogramme ci-dessus avec la date de 1562, étant marquées des numéros 1 à 7 ainsi que du nom du vice respectif. Elles portent chacune, au bas, des inscriptions hollandaises. H. 3 p. 6 l. L. 4 p. 10 l.

4. Superbia. Elle est assise à gauche et tient devant elle un miroir rond. A gauche, un cheval; à droite, un paon; au bas:

Gleick als die pau-den steert op staet
Also bē ic houerdich in altē daet.

5. Avaritia. Elle est assise, les yeux bandés, sur une cassette d'argent; à gauche, devant elle, une tortue; au bas:

Ic ben gheseten begeerlic mit ghirghe sin
V. blint sonder wetē deerlic int nerts ghevesin.

6. Gula. Elle est assise près d'un cruchon de vin avec un verre. A côté d'elle un pourceau sur lequel elle pose la main droite. Au-dessous:

Ic stort ic met droncken sinne etc.

7. Luxuria. Elle est assise, tournée vers la droite; derrière elle un ours attaché à un arbre. Au bas:

Oncuisch heet ic by minen name etc.

8. Desidia. Elle est assise au milieu de ruines; près d'elle, à gauche, un âne. En bas:

Ic ben traech etc.

9. Invidia. Elle est assise sous un arbre et tient un cœur percé d'une flèche. Derrière elle un bœuf. Au-dessous:

Nydischz besit myn harte van binnen etc.

10. Ira.

Brulliot croit toutes ces figures gravées d'après M. Van Veen ou F. Floris, mais ce n'est qu'une conjecture.

P. H.

Peter Huys d'Anvers. 1570.

(Bartsch IX. p. 86.)

Nous n'avons pas la moindre notice sur la vie de ce graveur au burin. Christiaan Kramm (dans son livre intitulé: De levens en Werken der Hollandsche en Vlaamsche Kunstschilders etc. Amsterdam 1859.

Vól. III. p. 766 et 775) présume que les gravures dans l'ouvrage intitulé: Humanæ salutis monumenta B. Aria Montani studio constructa
et decantata. Antverpiæ 1571, in-gr.-8°, sont exécutées par lui, en partie
d'après les dessins de Pierre van der Borch, en les signant P. Huis.

Additions à Bartsch.

3. Le Christ en croix. La Vierge est debout à gauche et
montre de la main droite un crâne sur le terrain. A droite, St. Jean
les mains jointes. Dans le fond la ville de Jérusalem. Au bas, sur
une tablette, P. H. H. 7 p. 6 l. L. 5 p. 9 l. Munich.

Brulliot, Dict. II. No. 2267, décrit une composition analogue, avec
le soleil et la lune ajoutés et au-dessous, dans un ovale, deux vers
latins: Huc amor et pietas etc., accompagnés de A. H. exc.
H. 8 p. 9 l. L. 5 p. 8 l. C'est probablement un exemplaire plus
complet que la pièce que nous venons de décrire.

Chr. Kramm mentionne encore un autre Christ en croix, avec
l'inscription : PETRVS HUIS fecit. Hans Liefrink ex. H. 4 p. 21. L. 2 p. 81.
et croit que cette gravure appartient à notre maître.

⊢⊢ 1572.

Bartsch (IX. p. 546) ne connaissait de ce maître que la femme
adultère et le croit Allemand. Il existe pourtant de lui une seconde
pièce avec une inscription hollandaise ce qui nous a décidé à le placer
dans cette école.

Addition à Bartsch.

2. Allégorie. Au milieu est assis un vieillard nu (le Temps?)
sur une tête de mort, le mains jointes et portant sur la tête un sablier.
Vis-à-vis, à gauche, un griffon avec une épée. Cette composition est
entourée d'une bordure d'arabesques. Une inscription hollandaise termine par: Mate. 10. La marque est au-dessous sur une pierre et
au milieu le millésime 1572. H. 5 p. 2 l. L. 3 p. 7 l. (Brulliot,
Dict. III. Appendice No. 220.)

ℳ

1. St. Pierre. Il est assis sur un siége et presse une clé sur sa poitrine, tandis que l'autre clé est sur un livre devant lui. Sur une pierre: PETERI. Le monogramme est gravé sur l'appui de la fenêtre, par laquelle on aperçoit la pêche miraculeuse. Au bas, à droite, J. Hondivs exc. et l'inscription: Hoe vasten steen etc. Pièce d'une faible exécution. H. 6 p. 3 l. L. 4 p. 3 l. Copenhague.

ℭ

Le maître qui s'est signé avec ce monogramme paraît être différent de celui mentionné par Bartsch IX. p. 434 et doit appartenir à l'école néerlandaise puisque la pièce ci-dessous a été publiée par H. Cock d'Anvers.

1. St. Antoine. Il est assis sur le devant, lisant dans un livre, avec le pourceau à sa gauche. Le fond est un riche paysage avec des édifices. A la gauche du bas on lit: h. cock. excud. et au milieu: Salue Antoni, puis le monogramme ci-dessus. H. 8 p. 5 l. L. 11 p. 10 l. Bamberg.

.L.S.
Lambert Suavius, de Liége. [10])

Cet artiste était un dessinateur et un graveur de beaucoup de talent qui florissait entre les années 1540 et 1559. Guicciardini dit

---

10) Pour avoir mal compris les passages de Vasari sur ce maître, sur Lambertus Lombardus, surnommé Suterman, et sur le peintre d'Amsterdam, Sustris, qui, né en 1526, passa une partie de sa vie à Venise et mourut à Munich en 1599, il en est résulté une certaine confusion relativement à ces artistes dans l'histoire de l'art. Il est certain que Vasari, comme il le dit lui-même, a connu l'ouvrage de Dom. Lampsonius intitulé: „Lamberti Lombardi apud Eburones pictoris celeberrimi vita. Burgis Flandriæ. Ex officina Huberti Gollaii" 1565, in-8°, et qu'il a reçu de cet écrivain des communications par écrit sur les artistes néerlandais. Il a su très-

même qu'il était bon architecte ce qui paraît être confirmé par les belles compositions d'architecture dans ses estampes. Vasari, dans la vie de Marc Antoine, le nomme Lamberto Suave en ajoutant qu'il était excellent graveur et que s'il avait été aussi parfait dans le dessin qu'il s'est montrée soigneux et diligent dans le maniement du burin, il aurait laissé des œuvres dignes d'admiration, comme nous le prouve une petite gravure d'un St. Paul écrivant et une plus grande de la résurrection de Lazare etc.

On ne connait presque rien des circonstances de sa vie, mais d'anciennes traditions le disent élève de Lambert Lombard dont il a imité le style de dessin ayant même gravé plusieurs compositions d'après lui et dont nous ne mentionnerons ici que la „Charité" avec le nom de Lambert Lom̄. inv. et au-dessous L. S. Il lui était même uni par des liens de parenté puisque Lambert Lombard avait épousé une sœur de Suavius. Son style de composition révèle une étude approfondie de l'antique et il nous a même donné une gravure du Colisée, ce qui semblerait indiquer qu'il s'est arrêté assez longtemps à Rome. Il a dans sa manière quelque chose de particulier et de grandiose qui se rapproche de l'antique, cependant ses figures sont ordinairement très-sveltes et ses draperies très-légères. La taille chez

bien distinguer le célèbre architecte et peintre (élève d'Andrea del Sarto) Lambert Lombard de Liége, de Lambert Suavius en disant du premier: „ma di tutti i sopradetti è stato maggiore Lamberto Lombardo di Liége, gran letterato, giudizioso pittore e architetto eccellentissimo." Il ne fait mention de Lambert Suavius que comme d'un excellent graveur, dans la vie de Marc-Antoine. Cependant dans d'autres passages il ne semble pas distinguer suffisamment des maîtres de Liége un Lambert d'Amsterdam et un Lambert van Ort d'Amerfort; à tout événement des écrivains postérieurs ont confondu toutes les données de Vasari à ce sujet et Sandrart ne fait de tous ces artistes qu'une seule et même personne. Cela est d'autant plus frappant que Guicciardini dans son livre intitulé: „Historia de' Paesi bassi," Firenze 1561 p. 99, parle distinctement de „Lamberto Lombardo di Liége homo degno litterato e di gran iudicio e non solo eccellente pittore ma anche grande architettore," mais aussi p. 101 de „Lamberto Suavio di Liege buono architettore et intagliatore in rame." Ce qui aurait dû faire disparaître tous les doutes chez les écrivains postérieurs et ce qui néanmoins n'a pas toujours été le cas même chez les plus récens.

Il existe plusieurs gravures, dont quelques-unes des meilleures par Lambert Suavius et qui seront décrites ci-après, d'après l'invention de Lambert Lombard. Jérôme Cock est néanmoins celui qui a le plus gravé d'après lui, mais la plupart de ces pièces, d'une exécution assez rude, ne portent que rarement la signature du graveur.

lui est fine et soignée, dans les commencements assez maigre et
même un peu raide. Celle de ses pièces qui est la mieux exécutée
est l'estampe qui montre St. Pierre et St. Jean guérissant un perclus à
l'entrée du temple et qui porte la date de 1553.

1. La résurrection de Lazare. A gauche, dans un caveau
sépulcral, Lazare se lève d'un sarcophage à la voix du Christ. Les
deux figures principales sont accompagnées de plusieurs autres parmi
lesquelles un jeune homme détache les bandelettes qui entourent les
pieds de Lazare. A droite une vue dans le lointain avec des ruines
antiques où se voient dix personnes. Au haut, dans une tablette, on
lit huit vers latins: „Huc ades et factum mittens recutita te-
nacem etc." Au bas l'inscription: Lambertus Suavius 1544.
H. 7 p. 6 l. L. 11 p. 9 l.

2. La mise au tombeau. Dans une grotte sépulcrale deux
hommes tiennent le corps du Sauveur prêt à le placer dans un sarcophage. Un jeune homme et quatre femmes entourent ce groupe en
pleurant. En haut, à droite, une tablette avec l'inscription: An igno-
ratis fratres quod quicūq̧ baptisati sumus in Christo
Jesu etc. et à la gauche du bas: L. SVAVIVS inventor. 1548.
H. 6 p. 6 l. L. 7 p. 6 l.

3. Même sujet, traité d'une manière différente et signé: Sva-
vius. inv. Petit-in-8°. Catalogue Sternberg Vol. III. No. 250.

4. Les apôtres Pierre et Jean guérissent un perclus
sous le portique du temple. Le perclus, assis, présente à St.
Pierre la main dont il veut la guérison. Douze autres figures les
entourent parmi lesquelles on distingue deux docteurs de la loi en conversation ayant près d'eux un chien. Mêlées à la riche architecture
de l'édifice, se trouvent plusieurs autres figures d'hommes et de femmes.
Au haut, dans une tablette sortant des nuages, se trouve la dédicace
de l'estampe à la veuve du roi de Hongrie, Marie d'Autriche, ensuite
sur deux autres au milieu du premier plan des inscriptions: Haud
equidem mirū si. q̄. ceū numina terris etc. Enfin on lit dans
le coin droit du bas, près du millésime 1553, la signature: INVEN-
TORE AC CÆLATORE SVAVIO. H. 11 p. 3 l. L. 16 p. 7 l.

5—17. Le Christ et les douze apôtres. Figures debout,
vêtues à l'antique et en partie marquées de numéros. H. 7 p. 3 l. L. 3 p. 5 l.
Pièces très-finement gravées.

5. Jésus Christ. Il est vu de face, entouré de nuages.
Deux petits anges tiennent au bas le socle, sur lequel il est posé.

Ce socle porte une inscription hébraïque et deux autres inscriptions, grecque et latine, se lisent dans la partie supérieure. Au bas, à droite, sur une tablette la signature: SVAVIVS LEOD. INVE. ET TIPOGR. Des épreuves postérieures portent la date de 1548.

6. St. Pierre. Il tient un livre et s'appuie contre un piédestal qui porte une clé; devant lui, sur un autre piédestal, on voit une statue sans tête. A la gauche du bas, sur une tablette: SVA-VIVS NIVEN. II.

7. St. Jacques le majeur. Il est debout devant une niche et s'appuie sur un bourdon de pèlerin. Au bas, à droite: L. SVAVIVS INVĒTOR.

8. St. Simon. Il est vu lisant dans un livre qu'il tient devant lui sur une base. Sur celle-ci se trouve un écusson avec une scie et auprès le No. 4. A droite la date de 1545 et sur une tablette: L. SVAVIVS INVNE.

9. St. Barthélemi. Il s'appuie sur une voûte et tient de la gauche un couteau. Signée L. SVAVIVS INVE et No. 5.

10. St. Jacques le mineur. Il est tourné à gauche, dans des ruines et tient une équerre. Au bas: L. SVAVIVS INVE. 1545.

11. St. Matthieu. Il se tient près d'un amphithéâtre détruit, et lit dans un livre. Sur le devant, à gauche, et sur une pierre: SVAVIVS IN. 1547 et auprès le No. 7.

12. St. Philippe. Il est au milieu de ruines et lève le pan de son vêtement pour se couvrir la tête. SVAVIVS INV. A droite le No. 8.

13. St. Jean. Il est vu de profil, tourné à gauche, devant un chapiteau corinthien où l'aigle est perché et il écrit dans un livre. Au bas, à gauche, près du torse d'une petite statue: SVAVIVS INVEN. — 9.

14. St. Thomas. Il est debout sous un arc ruiné, sur lequel, en bas à droite, on voit un écusson chargé d'une épée. (Indiquant plus-tôt St. Paul.) L'apôtre porte un livre de la main droite et un papier de la gauche. A la droite du bas: SVAVIVS INVE. 10.

15. St. André. Il s'appuie du bras droit sur une poutre sortant du mur; derrière lui la croix qui porte son nom. A droite du bas: L. SVAVIVS, au milieu le chiffre 11.

16. St. Judas Thadée. Il est tourné vers la droite devant une niche et tient une massue sous son manteau. L. SVAVIVS

INVENT. Sans numéro et mesurant seulement 7 p. 7 l. de hauteur sur 3 p. 4 l. de largeur.

17. St. Mathias. Il est près d'une colonne dans un somptueux édifice et regarde vers le haut; il tient dans ses mains élevées une longue baguette. Pièce non signée. H. 7 p. 2 l. L. 3 p. 2 l.

18. St. Paul. Il est assis devant une niche, écrivant sur une tablette et tient de la gauche un encrier. Son épée est appuyée à gauche; sur le siége à gauche on voit un livre. A la droite du bas une tablette avec l'inscription: „Quandiū sum gentium apostolus ministeriū meū honorificabo. et au bas: SVAVIVS INVEN. H. 6 p. 3 l. L. 4 p. 5 l. Très-belle gravure.

19. Un apôtre. Il est debout dans une niche, tourné vers la gauche; la tête est vue de profil et il tient sous son manteau un livre qu'il indique de la gauche. Pièce non signée, mais dans la manière de Suavius quoiqu'elle ne soit pas d'une exécution aussi fine que les précédentes. H. 6 p. 1 l. L. 3 p.

Nagler, dans son Dictionnaire des artistes, vol. XVII, p. 534, mentionne une série d'Apôtres et de Saints debout, avec leurs attributs, que Suavius aurait gravée d'après Lombard. Ils n'ont point de nom ou de signature; gr.-in-4°. D'après le format indiqué pour l'estampe ci-dessus No. 19 et qui est celui d'un petit-in-8°, elle ne pourrait appartenir à cette série et nous n'en avons eu aucune autre qui puisse y correspondre. Voyez également le Catalogue de Winckler, vol. III. No. 5605.

20. Jhesus Christus Salvator mundi. Tête vue de profil, signée: Suavius 1559. In-4°. (Nagler No. 1.)

21. La Vierge. Vue de profil, avec l'inscription: Ecce abhinc beatam me dicent etc. Sans signature. (Nagler No. 2.)

22. Ste. Marguerite. Signée: L. SVAVIVS. IN. In-12°. (Nagler No. 10.)

23—34. Les Sibylles; elles sont dans des niches. Suite de douze pièces dont quelques-unes sont marquées L. S., entre autres les Sibylles Persique et Libyque. H. 6 p. 11 l. L. 3 p. 1 l.

Le catalogue mentionné (Vol. III. No. 2506) décrit douze Sibylles avec leurs attributs dont la première est marquée: Lamb. Lombardus inv. puis L. S. Petit-in-4°. L'exemplaire que nous avons vu à Bâle n'a point cette indication et paraît être une épreuve d'artiste; le format est in-8°.

35. Les quatre vertus cardinales. La Justice, la Prudence,

la Tempérance et la Force. Signées: L. SVAVIVS. In-8°. (Nagler, Dict. No. 15, où il n'indique pas si c'est une suite de quatre
pièces.)

36. La Charité chrétienne. Elle est assise sous une draperie dans un bâtiment antique. Huit enfants l'entourent; à droite une
colonne sur son piédestal, et en bas, à gauche, l'inscription: Lambert lom̄. inue. et L. S. (Lambert Suavius, le graveur). Belle et fine
gravure dans la manière des apôtres. H. 8 p. 10 l. L. 6 p. 10 l.

37. La Philosophie. Copie en contrepartie de la gravure de
Marc Antoine d'après Raphaël (Bartsch No. 381). On en trouve des
épreuves avec ou sans le nom de Lambert Suavius.

38. Psyché et Vénus. La première présente à la déesse
étonnée le vase avec les eaux du Styx qu'elle a reçu de Proserpine.
D'après la fresque de Raphaël à la Farnesina. Pièce signée: RAPHA.
INVEN. puis L ꝣ. H. 9 p. 6 l. L. 6 p. 3 l.

39. Vue d'une partie du Colisée de Rome. Signée: L. S.
In-4°. Cat. Sternberg No. 247 α.

40. Le palais des Césars à Rome, avec l'inscription: Divus Augustus et Nero Claudius Imp. Rom. Au milieu du bas:
1553. Suavius. Médaillon de 3 p. 4 l. de diamètre. (Nagler XVII.
p. 536. No. 20.)

41. Jules César, médaillon.

42. Claude Néron, idem.

43. Poppæa Sabina, idem.

44. Lollia Paulina, idem.

Ces médaillons appartiennent à une série de portraits de personnages romains attribuée à Rosso fiorentino. (Nagler l. c.)

45. Thomas Philologus Ravennas. an. 1260. In-8°.
(Nagler l. c. No. 26.)

46. Antoine Perrenot, évêque d'Arras. (Granvelle.) Demi-
figure, tournée à gauche et regardant le spectateur. Il a la tête nue
et porte une longue soutane avec un livre devant lui qu'il tient des
deux mains. Fond d'architecture, avec vue lointaine à gauche. En
bas, à gauche, la date de 1556 et dans un cartouche l'inscription:
EFFIGIES. ILL. AC. Rᴹᴵ. D. ANTONII. PERRENOT. EPI. ATRE-
BATENSIS. IMP. CAROLI V. PRIMI. CONSILIARII. ET. SIGILLO-
RUM. CUSTODIS. H. 14 p. 10 l. L. 10 p. 5 l.

47. Erasmus Schetus. Aetatis sue 61. A. D. 1554. In-8°.

48. Melchior Schetus. Aetatis sue 37. A. D. 1561. In-8°.

49. **Anna a Stralen, Melchioris Scheti conjux. Aet. 31.**
A. D. 1554. In-8°.

50. **Gaspar Schetus. In-8°.**

51. **Baltasar Schetus.** Dom. in Hoobocken 1561. In-8°.

52. **M. Perez.** Portrait sans signature. 1553. In-8°.

53. **Ursula Lopez, M. Perez conjux.** In-8°.

54. **Michel Angelus Buonarotus,** Nobilis Florentinus. Anno aet. LXXI. In-8°.

Tous ces portraits (du No. 47 à 54) sont en médaillons. (Nagler, Dict. XVII. 536. No. 35.)

55. **Rogerius le Strange et Dorothea Uxor ejus.** Ovale. 12°. (Nagler l. c. No. 35.)

IG̃, 1 G sc.

Jacob de Gheyn, le vieux.

D'après l'opinion d'Immerzeel dans son ouvrage intitulé: „De levens en werken der hollandsche en vlaamsche Kunstschilders etc." (Vie et ouvrages des peintres hollandais et flamands etc.), Amsterdam 1842, Jacob ou Jacques de Gheyn était fils d'un peintre sur verre du même nom à Utrecht; mais nous apprenons par Christiaan Kramm, qui a complété l'ouvrage d'Immerzeel, qu'il s'appellait Jacob Jansz (fils de Jean) van der Gheyn. Il paraît, du reste, certain que Jacques de Gheyn naquit à Anvers en 1565 et qu'il y mourut en 1615. Il fut pendant deux ans élève de Henri Goltzius à Haarlem et s'occupa de peinture, mais surtout de la gravure. Il exécuta plusieurs pièces d'après Goltzius, Van Mander, Bloemaert, Spranger, tandis que d'autres sont de sa propre composition ou sont des portraits auxquels la belle conduite et la finesse du burin donnent un charme particulier. Il n'est cependant point parvenu à l'excellence de Goltzius et sa taille a toujours quelque chose de sec.

Il eut un fils du même nom, également peintre et graveur, qui florissait à Anvers vers 1616. Nous remarquerons seulement qu'il se servait du monogramme *IG̃* en se signant quelquefois de son nom en entier, comme, entr'autres, sur une suite de huit feuilles, frontispice compris, et dont l'édition est intitulée: Septem sapientium graeciæ

icones, manu delineatæ æreque expressæ a Jacobo Ghey
nio, juniore. Hagæ. Com. 1616, et portant au-dessous une dédicac
à son père qui était en même temps son maître. [1]) Ceci nous éclair
sur tous les doutes que des écrivains récents ont jeté sur l'origine d
ce dernier artiste.

Nous trouvons dans l'ouvrage de Christiaan Kramm, déjà men
tionné ci-dessus, les notices suivantes sur différents paiements faits
notre maître par le gouvernement (Heere Staten van Holland) pour l
dédicace de plusieurs de ses ouvrages; à savoir:

1593, le 29 Octobre, il reçut 120 fl. pour avoir dédié aux „Heer
Staaten van Holland" Le siége de la ville Geertrudenbergh
gravé et imprimé par lui, et plus 80 fl. que ceux-ci y ont ajoutés. D
même, il reçut du magistrat d'Utrecht 12 pd. pour les exemplaires d
cette carte que de Gheyn lui avait présentée.

1597, le 25 Avril, il obtint la même somme de 120 fl. pour l
dédicace etc. de la bataille de Turnhout, gravée sur cuivre e
imprimée par lui.

1603, le 9 Mai, „is Jacques de Gheyn de heeren Staten gepre
sentert hebbende den Zeylwagen van Zyn Exellentie, by hen
gesneden en afgesedt — gekleurd — geinventeert wesende by Sym
Stevin, toegelegt tot eene vereeringe de som van 72 fl."

1607, le 24 Décembre, „is Jacob de Gheyn toegelegt, voor da
hy de Heeren Staten gedediceert ende gepresenteert heeft seker boeck
geintituleert Wapenhandelingen van roers, musketten ende
spiesen, achtervolgende van syn Excellentie Maurits
Prince van Orange, enz. figuerlyck by den voorsz. van Gheyn uit
gebeelt, de som van 200 gl. enzv."

Dans le catalogue suivant de l'œuvre de Jacques de Gheyn, l
vieux, nous décrivons d'abord ses portraits et les sujets de sa propre
composition, pour énumérer ensuite les pièces gravées d'après d'autres
artistes et terminer enfin par une liste de celles qui ont été gravées
d'après lui.

Portraits.

1. **Carolus Clusius.** Buste de trois quarts, tourné à droite,
dans un ovale avec l'inscription: CAROLI CLUSII ATREBATIS LXXV.

[1) Voyez M. Huber et J. G. Stimmel, Catalogue raisonné du Cabinet d'estampes de feu M. Winckler etc. Leipsic 1805. Vol. III. p. 374.

ÆTATIS ANNUM AGENTIS EFFIGIES. A NATO CHRISTO CIƆIƆ.
Cette pièce a une riche bordure avec des ornements en rapport à la botanique, dans laquelle se trouvent placés: au haut un écusson d'armoiries; au bas, dans un cartouche, l'inscription: „Virtute et genio non nitimur: at mage Christo qui nobis ista donat, et ingenium," et plus bas: *de*heyn fecit. H. 7 p. 10 l. L. 6 p. 6 l.

2. Tycho Brahe. Demi-figure, vue presque de face, la tête couverte d'une barrette, tenant de la main droite un gant et appuyant la gauche sur la base d'un arc dont le cintre porte 16 écussons de famille avec les noms; sur le socle la devise: NON HABERI — SED ESSE, et dans l'intrevalle, au milieu, l'inscription: Effigies Tychonis Brahe Ottonidis Dani Dñi de Knudstrup et Arcis Vranienburg in Insula Hellisponti Danici Huenna fundatoris Instrumentorumq' astronomicorum in eadem dispositorum inventoris et structoris. ÆTATIS SUÆ ANNO 40. ANNO DÑI 1586. COMPL. A gauche, dans le fond, la signature *de*eyn sc. H. 6 p. 9 l. L. 4 p. 11 l.

3. Hugo Grotius. Demi-figure d'un jeune homme de 15 ans, vu de trois quarts et tourné vers la gauche. Il appuie la main droite sur la hanche et tient de l'autre, pendue à une chaîne autour du cou, une médaille sur laquelle se voit la tête de Henri IV, roi de France. On lit dans la bordure ovale qui entoure ce portrait: ANNO CIƆ IƆ IC. RVIT. HORA. ÆT. XV. *de*eyn fc. et au-dessous: Quem sibi quindenis astræa sacravit ab annis — talis HVGELANVS GROTIVS ora fero. La planche mesure H. 4 p. L. 3 p. 4 l., et l'ovale 3 p. 1 l. de hauteur sur 2 p. 4 l. de largeur.

4. Abraham Gorlæus. Demi-figure du célèbre antiquaire d'Anvers. Il est tourné vers la droite, debout devant une table couverte de médailles et de sceaux et sur le devant de laquelle se voit un encrier. Il lève la main gauche comme pour parler et montre des monnaies de la droite. Sur le mur de gauche, au-dessous des armoiries du savant, on lit: Aetatis suæ 52 A°. 1601; au-dessous, à droite: *de*eyn fec. On trouve huit vers latins de Grotius à la marge inférieure: Gorlæus hic in ære scalptus etc. La planche mesure 6 p. 3 l. de hauteur sur 4 p. 2 l. de largeur; la gravure sans l'inscription H. 4 p. 9 l. L. 3 p. 11 l.

Copie dans un ovale avec l'inscription: ABRAHAM GORLÆUS ANTVERPIANVS Aetatis suæ LII. A°. MDCI. Sous l'ovale, les armoiries avec les huit vers de Grotius, sans signature. H. 6 p. 5 l. L. 4 p. 9 l.

5. **Philippe de Marnix, Baron de Ste. Aldegonde.** Busti tourné à gauche dans un ovale. Cet élève distingué de Calvin es l'auteur du compromis de la noblesse flamande de 1566 et de l'écri contre Alexandre Farnèse, Anvers 1584. Né en 1538, mort en 1598 Sur la bordure de l'ovale on lit: PHILIPPE DE MARNIX SEIGNEUI DU MONT STE. ALDEGONDE. ÆTAT. LVIII. Aux coins du haut or voit deux médaillons dont l'un contient ses armoiries et l'autre repré sente un vaisseau battu par les vents, avec la devise: REPOS AILLEVRS En bas, à gauche, *Gheyn*, à droite, fe. 1599. H. 3 p. 8 l. L. 2 p. 10 l

6. **Johannes Kellenberch.** Buste en médaillon. Il est v de trois quarts, tourné vers la droite, la tête nue, avec une grand fraise et un vêtement garni de fausses manches. Sur fond blanc. Au tour du médaillon on lit à rebours: IOANNES KELLENBERCH ÆTA SVÆ XXX. A° 1584. Diamètre 2 p. 10 l. L'exemplaire que nou avons sous les yeux est rogné tout autour.

7. **Hadrian Damman.** Demi-figure tenant une tête de mort 1578. J. de Borscher exc. In-8°. (Voyez Catalogue Weigel No. 18021.

8. **Ludolph van Ceulen** (?), mathématicien célèbre, qui fi paraître son ouvrage intitulé: „Von den cirkel etc." à Delft en 1596 Il est représenté en demi-figure dans un ovale, vu de trois quarts tourné vers la droite et tenant de la main droite une baguette marquée vers le haut XIII. Derrière lui, à gauche, sur fond blanc, un écusson d'ar moiries avec l'inscription: Anno Dñi MDLXXXXI. Aetatis suæ XXXVIII Au bas, dans une bordure ornée ovale: *Gheyn* fe. Aux coins s trouvent des petits médaillons avec un compas, une table d'arithmétique un mors de bride et un livre. H. 3 p. 10 l. L. 3 p.

9. **Portrait d'homme.** Buste d'un homme barbu à tête chauve tourné à gauche. Dans le fond, à gauche, *b Gheyn* fe. et sur l bordure ovale: T'GAE SOO GOD WIL — R. I. V. D. OVT. 60. 1596 L'ovale mesure H. 4 p. 2 l. L. 1 p. 10 l.

10. **Cosmus de Medicis.** Buste de profil, tourné vers l droite, dans un médaillon; la tête est couverte d'une barrette et i lève la main gauche dans l'acte de parler. Dans la bordure du mé daillon: COSMVS. MEDICES. P. P. MAGNVS. Dans les coins rem plis, en bas, à gauche, *Gheyn*. Excu. ₰. (Jean Nicolas Vischer, d'Am sterdam). En carré 4 p. 4 l.

11. **Sigismundus de Malatestis,** capitaneus generalis. En rond. J. de Gheyn exc. Petit-in-8°. carré. (Catalogue Winckler III Nr. 1999.)

12. Johannes Basilowitsch, autocrator Russiæ. Pièce ronde, in-4°. (Huber und Root, Manuel V. p. 208.)

Les trois portraits suivants sont mentionnés par Ch. Le Blanc dans son Manuel de l'amateur etc.

13. Jacobus Drym, Lovaniensis etc. In-8°.

14. Du Laurier; Fulminis ut Laurus etc. Ovale in-8°.

15. Portrait d'homme, avec l'inscription: Fidel et constant E. G. Ovale in-8°.

16—27. Les douze premiers Césars. 12 feuilles de l'invention de J. de Gheyn, avec les adresses de Hondius, Visscher, Clerk et Londerseel. Pièces rondes in-4°. (Huber et Rost, Manuel V. p. 209).

Pièces gravées par lui d'après sa propre invention.

28. Repos en Égypte. La Vierge, assise dans un paysage, tient l'enfant Jésus emmailloté. Dans le lointain St. Joseph fait paître son âne. En haut, le St. Esprit. Pièce marquée *Gheyn* inv. et exc. In-4°. (Catalogue Winckler III. No. 2002.)

29. La Vierge dans les nues. Elle est debout sur le croissant et tient l'enfant Jésus entre les bras; celui-ci donne la bénédiction d'une main et tient de l'autre le globe du monde. Pièce marquée *Gheyn* inv. et exc. In-4°. (Catalogue Winckler III. No. 2002.)

30. La Ste. Vierge avec l'enfant Jésus. Elle est assise et le St. Esprit plane au-dessus d'elle. Au bas, deux vers latins. Petit-in-8°. (Nagler, Dict. V. p. 129. Le Blanc No. 4.)

31. La Madeleine. Pièce jusqu'aux genoux. Petit ovale. (Huber et Rost, Manuel V. p. 208. No. 2.)

32. 33. Mars et Vénus, deux petits médaillons. (Ibid. V. p. 208. No. 3.)

34. Triton avec une conque. Petite feuille. (Nagler, Dict. V. p. 129.)

35—55. Les douze signes du zodiaque et planètes. 21 feuilles. In-4°. Ces 21 pièces appartiennent à l'ouvrage intitulé: „Jac. de Gheyn Aratæa s. signa cœlestia, in quibus astronomicæ speculationes veterum ad archetypa vetustissima Aratæorum codicis XLIV æneis formis expressæ ob oculos ponuntur." Amsterdam 1621. In-fol. — Cet ouvrage a aussi paru en flamand, en allemand, en anglais et en français avec le titre: Les planètes et figures du Zodiaque, gravés en 44 planches. s. l. in-4°.

56. Une danse de sorcières. (Sabbat.) Réunion de sorciers et sorcières. N. Le Clerc exc. Gr.-in-fol. 2 feuilles. (Huber et Rost V. p. 209. No. 20.)

57. Le couple pieux. Un vieillard, tourné vers la droite, est assis, en prières, auprès de sa femme et joint les mains. A droite, sur le terrain, des fruits; dans le lointain, une chaumière. En bas, à gauche, Æ inv. On lit dans la bordure du bas: VREEDSAMICH PAAR. Siet hoe de eendracht soet, twee harten bendt tesamen etc. H. 7 p. 6 l. L. 5 p. 7 l.

58—66. Allégories. Neuf pièces dans une suite numérotée. 1. La déesse Fortune; 2. l'Opulence; 3. l'Orgueil; 4. l'Envie; 5. la Guerre; 6. la Pauvreté; 7. la Soumission; 8. la Paix; 9. la Caducité. Æheyn inv. et exc. Petit-in-fol. (Winckler No. 2014.)

67. Allégorie sur la vanité de la vie humaine, avec cette inscription hollandaise: „S'Ghe-ests stichtigen vleeschbrey-del." Sur le devant deux corps morts; aux deux côtés d'un jeune garçon faisant des bulles de savon, on voit un roi dans toute sa splendeur et un laboureur. Deux emblèmes, en haut, représentent l'un le péché de nos premiers parents, l'autre un crucifiement au milieu desquels on voit un tableau cintré, le jugement dernier. Æheyn inv. Io. Matthias Bibliopola exc. Très-gr.-in-fol. (Winckler No. 2017ᵇ.)

68. L'ivrognerie et ses inconvéniens. Pièce allégorique. Æheyn exc. In-fol. (Winckler No. 2016.)

69. Jeune fille avec Cupidon et Bacchus. Elle est assise accompagnée de Cupidon; devant elle un jeune Bacchus, la tête couronnée de pampre et assis sur un tonneau, lui offre une coupe de vin. Inscription: Sine Cerere et Baccho etc. Sans nom. En rond. Petit-in-4°. (Winckler No. 2011.)

70ᵃ. Le joueur de flûte. Un jeune homme jouant de la flûte; deux femmes à ses côtés l'écoutent. Æheyn exc. In-4°. (Winckler No. 2013.)

70ᵇ. Concert entre un homme et deux femmes, dont la plus vieille joue de la flûte. Pièce en hauteur. (Le Blanc, Man. No. 163.)

71. Le vieillard et la jeune fille. Il lui donne de l'argent; derrière lui la mort. Petite pièce en largeur. (Le Blanc, Man. No. 111.)

72. Une femme à sa toilette. La mort est derrière elle. Pièce en hauteur. (Le Blanc No. 110.)

73. Vanité de femme. Une femme à sa toilette et se mirant. On lit sur une banderole: Vanitas Vanitatum. Pièce en hauteur. (Le Blanc No. 109.)

74. La Bohémienne. Elle dit la bonne aventure à une jeune fille. Avec six vers. N. Le Clerc exc. In-fol. (Le Blanc No. 166.)

75. La femme en colère contre son mari. Avec quatre vers latins. Pièce en hauteur. (Le Blanc No. 165.)

76. Trois hommes à table. L'un dort, l'autre boit et le troisième vomit. Au bas, quatre vers latins. Pièce en hauteur. (Le Blanc No. 164.)

77—80. Suite de quatre pièces allégoriques.

77. Jeune homme en berger. Il est assis dans un paysage et joue du luth.

78. Un guerrier en fureur. Il est assis sur un tambour, la tête couverte d'un casque, tenant de la main droite un poignard et de l'autre un bouclier.

79. Un vieux philosophe. Il est assis sur un globe du monde, tenant d'une main un compas avec une sphère céleste et la tête appuyée sur l'autre main.

80. Un vieux pécheur barbu. Il verse d'une corbeille un grand nombre de poissons dans un baquet devant lui.

A chaque pièce, en bas, deux vers latins d'explication. JGheyn inv. et exc. Pet.-in-fol. (Winckler No. 2014.)

81—90. Les masques. Suite numérotée de dix feuilles, avec une dédicace à la première. Mascarades et grotesques. J. de Geyn inv. et exc. (gravés par lui-même). Pet.-in-fol. (Winckler No. 2007.)

91—98. Une suite de huit figures. Avec le titre: Omnium rerum vicissitudo est. (Nagler, Dict. V. p. 129.)

99—104. Figures grotesques. Suite de six pièces, sans nom. Pièces en hauteur. (Nagler V. p. 130.)

105—126. Exercices de cavalerie ou de manège. Suite de 22 feuilles; pièces en largeur. (Nagler V. p. 130.)

127. Le grand lion. Il est couché dans un paysage. JGheyn fe. Avec inscription latine. Pièce ovale, gr.-in-fol. Adresses: 1. J. Bosscher, 2. C. de Vischer exc.

128. Maniement d'armes, d'arquebuses, mousquets et piques représenté par figures selon l'ordre du Prince Maurice d'Orange. L'ouvrage original hollandais, en 3 volumes avec 117 gravures, porte le titre suivant: „Wapenhandlinghe van Roers musquetten ende spiessen: Achtervolghende de ordre van syn Excellente Mauritz Prince van Orangie etc. Figuerlyck afghebeelt door Jacob de Gheyn. Amsterdam, R. de Baudouz, 1608. In-fol."

Une traduction en anglais, „The exercise of arms etc.“, contenant de bonnes copies gravées sur bois, a été publiée en trois volumes
par André Janssen d'Aelst à Zutphen, 1619. In-4°.

Une autre publication de cet ouvrage, en deux volumes, avec 38
planches et des explications en langue allemande et française porte le
titre: „Kunstliche Waffenhandlung der Musqueten uñ Piquen oder Lan-
zenspiessen: allermassen die von .... Hernn Mauritzen Prinzen zu Ora-
nien .... an tag geben. Représentée par Pierre Isselbourg. Nurnberg,
in verlegung Peter Iselburgen; gedruckt bei Sim. Halbmäyern, 1620.
In-fol. oblong.“

Christiaan Kramm mentionne encore, dans son ouvrage déjà cité,
une édition allemande publiée par Johan Jansson à Amsterdam, en
1640. Puis une édition française intitulée: „Maniement d'armes, d'arquebuses, mousquets et piques, représenté par figures de Jac. de Geÿn,
Zutphen, chez André Jansen d'Aelst, 1691. (1619?) In-4°.“ [12])

Gravures de Jacques de Gheyn d'après les dessins de divers autres maîtres.

D'après Henri Goltzius.

129—132. Les quatre Évangélistes. Ils sont en médita-
tion devant leurs pupitres. Avec des inscriptions latines. H. Goltzius
inv. Geyn sc. En rond. In-4°.

Dans le catalogue de Winckler III. p. 371 se trouvent mentionnées
sous le No. 2005: „Quatre feuilles; les quatre évangélistes en quatre
pièces,“ diversement traitées. Geyn inv. F. d. Widt exc. Pet.-
in-fol., mais sans indication de graveur.

133—144. Les uniformes des officiers et soldats d'un
régiment d'infanterie des Pays-Bas. Suite de douze estampes.
H. Goltzius inv. et excud. A°. 1587 — Jacques de Gheyn

---

12) Il y aurait encore à ajouter à ce catalogue les descriptions détaillées des
trois gravures dont nous avons fait mention dans la notice biographique du maître,
à savoir:
Le siége de la ville Geertrudenbergh, gravé en 1593;
La bataille de Turnhout, gravée en 1597, et
Le „Zeylwagen van zyn Exellentie“, d'après l'invention de Simon Stevin,
gravé en 1603,
mais ne connaissant aucun détail sur ces sujets nous ne pouvons que renvoyer le
lecteur à ce que nous en avons déjà dit.

sculp. H. 7 p. 6—7 l. L. 5 p. 9 l. Voyez Bartsch III. p. 120.
No. 1—12.

D'après Carel Van Mander.

145. L'Éternel dans sa gloire. Au bas six vers latins.
Pièce en hauteur. (Le Blanc No. 27.)

146. L'adoration de la Trinité. Art Schenkel, Medicus inventor, C. Van Mander pinx. De Gheyn sc. (Huber V. p. 209. No. 31.)

147. La tour de Babel. La confusion des langues oblige les hommes à se séparer et à abandonner la construction de la tour. Gr.-in-fol. oblong.

148—160. Les chefs des tribus d'Israel. Douze demi-figures, chacune avec ses attributs. 1. Ruben; 2. Lévi; 3. Siméon; 4. Juda; 5. Zabulon; 6. Isachar; 7. Dan; 8. Gades; 9. Aser; 10. Nephtali; 11. Joseph; 12. Benjamin. Suite de douze pièces, chacune avec deux vers latins. En hauteur.

161. La fuite en Égypte. La Vierge est montée sur l'âne. Des petits anges sur un palmier présentent des dattes à l'enfant Jésus. Devant marchent trois anges faisant de la musique et deux autres, plus petits, jetant des fleurs. Dans le fond un paysage avec des ruines. V. Mand. inv. J. De Geyn sculp. J. Razet divulgat. H. 5 p. 11 l. L. 9 p. 1 l.

162—175. La Passion. Suite de quatorze feuilles avec un titre représentant le Christ sous le pressoir, gravées par Jacques de Gheyn et Z. Dolendo, son élève, d'après C. Van Mander. Ce sont les sujets suivants numérotés: 1. La Cène. 2. Jésus au jardin des oliviers. 3. La trahison de Judas. 4. Le Christ devant le grand prêtre. 5. Jésus amené à Pilate. 6. La flagellation. 7. Le couronnement d'épines. 8. Ecce homo. 9. Le portement de croix. 10. Le crucifiement. 11. La déposition de croix. 12. La mise au tombeau. 13. La résurrection. H. 5 p. 1 l. L. 3 p. 10 l.

176—189. Jésus Christ, les 12 apôtres et St. Paul. Suite de 14 feuilles. Gr.-in-8°. (Nagler V. p. 129.)

190. L'enfant prodigue. On le voit entouré de femmes perdues; riche composition avec huit vers latins. Sur deux planches. Gr.-in-fol. (Huber V. p. 209. No. 33.)

191. La Madeleine pénitente. Elle lit dans un livre; demi-figure. Pièce en hauteur. (Nagler V. p. 129. Le Blanc No. 25.)

192. Le Jugement de Midas dans la lutte entre Apollon et Marsyas. Gr.-in-fol. obl. (Huber V. p. 209. No. 32.)

193. L'enlèvement d'Europe. Avec quatre vers latins. Petite pièce ronde. (Nagler V. p. 129. Le Blanc No. 48.)

194—197. Les quatre éléments. Suite de 4 feuilles. Pet.-in-fol. obl. Bâle.

198. Le gouvernement d'un roi sage. Sujet symbolique. Pièce en largeur. (Le Blanc No. 112.)

199 ª ᵇ. Deux compositions allégoriques sur la folie de ceux qui dépensent leur avoir en jouissances. 2 feuilles. Gr.-in-fol. oblong. (Huber V. p. 209. Nos. 28. 29.)

D'après Abraham Bloemaert.

200. L'annonciation. La Vierge est assise près d'un lit. Gloire de petits anges. Ablo (Abraham Bloemaert) Inv. A°. 1593. J. de Gheyn sculp. J. Razet divulg. Pet.-in-fol. obl.

201. Le repos en Égypte. Pièce ronde. In-fol.

202. Jésus instruisant les Juifs. 1592. Gr.-in-fol.

203. Le miracle des cinq pains. 1592. Ovale in-fol. (Huber V. No. 63—66.)

D'après Crispin v. d. Broeck.

204. Le Christ en croix, entre les deux larrons. Riche composition. Gr.-in-fol. (Huber V. p. 210. No. 34.)

205. Le banquet des Dieux. La Discorde jette la pomme au milieu de l'assemblée. C. v. Broeck inventor A° 1589. J. D. Gheyn sculptor. Gr.-in-fol. obl. (Huber V. p. 210. No. 35.)

D'après Cornelius van Harlem.

206. Acis et Galathée avec Polyphème. C. Cornelius inv. Jac. de Gheyn sc. Gr.-in-fol. obl. Bâle. (Huber V. p. 210. No. 69. Polyphème.)

D'après Wilhelm Telcho.

207. Le règne de Neptune. Dessin d'assiette avec bordure. Dans le rond du milieu Neptune sur une conque marine traînée par deux chevaux. Dans la bordure richement ornée on voit des centaures marins avec cinq Néréides et plusieurs petits Amours. Dans le fond, à gauche, Guelmus Telcho invet. A°. 1587. Jacques de Gheyn sculp. H. Goltzius excud. Pièce ronde de 9 p. 2 l. de diamètre.

Des épreuves postérieures portent l'adresse de C. J. Vischer. Francfort s. M. (Huber V. p. 210. No. 40.)

D'après Dirk Barentsen, d'Amsterdam.

208. **Daniel dans la fosse aux lions.** In-fol. obl. (Huber V. p. 210. No. 27. Le Blanc No. 2.)

209. **Actéon changé en cerf.** A gauche, Diane avec cinq nymphes dans le bain. Theodorus Bernardus invt. Jacobus de gheyn sculp. Gr.-in-fol. obl. (Huber V. p. 210. No. 68.)

Gravures de différents maîtres d'après les inventions de J. de Gheyn.

Par Zacharie Dolendo.

210. **Le crucifiement.** Riche composition. Gr.-in-fol. (Huber V. p. 209. No. 21.)

211. **Jésus Christ, les douze apôtres et St. Paul.** Suite de 14 feuilles numérotées. Pièces en rond. Gheyn inv. et exc. Zach. Dolendo sc. In-4°. (Winckler III. No. 2003.)

212. **La sainte famille.** La Vierge, assise, tient sur ses genoux l'enfant Jésus qui caresse le petit St. Jean. St. Joseph se trouve derrière eux, la tête appuyée sur la main. J. de Gheyn inv. Z. Dolendo sc. Pet.-in-fol. (Winckler III. No. 2000¹.)

213. **La Vierge couronnée par deux anges.** Elle est assise sous un baldaquin ayant sur les genoux l'enfant Jésus qui tient une poire. J. de Gheyn inv. Z. Dolendo sc. In-4°. (Winckler III. No. 2000².)

214. **Ste. Cécile.** Elle est assise devant un orgue, près d'elle un ange et plus loin trois autres avec des feuilles de musique. J. D. Gheyn inven. et exc. Z. Dolendo sculp. In-fol. obl. Bâle.

Par André Stoc.

215. **Le théâtre anatomique de l'académie de Leyde.** L'ouvrage, dont cette estampe fait partie, a pour titre: „Ontleedingh des menschelycken Lichnams. Eertyts in't Latyn beschreven door B. Cabrolius etc." Amsterdam 1648. In-fol. Avec les gravures de A. Stoc et d'autres exécutées en partie d'après les dessins de J. de Gheyn. (R. Weigel, Catalogue No. 18255.)

Appendice.

216. **Sujet satyrique.** Le Catalogue de Winckler III. No. 2017 mentionne cette gravure dans les termes suivants: „Très-grande pièce satyrique de quatre feuilles in-fol., collées ensemble, formant un sujet difficile à expliquer. Il y a une immense quantité de figures presque toutes en caricature, vraisemblablement relatives à la religion corrompue par le papisme; au bas 27 vers latins. Marquée: B. Rob. sc. D. G. exc. 1606. (Jacq. de Gheyn inv. 1605.) Très-rare.“

Füssli, dans son Dictionnaire des artistes, dit sous l'article: W. Robyn, que ce graveur a exécuté une feuille satyrique gr.-in-fol. avec ce titre: „Den alleen opugte en onvewalste Italianse Doctor an Waarzegger.“ Il paraîtrait que c'est la même pièce que nous venons de mentionner.

217. **Un philosophe lisant.** Nagler mentionne cette gravure dans son Dictionnaire V. p. 129, sans aucun autre détail, et Le Blanc, dans son Manuel, la décrit sous le No. 113. **Un philosophe assis et lisant.** 1616. Pièce en hauteur. Si néanmoins Jacques de Gheyn est mort en 1615, comme on l'admet généralement, cette gravure n'a pu être exécutée qu'après sa mort et d'après son dessin. Il faut en dire autant de la pièce suivante.

218. **La statue du Laocoon.** 1631. Elle est gravée avant sa restauration. Gr.-in-fol. (Nagler V. p. 130.)

VI.

CATALOGUE

DES ESTAMPES

DE LA HAUTE ET DE LA BASSE ALLEMAGNE

DU XVIᵉ. SIÈCLE.

Maîtres de Nuremberg de la première moitié du XVIᵉ. siècle.

Gaspard Rosenthaler de Nuremberg, mort à Schwatz 1514.

Ce peintre de Nuremberg avait deux frères, Jean et Jacques, qui exerçaient la même profession que lui, mais qui ont peu d'importance comme artistes. Tous les trois étaient religieux du couvent des Franciscains à Schwatz, dans le Tyrol, qui avait même été bâti par Gaspard, comme nous l'apprend J. de Sperges dans son ouvrage intitulé: „Bergwerksgeschichte Tyrols" p. 102. Les fresques du cloître du couvent, représentant la vie et la passion de Jésus Christ, restent encore comme autant de preuves de leurs travaux. On peut en déduire que, provenant de l'école de Wohlgemuth, ils ont suivi les tendances d'Albert Durer. L'inscription à demi-effacée sur ces fresques contient encore les mots: „Caspar Rosenthaler + 1514" et „Johannes et Jacob Rosenthaler, pictores Norembergenses." Gaspar a fait des dessins pour des gravures sur bois, qu'il a probablement exécutées lui-même pour une couple de livres riches en gravures de ce genre et qu'il a fait imprimer à Nuremberg en 1512 et 1514.[13] Ce sont les suivants:

1—57. La légende du saint père François (Die Legend des heyligen vatters Francisci) d'après la description du docteur anglais Bonaventure. „Gedruckt und vollendet, In der Kayserlichen Stat Nuremberg, durch Hieronymum Höltzel.

---

13) Communication du comte de Enzenberg d'Inspruck dans le Kunstblatt pour 1844, Nos. 29 et 30, et R. Weigel, Kunstcatalog Nòs. 16354 et 17885.

In verlegung des Erbern Caspar Rosenthaler yetzundt wohnhafft zu Schwatz. Am Sybenden tag des Monats Aprilis. Nach Christi unsers Herren gepurt. Tausent Funfhundert nun Im zwelften Jare." (1512.) In-4º. Les 57 gravures sur bois sont en partie datées de 1511, une seule porte le millésime de 1512. La plupart mesurent H. 3 p. L. 3 p. 9 l. On donnera les dimensions de celles qui excèdent cette grandeur.

    1. Les stigmates de St. François. En bas, à gauche, 1511. H. 5 p. L. 4 p.

    2. St. François comme chef de l'ordre des Franciscains déchaussés; figure entière, un crucifix entre les bras. H. 5 p. 6 l. L. 4 p.

    3. Répétition de la même gravure.

    4. St. François, encore enfant, reconnu et vénéré comme Saint. H. 3 p. L. 3 p. 9 l.

    5. St. François couché dans un lit.

    6. Le Saint embrasse un malade.

    7. St. François stigmatisé.

    8. Le Saint avec des pauvres.

    9. Il est en adoration devant un crucifix.

    10. Le Saint devant son évêque.

    11. Il est au milieu des voleurs.

    12. Il travaille comme manœuvre.

    13. Il se dépouille de ses habits superflus.

    14. Il est armé d'une croix devant le dragon d'Assise.

    15. Jésus lui apparaît.

    16. Il reçoit sept frères dans son ordre.

    17. Il abat un grand arbre.

    18. St. François devant le pape.

    19. Répétition du No. 15.

    20. St. François dans le chariot de feu.

    21. Il donne les règles de son ordre.

    22. Le Saint avec des épées en croix sur la poitrine et les bras.

    23. Comme Saint, bénissant pendant le sermon dans la maison du chapitre.

    24. Il est attaché en croix.

    25. Il est tenté par le démon.

    26. Un ange lui joue de la harpe pendant sa maladie.

    27. Comme pécheur contrit.

    28. Il est en prières pendant la chute du démon.

29. Il se trouve près de la ville d'Arezzo qui est possédée par le diable.

30. Il est tourmenté par le démon.

31. Il est représenté comme un pauvre pèlerin.

32. La parabole du serpent infernal dans une bourse d'or.

33. Il rencontre les trois pauvres jeunes filles.

34. Il donne à boire aux pauvres.

35. Comment les animaux accourent à sa rencontre.

36. Comment les oiseaux volent vers lui.

37. Il désire ardemment de souffrir comme le Christ.

38. Comment il allume le feu devant le Sultan.

39. Répétition du No. 15.

40. Comment il est crucifié dans la solitude.

41. La fête de la crèche.

42. Il prophétise.

43. Répétition du No. 36.

44. Le sermon sur le vaisseau.

45. Répétition du No. 1.

46. Il guérit les animaux malades de la peste.

47. Il guérit le pauvre gelé à mort.

48. Sa patience à l'heure de la mort. Signé 1511.

49. Il est représenté sur son lit de mort. H. 5 p. 61. L. 4 p. 31.

50. Répétition du No. 1.

51. Le miracle opéré par son sang sur le pape malade (Grégoire IX).

52. Le miracle de la guérison d'un homme qui avait été blessé par des voleurs.

53. Miracle de la résurrection d'un homme mort.

54. Miracle de la guérison d'un aveugle.

55. Guérison des aveugles pendant la messe.

56. Miracle du sourd-muet, signé 1512, et du mot: Amen.

57. Le miracle des Roses à Notre Dame des Anges près d'Assise. Feuille d'indulgences avec la date de 1511. H. 5 p. 61. L. 4 p. 31. (Voyez R. Weigel, Cat. No. 16354.)

58. La vie de notre Sauveur Jésus Christ. „Das leben unsers erledigers Jesu Christi nach lauttung des heyligen Evangeli, mit vil andechtiger betrachtung, Auch mit beylauffung des lebens der junckfrawe Maria, von einem Parfuesser der observantz also zusamengesetzt, von an-

9*

fang der Kindtheut Christi, bis auff sein.himelfart, vol
suesser und andechtiger leer und betrachtung. — Gedruckt und volendt in der Kayserlichen stet Nurnbergk
durch Johannem Stüchs; In Verlegung des Erberē Caspar Rosentaler, jetzund wonhafft zu Schwatz. Am acht-
zehnden tag des monats Februarij, nach Christi unsers
herren gepurt Tausend Funffhundert und im Viertzehen-
den Jare. (1514.)" In-4°.

La première gravure sur bois représente St. François, in-4°; les
autres, des scènes nombreuses de la vie du Christ et de la Vierge, sont
in-8° ou in-12°. (R. Weigel, Cat. No. 17885.)

L ⊖ K.
Ludwig Krug de Nuremberg.
(Bartsch VII. p. 535.)

Jean Neudörffer dit, dans ses „Notices des artistes de Nuremberg",
écrites en 1546, que notre maître, fils de l'orfèvre Hans Krug le vieux
(mort en 1514), était orfèvre lui-même, et ajoute: „Je ne puis songer
à dire ce qu'il a exécuté en orfèvrerie d'or et d'argent, en dessins, gravures, ciselure, fonderie, ouvrages au repoussoir, en peinture, sculpture, portraiture, car tout ce que le maître Frey (le beau-père d'Albert
Durer) avait bosselé en cuivre soit pour des statues ou pour des fontaines, il l'exécuta artistement en argent; œuvres que Hans Koberger
lui acheta entièrement. Ce qu'il avait exécuté en pierre et en fer forgé
était loué même par les Italiens. Il avait un esprit inventif et philo-
sophique et lorsqu'il se trouvait un jour chez Melchior Pfintzing, curé de
St. Sébalde, qui depuis le temps de l'empereur Maximilien I. était cu-
rieux et connaisseur de ce qui se faisait en fonte et autres arts, avec
Hans Schwartzen d'Augsbourg qui passait dans le temps pour le meilleur
portraitiste en bois et qui demeurait alors dans le presbytère, il dit en
ma présence à Hans que s'il voulait lui faire son portrait en bois il
lui ferait le sien en creux sur acier, ce qui peut faire connaître quel
artiste était ce Ludwig Krug. Il travaillait comme maître en 1523 et
mourut après 1535." — Paul Behaim, dans le catalogue de ses gravures écrit en 1618, explique le monogramme ci-dessus comme ce-

lui de **Krug** qu'il nomme, en se trompant, **Lucas** au lieu de **Ludwig**.

Il est à remarquer que Ludwig Krug aussi bien dans la composition que dans la manière de ses gravures montre une grande analogie avec le style des Hollandais du commencement du XVIe. siècle, ce qui pourrait faire croire qu'il s'est formé comme artiste dans les Pays-Bas.

Jacques de Jongh a donc tort d'attribuer le monogramme de notre artiste à Lucas Cornelisz de Leyde, nommé **Kock**, fils de Cornelius Engelbrechtsen, puisque celui-ci signait ses tableaux du monogramme ₵, comme nous l'apprend pour la première fois Walpole dans ses „Anecdotes of painting in England" I. 60, ce qui est confirmé par Immerzeel. Ce Luc Cornelisz est, du reste, né en 1495 et, selon de Jongh, aurait dû alors exécuter, à 19 ans, le petit relief en pierre de Kehlheim, travaillé dans la manière de Nuremberg, signé du millésime 1514 et qui se conserve dans le Musée de Berlin. Il représente la chute du premier homme. Adam est à gauche, presque vu de dos; Ève lui pose une main sur l'épaule et embrasse de l'autre une des branches de l'arbre. Derrière Adam se voit un singe mordant une pomme. En haut, sur une tablette, la signature L. K. avec la cruche, accompagnée du millésime ci-dessus.

L'époque de l'excellente gravure de la Nativité, B. No. 1, nous est indiquée par la date de 1516, c'est-à-dire quand Lucas Cornelisz aurait eu 21 ans. Mais un développement aussi précoce et atteignant un tel degré d'excellence, est chose très-peu vraisemblable. On peut mentionner encore en faveur de notre opinion que les deux planches originales de Ludwig Krug représentant la Nativité et l'Adoration des Mages, B. Nos. 1 et 2, se trouvaient dans le Cabinet de Praun à Nuremberg et sont passées entre les mains de la maison de commerce Frauenholz qui en a fait tirer des épreuves récentes.

Additions à Bartsch.

13. **La Vierge.** Elle est assise au pied d'un arbre, tournée vers la droite et donne le sein à l'enfant Jésus. A travers une porte on voit un paysage avec une ville. A la droite du haut une tablette suspendue à un arbre avec la signature. H. 4 p. 9 l. L. 3 p. 11 l. Collection Albertine à Vienne, Berlin, Gotha, Musée Britannique.

14. **St. Luc.** Il est assis à droite devant un chevalet et peint la Vierge tenant l'enfant Jésus et assise à gauche. Derrière elle se trouve le bœuf, symbole de l'évangéliste, et au-dessus deux anges portent une couronne. Sans signature, mais traité tout-à-fait dans la manière de Ludwig Krug auquel on l'attribue. H. 5 p. L. 3 p. 2 l. Collection Albertine à Vienne.

15. **St. Sébastien.** Il est attaché à un arbre par le bras droit élevé et se voit percé de flèches. Fond de paysage. Au pied de l'arbre, à gauche, une tablette avec le monogramme. H. 4 p. 10 l. L. 3 p. 3 l. Berlin.

16. **St. Catherine.** Elle est debout, tournée vers la droite, appuyant la gauche sur l'épée dont la pointe repose sur le terrain et tenant son vêtement de la droite. Sa tête penchée est entourée de rayons. A gauche, à l'entrée d'une tour, se voit une tablette avec la signature du maître. H. 4 p. 4 l. L. 2 p. 11 l. (?) Francfort s. M.

Il s'en trouve une copie dans le même sens, mais qui porte sur la tablette les initiales L P. H. 4 p. 4 l. L. 2 p. 10 l. Paris.

Gravure sur bois.

1. **La chute du premier homme.** Ève est au milieu de l'estampe et cueille une pomme sur l'arbre, tandis qu'elle en présente à Adam, assis à gauche, une seconde qu'il accepte. Dans le fond boisé on voit un cerf couché. Sur une tablette au bas, le monogramme. Pièce d'un travail un peu raide. H. 6 p. 5 l. L. 4 p. 7 l. Dresde.

Jacques de Barbarj.
Le maître au Caducée, nommé aussi Jacob Walch.
(Bartsch VII. p. 516—527.)

D'après les derniers renseignements que nous avons sur ce maître et que nous devons en particulier aux recherches assidues de

Mr. E. Harzen [14]), il était peintre et graveur de Nuremberg, mais passa très-jeune à Venise où Albert Durer admirait déjà en 1495 un de ses tableaux. [15]) Nous ne possédons point la moindre notice sur son nom de famille, nous savons seulement, par le peu qu'en dit Neudörffer, qu'il était appelé à Nuremberg Jacob Walch ce qui équivaut à Jacob le Wälsche ou l'Italien, nom qu'il dût à son long séjour en Italie. L'anonyme de Morelli [16]) l'appelle Giacomo de Barberino, Veneziano et dit qu'il était allé en Allemagne et en Bourgogne où il avait pris beaucoup de la manière de ces contrées, et notre maître lui-même se signe sur un de ses tableaux qui se conserve dans la Galerie d'Augsbourg, Jac. de barbarj. P. 1504, en y ajoutant le caducée. Il est très-probable que notre artiste emprunta son nom de Barbarj à la famille distinguée de Venise, Barberi ou Barberini, dont il sut conquérir la protection et qui lui permit de porter son nom, comme nous en trouvons souvent des exemples en Italie.

Le premier échantillon que nous avons de son art à Venise est la grande vue de cette ville en six gravures sur bois qu'il exécuta de 1498 à 1500 par commission du négociant de Nuremberg, Antoine Kolb, et qui fut publiée par ce dernier avec un privilège de la Signoria [17]) pour quatre ans. Elle coutait trois ducats. Ce travail intéressant, que nous décrirons plus en détail dans notre catalogue, eut un très-grand succès et comme on y voyait un Mercure armé du caducée, il semblerait que notre artiste ait adopté cette marque pour se faire reconnaître dans ses ouvrages postérieurs.

Il nous est prouvé que Jacques de Barbarj se trouvait encore à Venise en 1506 par le passage d'une lettre écrite de cette ville par Albert Durer à son ami Pirkheimer de Nuremberg et dans laquelle il dit entre autres: „Je vous fais savoir qu'il y a ici beaucoup de peintres meilleurs que ce maître Jacques, mais Anthoni Kolb jure ses grands dieux qu'il n'y a aucun peintre meilleur sur la terre que Jacques.“ (Awch las Ich ewch wissen, daz vill pesser Moler hy sind wi der

14) Archives de Naumann, Leipsic 1855, I. p. 210.

15) Voyez la lettre d'Albert Durer adressée à Pirkheimer en 1506.

16) Morelli, Notizia d'opere di disegno etc. scritta da un anonimo etc. Bassano 1800, p. 77.

17) Ceci résulte d'une supplique de „Antoine Kolb“ à la Seigneurie, avec la concession de celle-ci que Cicogna rapporte dans ses „Iscrizioni Veneziane“ IV. p. 699 et 751 et reproduites dans les „Archives de Naumann“ p. 218, notes 23 et 24, dont on trouvera un passage donné par nous.

dàwsen Meister Jacob ist, aber Anthoni Kolb schwer ein eyt es lebe kein pessrer Moler auff erden den Jacob.) [18]   Cette déclaration un peu plus accentuée que d'ordinaire chez le célèbre maître allemand, se trouvait probablement motivée par une demande de Pirkheimer s'il était vrai que, par l'entremise de Kolb, Jacques avait obtenu une situation auprès de Philippe de Bourgogne et si l'on ne pouvait trouver à Venise de meilleurs peintres que lui (en faisant ainsi une allusion piquante à Durer lui-même).   Celui-ci était également lié d'amitié avec Kolb et probablement avait recherché la même situation, pour se voir ensuite préférer un artiste de beaucoup inférieur à lui en talent, ce qui pouvait l'avoir blessé profondément.   Kolb, en agissant ainsi, n'avait pu avoir en vue que de prouver sa reconnaissance à maître Jacques qui lui avait fait faire une spéculation - heureuse.

Voici, du reste, comment maître Jacques eut cette situation: Le comte Philippe, fils naturel du duc Philippe le bon de Bourgogne et grand ami des arts [19], fut chargé d'une mission pour le pape Jules II. de la part de l'empereur Maximilien I. et se trouvait, en 1506, à Venise.   Il était accompagné dans ce voyage par Jean de Mabuse chargé de dessiner pour lui les principaux monuments d'Italie et prit à son service, dans le même but, „Jacobus Barbarus Venetus", comme l'appelle Geldenhauer (Noviomagus).   Il partit de là avec son nouveau maître pour les Flandres où, de concert avec Mabuse, il orna le château de Zuitborch appartenant au comte, de peintures à fresque. [20]   Après la mort de Philippe il passa au service de l'archiduchesse Marguerite, fille de Maximilien et gouvernante des Pays-Bas.   Cette princesse éclairée, nièce du comte Philippe, demeurait ordinairement à Bruxelles, mais possédait dans son palais de Malines une petite collection des meilleurs tableaux de l'époque et dont nous possédons un

---

18) F. CAMPE, Reliquien von Albert Durer, p. 32.

19) G. NOVIOMAGUS (Vita Philippi Burgundi Ep. Ultraj. in Freher, Rerum Germ. III. 184) dit de ce prince: „Delectabatur ille picturis, habebat hunc ejus artem judicem simul et artificem, pictoriam nam et aurifabrilem, adolescens didicerat."

20) Le même auteur ajoute p. 187: „In patriam reversus (Philippus) totus exornandæ arci suæ Suytburgo intentus, inter fabros, architectos, sculptores et pictores versabatur adeo familiariter, ut unus illorum putaretur. Aderant ei et versificatores, qui picturas atque structuras carminibus ornarent, ut utramque picturam, et loquentem et tacitam, ostentare posset. Excellentes in quavis arte artifices miro favore prosequebatur, domique suæ liberaliter alebat. Arcessierat sibi magnis expensis pictores et architectos primi nominis, Jacobum Barbarum Venetum et Joannem Malbodium, nostræ ætatis Zeuxim et Apellem.

inventaire sous la date du 17 Juillet 1516 où se trouvent décrits plusieurs tableaux du „Maistre Jacques de Barbaris". Il est mentionné dans ce catalogue comme déjà mort à cette époque. [21]

Albert Durer, durant son voyage en Flandre pendant les années 1520 et 1521, vit cette collection dont il fait mention dans son journal comme suit: „Vendredi dame Marguerite me montra toutes ses belles choses, entre autres une quarantaine de petits panneaux peints à l'huile qui, dans la diligence de l'exécution et en bonté, surpassent tout ce que j'ai vu en ce genre. J'y ai vu, entre autres bonnes choses, celles de Jean (v. Eyck) et de Jacques Walsch. Je demandai même à Madame Marguerite le carnet (livre de dessins) du maître Jacob, mais elle me dit l'avoir promis à son propre peintre etc."

Il est très-remarquable que, de tous les ouvrages des anciens maîtres néerlandais loués par lui dans cette collection, il n'ait cru devoir faire mention dans son journal, outre la série des 40 petits tableaux, que de ceux de Van Eyck et de Jacques de Barbarj et qu'il ait poussé la prédilection pour ce dernier jusqu'à se permettre de demander à l'archiduchesse Marguérite le livre de dessins de ce maître. Si l'on tient compte des expressions peu flatteuses dont il s'est servi à son égard quand il était à Venise, on ne peut s'expliquer l'intérêt qu'il lui portait en Flandre que parce qu'il s'agissait d'un compatriote. Il est, du reste, hors de doute par ce passage du journal de Durer que le maître qu'il appelle Jacques Walsch est le même que celui nommé Jacques de Barbaris dans l'inventaire.

Aucun des tableaux qui s'y trouvent indiqués comme appartenant à notre artiste n'est parvenu jusqu'à nous. Par contre, la galerie de Weimar possède de lui un buste du Sauveur sur fond obscur, exécuté dans le style de Jean Bellin et qui porte pour signature les initiales IA. D. B. accompagnées du caducée. Selon Mr. Renouvier, la galerie de Dresde possède également de lui les deux latéraux d'un tryptique représentant Ste. Catherine et Ste. Barbe, figures vues jusqu'aux genoux, un peu au-dessous de nature et dont les vêtements à plis étroits, ondoyants, et souvent parallèles rappellent la manière de ses dernières gravures. Un tableau dans la collection d'Augsbourg est remarquable par la finesse de l'exécution et par cette vérité de rendu qui caractérise les maîtres hollandais du XVIIe. siècle. C'est un sujet de nature morte représentant une perdrix tuée et une paire de gantelets de fer pendue à une flèche

21) LE GLAY, Correspondance de l'empereur Maximilien I. et de Marguerite d'Autriche. Vol. II. p. 479. Voyez aussi „Cabinet de l'amateur" 1843. p. 216.

enfoncée dans une planche de sapin. Nous avons déjà mentionné que ce tableau est signé Jac. de Barbarj P. 1504, avec le caducée. Cette date ainsi que la circonstance que ce tableau est peint sur bois de tilleul (ce qui indique qu'il a été exécuté en deçà des Alpes), nous porte à croire qu'il était déjà dans les Pays-Bas avant 1506 et qu'il y avait pris la manière de peindre de cette école.

De toutes ses gravures, dont aucune n'est marquée d'une date, les premières sont celles qui portent l'empreinte très-reconnaissable de l'école de Jean Bellin, comme seraient l'Adoration des rois, No. 2 de Bartsch; deux Saintes familles, B. Nos. 4 et 5, et le St. Jérôme, B. No. 7. Nous en trouvons d'autres dans le style vénitien d'une époque postérieure, avec des formes plus pleines dans le nu, comme dans l'estampe dite „la Victoire et la Renommée", B. No. 18. Nous n'en voyons point cependant qui soient exclusivement dans la manière néerlandaise ou dans celle de l'école de Van Eyck; au contraire, la plupart des pièces de son œuvre révèlent un genre de composition qui lui est particulier et que l'on doit chercher plutôt dans l'influence de l'école italienne que dans celle de l'Allemagne. Nous croyons cependant que la plupart de ces pièces ont été exécutées dans les Pays-Bas, puisque le papier sur lequel on les trouve imprimées est d'origine néerlandaise et porte les filigranes des fabriques de ce pays, comme la grande couronne, la main et le 𝔓 et que nous n'en connaissons aucune copie italienne, mais beaucoup d'allemandes exécutées principalement par Nicolas Wilborn de Munster et Jérôme Hopfer d'Augsbourg.

Nous avons déjà mentionné plus haut la grande gravure sur bois d'une vue de Venise en six planches exécutée par Jacques de Barbarj en 1500; nous en devons ajouter encore deux représentant un combat d'hommes et de Satyres, ainsi que le triomphe des premiers sur ceux-ci, ou en d'autres mots la lutte contre les passions les plus basses et le vice et le triomphe de la vertu. Le dessin des figures très-sveltes se rapporte parfaitement à la manière que nous avons observée dans plusieurs gravures au burin de maître Jacques. La taille très-fine se rapproche beaucoup de celle des gravures vénitiennes sur bois et sur métal de l'époque, mais s'en distinguent par les hachûres croisées tout-à-fait dans le style allemand. Comme ces gravures montrent, à côté de la taille soignée des anciens maîtres, une certaine liberté pittoresque et que, à part le caducée, ils ne portent aucun autre monogramme, nous serions fort enclin à croire qu'elles ont été exécutées par le maître lui-même. On peut encore ajouter que le papier d'impression porte le filigrane italien de l'arbalète ce qui pourrait faire conclure qu'elles ont été exécutées et publiées à Venise.

Bartsch a rangé le maître au caducée parmi les graveurs allemands en remarquant que bien que son dessin s'approche du goût italien, une ancienne tradition le fait considérer comme un artiste allemand. Nous avons vu que cette opinion est pleinement confirmée par les faits et que notre maître doit, comme Jean de Mabuse, être placé parmi ces artistes qui, même avant Bernard Van Orley et Jean Schoreel, avaient apporté dans les Pays-Bas la manière italienne du XVIe. siècle, avec cette différence que non seulement il apprit les premiers éléments de son art à Venise, mais qu'il y établit même sa réputation par de nombreux travaux.

Il n'aura probablement visité sa ville natale, Nuremberg, que de passage, et comme artiste il appartient indubitablement à l'école vénitienne; mais puisqu'il était allemand, qu'il a reçu sa première éducation à Nuremberg et qu'il fit ensuite des Pays-Bas le théâtre de ses travaux, nous croyons avoir autant de droit de l'énumérer parmi les maîtres allemands que nous en aurons, plus tard et pour les mêmes raisons, d'y compter Barthélemi Beham.

Remarques à Bartsch.

8. Ste. Catherine. On en trouve une copie, gravée sur bois, de même dimension.

10—12. La fileuse, l'homme portant le berceau et la femme au miroir. On trouve des copies trompeuses de ces trois petites pièces exécutées par Mathias Schmidt, inspecteur du Cabinet de gravures de Munich.

19. Sacrifice à Priape. Cette pièce n'est point, comme le dit Bartsch, une copie avec quelques changements d'après Augustin Vénitien, mais, tout au contraire, c'est un original de Jacques de Barbarj qui était déjà mort lorsque le Vénitien ne faisait que commencer sa carrière artistique.

23. La Victoire. On en trouve une copie avec des changements, et sans signature, où la Victoire, tournée à gauche, est assise devant un arc de triomphe qui s'élève dans le fond. H. 8 p. 2 l. L. 5 p. 5 l. Berlin, où elle est attribuée au maître à l'écrevisse.

Additions à Bartsch.

25. Judith et Ste. Catherine. La première est debout à gauche appuyant de la main droite une épée sur le terrain et tenant de l'autre, par les cheveux, la tête d'Holopherne. Ste. Catherine est debout vis-à-vis d'elle, s'appuyant de la droite sur la roue, tenant une épée de la main gauche et une palme de la droite. Les deux têtes, entourées de rayons, se penchent l'une vers l'autre. Pièce non signée. La Judith est une répétition en contrepartie du No. 1 de Bartsch et l'exécution à l'eau forte est un peu rude, ce qui peut donner des doutes sur son authenticité.   H. 4 p. 4 l. L. 3 p. 1 l. (?)   Musée Britannique.

26. Ste. famille. La Vierge est assise, tournée vers la gauche, et regarde vers la droite, en appuyant le coude gauche sur un tronc d'arbre. Elle maintient du bras droit l'enfant Jésus habillé. A droite la demi-figure de St. Joseph. Au haut le caducée, à gauche. H. 4 p. 3 l. L. 3 p. 9 l. Musée Britannique, Paris, Collection du roi de Saxe.

27. St. Sébastien. Il est attaché à un arbre et regarde vers le ciel. La figure ne va pas tout-à-fait jusqu'aux genoux. Cette belle pièce, finement gravée, ne porte point de signature. H. 4 p. 8 l. L. 6 p. 1 l. Bibliothèque de Vienne, Musée Britannique, Paris.

28. Cléopatre mourante. Elle est assise, nue, dans le creux d'un rocher, la tête penchée et la jambe gauche croisée sur la droite. De la main gauche elle tient son vêtement, l'autre repose sur son genou. Près de la tête on voit l'aspic qui, après lui avoir donné la mort, se cache dans une fente des parois. A droite, un arbre sec dont les branches touchent la bordure supérieure de l'estampe. Pièce sans marque, d'un excellent travail.   H. 6 p. 7 l. L. 4 p. 3 l.   Paris, Berlin.

29. Le cheval Pégase. Il porte des ailes très-courtes et s'élance vers la droite en tournant la tête à gauche. Les membres de derrière ne sont vus qu'à la moitié de la jambe et le sabot droit des jambes de devant manque, c'est-à-dire qu'ils ne se trouvent plus sur la planche. La marque se voit à la gauche du haut. H. 5 p. 10 l. L. 8 p. 3 l. Bibliothèque de Vienne, Munich, Paris, R. Weigel.

Copie dans le sens de l'original avec les mots EL TEMPO au-dessus de la tête du Pégase. A droite, le monogramme de Nicolas Wilborn (B. VIII. p. 445. No. 5). H. 5 p. 6 l. L. 8 p. 3 l.

30. Centaure femelle. Elle s'élance vers la droite poursuivie par deux dragons. Un d'eux lui est déjà sauté en croupe et lui mord le garrot. Deux serpents, entortillés autour de ses bras élevés, semblent

vouloir la défendre contre les dragons. Le caducée est au haut.
H. 4 p. L. 4 p. 9 l. Musée Britannique.

Gravures sur bois.

31. **Combat entre des hommes et des Satyres.** Composition très-riche de figures qui représente la lutte de la vertu contre
le vice, de même que l'estampe suivante représente le triomphe de la
première sur le second. Sur le devant est assis un homme très-barbu,
ressemblant à un roi et tenant une baguette de la main gauche. Il est
entouré de plusieurs personnages qui lui amènent l'Amour fait prisonnier et devant lui se tient un homme, vu de dos, avec une longue
baguette se terminant par une torche. Sur une petite tablette qui s'y
voit suspendue on lit les lettres Q. R. F. E. V. (Quod recte facien-
dum esse videtur). Sur le côté gauche, plusieurs individus arrachent
les Satyres de leurs cavernes, tandis que nombre de ceux-ci s'enfuient
pour se défendre entre les fougères et les arbres de la colline. Un des
Satyres porte une toison attachée à un long bâton. H. 14 p. 3 l. L. 18 p. 3 l.
Bibliothèque de Vienne.

32. **Triomphe d'hommes nus contre des Satyres.** Composition très-riche de figures, en trois feuilles pour être réunies en une
seule. La marche se dirige vers la gauche où se tient un homme à
longue barbe armé d'un bâton à torche, avec une tablette portant,
comme la précédente, les lettres Q. R. F. E. V. Plus loin et en arrière, plusieurs hommes portent un bélier sur leurs épaules. L'Amour,
les yeux bandés et tenant un sac d'or à la main, est assis sur un char
traîné par trois femmes dont le corps termine en serpents. Des musiciens marchent au devant et deux hommes portent des Satyres femelles.
Plusieurs personnages tiennent deux gonfanons sur l'un desquels on lit
l'inscription: VIRTVS EXCELSA CVPIDINEM ERE REGNANTEM
DOMAT. D'autres chassent devant eux des brebis enlevées, tandis que
des femmes portent sur la tête des paniers remplis de fleurs et que
deux hérauts tiennent des baguettes surmontées de caducées ailés. Un
homme et une femme portent un panier avec des enfants. La tête
de la procession arrive à un temple avec l'inscription: D. FATIDICE.
Tout-à-fait sur le côté, à gauche, un berger et un homme, les seuls
qui soient vêtus dans l'estampe, contemplent la scène et près d'eux
se trouve le caducée marque du graveur. Fond de paysage avec
une ville près de la mer et des montagnes. Les trois planches réunies mesurent H. 10 p. 10 l. L. 47 p. 2 l. Bibliothèque de Vienne

et Musée Britannique. E. Harzen remarque que les épreuves postérieures ont été imprimées avec des planches vermoulues.

33. Vue perspective de la ville de Venise de l'an
1500. [22]) Cette composition est exécutée sur six planches d'une dimension peu ordinaire et qui réunies mesurent 109 pouces de largeur
sur 50 de hauteur. On y voit représentée la noble cité des lagunes
avec ses églises sans nombre, ses palais dont les principaux sont distingués par leurs noms, ses canaux, ses places, ses jardins etc. à vue
d'oiseau, pris d'un point près de la douane et à une élevation assez
modérée pour que, dans les proportions considérables de la gravure, les principaux édifices puissent être représentés en perspective
avec des détails suffisants, de manière à ce qu'au lieu d'un plan, comme
on l'appelle communément, cette gravure pourrait plutôt être considérée
comme une vue de la ville. Les édifices de cette époque, qui existent
encore de nos jours, nous fournissent une preuve de la vérité du dessin dans l'ensemble et le plan devient ainsi du plus haut intérêt pour
l'ancienne topographie de Venise. L'exécution, avec des hachures très-
serrées et se croisant dans plusieurs directions, s'éloigne beaucoup de
la manière usuelle des graveurs sur bois vénitiens de cette époque et
montre, à côté de beaucoup de soin, un aspect pittoresque qui nous fait
juger que l'artiste l'a conduite de sa propre main. Au haut de l'estampe et au milieu, Mercure dans sa qualité de messager des dieux,
est assis dans une gloire de nuages et tient le caducée. Autour de
lui on lit l'inscription: MERCVRIVS PRE CETERIS HVIC FAVSTE
EMPORIS ILLVSTRO; au-dessous en grandes lettres capitales VENETIE
et le millésime M.D. Plus bas on voit Neptune, assis sur un dauphin,
armé du trident auquel pend une tablette avec l'inscription: ÆQVORA
TVENS PORTV RESIDEO HIC NEPTVNVS. A la marge inférieure
on voit huit têtes de fortes proportions représentant les principaux
vents avec leurs noms respectifs.

On connait trois différentes éditions de cet ouvrage. Dans la première, de 1500, on voit sur le clocher de St. Marc, le toit temporaire
que l'on y fit après que l'aiguille en eut été brisée, en 1489, par la
foudre. Dans la seconde, sans date, on voit la tour surmontée de la
pyramide qui existe encore et que l'on construisit de 1511 à 1514;
de manière que la date de 1500 qui ne correspondait point à cette

---

22) Nous avons emprunté les détails sur cette gravure sur bois aux communications de Mr. E. Harzen dans les Archives de Naumann 1855, p. 216.

circonstance fut effacée. Dans la troisième enfin le toit temporaire
existe toujours et l'on reconnait les endroits changés à leur exécution plus grossière. Cette édition reproduit également la date de
1500. Il semblerait donc qu'avec le temps les exemplaires de la première édition devinrent rares et que le possesseur des bois prit des
mesures pour les rétablir dans leur condition première afin de satisfaire aux nombreuses demandes. Ces bois, entièrement rongés de vers,
se conservent actuellement dans le Musée Correr à Venise et l'on peut
y reconnaître facilement les endroits restaurés.

Nous avons déjà dit que ce fut un négociant Nurembergeois nommé
Antoine Kolb qui fit exécuter et publier à ses frais l'ouvrage que nous
citons. Ceci nous est confirmé par une suplique de ce marchand à
la Signoria que Cicogna a tirée des archives de la ville [23]), et par
un décret qui lui fut accordé le 30. Octobre 1500 avec un privilège de
quatre ans contre la contrefaçon. [24])

---

23) E. A. Cicogna, Delle Iscrizioni Veneziane IV. p. 699. Notatorii della
Signoria nel general Archivio. MCCCCC.

„Seren° principe et exma. Signoria. Antonio Cholb, merchadante tedescho
suplica alla Sia. vra. cum sit che lui principalmente ad fama de q. exsa. cita di
Venetia quella habia facta justa et propriamente retrare et stampare. La qual opera
hora depoi lo tempo di 3. anni finita: et perche essa in molte cose ale altre
opere se fano asai extracto, si per la materia dificilis sa et incredibile poterne far
vero disegno, si per la grandeza sua et dela carta che mai simile non fu facta,
si anchora per la nova arte de stampar forme di tal grandeza, et per la dificultà
de la composition tutti insieme, le qual cose forse non essendo per suo valor sti-
mato dale Zente, nela sutilleza de intellecto le forme stampando possano sup-
plir che per mancho de cercha a 3 fiorini una opera se posse rivedere per tanto
universalmente non spiera rechavarne la messa facultà, supplica adoncha ala subta
vra che in gratia li sia conceduto che dicta opera senza datio et senza impedimento in
tutti i luoghi et da tutte terre vre portar trar et render possa.“ M. Sanuto, Diario
III. p. 730.

24) La concession est comme suit: „Die XXX. Oct. 1500 — quod aliquis non
possit facere a modo ad annos 4 in simili forma quodque possit extrahere opus
predictum pro omnibus locis, solvendo datia consueta etc.“ — Sanudo remarque
plus loin: „A. D. 1500 Octubrio. Note a di 30 de q. mexe per la Signoria fu fato
una terminatione che havendo Ant. Colb merchadante todesco fato con gran spesa
far stampare Venezia qual si vende duc. 3. l'una, che possi trarle di questa cita
et portarle senza pagar datio.“

Albert Durer.

(Bartsch VIII. p. 5.)

Nous ne voulons pas nous étendre ici sur tous les détails de la vie de ce maître distingué et de ses productions extraordinaires dans toutes les branches de l'art, ni examiner l'influence toute particulière qu'il exerça sur le développement de l'art de la gravure qui atteignit avec lui le plus haut point de perfection à cette époque et dont nous avons déjà parlé dans la partie historique, néanmoins il ne sera point inutile que nous ajoutions ici quelques détails sur sa vie.

Albert Durer, né le 20. Mai 1471 à Nuremberg, demeura jusqu'à sa quinzième année chez son père où il fit son apprentissage d'orfèvre. Cédant enfin au véhément désir de son fils, il le plaça le jour même anniversaire de sa naissance, en 1486, dans l'école de Michel Wohlgemuth pour y apprendre la peinture. Après y être resté quatre ans il commença, en 1492 son tour d'Allemagne et vint à Colmar où il fut amicalement reçu par les frères de Martin Schongauer, sans y avoir pourtant rencontré ce maître lui-même; enfin il se rendit à Venise comme nous le prouve une lettre datée de cette ville en 1506 et écrite à Pirkheimer, dans laquelle il lui dit que la chose (un tableau de Jacques de Barbarj) qui lui avait tant plu onze ans auparavant, ne lui plaisait en rien à présent.

En 1494, revenu au pays, il épousa Agnès Frey, fille d'un mécanicien célèbre, cédant en cela aux désirs de son père et cette femme, avec toute sa beauté, lui rendit la vie très-malheureuse par son goût désordonné pour le gain. De 1506 jusqu'au printemps de 1507 il visita de nouveau Venise [25]) et se rendit à Bologne. Il y connut sans doute, dans l'atelier de Francesco Francia, Marc Antoine encore jeune, dont les premiers essais dans la gravure au burin tombent précisément vers cette époque (1505 et 1506) et qui avait déjà eu l'occasion d'admirer

---

25) Ceci résulte d'une notice écrite par Albert Durer lui-même sur un livre possédé par lui, c'est-à-dire sur le titre des „Éléments de Mathématiques d'Euclide", d'après la traduction latine de Barth. Zumberto, imprimé en 1505 à Venise par Joh. Tacuinus. Durer y écrivit, à côté de son monogramme, la notice suivante: „J'ai acheté ce livre à Venise pour un ducat en 1507. Albert Durer." Cette relique se trouve actuellement dans la bibliothèque de Wolfenbuttel.

l'excellence des gravures d'Albert Durer. Le voyage de celui-ci, accompagné de sa femme, dans les Pays-Bas eut lieu vers l'an 1520 et 1521. Infatigable dans ses travaux, mais toujours plus tourmenté par l'avarice de sa moitié, il mourut d'épuisement le 6. Avril 1528, n'ayant pas encore atteint la 57e année de son âge.

Il est très-probable qu'il s'était déjà exercé au maniement du burin dans l'atelier d'orfèvrerie de son père qui, selon la coutume de l'époque, devait également s'occuper des ouvrages niellés. Il est cependant incertain si nous avons quelques-uns de ses premiers essais en ce genre, bien que le dessin de son propre portrait, fait par lui en 1484 et qui existe dans la Collection Albertine à Vienne [26]), puisse faire présumer qu'une couple de gravures exécutées absolument dans la même manière puissent avoir été faites à la même époque; ce sont le grand Courrier (B. 81) et la Conversion de St. Paul, pièce reconnue récemment à Dresde comme étant un ouvrage d'Albert Durer. Le style, dans le goût des travaux d'orfèvre, en est encore très-rude et le dessin dans la manière de celui de Wohlgemuth. Même la Sainte famille au papillon, la première pièce que Durer ait signée de son monogramme, paraît devoir appartenir à cette première époque car, tout en révélant un talent incontestable, elle montre néanmoins peu de pratique dans le maniement du burin. Le morceau des quatre femmes nues de 1497 (B. 75) indique déjà plus d'adresse ainsi que le St. Jérôme pénitent (B. 61) qui paraît appartenir à la même époque. Les Offres d'amour (B. 93) est la première de ses estampes qui soit traitée avec une grande délicatesse de burin, mais on pourra se convaincre de l'excellence à laquelle il était déjà parvenu dans cet art en 1503, quand on contemple ses Armoiries à la tête de mort, et surtout son morceau capital de l'Adam et Ève que, dans toute la conscience de son talent, il signait de son nom en entier accompagné de la date de 1504. Dès ce moment il paraît avoir surmonté toutes les difficultés et dans le dessin et dans l'exécution technique, comme nous le prouvent les gravures qui suivent immédiatement. Ces détails, tout restreints qu'ils sont

---

26) Dans ce portrait il est vu de trois quarts, tourné vers la gauche, coiffé d'un bonnet à houppe et l'index de la main droite étendue. Le dessin, à la pointe d'argent, est vivant mais peu correct et les hachures un peu irrégulières. En haut, dans le coin à gauche, on lit écrit par Durer lui-même: J'ai dessiné ceci d'après moi-même dans un miroir en 1484 quand j'étais encore enfant; Albert Durer. („Dz hab Ich vor ein spigell nach mir selbs konterfit im 1484 jar, da ich noch ein kind war.")

suffiront pour nous faire connaître les différentes phases du développement d'Albert Durer comme graveur et surtout pour nous convaincre que ses premiers essais datent avant 1497, comme nous pouvons le reconnaître dans les gravures qu'on hésite souvent, contre l'opinion de Bartsch, à lui attribuer et qui, inférieures dans l'exécution mécanique, sont néanmoins dignes du maître pour l'excellence de la composition.

Quelques-unes des pièces de son œuvre sont des nielles, comme le petit crucifix dans un médaillon (B. 23), le St. Jérôme pénitent (B. 62), le jugement de Pâris (B. 65). On pourrait y ajouter la Ste. Véronique de 1510 (B. 64) quoiqu'elle ne se trouve pas, comme les autres, sur fond noir, mais sur fond blanc. De ces planches qui n'étaient pas destinées à être indéfinement reproduites, Durer n'a tiré qu'un petit nombre d'impressions pour son propre usage, ce qui peut nous en expliquer la grande rareté.

En 1512 Durer fit quelques essais de gravure à la pointe sèche sur cuivre (et non des eaux fortes sur fer, comme le dit Bartsch) et en laissant subsister sur la planche les barbes du trait, il obtint des épreuves qui ont vraiment un effet rembranesque. A ce genre appartiennent les gravures de la sainte famille (B. 43) et du St. Jérôme (B. 59). L'homme de douleur de 1512 (B. 21) est gravé de la même façon quoiqu'il semble que Durer ait, dans cette pièce, poli jusqu'à un certain point les barbes du trait puisqu'on ne trouve point des exemplaires aussi fortes de ton que ceux des deux précédentes gravures. Quoique les premières épreuves de ce genre de gravure sont pleines d'effet, le talent de Durer ne se fait admirer néanmoins que dans quelques exemplaires qui sont devenus de la plus grande rareté, car les barbes qui servaient à produire cette force de ton, s'usèrent bientôt et les épreuves postérieures sont très-faibles d'effet et très-pâles.

On attribue souvent à Albert Durer l'invention de la gravure à l'eau forte puisqu'il avait déjà en 1515, 1516 et 1518 gravé quelques pièces à l'eau forte sur fer; ce sont entre autres le Christ au jardin (B. No. 19), l'homme de douleurs (B. No. 22), l'ange à la sainte face (B. No. 26), l'enlèvement (B. No. 72), le canon (B. No. 99) et le morceau d'étude (B. No. 70). Mais nous avons déjà vu [27]) que bien auparavant, en 1496, Venceslas d'Olmutz, et peut-être antérieurement l'ancien maître néerlandais W ♀ , avaient déjà fait usage de l'eau forte pour la reproduction des estampes sur papier et que

27) Vol. I. p. 369 de cet ouvrage.

l'emploi de cette art pour l'ornement des différentes pièces d'armures en fer ou en acier était déjà connu dès le XIIe. siècle en Italie, en France et en Allemagne.

Dans le catalogue de l'œuvre de Durer par Bartsch cet écrivain, on ne sait pourquoi et contre sa coutume habituelle, a admis trois pièces qui n'appartiennent au grand artiste que par la composition ou le dessin. Ce sont la Vierge à la porte (B. 45) gravée par Marc Antoine d'après un dessin de Durer, la Trinité (B. No. 27), mauvaise imitation de la belle gravure sur bois (B. No. 122), enfin le portrait de Joachim Patenier que Cornelius Cort grava d'après un dessin exécuté en 1521 par Durer dans les Pays-Bas (B. No. 108). Pour suppléer à ces trois pièces qui n'appartiennent pas à l'œuvre du maître, on doit en ajouter deux autres qui sont restées inconnues à Bartsch, savoir: un Crucifiement indiqué très-légèrement et qui n'est point même complet dans les contours et celle de la Conversion de St. Paul dont nous avons déjà parlé plus haut quand il a été question des premiers essais d'Albert Durer. Nous donnerons, dans notre catalogue, des détails ultérieurs sur ces deux gravures et principalement sur la dernière qui n'est pas encore généralement acceptée comme un ouvrage du maître.

Nous avons déjà traité dans la partie historique de notre ouvrage la question si Albert Durer avait gravé lui-même sur bois ou s'il s'était contenté de faire des dessins pour les artistes en ce genre et, appuyé sur des motifs satisfaisants, nous avons adopté cette dernière opinion; nous ne reviendrons donc pas sur ce sujet, nous contentant de renvoyer à ce que nous en avons déjà dit.[28] Nous ajouterons seulement que de même que notre maître n'a point donné son monogramme à deux de ses premières gravures, le grand Courrier et le Violent, il en a fait autant pour ses premiers dessins transportés sur bois pour l'ornement des livres ou pour des feuilles volantes. Nous ne mentionnerons à cet égard que la feuille volante avec un texte en vers sur la guérison du mal vénérien de l'an 1496 et les gravures sur bois du livre intitulé: „Reuelationes sancte Birgitte" de l'an 1500.

Le catalogue des gravures sur bois d'après Durer, donné par Bartsch, est encore plus incomplet et moins satisfaisant que celui qu'il nous a donné de ses gravures au burin. Joseph Heller, dans son livre „de la vie et des ouvrages d'Albert Durer," Bamberg 1827, l'a enrichi de beaucoup, cependant plusieurs de ces pièces lui sont encore

28) Voyez Vol. I. p. 72 de cet ouvrage.

restées inconnues et nous déplorons qu'il ait mêlé ensemble toutes les gravures qu'à tort ou à raison il attribue au maître, en y ajoutant à chacune ses remarques particulières. Mais ce désordre rend si difficile à distinguer d'un coup d'œil ce qui appartient réellement au maître ou ce que l'on croit pouvoir donner à d'autres artistes, que nous n'avons pas cru devoir suivre l'ordre établi par lui pas plus que celui de Bartsch. Nous avons donc fait dans notre catalogue trois divisions de ces gravures sur bois. La première, comme nous l'avons fait jusqu'ici, ne renferme que des remarques à celui de Bartsch. La seconde contient toutes les autres gravures que, pour des motifs suffisants, nous pouvons attribuer à Dürer. Dans la troisième enfin nous avons cru satisfaire aux vœux des amateurs et des collectionneurs des estampes de Dürer en recueillant dans un appendice toutes les pièces douteuses ou apocryphes dont nous avons pu former un jugement pour les avoir eues sous les yeux. Nous avons, en outre, ajouté la numération de Heller afin que l'on puisse au besoin consulter plus aisément son ouvrage.

Gravures au burin.

Bartsch n'a admis qu'un petit nombre des copies les plus trompeuses des principales pièces. Heller a suppléé à cette lacune dans son ouvrage déjà cité et le directeur W. Schorn a complété (Kunstblatt 1830 p. 44) ce qu'il avait déjà dit à ce sujet. Nous renvoyons par conséquent à ces deux écrivains pour des détails plus étendus.

Remarques à Bartsch.

19. **Jésus en prière au jardin des oliviers.** Gravure à l'eau forte sur acier. Cette planche tomba aux mains d'un forgeron d'Insbruck qui la vendit au peintre Joseph Schöpf et celui-ci la sauva ainsi du naufrage. Plus tard elle vint en possession du peintre et graveur J. G. Schedler qui paraît en avoir fait tirer des épreuves puisqu'on en rencontre actuellement beaucoup à Insbruck. La planche, encore en bon état, se trouve à présent dans la collection de Jos. Heller à Bamberg.

21. **L'homme de douleurs aux mains liées.** Cette gravure est exécutée à la pointe sèche et se retrouve toujours très-faible de ton.

22. **L'homme de douleurs assis.** Eau forte sur acier. On en trouve des épreuves de quatre états.

1er état. L'épreuve est bonne et nette.

2^d état. L'impression est faible et mal réussie, d'après la planche déjà usée.

3e état. La planche est retouchée et la pierre sur laquelle le Christ est assis ne paraît plus en entier. Taches de rouille.

4e état. La pierre et plusieurs autres parties sont fortement retouchées. Nombreuses taches de rouille.

23. **Crucifix, petite pièce ronde.** Gravure à guise de nielle que l'on désigne aussi comme le pommeau de l'épée de l'empereur Maximilien. A l'appui de cette opinion on trouve, avec une épreuve originale qui se conserve dans l'Institut de Staedel à Francfort s. M., un ancien billet dans les termes suivants:

„Ce crucifix est une épreuve à rebours puisque le St. Jean est à gauche; on doit donc comprendre que Albert Durer ne l'a point gravé pour être imprimé et qu'il l'a fait en or pur pour le roi ou empereur Maximilien premier, et cette petite planche d'or a été employée pour le dessus du pommeau d'une épée laquelle, avec ce crucifix, a été vue par moi plusieurs fois à Insbruck dans la salle d'armes. Elle a été transportée ensuite à Vienne où je l'ai vue de nouveau dans l'armoirie en l'an 1556.

Daniel Specklin." [29])

Au revers de ce billet on lit:

„Information de S. A. le Margrave relativement au petit crucifix 🜂. An. 1647."

Nous avons fait, en 1849, des recherches à Vienne relativement à cette épée ou dague de l'empereur Maximilien dans la collection Ambrasienne, mais sans résultat. Peut-être la retrouvera-t-on dans quelque autre collection impériale à Vienne.

Comme Bartsch n'a pas seulement pris une ancienne copie fort trompeuse pour l'original, mais qu'il n'a pas décrit avec assez de précision les différences des diverses copies d'après l'original même, nous avons cru devoir donner une description exacte de ce dernier avec les variantes des imitations.

Planche originale. (B. copie A). Sans mentionner que cette

---

29) Daniel Specklin était un architecte distingué de Strasbourg, né en 1536, et qui mourut en 1589. Théodore de Bry a gravé son portrait en taille douce.

épreuve est traitée d'une manière plus libre et avec toute la maîtrise que comporte la manière d'Albert Durer, on la reconnaîtra facilement aux marques suivantes. Le bord supérieur de la tablette d'inscription au haut de la croix est composé d'un triple trait, tandis qu'il n'y en a que deux pour les autres côtés du carré. Le premier I de l'inscription, celui de droite, est au haut et au bas à égale distance du double trait de bordure. Sur l'épaule du soldat à gauche, derrière St. Jean, un trait d'ombre fait crochet avec un des rayons. Les pieds du Christ et de St. Jean sont dessinés avec négligence de manière à ce que les derniers orteils soient à peine indiqués et le gros doigt du pied du Saint est trop fort et trop pointu. Le trait du cercle de bordure a glissé en dehors à droite.

Copie A (d'après Bartsch, l'original). Cette copie est excessivement trompeuse, quoique d'une exécution moins franche et moins spirituelle. La tablette n'a que deux traits au haut, le I repose sur la bordure inférieure et le trait d'ombre sur l'épaule du soldat ne fait pas crochet. Les orteils du Christ sont regulièrement indiqués, tandis que ceux de St. Jean sont comme dans l'original. On a imité également le trait irrégulier du cercle de bordure.

Copie B. Elle est moins trompeuse que la précédente. Le cercle de bordure est régulier. La tablette a les trois traits supérieurs; le N de l'inscription est un peu plus élevé que le R; il n'y a point de trait d'ombre sur l'épaule du soldat. Les orteils du St. Jean sont réguliers.

Copie C, de Hieronymus Wierx, signée I H W sur le terrain. L'inscription INRI est gravée de gauche à droite.

Copie D. Très-raide de dessin et mal réussie dans les caractères. L'inscription INRI dans le même sens que dans la copie C.

Première copie de Carl Kappes, graveur de Francfort s. M., exécutée en 1842. Elle offre une imitation excessivement trompeuse de l'original. La tablette a les trois traits supérieurs. Le I de l'inscription est un peu surbaissé relativement aux autres lettres. Il n'y a pas de trait d'ombre sur l'épaule du soldat; les pieds du Sauveur et du St. Jean sont d'un dessin régulier, ceux de ce dernier surtout sont très-beaux. Cette planche a appartenu à feu le conseiller Frédéric Schlosser de Francfort s. M. et on s'en est servi pour différents usages.

Seconde copie de Carl Kappes. Elle est moins trompeuse que la précédente. Le I est en ligne avec les autres lettres. Le pied du St. Jean est moins bien dessiné et le gros doigt se trouve parallèle aux autres, au lieu d'être un peu plus élevé comme on le trouve dans sa première copie. Cette planche a été exécutée en 1847 par Kappes pour le négociant d'estampes et d'objets d'art, Prestel de Francfort, et porte à la marge du bas la signature C. Kappes. sc.

26. La sainte face tenue par un ange. Gravure à l'eau forte sur fer. La planche doit encore exister puisqu'on en trouve des impressions assez satisfaisantes sur papier de notre époque; d'autres qui paraissent postérieures encore, ont des tâches de rouille.

27. La Trinité. Bartsch a déjà fait remarquer dans une note à la fin de son VIIe vol. que cette mauvaise gravure au burin n'est qu'une imitation de la gravure sur bois No. 122.

34. La Vierge allaitant l'enfant Jésus. Dans les plus anciennes épreuves la tablette avec le millésime, pendue à l'arbre, manque. On en trouve un exemplaire à Berlin.

42. La Vierge au singe. Le beau dessin de l'enfant et la grâce de la mère ont quelque chose d'italien et cette circonstance a porté à croire que Durer avait gravé cette pièce durant son séjour à Venise, en 1506, mais il avait déjà visité antérieurement cette ville.

43. La sainte famille gravée à la pointe sèche. Les premières impressions avec les barbes ont un ton très-énergique et presque rembranesque et sont de la plus grande rareté, puisque la planche n'a pu fournir qu'un très-petit nombre de ces épreuves et que les dernières sont très-faibles d'effet. On en voit même où quelques-unes des rayures de la planche mal conservée se sont reproduites dans l'impression et dont une entre autres traverse le visage de la Vierge.

44. La sainte famille au papillon. On a souvent prétendu que cet ouvrage de la jeunesse de Durer n'était pas l'original, mais bien la copie d'une gravure de quelque maître plus ancien. Jusqu'ici on n'a pu trouver aucune estampe de ce genre qui ait pu servir d'original à celle de Durer. Nous en voyons, au contraire, des copies d'après Durer, d'Israël de Meckenen, de Venceslas d'Olmutz et une imitation par le maître à l' ⏣𝒜 gothique, toutes inférieures de dessin et plus raides de taille et qui ne peuvent avoir aucune prétention à l'originalité. Cependant le maniement du burin ne révèle pas l'adresse ordinaire de Durer quoique la composition et surtout le paysage soient entièrement dans le style de notre maître.

45. La Vierge à la porte. Quoique Bartsch ne considère point cette pièce comme une estampe originale de Durer, il l'a cependant admise dans son catalogue, sans avoir découvert que c'était une

gravure de Marc Antoine, comme on ne peut en douter en la comparant avec le reste de son œuvre. Comme ce morceau porte la date de 1520, il devient très-probable qu'il a été exécuté d'après un dessin qu'Albert Durer aurait fait lors de son séjour dans les Pays-Bas et donné à Thomas de Bologne, élève de Raphael. [30])

59. St. Jérôme. Une des plus anciennes épreuves au Musée Britannique, n'a point de monogramme. Cette pièce est gravée sur cuivre à la pointe sèche et les premières épreuves ont ce ton énergique que nous avons mentionné relativement à la sainte famille No. 43 et pour les mêmes raisons; les dernières épreuves sont également très-faibles de ton et tirées de la planche ayant un trou ou enfoncement.

62. St. Jérôme. Petite planche ronde. Cette petite estampe est l'épreuve d'un nielle et on n'en connait jusqu'à présent que quatre exemplaires; dans la Collection Albertine à Vienne, celle de feu le roi de Saxe à Dresde, à Amsterdam et à Brême. Il pourra donc être très-intéressant pour le collectionneur de l'œuvre de Durer d'apprendre que Mr. H. Cornill d'Orville de Francfort s. M. en a fait exécuter un très-exact facsimile par le graveur de Vienne A. Petrak qui a reproduit également le Jugement de Pâris B. No. 65 et le grand Courrier B. No. 81. Les épreuves de la planche non terminée sont marquées A P en bas à droite, celles du travail fini ⟨AP⟩ et à gauche hors de l'estampe: A. Petrak cop.

64. Ste. Véronique. Cette petite pièce semble également avoir été exécutée pour un objet particulier et sur un métal précieux. On n'en connait que deux exemplaires, l'un dans la Collection Albertine, l'autre dans celle du roi de Saxe. La lumière vient de gauche.

La copie de A. Petrak diffère un peu de l'original dans les ombres à côté et au-dessous de la Véronique. Elle est aussi d'une exécution

---

30) Voyez les notices du voyage d'Albert Durer dans les Pays-Bas. „Item. Les choses de Raphael d'Urbin ont toutes été dispersées après sa mort, mais un de ses élèves, nommé Thomas Polonius, bon peintre, a désiré me voir, est venu chez moi et m'a fait présent d'une bague d'or, antique, une pierre très-bien taillée et qui vaut 5 fl. quoiqu'on ait voulu m'en donner le double. Pour cela je lui ai fait présent de quelques-unes de mes meilleures choses imprimées de la valeur de 6 fl. J'ai dessiné au fusin le portrait de Thomas Polonius de Rome." Cet élève de Raphael se nommait Tomaso Vincidore et était natif de Bologne. Il paraît avoir été en Flandre pour surveiller l'exécution des tapisseries représentant des sujets de la vie du Christ d'après les dessins de Raphael et de ses élèves. Voyez à ce sujet les ouvrages du comte Raczynski sur les arts en Portugal et son Dictionnaire historique et artistique du Portugal, Paris 1846.

moins spirituelle et moins fine. Elle est signée à la droite du bas Petrak cop. On en trouve une copie sur bois en contrepartie finement taillée et avec l'addition de plusieurs petits arbres aux côtés. H. 2 p. 4 l. L. 1 p. 7 l. Francfort s. M.

65. Le jugement de Pâris. La Collection Albertine à Vienne possède la seule épreuve connue de ce nielle. Le facsimile de A. Petrak est marqué Æ au-dessous de la fontaine et A. Petrak sc. sur la marge. Quelques-unes des premières épreuves n'ont point de marques ou de signature du nom entier en marge.

Le sujet représenté dans ce morceau, que l'on a souvent gravé au burin dans le XVIᵉ. siècle, ne paraît pas toujours représenter la composition mythologique du Jugement de Pâris, comme on la désigne toujours dans les catalogues récents, mais plutôt un incident de la légende du moyen-âge sur Alfred III. roi de Mercie. Comme celui-ci visitait un jour le noble Guillaume d'Albanac, il fut tellement frappé de la beauté des trois filles de ce dernier que le père conçut le soupçon qu'il en voulait choisir une pour sa concubine. C'est pourquoi le lendemain il conduisit, l'épée nue à la main, ses trois filles nues devant le roi en lui dévoilant les soupçons qui l'agitaient et en ajoutant que, s'ils étaient fondés, il les tuerait toutes trois devant ses yeux, mais que s'il en voulait prendre une pour épouse il lui en laissait le choix. Alfred épousa immédiatement la seconde des trois sœurs.

71. L'enlèvement d'Amymone. Albert Durer, dans son „Journal", semble avoir désigné cette pièce sous le nom de „Meerwunder."

73. L'effet de la jalousie. Cette désignation ne semble pas tout-à-fait juste. Nous pouvons reconnaître dans la figure de l'homme coiffé d'un coq le symbole du cocuage; il défend sa femme, entre les bras d'un Satyre, contre les efforts de la Vertu, qui sous la figure d'une noble femme, veut châtier cette courtisane.

74. La Mélancolie. Bien que le sujet de cette pièce puisse prêter à plusieurs explications, on lit sur la tablette MELENCOLIA. I. (Mélancolie disparais!), et Albert Durer la désigne toujours dans le journal de son voyage aux Pays-Bas sous le nom de Melancoley, peut-être simplement par brièveté. Le sujet représenté semble plutôt être le symbole des recherches scientifiques qui conduisent aisément à la mélancolie et de là l'exclamation: „Fuis mélancolie!"

77. La grande Fortune. Albert Durer mentionne plusieurs fois dans son journal de voyage aux Pays-Bas une de ses gravures sous le nom de „Némésis", dénomination que l'on ne retrouve plus

dans les catalogues de son œuvre, mais qui se rapporte nécessairement à une de ses estampes. Mr. Hausmann de Hanovre (dans les Archives etc. de Naumann) et Mr. Carpenter de Londres (dans l'Atheneum) ont cherché à prouver qu'Albert Durer n'a pu désigner sous le nom de Némésis que la gravure qui à présent est connue sous la dénomination de la grande Fortune. Leurs raisons nous paraissent assez concluantes et nous nous rangeons volontiers à leur opinion.

Il y a deux états de cette gravure. Le premier n'a pas encore le trait de burin accidentel dans l'eau qui part de la petite figure d'homme sur le pont et qui, interrompu par le bas, est long de 4 lignes. Ces épreuves d'un ton vigoureux mais transparent sont de la plus grande rareté. On en conserve un exemplaire dans la Collection de l'Institut des beaux arts à Francfort s. M.

81. Le grand Courrier. On a souvent douté si cette pièce devait être attribuée à Albert Durer, cependant Bartsch a déjà fait remarquer qu'elle a la plus grande analogie avec la manière et la taille du Violent, B. No. 92, et nous en trouvons encore une plus étroite avec celles de la Conversion de St. Paul, No. 110. Mais la preuve la plus convaincante que nous avons ici un ouvrage du maître nous est fournie par le dessin de son propre portrait exécuté en 1484 et que nous avons déjà mentionné plus haut. Ce dessin est traité tout-à-fait dans le style de la gravure qui nous occupe.

On en trouve deux épreuves originales, une dans la bibliothèque impériale de Vienne, l'autre dans la collection de Dresde. Petrak a fait une copie d'après la première des deux qu'il a signée de son monogramme ℞, en bas à droite, quoique cette signature ne se trouve pas sur quelques-unes des premières épreuves. L'original de Dresde diffère de la copie principalement en ce que le coin du bas à droite est arrondi dans l'original et carré dans la copie.

86. Les trois paysans. La planche originale de cette gravure se trouvait, il n'y a pas longtemps, inconnue et sans que le possesseur eut la moindre idée de sa valeur artistique, chez un marchand d'antiquailles à Francfort s. M., chez qui un amateur russe, le prince Dolgorouky, l'acheta en 1852 à vil prix et en fit tirer quelques épreuves qui nous font voir que la planche est fort usée.

94. Le seigneur et la dame. Les premières épreuves de cette gravure ont un ton vigoureux, mais sont très-fines de taille. La planche, un peu usée, fût rétablie alors par l'eau forte et les épreuves ont quelque chose de rude et sont plus ou moins sales d'impression.

95. Le pourceau monstrueux. On en trouve des impressions postérieures tirées de la planche retouchée qui sont un peu plus fortes de ton, mais dont l'aspect est plus rude.

98. Le cheval de la mort. A. Durer, dans son Journal, nomme cette gravure tout bonnement un chevalier („Ein Reuther“). Cependant la composition a été expliquée de différentes manières. On croyait d'abord qu'elle représentait le chevalier François von Sickingen, un des plus courageux barons de son siècle qui ne craignait ni la mort ni le diable et on s'appuyait, pour le prouver, de la lettre S. qui se trouve sur la tablette avec le monogramme de Durer et le millésime 1513. On la désigna ensuite comme celle du chevalier chrétien qui ne se laisse pas détourner de son devoir par aucun obstacle. Enfin Jean Hauer de Nuremberg (mort en 1660) décrit cette gravure dans son catalogue comme suit: „Chevalier fantôme (Gespenst Reuter), avec un chien, dans une forêt,“ et remarque à ce sujet: „Philippe Rinck était un Einspenniger (hommes d'armes à cheval ou huissier du conseil) de Nuremberg qui s'étant égaré la nuit eut la rencontre de cette apparition.“ On peut révoquer en doute la justesse de ces opinions d'autant plus que d'abord le portrait n'est pas celui de François de Sickingen, comme nous le prouve une gravure de Jérôme Hopfer; ensuite que l'expression du chevalier représenté dénote tout-autre chose que l'exaltation religieuse. Enfin, il faut remarquer relativement à l'attribution de Jean Hauer, qu'Albert Durer avait déjà, en 1498, fait une étude d'un chevalier armé de toutes pièces, comme on le voit sur la gravure, en y ajoutant, écrit de sa main: „Ceci est l'armure usitée à cette époque en Allemagne.“ La seule différence entre la gravure et le dessin à la plume consiste en ce que, dans celui-ci, le chevalier est un peu plus jeune, porte une moustache avec un heaume marqué des lettres W A et sa monture est immobile. Ce dessin intéressant se trouve dans la Collection Albertine à Vienne et a été gravé par A. Bartsch.

99. Le canon. Eau forte sur fer. Cette pièce porte la date de 1518 et non 1516, comme le dit Bartsch. Les épreuves plus récentes ont des taches de rouille.

102. Albert de Mayence, vu de face. Les premières épreuves n'ont point de texte au revers, c'est-à-dire le titre du livre intitulé: „Vortzeichnus und zeeigung des Hochlobwirdigen heiligthumbs der Stifftkirchen der heiligen Sanct Moritz und Marien Magdalenen zu Halle,“ imprimé à Halle en 1520 et pour lequel Durer avait gravé cette pièce.

103. Albert de Mayence, vu de profil. Les épreuves de

la planche retouchée montrent dans le modelé des joues un manque d'harmonie dans les hachures qui font l'effet de taches. Le trait dans le fond le long de la poitrine qui est très-accusé dans les premières impressions, a disparu dans la retouche et l'ombre se perd insensiblement dans le fond. Les épreuves postérieures ont sur la tablette en bas à droite le No. 27.

105. Philippe Mélanchton. La planche originale de cette pièce se trouve dans la collection de Gotha.

106. Bilibald Pirkheimer. Les épreuves de la planche retouchée sont très-fortes de ton. La pièce d'estomac qui, dans l'original des premières épreuves, montre une belle gradation de lumières et d'ombres, a dans celles du second état des oppositions tranchées de clair et d'obscur.

108. Joachim Patenier, peintre de Dinant. On ne peut comprendre comment Bartsch ait pu attribuer cette gravure à Albert Durer puisqu'elle n'est pas seulement médiocre en elle-même, mais n'a même pas la moindre ressemblance avec la manière technique du maître. La date de 1521 se rapporte à l'année dans laquelle Durer dessina ce portrait pendant le séjour qu'il fit aux Pays-Bas. La gravure est de Cornelius Cort, comme Van Mander le dit expressément dans la vie de Patenier et comme il résulte également du style de l'exécution.

Additions aux gravures au burin.

109. Le crucifiement. Ébauche au contour. Au milieu, le Christ, attaché à la croix, se présente de face; la Madeleine placée derrière la croix, en embrasse le pied. A gauche et à côté de la Vierge, quatre saintes femmes. une cinquième, plus vieille qui lève une main, ensuite un enfant. Sur le devant, à droite, St. Jean les mains jointes et derrière lui un homme tenant un long bâton fourchu au sommet. Entre ces figures et la croix, il se trouve un espace vide qui paraît avoir été laissé pour y placer d'autres figures. Le fond offre une ville avec une église et à droite un château sur un rocher. Dans les ciels planent de chaque côté six chérubins dont quelques-uns parmi des nuages. Une tablette avec le monogramme de Durer est placée, près d'une tête de mort, sur le terrain presque au milieu, un peu à droite. Les contours sont tracés très-légèrement au burin, comme c'était l'habitude d'Albert Durer et comme nous le voyons dans l'é-

preuve de la planche non terminée de l'Adam et Ève de la Collection Albertine à Vienne. H. 11 p. 6 l. L. 8 p. 3 l.

Cette pièce, fort rare, est déjà mentionnée par Sandrart qui parle d'une grande gravure non terminée d'un crucifix. Bartsch et Heller ne l'avaient pas vue, cependant celui-ci la décrit sous le No. 2250 d'après une copie qui doit en avoir été exécutée par un certain graveur de Nuremberg nommé Nussbiegel. Cette copie est une reproduction exacte de l'original, mais cependant le dessin en est raide et peu intelligent, surtout dans le corps du Sauveur; les caractères offrent aussi moins de vie. On en trouve deux états, c'est-à-dire des épreuves sans le monogramme et d'autres où le monogramme est ajouté, mais la tablette n'est point au même endroit que sur l'original, mais bien à gauche, près du manteau de la Vierge. On pourra donc par ceci distinguer facilement la copie dans ses deux états de l'original. Heller mentionne encore une épreuve où l'on trouve des traits d'ombre sur la robe de la Vierge et sur la tête de mort.

110. La conversion de St. Paul. Saül est assis sur son cheval qui a butté sur les genoux et tient d'une main la bride, tandis qu'il lève l'autre pour parer la lumière celeste partant du Christ qui lui apparaît dans les nuages. A côté de ces deux personnages on voit des banderoles avec des inscriptions. A gauche, derrière St. Paul, se trouve un cavalier renversé, couvert d'un turban; à droite un autre s'enfuit. Dans le fond, à gauche, s'élève un château et sur un fleuve, à droite, on voit un vaisseau à la voile. Sans marque. Les angles inférieurs, surtout celui de droite, manquent dans l'exemplaire de Dresde. H. 10 p. 10 l. L. 8 p.

Comme nous l'avons déjà dit, cette pièce est un des premiers essais de Durer dans l'art de graver au burin. L'exécution montre encore peu de pratique, est rude et ressemble à celle d'un orfèvre. Nous avons également fait mention, à ce sujet, d'un dessin à la pointe d'argent représentant son propre portrait fait par lui-même, en 1484, au moyen d'un miroir et qui offre la même manière que celle de la conversion de St. Paul, en faisant remarquer en même temps que le mode d'exécution de cette dernière gravure avait la plus grande analogie avec celle du grand Courrier et du Violent; nous ajouterons encore que les nuages qui entourent la gloire sont traités absolument de la même manière archaïque que dans la sainte famille au papillon. La draperie volante du St. Paul a la même disposition et la même cassure de plis que dans le Violent et le grand Courrier.

Le paysage est composé absolument dans la manière de Durer et les plantes du premier plan rappellent parfaitement les plantes analogues de ses gravures sur bois, entre autres dans l'Apocalypse et la Sainte famille B. No. 102. D'après ces motifs et d'autres également concluants, mais qui s'appuient sur le style de composition riche de fantaisie et d'originalité, nous n'admettons aucun doute que l'on ne doive considérer cette pièce comme un des premiers ouvrages du jeune Albert Durer.

Feu le directeur Frenzel de Dresde a fait exécuter un facsimile de cette estampe accompagné d'un texte explicatif, très-acceptable aux amateurs, puisqu'il n'existe avec certitude qu'un seul exemplaire de la gravure; mais quelque réussie que soit cette imitation, la différence entre la copie et l'original est très-reconnaissable.

Rectification.

Heller mentionne sous le No. 1097 une Vierge couronnée d'étoiles de 1517. Cette pièce est la gravure du maître ⊢F de 1527 (Bartsch VIII. p. 19) et que Heller lui-même décrit sous le No. 2284. On a effacé sur cette pièce le monogramme du graveur pour y substituer celui de Durer et en changeant le millésime en celui de 1517.

Gravures sur bois.

Observations sur le Catalogue de Bartsch VII. p. 116—173 et celui de Heller.

2. **Samson tuant le lion.** (Heller No. 1102.) On en trouve une copie excessivement trompeuse, mais un peu plus raide de taille et n'ayant point de monogramme. Les ailes du plus gros des oiseaux forment dans la copie deux lignes presque parallèles, et cette pièce n'a en outre que 14 pouces de hauteur au lieu de 14 p. 4 l.

4—15. **La passion de Jésus Christ**, en douze feuilles in-fol. (H. No. 1110.)

On en trouve quatre diverses éditions.

a. Premières épreuves, sans texte au revers, d'une grande beauté et netteté de trait, mais très-difficiles à rencontrer.

b. Édition avec texte latin, de 1511. Les exemplaires paraissent avoir été dans l'origine reliées en parchemin et montrent aux verso des vers latins explicatifs du sujet par Chelidonius, mais l'ordre en a été jusqu'à un certain point interverti puisqu'il place la descente aux limbes immédiatement après le crucifiement, tandis qu'elle devrait se trouver après la mise au tombeau. Bartsch a corrigé cette erreur, mais en tombant dans une autre, puisqu'il place la composition représentant Jésus pleuré par sa mère après la mise au tombeau au lieu de la faire précéder par celle-ci.

c. Épreuves sans texte, mais de date postérieure et fournies par le bois déjà usé, mates et sales de ton.

d. Impressions de l'imprimerie Koppmayer d'Augsbourg en 1675. (Heller p. 550.) Elles ne nous sont jamais tombées sous les yeux et nous ne saurions, par conséquent, dire si ce sont des originaux ou seulement des copies, et si elles sont accompagnées de texte ou non.

16—52. La passion de Jésus Christ, en 37 feuilles in-8°. (H. No. 1142.) La Collection d'Amsterdam possède une suite de premières épreuves, sans texte au revers et qui sont toujours imprimées quatre à quatre sur une grande feuille in-fol. La première composition, représentant l'homme de douleurs, manque. Dans l'Adam et Ève chassés du paradis (B. No. 18) le trait sur le dos d'Ève est coupé de onze petits traits transversaux qui ont un effet désagréable et qui ont été effacés sur le bois dans les épreuves postérieures. Ces épreuves sont d'une grande pureté et d'une netteté de trait extraordinaire. Le filigrane du papier est un bonnet élevé.

D'après Heinecken la première édition avec un texte latin parut en 1511 sous le titre de FIGURÆ PASSIONIS DOMINI NOSTRI JESU CHRISTI, avec la signature: Finis impressum Norimbergæ 1511. La seconde édition, sous le titre de PASSIO CHRISTI AB ALBERTO DURER etc., parut également en 1511. Ces planches vinrent ensuite à Venise où Daniel Bissuccio en publia une impression en 1612.[31]) Plus tard, en 1839, 35 d'entre elles furent achetées par Mr. Jost en Italie et passèrent au Musée Britannique qui, après les avoir fait restaurer, en fit tirer quelques épreuves. A cette occasion les deux planches manquantes, l'homme de douleurs et le Christ prenant congé de sa mère furent gravées par Thurston Thompson. La nouvelle édition porte le titre de „The passion of our Lord Jesus Christ pourtrayed by Albert Durer. Edited by Henry Cold. London 1844."

56. Jésus Christ à la croix, avec une bordure. (H. No. 1633.)

---

31) Voyez HELLER p. 601 pour plus de détails.

Cette planche a été employée dans l'origine pour le Missel d'Eichstaedt, imprimé par Jérôme Hoelzel de Nuremberg, en 1517, et porte au revers la gravure sur bois du St. Willibald. C. Becker est le premier qui en ait fait la remarque dans le Kunstblatt de 1845, p. 227, en y ajoutant le titre du Missel Eysteten Ecclesie d'après l'exemplaire sur parchemin qui se conserve dans la bibliothèque de l'université de Wurzbourg. C'est dans ce missel que se trouvent également les armoiries de l'évêque Gabriel von Eyb, accollées à celles de l'évêché d'Eichstaedt.

On s'est servi encore de cette planche pour le titre du livre que l'on appelle „la contrefaçon nurembergeoise de l'ancien Testament de Martin Luther. Par Frédéric Peypus, 1524.“ Voyez à ce sujet Heller p. 617. Ce dernier auteur mentionne six copies de ce Christ, nous devons y ajouter celle que nous allons décrire.

Copie, dans le même sens et de la même dimension que l'estampe originale avec bordure, mais sans la date de 1516. Elle porte en haut une inscription sur deux lignes commençant ainsi:

cum sceleratis reputatus est etc.

et au bas la traduction en allemand:

Er ist den Uebelthetern gleich gerechnet etc.

imprimée à Nuremberg par Hans Adam.

60—75. L'Apocalypse de St. Jean, suite de 16 pièces (H. No. 1652).

On en trouve cinq différentes impressions.

a. Épreuves de premier tirage, sans texte au revers. Elles sont d'une impression très-belle et très-nette.

b. L'édition allemande de 1498 avec le beau titre gravé sur bois: Die heimliche Offenbarung Johannis, et avec la signature suivante sur la dernière page: Gedruckt zu Nurnberg durch Albrecht Dürer, maler, nach Christi geburt M.CCCC und darnach in XCVIII iar. Le titre ne porte pas encore la composition gravée sur bois qui représente la Vierge avec l'enfant apparaissant à St. Jean (B. No. 60). Cette composition se présente pour la première fois dans l'édition latine de 1511.

c. L'édition latine de 1498 avec le beau titre gravé sur bois: „Apocalypsis cum figuris.“ Au revers de la feuille avec la Babylone la grande prostituée, No. 73, on trouve la souscription: Impressa Nurnberge p. Albertum Durer pictorē. Anno christiano millesimo quadrigintesimo nonagesimo octavo.

d. L'édition latine de 1511, avec le même titre mais qui a pour la première fois la gravure sur bois de la Vierge apparaissant à St. Jean (B. No. 60). Au verso du No. 73 on lit: Impressa denuo Nurnberge p Albertum Durer pictorem. Anno Christiano millesimo quingentesimo vndecimo.

e. Impressions postérieures, sans texte aux revers et moins nettes que les précédentes.

76—95. La vie de la Vierge. Suite de vingt gravures. (H. No. 1692.)

Cette série a paru peu-à-peu et Durer semble y avoir été occupé de 1504 à 1510. Zani a eu parfaitement raison de remarquer que le millésime sur la réconciliation de Joachim doit se lire 1504 et non 1509, puisque ce dernier chiffre à l'ancienne forme d'un lacet. Cette opinion devient une certitude si l'on considère que Marc Antoine a exécuté des copies de deux pièces de cette série, l'Annonciation et l'Adoration des rois, et qu'il les a datées de 1506.

On en trouve trois différentes éditions.

a. Épreuves de premier tirage, sans texte, d'une beauté et d'une netteté parfaite.

b. Édition de 1511, avec texte latin.

c. Épreuves, sans texte, des planches déjà très-usées.

98. La sainte famille. (H. No. 1804.) Cette gravure, pièce très-bien gravée et signée du monogramme d'Albert Durer et du millésime de 1526, s'éloigne tellement, dans certaines parties, du style du maître, surtout dans le dessin des têtes de St. Joseph et de la Vierge, qu'il pourrait y avoir quelque doute qu'elle appartient réellement à son œuvre. Peut-être le graveur sur bois y aura-t-il mis quelque chose du sien.

104. Le St. Christophe aux oiseaux. (H. No. 1823.) D'après le directeur W. Schorn (Kunstblatt 1830, p. 96), les épreuves plus récentes portent en haut, à droite, la date de 1512; mais l'exemplaire de Berlin, rognée en haut de neuf lignes, a un faux trait de bordure ce qui paraît être aussi le cas avec la date.

105. St. Christophe. (H. No. 1827.) Dans le Musée Britannique on conserve une première épreuve de cette pièce, sans monogramme et sans la date de 1525.

106. St. Coloman. (H. No. 1828.) Dans la collection de Cobourg on en trouve une première épreuve avec la date de 1513 au haut, et au bas un petit poème en 93 vers sur trois colonnes, de Andreas Stiborio, et dont personne n'a fait mention jusqu'ici; ce poème commence:

> Austriæ sanctus canitur patronus
> Fulgidum sidus rutilans ab arcto
> Scoticæ gentis Colomannus sacer
> > Regia proles etc.

et finissant:

> Illius semper meritis invētus
> Archidux noster pius imperator
> Austriæ clarum decus et nepotis
> > Maximiliani.

Andreæ Stiborio Theologo (Divi Colomanni Sacerdotis in Stokarau) transmissum.

Une notice de Mr. Boerner de Nuremberg nous fait savoir que cette gravure sur bois servait de titre à un poème de Jean Stabius dédié au martyr St. Coloman, patron de l'Autriche; et une lettre de Nicolas Kratzer, astronome et mathématicien distingué de Munich au service de Henri VIII, roi d'Angleterre, écrite de Londres à Albert Durer, affirme que la tète de St. Coloman est le portrait du poète Jean Stabius de Nuremberg, mort à Gratz en 1522. Il s'exprime en ces termes: „Je vous prie de vouloir m'envoyer le portrait de Stabig (Stabius) qui a été portraité dans la figure de St. Colman, gravure sur bois." En comparant la tète du Saint avec le buste en profil de Stabius sur un médaillon en fonte coulé en son honneur, on ne peut méconnaître une certaine ressemblance entre les deux, quoique le portrait en profil soit d'un caractère bien plus beau et plus grandiose que la tète du Saint. Le buste du médaillon, dont Albert Durer doit avoir fait le dessin ou le modèle, répond bien davantage à sa figure de Charlemagne dans la collection de Nuremberg et pour laquelle on croit qu'il se serait également servi de l'imposante figure de Stabius. La lettre originale de Nicolas Kratzer se trouve à présent dans la riche collection d'autographes de Mr. R. Weigel à Leipsic qui a eu la bonté de nous la communiquer.

109. St. Étienne au milieu de deux saints évêques. (H. No. 2233.) Déjà Heller a rectifié l'erreur dans laquelle Bartsch est tombé, en constatant que cette pièce a été gravée par le maître au monogramme ⚔ 1514 d'après un dessin du maître ⊔Ⴀ, comme Bartsch, du reste, l'admet en la décrivant; Vol. VII. p. 452. No. 1, dans l'œuvre de ce maître. Mais les monogrammes à droite et à gauche de la planche furent effacés plus tard ce qui a occasionné l'erreur que nous signalons.

111. St. George tuant le dragon. (H. No. 1832.) On en trouve une copie dans le sens de l'original et que l'on reconnait en ce

que les jambages de l'⟨A⟩ joignent le trait inférieur du contour de la
pierre. H. 8 p. L. 5 p. 4 l.

113. St. Jérôme dans une grotte. (H. No. 1845.) Bartsch
ne connaissait que l'épreuve avec le millésime de 1512. En contradiction à ce que dit Heller, le directeur W. Schorn affirme que l'original ne porte point de date.

Selon Schorn, la principale différence qui existe entre les deux
se trouve en ce que le brin d'herbe ou la racine qui pend du milieu de la grotte, touche le contour de la montagne près de la mer,
tandis qu'il existe dans l'original un assèz grand espace entre les deux.
L'original doit être aussi un peu plus petit. D'après un examen at-
tentif il semble néanmoins que l'opinion de Heller soit la plus juste
et que la date a été effacée et la racine pendante un peu raccourcie.
Il y en a des exemplaires qui n'ont point de texte au revers et qui,
à en juger par leur beauté, paraissent être du premier tirage. Cette
pièce a été employée plus tard, en 1514, par l'imprimeur Jérôme
Hoeltzel de Nuremberg pour le livre intitulé: „Beschreibū des
heyligen bischoffs Eusebij" etc., traduit du latin de Lazare
Spengler. On la trouve également comme feuille volante dans la collection privée du roi de Saxe à Dresde, sans date et d'une impression
médiocre. Le brin d'herbe pendant, mentionné par Schorn, n'atteint pas ici le contour de la montagne. Au-dessus de la gravure
sur bois on lit: Sanctus Hieronymus Strydonensis Theo-
logus; ensuite, à gauche, une inscription latine de 27 lignes commençant: „Hieronymus omnium Chris —" et finissant: „— li-
tas hac Erasmus." Vis-à-vis, à droite, une inscription en allemand
de 18 lignes: „Anno 370, etlich setzen an" etc. Au-dessous de
la gravure on lit, à gauche, une pièce latine de 20 lignes et une autre
allemande, du même nombre de vers, à droite. Tout-à-fait au bas:
„Gedruckt zu Nürnberg durch Hans Glaser, Brieffmaler
hinter | Sanct Lorentzen auff den Platz."

115. St. Jérôme, pièce ronde. (Heller No. 1848.) Charles Kappes de Francfort s. M. a exécuté à l'eau forte, il y a quelques années, une
copie excessivement trompeuse de cette rare gravure sur bois. La manière
en est un peu plus sèche et la copie montre avec l'original plusieurs
petites différences et dont nous ne mentionnerons que les suivantes pour
servir à les distinguer. D'abord sur le côté droit du livre ouvert, et
au bas, on trouve dans la copie deux lignes formées de points, tandis
que dans l'original ces lignes sont formées par deux traits distincts se

dirigeant vers le bas, ou bien ils manquent quelquefois complètement; ensuite en ce que l'original a deux traits de bordure qui ne se trouvent point dans la copie.

116. Huit Saints, patrons de l'Autriche. (H. No. 1880.) Le bois original ne contenait que six Saints, les deux derniers à droite, SS. Poppo et Otto, ont été ajoutés plus tard, ce dont on peut s'apercevoir facilement dans l'impression. Les épreuves du premier état sont très-belles et excessivement rares. Les premières épreuves de la seconde édition avec les huit Saints portent au haut l'inscription suivante: AD SANCTOS AVSTRIÆ PATRONOS JOANNI STABII AV PRECATIO, puis un poème latin composé de quarante lignes en trois colonnes commençant comme suit:

Aetherei proceres placido quos numine sentit Austria patronos,

et terminant:

Victor ubiq3 potens: sit felix MAXIMILIANVS Sospite namq3 illo sunt nobis omnia salua.

Heller dit qu'à la fin se trouve le millésime M.DXXVII, qui manque à l'exemplaire de Wolfegg.

117. Le supplice des dix mille martyrs. (H. No. 1881.) La planche existe encore puisque nous trouvons de nombreuses épreuves récentes de cette pièce.

118. Trois évêques debout. (H. No. 1874.) Ils représentent St. Udalric ayant à ses côtés St. Nicolas et St. Érasme. Brulliot, Dict. I. No. 1881, assigne ce numéro par erreur au lieu de 109 à l'estampe appartenant au maître ⌐Ḡ⌐.

119. Un Saint qui se mortifie. (H. N. 1866.) On trouve de cette pièce des exemplaires en clair-obscur, mais exécutés au moyen du pinceau.

121. La Madeleine transportée au ciel. (H. No. 1885.) Dans la collection de Cobourg on trouve une épreuve de ce morceau en clair-obscur, d'un ton brun-jaunâtre.

124. Le jugement universel. (H. No. 2051.) On ne peut comprendre que Bartsch ait attribué cette pièce à Albert Durer puisqu'elle a été évidemment dessinée par Hans Schaeuflein, comme Hauer l'a déjà fait observer. Les épreuves de la planche originale sont fort supérieures de dessin et d'exécution à une copie très-commune où les hachures, sur le corps du Christ principalement, sont très-embrouillées. Une composition analogue où la Vierge et St. Jean Baptiste sont re-

présentés à mi-corps, est encore plus belle d'exécution, mais dans cette estampe le dessin est également de Hans Schaeuflein. H. 8 p. L. 5 p. 6 l. Liége.

129. La grande colonne. (H. No. 1916.) Cette rare gravure sur bois n'est point composée de trois planches, comme Bartsch l'affirme, mais de quatre feuilles in-fol. mesurant ensemble 58 p. 8 l. de hauteur en comptant depuis le bout des cornes du Satyre en haut jusqu'au dernier trait du terrain au bas. La deuxième planche, au-dessus des deux petits génies, contient la base de la colonne avec trois têtes de bouc et le commencement du fût avec deux harpies ou sirènes. La troisième planche contient le fût cannelé entouré d'une guirlande d'où pend une grappe de raisin. La quatrième planche montre le chapiteau sur lequel est assis un Satyre et a déjà été décrite par Bartsch. Les épreuves de premier tirage, d'une exécution très-nette, sont sans date, ceux qui suivent portent le millésime 1517. La collection de Mr. Cornill à Francfort s. M. possède une toute première épreuve de cette pièce et celle de Berlin deux exemplaires avec la date.

Les épreuves postérieures qui n'ont plus cette netteté, portent quelquesfois au bas l'inscription: „Gedrückt durch Hans Guldenmund, brieffmaler zu Nürnberg." Cette indication se trouve sur l'exemplaire de la Collection de Munich.

On en trouve également des exemplaires d'une date encore postérieure; ceux d'abord où la planche avec le Satyre montre une fente qui, partant du côté droit, passe par l'ornement qui pend vers le bas, par le coin du couronnement et par la jointure de l'avant-bras pour terminer au contour de la main à droite. Cette partie du bois a été ensuite raccomodée au moyen d'une pièce de rapport, mais maladroitement, de manière à ce que la fissure ne soit plus visible; mais la partie de l'ornement qui pend en bas est devenue irrégulière et le dessin de la jointure de l'avant-bras et de la main est très-mauvais. [32])

130. La philosophie. (H. No. 2063.) Cette gravure sur bois, d'une taille un peu maigre, paraît, à en juger d'après son exécution, appartenir aux premières œuvres d'Albert Durer. On la rencontre pour la première fois dans le livre intitulé: Conradi Celtis Protucii etc. quatuor libri amorum. 1502. Noribergæ, in-4° et ensuite dans

---

32) Le dessin original à la plume, colorié légérement d'une manière ravissante par le maître lui-même et sur un fond noir, se trouve dans le Musée Britannique; cependant il y manque la partie inférieure avec les deux petits génies.

un autre ouvrage: Guntheri Liguorini Poetæ clarissimi de
gestis diui Frederici, libri decem. Augsbourg 1507. In-fol.

Dans le premier de ces deux ouvrages, avec un titre richement
orné et gravé sur bois, il se trouve encore onze gravures sur bois
dont deux seulement la Philosophie et Celtes qui présente
son livre à l'empereur Maximilien (No. 221); sont décidém-
ment exécutées d'après les dessins d'Albert Durer. Le St. Sébalde paraît être l'imitation d'une autre gravure de ce Saint debout sur une
colonne (No. 187), mais mal gravée. On attribue souvent à Durer la
composition de l'Apollon poursuivant Daphné (H. No. 2058),
mais à laquelle il n'a pas eu plus de part qu'à celle de l'Apollon sur
le Parnasse (No. 272, Heller p. 788) dans le second de ces ouvrages. [33]) Heller nous donne d'amples détails sur ces deux livres dans
sa vie de Durer pp. 787, 792 et 1018.

132. La Mort et le soldat. (H. No. 1901.) Cette estampe
a été publiée comme feuille volante et porte l'inscription:

    Keyn ding hilfft fur den zeitling todt,
    Darumb dienent got frewe und spot.

Au bas un poème de 38 distiques commençant:

    Das müg wir all wol erspehen
    Das bald vmb ain mensch ist gschehen etc.

Heller nous donne le poème en entier.

133. Un maître d'école enseignant à quelques jeunes
gens les principes de la morale chrétienne. (H. No. 1900.)
Cette pièce a aussi été publiée comme feuille volante avec l'inscription
suivante au bas:

    Wer recht bescheyden wol werden
    Der pit got trum hye auff erden.

Et au-dessous un poème de 32 distiques commençant:

    Welcher nit von meiner ler weicht
    Dem würt sein hertz, mut und syn leicht etc.

Heller le donne également en entier.

Une édition postérieure offre un texte différent et plus court.

135. Un homme et une jeune femme qui s'embrassent.
(H. No. 1898.) Cette pièce ronde se trouve quelquefois, dans des im-

---

33) Conrad Celtes a donné, par écrit, l'esquisse des sujets au dessinateur de
ces gravures sur bois et deux de ces esquisses se conservent encore à la Bibliothèque de Wurzbourg dans un Ms. de Hartmann Schedel de Nuremberg. Voyez la
description qu'en donne le Dr. A. Ruland dans les Archives de Naumann II. p. 254.

pressions postérieures, accompagnée d'un édit contre les agaceries.
Cette pièce badine commence:

>„Wir die allergewaltigsten vnd berumbtesten Herrn
>Rath vnd Bürger der vnfletigen Gerichte von Orient
>biss zu Niedergang der Sonnen“ etc.

et termine ainsi:

>„Geben in vnser Stad Narrago In Ciribiria gelegen
>auf dem Schnaderberg“ etc.

et au-dessous de la gravure:

>Wer peen vnd straf wil vermeyden
>Der vexier mich nit, yck kans nitt leiden.

Cette feuille volante, in-folio, se trouve dans la collection de Berlin.

136. Le Rhinocéros. (H. No. 1904.) On trouve plusieurs
éditions de cette pièce, sans que l'on ait cependant jusqu'ici fait connaître avec exactitude quelle en a été la première. Nous avons pour cela
un point de départ assez satisfaisant; la planche en bois ayant montré
plus tard une fente qui partant des poils de la queue s'étendit ensuite
à travers les jambes de derrière jusqu'au museau de la bête. Les premières épreuves ne portent encore aucune trace de cette fente, pendant que dans les suivantes elle gagne de plus en plus en longueur.
Une autre indication moins sure nous est fournie par le différent style
de l'inscription supérieure, en lettres mobiles; la première se rapproche
beaucoup de celle qu'Albert Durer a écrite sur son dessin original, tandis que les inscriptions postérieures sont d'une phraséologie allemande
meilleure, mais non dans tous les cas, puisque des épreuves anciennes,
sans la fente, ont également l'inscription améliorée. Nous devons par
conséquent considérer les épreuves où la fente n'est pas encore visible et
où l'orthographe de l'inscription est encore fautive, comme les premières
épreuves. Bartsch et Heller n'ont point remarqué cette circonstance
et ils ont, par conséquent, pris des épreuves postérieures pour celles
de premier tirage. Il se pourrait donc faire que l'épreuve de Berlin,
qui dans le Kunstblatt de 1830, p. 104 a été désignée comme la
première, fut réellement un exemplaire d'un second état jusqu'ici non
décrit puisque l'orthographe de l'inscription n'est point fautive mais
corrigée comme dans celle que nous devons considérer comme appartenant à un état postérieur. C'est ainsi que le mot geburt est écrit
avec un b et non un p, comme dans le premier état.

Dans les états décrits par Heller et par Bartsch on reconnait dans
l'inscription les différences suivantes.

Dans l'inscription de cinq lignes: gepurt ... fast ... nydertrechtiger von paynen ... Das dosig Thier ... pauch.

Dans celle de 5 ½ lignes: geburt ... sehr ... niderichter von baynen ... Das da ein sieg thier ... bauch.

D'après l'indication de la fente nous rangerons les états qui nous sont connus comme suit:

a. Avec cinq lignes d'inscription au haut, impression nette et très-claire avec aucun indice de la fente.

b. Avec cinq lignes, mais dont la dernière n'est point tout-à-fait entière. La fente encore très-courte.

c. Avec cinq lignes et demie; la pièce un peu plus forte de ton et moins nette d'impression. La fente est encore courte mais très-visible.

d. Avec cinq lignes entières commençant: **Nach Christus gepurt** 1513, et terminant: **frapdig vnd liftig fey**. La fente traverse déjà les jambes antérieures.

e. Publiée par H. Hondius avec une inscription hollandaise: Int jaer ons Heern 1515 etc. La fente s'étend jusqu'à la troisième jambe du rhinocéros et la planche semble avoir été restaurée.

f. Épreuve de deux planches en clair-obscur, la fente traverse l'épreuve entière jusqu'au museau de la bête.

Le dessin original du Rhinocéros par Albert Durer est conservé dans un cadre et sous verre au Musée Britannique. L'animal est tourné vers la gauche au lieu que dans la gravure sur bois il est tourné vers la droite. Au-dessus on lit l'inscription: RHINOCERON. 1515. et au bas, de la main de Durer lui-même: „im 1513ᵗᵉⁿ adi 1 Maij hat man vnserm Küng von portigall gen Lisabon pracht ein solch lebendig tir aus India, das nent man Rhynoceron, das hab ich dir von wunder wegen musen abkonterfet schicken, hat ein farb wy ein krot vnd von dicke schaln vberlin fast fest. vnd ist so grod als ein hilfant aber nydrer vnd ist des hilfants tott feint vnd hat forn off der nasen ein stark scharbff horn vnd so das tir an hilfant komt mit im zu fechten, so hat es for alweg sin horn an den steinen scharbff gewetzt vnd lauft dem hilfant mit dem kopf zwischen dy fordyrn pein, dan rist er den hilfant auff wo er am dünste haut hat vnd erwürgt in also. der hilfant furcht jn ser vbell den Rhinoceron, den er erwürgt allenwo er den hilfant ankumt, dan er ist woll gewapint vnd ser friedig vnd behent dz er wert Rhinocero jn greco et latino Indico vero genent (?)."

137. Le siége d'une ville. (H. No. 1903.) Deux feuilles marquées du monogramme et de la date de 1527. Rumohr, dans son

ouvrage intitulé: „Zur Geschichte und Theorie der Holzschneidekunst", déclare que cette pièce a été exécutée, vers 1540,
pour une boutique de libraire à Nuremberg, opinion que nous ne saurions partager puisque la composition est très-riche de fantaisie et que
la manière rappelle celle de Durer. Tout en observant que cette pièce
d'une exécution médiocre a été souvent l'objet de louanges exagérées,
nous ne saurions cependant l'attribuer à un élève du maître.

138. L'arc triomphal de l'empereur Maximilien I.
(H. No. 1915.) Bartsch et Heller ne connaissent de cette pièce que
deux éditions anciennes et une récente dont Bartsch lui-même a été
chargé en 1799. On trouve néanmoins qu'il y a eu quelques autres
impressions que les deux anciennes mentionnées par Bartsch et
qui leur sont antérieures; l'on rencontre même, imprimées à part,
quelques incidents de la vie de l'empereur et qui se rapportent aux
arcs de la louange et de la noblesse, avec des inscriptions latines.
Deux de ces gravures, la rencontre des souverains et la ré-
ception à Milan, ont été tirées sur des planches qui montrent des
fissures et qui, étant d'un mauvais bois, n'ont plus été employées depuis,
comme nous le fait connaître Mr. Henri Glax dans sa „Dissertation
sur les quatre éditions des sujets historiques de l'arc
triomphal de l'empereur Maximilien I., d'Albert Durer etc."
Vienne 1848, in-4°, d'après plusieurs épreuves en sa possession et dans
celle du Dr. Klugkist de Brème. Cet écrivain est même d'opinion que
l'empereur Maximilien avait l'intention de faire paraître une édition de
l'arc triomphal avec des inscriptions latines et qu'il avait confié la
traduction du texte allemand de Stabius à Benoît Chelidonius, surnommé
Musophilus, d'abord religieux profès dans le cloître de St. Égide à Nuremberg et, depuis 1515, abbé de la prébende des bénédictins „zu den
Schotten" à Vienne, où il mourut en 1521. Denis, dans son „Histoire
de l'imprimerie" p. 199, cite de lui à ce sujet un passage où, parlant
des victoires de l'empereur, il dit: „quos Joannes Stabius majestatis
tuæ historicus ea in grandem quæ triumphalem nuncupat arcum colle-
git. Cujus nos commentariū ex Germano in Latinū jussu tuo vertimus."
Le même auteur à page 202, en énumérant les ouvrages de Chelidonius, ajoute qu'à ces ouvrages appartient encore la traduction de l'Arc
de triomphe de Stabius qui, à ce qu'il paraît, est resté en manuscrit.
Il est, du reste, connu que l'empereur n'a point vécu pour voir l'impression de l'Arc triomphal, puisque dans l'édition de premier tirage de
22 planches qui se conserve dans la Collection Albertine, on trouve au-

dessous du titre l'impression d'une planche sur bois, représentant l'empereur étendu mort sur un catafalque au milieu d'une salle ornée de colonnes.

D'après une communication du directeur Thiele au Kunstblatt 1853, p. 178, on conserverait à Copenhague deux exemplaires de premier de tous les tirages, avec des corrections collées sur les pages, ce qui probablement aura été fait encore du vivant de l'empereur. Après sa mort l'impression en aura été vraisemblablement interrompue pour être reprise en 1544, puisque dans l'exemplaire, dit de premier tirage, à Stockholm, d'après une communication du comte Alexandre Bielke au Kunstblatt 1853, p. 15, on trouve, écrite en encre au revers de la première feuille, une notice, en allemand, indiquant que le nombre de feuilles est au complet et qu'elles doivent être réunies; ainsi, d'après cette ancienne inscription dont l'authenticité ne semble point laisser de doute, il paraîtrait que l'édition en question est antérieure de 15 ans aux exemplaires connus qui portent la date de 1559.

On trouve encore un exemplaire de 24 planches seulement, d'une bonne impression ancienne avec des inscriptions taillées sur bois et portant le titre suivant: „Des aller Durchlauchtigsten Grossmechtigsten Fürsten und Herrn, Herrn Maximilians, Römischen Kaysers, sieben christlicher Künigreich Künig und Ertzhertzog zu Osterreich etc. Zu lob und Ewigen gedächtniss seiner Ehrlichen Regierung, Schlachten und Ritterlichen Thaten." Suit l'aigle impériale entourée d'une couronne de laurier et au bas: „Gedruckt zu Wien in Osterreich bey Raphael Hofhalter." In-fol. (Voyez R. Weigel, Kunstcatalog No. 12861 où l'on trouve encore la description de chaque pièce séparément.) Comme R. Hoffhalter est le même éditeur qui a publié l'exemplaire au complet de 1559, il est à présumer que celui dont nous venons de parler n'est qu'un fragment de la publication postérieure.

D'après ce que nous venons de dire, il sera très-difficile de parvenir à un résultat satisfaisant sur les différentes éditions de l'Arc triomphal. On ne pourrait l'atteindre qu'en comparant soigneusement les exemplaires qui nous en restent, ce qui, à raison de leur rareté et de leur dispersion dans des lieux très-éloignés les uns des autres, rendrait cette tâche excessivement pénible.

139. Le Char triomphal de l'empereur Maximilien I. (H. No. 1912.) Il a été exécuté par le célèbre graveur sur bois Hieronymus de Nuremberg. Bartsch et Heller ne décrivent que trois éditions.

1ère édition, de 1522, sans privilége.

2e édition, également de 1522, „cum gratia et privilegio Cæsareæ

Majestatis", inconnue à Bartsch et Heller. Elle contient, comme la première, des explications en allemand. La date sur quelques planches est en toutes lettres, sur d'autres en chiffres seulement. Le privilége se trouve après la conclusion.

3e édition, de 1523, avec des explications latines, elle est donnée comme la seconde par Bartsch et Heller.

4e édition, de 1589; c'est la dernière qui ait été tirée sur les planches originales.

La 4e édition de Heller, de 1609, qui a paru à Amsterdam, est une copie, exécutée très-probablement par Cornelius Liefrinck, puisque sa veuve la publia en 1545, accompagnée d'explications latines, comme dans la quatrième édition originale de Jacques Kinig (Chinig). On lit sur le dernier feuillet: „Impressus est currus iste Antverpiæ per Viduam Cornel. Liefrinck. Anno 1545." Voyez à ce sujet la notice du directeur Schorn, Kunstblatt 1830, pp. 104 et 108.

On trouve encore une copie du Char de triomphe, avec la date de 1529, exécutée par Hans Guldenmundt, qui ne se trouve que très-rarement et par rapport à laquelle un procès s'éleva entre ce graveur et la veuve d'Albert Durer qui considérait cette publication comme une infraction à son privilége. Le conseil de Nuremberg rendit à ce sujet le décret suivant:

„Hansen Guldenmund soll man verpieten Albrechten Durers Wittib Ires hauswirts gemachten Triumpfwagen nicht nachzumachen. Doch soll man der Durerin rathen, ob sie des Guldenmunds gemachte form umb 10 fl. zu sich bringen mocht, so wollt ein rath zu ir günstigen willen den halbtheil daran geben. Act. Samstag 4 May 1532.

Math. Löffelholtz. J. von Tucher."

(Voyez: Noris, Eine wochenschrift zu Scherz und Ernst etc. 1833, p. 8. Notice communiquée par J. A. Boerner de Nuremberg.)

140—145. Six ronds avec dessins de broderies en blanc sur fond noir. (H. No. 1926—1932.) Les pièces de la première édition sont très-belles d'impression et n'ont point encore le monogramme de Durer, qui ne se voit que sur quatre feuilles d'une édition postérieure.

Brulliot, dans sa „Table générale des monogrammes," Munich 1820, croit avoir trouvé dans le cabinet de cette ville une septième planche appartenant à cette suite, mais par la description et la mesure qu'il en donne on peut se convaincre que c'est la même pièce décrite un peu confusément par Bartsch sous le No. 143. Nous pouvons en-

core moins partager l'opinion de cet écrivain, pour laquelle il n'y a
pas de fondement, que la série se compose de huit planches ³⁴); puisqu'elle est en contradiction avec l'assertion même de Durer qui, dans
le journal de son voyage aux Pays-Bas, mentionne avoir envoyé au
maître Glasser „les six dédales (Knoten) en présent“, par lesquels il
entendait sans doute les six pièces que nous mentionnons. (Voyez
Campe, Reliquien von A. Dürer, p. 113.)

150—152. Trois dessins du globe céleste. (H. No. 1923—
1925.) Il n'y en a réellement que deux, les Nos. 150 et 152 étant les
mêmes, mais de diverses éditions, avec des bordures et des inscriptions
différentes. Les premières éditions ont une inscription en grosses lettres.

152. Imaginés cœli meridonalis (H. No. 1925), avec la
dédicace au cardinal coadjuteur de Salsbourg et trois écussons à la
gauche du bas, à savoir celui de Johannes Stabius, de Conrad Hein-
vogel et celui d'Albert Durer. Le premier en avait ordonné la disposition générale, le second avait indiqué l'astérisme et Durer en
avait fait le dessin. C'est la première publication du No. qui suit.

150. Hemisphærium australe (H. No. 1923) dont nous avons
des épreuves anciennes et récentes et qui a paru plus tard. Les premières épreuves de la seconde édition sont encore assez nettes d'impression et ont des médaillons ajoutés dans les coins, dont celui du
haut, à gauche, contient le portrait d'Albert Durer en profil à l'âge
de 56 ans; vis-à-vis on trouve ses armoiries et au bas les deux autres.
Dans les éditions postérieures de la planche assez usée, le cercle du
globe céleste est tourné de manière à ce que la constellation de la
Couronne se voit au bas, tandis qu'elle se trouve à gauche dans les
impressions antécédentes; il en est de même pour les médaillons,
puisque le portrait de Durer est placé en bas à gauche et ses armoiries à droite. On en trouve enfin des épreuves sans ornement

---

34) R. WEIGEL mentionne dans son „Kunstcatalog“, sous le No. 19432, trois
gravures sur bois représentant des „Labyrinthes“ qui se trouvent dans l'ouvrage
de Joan. Stabius „Descriptio quatuor Labyrinthorum“ et qu'il croit pouvoir attribuer
à Albert Durer. Le premier est triangulaire, le second circulaire et le troisième
carré avec des figures dans le milieu. Entre celles-ci on distingue un homme, avec
un compas et une boule, assis près d'une femme. L'exemplaire que Mr. WEIGEL
avait devant les yeux n'était que de feuilles in-4°; une troisième feuille aura probablement contenu le quatrième labyrinthe. NAGLER, dans son ouvrage „Die Monogrammisten“, p. 202, exprime l'opinion qu'Albert Durer a pu être induit par
Stabius à exécuter les quatre labyrinthes mentionnés en même temps que les six
autres disques; ce que nous croyons devoir mentionner ici, sans autre observation.

de bordure et où la marque de Durer se trouve au-dessous de la constellation du Piscis nothus.

151. Imagines cœli septentrionalis. (H. No. 1924.) On trouve également de cette planche des épreuves postérieures qui ont au bas la marque de Durer et qui montrent les traces de nombreuses piqûres de vers.

153. L'empereur Maximilien I. Buste avec une riche bordure et l'année 1519. (H. No. 1949.) Les premières épreuves ne portent point encore la signature de Durer. La place où elle paraît dans les impressions postérieures est couverte de tailles horizontales et on voit au bas un trait de bordure. La planche parvint en possession du comte d'Arundel, en 1623, et on en a tiré depuis un grand nombre d'impressions.

154. L'empereur Maximilien I. (H. No. 1950.) L'original de cette pièce, d'une taille fine et belle, se distingue facilement de la copie assez commune en ce que le premier A du mot Caesar dans l'inscription supérieure est contourné par le C de la manière suivante Cæsar H. 15 p. 8 l. L. 12 p. Collection Albertine à Vienne, Berlin, Cornill d'Orville à Francfort s. M. Küntzel de Berlin en a donné un facsimile lithographié.

Un autre exemplaire à Bamberg, non rogné, a une bordure extérieure de 4 traits et une intérieure de 2 traits. H. 19 p. 8 l. L. 16 p.

155. Ulrich Varnbuler. (H. No. 1952.) Les premières impressions de cette belle gravure sur bois sont tirées seulement en noir et ne montrent encore aucune trace de la fissure qui d'en bas, à gauche, arrive jusqu'à la garniture du vêtement dans les épreuves postérieures. Les épreuves en clair-obscur de trois planches montrent cette fissure, mais à peine visible. Le bois parvint ensuite (?) en Hollande où on en tira de nouveau des épreuves en noir. Elles portent l'inscription suivante, imprimée avec des caractères mobiles: „Men vintse te coope by Hendrick Hondius, Plaetsnyder in's Gravenhage. On en trouve également des épreuves en clair-obscur avec l'adresse: „Chedruck t'Amsterdam by Willem Janssen in de vergulde Sonnenwyser," d'autres avec: „Gedruckt tot Amsterdam by Willem Janssen in de vergulde Sonnewyser."

156. Albert Durer. (H. No. 1953.) Heller, en décrivant la copie de Andrea Andreani, est tombé dans une erreur, puisque le monogramme du graveur se trouve à la gauche du bas et non à la droite du haut où l'on voit celui de Durer gravé ainsi

157.   Jean, Baron de Schwarzenberg. (H. No. 2178.) Ce portrait se trouve comme titre dans divers écrits de Schwarzenberg, entre autres dans son „Teutsche Cicero“ que Henri Steiner d'Augsbourg à commencé à imprimer en 1531. Il est donc évident qu'il n'a pu être gravé d'après un dessin de Durer sur la planche de bois, mais d'après un dessin du maître et d'une manière très-libre. Le graveur qui se signe sur cette pièce avec le monogramme ⊞ est communément désigné comme Joseph Nicolas Boldrini, mais celui-ci avait coutume de se signer Nic. bol. inc. ou Nichᵒ B. V. T. et avait une manière de graver bien supérieure à celle que nous offre la pièce actuelle. A tout événement, on trouve des sujets gravés d'après le Titien et signés du même monogramme qui, bien qu'elles soient exécutées avec plus de force que le portrait de Schwarzenberg, sont néanmoins inférieures aux gravures de Boldrini. Ces considérations donnent quelque force à l'opinion de Heller, dans sa vie d'Albert Durer, que l'enlumineur Joannes Bechtholt, de Nuremberg, qui a colorié une suite de la passion de Durer en la signant de ce même monogramme, est l'auteur de la pièce qui nous occupe. Il devait encore vivre en 1584.

158.   Cinq écussons des armoiries impériales. (H. No. 2118.) Les premières épreuves, sans date et sans le monogramme de Durer, se trouvent dans le livre xylographique intitulé: „Das puch der himlischen Offenbarung der heiligen Wittiben Birgitte von dem Künigreich Schweden. Nurnberg, durch Anthonien Koberger 1502.“ In-fol. Au verso de la même feuille, on trouve les armoiries de Florian Waldauff auxquelles nous reviendrons plus tard, ainsi que sur la gravure sur bois représentant des sujets de Ste. Brigitte. Les écussons sont mal gravés, mais nous partageons l'opinion de Bartsch qui en attribue le dessin à Durer.

159.   Les armoiries de la famille de Behem. (H. No. 1937.) Au revers du bois de cette gravure on trouve le billet de Durer à Michel Behaim, que nous avons déjà mentionné dans la partie historique de notre ouvrage. On en trouve deux états.

a. La partie supérieure montre une bande enroulée, à fond noir, destinée à recevoir une inscription.

b. La partie supérieure est entièrement blanche, comme l'espace vide au-dessous de l'écusson et qui, dans des épreuves postérieures, porte probablement une inscription en caractères mobiles.

162.   Les armoiries de la ville de Nuremberg, 1521. (H. N. 1942.) Les trois écussons sont soutenus par deux génies et

non par trois, comme l'indique Bartsch par erreur. Les premières impressions se trouvent dans le livre intitulé: „Reformation der Stadt Nurnberg." Les épreuves postérieures portent au revers un texte allemand de 26 lignes commençant: „V. Dietrich" etc. et-terminés par „Vitus Dieterich, Prediger inn der Sebalder Pfarkirch."

163. Les armoiries de Hector Pömer. (H. No. 2140.) La signature en bas, à gauche, n'est pas correctement donnée par Bartsch, elle est comme suit: R.A 1521 (ou 1525). L'initiale R indique probablement le graveur sur bois Wolfgang Resch. La planche a appartenu au Dr. F. Campe à Nuremberg qui en fit tirer des épreuves à l'occasion de la fête de Durer en 1840. Ces armoiries se trouvent presque toujours collées à l'intérieur de la couverture des livres provenant de la bibliothèque de H. Pömer.

164. Les armoiries de Scheurl et de Geuder. (H. p. 737. 3.) La planche de cette gravure a éprouvé plusieurs changements et contenait d'abord les armoiries de Albert V. von Scheurl et de Anne Zinglin. D'après l'assertion de Heller, No. 1943, les deux écussons sont adossés l'un à l'autre, celui de gauche portant un griffon rampant à cornes de taureau et sans ailes qui sont les armoiries d'Albert de Scheurl, né en 1482, mort 1531. Le second au pal aiguisé, accompagné de deux demi-vols, qui sont les armoiries de sa femme, Anne Zinglin, morte en 1557 et qu'il épousa en 1513. Le heaume a pour cimier un demi-griffon. Au bas un petit génie tient une tablette carrée sur laquelle on lit:

Si bona suscepimus de manu Dn̄i etc.

Le sujet est renfermé dans une rose gothique entourée d'une couronne de laurier. Dans les quatre incisions des feuilles de la rose on trouve d'autres petits écussons. En haut, à gauche, celui des armoiries du père d'Albert Christophe Scheurl; vis-à-vis à droite des armoiries inconnues, un fer à cheval entre deux roses. En bas, à gauche, les armoiries de sa mère Hélène Tucher et vis-à-vis celles de sa grand' mère maternelle, Pfinzing, mi-parti sable et argent.

Une autre épreuve, avec les mêmes écussons accompagnés d'inscriptions, porté au bas l'inscription suivante en onze lignes: „Albertus Scheurlus Christophorii Scheuerlii ex Helena Teucherina alter filius etc." et la tablette, soutenue par le génie, ne porte pas, comme dans l'exemplaire déjà décrit, l'inscription: „Si bona etc.", mais celle qui commence: „Qui bona prīcipia a Dn̄o cur dura recusem?" et

termine: „in orbe sacrum.“ Sur la page opposée du livre on lit:
„EPITAPHIVM ALBERTI SCHEVRLI.“ puis 22 vers latins, commençant:

Si miserum est procul a patria, agnatis et amicis
Exilii longas sustinuisse moras etc.

et la signature: „Sebaldus Heyden faciebat.“ Collection de
Bamberg.

Plus tard cette gravure fut imprimée de nouveau pour le livre que
Christophe II. publia en mémoire de son frère Albert, mort en 1531
en prison. Sur la feuille et au-dessus des armoiries on lit: „Psalm
XXVI. Dominus illuminatio mea etc.; à gauche et à côté des
lambrequins sont gravés trois noms: „Anna Scheuerlin nascitur 2. Dec.
1523. Helena Scheuerlin gemella 3. Dec. 1524. Ursula S. n. 18.
Septemb. 1529.“ A droite: „Albertus Scheuerlin nasc. 3. Febr. 1525.
Barbara Sch. nasc. 3. April 1528. Sibylla Sch. nasc. 2. Mars 1531.“
Au-dessous des armoiries se trouve encore une longue inscription
latine relative à Albert Scheuerlin et que Heller donne au long.
H. 6 p. L. 5 p. 2 l. sans le texte. Berlin.

La planche a souffert des changements très-essentiels quand on
enleva plusieurs des écussons d'armoiries pour en substituer d'autres,
entre autres le grand écusson à gauche de Geuder von Heroltsberg qui est au triangle chargé d'une étoile à chaque pointe. D'après
Knorr, p. 89, les quatre petits écussons portent les armoiries des
Scheurl, Tucher, Fütterer et Behaim. La tablette est vide. Ces écussons réunis se refèrent à Christophe III., né en 1535, mort en 1592,
et dont la femme était Sabina Geuder, la grand'mère Hélène Tucher,
la mère Catherine Fütterer et la grand'mère maternelle Ursule
Behaim.

Dans l'exemplaire décrit par Bartsch sous le No. 164 trois des
petits écussons manquent. Mais la planche avec deux des écussons
substitués (manquant seulement de celui des Tucher en haut, à
droite) existe encore et se trouve en possession de Mr. Cornill de
Francfort s. M. qui, après y avoir fait remettre les armoiries des Fütterer et Behaim, en a fait tirer quelques épreuves très-satisfaisantes.

168. Les armoiries de Laurent Staiber. (H. No. 1946.)
Cette gravure a été exécutée au moyen de la planche du No. 167,
excepté le changement du lion couronné et deux étendards sortant
de la couronne, fait au moyen d'un bois ajouté. On aperçoit encore clairement des traces du billet qui se trouvait à la même place

sur la planche primitive et dont le cordon est tout-à-fait visible sous la couronne.

Additions aux gravures sur bois d'Albert Dürer.

Nous avons ajouté ici un certain nombre de gravures sur bois que nous considérons comme ayant été exécutées d'après les dessins de Dürer aussi bien que celles dont nous venons de parler. Bartsch en a déjà décrites quelques-unes dans l'Appendice à l'œuvre du maître, Heller y en a ajouté plusieurs et un certain nombre d'entre elles est resté inconnu à tous les deux. Nous avons cru devoir continuer la numération en partant du dernier chiffre dans le catalogue de Bartsch et en y ajoutant au besoin celui de l'Appendice du même auteur ainsi que le numéro de Heller.

171. L'annonciation. (H. No. 1966?) La Vierge, vue de face, est assise, tournée vers la droite et les mains croisées sur la poitrine. A gauche est agenouillé l'ange, vu de profil, tenant un sceptre et une banderole vide. Le St. Esprit entre par une fenêtre ronde. Gravure médiocre destinée à un livre et attribuée à Albert Dürer. H. 3 p. 11 l. L. 2 p. 9 l. Stuttgart.

172. La nativité. La Vierge est agenouillée à droite et tournée vers la gauche, adorant l'enfant couché sur le pan de son manteau. A gauche, St. Joseph avec une lanterne. Derrière la Vierge on aperçoit les têtes du bœuf et de l'âne. Dans le fond l'annonciation à un berger. Belle pièce finement taillée. H. 2 p. 3 l. L. 1 p. 10 l. Cobourg.

173. Même sujet avec l'adoration des rois. (B. App. No. 3. H. No. 1967.) H. 2 p. 4 l. L. 9 p. 10 l. dans les dimensions d'une frise.

L'original de cette pièce est d'une exécution belle et fine et la composition est absolument dans le goût de Dürer, malgré le jet des draperies tenu un peu large et qui rappelle la manière de Hans von Kulmbach auquel on l'attribue même quelquefois. Le monogramme de cet artiste sur ses tableaux et ses dessins est HK ou KH que l'on n'a jamais cependant trouvé sur des gravures sur bois, ce qui ferait douter qu'il eut réellement préparé des dessins pour ce genre. Cette belle composition a été utilisée dans diverses copies.

Copie A. Elle est imprimée en tête d'un calendrier de 1513 et porte, à droite, l'initiale F. La gravure est médiocre. Au-dessous du calendrier, composé de deux feuilles, une autre gravure sur bois nous montre la figure d'un cavalier armé de toutes pièces qui dirige son épée contre l'Amour qui lui est présenté par une femme.   Sur la housse du cheval on voit la marque ₀𝕎₀   En haut, la lune éclairée à demi, entre deux poissons.   On lit au bas: 1513, gedruckt zu Nürnberg durch Wolffgang Huber.   In-fol. obl.   Berlin.

Copie B.   Le trait de bordure inférieur passe par le pied gauche du roi nègre.   La planche de la même largeur que l'original n'a que 2 p. 2 l. de hauteur.

Copie C.   Reproduction médiocre sans bordure. H. 3 p. L. 10 p. 7 l.

Copie D.   Encore plus mauvaise de taille, également sans bordure.   Les rayons de l'étoile sont un peu contournés. H. 2 p. 11 l. L. 10 p. 5 l.

174.   Jésus Christ présenté au peuple; demi-figures. (H. No. 1626.)   La belle planche originale était inconnue à Bartsch puisqu'il ne décrit que la copie en contrepartie.   (B. App. No. 5.)   L'original, dans lequel on voit le bourreau à gauche et Pilate à droite, est imprimé en noir et porte au-dessus la tête de ce dernier le millésime 1521, mais non le monogramme de Durer.   H. 12 p. 2 l. L. 9 p. 3 l.   Cobourg. Bamberg, imprimé sur parchemin.

175.   Le Christ en croix.   La Vierge est à gauche, les mains jointes, un peu élevées, St. Jean à droite, les bras pendants et les mains l'une dans l'autre.   Dans le milieu du fond des buissons et quelques arbres.   Au pied de la croix un crâne et un os.   Sans signature.   Pièce largement traitée.   H. 11 p. 1 l. L. 7 p. 11 l.   Berlin.

Copie avec le soleil au-dessus de la tête de la Vierge et la lune au-dessus de celle de St. Jean.   H. 10 p. 8 l. L. 7 p. 8 l.   Dans la collection des épreuves tirées des bois de Derschau, la feuille D. 4 paraît être la même reproduction mais rognée, puisque les pieds du St. Jean manquent.   Voyez aussi Heller Nos. 1974 et 1975 où il mentionne une épreuve contenant le Christ seul et qui paraît avoir été tirée de la planche mutilée.

176.   La déposition de croix.   Le corps du Sauveur est descendu de la croix par un homme monté sur une échelle et au moyen d'un drap attaché à la poitrine de celui-ci.   Le corps est reçu dans les bras de la Vierge agenouillée à gauche.   Sans marque.   Belle pièce.   H. 8 p. 10 l. L. 5 p. 6 l.   Berlin.

177.   La Vierge avec l'enfant Jésus emmailloté. (H. No. 1808.)   Elle est assise sur un tertre peu élevé et baisse la tête vers l'enfant emmailloté qu'elle tient devant elle.   Deux anges, planant

au-dessus, lui tiennent une couronne sur la tête. Fond de paysage et bordure composée d'un triple trait. Pièce ronde, non signée, de 3 p. 6 l. de diamètre. Quelquefois cette gravure se trouve accompagnée, au revers, d'une composition avec sujets de la vie de la Vierge en 13 compartiments (B. App. No. 9. H. No. 1985.) et on trouve alors, au-dessous de la bordure, un petit paysage rocailleux qui n'est point circonscrit vers le haut.

La copie en contrepartie a quatre traits de bordure. Le tertre est visible à droite au lieu de l'être à gauche, et la pièce porte le monogramme de Durer. 3 p. 8 l. de diamètre.

178. La sainte famille avec la Vierge agenouillée. (B. App. No. 10. H. No. 1986.) Cette bonne pièce originale, qui porte la date de 1519 sur la pierre à gauche, est tellement dans le style de Durer, quant au caractère et à la composition, que nous n'hésitons point à lui en attribuer le dessin.

Il y a trois différentes épreuves de la copie décrite par Heller et Bartsch. Les premières, imprimées en noir, ne portent point de marque. Les anciennes épreuves postérieures ont au haut l'inscription: SANCTA ANNA, et au bas l'adresse de Hans Glaser, Briefmaler à Nuremberg.

Deuxièmes épreuves. En clair-obscur; elles portent sur la pierre le monogramme de Durer en blanc sur fond de couleur.

Les troisièmes épreuves, seulement en noir, montrent sur la pierre le monogramme de Durer nouvellement gravé, puisque la taille et l'impression en est plus vive et plus nette que ne l'est le reste de la gravure.

179. La Vierge avec une Sainte. (B. App. No. 12. H. No. 1994.) Elle est assise au milieu tenant sur les genoux l'enfant Jésus qui est tourné à droite où la Madeleine l'adore. A gauche et debout, St. Joseph tenant son chapeau. Têtes avec des auréoles de rayons. Belle pièce, sans signature. H. 2 p. 11 l. L. 2 p. 1 l. Gotha et Berlin.

Cette gravure se trouve souvent entourée d'une bordure de fleurs de 4 p. 9 l. de hauteur sur 3 p. 3 l. de largeur.

180. La Ste. Vierge aux Chartreux. (H. No. 2005.) La Vierge couronnée tient l'enfant du bras droit et de la main gauche un sceptre. Elle est debout sur le croissant et au-dessus d'un chartreux couché à terre et tenant un chapelet. A gauche, St. Jean Baptiste tient le manteau de la Vierge, à droite se trouve St. Bruno et de chaque côté six chartreux sont agenouillés en adoration et recouverts par le manteau. Sur le devant une mitre et une crosse et en haut, dans un arc, le millésime 1515. Sur l'exemplaire de Dresde on trouve au bas l'inscription suivante: G. BRVDER CVNRAD EI MITBRVDER DER

GROSSEN KARTHAVSSEN. 1515. Bonne pièce, sans signature. H. 9 p. 5 l. L. 6 p. 11 l. Bâle, Berlin et Gotha.

181. St. Christophe traversant l'eau. (B. App. No. 16. H. No. 2013.) S'appuyant sur un tronc d'arbre, il porte à travers l'eau l'enfant Jésus sur ses épaules. Il se dirige à droite et porte une grande poche. Son manteau ainsi que celui de l'enfant Jésus est agité par le vent. A droite l'hermite avec sa lanterne et en haut, à gauche, la lune entourée de rayons. H. 11 p. 1 l. L. 8 p. 2 l.

Une copie dans le même sens que l'original est d'un travail raide et grossier. H. 10 p. 11 l. L. 8 p. On en trouve des épreuves dans le recueil de Derschau, feuille B. 6.

182. Le martyre de St. Sébastien. (H. No. 2027.) Il est debout à droite, attaché à un arbre, à gauche un archer lui décoche une flèche. Sur le devant un autre bande une arbalète, et dans le fond se trouvent trois spectateurs coiffés de turbans. Dans le lointain un paysage dans lequel se trouve une ville. Pièce non signée et d'un travail un peu raide, exécutée d'après un dessin de la jeunesse de Durer. H. 13 p. 8 l. L. 10 p. Collection Cornill de Francfort s. M.

183. St. Sébalde. (B. App. No. 21. H. No. 2024.) Il est debout dans une niche richement ornée et la gravure porte la date de 1518. Des épreuves postérieures sont estampillées du monogramme de Durer. H. 11 p. 2 l. L. 7 p. 10 l. Cette belle pièce est évidemment gravée d'après un dessin de Durer et il est inconcevable que Bartsch ait pu avoir le moindre doute là dessus.

184. Le même Saint. (B. App. No. 19. H. No. 2023.) Il est debout au-dessous d'un arc, avec fond de paysage. H. 6 p. 3 l. L. 4 p. 7 l. Comme Heller l'a déjà fait remarquer, cette pièce d'un beau travail appartient à une Vie des Saints que Jérôme Höltzel de Nuremberg publia en 1514 et dont on trouve souvent le titre imprimé au revers de la gravure. Le caractère général du sujet a beaucoup d'analogie avec la manière de Durer, mais les proportions un peu courtes de la figure sont en contradiction avec son style ordinaire. Il est, par conséquent, douteux qu'on doive lui attribuer ce morceau.

185. St. Sébalde debout sur une colonne. (B. App. No. 20. H. No. 1865.) H. 10 p. 3 l. L. 3 p. 5 l. Cette gravure sur bois servit à une feuille volante avec un poème latin de Celtes publiée par l'entremise de Sebald Schreyer qui, de 1482 à 1503, fut marguillier de l'église de St. Sébalde. Il naquit à Nuremberg en 1446, fut un patron éclairé des sciences et mourut, le dernier de sa race, en 1520. L'écus-

son d'armoiries à la gauche du bas portant en champ deux bars
adossés accompagnés de deux C et de trois étoiles est celui de Conrad
Celtes et celui de droite porte les armoiries de Schreyer. Comme
celui-ci laissa sa charge en 1503 et que le poète mourut en 1508, nous
devons placer le dessin de cette gravure parmi les plus anciennes de
Durer. L'inscription du haut est comme suit: Deo optimo maximo
et diuo Sebaldo patrono: pro felicitate vrbis Norice: per
Conradum Celten et Sebaldum Clamosum (Schreyer) ejus
sacre edis Curatorem pie deuote et religiose positum. —
au bas: Sanctus Sebaldus, et aux côtés du sujet le poème en
28 strophes de 4 lignes commençant:

Regie stirpis soboles Sebalde
Norica multum veneratus Urbe
Da tuam nobis memorare sanctam
Carmine vitam.

et finissant:

Haec vbi nobis pater impetrabis
Ante supremi faciem tonantis
Hic tuas semper cumulemus aras
Thure benigno.

Un exemplaire de cette pièce volante très-rare se trouve dans la
collection Cornill à Francfort s. M.

Cette figure du St. Sébalde a été reproduite, surmontée d'un ornement de pampre, avec les armoiries de Celtes et Schreyer et à ce qu'il
paraît gravée sur métal, sur la feuille contenant une pièce de vers
qui commence: Conradi Celtis hymnus Saphicus in vitam
Sancti Sebaldi etc. (H. 8 p. L. 3 p. 6 l.) qui se trouve dans
l'ouvrage de cet auteur: Conradi Celtis ... poete laureati quatuor libri amorum etc. Nuremberge 1502.

186. St. Sébalde; probablement celui indiqué par Heller sous
le No. 2022. Il est vu de face, enveloppé d'un large manteau, tenant
de la main gauche une église et de la droite un bourdon. Dans le
fond un paysage montagneux. Des rinceaux de pampres forment un
arc au-dessus du Saint. A la droite du bas, le monogramme de Durer
est estampillé d'une teinte plus claire. H. 2 p. 3 l. L. 1 p. 7 l. Les
côtés de cette gravure sont ornés par des arabesques sur des bois à
part et la bordure de droite est formée par une chaîne. Le tout a un
caractère qui rappelle la manière de Durer et doit avoir servi à l'encadrement d'un livre. Cobourg.

187. St. Jérôme. Pièce formant le verso de l'estampe précédente. Il est vêtu et agenouillé vers la droite devant un crucifix attaché à un tronc d'arbre et tient de la main droite une pierre dont il va se frapper la poitrine. Devant lui et à côté du chapeau de cardinal se trouve le lion et, à droite, un arbre au pied duquel on voit une tête de mort. Le monogramme de Durer est à la gauche du haut imprimé d'une encre plus claire. H. 2 p. 2 l. L. 1 p. 7 l.

Aux deux côtés on voit, comme dans la pièce précédente, des arabesques qui n'appartiennent point à la planche sur bois. Cobourg.

188. St. Jérôme. (H. No. 2016.) Il est tourné vers la droite, appuyé sur le genou droit et tient une pierre de la main droite; devant lui est fixé sur un tronc d'arbre un crucifix et, pendu aux branches, le chapeau de cardinal. Le lion est couché sur le devant, à droite. H. 5 p. 8 l. L. 3 p. 10 l. Cette excellente gravure a souvent été employée sur les écrits publiées par Jérôme Höltzel de Nuremberg et entre autres pour les ouvrages suivants:

a. Tractatus de horis canonicis dicendis pulcerrimus, a Domino Alberto de Ferrariis utriusque Juris doctore de Placentia, editus. Nuremberge per Hier. Höltzel 1507. In-4º.

b. Expositio Misse Domini Hugonis Cardinalis. Ord. Predic. Imp. Nuremberge per Hieronymum Hoeltzel Anno Sal. n. 1507. In-4º.

c. Confessionale Patris Jacobi de Paradiso. Nuremberg. Hieronymus Hoeltzel 1520. In-4º.

d. Latinum Ydioma Magistri Laurentii Coruini, Novoforensis. etc. In-4º.

e. Confessionale cōpendiosum et vtilissimum etc.

f. Canon sacratissime Misse vna cum expositioē etc.

189. St. Willibald. (H. No. 2032.) Le saint évêque est debout, un peu tourné vers la droite, et tenant de la main gauche la crosse et de l'autre un livre ouvert. Le fond est formé par un tapis, tandis que des pampres font arc au-dessus. Au devant du Saint on voit un écusson écartelé, au premier et quatrième de gueules à trois lions d'or, au second et au troisième pareillement de gueules, au rond de crosse d'argent, qui sont les armoiries de l'évêché d'Eichstaedt. Le tout est compris dans une bordure d'arabesques de 11 l. de largeur. H. 10 p. 10 l. L. 7 p. 7 l. Cette gravure se trouve au recto du Christ en croix de 1516. B. 56, quand cette dernière pièce est employée dans le Missale Eysteten Ecclesie, imprimé à Nuremberg

en 1517. Voyez Kunstblatt 1845, p. 227, communication de C. Becker. A Berlin, sur parchemin, H, 10 p. 6 l. L. 7 p. 5 l.

190. St. Arnolphe. (H. No. 1817.) Le saint évêque de Metz est tourné vers la droite, tenant la crosse de la main gauche et bénissant de la droite. Au bas un peu de terrain et de lointain. La gravure a quatre traits de bordure et se trouve être une copie de la figure du Saint dans l'arc triomphal de l'empereur Maximilien. H. 8 p. 2 l. L. 3 p. 9 l. Brême.

191. Le même Saint. (B. App. No. 23. H. No. 2034.) Dans la même attitude que ci-dessus et également copié dans le même sens de la figure qui se voit sur l'arc triomphal, mais un peu plus court de proportions. H. 7 p. 5 l. L. 4 p. Les épreuves postérieures portent la marque de Durer à la droite du bas. Brême.

192. Grande tête du Christ couronnée d'épines. (B. App. No. 26. H. No. 1629.) L'opinion de Hauer qui attribue le dessin de cette pièce à Hans Sébald Beham, bien que le monogramme de Durer s'y trouve au bas, mais, selon lui, ajouté plus tard, ne peut se soutenir sous aucun rapport; car nul autre que Durer aurait su imprimer à cette tête le caractère de majesté imposante que l'on y remarque.

Une imitation de cette pièce, mais plus en petit et peut-être dessinée par Durer lui-même, se trouve dans le Missel d'Eichstaedt, déjà cité, de 1517, à la marge inférieure d'une des pages imprimées. Voyez Deutsches Kunstblatt 1851, p. 337, communication de C. Becker.

193. La grande tête du Christ sur le suaire. (B. App. No. 27. H. No. 1628.) Cette gravure sur bois, comme l'a déjà remarqué Bartsch, est une reproduction de la pièce ci-dessus, vraisemblablement exécutée dans les Pays-Bas, comme l'indiquerait la circonstance d'avoir été copiée en clair-obscur.

194. Les révélations célestes de Ste. Brigitte. On trouve du livre intitulé: „Revelationes Sancte Birgitte", imprimé par Antoine Koberger de Nuremberg, deux éditions avec des figures sur bois, d'une riche composition, et que l'on croit avoir été dessinées par Albert Durer, mais non sur les bois mêmes qui auraient été d'un meilleur dessin et auraient présenté une meilleure apparence que celle que nous offre le rude travail d'un graveur inexpert. Si l'on y trouve au premier coup d'œil la riche fantaisie et l'expression caractéristique d'un artiste de génie, cette première impression est détruite par le manque d'entente dans l'exécution technique. La première édition est celle en latin de l'an 1500 qui porte à la fin: „Anno domini MCCCCC. XXI

mensis septembris", ce qui a donné lieu à émettre le doute si elle a paru en 1500 ou en 1521. Mais dans la préface de l'édition allemande de 1502 on fait mention de l'édition latine en ajoutant que c'est aux soins de Florian Waldauff que l'édition allemande à été publiée dans un but d'utilité générale. La signature ci-dessus doit se lire selon Brunet: Dans l'année du Seigneur 1500 le 21. du mois de septembre. Voici un détail des dix-huit gravures sur bois qui s'y trouvent [35]):

1. Ste. Brigitte, de proportions plus grandes que les autres figures, est assise sur un siège au milieu et distribue son livre à des hommes et des femmes agenouillés et qui sont revêtus d'habits monastiques. Au-dessus, dans les nuages, le Christ et la Vierge. Cette pièce porte en haut l'inscription: 𝕽𝖊𝖛𝖊𝖑𝖆𝖙𝖎𝖔𝖓𝖊𝖘 𝖘𝖆𝖓𝖈𝖙𝖊 𝕭𝖎𝖗𝖌𝖎𝖙𝖙𝖊. H. 8 p. 6 l. L. 5 p. 5 l.

2. Les armoiries de S. M. impériale. Sans date ni signature. C'est la pièce mentionnée par Bartsch No. 158 et par Heller No. 2118.

3. Les armoiries de Florian Waldauff. (H. No. 2151.) Au verso de la page avec les armoiries de l'empereur. L'écusson est écartelé et porte au premier et au quatrième deux demi-bisses entrelacées, au second et au troisième une fasce engrélée; il est timbré de deux heaumes, celui de gauche portant pour cimier les deux bisses couronnées, celui de droite un demi-vol. L'écusson est entouré du collier de l'ordre du Sauveur composé de cœurs et trois autres ordres se trouvent suspendus au-dessous de l'écusson; au milieu l'ordre du Cygne avec la Vierge et le Cygne, à gauche un griffon suspendu à un ruban et à droite un lion. Inscription: „Arma Strennui militis Floriani Waldauf" ou „𝖊𝖗𝖇𝖑𝖎𝖈𝖍𝖊 𝖂𝖆𝖕𝖕𝖊𝖓 𝖍𝖊𝖗𝖗 𝖋𝖑𝖔𝖗𝖎𝖆𝖓 𝖂𝖆𝖑𝖉𝖆𝖚𝖋𝖋."

4. Quatre sujets différents sur une même feuille. 1. Ste. Brigitte est agenouillée en prières; devant elle une table avec un livre ouvert. 2 et 3. Aux côtés de la Sainte est agenouillé, à gauche, un homme ayant devant lui un écusson vide; vis-à-vis et dans la même position une femme. Au-dessus de la Sainte s'élève un ornement où l'on voit le St. Esprit et au-dessus, entourées de trois anges, Jésus, bénissant, avec sa mère, demi-figures.

5. Feuille avec trois gravures sur bois. Au milieu du haut,

---

35) D'après l'assertion de NAGLER: Die Monogrammisten I. p. 205, le titre à la bordure avec le baptême de Jésus Christ, décrit sous le No. 203 de notre catalogue, s'y trouve, ce qui néanmoins ne se vérifie pas dans l'exemplaire que nous avons sous les yeux.

celle du Christ, de la Vierge et du St. Esprit. Aux côtés: à gauche,
Ste. Brigitte priant, assise et tournée vers la droite; à droite, le prieur
„Petrus de Aluastra“ écrivant devant un pupitre.

6. Feuille avec trois gravures dont deux sont la répétition des
précédentes; à droite et tourné vers la gauche: „Magister Mat-
tias, Sacre Theologie professor et canonicus Lincopenus.

7. Feuille avec sept gravures. Les six supérieures montrent
d'abord, au milieu, Ste. Brigitte assise sur un trône, demi-figure,
avec un ange en prières au-dessus d'elle. A ses côtés et à gauche,
le pape et des ecclésiastiques, à droite l'empereur avec des laïques.
Au-dessus, assis sur un trône, le Christ et sa mère, figures entières
ayant à leurs côtés des anges en adoration et des Saints. La grande
gravure, formant un carré oblong au bas, montre plusieurs hommes
et femmes du peuple en adoration; au milieu est agenouillé un jeune
homme, vu de face.

8. Feuille avec cinq gravures sur bois. Au milieu la demi-
figure de Ste. Brigitte, décrite ci-dessus. Au-dessus la Vierge couronnée et agenouillée devant le Christ tenant une épée. A droite
et à gauche les mêmes anges et Saints que ci-dessus, en adoration.
Dans la gravure oblongue du bas, cinq guerriers debout dont celui
du milieu est en armure complète.

9. Feuille avec cinq gravures sur bois. En haut Ste. Brigitte
assise, le Christ et la Vierge au-dessus, assis sur un trône et entourés d'une gloire, comme dans la feuille précédente. Sur la gravure oblongue du bas, trois évêques sont assis entre deux chanoines.

10. Feuille avec sept gravures sur bois. Ste. Brigitte au milieu; au-dessus d'elle la Vierge agenouillée devant le Christ et le
chœur d'anges et de Saints. Plus bas aux deux côtés, à gauche les
âmes délivrées s'élèvent au ciel, à droite une gueule d'enfer avec
des damnés. Le même sujet du ciel et de l'enfer est répété dans
la grande gravure du bas.

11. Le Christ en croix. Il est un peu tourné vers la
gauche et tient la tête penchée. La Vierge du même côté lève ses
regards vers lui et croise les deux mains sur la poitrine. A droite,
St. Jean, la tête baissée et les mains jointes. Au fond et à la
gauche de la croix, un château près de l'eau; à droite, derrière
St. Jean, un arbre élancé. H. 9 p. 2 l. L. 6 p. 4 l.

La composition de ce sujet rappelle tellement la manière de Michel
Wolgemuth, le maître de Durer, que le dessin paraît en avoir été fait par lui.

12. Ste. Brigitte s'avance, à cheval, vers la gauche, les mains jointes et les regards dirigés vers le ciel. Le cheval est conduit par un homme; la Sainte est suivie d'une autre femme et de deux hommes pareillement à cheval. „Magister Magnus“, sur une échelle, monte vers le Christ et Marie entourés d'un chœur d'anges et de Saints, au haut de l'estampe.

13. Feuille avec huit gravures sur bois. Les six supérieures sont la répétition de celles qui se trouvent sur la feuille 7, à l'exception du Christ et de sa mère qui sont ici debout au lieu d'être assis. Plus bas et aux côtés se voient, à gauche, deux femmes en enfer; à droite un jeune couple chemine, tandis qu'une jeune fille tient la queue de la robe de la dame.

14. Feuille avec sept gravures sur bois. Ce sont les mêmes que celles de la planche 7 et le Christ et sa mère sont debout comme sur la feuille que nous venons de décrire.

15. Feuille avec deux gravures sur bois. Celle du bas représente Ste. Brigitte dans sa chambre de travail au moment où elle présente son livre des „Révélations“ à un évêque qui, venant de droite, le reçoit avec joie. Au-dessus, la composition du Christ de la Vierge et du St. Esprit que nous avons rencontrée sur les feuilles 4, 5, 6.

16. Ste. Brigitte, de fortes proportions, est assise sur un trône et distribue son livre à l'empereur, aux rois et aux princes. D'un côté plane un démon qui est combattu par un ange vis-à-vis qui tient une épée. Au-dessus du trône de la Sainte, Dieu le père, tenant un livre ouvert et une épée, dans une gloire ovale avec un chœur d'anges et de Saints à ses côtés. Au bas, à droite et à gauche, des damnés en enfer. H. 8 p. 8 l. L. 5 p. 7 l.

17. Répétion du sujet de la première feuille.

18. Le Magister Magnus. Il est assis, tourné vers la gauche, coiffé d'une toque couvrant les oreilles et des lunettes sur le nez, devant un pupitre et dans l'action d'écrire. Par la fenêtre, divisée par une colonne, on voit une montagne couronnée d'un château. L'inscription en caractères mobiles est comme suit: 𝕸𝖆𝖌𝖎𝖘𝖙𝖊𝖗 𝕸𝖆𝖌𝖓𝖚𝖘 𝕾. p. pfeffis. H. 4 p. 7 l. L. 4 p.

La seconde édition allemande: „Das puch der himlischen Offenbarung der heiligen wittiben Birgitte von dem Kunigreich Schweden. Nurnberg durch Anthonien Koberger 1502,“ a les mêmes gravures, mais seulement au nombre de 17, celle du Magister Magnus manque.

195. La justice. Elle est assise sous un baldaquin et tient une balance dont chaque plateau est chargé d'une tablette vide. Elle baisse la tête vers le plateau de droite qui penche un peu plus que l'autre et tient la main gauche un peu élevée. Au bas on voit un ornement de feuilles et de coquillages. Cette belle gravure sur bois a été destiné pour un livre allemand, comme le démontre le texte imprimé au verso. H. 5 p. 9 l. L. 3 p. 1 l. Berlin.

196. Le jardinier. Il tient un vase où pousse un ceps de vigne et au milieu duquel est assis un oiseau à longue queue. Cette gravure, avec deux traits de bordure, est d'une fine exécution; elle a probablement servi de bordure à quelque livre imprimé. H. 5 p. 6 l. L. 1 p. 4 l. Collection Cornill à Francfort s. M.

197. La femme luxurieuse et la mort. (H. No. 2075?) Dans une riche chambre à coucher, on voit une femme nue, le cou orné d'une chaîne d'or, se lever à moitié du lit et saisir de la main droite un rideau à gauche, derrière lequel on aperçoit une fenêtre avec vue sur le lointain. S'avançant de la droite la mort, une barrette en tête et une chaîne d'or sur la poitrine, vient enlever la couverture de damas du lit et montre son sablier. Au-dessous du lit se trouve un homme en apparence mort et tenant une épée dans la main. A la droite du bas la marque de Durer. Ce dessin paraît de la jeunesse de l'artiste et l'exécution sur bois n'en est pas très-belle. H. 14 p. 5 l. L. 10 p. 3 l. Cobourg.

La collection de Stuttgart conserve un exemplaire de cette pièce en clair-obscur de deux planches, mais sans monogramme.

Un troisième état, si ce n'est pas une très-bonne copie, porte sur le châlit l'adresse du graveur sur bois: NICLAS MELDEMAN ZV NVRNBERG. H. 14 p. 4 l. L. 10 p. 5 l. Munich.

198. L'homme attaqué de la maladie vénérienne. Feuille volante de l'an 1496, avec un poème latin du Dr. Théodore Ulsenius. Au milieu de cette feuille in-fol. on voit la figure de l'homme malade couverte d'un manteau et les bras un peu étendus. Près de sa tête on voit l'écusson des armoiries de Nuremberg et à ses pieds un second portant un soleil. En haut une sphère céleste avec les signes du Zodiaque et, sur le cercle qui les contient, le millésime 1484. L'inscription au haut est comme suit:

Theodoricus Ursenius Phrisius Medicus Universis litterarum Patronis in Epidemicam scabiem que passim toto orbe grassatur, vaticinam dicat

CICHNICA GENESIS.

Et aux deux côtés le poème commençant:

Nuper inauditam scabiem mutabile vulgus
Clamat et arbitrio docte stipendia turbe etc.

et terminant avec la centième ligne:

Maxima, dum veteres metiuntur fata figuras?

et sous la figure:

Insigni Archyatrie studio sacrum:
Si mihi turpe putas medico componere versus
Et musis operam carminibusque dare
Nullaque Pegasei tanquam sit gloria fontis
Metraque sint studiis inferiora meis,
Falleris: ille, meas primus qui tradidit artes
Quique salutiferam condidit auctor opem,
Inter Pierides cithara crepitante sorores
Phoebus divino pollice ducit ebur.
Sic lustrat cœlos, sic clara poemata fingit.
Irradiatque novem flamina docta deas
Nurenberge Calendis sextilibus
1496.

Bien que cette pièce ne porte point le monogramme de Durer, comme c'est le cas pour beaucoup d'autres ouvrages de sa jeunesse, la figure qu'elle contient est sans aucune doute exécutée d'après son dessin. La gravure sur bois mesure H. 9 p. 4 l. sur L. 3 p. 7 l. La feuille entière H. 13 p. L. 10 p. 9 l. Bibliothèque royale de Munich, Collection Cornill à Francfort s. M. et R. Weigel.

Ce fut d'après le premier de ces exemplaires que le professeur C. H. Fuchs de Gottingue publia, en 1850, cette pièce en vers. Nous devons à Mr. J. A. Boerner les notices suivantes sur ce médecin.

„Théodore Ulsen, médecin et poète en même temps, était natif de la Frise. Il vint, en 1495, à Nuremberg et y vécut jusqu'en 1531 en qualité de médecin ordinaire de la ville. La date de 1484 sur le Zodiaque doit indiquer l'année dans laquelle parut pour la première fois le mal Français ou mal de Naples qui se déclara à Nuremberg en 1494. En 1497 un médecin acquit le droit de bourgeoisie dans cette ville pour les nombreuses cures effectuées dans cette maladie. Ce médecin a dû être notre Ulsenius et le poème, en latin, fut composé principalement pour les médecins, par conséquent publié à un fort petit nombre d'exemplaires, ce qui en explique la grande rareté."

199. Le hibou. Feuille volante avec une pièce de vers contre

l'envie et la haine. L'oiseau de nuit, les ailes étendues, est perché
sur une branche mince avec de feuillages à enroulements. Quatre
oiseaux dans les coins dirigent leur vol contre le hibou au-dessus duquel se trouve une banderole vide. Une bordure noire entoure la pièce
qui mesure H. 7 p. 11 l. L. 8 p. 1 l. Au-dessus est imprimé ce qui
suit en caractères mobiles.

Der Eulen seyndt alle Vögel neydig und gram.

O Neyd und haß in aller welt
O falsche trew, o böses gelt
Zank vnd haber dir eymmer faelt
O dich schon niemant schend noch schelt
Dein tückisch art sich selber melt
Das dir bisher nicht hat gefaelt.

Ich sag, wenn sich begibt ein neydt
Das einer vor dem andern etwas speit ꝛc.

Als Ir bey disem haß hie fecht
Wie der einfeltig wird geschmecht ꝛc.

O was thut aber vber das
Der heymlich tückisch neyd vnd haß
Da vntrew hat kein zyl noch maß
O herr solchs dich erbarmen laß
Dein gut des milten nie vergaß
Wo er gieng, reyt, lag oder saß.

Gedruckt durch Hans Glaser Briefmaler zu Nurnberg auff der
schmelczhüten.

Cette gravure sur bois, d'un dessin et d'un travail excellent, se
conserve dans la collection de Cobourg.

200. Le dragon. (B. App. No. 40. H. No. 2105.) Il rampe vers
la gauche et porte dans la gueule et sur la queue les figures explicatives
des phases de la lune; entre autres, en haut, à gauche, sur une tablette
graduée on lit: „In hac tabella gradibus distantie lune a Ω vel $\mho$,
subjiciuntur minuta latitudinis.“ Le monstre est tout-à-fait dans la
manière fantastique particulière à Durer et la pièce est bien gravée.
H. 4 p. 9 l. L. 15 p. 9 l. Francfort s. M.

201. Mappa-mundi 1515. (H. No. 2110.) Cette carte de la
terre montre les trois parties du monde, c'est-à-dire l'Europe, l'Asie et
l'Afrique sur deux grandes feuilles. A la gauche du haut on voit les
armoiries du cardinal „Matheus S. Angeli.“ A droite, la dédicace de

Jean Stabius à ce prélat et, au bas, le privilége impérial avec la date de 1515. Le globe terrestre est entouré de douze têtes ailées qui représentent les vents et celles-ci sont tellement dans la manière de Dürer qu'il ne peut y avoir le moindre doute qu'il les ait dessinées lui-même sur la planche en bois. Cette mappe-monde appartient évidemment aux „Imagines coeli méridionalis" (B. No. 150—152) et les planches se trouvent encore à Vienne où on en fit tirer des épreuves en 1781. H. 24 p. L. 32 p.

202. La sphère-armillaire. Un globe, en partie gradué, est entouré de sept cercles ou anneaux et, plus en dehors, de douze têtes dans l'action de souffler et qui représentent les vents. Chacun de ces vents est accompagné du nom, entre autres celui du dessus se nomme APARCTIAS. SEPTEMTRIO, le second BOREAS. AQVILO, et ainsi de suite, tout-à-fait en bas on lit: NON JVDICET MIDAS. Ces inscriptions sont imprimées avec des caractères à part. Cette pièce n'a point de bordure et mesure entre l'extrémité des deux têtes opposées 8 p. 6 l.

Cette gravure sur bois se trouve au verso de la feuille 69. Signature M. 3. de la version latine de Ptolomée de 1525, édition due aux soins de Wilibald Pirkheimer et qui a pour titre: „Claudii Ptolemæi geographicæ enarrationis libri octo, Bilibaldo Pirckeymero interprete. Annotationes Joannis de Regiomonte in errores commissos a Jacobo Angelo in translatione sua." Gr.-in-fol. In fine: „Argentoragi (sic) Johannes Grieninger communibus Johannis Koberger impensis excudebat. Anno a Christi nativitate MDXXV. Tertio Kal. Apriles. [36]) Les têtes des vents, d'un dessin très-caractéristique, sont d'une taille médiocre et pourrait faire douter qu'ils fussent de l'invention de Dürer si deux lettres du mathématicien Jean Tscherte, architecte de Charles V. à Vienne, adressées à Pirkheimer qui lui avait envoyé son ouvrage, ne nous donnaient la certitude du contraire. Dans la première datée du 22 Novembre 1525, Tscherte non seulement exprime ses remerciments pour l'envoi du Ptolomée, mais ajoute que la sphère armillaire qui s'y trouve a été dessinée par Pirkheimer et Durer, ce qui est confirmé dans sa seconde lettre du 5 Février 1526, en ajoutan qu'une deuxième sphère composée seulement de lignes et de lettres à page 70 du même livre a été exécuté d'après le plan donné par Durer. [37])

203. **Encadrement de titre avec le baptême du Christ.** (B. App. No. 30. H. No. 1934.) Il est composé de quatre planches réunies. Le listel supérieur offre St. Jean l'évangéliste écrivant l'apocalypse, celui du bas le baptême du Christ, le troisième, à gauche, le triomphe de la mort et le quatrième les terreurs de la mort. H. 9 p. 4 l. L. 6 p. 3 l.

Cette belle pièce, d'une fine exécution, a servi plusieurs fois.

a. Heller croit qu'elle a été employée la première fois comme bordure d'une pièce de vers, en lettres allemandes, mais qui ne porte point de date, commençant ainsi:

O Sancte Johannes evangelist
Der du von got fur sehen pist etc.

b. Dans le livre intitulé: In divi A. Augustini: Hypponensis Epī. Undecim partes etc. (Voyez Heller p. 1024.) In fine: Impressum sumtibus et expensis Joan. Kobergers. In officina Friderici Peypus, Nurembergensium civium. Sub anno millesimo quingentesimo decimo septimo. In-fol.

Au verso du titre on trouve une gravure sur bois représentant Jean Teuschlin qui présente son livre à l'évêque de Wurzbourg et au-dessus les demi-figures de St. Kilian, de la Vierge Marie et de St. Laurent. H. 6 p. 1 l. L. 5 p. 5 l. Cependant cette gravure sur bois n'appartient point à Durer, mais le dessin en est dans le style de Hans Sebald Behamm. (Voyez Heller No. 2091.)

c. Sur le titre du livre: Stellarium Corone benedicte Virginis Marie etc. In fine: Impressum Nurembergæ per Joannem Stuchs 1518. In-fol. (H. pp. 728 et 1024.)

d. Sur celui du livre: Venerandi patris Bartholomei Anglici, ordinis Fratrum minor. Opus de rerum proprietatibus inscriptum summa cura, labore, ac industria recognitum etc. Norimbergæ per Fredericum Peypus civem Nurembergñ, impressum. Expensis providi viri Joannis Koberger ejusdem civitatis incole feliciter explicit. Anno Salutis nostre MCCCCCXIX. Id III. Maii. In-fol. (Heller p. 728.)

e. Sur celui du livre: Pomerium sermonum quadragesimalium. Et est ob temporis exigetiam et Christi fidelium necessariam eruditionem

---

37) Ces lettres se trouvent imprimées dans l'ouvrage intitulé: Documenta literaria varii argumenti in lucem prolata cura Johannis Heumanni. Altorfi 1758. p. 279 et 281.

triplicatum. 3 partes. — In fine: Per fratrem Pelbartum de Themesvar professum divi ordinis Sancti Francisci. Impressum Norimbergæ
per Joannem Stuchs 1519. Pet.-in-fol. - (H. p. 1024.)

f. Sur le titre de l'ouvrage analogue: Pomerium sermonum de
Sanctis per anni circulum tam hyemalium qm Estivalium: vulgati per
venerabilem fratrem Pelbartū de Themesvar Minoritanum vere theologie professorem eximium: annotaciunculis in margine denuo additis:
Opus divini verbi seminatoribus fere utilissimum etc.

g. Sur celui du livre: Pomerium sermonum de tempore fratris
Pelbarti de Themesvar de ordine minor. de observantia. — In fine:
Imps̄sum p̄ Joannem Stuchs Nurbergn̄. 1519. In-fol.

h. Sur le titre du livre intitulé: Summa p̄dicantiū: omnibus divini
eloquij propagatoribus vsui accommodatissima: per venerabilem sacre
Teologie professorem Joañem de Promyard ordinis predicatorū edita. etc.
— In fine: Impressa p̄ Joannem Stuchs. Nurenbergeñ 1518. In-fol.

On trouve une copie de cette gravure sur le titre du livre: Macrobii
aurelii Theodosii viri consularis in somnium Scipionis libri duo: et septem
ejusdem libri saturnaliorum. Apud sanctam Coloniam. Anno MDXXI.

204. E n c a d r e m e n t a v e c l ' a n g e j o u a n t d e l a c i t h a r e.
(H. No. 1935.) Dans le listel inférieur deux petits génies assis, à côté
de serpens, tiennent un écusson. Sur celui de gauche un ange, vêtu
d'une longue robe, sur un piédestal, joue de la cithare. A droite un
chamois est perché sur une espèce de colonne. Le listel supérieur
offre un Satyre, soufflant dans un chalumeau, entre deux vases de fleurs;
à gauche un faucon fond sur un faisan. H. 6 p. 2 l. L. 4 p. 9 l.

Il a servi au livre intitulé: Anzaygung etlicher Irriger mengel so
Caspar Schatzgeyer Barfüsser in seinem büchleyn wider Andream Osian-
der gesetzt hat etc. 1526. (Panzer, Ann. p. 461. No. 3140.)

205. L ' e n c a d r e m e n t a u x a r m o i r i e s d e P i r c k h e i m e r.
(H. No. 1936.) Au bas, deux petits génies soutiennent l'écusson portant un arbre avec trois racines, qui sont les armoiries de Pirckheimer,
deux autres génies sonnent la trompette. Le listel de gauche offre, sur
fond noir, une petite colonne surmonté d'une boule, sur laquelle est
perché un héron. Celui de droite est formé dans toute sa longueur
par une colonne richement ornée, à côté de laquelle une plus petite
porte un Satyre qui joue du chalumeau. Tout-à-fait en haut une
tête de hibou d'où partent des banderoles et des rinceaux de pampres.
H. 7 p. 3 l. L. 4 p. 7 l.

Cet encadrement a été employé dans les livres suivants:

a. Plutarchus de vitanda usura, ex greco in latinum traductus. — In fine: Impressum Nurenberge per Fridericum Peypus Anno 1513 die vero vicesima sexta mensis Januarij. (Panzer VII. p. 456. No. 114.) La traduction est de Pirckheimer.

b. Beatissimi patris Nili, Episcopi et Martyris Theologi antiquiss. Sententiæ morales e græco in latinum versæ etc. Fridericus Peypus Nurembergæ impressit. Præfigitur: Epistola Bilibaldi Pirckejmeri ad sororem suam Claram, apud divam Claram Nurembergæ moniali S. D. Data est hæc epistola ex ædibus nostris quarto Cal. Januar. anno Salutis nostræ MDXVI. (Panzer VII. p. 457. No. 125.)

c. Luciani Piscator, seu reviviscentes, Bilibaldo Pirckheymero etc. interprete. Eiusdem Epistola Apologetica. Pindarus ἀκέρδεια λέλογχε etc. Impressum per Fridericum Peypus Nurenbergæ sexto Nonas Octob. Anno salutis MDXVII. (Panzer VII. p. 459. No. 133.)

d. On en trouve encore des épreuves très-vigoureuses, comme encadrement sans titre imprimé, mais qui néanmoins ne paraissent pas être des épreuves de premier tirage, puisque le bord à droite est souvent brisé et que même le bord intérieur a des lacunes.

206. Modèle de tapisserie en deux feuilles. (H. No. 2104 où il est donné comme un bas-relief.) Dans des rinceaux de pampres à enroulements se trouve, de chaque côté, un satyre couronné de feuilles de chêne et qui souffle dans une corne recourbée; vis-à-vis de chacun, un aigle et, dans chaque coin inférieur, une femme nue qui tient devant elle un enfant qui la regarde. Une des feuilles forme pendant avec l'autre vers les deux côtés, de manière à ce que, placées l'une près de l'autre, elles se complètent et forment un riche patron. Ces dessins ont été probablement exécutés pour des décorations ou tentures d'appartement et ont dû, par conséquent, être coloriés. La gravure est exécutée d'une manière très-large et, pour l'effet et le dessin qui en est très-franc, dans le style des dernières productions de Durer. Chaque feuille mesure H. 19 p. 11 l. L. 12 p. Collection Cornill à Francfort s. M.

207. Frise avec des centaures marins. (H. No. 2103.) Ces demi-figures de deux hommes barbus, placés l'un vis-à-vis de l'autre, terminent par des queues de poisson avec deux pieds sur le devant et, tenant en commun un joyau avec trois perles qu'ils élèvent en l'air, ils portent de leurs mains, rejettées en arrière, chacun deux poissons attaché à un cordon. En haut, la bordure est composée de perles et d'olives; en bas, de disques enfilés. La composition de ces planches est telle qu'elles peuvent être placées en série et former ainsi bordure

peut-être pour la tenture décrite ci-dessus No. 206. H. 8 p. 21. L. 19 p. 11.
Francfort s. M.

208. Frise avec des centaures marins ailés. Deux feuilles
contenant un demi-corps ailé d'homme et un autre de femme terminant en poisson; ils soutiennent en commun un écusson d'armoiries
portant une cloche. De chaque côté, des vases avec des fruits sur un
piédestal. Sur fond blanc et traité d'une manière très-large, comme
au No. 206, pour servir peut-être de bordure à cette même tenture.
H. 5 p. 1 l. L. 13 p. 10 l. pour chaque feuille. Berlin.

209. Frise avec centaures marins sur fond noir. Une
demi-figure d'homme sauvage et une pareille de femme, portant chacune
des cornes des bœuf, tiennent un écusson au milieu de la pièce; au
lieu de doigts elles ont des griffes et se terminent en poissons à queue
contournée et entremêlée de rinceaux. Le fond est noir et la gravure est
traitée d'une manière très-large, comme au No. 208. H. 4 p. 9 l. L. 13 p. 10 l.
Berlin, Cobourg, Gotha et Dresde.

210. Armoiries de Ferdinand, roi de Hongrie et de
Bohème 1527. (H. No. 2119.) Pour le livre de Durer sur la for-
tification.

211. Armoiries des Ebner et Fürer. (B. App. No. 45.
H. No. 1940.)

212. Armoiries de Bilibald Pirckheimer et de Cres-
centia Reiter. (B. App. No. 22. H. No. 2139.)

213. Les armoiries de Jean Segger de Messnpach.
(B. App. No. 56. H. No. 2148.) L'écu porte une galère. Le heaume a
pour cimier un mât à voile, déployée à droite. Au haut, sur un écriteau: ALS (alles) VON GOT (tout de dieu). Au bas: Hanns Segger zu Messnpach. H. 16 p. 6 l. L. 11 p.

214. Les armoiries des Scheurl et Tucher. (H. No. 2146.)
Une femme, aux cheveux ondoyants, tient de chaque côté un écusson et devant elle est couché un petit épagneul. Au-dessus l'inscription:

HIC SCHEVRLINA SIMVL TVCHERINAQ5 SIGNA REFVLGENT
   QVÆ DOCTOR GEMINI SCHEVRLE PARENTES HABES.
Cette pièce, un peu rude d'exécution, mesure H. 10 p. 11 l. L. 7 p. 7 l.

Les premières épreuves portent autour, en caractères mobiles, diverses inscriptions latines et sont très-rares. Voyez remarques à Heller
par M. v. Reider p. 816.

215. Les armoiries de Wilhelm Löffelholtz de Kol-

berg. L'écusson est écartelé au premier et au quatrième d'un agneau passant à gauche, au seconde et au troisième d'une bande chargée de trois barrettes engagées l'une dans l'autre. L'écusson est timbré d'un heaume fermé portant pour cimier une haute barrette couronnée et ornée d'un panache entre deux demi-vols chargés d'un agneau passant et de quinze cœurs. La dévise au-dessous est: Unverſucht unerfarenn. Cette pièce bien exécutée est entièrement dans le style de Durer. H. 15 p. 2 l. L. 11 p. 10 l. Stuttgart.

Ces mêmes armoiries ont été reproduites deux fois, mais plus en petit et moins bien gravées.

a. Armoiries de Hans Löffelholtz, avec la devise imprimée avec des caractères mobiles: Mit vertrau Jedem. H. 9 p. 11 l. L. 8 p. 9 l. Collection Klugkist à Brême. Voyez aussi Heller No. 2133 où cette pièce de sa collection est intitulée: Hans Loffelholtz von Kolberg et porte aux côtés en lettres ornées à gauche An — à droite Ardt (ohne arg?)

b. Armoiries de Martin Löffelholtz. H. 6 p. 6 l. L. 4 p. 9 l. (H. No. 2134). La planche en bois s'est conservée jusqu'aujourd'hui et se trouve en possession de Mr. Cornill de Francfort s. M. qui en a fait tirer quelques épreuves.

216. Les armoiries de Don Pedro Lasso de Castilla. (H. No. 2125.) A la bande engoulée par des têtes de dragon et accompagnée en chef d'une tour à porte ouverte, donjonnée de trois tourelles, en pointe d'un lion rampant couronné. L'écusson est timbré d'un heaume ouvert, un peu tourné vers la gauche et portant pour cimier un demi-lion sur le bourrelet. Au-dessus en grosses lettres: DON. PERO. LASSO. DE. CASTILLA. H. 16 p. 3 l. (avec l'inscription 17 p. 4 l.) L. 11 p. 10 l. Collection de Mr. Cornill à Francfort s. M.

217. Conrad Celtes présente son livre à Maximilien I. (H. No. 2089.) L'auteur est agenouillé devant l'empereur sur son trône et lui présente ses quatre livres des Amours. Aux branches des rinceaux qui entourent la gravure, pendent les divers écussons d'armoiries de l'Autriche et au bas un autre écu portant une croix d'argent entourée d'un crancelin. Au haut se voient deux petits génies qui jouent et dans le feuillage quatre oiseaux. On lit au bas: QVI MALEDICIT PRINCIPI SVO, MORTE MORIATVR EX. XXI. H. 8 p. L. 5 p. 6 l.

Cette gravure sur bois, d'une exécution un peu raide, se trouve au verso du titre dans le livre suivant:

Conradi Celtis Protucii | primi inter germanos Im | peratoriis ma-

13*

nibus poe | te laureati quatu | or libri amorum | secundum qua | tuor
latera | germanie felici | ter incipi | unt. Norimbergæ 1502. Pet.-in-fol.

Ce livre contient, outre celle du titre, onze autres gravures sur
bois dont nous n'avons donné néanmoins que la Philosophie (No. 130),
ces deux étant les seules que nous puissions attribuer avec quelque
certitude à Durer.

218. E o b a n u s H e s s. (H. No. 2172.) Buste, presque demi-
figure, fortement tourné vers la gauche, avec une barbe touffue et frisée.
Il est coiffé d'une barrette et tient à la main un papier roulé. Fond
blanc avec un trait de bordure. H. 4 p. 9 l. L. 3 p. 6 l.

Cette pièce a été employée plusieurs fois.

La première épreuve, ou qui passe pour telle, porte au-dessus l'inscription: H e l i u s E o b a n u s H e s s u s P o e t a, et au-dessous:

Q u i s q u e h a b e t n o s t r a f i x o s i n i m a g i n e v u l t u s
N o t i u s h a c H e s s o n o v e r i s e s s e n i h i l.
T a l i s e n i m p u l c h r a m P e g n e s i E o b a n u s a d u r b e m
P o s t s e p t e m v i t æ a u d i t a l u s t r a f e c i t.

On trouve ensuite, au verso de la feuille, plusieurs épigrammes latines
en l'honneur de l'artiste aussi bien que du poète avec ce titre:

I n i m a g i n e m E o b a n i H e s s
S u i a b A l b e r t o D u r e r o h u j u s æ t a t i s A p e l l e
G r a p h i c e e x p r e s s a m, a n t i q u o s E p i g r a m m a
A n n i s A l e x a n d r i B r a s s i c a n i.
P e r i d i a s d u x i s P e g n e s i E o b a n u s a d u r b e m
N e m p e i l l a e s t s t u d i i s a n i o r a s a c r a b o n i s
P e g n e s i e r g o f l u a n t t e r d e x t e r a c o r n u a, q u a n d o
P e g a s e i p e r i i t u n d i q u e f o n t i s h o n o r
N o m i n e P e g a s e i f o n t e s P e g n e s u s h a b e b i t
N i f a l l o r, P h o e b i p r i n c i p i s A o n i d e s.
A l i u d
Q u a m g r a p h i c e e x p r e s s i t f a c i e m D u r e r i u s H e s s i
T a m i n g e n i u m p i n g i t H e s s u s e t i p s e s u u m etc.

Cette même gravure a été employée plus tard, après la mort du
poète, sur une feuille volante à sa louange et porte au haut l'inscription suivante:

H. EOBANO. HESSO. POETAE CLARISSIMO
QVI OBIIT ANNO DOMINI XXXX ETATIS SVE LI
S. R. IOANNES GIGAS.

Et au-dessous du portrait, en deux colonnes, 46 vers qui commencent:

Ergo jaces efat ma fidjem nunc servet iniquam
　　　Ergo jaces clari lux Eobane chori? etc.

et ensuite:

EPITAPHIVM

Hac Hessi cineres parva retinentur in urna etc.
Enfin tout-à-fait au bas, à gauche, l'adresse:

　　Cygnæ per Volffgangum Meyerpeck.

On trouve plusieurs copies de cette pièce, mais en contrepartie,
puisque le poète est tourné vers la droite; elles ont servi souvent pour
les collections de portraits, entre autres pour celle intitulée Reusneri.
Icones que B. Jobin publia en 1587 à Strasbourg d'après les dessins
de Tobias Stimmer.

Appendice.

Catalogue des gravures sur bois attribuées faussement à Durer.

Nous passons sous silence les opinions toujours indécises des
anciens écrivains sur l'art, pour nous en tenir simplement à ce que
nous en dit Heller dans son ouvrage et pour éviter toute confusion
nous continuerons la numération suivie jusqu'ici.

219. Adam et Ève. (B. App. No. 1. H. No. 1959.) Sur l'arbre à
droite, est perchée une chouette dont Henri de Bles, de Bovines dans
les Pays-Bas, s'est servi maintefois comme marque. Il est possible
que cet artiste en ait fait le dessin et qu'il ait voulu imiter la composition d'Albert Durer, notamment dans la position du bras d'Adam
qui est celle que Durer a donné à celui d'Ève dans sa gravure au burin.

220. Adam. (H. No. 1961.) Il est couché à terre près d'un
arbre et tourné vers la gauche.

221. Ève. (H. No. 1962.) Elle est couchée à terre, tournée
à droite et offre une pomme. Pendant de la pièce précédente.
H. 1 p. 8 l. L. 4 p. 4 l. et se trouvant dans la collection de Derschau.

Ces deux pièces sont traitées dans la manière de H. S. Beham et
paraissent avoir été d'abord employées au haut et au bas du titre d'un
livre intitulé: „Wider den Gotzlesterer vnnd Ketzer Conraden Som, genant Rotenacker, Predicanten in der Pfarr der Erbarn Reichstat Ulm etc.
durch Doctor Johan Eck von Ingolstat. Datum Ingolstat MCCCCXXVII."
In-4°. L'impression est ici d'une grande netteté. On trouve ensuite
les deux gravures sur un Calendrier de 1531.

Cette même composition se trouve en sens inverse sur une table historique. Adam à gauche, Ève à droite et entre les deux le titre: „Chronica ausz heiliger Göttlicher Schrift ordentlich zusammen zogen etc.“ Au-dessous d'Adam, une autre petite gravure sur bois représentant la mort qui enlève un enfant à sa mère et, au-dessous d'Ève, le jugement dernier d'après Holbein. La table historique commence avec la création et finit avec l'année 1451 avant J. C. La feuille contenant le reste semble manquer.

222.   Job tenté par le démon. (B. App. No. 2. H. No. 1963.) Les premières épreuves ne portent point le monogramme de Durer, sont très-clairs de ton et se trouvent dans un livre imprimé à Nuremberg ayant pour titre „Speculum Patientie“. La seconde impression porte au bas l'inscription Esaias C. 53; la troisième enfin a le monogramme de Durer et se trouve dans la Collection de Derschau. La figure de Job est empruntée à un tableau de Durer qui se trouve actuellement dans la Collection de l'Institut de Francfort s. M., mais elle est trop courte de proportions et manque de noblesse. Pour le reste, cette pièce n'a aucune analogie avec le style du maître.

223.   David jouant de la harpe. (H. No. 1964?). Il est agenouillé, tourné vers la droite; derrière lui est tendu un tapis au-dessus duquel on voit une échappée de paysage. Belle pièce dans la manière de Lucas Cranach et qui aura servi d'ornement à quelque livre. H. 3 p. 9 l. L. 2 p. 9 l. Stuttgart et Gotha. Voyez aussi les gravures Nos. 230 et 234 du même maître dans ce catalogue.

224.   Jésus prend congé de sa mère. (H. No. 1969 qui a donné de nouveau cette pièce sous le No. 1968 comme la sœur de Lazare venant au devant du Christ.) Les premières épreuves portent à gauche 1516 ⳽ c'est-à-dire le monogramme du graveur sur bois Wilhelm Traut. Au-dessous de la gravure on trouve, en trois divisions, 28 vers commençant:

O Mensch gedenk in deinem herzen etc.

Gedruckt durch Johannes Stuchs.

Collection Klugkist de Brême, et en épreuves comparativement récentes dans la Collection Derschau.

225.   Le Christ au jardin. (H. No. 1970.) Pièce rudement exécutée d'après un dessin de l'école de Durer.

226.   Le couronnement d'épines. (B. App. No. 4. H. No. 1971.) Travail excessivement médiocre.

227.   Le Christ en croix. (H. No. 1972?) A gauche, la

Vierge debout, les mains croisées sur la poitrine; à droite, St. Jean les mains jointes. Au pied de la croix un crâne. A la gauche du haut la marque de Durer ajoutée plus tard au moyen d'une estampille. Le motif seulement a été emprunté au grand artiste. H. 5 p. 6 l. L. 4 p. 1 l. Munich.

228. **Le Christ en croix.** (H. No. 1973?) A la marge d'en bas se trouvent deux petits anges tenant le Suaire. A celle du haut, dans un ornement de pampres, deux petits anges; les figures sont très-allongées. Feuille in-fol. à Berlin.

229. **Même sujet.** (B. App. No. 6. H. No. 1976.) A gauche, un homme tient une éponge au bout d'un roseau et la Madeleine embrasse le pied de la croix; à droite, la Vierge et St. Jean. H. 8 p. 9 l. L. 5 p. 11 l. Cette gravure est d'après un dessin de Hans Schaeuflein. On la trouve quelquefois accompagnée de six vers latins et d'autant en allemand, au bas.

230. **Même sujet.** Il est tourné à gauche et la draperie qui lui entoure les reins flotte de chaque côté. A gauche, Marie vue de face et les deux mains croisées sur la poitrine. A droite, St. Jean, vu de profil, lève les deux mains jointes. Les têtes sont entourées d'auréoles. Cette petite pièce, finement traitée, appartient probablement au même livre que le David No. 223. H. 3 p. 6 l. L. 2 p. 5 l. Stuttgart où cette gravure sur bois est attribuée à Albert Durer.

231. **Jésus apparaît à la Madeleine.** (B. App. No. 8. H. No. 1978.) Cette gravure sur bois médiocre semble avoir été exécutée d'après un dessin de Hans Schaeuflein.

232. **Le Christ assis sur son tombeau.** (H. No. 1979.) Il est assis, les mains étendues, dans un sarcophage et sur le couvercle posé en travers. H. 3 p. L. 2 p. 1 l. Pièce médiocre et selon toute apparence d'après Hans Schaeuflein. Francfort s. M. et Gotha.

233. **L'homme de douleurs.** (H. No. 1980.) Il est assis sur la croix et tourné vers la droite. Vers le milieu on lit: ECCE HOMO. Clair-obscur, de deux planches, qui se trouve quelquefois avec une inscription au bas de quatre lignes: „O du unschuldiges lamb Gottes etc.“ H. 10 p. 10 l. L. 7 p. 4 l. Pièce très-rude de l'école de la haute Allemagne.

234. **Le bon pasteur.** (H. No. 1983.) Le Christ, qui s'avance vers la droite, porte un agneau. Dans le fond on aperçoit le mont Calvaire surmonté d'une croix à laquelle s'appuie une échelle. H. 3 p. 4 l. L. 2 p. 6 l. Cette petite pièce, traitée absolument dans la manière du David, paraît

avoir été coupée d'un livre et appartenir au même que celui du David
No. 223 et du Christ en croix No. 230. Stuttgart et Gotha où cette
gravure sur bois est attribuée à Albert Durer. Francfort s. M.

235. La mère de douleurs. (B. App. No. 7. H. No. 1981.)
Elle pleure, soutenue par St. Jean, sur le corps du Sauveur; plus
vers la droite, une sainte femme en larmes. H. 8 p. 9 l. L. 5 p. 11 l.
Cette gravure qui a tous les caractères du style de Durer paraît cependant être exécutée d'après un dessin de Hans Schaeuflein et porte
quelquefois une double inscription en vers latins et allemands.

236. Buste du Sauveur. (H. No. 1984.) Il est entouré
d'arabesques et l'estampe porte le monogramme de Durer. Pièce tout-
à-fait indigne du maître. H. 13 p. 6 l. L. 11 p. 1 l.

237. Vie de la Vierge en treize compartiments formant tabernacle. (B. App. No. 9. H. No. 1985.) Cette pièce, qui se rapproche
beaucoup du style de Durer et qui est en outre très-bien gravée, semble
plutôt avoir été exécutée d'après un dessin de Barthélemi Beham. On
en trouve diverses éditions.

a. Épreuves de premier tirage, à ce qu'il semble, n'ayant aucune
inscription dans le cintre et portant au revers une impression de la
Vierge couronnée par deux anges dans un médaillon, accompagnée
du petit paysage, H. No. 1808 (No. 177 de notre catalogue).

b. Avec un texte allemand au revers, contre Luther et avec un
Correctorio latin. Heller No. 1.

c. Avec texte allemand au revers: „Hie am ende bitte ich Dr. Hieronymus Dungersheym von Ochsenfart etc.“; au bas: „geondet zu
Leyptzk durch Valten Schumann, 1530 etc.“ H. No. 2.

d. Édition de dix sujets seulement, les trois derniers du bas ayant
été omis. La hauteur de l'estampe n'est alors que de 5 p. 8 l. Nous
la trouvons quatre fois sous cette forme dans les éditions successives
de l'ouvrage: „Aliqua opuscula magistri Hieronimi Dungersz-
heym etc.“ publié, en 1531, chez l'imprimeur cité plus haut et qui
semble appartenir à une suite d'écrits polémiques contre le Dr. Luther.
On trouve quelquefois, au revers, une impression du petit St. Jérôme
avec le lion, sur bois, ou le Christ au jardin avec le monogramme
I. S. Voyez Heller p. 757.

238. Ste. Anne, la Vierge et l'enfant Jésus. (B. App. No. 11.
H. No. 1988.) Le dessin de cette gravure grossière sur bois, quoique
grandiose et d'une composition large qui rappelle Durer, est néanmoins
trop mauvais dans certaines parties pour qu'on puisse l'attribuer au maître.

239. La Vierge et l'enfant Jésus. (B. App. No. 13. H. No. 1995.) Elle est assise sur un banc de gazon et la tête couronnée. Déjà Hauer a attribué, avec raison, cette gravure à Hans Schaeuflein. Les premières épreuves, sans le monogramme de Durer, portent au bas une double inscription en six lignes, latine et allemande. Voyez Heller p. 761.

240. La Vierge avec l'enfant Jésus debout. (B. App. No. 14. H. No. 1996.) Demi-figure, vue de face, la tête couronnée d'une guirlande un peu inclinée à gauche et les cheveux épars couverts d'un voile par derrière. Elle tient devant elle, debout sur un coussin, le Christ enfant dans l'action de bénir et portant de la main gauche un livre. Au-dessus d'un mur à hauteur d'appui, dans le fond, on voit un paysage. Les premières épreuves, sans marque, sont tirées en deux planches sur deux feuilles séparées; la partie supérieure mesurant 8 p. 1 l. de hauteur; l'inférieur 8 p. 5 l., en tout H. 16 p. 6 l. L. 11 p. 10 l.

Dans les épreuves postérieures, avec la marque, on s'aperçoit facilement que les deux planches ont été réunies et que pour les mieux appliquer ensemble on a enlevé un peu de bois sur la ligne de jonction de sorte que le dessin ne se raccorde pas parfaitement sur tous les points.

On en trouve une copie, sans le paysage, un peu plus maigre de taille, mais dans laquelle la tête de la Vierge est exécutée plus finement que dans l'original. H. 15 p. L. 10 p. 8 l.

241. La Vierge assise sur le croissant. (H. No. 2001.) H. 4 p. 8 l. L. 3 p. 2 l. Cette gravure sur bois est de H. Springinklee et se trouve citée par Bartsch dans le catalogue de l'œuvre de cet artiste (VII. p. 323) sous le No. 1. Elle forme le titre de l'ouvrage „Hortulus animæ“, Koberger 1516, et de plusieurs autres éditions de ce livre.

242. La Vierge debout entre deux évêques. Les trois figures se trouvent sur un socle avec des ornements de feuillages et deux écussons vides. H. 9 p. 3 l. L. 6 p. 5 l. Heller décrit deux fois, sous les Nos. 2002 et 2003, cette pièce qui ne montre aucune analogie avec le style de Durer.

243. La Vierge, St. Corbinien et St. Sigismond. Elle est assise sur un trône dont le baldaquin porte l'inscription: AVE GRACIA PL., entre St. Corbinien à gauche avec un ours qui lui porte un paquet et le roi St. Sigismond, à droite, avec un écusson au-dessous, écartelé au 1er et 4e de trois burelles, au 2d et 3e de trois couronnes. Au bas, les armoiries de Freisingen et du Palatinat, de l'évêque

Philippe de Freisingen. Au bas l'inscription: S. CORBINIANVS. S. SIGISMVNDVS. H. 8 p. 8 l. L. 7 p.

On trouve cette pièce très-bien traitée dans le style de Durer au revers du frontispice du livre: „Scamnalia R͞m ritum ac ordinem ecclesie et diocesis frisingen. Pars estivalis." (Missel de Freysingen.)

Au-dessus de ce titre on trouve les armoiries du comte palatin, Philippe évêque de Freisingen. Elles sont écartelées au 1ᵉʳ et au 4ᵉ d'une tête de maure couronnée; au 2ᵈ et 3ᵉ d'une clé et d'une épée en sautoir. Le petit écusson, en cœur, porte fuselé de Bavière avec un lion; l'écu est timbré de trois heaumes avec leurs cimiers. Deux colonnes forment bordure aux côtés fermés par le haut avec des ornements de feuillage et au-dessous, près des colonnes, se trouvent deux demi-figures de femmes ailées. H. 8 p. 8 l. L. 7 p. 3 l. Gotha et Collection Cornill à Francfort s. M.

Le dessin de cette gravure semble appartenir à l'école bavaroise et se trouve dans le catalogue officinal de W. Drugulin à Leipsic, No. 2477, sous l'attribution de Hans Burgkmair.

244. Le martyre de St. Laurent. (H. No. 2018 et 2019.) Feuille volante. Le Saint est étendu sur le gril; sur le devant deux bourreaux attisent le feu, tandis qu'un troisième mantient le martyr en lui appuyant une fourche sur la poitrine. A côté un personnage couvert d'un turban et qui, pour se parer de la chaleur, tient son vêtement devant les yeux et d'autres spectateurs parmi lesquels on remarque un guerrier avec une hache d'armes. Vis-à-vis, à droite, un homme qui s'appuie sur un long bâton à crochets. H. 8 p. 10 l. L. 6 p. Au bas on lit deux inscriptions, l'une en latin, l'autre en allemand, comme suit:

> Laurenti iuvenile decus: templiq3 minister
> Sum͞e dei: invigilans sedulo pauperibus.
> Ferrea te crates victorem sensit et ignis
> Risisti primas cæsareasq3 minas
> Utinam flammas Paphiæ vincamus et iræ
> Nobis auxilio subveniente tuo.

> Hört groß wunder was got vermag
> Do sant Lorentz auf den koln lag
> Vnd prÿedt das dawcht in ein hyml thaw
> Des hulff jm der fun der junckfraw
> Drum wöll wir jn all anruffen
> So werd wir sein hilff woll prüffen.

On croit que cette pièce pourrait appartenir à la jeunesse de Durer, cependant une notice en écriture ancienne sur l'exemplaire de Dresde l'attribue avec plus de raison à Hans Schaeuflein. On en trouve également des exemplaires à Stuttgart, à Wolfegg et dans la Collection Cornill à Francfort s. M.

245. **St. Augustin 1518.** (H. No. 2010.) Il est debout, à droite, près d'un moine de son ordre et regarde un enfant qui veut épuiser la mer, symbole du mystère inexplicable de la Sainte Trinité. H. 10 p. 8 l. L. 7 p. 6 l. Cette pièce d'un travail un peu sec semble appartenir à Lucas Cranach.

246. **St. Jérôme.** Il est assis, tourné vers la droite et enlève l'épine de la patte du lion assis devant lui. Derrière le Saint, sur des pupitres, on voit des livres hébraïques, grecs et latins; au fond de la chambre, à gauche, un lit et, à droite, une porte ouverte avec vue sur une ville. Pièce d'un dessin un peu raide dans le style de Durer et peut-être de la jeunesse du maître puisqu'elle se trouve sur le titre du livre intitulé: „Liber epistolarum divi Hieronymi. 1497". On en trouve même des exemplaires postérieurs avec la souscription: Albrecht Durer von Nörinberck f. ex bibliotheca. P Basileensi. H. 6 p. 11 l. L. 5 p.

247. **St. Christophe.** (H. No. 2011.) Il est vu de face et s'avance vers la gauche portant l'enfant Jésus sur l'épaule droite. A gauche l'hermite. H. 4 p. 8 l. L. 3 p. 8 l. Cette gravure médiocre et d'un dessin très-raide se trouve au-dessous du titre des „Viertzig Sendbriefe aus dem latein in das Teutsch gezogen etc. volendet Friedrich Peypus zu Nurnberg etc. 1515".

248. **Même sujet.** (H. No. 2012.) Gravure sur bois non terminée dans la Collection Derschau, H. 6 p. 6 l. L. 4 p. 6 l. Elle est entièrement étrangère à Durer.

249. **St. Christophe accompagné de Christophe Scheurl.** (H. No. 2014.) Ce dernier est agenouillé à droite et lève les yeux vers une gloire où se trouve la Sainte Trinité. Derrière lui, St. Christophe intercède pour son protégé. A la gauche du bas, les armoiries des Scheurl, à droite celles des Tucher. H. 4 p. 8 l. L. 3 p. 8 l. Tout autour des inscriptions latines dont celle du milieu porte: „Sancte Christophore præciose martyr dei, ora p me tuo famulo 1515."

Cette gravure sur bois, d'une taille raide, se trouve à la fin du livre de Scheurl imprimé par Peypus de Nuremberg sous le titre donné plus haut: „Viertzig Sendbriefe etc." et se trouve répétée deux fois dans „Epistola Doctoris Scheurli ad charitatem".

250. St. George. (H. No. 2015.) Il chevauche vers la droite, brandissant son épée au-dessus du dragon ailé étendu à ses pieds. A gauche des rochers; à droite un château sur une montagne. Pièce ronde, sans marque. Diamètre 2 p. 8 l. Gotha. Probablement la même que Hauer décrit comme un ovale dans un médaillon.

251. St. Martin. (B. App. No. 18. H. No. 2020.) Représentation un peu raide du sujet attribué avec raison par Hauer à Hans Schaeuflein. Les anciennes épreuves n'ont point de marque.

252. La conversion de St. Paul. (B. App. No. 17. H. No. 2021.) Traité dans le style de la gravure précédente. Les anciennes épreuves ont au bas deux inscriptions, latine et allemande, en six lignes sur deux colonnes.

253. St. Sébastien. (B. App. No. 22. H. No. 2026.) Il est debout, à droite, attaché à un arbre; un archer, à gauche, lui décoche une flèche. Pièce traitée dans le style des deux précédentes.

254. Même Saint. (H. No. 2025.) Il est à gauche, attaché à un arbre; deux archers, à droite, le percent de leurs flèches. Les épreuves plus récentes portent, à la droite du haut, le monogramme de Durer imprimé d'une encre plus noire. H. 4 p. 8 l. L. 3 p. 9 l. Le dessin très-raide de cette gravure n'a aucune analogie avec celui de Durer.

255. St. Simon. (H. No. 2028.) Il est debout, tenant une scie et l'estampe est datée A. D. 1523. Cette petite pièce est très-raide de dessin.

256. Le martyre de St. Étienne. (H. No. 2029.) Il est vu de face, agenouillé au milieu de l'estampe; trois hommes le lapident, tandis qu'un enfant ramasse des pierres. H. 8 p. 9 l. L. 6 p. Dessin raide dans la manière de Schaeuflein, comme aux Nos. 251 et 252.

257. Six figures de Saints à côté les uns des autres. (H. No. 2037.) Le dernier des Saints représente un chevalier avec écusson portant une aigle simple avec la marque de Durer sur la poitrine. Cette pièce est dans le style du maître ┤┝. H. 6 p. 1 l. L. 5 p. 3 l. Bamberg et Gotha.

258. Deux évêques agenouillés accompagnés de Saints. (H. No. 2035.) Ils tiennent une église décorée des armes de Saxe. Derrière eux, à gauche, l'apôtre St. Thomas tenant une lance, à droite St. Jean l'évangéliste avec un calice. Au-dessus plane, en petite proportion, Ste. Marie Égyptienne soutenue par des anges. H. 5 p. 10 l. L. 3 p. 9 l. Berlin.

Le dessin et la composition de cette pièce rappellent la manière de Math. Grunewald. Une composition analogue se retrouve sur le titre de l'ouvrage connu sous le nom de „Hallisches heiligthumbuch" (le livre des reliques de Halle); ici les deux archevêques Albert et Ernst, distingués par leurs armoiries, tiennent à genoux l'église métropolitaine de Halle; derrière eux se trouvent debout les deux apôtres St. Thomas et St. Jean et au-dessus, en petites figures, Ste. Marie Madeleine, St. Maurice et St. Érasme entourés d'anges et de nuages. H. 6 p. 2 l. L. 4 p. 5 l.

259. Une Sainte. (H. No. 2043.) C'est un buste de la Vierge dans un tabernacle orné de cinq petits écussons dont un porte les armoiries de Saxe. Cette estampe appartient au livre que nous venons de citer, le „Hallisches heiligthumbuch". H. 5 p. 10 l. L. 3 p. 8 l.

260. La décollation de Ste. Barbe par son père. Elle est agenouillée de profil et tournée vers la droite. Pièce ronde de 2 p. 9 l. de diamètre, sans monogramme; elle se trouve dans la Collection Albertine à Vienne et, quoique très-belle, n'appartient point à Durer. C'est probablement la même que Heller décrit sous le No. 2074 comme un vieillard qui coupe la tête à une femme. Il la décrit de nouveau d'après Hauer, sous le No. 2041, comme une Ste. Catherine, pièce ronde, pour une couverture de boite, comme on peut le voir dans son catalogue.

261. Ste. Barbe. (B. App. No. 24. H. No. 2038.) Elle est assise sur un fauteuil, tournée vers la gauche et tient dès deux mains un calice. Hauer attribue avec raison cette pièce à Schaeuflein.

262. Ste. Catherine. (B. App. No. 25. H. No. 2039.) Elle est assise, tournée vers la droite, sur un siége et tient un livre des deux mains.

Des épreuves anciennes, sans le monogramme, ont au-dessous des inscriptions en six lignes sur deux colonnes; l'une, à gauche, latine, l'autre, à droite, allemande. Cette pièce, comme la précédente, est d'après Hans Schaeuflein.

263. Ste. Dorothée. (H. No. 2042.) Elle est debout, vue de face, la couronne en tête, un livre dans la main gauche et une fleur dans la droite. A gauche, un enfant lui présente des roses dans une corbeille. H. 8 p. 11 l. L. 5 p. 8 l.

Les anciennes épreuves n'ont point le monogramme qui se trouve à la gauche du haut sur les impressions postérieures de la planche très-usée.

264. La Sainte Trinité, dans un rond formé par un rosaire. (B. App. No. 29. H. No. 2046 et 2050.) Les deux feuilles portent la même composition, mais de dimensions différentes, la première mesurant H. 6 p. 3 l. L. 5 p. 3 l., la seconde qui est l'original H. 14 p. 11 l. L. 11 p. et les premières épreuves, avec texte allemand, portent le monogramme de Erhard Schoen de Nuremberg qui est l'inventeur de cette composition. Musée Germanique à Nuremberg.

Ce sujet se présente encore souvent de différentes grandeurs, mais sans la marque de E. Schoen. On en trouve une reproduction dans un petit livre publié en 1513 par Frédéric Peypus de Nuremberg sous le titre de „Sancte Ursule fraternitas etc." H 4 p. 9 l. L. 3 p. 6 l.

265. La main de Dieu ou invitation à la prière. (Heller mentionne sous le No. 2055 probablement cette même pièce, mais comme étant une lettre d'indulgences.) Cette invitation commence par les mots: „O her Jesu criste ein son des lebendigen gottes etc." et termine ainsi: „Obgedechtnisse des leiden vnsers hern Jesu Criste sprich eynen mit glichem leiden hie oben vorezeichnet ain P̄r̄ N̄r̄ vnd ain Ave Maria vnd den funff wunden cristi v. Jsr̄ nr̄ als di eyn hie vorgehent auf weyssen mit einem glauben vnd noch folgenden siben ermanungen. das bet tzū beschlissenn." Au haut, dans une suite, on trouve neuf sujets et deux autres aux côtés, empruntés à la petite Passion sur bois d'Albert Durer et commençant par le Christ au jardin et terminant par la resurrection. Au-dessous et dans le milieu, s'élève la main de Dieu hors des nuages avec des rayons partant des doigts et se dirigeant vers les onze sujets de la passion. Au-dessous se trouvent la naissance du Christ semblable à celle du calendrier de 1513 (No. 173 Copie A de notre catalogue), mais de dimensions un peu plus grandes (H. 2 p. 11 l. L. 11 l.) et signée ⅄Ƶ\\. Au bas, dans les coins, sont agenouillés, à gauche, le pape avec des ecclésiastiques et près de lui un écusson avec les clés en sautoir; à droite, l'empereur avec des laïques et l'écusson à l'aigle de l'empire. Au-dessus du pape on lit dans une banderole: „Nos miseri exules et peregrini in hoc seculo." Au-dessus de l'empereur: „Q̣ꝛ. dn̄e in hac vita etc." La partie inférieure manque dans l'exemplaire de Berlin. H. 16 p. L. 21 p. 7 l. Stuttgart et Wurzbourg dans la collection que le professeur Wagner de Rome légua à la ville. Un fragment se trouve également dans la Collection Corsini à Rome.

266. Dieu le père tenant les tables de la loi et un ca-

lice. (B. App. No. 28. H. No. 1933.) Cette composition appartient à un
encadrement de titre dont elle forme la partie supérieure; les 12 autres
parties renferment des compositions de la sainte écriture commençant
de la Chute du premier homme jusqu'à la Rédemption. Cet encadrement paraît avoir été destiné pour une bible. H. 9 p. 3 l. L. 6 p. 2 l.
Collection Klugkist à Brème.

267. Le jugement dernier. (H. No. 2052.) H. 4 p. L. 3 p. 1 l.
Petite pièce de peu de valeur qui n'a rien de commun avec Durer,
mais qui pourrait appartenir à Hans de Kulmbach. Elle a servi pour
le titre d'un sermon du frère Jean de Staupitz, imprimé en 1517 à
Nuremberg sous le titre: „Ein nutzbarliches büchlein von der entlichen
volziehung ewiger fürsehung etc.“

On la trouve également dans la publication suivante: „Der Christen Practica, durch alle hohe und nidere stände etc. Durch Dr: Otho
Brunfelss zusammengesetzt. Gedruckt zu Nuremberg durch Hans Guldenmundt.“

268. L'autel. (H. No. 2054.) Les divers sujets que l'on y
trouve ne sont que des reproductions des compositions de Durer. On
voit dans le premier compartiment la Sainte Trinité; dans le second
la déposition de croix, l'homme de douleurs et l'assomption; dans le
troisième St. Christophe, St. Barbe et le purgatoire. Au-dessous, à
gauche un homme agenouillé, à droite, une femme. On a de cette
estampe médiocre des impressions en clair-obscur de deux planches.
H. 12 p. 8 l. L. 10 p. 1 l. Berlin.

269. L'empereur Maximilien adorant à genoux Dieu
le père. (B. App. No. 32. H. No. 2045.) Pièce carrée 13 p. 11 l. Les
premières impressions que l'on en connait jusqu'ici ont une inscription
latine qui indique le jour de la mort de l'empereur; de sorte qu'il est
douteux que cette gravure ait été exécutée pendant qu'il était encore
en vie. Il est néanmoins vraisemblable que tel a été le cas, puisque
ces impressions portent la marque d'une fissure dans la planche, immédiatement devant la figure du Père éternel. Dans les dernières épreuves
cette figure manque entièrement et semble avoir été séparée de la portion la plus grande du bois, à droite. On trouve dans Heller la reproduction exacte de toutes les inscriptions qui se trouvent sur cette
planche. La composition et la taille sont bonnes, mais le dessin a
plus de rapport avec celui de Hans Burgmair que de Durer.

270. L'empereur Maximilien entendant la messe dans
la chapelle de la cour. (B. App. No. 81. H. No. 1889.) Il est age-

nouillé devant un prie-Dieu dans une chapelle spacieuse; devant lui les chantres, à gauche l'organiste; l'orgue est muni d'un soufflet. Derrière et dans le fond un prêtre avec ses diacres à l'autel et sur le devant deux chiens. Au haut les écussons de l'aigle double et de l'aigle simple, au milieu celles des Medicis et de France. Les anciennes épreuves ont l'inscription: „Ein hübsch spruch von Keiser Maximilian‟ et plus bas une pièce de vers en l'honneur de l'empéreur commençant ainsi:

O Keiser Maximilian, dein lob ich nit aussprechen kann etc. et finissant:

Nach Gottes eer hat dich gedurst, Dir ist der getz behalte.

Antony Formschneider zu Frankfurt.

Des épreuves postérieures ont au bas une inscription latine en trois lignes avec la date de la mort de l'empereur, le 12. Janvier 1519. H. 10 p. 8 l. L. 7 p. 10 l., et avec l'inscription au bas: H. 11 p. 5 l. Bartsch a déjà remarqué avec raison que cette belle pièce a été dessinée par Hans Burgmair; l'excellence et la finesse de l'exécution due, à ce qu'il paraît, au graveur de Francfort, est digne d'un Hans Lutzelburger ou d'un Jobst de Necker et il est à regretter que l'on ne connaisse avec certitude aucune autre gravure de lui.

271. Vénus et l'Amour. (H. No. 2056.) La déesse est assise, tournée vers l'Amour qui vient de la droite et présente à sa mère un rayon de miel; il est poursuivi par les abeilles. H. 1 p. 10 l.? L. 2 p. 11. Stuttgart et Gotha.

Durer a exécuté un très-beau dessin à la plume, légèrement colorié, de cette composition sur une feuille en largeur, mais ici Vénus, debout, tient un faisceau de torches enflammées et semble faire des reproches à l'Amour suivi par les abeilles. Ce précieux dessin se trouve dans la collection Ambrasienne de Vienne.

272. Vénus portée sur la mer. (H. No. 2057.) Debout sur deux dauphins et tenant une voile déployée, la déesse s'avance sur la mer; l'un des dauphins porte de plus un jeune homme couché. La marche est à gauche où, dans le lointain, l'Amour se voit plongé jusqu'à la tête dans l'eau. Pendant du morceau précédent, d'une belle exécution et dans le style de dessin de Durer. H. 2 p. 10 l. L. 2 p. 11. Stuttgart et Gotha.

273. Daphné poursuivie par Apollon et changée en laurier. (H. No. 2058.) Elle est debout dans un paysage rocailleux. H. 8 p. L. 5 p. 5 l.

Comme nous l'avons déjà dit au No. 130, cette gravure sur bois médiocre se trouve dans l'ouvrage de Conrad Celtes „Quatuor libri amorum", Nuremberg 1502, in-fol., et n'a aucune analogie avec la manière d'Albert Durer.

274. Apollon sur le Parnasse. (H. p. 78S.) Il est assis au milieu de la composition près d'un laurier, tourné vers la gauche et jouant du violon. A gauche, le cheval Pégase près d'une fontaine; dans le fond les Muses et, à droite, quelques dieux. Cette pièce porte plusieurs inscriptions, notamment en haut sur une banderole: „Hic tibi Bache pater etc." et au bas: MONS PARNASSVS. H. 8 p. 2 l. L. 5 p. 5 l. On la trouve dans le livre intitulé: „Ligurini (Guntheri) de gestis imp. Caesaris Frederici primi Aug. libri decē, carmine heroico cōscripti nuper apud Francones in silva Hercynia et druydarum Eberacensi coenobio. A Chunrado Celte reperti, postliminio restituti etc. .... impressi per industriosum et ingeniosum Magistrum Erhardum Oeglin civem augustensem. Anno 1507." In-fol.

275. La tapisserie du château de Michelfeld. (B. App. No. 34. H. No. 2059.) Allégorie en trois feuilles. Sur la première est une femme, symbole du temps qui, en commun avec un renard, tourne une roue de fortune. A gauche les représentants des diverses conditions humaines. La seconde représente la justice, la vérité et la sagesse mises aux ceps; la troisième un docteur et un ecclésiastique tournés vers une figure qui représente la providence éternelle. Sur toutes ces feuilles on lit des inscriptions explicatives. H. 6 p. 3 l. L. 32 p. 6 l. Le dessin de ces pièces paraît appartenir à H. S. Beham.

276. La tyrannie combattant contre la sagesse, la justice et la religion. (B. App. No. 33. H. No. 2061.) Pendant que la tyrannie chevauche un pauvre âne, l'usure rogne à cet humble animal des morceaux de sa peau; l'hypocrisie est tout près, couchée à terre. La sagesse, sous la figure d'une femme ailée, étend une draperie devant l'animal; la justice est aux ceps. Enfin, à gauche, une autre femme ailée, représentant la parole divine, se tient debout, un livre et une épée à la main. De Murr, dans son journal 1776. II. p. 158, pense que cette gravure sur bois a été exécutée par Hans Guldenmundt. La pièce originale d'un bon travail a dans la partie supérieure, et compris dans la bordure, trois vers de Hans Sachs commençant:

> Wer hat ye grösser clag erhort
> Der tyrann mich erschröcklick sport etc.

Au bas est une pièce de vers plus longue du même auteur en cinq

colonnes et à la fin: „Hans Guldenmundt 1526“. Les épreuves
postérieures n'ont plus l'inscription ni le poème. H. 10 p. 6 l. L. 15 p.

La copie très-commune, d'une taille grossière, porte dans la première édition le monogramme PI sur une pierre, à gauche du siége
de la justice. La toque de la sagesse, ornée dans l'original de huit
plumes, n'en a qu'une dans la copie; au lieu de la désignation wucher on lit geitz et l'inscription inférieure est en dehors de la ligne
de bordure. Signée sous le poème: „bey Georg Lanng Formschneider“.

Des épreuves postérieures se retrouvent dans la Collection Derschau avec des inscriptions au moyen de caractères mobiles et on en voit
deux éditions différentes; dans la première, qui est restée inconnue à
Heller, le mot Esel commence par un e minuscule. (Voyez Schorn,
Kunstblatt 1830, p. 116.) H. 6 p. 1 l. L. 14 p. 6 l.

277. Sept gravures sur bois pour les six comédies de
Hroswitha. (H. No. 2064—2068, 2088 et 2092.) Le titre de ce
livre est le suivant: „Opera Hrosvite illustris virginis et monialis ger-
mane gente Saxonica orte, nuper a Conrado Celte inventa. Norimbergæ 1501.“ H. 8 p. L. 5 p. 6 l.

a. Celtes présente l'ouvrage de Hroswitha à l'électeur Frédéric de Saxe. Il est agenouillé à gauche devant l'é-
lecteur assis une épée à la main. Dans le fond trois autres personnages. (H. No. 2088.)

b. Hroswitha, religieuse de Gandersheim, présente
son ouvrage à l'empereur Othon II. (?) Derrière elle est
une abbesse avec la couronne impériale, probablement Gerberga à laquelle Hroswitha dut son éducation littéraire. (H. No. 2092.)

c. Baptême de Gallicanus. Il est debout dans une cuve,
à droite le prêtre qui le baptise. On lit au haut: „Comedia prima
Gallicanus“. (H. No. 2064.)

d. Les Vierges Agapes, Chiónia et Hyrena sont
brûlées. Elles sont attachées, nues, à un poteau au milieu des
flammes, un bourreau leur donne la mort. A gauche le tyran Dio-
clétien. En haut: „Comedia secunda Dulcicius“. (H. No. 2065.)

e. St. Jean l'évangéliste resuscite Callimachus et
Drusiana. Le Saint, tenant une coupe, bénit Callimachus tué
par un serpent. Le reptile est dans le tombeau. Au haut: „Comedia tercia, Callimachus“. (H. No. 2066.)

f. L'hermite Abraham entre avec Marie dans une
maison. Ils entrent tous deux dans la maison à gauche, suivis

par un homme et une femme. En haut: „Comedia quarta, Abraham et Maria".

La même gravure est reproduite à la page 37 avec l'inscription: „Comedia quinta, Paffnvcius et Thaïs". (H. No. 2067.)

g. Les trois Vierges „Fides, Spes et Charitas". Elles sont dans le tombeau; au-dessus d'elles plane leur mère „Sapiencia". A gauche on voit debout l'empereur Adrien qui les fit martyriser. En haut: „Comedia sexta, Fides, Spes et Charitas. (H. No. 2068.)

La taille de ces gravures est maigre; les deux premières s'approchent du style de Durer sans être de lui; les cinq dernières le sont encore moins.

278. Le cardinal à cheval. (H. No. 2069.) Il tient une bannière sur laquelle on voit une clé et le monogramme de Durer. H. 4 p. L. 2 p. 11 l. Collection Klugkist à Brème.

279. Le cordonnier, le chanoine et sa cuisinière. (H. No. 2070.) Le cordonnier, une paire de pantoufles à la main, s'avance de la gauche; le chanoine lui adresse la parole, tandis que la cuisinière, derrière lui, se tient près de la porte. Cette gravure paraît avoir été faite d'après un dessin de H. S. Beham pour un opuscule in-4° de Hans Sachs. Il porte pour titre: „Dispvtacion zwischen ainem Chorherren vnd Schubmacher. Darinn das wort gotes, Vnd ain recht christlich wesen verfochten wirt. Hans Sachs MDXXIIII." L'inscription au bas porte: „Ich sag euch, wa dise schweigē, so werdē die stein schreien. Lu. 19." Dans la même année parurent plusieurs éditions de ce livret avec des titres un peu différents dans l'orthographe. (Panzer, Ann. II. p. 340 et Heller p. 790 et 1028.)

280. Une vieille caresse un homme. (H. No. 2073.) Elle met la main dans un sac plein d'argent sur lequel se trouve le monogramme de Durer. Les anciennes épreuves n'ont point ce monogramme. W. Schorn, Kunstblatt 1830, p. 116. H. 9 p. L. 9 p. 4 l. Berlin.

281. Un vieillard caresse une jeune fille. Pendant de la pièce précédente. Elle prend de l'argent de la bourse du vieillard. W. Schorn, Kunstblatt 1830, p. 116. H. 9 p. L. 9 p. 1 l. Berlin,

282. Une jeune femme nue avec une serrure à la ceinture. Elle prend de l'argent de deux hommes vêtus, debout près d'elle. En haut trois banderoles avec inscriptions.

a. Gelt und gut gnung will ich dir geben etc.

b. Es hilft kein sloss für frauwen list etc.

c. Ich drag ain schlussel zu sollich slossen etc.

14*

H. 17 p. 8 l. L. 12 p. 1 l. Voyez R. Weigel, Catalogue No. 19098. Cette pièce paraît avoir été faite d'après Hans Baldung Grün.

283. Les Mois. (H. No. 2076—2087.) Les douze mois destinées à un tout petit calendrier in-12°, cité par Hauer.

Dans la Collection de Stuttgart on trouve une gravure sur bois représentant les douze mois, avec texte et portant pour titre: „Ein gemeyner Kalender 1527", mais qui ne peut en aucune façon être attribuée à Durer.

284. Un calendrier de 1531, dans la Collection Albertine à Vienne, porte au revers les armoiries de Laurent Staiber No. 167, mais imprimées seulement à moitié. Ce calendrier a une bordure ornée dans le style de Durer, mais qui doit avoir été exécutée d'après un dessin de H. S. Beham. (Vers le haut on trouve un écusson imprimé plus tard et qui, par conséquent, n'appartient pas à la planche originale.) A gauche Ève, couchée, présentant la pomme; à droite Adam, tous deux décrits plus haut sous les Nos. 220 et 221. L'arabesque, à gauche, contient en bas un enfant supportant une base qui termine à la partie supérieure par une cruche assez haute sur laquelle se tient un héron; en haut un petit Amour décoche une flèche. Dans l'arabesque de droite on voit, au bas, un joueur de cornemuse, puis un lapin, ensuite un aigle qui tient une tortue, plus loin une vieille qui se regarde dans un miroir, enfin tout-à-fait en haut, deux corps de femmes attachées l'une à l'autre, les yeux bandés. La marge inférieure manque et les arabesques latérales descendaient même plus bas, puisqu'on ne trouve que six mois sur le fragment de Vienne. A chaque mois se trouve un petit sujet de H. 1 p. L. 1 p. 3 l.

Janvier; à deux compartiments. Dans l'un, trois personnes sont à table; dans l'autre une femme se chauffe derrière un poêle en levant sa robe assez haut.

Février. Trois paysans sont occupés à planter des arbres.

Mai. Promenade sur l'eau d'un couple qui chante en compagnie d'un homme qui joue de la flûte.

Juin. Une tonte.

Septembre. Sur le devant un paysan conduit une charrue attelée de deux chevaux; dans le fond un autre fait les semailles.

Octobre. Un homme est debout dans une cuve; un autre porte des raisins.

285. L'empereur Maximilien et le duc Louis de Bavière. (H. No. 2090.) Ils sont tous deux debout sous un portail;

le premier à gauche, le second vis-à-vis soutenant de la main droite
le coin d'un livre qu'un personnage agenouillé, probablement Dietrich
von Pleningen, présente des deux mains à l'empereur. Deux anges,
sur les chapiteaux des colonnes qui forment les côtés de l'estampe,
soutiennent les armoiries d'Autriche et de Bavière et un troisième, au
milieu, la couronne impériale au-dessus de Maximilien. Le tout est
entouré d'une arabesque sur fond noir dans le style de Burgmair.
H. 8 p. 4 l. L. 6 p.

On trouve cette pièce au verso du titre, imprimé en rouge, du
livre suivant: „Des hochberompten latinischen historischreibers Sa-
lusty: zwo historien etc. Landshut 1515.“

Et également au verso du titre de l'ouvrage: „Gaij Plinij des andern lobsagung durch herrn Dietrichen vonn Pleningen zu Schanbegk
und Eysenhofen, ritter vnd doctor getheutscht. Gedruckt zu Landsshut
võ Johann Weyssenburger etc. 1515. 13. Decemb.“

Mais dans cette reproduction on lit à côté du prince bavarois au
lieu de H. LVDBIG le nom de H. WILHALM.

286. L'imprimerie. (H. No. 2093.) La presse à imprimer
est au milieu de l'estampe et un ouvrier tire au fusin; à sa gauche
un second tient deux tampons. A droite est assis un compositeur
près de sa caisse et on lit au pied de la presse le millésime 1520.
Au-dessus de la vis l'inscription: Prelum Ascēsianū (Prelum Ascen-
sianum); c'est ainsi que nommait l'imprimeur Josse Balde, d'Ache près
de Bruxelles, l'imprimérie qu'il fonda en 1511 à Paris en se signant
lui-même Jodocus Badius Ascensius. Cette gravure sur bois de
travail allemand est bien exécutée, dans le style de Durer et servit de
marque d'imprimeur pour les livres imprimés par Balde à Paris.
H. 4 p. 4 l. L. 3 p.

Nous avons trouvé cette gravure sur bois employée pour la première fois avec l'inscription au-dessus: „Restitutio in integrum bene-
dictionis Cerei Paschalis per duarum ejus particularum damnatiōe ac
subtractionem mutilate. Anno M.D.XX.“ Et au-dessous de la gravure:
„Venundatur in officina Jodoci Badii Ascensii.“ In-8°.

Une composition analogue, offrant la presse de Badius, mais de
date antérieure et gravée sur métal d'une façon médiocre, porte également
l'inscription Prelū ascēsianū, mais accompagnée du monogramme
et se trouve, entre autres, sur le titre du livre intitulé: „Ori-
genes, opera omnia. Parisiis J. Parvus et Jod. Badius 1512.“
Une imitation libre sur métal de la première gravure, mais avec

deux figures de chaque côté, dans un costume différent, porte également l'inscription PRELVM ASCĒSIANVM, accompagnée de la croix archiépiscopale ou de Lorraine au verso du dernier feuillet du livre intitulé: „Marcus Fabius Quintilianus Institutionum oratorium, libri XII. etc. Paris. Mich. Vascosan 1538.‟ In-fol. Cet imprimeur était un des trois gendres de Jodocus Badius et paraît, après la mort de celui-ci en 1535, avoir dirigé son imprimerie, quoique, si nous en croyons d'autres rapports, son fils Conrad ait continué les affaires de son père et publié de très-bons ouvrages. Voyez Ersch et Gruber „Encyklopaedie‟ où l'on trouvera des détails intéressants sur Jodocus Badius, son fils Conrad, ses gendres M. Vascosan, Jean Roigny et Robert Étienne qui furent tous imprimeurs.

287—291. Des joûteurs. Cinq feuilles. (B. App. No. 36. 37. H. No. 2096—2100.)

287. Deux cavaliers ont couru l'un contre l'autre avec leurs lances et avec tant d'impétuosité qu'ils sont tombés de selle tous deux et que leurs chevaux se sont abattus. Sur le heaume de celui qui est tourné vers la droite se trouve un soulier et la pointe de sa lance brisée vole en l'air; son adversaire est tombé les jambes en haut. H. 8 p. 9 l. L. 12 p. 3 l. (B. App. No. 37. H. No. 2096.)

288. Deux chevaliers ont joûté ensemble; celui qui est dirigé vers la droite a laissé tomber sa lance, l'autre vis-à-vis est étendu par terre. La lance de ce dernier est suspendue obliquement en l'air. Il porte sur le heaume un dévidoir à deux ou quatre bras. H. 8 p. 3 l. L. 9 p. (H. No. 2097.)

289. Deux chevaliers ont couru l'un contre l'autre; celui de droite est tombé de cheval, la tête en avant et les jambes en l'air; celui de gauche galoppe dans le sens opposé. H. 8 p. 3 l. L. 9 p. (B. App. No. 36. H. No. 2098.)

290. Les deux joûteurs sont séparés par une barrière en planches; celui qui est sur le devant est tombé, la jambe droite engagée sous son cheval abattu. Le chevalier de l'autre côté de la barrière, qui porte un heaume couronné surmonté d'un demi-lion, lève sa lance brisée. H. 8 p. 3 l. L. 8 p. 9 l. (H. No. 2099.)

291. Deux chevaliers à pied combattent avec des poignards. (H. No. 2100.) Le heaume de celui qui marche vers la droite est orné d'une couronne et de panaches tombants. Celui tourné vers la gauche et qui se soutient sur une seule jambe semble sur le point de tomber puisque son adversaire lui a saisi le bras

et la jambe gauche.   Dans les airs deux oiseaux qui s'attaquent.
H. 8 p. 3 l. L. 9 p.

On trouve des copies des cinq pièces précédentes, de plus petites
dimensions et d'une exécution inférieure.   Elles portent l'adresse: „Hans
Glaser Briffmaler zu Nürnberg am Panersperg".   Le Musée Germanique
de Nuremberg possède un exemplaire colorié des quatre premières pièces.

292.   La danse aux flambeaux. (B. App. No. 38. H. No. 2101.)
Trois jeunes gens, le visage couvert d'un voile noir, dansent en cercle
avec trois jeunes femmes à la lumière de trois flambeaux tenus par
trois autres hommes.   Une dame couronnée, avec sa suite, contemple
le spectacle du haut d'un balcon.   H. 8 p. 3 l. L. 9 p.

Cette fête à dû avoir lieu à Augsbourg en 1517 et le dessin de
ce bois paraît être de Hans Burgmair.   On en trouve des épreuves
récentes dans la Collection Derschau.

293.   Le bouffon.   Il vient de la droite et embrasse une femme
nue, debout à gauche, aux pieds de laquelle se trouve le monogramme
de Durer.   Cette gravure paraît avoir été exécutée avec peu d'adresse
d'après un dessin de Durer.   H. 3 p. 6 l. L. 2 p. 7 l.   Berlin.

Heller mentionne sous le No. 2072 une composition analogue qu'il
décrit sous le nom d'un bouffon et une femme nue, in-8°, pièce
ronde.   C'est ainsi que cette pièce est mentionnée par Hauer et dans
le catalogue de van der Lahr 1762, p. 23, No. 142.

294.   Deux hommes en conversation.   Ils sont debout,
l'un vis-à-vis de l'autre; celui de gauche, coiffé d'une barrette à trois
plumes, lève la main gauche et tient sous le bras droit un cimeterre.
Celui de droite porte un bonnet de fourrure et au côté gauche un
sabre court avec un trousseau de clés.   A la droite du bas le monogramme de Durer.   H. 2 p. 4 l. L. 2 p. 5 l.   Berlin.

295—297.   Les trois horoscopes de Stabius. (H. No. 2106
—2108.) „Horoscopion etc."

295.   Horoscopion omni generaliter congruens cli-
mati 1512.   Aux côtés deux génies femelles avec des étendards.
H. 13 p. L. 7 p. 9 l.

296.   Horoscopion omni generaliter congruens cli-
mati.   Avec une dédicace en latin et les explications de Stabius,
deux grandes feuilles in-fol.   Aux côtés, deux lions tenant des bannières et des écussons.   H. 8 p. 10 l. L. 38 p.

297.   Horoscopion universale pro multiplici diver-
sarum gentium ritu, diei noctisque horas et momenta

distinguens. Sur une petite sphère on voit écrit les noms des douze mois et tout autour sont tracés des cercles se coupant en diverses directions. Dans les coins supérieurs se trouvent deux génies femelles tenant des étendards; au bas un écusson soutenu par un griffon. H. 17 p. L. 17 p.

Rien ne prouve que ces pièces doivent être attribuées à Durer. Les bois, qui se conservent encore à Vienne, ont servi à des impressions faites en 1781.

298. Culminatorium fixarum. (H. No. 2109.) Ce sont plusieurs lignes courbes tirées de haut en bas et disposées trois à trois pour connaître les heures de la nuit d'après la position des étoiles. En haut, à droite, un écusson d'armoiries avec trois têtes de lion; au bas celles de Stabius. H. 17 p. L. 16 p. 9 l. Cette pièce est le No. XI des gravures sur bois réimprimées à Vienne en 1781.

299. Le cadran solaire. (H. No. 2111.) On lit au-dessus: GEGEN DEM NIEDERGANG. AVF. 49. GRAD. Cette pièce est attribuée, sans le moindre fondement, à Albert Durer dans la collection Derschau. H. 7 p. 1 l. L. 8 p. 6 l.

300. Bordure de titre avec deux génies tenant un écusson. (H. No. 2115.) De chaque côté s'élève une colonne ornée soutenant une boule. Au bas, deux petits génies tiennent un écusson vide suspendu à des cordons. Le listel supérieur, avec deux têtes d'ange, a des ornements d'un style raide dont on ne trouve jamais d'exemple chez Durer. H. 4 p. 10 l. L. 3 p. 3 l.

Cette bordure a été employée pour les titres des livres suivants:

a. Bilibaldi Pirckheymheri, de vera Christi carne et vero ejus sanguine, adversus cōvicia Joānis, qui sibi Oecolāpadij nomen indidit, responsio secunda. Norembergæ 1527.

b. Tabula de Schematibus et Tropis. Petri Mosellani etc. Norimbergæ ap. Johan. Petreiū. M.D.XL.

301. Bordure avec quatre petits génies. (H. No. 2116.) Le listel inférieur est composé d'un socle avec une tablette vide. De chaque côté se trouvent deux colonnes renflées et un pilastre qui sont unis par une corniche. Entre les deux colonnes se trouve toujours un enfant ailé qui tient une cassolette et de chaque côté, en haut, deux petits génies debout qui soufflent dans des cornets de postillon. Au milieu et sous un cintre, deux hommes montés sur des dauphins. H. 6 p. 6 l. L. 4 p. 10 l. Cette gravure dans la collection Heller à Bamberg ne porte en aucune façon l'empreinte de la manière de Durer.

302. **Bordure avec deux Satyres enchaînés.** (H. No. 2117 et p. 1025.) Ils sont assis au bas; à gauche, debout sur un socle orné de fleurs, un Satyre soufflant dans un instrument; à droite une corbeille de fleurs sur une colonne. En haut, à gauche, une sirène, de l'autre un homme marin, tous deux ailés. H. 6 p. 8 l. L. 4 p. 11 l. Cette bordure a été employée pour plusieurs ouvrages, entre autres pour celui sans indication de lieu et de date: „Sanct Augustins des heiligen bischöffs seer andächtiges Büchlein etc. von den zehen gebotten gottes," qui doit avoir été imprimé à Augsbourg en 1522 et offre le style de bordure de Hans Burgmair de cette ville, et ensuite dans plusieurs petites publications des années 1519, 1520 et 1521 qui ont paru à Wirsung chez Sigismund Grimm.

303. **Les armoiries de l'empereur Maximilien I. Avec l'aigle impériale.** Elles se trouvent au haut d'un titre, ornées de la toison d'or, surmontées de la couronne impériale et soutenues par deux griffons. Elles sont entourées d'une série de petits écussons dont six en haut avec deux disques dans les coins dont celui de gauche porte une croix, celui de droite un monogramme qui paraît être celui de Maximilien dans le style de ceux des Carlovingiens; de chaque côté se trouvent six autres écussons dont le quatrième, à gauche, porte les armoiries d'Albert Durer; les autres paraissent être celles des divers personnages qui ont contribué à la renommée du règne de Maximilien. On lit dans le compartiment inférieur:

IMP. CES. MAXIMILIANO

AVC. PIO FELICI

HVNG. DALM. CROATIEQƷ REGI. etc.

SVVM. AVSTR. etc. . . . .

VIXIT ANN. LVIII. MENS. VIII. DIEB. XVIII

OBIIT. VVELS. DIE XII.

IAN. SALVT. ANN. MCCCCC.

XVIIII. REGNI. ANNO

XXXIII. PRINCI.

OPT:

CHRISTIANEQƷ. RELIGIONIS. ACERRIMO. PROPVG

NATORI. ERAT. JOANN. FABR. AVGVSTAN.

THEOLOGVS. MAIEST. SVE. A CONSILIO

DEVOTISS. FACIENDVM. CVRAVIT

ATQVE POSVIT

M. CCCCC. XVIIII.

Cet écusson est très-beau dans le style de Durer et bien gravé. Le monogramme à droite est reproduit ici. H. 6 p. 41. L. 4 p. 21. Collection Albertine à Vienne [38]) et Stuttgart.

304. Les armoiries du roi Philippe II. Avec deux lions pour supports et entourées d'arabesques dans une architecture. Dans le compartiment inférieur on trouve une inscription comme dans la pièce précédente et commençant: PHILIPPO CATHOLICO. REGI. HISPANIARVM etc. MCCCCXVIIII. Cette pièce, traitée comme la précédente et de la même dimension, appartient au même ouvrage. Collection Albertine.

305. Armoiries de l'archiduc Charles. (H. No. 2120.) L'écusson, écartelé de plusieurs pièces, est timbré du chapeau archiducal et entouré du cordon de la toison d'or. En haut, sur quatre lignes, l'intitulation: CARL VON GOTTES GNADEN ERTZHERTZOG ZV OSTERREICH etc. Cette pièce d'un travail raide forme le No. VI des impressions faites à Vienne en 1781. H. 9 p. L. 7 p.

306. Les armoiries de Behaim. (B. App. No. 57. H. No. 2122.) Un homme sauvage, la tête couverte d'un heaume fermé, tient deux écussons dont celui de droite est vide. On connait de cette pièce deux éditions. Le heaume dans la première a l'ancienne forme usitée dans les tournois; dans la seconde, au contraire, il a une visière à grillage renflé. Ce dernier a été encastré dans le bois, ce que l'on aperçoit facilement dans l'impression. Le dessin de cette pièce est dans le style de H. S. Beham.

307. Les armoiries de Kilgen de Berlingen. (B. App. No. 44. H. No. 2123.) C'est ainsi que se trouve écrit le nom au-dessus d'un écusson portant une roue et timbré d'un heaume ayant pour cimier un loup tenant entre les dents un agneau. Le nom allemand correspondrait à celui de „Aegidius de Berlichingen".

308. Armoiries du Margrave de Brandenbourg. (H. No. 2124.) Ces armoiries doivent être celles de l'électeur de Mayence, Cardinal Albert de Brandenbourg, et qui portent au revers la date de 1520. Elles appartiennent à l'ouvrage déjà cité du „Hallischen heiligthumb", dessiné par Lucas Cranach (?). H. 6 p. L. 3 p. 10 l.

---

38) Dans la même collection on conserve encore une autre gravure sur bois avec l'Aigle double de l'empire. Deux lions supportent la couronne avec les insignes impériaux. A côté deux petits écussons avec un lion et un ours; au bas un paysage. Gr.-in-4°. C'est une première épreuve avec une bordure noire sur laquelle on voit taillées un nombre de figures fantastiques de tout genre.

309. 310. Les armoiries de Gabriel von Eyb, évêque d'Eichstädt, de l'année 1525. (B. App. No. 46. Heller No. 2126.) H. 4 p. 1 l. L. 2 p. 8 l., et les mêmes plus grandes (B. App. No. 47. H. No. 2127) H. 10 p. 8 l. L. 7 p. 7 l. Ces dernières se trouvent dans le livre: „Missale Eysteten ecclesie — Hieronymus Höltzel, civis Nurenbergis etc. impressit MDXVII." In-fol. Elles ne sont point d'un bon travail, bien que traitées dans le style d'Albert Durer et paraissent avoir servi de modèle pour les petites armoiries, No. 46, Appendice de Bartsch ou No. 2126 de Heller. Collection à Gotha.

311. Les armoiries de Johann Fernberger d'Egenbourg. (B. App. No. 48. H. No. 2128.) Mr. von Reider croit que ce personnage est celui mentionné par Primisser „Ambraser Sammlung, Wien 1819" p. 139 comme Hans Fernberger d'Auer dans le Tyrol, mort en 1533, mais justement cette dernière désignation est celle qui pourrait donner lieu à des doutes.

312. Les armoiries du Dr. Johann Gastgeb. (B. App. No. 49. H. No. 2129.) Nous ne pouvons rien ajouter à la notice donnée par Bartsch et Heller au sujet de cette pièce.

313. Les armoiries de la famille Haller, de Nuremberg. (B. App. No. 50. H. No. 2131.) Pièce médiocrement gravée. H. 6 p. L. 4 p. 9 l. Les caractères n'ont pas la beauté de ceux qu'on rencontre chez Durer.

On trouve à Berlin ces armoiries, comme elles ont été décrites par Bartsch et Heller, mais portant H. 11 p. 11 l. sur L. 9 p. 4 l. On lit au-dessus en gros caractères:

Bartholmes Haller | vom Hallerst, un Kokay.

314. Les armoiries de Gabriel, comte d'Ortenberg. (B. App. No. 51. H. No. 2136.) Le dessin et les caractères dans leur ensemble ne correspondent pas au style de Durer, mais bien à celui de Hans Baldung Grün. Cette opinion devient encore plus probable si l'on observe que ce comte d'Ortenberg, d'après l'inscription sur ses armoiries, était colonel et bailli dans la haute Alsace et que Baldung Grün demeurait à Strasbourg.

315. Les armoiries de la famille Pömer. (B. App. No. 53. H. No. 2141.) Les quatre petits écussons dans les coins sont les suivants: le premier, à gauche en haut, est celui de Pömer; celui de droite, vis-à-vis, avec deux oiseaux adossés est celui des Rummel; celui de gauche en bas avec trois roses en bande est celui des Schmiedmaier de Schwarzenbruck; le quatrième enfin est celui des

Bergmeister. H. 6 p. L. 4 p. 2 l. Le dessin, surtout celui des lambrequins et des têtes d'anges aux côtés, rappelle celui de H. S. Beham.

316. Armoiries de Degenhart Pfeffinger. (H. No. 2137.) L'écusson est écartelé, au 1ᵉʳ et 4ᵉ d'un lion passant, la tête vers la droite de l'écu, au 2ᵈ et 3ᵉ, un demi-lévrier rampant. L'écu est timbré de deux heaumes couronnés, dont celui de gauche porte pour cimier un tambourin entre des plumes de paon et celui de droite un demi-lion coiffé d'une mitre. Un cordon formé de roses et d'épées entoure le tout. On voit au-dessus les armes de Jérusalem, une croix recroisetée accompagnée de quatre croisettes de même, entourées d'une bordure de traits. H. 8 p. 9 l. L. 6 p. 10 l. En dehors de la bordure l'inscription: „Degenhart Pfeffinger Erbmarschalg in Nidern Bayrn etc." Sans monogramme. Collection de Gotha.

317. Armoiries de la famille Rehm 1526. (B. App. No. 54. H. No. 2142.) Ces armoiries sont d'un beau dessin et traitées dans la manière de Durer, mais les colonnes aux côtés s'en éloignent et se rapprochent de celle de H. S. Beham. Cet écusson semble être le même que Heller a décrit sous le No. 2135 erronément comme celui des Ochsenfelder.

318. Armoiries de Jean de Revelles, évêque de Vienne en Dauphiné 1524. (B. App. No. 55. H. No. 2143.) On trouve quelquefois cette pièce dans le livre intitulé: Præclara Ferdinandi Cortesii de nova Maris Oceani Hispania narratio Carolo Rom. Imperatori transmissa per Saguorgranum. Noreberge impensis F. Peypus MDXXIV." In-fol. Cet ouvrage est dédié à l'évêque de Vienne.

319. Les armoiries de Sébastien de Rotenhan. (H. No. 2144 et 2155.) L'écusson, fortement contourné, porte une bande ondée, accompagné en chef d'une étoile; le heaume a pour cimier un coq essoré, tourné vers la gauche, avec la devise: NOSCE. TE. IPSVM, et au-dessus l'inscription:

Nunquam Stygias fertur ad undas. —
Inclyta virtus.

Cette gravure se trouve dans le livre intitulé: „Reginonis Monachi Prumiensis Annales non tam de Augustorum vitis quam aliorum Germanorum gestis et docte et compendiose disserentes ante sexingentos fere annos editi." — In fine: „Moguntiæ in ædibus Joannis Schoeffer mense Augusto Anno MDXXI." In-fol. Le dessin sans style de ces armoiries ne rappelle en rien celui de Durer.

On trouve dans le même livre le portrait de Sébastien de Rotenhan, mentionné par Heller p. 813. Il est de profil, tourné à gauche, coiffé d'une barrette à mailles; avec trois lignes d'inscription: „Placuit D. Sebastiano de Rotenhan etc."

320. **Allégorie mystique de Rotenhan.** C'est une gravure sur métal qui nous montre Sébastien de Rotenhan à genoux tenant l'écusson de ses armoiries et ayant à droite son heaume surmonté du coq. Il tient de la gauche un étendard avec l'inscription: VIRTVTI GLORIA, et lève les yeux vers le haut de l'estampe où se voit une trinité de femmes ailées en demi-figures avec l'inscription grecque ΣΟΦΙΑ au-dessus. Au bas se trouve une tablette sur laquelle on lit: O. ALMA. THOSIS. PFER. LVME̅. CECIꙄ. et sur le cintre d'une riche architecture: ROTENHANI. MISTICVM. Cette estampe a été publiée récemment au moyen du tirage d'après une planche en cuivre taillée absolument comme une gravure sur bois et qui se conserve dans les Archives de la famille de Rotenhan à Rentweinsdorf. H. 8 p. 21. L. 5 p. 11 l.

Bien que le dessin de cette planche ne manque point de style et que l'exécution en soit meilleure que celle des armoiries que nous venons de citer, on ne peut cependant l'attribuer à Albert Dürer.

321. **Les armoiries de Hartmann Maurus,** décrites par Heller sous le No. 2145, comme celles de Hartmann Schedel. L'écu porte une tête de maure bandée. Le heaume a pour cimier un demi-maure manchot entre deux ramures de cerf. On lit au-dessus: „Insignia Hartmanni Mauri L. L. Doctoris Cæsarei judicij adsessoris", et au-dessous la devise: „Virtus clara æternaꝗ habetur." H. 4 p. 11 l. L. 4 p. 2 l. Ces armoiries se trouvent à la fin d'un opuscule qui a sur le titre l'aigle impériale avec l'inscription: „Coronatio invictissimi Caroli Hispaniarum Regis Catholici in Romanorum Regem. Hartmanno Mauro Jurisconculto authore," et à la fin: „Nure̅berge apud Federicum Peypus, Anno MDXXXIII." In-4°. (Panzer, Ann. VII. p. 464.)

322. **Les armoiries des Scheurl et Tucher,** tenues par une femme richement vêtue. (H. No. 2147.) On lit en deux lignes:
HIC SCHEVRLINA SIMVL TVCHERINAQ. SIGNA REFVLGENT
QVE DOCTOR GEMINI SCHEVRLE PARENTIS HABES.
Cette pièce appartient à Lucas Cranach et se trouve sur le titre du livre: „Libellus Doctoris Christoferi Scheurli, Nurembergensis de sacerdotum et rerū ecclesiasticarum prestantia etc. Leipsig 1511." (Panzer, Ann. p. 172. No. 342.)

323. **Armoiries de Christophe Scheurl I.** Un écu portant trois étoiles et entouré d'une couronne de laurier, avec des inscriptions latines dont la première est: „Liber Christophori Scheurli."

Pièce carrée 4 p. 3 l. Nagler, dans son ouvrage: Les Monogrammistes I. p. 208. No. 154, mentionne cette gravure sur bois et remarque à ce sujet que Christophe Scheurl, mort en 1519, se servit
de cette gravure comme écusson de sa bibliothèque et que Albert Scheurl
ne s'étant marié qu'en 1513 avec Anna Zingl, cette gravure a dû être
exécutée avant les armoiries doubles des Scheurl et Zingl. Le travail
de cette pièce doit mériter autant que celui des armoiries de Scheurl
et Geuder (No. 164 de notre catalogue) d'être attribué à Durer, mais
comme nous ne l'avons point vue, il nous est impossible de formuler
là dessus un jugement.

324. Armoiries de Lazare Spengler. (B. App. No. 58. H.
No. 2149.) Quoique ce secrétaire du Conseil de Nuremberg ait été
uni à Durer par des liens d'amitié, celui-ci ne paraît néanmoins pas
avoir dessiné ces armoiries qui doivent, au contraire, être attribuées à
H. S. Beham. H. 5 p. L. 3 p. 5 l.

325. Armoiries de Salomon Schweiger. (B. App. No. 61.
H. No. 2152.) L'écu porte une couronne et le heaume a pour cimier
une demi-figure d'homme couronné de pampres et tenant la main
droite devant la bouche. L'ornement inférieur, qui ressemble à la bordure d'une inscription, est dans le goût qui prévalait vers la moitié du
XVIᵉ. siècle et par conséquent ne peut être de Durer. H. 15 p. L. 11 p. 9 l.
Sur l'exemplaire de l'Institut de Francfort s. M. on trouve écrit à l'encre
le nom de Salomon Schweigger; l'écusson, du reste, offre les armoiries
bien connues des Schweigger de Nuremberg.

326. Un écu parti et bandé. Le heaume a pour cimier
deux vols bandés. (B. App. No. 60. H. 2154.) H. 14 p. 6 l. L. 10 p. 6 l.

327. Un écu à un demi-sanglier rampant sur un mont
de trois coupeaux etc. (B. App. No. 59. H. No. 2158.) H. 10 p. L. 12 p. 6 l.

328. Un écu écartelé à l'écusson en coeur chargé
d'une tour. (B. App. No. 62. H. No. 2159.) H. 15 p. L. 12 p. 3 l.

329. Armoiries d'un évêque. Écu portant un agneau, un
aigle et un griffon. 1521. (H. No. 2153.) Pet.-in-4°. On en conserve
un exemplaire dans la Collection Albertine à Vienne.

330. Écusson au cerf. (H. No. 2150.) Le heaume a pour
cimier un griffon. Au-dessus l'inscription: „Stephanus hec merito de-
fert Verbewcius arma." (De la famille Verbeuc?) Pet.-in-fol. On en
trouve un exemplaire dans la Collection Albertine à Vienne.

331. Les armoiries de Jean Loble à Greinburg. L'écu
porte une colombe perchée sur un rameau qu'elle saisit du bec.

Le heaume fermé a pour cimier la colombe du champ entre deux cornes. Une banderole porte les initiales: G. B. M. G. Au bas l'inscription: „Johann, Loble zu Greinburg, Römisch, hung. vnd Boheimsch. Kuniglicher Mt. etc. Rat vnd Burgvogt zu Enns." Bel écusson traité dans le style de Durer. H. 14 p. 6 l. L. 11 p. 8 l. Francfort s. M.

332. Écusson avec demi-figure d'homme dans une rose gothique formé de branchages recourbés. L'écu est coupé et porte en chef une demi-figure d'homme tenant une tige terminant par trois fleurs. Sur le heaume la figure du champ entre deux trompes d'éléphants. Le tout est contenu dans une rose ou étoile gothique de branches à quatre pointes contournées. Belle gravure sur bois d'après un dessin qui rappelle le style des ornements gravés par Hollar d'après Durer. H. 3 p. 3 l. L. 3 p. Stuttgart.

Portraits.

333. L'empereur Maximilien I. (H. No. 2160.) Buste de profil, tourné à gauche, dans un médaillon, entouré de l'inscription:

Der Teur Fürſt K. Marimilian iſt auff den XII. tag des Jenners, ſeins alters im LIX. Jar ſäligklich von dyſer Zeit geſchaiden. Anno Dm̄i 1519.

Au bas est imprimé en caractères mobiles:

Du hatteſt wenig rw in dyſem leben
Darumb dir got yetz ewig freud hat geben.

Pièce ronde, 3 p. 8 l. de diamètre. Berlin et Stuttgart.

On trouve cette gravure d'abord dans le livre intitulé: „Seel unnd heiligen buch Kayser Maximilianus. Freyburg im Breyssgaw, durch J. Wörlin, in verlegung des Hochgelarten Jacob Mennels 1522." In-4°. (Voyez l'œuvre de W. Resch, No. 2 de notre catalogue qui est l'original de ce portrait.)

334. L'empereur Charles V. à mi-corps et tourné vers la gauche. (B. App. No. 41. H. No. 2161.) En haut trois écussons avec l'inscription: „Karolus Rex Hispanie 1519." Il tient le globe impérial de la main droite. Le dessin n'a rien qui puisse faire reconnaître le style de Durer. Il en existe trois éditions:

a. Gravure sur bois cintrée avec une bordure architectonique et deux colonnes aux côtés. Le cintre est soutenu, à droite, par un génie soufflant dans un instrument; à gauche, par un autre qui tient un flambeau. Au lieu des trois écussons il ne s'en trouve qu'un avec la devise: „Noch weiter." Au bas, sur le piédestal, des génies à cheval.

Sans inscription au haut, mais ayant au-dessous le nom de l'empereur accompagné de ses titres en huit lignes imprimées au moyen de caractères mobiles et l'adresse: „Jost de Negker zu Augspurg 1519." H. 11 p. 10 l. L. 7 p. 5 l.

    b. La pièce décrite par Bartsch et Heller. Cintrée par le haut, sans bordure d'architecture et sans monogramme. H. 11 p. 2 l. L. 6 p. 6 l.

    c. Épreuves postérieures avec la marque de Durer ajoutée, dans la Collection de Derschau.

    335. Charles V. à mi-corps; il est vu de profil et tourné vers la gauche. (B. App. No. 42. H. No. 2162.) Buste sans mains. H. 4 p. 6 l. L. 3 p. 6 l.

    336. Charles V. (H. No. 2163.) Buste de profil, tourné à gauche, dans un médaillon, avec six traits de bordure. Au milieu du bas les armoiries impériales à l'aigle double entre deux colonnes. Diamètre, bordure comprise, 3 p. 2 l. Collection Derschau.

    337. Charles V. à demi corps, vu de trois quarts et tourné à droite. On lit au haut:

> O Carle Keisser lobesan,
> Greiff Du die sach zum ernsten an
> Gott würts mit Dir on zweifel han.

H. 5 p. 11 l. L. 3 p. 7 l. (Voyez Schorn, Kunstblatt 1830, p. 116.) Il en existe un exemplaire à Berlin.

    338. Charles V. Il est vu de profil, tourné à droite, demifigure, devant un socle à hauteur d'appui et posant les deux mains sur un tapis portant l'aigle de l'empire. H. 4 p. 9 l. L. 4 p. 1 l.

    Cette gravure sur bois médiocre se trouve sur le titre de l'ouvrage: „All Römisch Keiser nach ordnung vnd wie lang yeder geregiert hat .... bis auff den yetzige grossmechtigsten Keiser Carl." In fine: „Gedruckt zu Nürmberg anno M.DXXX," et se trouve au revers du portrait de Maximilien, gravé par Wolf Resch.

    339. Charles V. Buste de profil, tourné à gauche. L'ordre de la toison d'or est passé sous la robe en fourrure de manière à ce que l'on n'en voit que la partie antérieure avec la toison. Médaillon à deux traits de bordure. Diamètre 2 p. 6 l. On en trouve des épreuves récentes dans la Collection Derschau. C'est la même pièce que Heller décrit sous le No. 2164, comme copie du No. 2163.

    340. Ferdinand II. empereur des Romains. (H. No. 2165.) Il est vu de profil, tourné vers la droite, la tête coiffée d'un grand chapeau rond. A la droite du bas on voit une couronne et partie

d'un écusson avec le lion de Bohème. Du même côté s'élève la moitié d'une colonne renflée qui porte l'entablement; à gauche le monogramme de Durer. H. 6 p. 5 l. L. 6 p. 8 l.

On trouve de semblables épreuves dans la Collection Derschau, mais il semble que la planche dans l'origine ait été d'une plus grande dimension. Quelques-uns veulent reconnaître dans ce portrait celui de Charles V. Les anciennes impressions n'ont point le monogramme.

341. Louis, roi de Hongrie. (H. No. 2166.) Il est vu de profil, tourné à gauche, et porte une forte barbe fourchue. La tête est couverte d'une barrette. Dans le fond, à gauche, l'inscription: „Ludovic' Rex vngarie." Médaillon à trois traits de bordure. Diamètre 2 p. 5 l.

342. Marie, reine de Hongrie. (H. No. 2167.) Elle est vue de profil, tournée vers la droite et porte sur la tête une résille et par dessus une toque ronde. A droite: „Maria Regina vngarie." Médaillon à trois traits de bordure de 2 p. 5 l. de diamètre, faisant pendant à la pièce précédente; les deux semblent avoir été gravées d'après des médaillons en relief sur bois. On en trouve des impressions dans la Collection Derschau.

343. Frédéric le sage, électeur de Saxe, 1519. (B. App. No. 43. H. No. 2169.) Il est vu de trois quarts, tourné à droite. Les anciennes épreuves portent à droite une pièce de vers commençant:

Friederich der drit, Churfürst etc.

On voit, par conséquent, que Bartsch s'est trompé en décrivant ce portrait comme celui de Guillaume, électeur de Saxe. On en trouve des épreuves en clair-obscur de deux planches qui portent le monogramme de Durer et au-dessus la date de 1519. Mais le dessin de cette pièce appartient certainement à Lucas Cranach. H. 10 p. 2 l. L. 8 p. 1 l.

344. Jean I. électeur de Saxe. (H. No. 2170.) Il est tourné vers la gauche. Au haut deux écussons d'armoiries. Cette pièce forme pendant à la précédente. Dans les exemplaires entiers on trouve l'inscription avec le nom de „Johann der Erst Churfürst und Herzog zu Sachsen etc.", et à gauche une pièce de vers commençant:

Nach meines lieben bruders endt etc.

H. 10 p. 2 l. L. 8 p. 1 l.

Les deux pièces précédentes se trouvent dans la collection de Brême et prouvent que Heller s'est trompé en décrivant le dernier portrait comme celui de Frédéric le sage.

345. Le duc George de Saxe. (H. No. 2171.) Il est vu

III. 15

de trois quarts, tourné vers la gauche et son front chauve est entouré d'une guirlande. H. 12 p. L. 9 p. 8 l.

Heller, dans la „Vie et les ouvrages de Lucas Cranach,“ Nürnberg 1834, p. 241, décrit ce portrait et ajoute que les anciennes épreuves portent le nom du duc imprimé; dans les secondes épreuves on a ajouté, à droite, le serpent qui est la marque de Lucas Cranach. Des épreuves récentes, sans la marque, se trouvent dans la Collection Derschau.

346. L'Alphabet avec des enfants qui jouent. Cet alphabet, connu à une époque récente sous le nom des „Initiales de Durer avec des enfants“, est composé de 23 lettres et bien que l'on ait ajouté plus tard à la lettre F le monogramme de Durer, la composition montre plutôt le caractère particulier de Hans Burgmair et comme elle a été gravée par Jost de Necker à Augsbourg, nous croyons pouvoir la donner avec certitude au premier de ces artistes. Nous avons donné des détails sur cette pièce dans l'œuvre de Burgmair sous le No. 121 auquel nous renvoyons à ce sujet.

Nous avons encore ici à faire mention d'une composition de Durer représentant: Trois chevaliers attaqués par trois squelettes et dont nous trouvons la première esquisse dans la Collection Albertine à Vienne. Le Cabinet de Stuttgart possède la même composition, avec de légers changements, pareillement sur un papier rouge-brun et rehaussée à la main de blanc dans les lumières. Elle porte outre le monogramme de Durer la date de 1497, ayant une dimension un peu moindre du dessin de Vienne. Cette pièce passait autrefois pour un dessin du maître [39]); mais Mr. R. de Rettberg de Munich est persuadé que ce n'est point un dessin à la plume, mais bien une gravure sur bois et croit que c'est un essai de Durer pour exécuter une planche en clair-obscur (?) et qu'il abandonna, parceque certains détails du dessin, entr'autres le raccourci d'un cheval, n'avaient point réussi. [40]) Mais il faudrait certainement faire des recherches ultérieures pour savoir si l'exemplaire de Stuttgart est réellement une

---

39) Voyez Kunstblatt 1831, p. 414.
40) Voyez le „Anzeiger des germanischen Museums. Nürnberg 1855,“ p. 314 et 1857, p. 80. Il faut remarquer à ce sujet que le raccourci de la jambe du cheval est mieux compris dans le dessin de Vienne que dans celui de Stuttgart qui nous paraît être une copie de l'autre.

gravure sur bois et non un dessin et ces recherches présenteraient d'autant plus de difficultés que le papier a été recouvert d'un vernis qui donne à la pièce un ton très-obscur. Nous n'en donnerons donc ici qu'une description très-courte d'après un calque que nous devons à l'obligeance de feu Mr. le prof. Müller de Stuttgart.

347. **Trois cavaliers attaqués par des squelettes.** Celui du milieu est abattu avec son cheval par la mort qui, planant au-dessus de lui, brandit sa faux. A gauche, à côté de lui, le cheval du second se cabre devant l'autre squelette qui, les pieds enveloppés dans un suaire, l'attaque par en haut avec une mandibule. Derrière les pieds du cheval un crâne d'autruche et des os. Le troisième cavalier s'enfuit sur le second plan, mais il est saisi au manteau par un troisième squelette s'appuyant sur la terre et dont le chien du cavalier mord le linceuil. Sur le devant, à droite, une croix tumulaire et au-dessous, dans le coin à gauche, la signature: 1497
Paysage rocailleux avec des arbres et vue dans le lointain. H. 11 p. 8 l. L. 17 p.

Elèves et imitateurs d'Albert Durer, non compris les graveurs connus sous le nom des petits maîtres.

Hans Leonhard Schaeuflein.
(Bartsch VII. p. 244.)

Le père de ce peintre et dessinateur d'une fécondité extraordinaire, s'appelait François. C'était un marchand qui, en 1476, s'établit à Nuremberg, venant de Nördlingen. L'année de la naissance de Hans Leonhard, communément nommé Hans Schaeuflein, n'est point connue quoiqu'on doive la placer avant 1490, année qui est généralement adoptée, puisque les gravures sur bois d'une Passion de Jésus Christ (B. No. 34), d'après ses dessins, parurent déjà en 1507 à Nuremberg. Il entra très-jeune à l'école d'Albert Durer dont il adopta la manière de dessin, à tel point que surtout les gravures sur bois d'après les dessins de sa jeunesse et qui ne sont point encore signées de son

monogramme passent pour être celles de son maître, quoiqu'elles leur
soient bien inférieures dans la force de la composition et dans la finesse
du dessin. A tout événement il se trouvait déjà en 1512 à Augsbourg,
et fit dans cette ville pour l'empereur Maximilien les dessins du Theuerdanck [41]) qui furent gravés sur bois par Jost de Necker et ses aides.
En 1515 il se rendit à Nördlingen et, l'année suivante, il épousa Afra
Tucher de Nuremberg: il paraît s'être même alors arrêté pour quelque
temps dans cette dernière ville puisque le conseil de Nördlingen le
rappela à l'occasion de lui avoir concédé la maîtrise. Depuis lors il
y a habité une maison près de l'Eichbrunn et y mourut en Mars 1540.
Sa femme, qui lui survecut, épousa dans la même année le peintre
Hans Schwarz d'Oettingen qui se servit encore sur ses travaux (des
tableaux?) de la marque de Hans Schaeuflein. Le fils de celui-ci, nommé
pareillement Hans, se rendit, en 1542, à Fribourg en Suisse et paraît
avoir exécuté des dessins pour la gravure sur bois. Nous devons en
partie ces renseignements aux communications que fit le peintre Müller
de Nördlingen à Joseph Heller et l'on devra consulter à ce sujet les
„Beiträge" de celui-ci, cahier III.

Le nombre des dessins exécutés par Hans Schaeuflein pour la
gravure sur bois atteint un chiffre considérable et qui ne peut être fixé
avec précision puisque ses premiers travaux ne portent pas son monogramme, comme nous l'avons vu dans le catalogue des gravures sur
bois faussement attribuées à Albert Dürer. Beaucoup d'autres gravures sur
bois, d'après ses dessins, furent employées pour l'illustration des livres
qui parurent à cette époque à Augsbourg, à propos desquels il con-
viendrait de faire des recherches ultérieures, surtout pour décider quels
sont les ouvrages pour lesquels ces gravures furent destinées dans l'original, puisqu'elles furent souvent employées aux usages les plus divers

---

41) Jost de Necker ou Dienecker écrit en date du 27 Octobre 1512 à l'empereur Maximilien I.: „Très-généreux seigneur, le dessinateur ou peintre Hans Scheyf-
felin m'a demandé et prié que, vu qu'il était chargé par Schonsperger (l'imprimeur
du Theuerdanck) de faire des dessins ou des esquisses des figures, devant recevoir
de lui son salaire pour cela; et qu'il ne pouvait, pour son travail ou pour ce qu'il
avait de prêt, recevoir de Schonsperger aucun paiement, j'eusse à écrire à V. M.
impériale et la prier qu'elle daignât vouloir en charger le Docteur Beyttinger,
Baumgartner, moi ou tout autre, de manière à ce qu'il soit certain de recevoir son
salaire, qu'il recevrait volontiers de moi comme intelligent de la matière, puisque
Schonsperger ne le paie que selon son caprice et pour chaque trois figures (dessins) deux florins." Voyez „C. Peutinger dans ses rapports avec l'empereur Maximilien I.", publication de Th. Herberger, Augsbourg 1851, p. 31, Note 100.

et principalement en commun avec les gravures sur bois d'autres maîtres. Le docteur Nagler, dans son „Künstler-Lexicon", mentionne plusieurs de ces livres dont il attribue les gravures sur bois à Schaeuflein, sans nous en donner les raisons et quoique, dans bien des cas, elles ne paraissent pas appartenir à ce maître. Nous n'en avons point fait mention dans notre catalogue, nous limitant à admettre celles dont nous avons reconnu l'authenticité par nos propres yeux, mais de nouvelles recherches pourraient probablement agrandir et compléter l'œuvre de notre maître.

Quant à la question si Hans Schaeuflein a été lui-même graveur sur bois elle devra être décidée dans la négative si nous nous en rapportons au passage déjà cité [42]) de la lettre de Jost de Necker à l'empereur Maximilien dans laquel il désigne Schaeuflein comme dessinateur (Reisser) et peintre et dont lui-même, avec ses compagnons, gravaient les dessins.

Néanmoins il paraît qu'il exécutait occasionellement lui-même des gravures sur bois et Bartsch indique une planche du Triomphe de l'empereur Maximilien I. de Burgmair, où se trouve écrit sur le revers le nom de „Hans Schäuflein" qui est l'indication du graveur sur bois de cette pièce. (Voyez Bartsch VII. p. 236, No. 13.) Peut-être que c'est de lui dont parle Peutinger dans sa lettre à Maximilien, en lui désignant un peintre à Augsbourg qui serait en état de graver sur bois. (Voyez Vol. I. p. 70 de cet ouvrage.)

Nous avons encore à corriger ici une erreur dans laquelle Bartsch est tombé en attribuant à Schaeuflein le monogramme suivant qui est celui de l'imprimeur et graveur Henri Steiner qui avait déjà gravé sur bois en 1510 et qui, de 1531 à 1545, publia plusieurs ouvrages à Augsbourg enrichis de gravures sur bois.

Observations à Bartsch VII. p. 245—273.

9ª. La Nativité. La Vierge est agenouillée à droite devant l'enfant Jésus couché à terre. St. Joseph est debout à gauche et près de lui se trouve la marque . H. 7 p. 4 l. L. 5 l.

Cette gravure sur bois à été enlevée d'un livre de prières en allemand et appartient à la composition de l'Adoration des Mages B. No. 9.

---

42) Au tome I. p. 68 de cet ouvrage.

35. Doctrina, vita et passio Jesu Christi. Les 47 gravures de Schaeuflein qui se trouvent dans cet ouvrage ont paru la
première fois dans l'édition donnée en 1516 à Hagenau par les héri-
tiers de Th. Anshelmus et Jean Alberti, ensuite dans l'ouvrage intitulé:
„Marci Vigerii de Decachordon Christianum etc.   Hagenau in ædibus Th.
Anshelmi Baden. expensis Joan. Koberger, Nuremberg. 1517." In-fol.

Une édition postérieure de la „Doctrina" in-4°, 1550, contient 73
gravures sur bois dont 26 sans signature.

41. Ecce homo. Deux petits anges tiennent le manteau du
Christ. Au haut un enfant qui pleure est assis dans une coquille placée
sur un ornement. H. 9 p. 2 l. L. 6 p. 5 l.

42—49. A la série de ces huit feuilles, représentant des sujets pieux, appartiennent encore onze autres gravures sur bois
(H. 3 p. 9 l. L. 2 p. 4—5 l.) qui toutes sont munies de passepar-
tout et dont l'une porte le millésime 1512. Elles font partie d'un
livre de prières, imprimé en noir et rouge, mais dont l'exemplaire connu
est incomplet [43]). Ce sont les suivantes:

43^a. L'annonciation. Le St. Esprit, à droite, plane au-
dessus de la Ste. Vierge assise. Sous l'ange à gauche se trouve le
monogramme.

43^b. La nativité. La Ste. Vierge, à droite, et St. Joseph,
à gauche, adorent l'enfant Jésus couché dans la crèche. Au-dessous
de St. Joseph se voit le monogramme.

43^c. La sainte famille. La Vierge avec l'enfant Jésus est
assise à gauche près de Ste. Anne, à droite, qui étend les bras vers
l'enfant. En haut le St. Esprit.

43^d. Le Christ prend congé de sa mère. A droite, trois
saintes femmes; à gauche, la signature.

43^e. Le Christ en croix. A gauche, la Vierge, évanouie,
est soutenue par St. Jean et auprès de celui-ci une sainte femme
qui pleure. A droite, deux soldats et le monogramme.

43^f. Jésus pleuré par les siens. Josephe d'Arimathie et
Nicodème s'avancent de la gauche avec des vases à parfums.

43^g. La Véronique. A ses côtés St. Pierre et St. Paul;
pièce non signée.

43^h. La mort de la Vierge. A gauche est assis un apôtre
barbu. Le monogramme est à la droite du bas.

---

43) Voyez R. Weigel „Kunstlager-Catalog" No. 21120.

45ª. Un prêtre disant la messe. Le monogramme est sur une table. Au bas est écrit: „Ein christliche und trostliche Ermahnung etc.“

45ᵇ. La confession. Un homme, enveloppé d'un manteau, èst agenouillé devant le confessional. Le monogramme est à droite.

45ᶜ. La communion. Le prêtre donne l'hostie à quelques communiants.

52. 53. Ces deux gravures appartiennent au livre intitulé: „Das Buch des Newen Testaments, Teutsch mit schönen Figuren.“ In fine: „Gedruckt in der Kayserlichen Stat Augspurg durch Hanns Schonsperger, 1523.“ In-fol. Parmi les gravures sur bois qui s'y trouvent, onze portent le monogramme de Schaeuflein. Ce sont les suivantes:

1—4. Les évangélistes; quatre pièces. H. 3 p. 5 l. L. 5 p. 1 l.

5. La Pentecôte. H. 8 p. 7 l. L. 5 p. 10 l.

6. St. Paul. H. 3 p. 5 l. L. 5 p. 1 l.

7—11. Cinq pièces appartenant à l'apocalypse de St. Jean. (Voyez R. Weigel, Kunstcatalog No. 19435.)

55—94. Ces 40 gravures sur bois, avec 60 autres d'un travail très-inférieur, se trouvent dans la dissertation ajoutée au Ciceron allemand, H. Steiner, Augsbourg 1534, et qui a pour titre: „Das büchle Memorial, das ist ein angedänkung der Tugend von Herren Johañsen von Schwarzenberg etc.“ Chaque sujet est accompagné, au-dessous, de quelques strophes rimées qui en expliquent le contenu. Le Teutsch Cicero, par lequel cette édition commence et qui se termine par le poème „Kumertrost“ n'est point orné des gravures de Schaeuflein, mais bien de quelques-unes qui paraissent appartenir à Hans Burgmair et qui se rapportent à la vie de Ciceron, tandis que les autres divisions de l'ouvrage, „de la Vieillesse, des questions Tusculaines, de l'Amitié et du boire“ (Von dem Zutrinken), sont accompagnées de gravures d'autres maîtres, pour la plupart d'une exécution inférieure. Il est donc évident que Bartsch et Nagler sont tombés dans une erreur quand ils indiquent ces quarante gravures comme appartenant au Ciceron, ce que l'on pourrait également conclure de ce que des sujets de l'ancien testament ne pouvaient aucunement convenir à un tel genre d'ouvrage.

132. Le Teuerdanck. Déjà en 1512 Hans Schaeuflein, Jost de Necker et Schonsperger étaient respectivement occupés des dessins, de la gravure et de l'impression de cet ouvrage, comme nous le relevons de la correspondance de Peutinger avec l'empereur. On en avait

même tiré quelques épreuves pour être soumises à l'approbation de Maximilien et qui, au nombre de 109 gravures sur bois et de trois dessins à la plume avec des remarques écrites, se conservent sous le No. 2607 [44]) dans la bibliothèque impériale de Vienne. L'entière édition ne parut cependant pour la première fois qu'en 1517 à Nuremberg, parceque Schonsperger s'était attiré tant d'affaires à Augsbourg qu'il ne pouvait plus demeurer dans cette ville et qu'il ne put y retourner que par l'intervention de l'empereur lui-même. [45])

Quoique sur les 118 gravures du Teuerdanck on n'en rencontre que deux portant la signature de Schaeuflein, il est hors de doute qu'il en a fait lui-même tous les dessins, mais en même temps la gravure est de différentes mains et quelquefois très-raide; dans d'autres, au contraire, on reconnait à la finesse de la taille et à la franchise de l'exécution qu'elles sont dues au talent de Jost de Necker.

Additions à Bartsch.

133. La vie des Saints (Der heiligen leben). Partie d'hiver suivie probablement de la partie d'été. A Augsbourg chez maître Hannsen Otmar, aux frais etc. de Jean Rynnman d'Oeringen etc. M.D.XIII.

Cet ouvrage renferme 130 petites gravures sur bois de 3 p. 2 l. de hauteur représentant chacune le Saint dont on raconte la vie. Quoiqu'elles ne portent point la signature de Schaeuflein, elles appartiennent évidemment à ce maître et le titre et la dernière feuille avec une réunion de Saints portent son monogramme. Cette dernière pièce représente Jésus crucifié, au-dessus duquel plane le St. Esprit entouré des Saints de l'Ancien et du Nouveau Testament. H. 6 p. 11 l. L. 5 p. 3 l. On la voit encore employée sur le titre du Nouveau Testament publié à Augsbourg, en 1523, par Silvanum Ottmar, in-fol. et contenant l'Apocalypse de Hans Burgmair.

On doit distinguer cette œuvre du: „Passional oder der hayligen Leben. 2 Theile. Sommer und Winter Tail. Augsburg. Hans Miller 1517 et 1518." Les gravures sur bois dans cet ouvrage appartiennent au

---

44) Voyez F. von Bartsch: Collection des gravures de la Bibliothèque I. et R. de Vienne, Vienne 1854, p. 290.
45) Voyez Th. Herberger, Conrad Peutinger etc. p. 29—31.

maître des initiales H. S. entrelacées avec la croix sur un petit bateau (Henri Steiner). Voyez Brulliot, Dict. I. No. 2502 et R. Weigel, Catalog No. 17888.

134. Le Plutarque en allemand. (Plutarchus Teutsch, von Hieronymus Boner. Gedruckt zu Augspurg durch Heinrich Steiner M.D.XXXIIII.)

Cet ouvrage qui décrit la vie de huit héros, contient dix gravures sur bois, dont quatre portent la marque de Schaeuflein. Les armoiries qui précèdent sont aussi de lui, tandis que les deux héros qui accompagnent la table des matières, ainsi que la pièce représentant le roi Pyrrhus assis sur son trône et donnant des ordres, sont trop mal gravées pour que l'on puisse y reconnaître le maître. Les gravures suivantes sont celles que l'on peut attribuer avec plus de certitude à Schaeuflein. H. 6 p. L. 5 p. 4 l.

a. Alexandre le grand. Il est debout, au milieu, derrière un écusson d'armoiries. A gauche un guerrier, à droite une reine. La signature est à la gauche du bas.

b. Jules Cæsar. Il est assis, couvert d'une armure complète entre huit sénateurs. Pièce non signée.

c. Caius Marius. Il est à cheval et parle à un lansquenet appuyé à gauche contre un arbre. La signature est à la gauche du bas. Cette gravure a été aussi employée pour Caton d'Utique.

d. Le roi Démétrius. Il est assis sur son trône et s'entretient avec trois de ses conseillers à gauche; sur le devant on voit un jeune homme debout, près d'un vieillard, en conversation avec trois personnages qui semblent des juges. Pièce non signée. Cette figure a encore été employée pour désigner le roi Roboam dans le livre intitulé: „Memorial der Tugend“.

e. Marc Antoine. Un chevalier en armure s'entretient avec un prince assis sous une tente. Le monogramme se trouve à la gauche du bas et la pièce est décrite par Bartsch sous le No. 93. On le trouve également employé dans le „Memorial der Tugend“.

f. Phocion. Il est debout, en armure complète et parle avec un homme à gauche. B. No. 98.

135. L'histoire d'Esther. Plusieurs sujets sur une même feuille. A gauche on voit Esther agenouillée devant Assuérus; sur les degrés à droite le monogramme. H. 7 p. 6 l. L. 13 p. Derschau No. 32.

136. L'histoire de Susanne. Divers sujets sur une même feuille. Elle est assise près d'une fontaine sous un arbre, à côté d'elle les

deux vieillards. La signature est à la gauche du bas. H. 7 p. 61. L. 13 p. 111. Derschau No. 33.

137. Le siége de Béthulie. Sur le devant Judith est dans l'acte de mettre la tête d'Holopherne dans un sac que lui tient une servante. A gauche on voit le combat et plus loin, dans le fond, Judith est reçue aux portes de la ville. A droite, le camp d'Holopherne. Le monogramme se trouve sur un arbre au milieu. Gravure sur bois de cinq feuilles. H. 14 p. 2 l. L. 42 p. Collection Derschau No. 34.

138. Le livre des Évangiles. (Evangelium. Epistel. Mit Anhang der Mess, Psalm vnd Collecten etc. Gedruckt durch etc. Hannsen Schonsperger dem Jungen. Augsburg 1513.)

On trouve dans ce livre cinq grandes gravures sur bois et un grand nombre de plus petites qui sont pour la plupart d'une taille maigre et très-souvent maladroite.

a. Le titre; il est entouré d'une large bordure; dans les coins des médaillons avec les évangélistes et dans les intervalles six demi-figures de prophètes.

b. La nativité. A gauche la Vierge, agenouillée, adore l'enfant Jésus couché par terre. A droite, St. Joseph, debout, tient une lumière; au-dessus planent deux petits anges tenant des banderoles. Le monogramme est au milieu du bas. H. 8 p. 61. L. 5 p. 10 l.

c. L'adoration des Mages. La Vierge avec l'enfant Jésus est assise à droite; devant, le vieux roi agenouillé lui présente une cassette avec de l'or. A gauche les deux autres rois et derrière eux deux autres personnages. La signature est au haut de l'entrée de l'étable. H. 8 p. 6 l. L. 5 p. 10 l.

d. Le Christ en croix. Il est tourné un peu vers la gauche où la Vierge, soutenue par une sainte femme, tombe évanouie; derrière elle une autre sainte femme en pleurs étend les bras. A droite St. Jean debout a les yeux baissés; à côté de lui le monogramme. H. 8 p. 6 l. L. 5 p. 10 l.

e. La résurrection. Armé de l'étendard de la croix, le Sauveur s'élève du sarcophage, tandis qu'un des gardiens saisit la draperie qui l'enveloppe. Sur le devant un autre gardien endormi, vu de dos. La signature est à la droite du bas. H. 8 p. 7 l. L. 5 p. 10 l.

f. La descente du St. Esprit. La Vierge, les mains croisées sur la poitrine, est assise au milieu de l'estampe. Parmi les apôtres qui l'entourent, l'un est debout sur le devant à gauche, l'autre est agenouillé à droite. Le fond est une salle avec deux médaillons. Le monogramme est au milieu du bas. H. 8 p. 9 l. L. 5 p. 9 l.

Les petites gravures sur bois sans monogramme sont souvent très-mal taillées. H. 3 p. 6 l. L. 2 p. 6 l. Les gravures que nous allons décrire du Plenarium sont d'un meilleur graveur.

139. Le Plenarium ou livre des évangiles. (Plenarium oder Evangelybuoch. Summer- und Winterteyl etc. Basel, Adam Petri, 1514. In-fol.) On trouve dans ce livre plusieurs gravures sur bois de différents maîtres, mais dont 5 grandes et 60 petites sont de Schaeuflein. Bartsch décrit, sous le No. 9, l'adoration des Mages et sous le No. 30 le Christ en croix. H. 7 p. 4 l. L. 4 p. 10 l. Parmi les pièces de la même dimension se trouvent:

a. La descente du St. Esprit. La Vierge, les mains croisées sur la poitrine et vue de face, est assise au milieu entourée des douze apôtres. Pièce non signée. Voyez aussi Heller „Zusätze" p. 111.

b. La naissance du Christ. Marie est agenouillée à droite adorant l'enfant Jésus couché à terre. A gauche St. Joseph, debout, tient une lumière, à côté de lui le monogramme.

c. La résurrection. Le Christ s'élève du tombeau en donnant la bénédiction. Quatre gardes sont endormis, un cinquième regarde le Sauveur. La signature est à la gauche du bas.

Les soixante petites gravures, représentant des sujets de la vie de Jésus, les paraboles et les œuvres de miséricorde, ne sont point signées. H. 3 p. 3 l. L. 2 p. 6 l.

140. Le Christ en croix. A gauche, un assistant tient une éponge au bout d'un roseau, la Madeleine embrasse le pied de la croix; à droite la Vierge et St. Jean. Pièce non signée. H. 8 p. 9 l. L. 5 p. 11 l. Voyez à ce sujet le catalogue des gravures apocryphes de Durer No. 229.

141. Même sujet. A gauche, quatre saintes femmes et St. Jean dans l'attitude de la prière qui regarde vers le haut; au milieu et à droite des soldats dont plusieurs à cheval. Le monogramme est au milieu du bas. H. 13 p. 4 l. L. 10 p.

142. Même sujet. A gauche, la Vierge et St. Jean; à droite, des soldats et le centurion, au-dessus duquel on lit: „Vere filius Dei erat homo iste." La signature est au milieu du bas. In-fol. Brulliot, Dict. I. 2684.

143. La déposition. Le corps du Christ est soutenu par

St. Jean et par la Vierge à genoux. A côté une sainte femme debout et en pleurs. Pièce non signée. H. 8 p. 9 l. L. 5 p. 11 l.

Citée par Bartsch dans son Appendice à l'œuvre de Durer No. 6. A Stuttgart on en trouve un exemplaire avec six vers latins et autant en allemand, imprimés au bas.

144. Jésus apparaît à la Madeleine. Voyez le catalogue des gravures sur bois de Durer No. 231.

145. La descente du St. Esprit. La signature est au milieu du bas. H. 8 p. 8 l. L. 6 p. Dans le Speculum passionis de Pinder, Nuremberg 1507. Voyez Nagler No. 86.

146. Même sujet. Avec le monogramme. H. 5 p. 2 l. L. 3 p. 9 l. Voyez également Nagler No. 88.

147. Mater dolorosa. Elle pleure sur le corps de son fils et se voit soutenue par St. Jean. A droite une sainte femme en larmes. H. 8 p. 9 l. L. 5 p. 11 l. Les anciennes épreuves ont au-dessous six vers latins et autant en allemand. Voyez catalogue de Durer No. 235.

148. La Vierge et l'enfant Jésus. Elle est couronnée et assise sur un banc de verdure. H. 8 p. 7 l. L. 5 p. 11 l. Les anciennes épreuves, sans signature, portent six vers latins et six allemands. Voyez catalogue Durer No. 239.

149. La Vierge debout sur le croissant. Elle porte l'enfant Jésus et se voit entourée de rayons. Copie d'après l'original d'Albert Durer avec des nuages dans les coins. Au milieu du bas le monogramme de Schaeuflein. H. 5 p. 11 l. L. 4 p. 5 l. Voyez Nagler No. 53.

150. Marie, protectrice du genre humain. Elle est debout couvrant de son manteau étendu, à gauche le pape et des ecclésiastiques, à droite un roi avec des laïques, tous agenouillés. De chaque côté, derrière elle, un ange en adoration et, au-dessus dans les nuages, la demi-figure de Dieu le père donnant la bénédiction. Au bas une pelle avec le second des monogrammes ci-dessus. H. 7 p. 6 l. L. 5 p. 11 l.

151. Les quatre évangélistes. Ils sont tous assis, écrivant ou lisant et chaque pièce porte la signature de Schaeuflein. Quatre feuilles. H. 3 p. 6 l. L. 5 p. Collection Albertine à Vienne.

Les quatre gravures suivantes sont de la jeunesse du maître:

152. Le martyre de St. Étienne. Il est agenouillé au milieu, vu de face; trois hommes le lapident, un enfant ramasse des

pierres. H. 8 p. 9 l. L. 6 p. Voyez catalogue de l'œuvre de Durer No. 256.

153. La conversion de St. Paul. Il est à cheval, tourné vers la droite. H. 8 p. 7 l. L. 5 p. 11 l. Les épreuves anciennes portent au bas six vers latins et autant en allemand. Voyez catalogue Durer No. 252.

154. St. Martin. Il est à cheval et partage son manteau avec son épée. Les épreuves postérieures ont la marque de Durer. H. 8 p. 8 l. L. 6 p. Voyez catalogue Durer No. 251.

'155. St. Sébastien. Il est attaché par les deux bras à un arbre à droite. A gauche un archer lui décoche une flèche. H. 8 p. 8 l. L. 6 p. Voyez catalogue Durer No. 253.

156. St. Florian. Sous la figure d'un jeune guerrier, il s'avance vivement et éteint, avec l'eau d'un seau, l'incendie qui devore une maison. A droite, un homme regarde par une fenêtre. En bas, à gauche, le monogramme. H. 10 p. 8 l. L. 7 p. 5 l.

157. St. Christophe. Il porte l'enfant Jésus à travers l'eau. A gauche l'hermite avec sa lanterne. Sur le devant, à droite, la marque de la pelle. H. 8 p. 6 l. L. 5 p. 10 l.

158. Ste. Barbe. Elle est tournée vers la gauche, assise sur un siége et tient des deux mains un calice. Les épreuves plus récentes ont la marque de Durer. Voyez catalogue Durer No. 261.

159. Ste. Catherine. Elle est assise, tournée vers la droite, sur un siége et tient un livre des deux mains. Les épreuves récentes portent le monogramme de Durer. Voyez catalogue Durer No. 262.

160. Ste. Véronique. Elle est debout et porte, des deux mains étendues, le voile avec la sainte face. Derrière elle un baldaquin. A la droite du bas la marque. H. 3 p. 7 l. L. 2 p. 3 l.

Cette gravure a été également employée dans le livre intitulé: „Christliche Vermanung wie vor der beicht etc." du reformateur Gallus. Ratisbonne 1573. In-8°.

161. Le jugement dernier. H. 9 p. 6 l. L. 6 p. 5 l. Voyez ce que nous avons dit au sujet de cette pièce dans notre catalogue de l'œuvre de Durer No. 124.

162. Une chapelle avec deux anges qui prient. Avec le monogramme. H. 5 p. 2 l. L. 3 p. 9 l. Voyez Nagler No. 113.

163. Un roi en qualité de juge. Il est assis sur un trône, tenant le sceptre et le globe impérial et écoute la défense d'un chevalier à gauche, debout devant son accusateur. Ils sont tous deux en-

tourés de personnages des deux sexes. La marque est au milieu du bas. H. 3 p. 7 l. L. 4 p. 10 l. Il y en a des exemplaires sans texte au revers. Voyez Nagler No. 135.

164. Un roi debout. Il est coiffé d'une toque entourée d'une couronne et, du reste, armé de tous points et tenant une épée. A droite se voit un guerrier tout armé avec une couronne à pointes sur le heaume; il tient également une épée. A sa gauche une reine. Au bas une tablette avec la marque. H. 5 p. 9 l. L. 5 p. 3 l. Cette pièce appartient probablement à quelque édition du Plutarque allemand.

165. Un héros debout. Il est tourné vers la droite et regarde son ennemi étendu à ses pieds. A droite, des soldats qui s'enfuient. Édifices dans le fond. H. 3 p. 7 l. L. 4 p. 9 l. On en trouve des épreuves sans texte au revers.

166. Un porte-enseigne. C'est un homme barbu, tourné vers la droite et tenant un étendard qui remplit tout l'espace supérieur. A la droite du bas le monogramme. H. 9 p. L. 6 p.?

167. Grande bataille des Hongrois contre les Turcs. Dans la partie supérieure les fantassins, dans l'inférieure la cavalerie, combattant à outrance. Gravure de quatre planches réunies. H. 32 p. 4 l. L. 27 p. 4 l. Voyez Nagler No. 137.

168. Combat contre les Turcs. Le combat, très-acharné, a lieu près de maisons en ruine sur le premier plan. A gauche, dans le fond, le gros de l'armée avec quelques canons. A droite, une ville sur une hauteur et à gauche le monogramme sur un arbre. H. 10 p. ½ l. L. 14 p. 4 l. Collection Albertine à Vienne.

169. Un homme sauvage. Il pose la main gauche sur la tète d'un enfant qui tient un chien attaché à un cordon. La figure principale a 9 p. de hauteur.

170. Une femme sauvage. Elle tourne la tète à gauche et porte la main droite sur la tète d'un enfant qui tient une fleur. Pendant du No. 169. Collection Derschau No. 41.

171. Un prisonnier visité par trois personnes. Pièce signée. Pet.-in-fol. Nagler No. 153.

172. Armoiries de Hartmann Schedel. L'écusson et le cimier du heaume portent une tète de Maure couronnée de lauriers. La signature est au bas. H. 8 p. L. 6 p. 1 l. Collection Derschau No. 42.

173. Dans le livre intitulé: „Schertz mit der Wahrheyt. Vonn guttem gespräche in Schimpf und Ernst. Reden etc. Francfort,

Chr. Egenolph. 1550,'' in-fol., on trouve deux grandes gravures d'après Schaeuflein; ce sont les suivantes:

a. **Le titre.** (Les fiançailles?) Dans une chapelle, un homme de condition s'avance vers une femme à gauche qui tient un chapelet. Derrière lui se tiennent deux jeunes gens et derrière elle six autres figures dont deux femmes assises. A la gauche du bas le monogramme. H. 6 p. 6 l. L. 6 p. On en trouve une reproduction dans l'ouvrage de R. Weigel „Facsimile etc.'' No. 53.

b. **Salomon,** entouré de ses femmes, assis dans un paysage. De la même dimension que la pièce précédente.

174. **Sermon contre les usuriers** (Ain Sermon von dem Wucher) du Dr. Martin Luther, moine de St. Augustin à Wittemberg. „Bezal oder gib Zinsz, denn ich beger gewinsz,'' sous ce titre on trouve une gravure sur bois où l'on voit un paysan, avec un panier plein d'œufs, devant un personnage aux pieds duquel est placée une corbeille remplie de pain. La marque est à gauche. „Gedruckt zu Augsburg durch Silvanum Ottmär etc. 1520.'' In-4°.

175. **L'âne d'or d'Apulée,** contenant 79 gravures sur bois d'après Schaeuflein, la plupart d'un travail médiocre et dont une seule porte son monogramme. H. 4 p. à 4 p. 4 l. L. 5 p. 7 à 9 l. On les trouve dans le livre intitulé: „Ain Schön Lieblich auch Kurtzweylig gedichte Lutij Apuleij von ainen gulden Esel etc. Lustig zu lesen, mit schönen figuren zugericht, gründlich verdeutscht durch herrn Johan Sinder etc. Alexander Weissenborn, Augustæ Vindelicorum etc. Anno MCCCCCXXXVIII.'' In-fol. Voyez aussi R. Weigel, Catalogue No. 20076.

HsK

Hans Springinklee.
(Bartsch VII. p. 322.)

Les notices de Doppelmayr que Bartsch a citées sur cet artiste sont empruntées aux „Notices sur les artistes de Nuremberg'' de Jean Neudörffer, 1546, que nous reproduisons ici littéralement: „Ce Sprinkinglee demeurait dans la maison d'Albert Durer et il y apprit son art de manière à devenir un dessinateur et un peintre renommé; il a dessiné les figures et les bordures du „Hortulus animæ'' et a enluminé certaines choses avec beaucoup de soin, comme on peut le voir dans un petit livre de prières composé par Alexius Birnbaum et qui se trouve en possession de George Dumont.   Il mourut Aᵒ. 1540."

Il est évident par ce qui précède que Springinklee était peintre et dessinateur, mais nullement graveur sur bois, comme quelques écrivains modernes l'ont avancé d'après Doppelmayr et contre l'opinion de Bartsch.   On ne connait point jusqu'ici d'autres détails sur la vie de notre artiste.

Gravures sur bois.

Observations à Bartsch VII. p. 323.

1—50. La première édition du Hortulus animæ est de 1516 et contient 83 gravures sur bois dont 50 de Springinklee; il y en a quelques-unes de double emploi et les autres sont de Erhard Schön. Ce petit livre porte pour titre: „Hortulus anime cum aliis q̄ pluribus orationibus." In fine: „Hortulus anime impensis probi viri Johannis Koberger civis Nurembergen. impressus; finem optatum sortitus est Lugduni arte et industria Joannis Clein Chalcographi. Anno Domini 1516."

La seconde édition, de 1517, a 84 gravures sur bois avec des bordures.

La troisième, de 1518, est celle décrite par Bartsch avec 60 gravures dont plusieurs avaient été exécutées de nouveau.

La quatrième porte pour titre: „Hortulus anime, zu teutsch, Seele wüztgärtlein genaunt etc." In fine: „Gedruckt zu Nuremberg durch Fridericũ Peypus für den Ersamen Johann Koberger, Burger daselbst, im Jar der geburt Christi 1518." In-8°. Les soixante gravures sont marquées la plupart du monogramme de Springinklee et quelques-unes ont été exécutées de nouveau. La première offre une Vierge debout.   Cette édition est très-belle.

La cinquième édition est en latin; elle porte la date de 1519 et contient 75 gravures sur bois dont trois portent la marque de Springinklee et cinq celle d'Erhard Schön avec la date de 1515.

La sixième, de 1519, est en allemand; elle a 28 bonnes gravures, mais l'impression en est mauvaise.

La séptième édition, de 1520, du même imprimeur et éditeur, est un in-12° en latin et a été décrite par Panzer et Ebert. A cette édition manquent les Nos. 4. 13. 51.

51. La nativité. Cette gravure se trouve dans la bible de Koberger, imprimée à Nuremberg, ainsi que dans le nouveau testament, publié, en 1524, dans la même ville par Frédéric Peypus, in-fol. Dans ces deux livres on trouve encore plusieurs gravures sur bois d'après les dessins de Springinklee et d'autres maîtres; à celles du premier appartiennent le Paradis Terrestre avec la création d'Ève.

52—56. Les douze apôtres debout, disposés pour la plupart deux à deux, savoir:

St. Pierre, art. 1; St. Jacques le majeur, art. 3 (et non St. Paul, comme le dit Bartsch).

St. André, art. 2; St. Thomas, art. 7.

St. Jean l'évangéliste.

St. Philippe et St. Jacques le mineur.

St. Barthélemi et St. Matthieu.

St. Simon et St. Jude Thadée, de 1520.

St. Mathias avec une hallebarde.

Ces gravures sur bois se trouvent dans le livre intitulé: „Zwelff hauptartikel des Christ. Glaubens, genannt der 12 Apostel Symbolus, bei jedem Art. 1 Apostel gestalt in ganze Fig. samt 3 andern Symbolis für die Leyen und Einfältigen. 1539. Gedruckt zu Nuremberg bei Milchthaler 1539."

59. La Trinité. Cette pièce porte la date de „Anno 1520".

60. Des anges délivrant des âmes du purgatoire, signée, comme la précédente: „Anno 1520".

Additions à Bartsch.

62. La création d'Ève. Adam est couché, à gauche, sous un arbre. Ève (Dieu le père n'y est point) s'élève, les mains jointes, hors du flanc d'Adam. Les deux figures sont entourées d'un nombre d'animaux et d'oiseaux et on voit au ciel le soleil et la lune. Le monogramme est sur le tronc d'arbre à gauche. H. 5 p. 1 Í. L. 6 p. 7 l.

Cette pièce, comme nous l'avons dit, se trouve dans la bible de Koberger mentionnée sous le No. 51. Au revers imprimé, se trouve en petit: la Chute du premier homme et Adam et Ève chassés du Paradis, copies d'après Albert Durer.

63. Dieu le père. Il est assis sur des nuages et bénit le globe du monde, surmonté d'une croix, qu'il tient devant lui. De chaque

côté un petit ange lui tient le manteau entr'ouvert. La signature est
à la droite du bas. H. 9 p. 9 l. L. 6 p. 3 l.

64. St. Jérôme. Il est en prières dans sa cellule. Au-dessus
quatre anges dans une riche bordure; la signature est au milieu du
bas. H. 9 p. 4 l. L. 6 p.

Cette pièce a été employée sur le titre de la Bible latine de Koberger de 1519. Ensuite à la fin du prologue: „Sci. Hieronymi in
Pentateuchum" de l'édition de 1521. Enfin dans la contrefaçon de la
bible de Luther par F. Peypus 1524.

65. St. Christophe. Il s'avance vers la droite, portant l'en-
fant Jésus sur les épaules et se voit sous un portail richement orné.
Au bas de la colonne de droite se trouve le monogramme. H. 4 p. 5 l. L. 3 p.
Cette pièce est sur le titre du livre suivant: „Per ornata eademque
verissima D. Christophori Descriptio, Theobaldo Billicano authore."
In-4°. On en trouve une copie au burin, en sens inverse et sans bor-
dure, ayant à la droite du haut une tablette avec la date de 1523.
Voyez R. Weigel, Cat. No. 19446.

66. L'empereur Maximilien comme patron des Arts
et des Sciences. Il est assis sous un baldaquin, portant couronne
et sceptre de la main droite. Devant lui, à droite, se voient quatre
savants, partie debout, partie à genoux, tenant des rouleaux de parchemin devant eux et qui semblent écrire ce que l'empereur leur dicte.
A gauche est agenouillé un peintre devant son chevalet, peignant une
bataille; à côté de lui le monogramme du maître. Pièce d'une exécution un peu maigre. H. 8 p. 8 l. L. 7 p. 8 l. R. Weigel.

67. Pompe funèbre de l'empereur Maximilien I. Deux
princes et une princesse sont assis à gauche devant un cercueil cou-
vert sur lequel on voit la couronne, le sceptre et le globe impérial.
A droite sont assis quatre princesses couronnées. En haut et sur les
côtés, l'écusson à l'aigle double. Le monogramme est au bas.
Cette feuille volante porte l'inscription: RICHARDI SBRVLII FORO-
IVLIANI Poetæ Cesarei in dini Maximiliani Cæsaris P. F. Aug. Obitum
Nenia, ensuite au bas l'inscription en 18 lignes: Rich. Sbrulij Foro-
iuliani poetæ Cesarei Elegidum ad diva Margaritam unicam dini quodam
Maximiliani Cæsaris P. F. Aug. filiam sceptrigeram virgine D. D. Clé-
mentissimam: unica si ploras amissum nata parentem etc. Aux côtés se
trouvent encore quatre inscriptions latines, la première du 4 Février
1519. Grande feuille. La gravure mesure H. 5 p. 9 l. L. 5 p. 11 l. Munich.

E, E, E.

Erhard Schön, peintre de Nuremberg.
(Bartsch VII. p. 475.)

Nous ne connaissons de cet artiste que des gravures sur bois gravées d'après ses dessins. Nous en avons déjà rencontrées 20 dans le „Hortulus animæ" publié en 1516 par Koberger à Nuremberg et que Bartsch a décrites en partie sous les Nos. 13 à 32. La plus grande partie des illustrations de ce livre, ainsi que des éditions subséquentes, sont, comme nous l'avons déjà dit, de Springinklee. Selon Doppelmayr notre artiste mourut après 1550.

Observations à Bartsch.

1—12. Les douze apôtres en 12 feuilles. Ces figures sont traitées dans le style d'Albert Durer, mais très-courtes de proportions. On les trouve dans un petit livre sans titre que Cleyn a imprimé en 1518 pour Koberger à Nuremberg.

13—32. Différents Saints et Saintes. On les trouve, en partie, dans le „Hortulus animæ", édition de 1520 et dans les éditions antérieures et postérieures du même livre.

20. Cet évêque représente St. Wolfgang.

Additions à Bartsch.

35. Le rosaire. Au milieu le Christ en croix et, au-dessus de lui, Dieu le père et le St. Esprit. Plusieurs compartiments de Saints entourent cette représentation de la Ste. Trinité et le tout est environné d'un rosaire ou chapelet. Dans le coin de gauche du haut on voit la messe de St. Gregoire, dans celui de droite les stigmates de St. François; au milieu deux anges tiennent le voile avec la sainte face; en bas, à gauche, le pape et le clergé; à droite l'empereur avec des laïques et, dans un autre petit compartiment, les âmes du purgatoire. La signature est dans le coin à gauche. H. 14 p. 7 l. L. 10 p. 11 l.

Sur une répétition ou copie de cette pièce on trouve les noms des anges en caractères de forme. Sur une autre, ces noms sont imprimés en caractères romains cursifs.

36. **Le moribond.** Il reçoit les consolations d'un ange et d'un ecclésiastique, tandis qu'un démon le tourmente. En haut, à gauche, la Vierge et l'enfant Jésus apparaissent dans des nuages. Les côtés sont formés par des pilastres richement ornés qui soutiennent un arc au sommet. La signature est sur la couchette du moribond. Au bas un grand écusson vide. H. 4 p. 4 l. L. 2 p. 10 l.

37. **Vitruve en allemand.** (Vitruvius Teutsch; Nemlichen des aller namhafftigsten und hocherfarnesten Römischen Architecti etc. zehen Bücher von der Architectur etc. durch Gualterū H. Rivium. Nürnberg, J. Petreius 1548. In-fol.) On trouve dans ce livre plusieurs gravures sur bois d'Erhard Schön. (R. Weigel, Cat. No. 18793.)

NM, N:M·

Nicolas Meldemann, graveur sur bois.

(Bartsch VII. p. 481.)

Ce maître, qui vécut à Nuremberg, se désigne lui-même sur une gravure sur bois, comme cartier ou brieffmaler (peintre de feuilles volantes), mais il était en même temps graveur sur bois et imprimeur et il a édité dans cette ville des gravures accompagnées de poésies de Hans Sachs et plusieurs petites publications de circonstance. Nous avons déjà eu occasion d'indiquer, dans notre catalogue de l'œuvre de Durer, qu'il avait gravé une femme luxurieuse avec la mort (No. 197) et qui porte son nom en entier. Ces gravures n'appartiennent point à celles que l'on pourrait considérer comme se distinguant par leur excellence et Bartsch n'en connaissait que deux auxquelles nous en pouvons ajouter encore quatorze.

Additions à Bartsch.

3. **André Doria.** Portrait en buste, vu de profil et tourné vers la droite, portant une longue barbe. En haut l'inscription: AN-DREAS DE AVRIA, et en bas, dans un cartouche: Andre Doria von

Genva Romischer Kaiserlicher Majestat oberster Kriegshauptman auf dem mer. MDXXXII. — N: M. H. 12 p. 9 l. L. 8 p. 10 l. Musée Germanique à Nuremberg, Berlin.

4—16. Treize soldats allemands. H. 11 p. L. 7 p. l'un portant l'autre.

4. Un quartier-maître. Il s'avance, à cheval, vers la gauche, tournant la tête, et porte un bâton de commandement dans la main droite. A la droite du bas les initiales N: M. et sur le terrain l'adresse: „Nicolas Meldeman brieffmaler zu Nurnberg." Au-dessus, imprimé avec des caractères mobiles: „quartiermeister" et huit vers de Hans Sachs: „Ich tayl den knechten ausz etc."

5. Un Munitionnaire ou Commissaire aux vivres. (Ein Brabantmeister.) Il est debout, tourné vers la gauche et porte une pique de la main gauche. La marque est au bas, accompagnée de l'adresse et du nom du graveur „bei der Langenbrücken". En haut, „Brabantmeister" et huit vers:

> Ein Prabantmeyster ich auch heisz
> Ich musz sorgen umb trank und speysz etc.

6. Un sergent major. Il est vu de face et tient de la main gauche une pique. Au bas la même signature qu'au numéro précédent. Au haut: „Wachmayster . . . . . mordyo."

7. Un sergent. Il est vu de face et tient de la main droite son épée appuyée sur l'épaule. La marque est entre les pieds de la figure. Nom et adresse comme aux deux numéros précédents. En haut „Feldwaybel" et au bas six vers: „Ein . . . . . verlere."

8. Un arquebusier. Il est vu de face, regardant vers la gauche et tient de la main gauche une arquebuse renversée posée sur l'épaule. Près de la jambe gauche les initiales N. M. A la gauche du haut „Püchsenschütz" et au bas dix vers: „Ich bin ein . . . . . hat ein loch."

9. Un chirurgien d'armée. Il est debout, tourné vers la gauche et regardant un assistant agenouillé près de lui qui tient un sac avec des pots à médicaments. Au bas le nom et l'adresse de Meldemann. A la gauche du haut „Feldtartzt", au bas quatorze vers: „Ich bin erkennet etc."

10. Un sculpteur en bois comme soldat. Il s'avance vers la gauche, tenant de la main gauche une lance sur l'épaule. Au bas les initiales et le nom. En haut „Pyldschnitzer" et au bas en deux colonnes: „Ich hab manch künstlich pild geschnitten etc."

11. Un cordonnier comme soldat. Il est vu de dos, la tête tournée à droite et tient de la main droite sur l'épaule une pique à laquelle est suspendue un chapeau. A la droite du bas les initiales et le nom. En haut, à droite, „Schueknecht" et au bas huit vers: „Ey gab etc."

12. Un soldat. Il est vu de face, regardant à gauche et tenant de la main gauche une pertuisane renversée sur l'épaule. Au bas les initiales et le nom.

13. Un soldat. Il est debout, tourné à droite et tient une pique de la main droite. Au haut: „Theml lasz nichts liegen." Au bas sur deux colonnes: „So will ich dennoch nicht verzagen ..... auff Lüneburger heidt."

14. Deux soldats. Celui qui est vu de dos tient une pique et regarde à droite; l'autre tient de la main droite un coq et sur les épaules une oie. Au bas les initiales et le nom. En haut, à droite, huit vers: „Wol auf mit mir etc."

15. Un soldat avec un enfant. Il est vu de face, tenant de la main droite une pique; l'enfant à ses côtés porte sur ses épaules un coq suspendu à un bâton. La marque se trouve entre les deux figures. Au haut „Clas Windtergrön". Au bas huit vers: „Sun Heinz ...... Semel pachen."

16. Un soldat avec sa femme. Il s'avance vers la gauche, la pertuisane sur l'épaule, sa femme le suit. Entre les pieds de l'homme les initiales N M. En haut, à droite, „Hanns Vnverdorben." Au bas huit vers: „Ausz Frankreich kum wir her geloffen etc."

Ces treize pièces, représentant des soldats allemands dans le costume du temps avec des vers de Hans Sachs, se rapportent aux guerres en France, en Italie et à celles du Markgrave Albert en 1520 jusqu'en 1552 et ont quelque analogie avec celles que publia également Hans Guldenmundt à Nuremberg, mais elles sont d'une taille plus rude que ces dernières.

On trouve encore dans le Musée Germanique de Nuremberg 21 autres pièces avec des sujets semblables, représentant pour la plupart des soldats isolés, mais sans monogramme ou inscriptions. Les figures un peu alongées sont très-mouvementées, mais les contours en sont lourds et la composition manque de finesse. Quelques-unes de ces pièces renferment plusieurs figures, entre autres une qui représente un soldat blessé à la tête qui est assis et soigné par deux de ses camerades; une autre, un grand et un petit soldat avec de la volaille

volée; deux feuilles avec un soldat et une vivandière; un soldat et
une autre petite figure représentant probablement un peintre qui tient
un livre ouvert et une écritoire. Il semble douteux que ces gravures
sur bois appartiennent à Meldemann et on pourrait peut-être avec plus
de raison les attribuer à Hans Guldenmundt.

H G.

Hans Guldenmundt, graveur sur bois.

(Bartsch IX. p. 150.)

Cet artiste, graveur sur bois, cartier (briefmaler) et imprimeur,
vécut à Nuremberg où il publia de 1518 à 1545 plusieurs livres et
feuilles volantes, avec gravures sur bois, ces dernières en partie accompagnées de vers de Hans Sachs. Sa taille est un peu grossière,
mais ses estampes ont souvent une grande valeur historique. Bartsch
ne connaissait de lui que le Triomphe de l'empereur Charles V.,
mais Heller, dans son appendice à cet écrivain, décrit de lui encore 32
pièces auxquelles nous en pouvons ajouter encore quelques-unes. Après
la mort d'Albert Durer, il imprima aussi quelque bois du grand maître,
entre autres la „grande Colonne". Il se servit rarement d'une
marque, mais signa ordinairement ses gravures de son nom en entier.

Gravures sur bois.

Additions à Bartsch.

1. Le Triomphe de l'empereur Charles V. (B. No. 1.)
On en a plusieurs éditions, dont celle de 1537 est la première. Une
édition postérieure n'a point l'adresse de Guldenmundt, mais au haut
l'inscription: TRIVMPHVS CAROLI IMPERATORIS EIVS NOMINIS
QVINTI.

2. François I. Figure entière, debout, tournée vers la gauche.
En haut, à gauche, les armoiries de France timbrées d'une couronne.
On lit au haut: „Von gottes genaden, Franz des namens der
erst, König von Frankreich." Au bas: Hans Guldenmundt.
H. 13 p. 10 l. L. 8 p. 8 l.

3. Albert de Brandenbourg. Figure entière, debout, vue

de profil et tournée vers la gauche. En haut l'écusson à l'aigle et l'inscription: „Albrecht von gottes genaden Markgraff zu Brandenburg etc." Au bas: „Hans Guldenmundt." H. 13 p. 10 l. L. 8 p. 8 l.

4. Hans Sachs. Il est vu de face, un peu tourné à gauche. Au haut se lisent des vers latins, au bas des vers allemands. Sur la table se trouve l'inscription: „1545. Hans Sachsn. Alter 51 Jar." H. 15 p. 3 l. L. 10 p. 3 l. Nagler mentionne ce portrait avec la date de 1546. H. 15 p. L. 10 p.

5—19. Quinze pièces avec des Turcs ayant trait au siége de Vienne en 1529. Les vers, au nombre de huit, imprimés avec des caractères mobiles au haut de chaque feuille, sont de Hans Sachs. La plupart des feuilles ont l'adresse suivante: Hanns Guldenmundt zu Nürnberg in Sanct Gilgen Gassen. H. 11 p. — 11 p. 6 l. L. 7 p. 6 l.

5. Le Sultan des Turcs. Il est à cheval, en armure de campagne et s'avance vers la gauche un sceptre à la main. Au haut est imprimé au moyen de caractères mobiles: „Absagbrieff, wie Sultan Soleymann Kunig Ferdinando zugeschickt. Wie Sultan Soleymann etc. datum Constantinopel im 1529 Jar." Douze lignes. A la gauche du bas le nom de Guldenmundt.

6. Ibrahim Pacha. Il s'avance à cheval vers la gauche, tenant des deux mains un bâton de commandement. On lit au haut: „Sendbrieff, so Ibraym Wascha etc. Geben vor Wien in mitten Octobris Anno MDXXIX. darunter dessen Siegel und Handzeichen." Puis: „Brachim Wascha der nechst des Turkischen Keysers Rath abconterfet." Suivent huit vers de Hans Sachs.

7. Un capitaine Turc. Il s'avance à cheval vers la gauche, tenant de la main droite un bâton de commandement; à son côté gauche pendent sabre et arc. On lit au haut: „Sansoco der Türcken oberster Hauptman."

8. Un noble Turc. Il s'avance à cheval vers la droite et tient de la main droite une lance. Un bouclier lui pend sur l'épaule.

9. Un Stradiote. Il chevauche vers la gauche et décoche une flèche.

10. Un rénégat. Il chevauche vers la gauche, un bouclier pendu sur l'épaule et tient une lance des deux mains.

11. Un Mameluk. Il s'avance vers la droite, monté sur un chameau et tenant une baguette de la main gauche.

12. Un Turc. Il chevauche vers la gauche, tenant de la

main droite une lance sur l'épaule. Un sabre et un arc lui pendent au côté gauche.

13. Autre Turc. Il s'avance à cheval vers la droite, brandissant son cimeterre dans l'acte de frapper et porte un bouclier au bras gauche.

14. Autre Turc. Il est monté et s'avance vers la gauche, tenant son épée dans une position de défense.

15. Autre Turc. Il s'élance à cheval vers la gauche en se retournant pour lancer une flèche à droite.

16. Un Turc avec deux prisonniers. Il est à cheval, tourné vers la gauche et tient sur l'épaule une lance passée dans le corps d'un enfant. De la gauche il tient l'extrémité d'une corde à laquelle se voient attachés un homme et une femme. Avec l'inscription: „Die gefangen klagen" et à droite treize vers.

17. Deux Turcs. Ils chevauchent vers la gauche, la lance sur l'épaule et conduisent comme prisonnières des femmes attachées à des liens.

18. Cruautés des Turcs. Un Turc embroche un enfant sur un pieu; on en voit déjà un autre dans la même situation; un second Turc coupe en deux un autre enfant d'un coup de sabre. Sur le terrain deux femmes tuées.

19. Un Payen. Il s'avance à cheval vers la gauche, un arc et un carquois suspendu au côté gauche. On lit au haut: „Ausz Persia byn ich geporen. Soldinus ist mayn nam erkoren etc." Et à la fin des huit vers et: H. S. S. (Hans Sachs Schuster).

20. Le Czar. Il chevauche vers la gauche, coiffé d'une toque ornée d'une couronne et porte un sceptre à la main. Au-dessus, à droite, l'inscription: „Der Musca Wyter herr abkunterfeet." Au bas quatorze vers et l'adresse de „Hans Guldenmundt à Nuremberg." H. 10 p. 3 l. L. 7 p. 6 l.

21. Un Moscovite. Il chevauche vers la gauche et tient de la main gauche une petite timbale. Au-dessus, imprimé en caractères mobiles: „Also reyten die Muscabiter zu felde." H. 11 p. 7 l. L. 7 p. 5 l.

22—35. Quatorze feuilles avec des soldats allemands et suisses. Ces gravures se rapportent aux guerres de France, d'Italie et de Suisse de 1507 à 1524. Elles portent toutes des inscriptions et des vers de Hans Sachs et en partie l'adresse du maître. H. 11 p. L. 7 p. l'un sur l'autre. Il semble que plusieurs autres gravures de ce genre ont été publiées par Guldenmundt ou par Meldemann dans l'œuvre duquel nous avons déjà mentionné 21 de ces pièces.

22. Heyne de Schwitz. Il est debout, tourné vers la droite, tenant une pique et le poing sur la hanche. Au haut: „Heyne ausz der Kyrchgassen von Schwitz", ensuite huit vers et le nom de Guldenmundt.

23. Gall d'Unterwald. Il est debout, tourné à gauche, tenant de la main gauche une pique et ayant l'épée au côté. A la gauche du haut: „Gall von Unterwalden", puis huit vers.

24. Doppelsoldner. Il est vu de face, regarde vers la droite et tient sur l'épaule une hallebarde. En haut, à droite: „Doppelsoldner" et six vers.

25. Nicolas Sergent. Il est vu de face, la tête tournée vers la droite, la hallebarde sur l'épaule et dans la main gauche un poignard. En haut: „Feldwaybel" et six vers; au bas: „Hans Guldenmundt."

26. George Büchsenmeister (Armurier). Il est debout derrière un canon et tient de la main gauche une hache d'armes. Au-dessus, à gauche: „Puchsenmeister" et seize vers.

27. Michel Schorendorf. Il s'avance à cheval vers la gauche, une hallebarde sur l'épaule. Au-dessus l'inscription: „Michel von Schorendorf oberster feltwaywel" et huit vers.

28. Veit Rotmeister (Caporal). Il est debout, vu de face et tenant une hallebarde. Au haut: „Rotmayster" et six vers. Au bas les initiales du maître H G.

29. Un Prévôt d'armes. Il est vu de face, regardant vers la gauche et tenant une lance de la main gauche. Au haut: „Profos", puis huit vers.

30. Un échevin. Il est debout, tenant une pique, près de lui, à droite, quatre femmes qui portent plainte. Au haut: „Schuldthos" et huit vers.

31. Deux soldats à baguette. Ils sont vus de dos; l'un tient son bâton sur l'épaule, l'autre l'appuie à terre. En haut: „Steckenknechte" et seize vers.

32. Un noble en qualité de soldat. Il est vu de face et tient une épée nue sur la nuque. Au haut: „Edelman", puis huit vers.

33. Veit le sculpteur comme soldat. Il est debout, vu de face et tient de la main gauche une pertuisane; au bas, sur une souche, maillet et ciseaux. Au haut: „Veyt Pildhawer" et dix vers.

34. Un ceinturier comme soldat. Il est vu de face, tenant un fusil sur la nuque. En haut „Gürtler" et huit vers.

35. Ulric d'Ulm, tisserand, comme soldat. Il est vu de face, regardant vers la gauche et tient une pertuisane. Au haut: Ulrich von Ulm, Parchant Weber" (Tisserand futainier) et huit vers.

36. Le paysan, son fils et l'âne. Deux feuilles à guise de frise divisées par des colonnes en huit compartiments. Dans le premier compartiment on voit Ehrenbold en conversation avec un homme et il lui raconte l'histoire de son âne pour faire voir que personne dans ce monde ne peut satisfaire à tous les goûts. Dans le second on voit le paysan marchant avec son enfant, puis l'âne; dans le troisième l'enfant est monté sur l'animal; dans le quatrième c'est au contraire le père et ainsi de suite. Dans le huitième, Ehrenhold dit au pape et à l'empereur que l'on pourra faire tout ce que l'on voudra et qu'on n'en sera pas moins bafoué par tous. H. 3 p. 3 l. L. 13 p. 1 l. Les anciennes épreuves portent une poésie burlesque de Hans Sachs, en caractères mobiles, sur une feuille in-fol. et l'adresse: „Gedruckt zu Nürnberg durch Hans Guldenmundt." On en trouve des épreuves récentes dans la Collection Derschau.

37. Un messager. Il s'avance vers la droite. Sur son manteau court on voit la marque de sa profession. Dans la main gauche il tient une lettre et de la droite une sacoche. Au côté gauche de la gravure on voit, sur quarante lignes, des vers de Hans Sachs: „Ich bin eyn bereyter pot zu fusz ..... wer mein bedarff der sprech mich an." Au bas: „Gedruckt zu Nürnberg durch Hans Guldenmundt bei den Fleischpencken. H. 9 p. 2 l. L. 6 p. 4 l.

38. Une prophétie merveilleuse touchant le papisme. „Eyn wunderliche Weyssagung von dem Babstthumb, Wie es yhm bisz an das Endt der Welt gehen soll, in Figuren oder Gemäl begriffen gefunden zu Nürnberg ym Cartheuser Closter etc. 1527."

Ce livre, publié en 1528, devint l'objet d'une défense de la part du Conseil de Nuremberg qui fit connaître à Hans Guldenmundt son déplaisir de ce qu'il y avait introduit des passages injurieux contre le pape et l'empereur. Hans Sachs lui-même, qui avait écrit les vers pour accompagner les gravures sur bois, reçut l'avis de s'en tenir à son métier et de ne plus publier à l'avenir des livres de ce genre: „ainig puchlein hiefur auszgehen zu lassen". Voyez Heller, Beiträge I. p. 99.

W. R., W. R. F.
Wolfgang Resch (Formschneider).
(Bartsch VII. p. 473.)

Neudörffer nous dit de cet artiste qu'il avait exécuté les gravures sur bois pour le livre suivant: „Ein schöner Dialogus, oder Gespräch von zweyen Schwestern, die erste eine frome und züchtige Wittfrau aus Meissen, die andere ein bösz, störrig und zornig Weib vom Gebürg, zu Lob und Ehr allen Frommen, zur Straf und Unterweisung der zornigen Frauen. Wolffgang Resch Formschneider zu Nürnberg 1533.``

D'après Bartsch (VII. p. 237) on trouve ses initiales W. R. sur le revers d'un des bois du „Triomphe de l'empereur Maximilien I.`` de Burgmair (No. 81).

Le docteur Nagler mentionne également dans son „Dictionnaire des artistes`` que Resch a publié un petit livre intitulé: „Ein New Visier Büchlein welches inhalt wie man durch Quadraten auff eines jeden Land's Eych ein Rutten zu berayten und damit yetlichs Fass visiren, und solches jnnhalt erkennen soll. (Von Johann Frey, Burger zu Nürnberg.) Gedruckt zu Nürnberg bey Johann Stüchs. In Verlegung Wolff Reschen Formschneyder, da findt man's bey. (1531.) In-8°.``

Additions à Bartsch.

Gravures sur bois.

1. **Allégorie sur une femme vertueuse.** H. 14 p. 6 l. L. 9 p. 6 l. Voici comme Nagler décrit cette pièce: Des femmes forgent un cœur sur une enclume. Une tablette contient des vers allemands tirés d'une poésie allégorique de W. Pirkheimer; 1531; H. 14 p. 10 l. L. 11 p., et il croit que c'est la même gravure décrite par Bartsch. Il semblerait que cette pièce contient plutôt une allégorie sur les mauvaises femmes et que les deux compositions appartiendraient également au livre mentionné par Neudörffer. Voyez B. No. 1.

2. **L'empereur Maximilien I.** Buste de profil, tourné à gauche; il porte une toque et une robe de fourrure et sur cette dernière l'ordre de la toison d'or. Rond dans un carré. On lit cette inscription à l'entour: „Der Teur Fürst K. Maximilian ist auff den XII tag

des Jenners seins alters Im lir Jar säliglich von dyser Zeit geschaiden
Anno dñi 1519." De plus, on trouve au bas sur une tablette:

Du hattest wenig Rw in diesem lebenn
Darumb dir got yetz ewig Freudt hat geben.

Dans la marge du bas la signature W. R. F. H. 5 p. 1 l. L. 3 p. 10 l.
Cette gravure sur bois parut d'abord dans un petit livre in-4° avec
le titre:~„All Römisch Keiser nach Ordnung vnd wie lang yeder ge-
regiert hat ..... bis auff den yetzigen grossmechtigsten Keiser Carl."
Le texte en vers de Hans Sachs termine au revers de la gravure par
les mots: „Getruckt zu Nürnberg. Anno M.D.XXX." Le dessin de cette
gravure est quelquefois attribué à Albert Durer, mais il est non seulement très-différent de celui du maître, mais la gravure ne parut
que deux ans après sa mort. On en a déjà décrit une copie dans
l'Appendice à l'œuvre de Durer sous le No. 333.

3. Charles V. Buste de profil, tourné à droite. Médaillon
entouré de l'inscription: „Karolus erwelter Römischer auch zu Hispa-
nien, Neapolis, Aragon, Sicilien vnnd Granaten etc. König. Ertzherzog zu
Oesterreich etc. seines alters Im XX. Jar. — 1519." Au milieu du bas:
W. F. Σ. N. (Wolfgang Formschneider zu Nürnberg.) H. 5 p. 10 l. L. 4 p. 5 l.

4. Jacques Fugger. Demi-figure, vue de profil, dans une
bordure surmontée de l'aigle impériale. Au-dessous: JACOBVS FVGKER
CIVIS AVGVSTAE, et plus bas: „Gedruckt zu Nürnberg durch Wolfgang Reschen vormschneider." H. 15 p. 7 l. L. 11 p.

Peter Flötner de Nuremberg.
(Bartsch IX. p. 162.)

Nous apprenons de Neudörffer que ce maître était sculpteur et
dessinateur et qu'il a fait paraître plusieurs choses imprimées (sans
dire que ce furent des gravures sur bois) et qu'il mourut le 23 Octobre 1546. Paul Behaim, dans son catalogue que nous avons souvent
cité, dit que les initiales P. F. indiquent Peter Flötner et Sandrart remarque, à propos des gravures sur bois marquées ainsi et en sa posses-

sion, qu'elles sont exécutées par Peter Flötner qui était en même temps sculpteur et graveur sur bois. Cette notice était contenue dans un manuscrit qui s'est perdu en 1806 et dont Becker fait mention comme appartenant à Mr. de Derschau dans le catalogue qu'il nous donne de la collection de celui-ci. Il possédait, en outre, de 1526, deux dessins marqués P. F. et un troisième signé P. Flöt., également attribués à Flötner dans le catalogue de Sandrart. Il accompagnait souvent ses initiales d'un maillet, d'un ciseau ou d'un couteau disposés de la manière la plus diverse, comme nous en avons donné plus haut deux exemples et comme l'on pourra voir plus en détail dans le Dictionnaire de Brulliot II. No. 2903. On trouve aussi sa marque P. F sur un petit bas-relief sculpté en bois, représentant le berger Pâris et qui se trouvait dans la collection de feu Mr. Heinlein à Nuremberg.

Additions à Bartsch.

Gravures au burin.

4. **David et Bethsabé.** Bethsabé avec une suivante se voit, à gauche, près d'une rivière traversée par un pont. Tout près une ville au milieu de laquelle s'élève une haute tour et à droite un palais à la porte duquel se tient David avec sa harpe. Au-dessous la marque du maillet et du ciseau avec les initiales P. F. Pièce cintrée. H. 7 p. 5 l. L. 4 p. 4 l. Berlin.

5. **Les martyrs de Bythinie.** En haut on voit le roi avec turban et sceptre qui fait précipiter par ses soldats deux martyrs des rochers. Au bas on voit des arbres brisés sur lesquels six martyrs ont déjà trouvé la mort. H. 8 p. 3 l. L. 6 p. 4 l.

6. **Le triomphe de Bacchus.** Le jeune dieu est assis sur un char traîné par deux brebis et un bouc et se voit entouré de Faunes, de Bacchantes et d'enfants. Signé P. F. (Brulliot, Dict. II. 2903. l) H. 1 p. 11 l. L. 6 p. 7 l. Dresde.

7. **Pyrame et Thisbé.** Il est vêtu d'une armure de chevalier, assis à droite et s'est plongé son épée dans le sein. A droite paraît Thisbé en pleurs. H. 5 p. 3 l. L. 3 p. 9 l.

8. **Le jugement de Pâris.** A gauche, les trois déesses, mais vêtues. A droite, Pâris, dans l'ancien costume des chevaliers, est assis tenant la pomme de la main gauche. Derrière lui un vieillard. H. 5 p. 3 l. L. 3 p. 9 l.

9. Philippe, Landgrave de Hesse: Il galoppe vers la gauche. Au haut ses armoiries accompagnées de son nom et de ses titres. Pièce non signée mais tout-à-fait dans le style de dessin du maître. On lit au bas: „Gedruckt zu Nürnberg bei Wolfgang Strauch." (Cet éditeur a publié encore vers 1568 plusieurs gravures d'après Flötner.) H. 15 p. L. 10 p. 7 l. Berlin.

10. Un seigneur, une dame et la mort. Il est assis près d'elle sous un arbre, lui appuyant la main sur l'épaule et lui présentant un gobelet. A gauche, la mort, les jambes entourées de serpens, élève son sablier. A droite un marmouset. Dans le fond, à gauche sous les arbres, un couple amoureux; à droite un Satyre qui accorde une lyre. Au milieu du bas les initiales P. F. H. 5 p. 9 l. L. 8 p. 7 l. Berlin.

11. Ursule et le garçon cordonnier. (Urschelein und Schuchknecht.) La femme est à gauche, vue de profil et s'entretient avec un hallebardier. Pièce non signée. En haut de chaque côté et en deux colonnes six vers:

Sie. Mein hans so will ich mit dir lauffen etc.

Er. Wol auf du schönes Urschelein etc.

Gedruckt zu Nüremberg bey Wolff Strauch 1568. H. 11 p. 11 l. L. 8 p. 5 l. Berlin.

12. Le gargotier et sa femme. Il s'avance vers la gauche, elle le suit en parlant. Au haut leurs noms: Der Sudler und sein Sudlerin, accompagnés de vers:

Er. Aus Friszland rauschen wir daher etc.

Sie. Mit Küen, Sewen, Lemmer, Gensen etc.

Gedruckt zu Nürnberg bei Wolff Strauch 1568. De la même dimension que la pièce précédente dont celle-ci forme le pendant.

13—25. Soldats. Suite de treize feuilles contenant des soldats, des lansquenets, des fifres, des hallebardiers etc. Sur quatre de ces feuilles on trouve deux figures, entre autres: No. 1. Ursel und Schuhknecht; puis sur une feuille la marque du maillet et ciseau. Ce sont des exemplaires récens, sans vers, mais qui appartiennent à la série Nos. 11 et 12. La Collection Derschau en contient quelques-uns.

26. Un Semeur. Le paysan s'avance vers la droite et sème de la main droite, tandis qu'il tient de la gauche le paquet de semences. A gauche un bois. On en trouve des exemplaires avec un texte latin au revers. H. 3 p. 4 l. L. 2 p. 4 l. Heller, Zusätze etc. p. 46.

27. Une femme nue. Elle est coiffée d'une plume et porte une chaîne au cou. On la voit assise sur un banc de verdure tenant

des forces. Un fou, agenouillé à droite, l'éclaire avec une lumière et la saisit à la hanche. H. 5 p. 2 l. L. 3 p. 9 l. Heller, Zusätze etc. p. 46.

28. Allégorie. Une femme, tournée à gauche, termine en serpent dont les anneaux se déroulent jusque vers le coin droit supérieur de l'estampe. Elle est coiffée d'un casque à petites ailes et un serpent lui entoure le bras gauche; elle tient de la main droite un anneau auquel pend une chaîne, terminée par un autre anneau, portant six chaînons attachés au cou d'un égal nombre d'hommes enfoncés dans un marais. Sur le devant, à droite, les initiales P. F. accompagnées du maillet et ciseau. H. 6 p. 4 l. L. 7 p. 3 l. Heller, Zusätze etc. p. 46.

29. Ornement avec deux renards. Cette riche arabesque sur fond noir montre au bas diverses figures fantastiques; au haut deux vaisseaux et au milieu une tête de marmouset, puis une urne et ensuite au bas des rinceaux de feuillages où l'on voit deux hommes tenant chacun un renard par la queue. Au bas une tablette avec les initiales P. F. 1546, entourées de deux ciseaux et deux maillets. H. 6 p. 8 l. L. 4 p. 5 l.

L'exemplaire de Bamberg porte au revers la marque du libraire André Gessner de Zurich et au-dessus quelques lignes d'un titre. Cette pièce appartient probablement à la série de quarante gravures pour orfèvres mentionnées par Brulliot, Dict. II. No. 2903. III. et dont la première porte outre la marque de Flötner la date de 1546 et la dernière une signature imprimée au moyen de caractères mobiles. „Gedruckt zu Zurigh bei Rudolff Wyssenbach Formschnyder 1549.“

30—33. Arabesques sur fond noir. Elles doivent appartenir à la série que nous venons de citer puisqu'une d'entr'elles porte la date de 1546, tandis qu'une autre, au contraire, a celle de 1533. Wyssenbach les aura probablement utilisées toutes pour son livre. Cabinet de Dresde.

30. Au milieu du haut une femme nue dans un rinceau de pampres; au bas six enfants suspendus. Sur une draperie les initiales P. F. et au-dessous le millésime 1533. H. 4 p. 6 l. L. 3 p. 4 l.

31. Sur les côtés du bas deux petits Amours tiennent un ornement à enroulements formé de ceps de vigne. Belle pièce non signée. H. 2 p. 11 l. L. 3 p. 2 l.

32. Cette arabesque, formée de rinceaux, est très-riche en figures et en oiseaux. Au bas deux femmes dans une barque traînée par des cygnes, et de laquelle pend une tablette couverte de divers

outils de sculpteur, avec les initiales P. F. et le millésime 1546.
H. 6 p. 9 l. L. 4 p. 6 l.

33. Une coupe à boire (Pokal). Elle est richement ornée et
se détache en blanc sur fond noir. Avec les initiales .P.F. accompagnées du maillet et du ciseau. H. 7 p. L. 3 p. 4 l. Dresde.

34. Membres d'architecture, un lit magnifique et des
meubles. Brulliot, Dict. II. No. 2903. II. mentionne ces gravures
sans autres détails. Elles sont finement exécutées, de différents for-
mats et on en trouve plusieurs dans le Cabinet de Dresde.

35. Cinq feuilles. H. 5 p. 1 l. L. 3 p. 4 l. On les trouve
dans l'ouvrage intitulé: „Der hungern Chronica etc. Gedruckt
durch Johann Metzkers zu Wien 1534", selon Brulliot (Dict. II. No. 2903.
IV), qui ajoute que l'on trouve dans le même livre plusieurs autres gravures sur bois, non signées, mais qui doivent appartenir à notre maître,
Les différences dans la taille indiquent du reste qu'elles sont dues à
diverses mains.

Augustin Hirschvogel.
(Bartsch IX. p. 170.)

Cet artiste distingué, peintre sur verre et émailleur, naquit en
1506 à Nuremberg et mourut dans la même ville en 1560. D'après
Neudörffer c'était un homme plein de talent, mais d'une nature inquiète
et qui passait facilement d'une occupation à une autre. Étant allé à
Venise il y établit en société avec un chaufournier une fabrique de terres
cuites qu'il porta à un haut degré de perfection et transplanta cette
industrie plus tard dans sa patrie. Il abandonna ensuite cette occupation pour voyager en Autriche, en Transylvanie et en Hongrie. A
Vienne il dessina et grava à l'eau forte plusieurs vues du territoire
autrichien qu'il dédia au roi Ferdinand. A ces vues doit appartenir
le plan de la ville de Vienne après le premier siége par les Turcs en
1529, mais qui ne parut qu'en 1657 avec le titre suivant: „Hanc
Viennæ quam vides geometricam faciem archimedem Si-
racusanum Augustinus Hirsfogel a sua depictam radio
imitatus est." Il était également si savant à manier le compas et

dans la perspective qu'il publia un petit livre sur ces sujets, comme le dit Neudörffer à la fin de sa notice. Cet ouvrage est probablement celui décrit par Bartsch sous le No. 135.

Additions à Bartsch.

Gravures à l'eau forte.

2. Le massacre des innocents. C'est la composition de Raphaël pour les „Arazzi".

100. Ornement marqué I. S. P. 1543. Brulliot (Dict. II. 1707) mentionne encore deux montants d'ornements gravés à l'eau forte dans le style de Hirschvogel et marqués également I. S. P. 1543 et ensuite sous le No. 2322 b une pièce représentant **Samson** qui enlève les portes de Gaza et signée P. S. MDXXXVIII. Il est d'avis que ces trois pièces ont été gravées par Hirschvogel d'après des dessins d'autres maîtres.

137. Le Christ présenté au peuple. Il est debout sur une terrasse entre Pilate, à droite, et un soldat; sur le devant un guerrier et un enfant nu; à gauche trois docteurs de la loi, un enfant et un homme agenouillé qui s'élargit la bouche des deux doigts. Pièce signée au bas du millésime 1549 et gravée légèrement à l'eau forte. H. 4 p. 1 l. L. 5 p. 2 l. Berlin.

138. Prière avec quelques sujets dans un paysage. En haut, à gauche, Dieu le père avec les lettres A. E. F. Sur le devant un roi, marqué D, s'élance à cheval en décochant une flèche; à droite un autre roi, marqué B, accompagné d'un lion et d'une foule de peuple. Au milieu un guerrier agenouillé, C; sur le devant, à gauche, un troisième roi, agenouillé devant un autel, I; à droite, un second guerrier, H, se précipite sur son épée. L'inscription au bas commence ainsi: A. In te Dñe confido eripe me. B. Ne ut leo rapiat etc. Pièce non signée. H. 5 p. 3 l. L. 6 p. 3 l. Berlin.

139. Une femme nue endormie. Probablement une Cléopatre. Elle est couchée sur un lit; deux serpents s'entortillent à ses bras et lui mordent la poitrine. Derrière elle est un guerrier qui dans sa frayeur élève les deux bras. Dans le fond un mur avec une ouverture à guise de fenêtre. Au bord à gauche se trouve le millésime 1543. H. 2 p. 5 l. L. 4 p. 1 l. Collection Meyer.

140. Un porte-enseigne. Il est debout dans un paysage,

tourné vers la droite et porte une cotte de mailles et une toque ornée de plumes sur la tête. On lit sur l'enseigne: ZVRICH. 1560. H. 5 p. 3 l. L. 3 p. Berlin.

141. Portrait d'Augustin Hirschvogel lui-même. Il est vu de profil, tourné vers la droite, en buste dans un médaillon, dans lequel se trouve un globe et qui est entouré de figures allégoriques et d'inscriptions. Au haut l'Espérance et la Charité de deux côtés d'un vase au-dessus lequel se lit l'inscription: FAMÆ FVLGOR ABSCONDI NON POTEST. Devant le portrait un squelette qui a une grenouille sous le bras gauche et sur le bord du sarcophage on lit: VENI. VIDI. VICI. Au-dessous, sur une tablette, l'inscription: „Regno, regnavi, fragilis etc." puis aux côtés:

> Thv des höchsten seine gepodt
> So lebst du ewiglich pei Godt.

A la gauche du haut le monogramme avec la date de 1549. H. 17 p. L. 10 p. Berlin.

142. Paysage. A gauche une ville près d'une rivière et en partie sur un rocher, c'est-à-dire on y voit le château. Fond montagneux avec l'indication d'un arbre à droite. Sans marque. H. 4 p. 5 l. L. 6 p. Berlin.

143. Paysage. A gauche, dans le fond, une ville où l'on voit une église. Sur le devant, à droite, une colline avec cinq aulnes secs et derrière une autre église. Pièce non signée, d'une belle composition, mais trop mordue par l'eau forte. H. 2 p. 7 l. L. 4 p. 7 l. Bâle.

144. Les armoiries de Lassla d'Edlasperg. Écu écartelé, au premier et au quatrième d'un mont à cinq coupeaux enflammés; au second et au troisième d'un griffon rampant. L'écu est entouré d'un dragon et timbré de deux heaumes dont celui de gauche porte pour cimier le mont du champ entre deux demi-vols, celui de droite deux cornes liées par une fasce. Au-dessous: LASSLA. V. EDLASPERG R. RO. KHAY. VND. KN. MAI. EC. RATE. Les épreuves plus récentes portent le monogramme et la date de 1545. H. 10 p. 4 l. L. 6 p. 10 l. Berlin.

145. Ornement. Au milieu un vase entre deux Satyres. Au haut deux cygnes. Au bas le monogramme et le millésime 1543. H. 2 p. 10 l. L. 3 p. 6 l. Wolfegg.

ISL

Hans Sebald Lautensack.

(Bartsch IX. p. 207.)

Il était fils du peintre Paul Lautensack de Bamberg qui, pour jouir en paix de ses opinions religieuses, vint s'établir à Nuremberg. On a cru que notre artiste était né en 1507; mais d'après une note manuscrite qui se trouve sur son portrait, mentionné par Bartsch No. 1, on doit conclure qu'il ne naquit pas avant 1524 puisqu'on trouve écrit dans l'écusson vide: „Hannsz Lautensack Mahler" et qu'il tient dans la main un instrument avec l'inscription: SVE XXX, tandis que le millésime 1554 accompagne son monogramme au milieu du bas. Cette pièce se conserve au Musée de Berlin.

Brulliot (Dict. II. No. 1704) mentionne également une copie de ce portrait probablement exécutée par le maître lui-même, en contrepartie, signée I. S. L. 1554, avec l'inscription au bas: „Hans Lautensack Maler in Nurnberg", de manière à ne laisser aucun doute que le portrait anonyme décrit par Bartsch sous le No. 1 ne soit le portrait de notre maître lui-même. On a des gravures sur bois d'après ses compositions, mais il est douteux qu'il les ait exécutées lui-même. Il reçut, le 21 Mars 1552, un présent de 50 florins donné par le Conseil de Nuremberg en reconnaissance du don fait à la ville d'un exemplaire colorié de sa Vue de Nuremberg et des faubourgs, gravée par lui à l'eau forte sur six planches, décrite par Bartsch sous les Nos. 58 et 59. Lautensack paraît avoir demeuré à Vienne en 1560, puisqu'on y publia un livre de tournois avec des gravures sur bois auxquelles il ajouta sept planches gravées à l'eau forte, pièces en longueur, in-fol., dont quelques-unes portent le monogramme du maître et dont Bartsch décrit une estampe sous le No. 21. Cet ouvrage porte pour titre: „Thurnier Buch. Wahrhaftiger Ritterlicher Thaten, so in dem Monat Junii des vergangenen LX. Jars in und auszerhalb der Statt Wien zu Rosz und zu Fusz, auff Wasser und Lannd gehalten worden, mit schönen Figuren contrafet, und dem Allerdurchlauchtigsten etc. Ferdinando, erweltem Römischen Kayser etc. Deren allergeliebsten Khindern etc. Durch Hansen von Francolin etc. zu Ehren beschrieben. — Gedruckt zu Wienn in Oesterreich durch R. Hoffhalter auff Polnisch Skrzetusky genandt, beym gülden Wolff. 1560." (Voyez Catalogue de R. Weigel No. 3500.)

Les gravures de Lautensack portent les dates de 1544 à 1560. On ne connait point l'année de sa mort.

Additions à Bartsch.

1. Ce portrait est celui de Hans Sebald Lautensack lui-même, comme il est prouvé par ce que nous en avons dit ci-dessus.

9. Portrait du Dr. Roggenbach. 1554. Ce nom se trouve écrit à la main sur l'exemplaire de Berlin.

13. Portrait d'Oswald von Eck. 1553. Désigné pareillement dans l'exemplaire de Berlin sous ce nom.

21. Un tournoi. Cette pièce appartient, comme nous l'avons déjà dit, au „Turnierbuch" publié en 1560 à Vienne. Outre les gravures sur bois, ce livre contient encore sept gravures à l'eau forte dont deux de Lautensack, savoir celle-ci et la suivante.

22. Autre tournoi avec l'inscription: „Equestris pedestrisque pugnae icon. MDLX. H. 14 p. 3 l. L. 18 p. 4 l.

Le portrait du roi Christian de Danémarc, décrit par Bartsch p. 230, erronément attribué à Lautensack, est une gravure à l'eau forte de Jacob Binck qui était, en 1546, peintre de cette cour.

60. Portrait de Lautensack lui-même. Copie en contrepartie du No. 1. A la gauche du bas et au-dessous d'un rebus, les initiales I. L. S. 1554 avec la signature: „Hanns Lautensack, Maler in Nürnberg." H. 4 p. 9 l. L. 5 p. 8 l. La marge inférieure mesure 10 l. Cette pièce appartient à une série de portraits publiée par George Planche. (Voyez Brulliot, Dict. II. No. 1704.)

61. Hermes Schallautzer. Demi-figure presque de face, un peu tournée vers la droite. De la main droite il tient un gant. Au haut un écusson portant un coq essorant couronné ressemblant à un aigle héraldique. A droite un peu de paysage. Au bas: „Hermes Schallautzer D. Ferd. I. Rom. imp. consilia et eivsdem aediciorum praef. Natus annos LVII." Au-dessous de l'écusson et sur fond noir le monogramme. H. 8 p 9 l. L. 6 p. 2. l. Berlin.

62. George Stella. Demi-figure d'un homme barbu, vu de face, un peu tourné à droite. Il tient les mains croisées sur un livre; à droite un vase avec des fleurs, aux côtés un peu d'architecture. Dans les airs plane un petit ange tenant une croix. A droite, un petit génie tient deux écussons, l'un chargé d'un siége, l'autre de trois têtes de lions arrachées. On lit au bas: „Bis tria lustra duosque annos, Laurentio ad aedem etc. Anno aedatis suæ LXIII." Sans la signature ni nom de la personne représentée que l'on retrouve cependant dans la pièce suivante dans un âge plus avancé. H. 9 p. 3 l. L. 5 p. 5 l. Berlin.

63. Portrait du même dans un âge plus avancé que dans l'estampe précédente. Il tient un papier avec de la musique notée dans la main droite et devant lui, sur le socle à hauteur d'appui, un livre, une plume et un encrier. Sur les côtés du haut les mêmes armoiries que ci-dessus. Dans le ceintre au-dessus on lit d'une écriture ancienne: „Georg Stella Ludim. D. laur.", et sur le rouleau de papier la date de 1571. Gravure médiocre à l'eau forte. H. 9 p. L. 6 p. Berlin.

64. David et Goliath. On voit à gauche le géant en armure complète; vis-à-vis de lui, à droite, le petit David lui lance une pierre avec sa fronde; au milieu un gros arbre. Dans le fond les deux armées à côté de leurs tentes et à la droite du bas le monogramme surmonté du millésime 1551. Pièce à l'eau forte. H. 6 p. 2 l. L. 8 p. 3 l. Dresde.

65. Combat de fantasins et de cavaliers. Six de ces derniers sont encore à cheval, ils sont vêtus à l'antique et sont accompagnés, à droite et à gauche, de porte-enseignes; trois d'entr'eux sont à terre. A droite, un soldat agenouillé tient un cheval par la bride, et au milieu un cheval qui a perdu son cavalier, rue des deux jambes. Cette composition paraît appartenir à Jules Romain. A la droite du bas le monogramme et la date de 1546. Pendant du No. 20 de Bartsch. H. 7 p. 5 l. L. 11 p. 8 l. Dresde.

66. 67. Deux paysages qui appartiennent à la série décrite par Bartsch sous les Nos. 55 à 57. H. 7 p. 1 l. L. 10 p. 9 l.

66. Le jeune Tobie avec le poisson.

67. Un homme à cheval est précédé d'un piéton. Plus loin un autre homme étendu à terre près d'un tertre. Probablement l'homme blessé que le Samaritain doit recueillir ensuite.

68. Paysage. Dans le fond, à gauche, une montagne escarpée couronnée d'un château fort et au pied de laquelle se voit un village avec une église. Une petite rivière coule du fond sur le devant et à droite on aperçoit un homme, près d'un pont, dans l'acte de tirer un panier à poison de la rivière. Au milieu du premier plan un gros arbre s'élève du milieu d'un taillis épais et près de là un voyageur avec un sac. Un peu plus dans le fond, à gauche, deux autres figures d'hommes avec un âne chargé de deux sacs. A la droite du bas, la date de 1544. H. 4 p. 6 l. L. 7 p. 5 l. R. Weigel.

69. Armoiries de Hans Neudörffer et de sa femme. Brulliot les mentionne dans son Dictionnaire Vol. I. No. 2402. Elles se trouvent probablement sur le titre suivant:

Titre. Au haut d'un écusson richement orné on lit: „Spar-
tam quam nactus es, hanc orna — Johann Neudörffer
Rechenmeister", et au-dessous deux écus armoiriés; le premier à
un pairle accompagné de trois étoiles, timbré d'un heaume ayant pour
cimier une étoile entre deux cornes ou trompes. Le second, à deux
chevrons entrelacés, porte pour timbre un chapeau pointu à plumes.
Au milieu du bas un troisième écusson avec la marque de l'éditeur et
plus bas, sur un écriteau, le monogramme avec la date de 1552.
A gauche cinq génies dans des occupations scientifiques, à droite six
autres près d'un globe. H. 7 p. 8 l. L. 4 p. 9 l. Berlin.

Gravures sur bois.

3. Le déluge, pièce signée; H. 2 p. 3 l. L. 10 p. 6 l. Rud.
Weigel, Cat. No. 5624.

4. Paysage. On voit à la gauche un château sur un rocher
et au bas des arbres où St! Jérôme est assis lisant dans un livre.
Au milieu, sur un chemin, s'avance vers la gauche un homme à cheval
qui est précédé d'un piéton. Sur le devant, à droite, quelques arbres.
Sans marque. H. 3 p. 10 l. L. 7 p. 1 l. Collection du Comte Enzenberg à Insbruck.

Écoles d'Augsbourg et de Bavière du XVIᵉ. siècle.

H·B· — h B.

Hans Burgmair (le vieux et le jeune).

(Bartsch VII. p. 197.)

D'après les livres d'art on ne connaissait jusqu'ici qu'un seul artiste de ce nom qui se signait tantôt Burgmair, tantôt Burgkmair et on entretenait des opinions fort différentes sur les particularités de sa vie. Mais il est actuellement prouvé qu'il y a eu deux peintres de ce nom, père et fils, dont la manière était très-ressemblante et qui se servaient d'une signature commune. Le vieux Hans Burgmair était fils du peintre Thomas Burgmair et naquit à Augsbourg en 1473, comme il est prouvé par l'inscription qui se trouve sur un tableau contenant les portraits du maître et de sa femme conservé dans la galerie du Belvedère à Vienne, comme suit:

Dans le fond à gauche:

SOLLCHE GESTALT VNSER BAIDER WAS
IM SPIEGEL ABER NIX DAN DAS.

et à droite, sur un écriteau:

IOANN BVRGKMAIER MALER. LVI. IAR ALT
ANNA ALLERLAHN GEMAHEL LII. IAR ALT MDXXVIII.

Dans les régistres des droits des peintres (Gerechtigkeitsbuch) il est nommé parmi les maîtres déjà morts en 1531. [46])

---

46) Voyez H. Herberger, Conrad Peutinger dans ses relations avec l'empereur Maximilien I. Augsbourg 1851, p. 28, note 87, où l'on trouve encore d'autres notices sur Hans Burgmair le fils que nous utiliserons ailleurs.

Si le billet au revers du portrait de Martin Schongauer, dont nous avons déjà parlé, est véritablement de la main de Hans Burgmair, il s'ensuivrait que celui-ci était en 1488 élève du maître de Colmar. Cette opinion semblerait être confirmée, entre autres, par la gravure sur bois d'une Vierge assise avec l'enfant Jésus (Bartsch No. 13) qui a une grande analogie avec la manière de Schongauer, bien que Burgmair s'en éloigna beaucoup depuis pour s'attacher à celle d'Albert Durer dont il fut l'ami, comme nous l'indique son portrait au crayon anciennement en possession de Sandrart, dessiné par le maître de Nuremberg qui y ajouta le nom de Burgmair et son âge de 44 ans en 1517.

Le nombre des dessins faits par Burgmair pour les gravures sur bois, la plupart par ordre de l'empereur Maximilien, atteint un chiffre très-élevé; néanmoins il faut croire que beaucoup de ceux qui lui sont attribués appartiennent en réalité à son fils. Nous avons déjà démontré dans la partie historique de notre ouvrage qu'il est difficile de croire qu'il ait lui-même gravé sur bois et cette opinion acquiert encore plus de probabilité si l'on réfléchit que ses meilleures pièces depuis 1510 [47]) et surtout le célèbre clair-obscur dont nous avons parlé, ont été exécutées par Jost de Necker d'Anvers. Sa marque a toujours été celle que nous avons donnée plus haut, H. B., mais il ne s'est jamais servi du monogramme ᛋB qui est commun à son contemporain Hans Brosamer et à Hans Baldung Grun ou de la signature ᛒ qui indique George Breu ou Broy. On ne voit qu'après la mort de Burgmair le monogramme ᛒ qui appartient à un artiste postérieur.

Nous devons également nous prononcer contre l'opinion qui veut que le vieux Burgmair ait exécuté des eaux fortes sur acier, ayant trouvé nous-même des pièces de ce genre de son fils avec la date de 1545, entre autres les armoiries de la ville d'Augsbourg qui sont traitées dans la même manière que la gravure à l'eau forte représentant Vénus et Mars attribuée par Bartsch au vieux Burgmair. Cette pièce porte les initiales H. B., mais la date citée nous prouve que le fils se servait de la même signature, sans compter que le style du dessin, surtout dans le nu, ayant plus d'ampleur, appartient à une époque posté-

---

47) Dans la Collection Albertine se trouve le clair-obscur de trois planches représentant une jeune femme qui s'enfuit, B. No. 40, de l'année 1510, avec le nom de Jost de Necker. Mais il est certain que notre artiste ne s'était pas établi à Augsbourg avant cette époque, comme il résulte d'un passage d'une lettre de Peutinger que nous mentionnerons au No. 79.

rieure de développement dans l'art que celle qui était propre au vieux Burgmair. Nous trouvons, du reste, par une lettre de Vienne de l'empereur Ferdinand I. au Conseil d'Augsbourg, sous la date du 11 Décembre 1559, que Burgmair le jeune s'était aussi occupé à graver à l'eau forte des pièces d'armure en fer, ce qui aura pu le conduire aisément à des travaux analogues pour être imprimés sur papier. [48]) Il en résulte de plus que Hans Burgmair le jeune vivait encore en 1559.

Depuis la mort de son père, Hans le jeune a beaucoup travaillé pour le graveur sur bois et éditeur de livres, Henri Stainer d'Augsbourg, et on doit considérer toutes les vieilles gravures sur bois des Burgmair pour l'illustration des livres qui parurent depuis 1531, comme appartenant au fils. Cependant il est presque impossible de reconnaître parmi les bois qui parurent avant cette époque ceux qui appartiennent au père ou au fils. Nous les décrivons, par conséquent, réunis dans notre catalogue en ayant cependant le soin de décrire à part les gravures à l'eau forte qui appartiennent au fils.

Gravures sur bois.

Observations à Bartsch VII. p. 200 à 242.

5. Bethsabée au bain. Cette pièce est la seule qui porte la seconde des marques ci-dessus h. B.

14. La passion de Jésus Christ. (Das leiden Jesu Christi etc. Augspurg 1515.) Dans ce livre publié par Wolfgang von Mann avec

---

48) Le passage de la lettre en question est comme suit:

„Vns hat Euer Mitbürger Hans Burkmair Maller vnderteniglich fürbracht wie weillendt sein Vatter vnd Er vnseren lieben herren, anherren vnd brudern Kaiser Maximilian vnd Kaiser Karlen hochlöblicher gedechtnis, mit mallung der harrnasch, desgleichen dem Etzen zu hilff vnnd fürstandt der Plattner vnnd sonst in annder mer weg, gantz unverdrossen vnd gehorsamlich gedient haben etc...... Diewiel er aber von dem Allmechtigen mit vielen clainen Kindlein begabt, vnd nummer mit ainem hohen alter also beladen, das Er seines plöden gesichts vnnd zugestandner leibss schwachhait halber sein handtwerkh in solchem seinem Erlebten Alter nit mer dermassen als Er in seiner jugend gethan vorsteen khondte ..... so ersuchen wir Euch hiemit gnedig begerendt, Ir wollet demselben Burkhmair ..... zu dem nechsten verledigten Anstecher oder ainem anndern Ambtll bei Euch, darzue Er geschickht vnnd dem vorsteen mag, vor anndern khumen lassen etc.“

30 gravures sur bois qui occupent la grandeur des pages, la première pièce qui représente l'auteur offrant son livre à l'empereur Maximilien, est sans marque, il est vrai, mais appartient certainement à Hans Burgmair et montre une bonne exécution.

28. Ste. Élisabeth. Cette pièce porte le monogramme ·**HB**· et selon toute apparence a été gravée d'après un dessin de Hans Baldung Grun.

33. Jules II. On en trouve encore de clairs-obscurs de deux planches avec l'inscription: IVLIVS. LIGVR. PAPA SECVNDVS. Pièce ronde de 8 p. 9 l. de diamètre. Dresde.

34. Jean Paumgartner. On trouve de cette très-belle pièce, en clair-obscur, des exemplaires imprimés au moyen de trois planches et qui portent la date de 1512. Nous avons déjà vu dans notre précis historique par une lettre adressée à l'empereur Maximilien, en date du 27 Octobre 1512, par Jost de Necker, qu'elle a été exécutée par ce célèbre graveur sur bois.

40. Jeune femme qui s'enfuit. On trouve encore à côté du nom de H. BVRGMAIR le millésime MDX. et sur un exemplaire dans la Collection Albertine on voit à la gauche du pilastre le nom de: Jost de Negker, ce qui est d'autant plus remarquable que cette circonstance prouve que ce graveur sur bois distingué avait déjà en 1510 exécuté des clairs-obscurs à trois planches et qu'il peut ainsi révendiquer l'honneur d'en avoir été l'inventeur.

77. Le roi de Gutzin, 1508. Une seconde édition porte la date de 1511. On en trouve également une copie sur quatre planches avec inscriptions, H. 9 p. 8 l. L. 46 p., dont on voit des épreuves récentes dans la collection Derschau II. No. 26.

79. La généalogie de l'empereur Maximilien. Cette gravure sur bois a été exécutée en 1510, comme on le relève d'une lettre de Peutinger de la même année, 17 Mai, où à propos de cet ouvrage et d'autres analogues, dont il avait été chargé par l'empereur, il informe celui-ci que le graveur auquel il avait confié ce travail avait quitté Augsbourg à son insu et qu'il lui fallait, par conséquent, chercher un autre artiste pour l'achever („ausmache") et termine en disant „que le peintre ici était très-propre à cela", passage que nous avons déjà cherché à expliquer dans notre dissertation historique et dans l'article sur Hans Schaeuflein. Mais ce manque de graveur disparut bientôt lorsque Jost de Necker d'Anvers, un des artistes les plus distingués de son époque et en ce genre, vint s'établir la même année à

Augsbourg, comme il est prouvé par la date de la pièce précédente, No. 40, la jeune femme qui s'enfuit.

80. Le Weisskunig. La plus grande partie des gravures sur bois de cet ouvrage a été exécutée d'après les dessins de Burgmair et ces gravures portent son monogramme. Une d'entre elles porte néanmoins la signature de Hans Schaeuflein ₪, c'est le No. 200; une autre (No. 19) celle de Hans Springinklee et d'autres non signées doivent avoir été également faites d'après des dessins de ces artistes puisqu'elles s'éloignent de la manière de Burgmair et ne sont point aussi grandioses de composition que les siens. On peut induire que le travail des gravures était déjà commencé en 1511, de la date qui se trouve jointe au monogramme sur le canon dans la planche 66. H. B. XI.

La bibliothèque impériale de Vienne possède trois exemplaires d'une épreuve de premier tirage de la moitié à peu près des 237 gravures qui composent cet ouvrage, c'est-à-dire:

Codex No. 3034. Questionnaire (Fragebuch) de 379 feuilles gr.-in-folio, dans lequel Max Treytzsaurwein „alle mängl vnnd fragstucke auff alle figuren vnnd schrifften, die in dem puch des weyssen kunigs begriffen sein, vnnd noch jn volendung desselben puechs darein gehören, in ditz puech geschrieben, dieselben mäñgl vnnd fragstuckh bey bemelter remischer kayserlicher maiestat zu erledigen. Sollich des Treytzsauerweins einschreiben ist beschehen in den nechsten vierzehnde tagen nach pfingsten Anno VC. im XVᵗ vnnd funffzehnenden pfingsten (1515).“ Les 82 épreuves ont des explications manuscrites. On y trouve trois des planches perdues. 1. Le couronnement de l'empereur Frédéric III. B. No. 13 dont la copie se trouve dans l'édition de 1775 sous le No. 237. 2. Le tournoi B. No. 2. 3. Le siége d'une ville B. No. 6 qu'une notice manuscrite nous dit être le siége de Padoue. Les 35 dessins à la plume qui se trouvent dans le codex sont d'une exécution médiocre et n'appartiennent certainement pas à Burgmair.

Codex No. 3033. Livre de cadastre in-folio de 204 feuilles et contenant 155 gravures, en excellentes épreuves, comme dans le premier codex, mais non pas toujours avec une large marge et quelques-unes tirées sur la maculature d'un décret de Maximilien I. du 5 Octobre 1514. Il contient des épreuves de cinq des bois perdus; et sur la pompe funèbre de l'empereur Frédéric avec les chevaux destinés au sacrifice on trouve écrit au-dessous à la plume le nom de „hans franck", probablement celui du graveur et qui est le même que Hans Lützelburger. On y trouve également cinq dessins à la plume médiocres, comme ceux du codex précédent, et entre autres celui qui a servi à la planche perdue No. 7 avec cette inscription: „der pês (bôse) techant von genut" (le méchant doyen de Gand).

Codex No. 3032 contient la copie au net du texte sur 566 feuilles gr.-in-fol. dont on s'est servi strictement pour l'édition de 1775. Quelques chapitres sont ornés de 134 épreuves des planches, mais qui ne sont point égales en bonté ou en conservation avec celles des deux codex précédents. Deux d'entre elles appartiennent aux bois perdus, ce sont les Nos. 2 et 13 de Bartsch.

L'exemplaire mentionné par Bartsch VII. p. 226 qui a été recueilli vers le milieu du XVIe. (ex Bibl. Archiducis Ferdinandi) contient les douze planches (et non treize) dont les bois sont perdus. Le bois décrit par Bartsch sous le No. 4 comme perdu, est le No. 3 de l'édition de 1775 et dans cet exemplaire porte l'inscription: „Excipit legator Bohemiæ et Ungariæ." Un exemplaire non cité par Bartsch (Cod. Ambras. 324) contient les planches perdues No. 7 et 10. Voyez F. v. Bartsch au lieu cité p. 285—287.

81. Le triomphe de l'empereur Maximilien I. Série de 135 feuilles.

Un ancien exemplaire de la bibliothèque de l'empereur Ferdinand, auparavant l'archiduc Ferdinand, contient 128 pièces dont 101 sont des épreuves de premier tirage. (Voyez aussi Bartsch p. 234.) Deux d'entre elles appartiennent aux bois perdus qui ne se trouvent point dans l'édition de 1796 et qui n'ont point été décrites par Bartsch, savoir:

1. Jérôme de Heremberg comme chef de colonne et tenant la tablette des rimes se voit à cheval en tête de la marche. Cette pièce appartient à celles qui se trouvent sous les Nos. 125 à 129 qui ont été erronément chiffrés dans l'édition de 1796, comme suit:

Le No. 125 erronément dans l'édition No. 128.

    = 126   =   =   =   = 129.

    = 127   =   =   =   = 125.

    = 128   =   =   =   = 127.

    = 129   =   =   =   = 126.

    = 129* J. de Heremberg manque.

2. Le char de triomphe avec Philippe I. et Jeanne de Castille qui tient les armoiries de Castille et d'Arragon. Cette pièce doit suivre le

No. 135 où un génie conduit un attelage de quatre chevaux. Le filigrane de ces deux feuilles est un écusson en cœur avec une faucille.

Additions à Bartsch.

Gravures sur bois. [49])

83. Le portement de croix. Les deux larrons ouvrent la
marche; à droite, sur le premier plan, la Véronique tient le voile;
à gauche un enfant qui porte des clous et un vase avec du vinaigre;
une foule de peuple le suit. On lit au bas: „O Herr Jesu Christe,
ich ermane dich des gangs und ausfürens, do du dz schwar creutz etc.“
et la date de 1527. 8 feuilles réunies traitées absolument dans la
même manière et ayant les mêmes dimensions que „le Christ au
jardin des oliviers“ B. No. 17 et „Jésus à la croix“ B. No. 19.
H. 32 p. 8 l. L. 24 p. Collection Albertine à Vienne.

84. La Vierge, demi-figure. Elle est debout et tient l'enfant
Jésus qui la caresse, vers la gauche et avec les deux mains devant elle.
De la main droite elle porte une couronne de roses. L'arc qui s'élève
au-dessus d'elle est orné de rosettes. On trouve de cette pièce des
épreuves en noir et d'autres en clair-obscur, mais dont les teintes plus
foncées sont posées au pinceau. H. 10 p. 10 l. L. 5 p. 7 l. Berlin.

85. Ste. Anne. Elle est assise à côté de la Vierge, debout à
sa gauche qui lui présente l'enfant Jésus. Au bas, sur le socle, la
signature . H . B . H. 4 p. 5 l. L. 3 p. 4 l. Munich.

86. Ste. Helène, Ste. Brigitte et Ste. Élisabeth. Ces
trois figures debout sont marquées H. B., puis „Jost de Negker zu
Augspurg.“ Paris.

87—98. Douze feuilles de l'apocalypse. Elles portent
toutes les initiales H. B., mais sont trop faibles pour être du vieux
Burgmair; les compositions en sont même souvent empruntées aux

---

49) Bien avant l'impression de notre Catalogue, M. Wiechmann - Kadow avait
donné dans les Archives de Naumann II. pp. 152—168, des notices précieuses sur
les suites de gravures sur bois pour les livres de Hans Burgmair, mais il s'est
trompé en les attribuant toutes à Burgmair le vieux puisque la plupart d'entr'elles
n'a été exécutée qu'après sa mort. Quelques-unes de celles que nous avons exa-
minées nous-même se trouvent dans notre catalogue, nous en avons négligées
d'autres dans l'incertitude qu'elles puissent être attribuées à Burgmair. Nous nous
sommes également retenu de renvoyer à cet écrit qui n'est que le précurseur d'un
ouvrage plus étendu que le savant auteur nous promet sous peu.

gravures d'Albert Durer et les dessins, par conséquent, doivent appartenir à Burgmair le jeune. H. 6 p. L. 4 p. 10 l. On les trouve employées pour la première fois dans le nouveau testament imprimé à Augsbourg en 1523, in-fol., par Sylvam Ottmar.

87. Le Christ avec les yeux lançant des flammes, portant l'épée et les sept étoiles, est debout dans les nuages, entouré des sept candelabres. L'évangéliste est couché par terre, les bras étendus. La marque est à droite. -

88. Dieu sur son trône est entouré des emblèmes des quatre évangélistes, d'anges et des vingt quatre vieillards. L'agneau brise les sept sceaux. La signature à la droite du bas.

89. Distribution des trompettes aux anges. Un d'eux crie: Malheur, malheur, malheur! (Wehe!) sur les habitans de la terre. L'étoile tombe dans un puits.

90. St. Jean l'évangéliste avale le livre.

91. Deux hommes debout devant le dragon. A gauche un édifice qui s'écroule.

92. Des anges versent des coupes sur la terre. Sur le devant un animal et un homme qui crache des grenouilles.

93. La grande prostituée, richement vêtue, est assise sur la bête à sept têtes. Un ange l'indique à St. Jean.

94. „Le cavalier royal" trew und wahrhaftig (loyal et sincère). Au-dessus, dans les nuages, ses cohortes précédées d'un enfant ailé. Au bas la grande prostituée sur le monstre à sept têtes avec ses adhérents près d'un abîme qui vomit des flammes.

95. L'ange qui laisse tomber la meule de moulin etc. Une foule de peuple dans l'étonnement contemple ce spectacle. A droite St. Jean vu à moitié.

96. La Vierge, debout sur le croissant, est ravie au dragon à sept têtes. A la gauche du haut, Dieu sur son trône entouré d'anges. Les étoiles tombent sur la terre.

97. L'ange enchaîne le dragon. A la gauche du bas la signature H. B.

98. L'ange montre à St. Jean la nouvelle Jérusalem. Ils se tiennent tous deux sur une montagne. La signature se trouve au milieu du bas.

99. L'empereur Maximilien entendant la grand'messe. (B. VII. p. 184. No. 31.) H. 10 p. 7 l. L. 7 p. 6 l. L'empereur est agenouillé devant un prie-Dieu dans le fond, à droite, plus sur le de-

vant les chantres et vis-à-vis d'eux l'organiste. Tout-à-fait dans le fond le célébrant accompagné des diacres. Au haut sont suspendues les armoiries impériales de l'aigle double et de l'aigle simple aussi bien que celles des Medicis avec les sept palles, peut-être celles du pape Léon X. Des anciennes épreuves portent l'inscription suivante sur trois lignes:

„Imperator Caesar Divus Maximilianus pius foelix Augustus Christianitatis supremus Princeps Germanie etc. transiit Anno Christi Domini MDXIX. Die XII. mensis Januarii, regni Romani XXXIII. Hungariæ vero XXIX. Vixit Anno LIX. Mensibus IX. Diebus XIX."

D'autres épreuves ont au haut l'inscription suivante:

Ein hüpsch spruch von Kaiser Maximilian.

et puis au bas l'inscription composée de 18 vers sur trois colonnes, commençant:

O Kaiser Maximilian
Dein lob ich nicht aussprechen kann.
Waa findt man deins gelaichen
Als die mit jr werhaffen hand
Bezwungen hand viel leut und land
Die müssen dir all weichen etc.

et terminant ainsi:

Nach gottes eer hat dich gedurst
Die ist dir getz behalte.

Antony Formschneider zu Frankfordt.

Cette pièce xylographique capitale est tellement analogue dans le dessin à celui de Hans Burgmair, surtout dans les illustrations du „Petrark's Trostspiegel" qu'il n'y a point de doute qu'on ne la lui doive attribuer. La taille, qui ressemble beaucoup à celle de Lützelburger, appartient à un excellent graveur sur bois dont nous n'avons aucune autre notice que celle qui nous est fournie par la signature ci-dessus.

100. Pièce commémorative de l'empereur Maximilien I. Les trois gravures sur bois qui s'y trouvent ont chacune une inscription explicative et de chaque côté sur six colonnes une relation latine sur les dernières circonstances de la vie de l'empereur et sur sa mort arrivée le 12 Janvier 1519 à Wels en Autriche ainsi que sur la pompe funèbre qui s'ensuivit, le tout par le docteur Jacques Mennel, chancelier de l'ordre de St. Jean et historiographe de l'empereur.

II. 18 p. L. 14 p. Bibliothèque impériale de Vienne. Voyez F. v. Bartsch No. 2569.

a. Le Christ en croix entre la Vierge et St. Jean. Le médaillon est entouré d'un large ruban avec douze écussons d'ordres militaires religieux. Le bois de la croix avec la tête et les bras du Sauveur, aussi bien que l'écusson des armoiries impériales contrecoticé d'argent et entouré du collier de la toison d'or, dépassent, au haut et au bas, le ruban susdit. Diamètre 9 p. 3 l. L'inscription est la suivante:

„De divi Maximiliani Romanorum Cesaris Christiana vita Et felicissimo eius obitu etc. ad reverendissimū in Christo patrem et illustrem principem Fabriciū da Carreto ex marchionibus finalis sacrosancte domus Hospitalis sancti Joannis Jherosolimitani Militaris ordinis Magnum magistrum Rhodi rc. ut precipuū Cesaris obsequentē Jacobi Manlij doctoris, eiusdem ordinis in Germania Cancellarii r. dicti Cesaris hystoriographi Hystoria. De his quibus potissime iam corpore egrotante animum reficiebat Cesar."

b. Le monarque affaibli par la maladie. Il est assis sur un trône placé près de son lit et écoute avec attention, entouré de cinq courtisans, le généalogiste Manlius qui lit dans un livre infolio à la lueur d'une bougie. H. 4 p. L. 6 p. L'inscription est comme suit:

„Cesari antiquissime et nobilissime Genealogie eius per Manlium libri leguntur."

c. Le cercueil de l'empereur. Il est couvert d'un drap mortuaire brodé d'or et surmonté d'un crucifix entre quatre chandeliers ou candelabres. Des chanoines, assis sur deux rangées, chantent le service des morts dans les livres de chœur. H. 3 p. 6 l. L. 11 p. 3 l.

Inscription: „De felicissimo Cesaris obitu, et exanimi corpore sub crucifixi et militaribus S. Georgii insignibus ad sarcophagum deposito."

101. L'empereur Charles V. et l'hermite. L'empereur, ncore prince de Bourgogne, en costume de chasse, parle avec un hermite à l'entrée d'un bois. Ce dernier est debout à droite. La marque se trouve au bas, à gauche. H. 5 p. 4 l. L. 3 p. 4 l.

102. L'empereur Charles V. entre le Vice et la Vertu. Il est vêtu en costume de voyage entre les deux figures allégoriques Virtus et Voluptas. Cette dernière est à droite à l'entrée d'un bois. La marque est à la droite du bas. H. 5 p. 4 l. L. 3 p. 4 l.

Ces deux gravures sur bois se trouvent dans le livre intitulé: Contenta hoc libello. Virtus et Voluptas, Carmen de origine ducum Austrie. Aegloga: Coridon et Philetus, rustici. Ad lectorem Est gratus parvis noñunqm fructus in hortis, quod placeat parvus sepe libellus habet. — In fine: Distichon. Invidia nostra periit pars maxima fame. Invidia nostrum scandet ad astra decus. Salutem ex inimicis nostris V. G. M. Magister Johannes Othmar calcographus formis excusit. Auguste apud edem dive Ursule cis Lychū. Anno M.D.XII. XXXI. Julii. In-4°. Voyez R. Weigel, Cat. Nò. 21115.

103. Quatre feuilles contenant chacune un roi debout. Ceux-ci sont vêtus d'une manière fantastique comme les statues de bronze du monument sépulcral de Maximilien I. à Insbruck. Pièces in-fol., signées chacune des initiales H. B. Elles se trouvent dans un cahier contenant en outre 53 gravures à l'eau forte de Burgmair le jeune représentant des cavaliers en armure et qui se conserve dans la collection du Musée de Stuttgart.

104. Chronique de la famille des comtes Truchsess de Waldbourg écrite par Matthieu de Bappenhaim. (Die Familien-Chronik des Grafen Truchsesen von Waldburg geschrieben von Matheus von Bappenhaim d. heil. Röm. Reichs Erbmarschalckh, beider Rechten Doctor und Thumherr zu Augspurg.) C'est là le titre d'un manuscrit in-folio, sur parchemin, contenant les figures gravées sur bois de 71 personnes de cette famille et dont 68 ont été dessinées en 1530 par Hans Burgmair. La soixante-neuvième est signée C A, les deux suivantes n'ont point de marque et ne sont pas de Burgmair, la 72ᵉ avec l'indication Herr Jacob T. geb. 1512, est un dessin colorié. Ce livre intéressant se trouve dans la riche collection de gravures du prince de Wolfegg, dans son château du même nom près de Ravensbourg où l'on en conserve encore un autre exemplaire sur papier avec les gravures coloriées comme dans le précédent.

La première gravure nous montre l'auteur, Mathieu de Bappenhaim, assis à une table ronde couverte de livres et écrivant. Signée 1530 H B.

La seconde représente „Herrn Gebhardt der Erst“ dont les armoiries portent trois pommes de pin, l'écusson timbré d'un heaume couronné sommé d'un arbre de pin, armoiries qui se retrouvent sur les pièces suivantes, sauf les dernières où l'écu porte trois lions.[50]

---

50) Les Truchsess étaient originaires de Tann en Souabe et de là les trois

On voit encore sur quelques-unes les armes des Sonnenberg, un mont à quatre coupeaux couronné de rayons. Les figures sont debout, et souvent couvertes d'armures fantastiques, sur fond blanc. Cinquante feuilles portent au-dessous la signature H·B, les autres ne sont pas signées, mais elles ont été dessinées pa rnotre artiste. Nagler, dans son Dictionnaire, mentionne encore un exemplaire de cet ouvrage rare comme existant dans la collection de Munich.

105. Le livre intitulé „Schimpff vnnd Ernst" (Dass Buch Schimpff vnnd Ernst — von Joh. Pauli — gedruckt zu Augspurg durch Heinrich Stainer, in-fol.). La plus ancienne édition est, à ce qu'il paraît, sans date; le livre fut publié de nouveau par le même éditeur dans les années 1526, 1534, 1535, 1536, 1537, 1542, 1544 et 1546. Les six premières éditions contiennent 40 gravures sur bois dont 33 sont de Hans Burgmair, 2 de Schaeuflein (B. No. 85 et 86) et les 5 autres d'un artiste médiocre de l'école d'Augsbourg. Les trois dernières éditions n'ont que 35 gravures. H. 5 p. 2—3 l. L. 5 p. 9—10 l. ou H. 3 p. 7—8 l. L. 5 p. 9 l.

106. Pétrarque, le livre de fortune. („Petrarca's Glückbuch, Beydes dess Guten und Bösen," ou aussi: „Trostspiegel in Glück und Unglück etc.") La plus ancienne édition connue porte pour titre: „Franciscus Petrarcha. Von des Artzney bayder Glück, des guten und widerwertigen. Und wess sich ein yeder inn gelück und unglück halten sol. Auss dem lateinischen in das Teutsch gezogen. Mit kunstlichen figuren durchauss gantz lustig und schön gezyeret. 2 Theile. Augspurg. H. Stainer 1532." in-fol., avec 259 gravures sur bois.

Stainer dit dans sa préface que les gravures ont été faites „d'après les compositions figurées (visierlicher Angebung) du docteur Sébastien Brandt", ce qui veut dire que l'invention des sujets appartient en partie à ce dernier, tandis que le dessin de ces compositions pour le graveur sur bois a été exécuté par notre maître.

D'autres éditions de Stainer parurent à Augsbourg en 1539 et 1545 et furent suivies de celles d'Egenolph à Francfort s. M. en 1551, 1559, 1572 et 1584; et, dans la même ville, de celles de Jean Saur sous la raison de Vinc. Steinmeyer, en 1604 et 1620. Toutes ces éditions sont in-folio.

Les nombreuses gravures qui s'y trouvent (elles montent à 260

---

pommes de pin (Tannenzapfen) de leurs armoiries. Un d'eux se trouva, sous Conradin (de la dynastie des Hohenstaufen), chargé des affaires de ce monarque en Allemagne et reçut de lui les armoiries avec les trois lions.

dans les éditions de Francfort) parurent en partie dans le livre du Schimpff und Ernst et dans le Cicéron. Elles paraissent presque toutes appartenir au vieux Burgmair quoiqu'elles ne portent point sa signature; quelques-unes ont une marque ressemblant à un S couché, ∽, qui paraît indiquer un graveur sur bois.

La première feuille nous montre l'auteur, François Petrarque, dans la salle d'une maison et écrivant son livre. Sur la seconde, qui est accompagnée d'une pièce de vers de Sebastien Brandt, l'auteur tient une balance avec des boîtes dans lesquelles il verse de l'eau. Sur le verso de cette feuille se trouve une roue de fortune avec quatre figures de rois. Dans quelques éditions on voit une seconde roue de fortune où le roi qui est assis en haut, ne porte point de sceptre. Sur une petite roue tournée par la Fortune elle-même qui a les yeux bandés, un âne couronné se voit au sommet de la roue. La dernière feuille contient une représentation allégorique des soucis inutiles que prennent les mourants pour leur enterrement et porte la date de 1520.

107. Les offices de Cicéron. (Officia M. T. C. Ein buch so Marcus Tullius Cicero der Römer, zů seynem Sune Marco. Von den tugendsamen ämptern etc. Gedrückt in der keyserlichen Statt Augspurg durch Heinrichen Stayner. Vollendet am XVI. Tag Februarij Im M.D.XXXI Jar. in-fol.)

C'est la première édition du livre de Jean de Schwarzenberg, avec 104 gravures sur bois la plupart in-8° sur largeur, mais dont la seule pièce des „Six docteurs assis autour d'une table“, décrite par Bartsch (No. 74), est signée des initiales H. B. Toutes les autres portent néanmoins d'une manière si décidée l'empreinte du style de Hans Burgmair que l'on ne peut hésiter à les lui attribuer. On doit remarquer que dans la composition se rapportant à la division au troisième livre, intitulée: „Was in gemeinen Kaufhändeln, der Ehren und Nutzbarkeyt nach, sich geziemen möge,“ on voit sur l'écusson d'un navire les lettres H b b. et sur la porte de la ville H W dont les premières se rapportent peut-être à Burgmair le jeune, tandis que les dernières indiqueraient le graveur. La grande gravure sur le titre représente Cicéron qui donne son livre à un messager qui doit le porter à son fils et la dernière un bouffon qui, en riant, couronne une truie.

La seconde et la troisième édition de ce livre parurent chez le même libraire en 1531 le 29 Avril et le 7 Décembre. Celles qui viennent successivement, sont du 3 Août 1532, 1 Octobre 1533,

13 Novembre 1535, 27 Novembre 1537, 13 Décembre 1540 et enfin 3 Novembre 1545 à Augsbourg.

Christian Egenolph de Francfort s. M. acquit ensuite les planches et donna les éditions suivantes:

„Vonn Gebüre und billigkeit. Des Fürtrefflichen, hochberümpten Römers Marci Tullij Ciceronis, drei Bücher an seinen Sohn Marcum, Von Gebürlichen Werken etc. Gedruckt zu Franckfurt an Mayn bei Christian Egenolff. M.D.L. Im Jenner.“ In-fol.

Officia Ciceronis, das ist vonn Gebürlichen Werken, Wolstand vnnd Rechtthun etc. Gedruckt zu Franckfurt am Mayn bey Christian Egenolffs Erben. M.D.LXV. Im Jenner.

Comme les ouvrages de Schwarzenberg étaient très-recherchés, Henri Stainer d'Augsbourg les recueillit et les fit imprimer en un seul volume dont il fit paraître plusieurs éditions qui toutes portent le titre suivant en commençant par le Cicéron:

„Der Teutsch Cicero. Warumb das buch also genent, auch inhalts solches beyde erkleert, so dieses blatt wird umgewendt M.D.XXXIII.“

„Der Teutsch Cicero etc. Vollendet am 8. Marz 1535.“

„Der Teutsch Cicero etc. Wider fleyssig ersehen vnd gedruckt. Anno M.D.XXXX.“ In-fol.

D'après Ebert „Dictionnaire Bibliographique“ on en trouve une réimpression in-8°. faite en 1562 par Köpfel à Worms.

Les illustrations sur bois du Cicéron furent en partie employées pour le livre intitulé:

„Fürnemste Historien und exempel von widerwertigen Glück etc. durch etc. Joannem Boccatium etc. Augspurg, H. Stainer, 1545.“ In-fol.

108. La vie des SS. Ulrich, Symprecht et Ste. Afra. (Das leben, verdienen und wunderwerk der heiligen Augspurgs bistumbs bischoffen, Sant Ulrichs und Symprecht auch der säligen martrerin Sant Aphre, irer muter Hilarie geschlecht und gesellschaft, in unserem daselbst loblichen gotshauss verstand. Augspurg, gedruckt durch Silvanum Ottmar 1516.“)

Ce livre contient six gravures sur bois:

a. L'encadrement du titre. Aux côtés deux colonnes; en haut une arabesque avec deux anges. H. 6 p. L. 4 p. 6 l., comme aux quatre pièces suivantes.

    b. SS. Ulrich, Symprecht et Ste. Afra. Figures entières debout sous un porche. Au bas trois écussons.

    c. St. Ulrich, figure entière, avec l'encadrement du titre.

    d. St. Symprecht, figure entière avec le même encadrement.

    e. Ste. Afra, figure entière, idem.

    f. Une église avec l'inscription: „Ain form visier und voreissung der angefangen Kirchen Sant Ulrichs und Aphren zu Augspurg. H. 6 p. 6 l. L. 5 p. C'est la dernière feuille du livre.

Voyez R. Weigel, Catalogue No. 16353 où l'on ne dit pas cependant si ces pièces portent la signature du maître.

    109. La bataille de St. Ulrich. L'empereur est accompagné au combat par le saint évêque auquel un ange apporte une croix. A la gauche du bas, sur un écusson, on lit la date de 1520. Cette pièce a été décrite à tort par Bartsch dans l'œuvre de Lucas Cranach (No. 74) puisqu'elle appartient décidemment à Burgmair. H. 6 p. 2 l. L. 4 p. 9 l.

    110. Le Timonnier. Sur un gros vaisseau se voit au gouvernail un homme de condition, vêtu comme un savant et qui lève la main gauche pour parler. A la droite du bas les initiales H. B. H. 6 p. 5 l. L. 4 p. 7 l.

Au revers de cette pièce, dans l'exemplaire du Cabinet de Munich, on trouve des vers latins avec les mots: „Venerabili viro dño Georgio Reysch: patri ac priori etc. friburgo A° 1510,“ ce qui pourrait servir à nous mettre sur la trace du livre où elle se trouve.

    111. Les changements de la fortune. Cette pièce est divisée en six compartiments, trois à trois sur deux rangées. Ils sont séparés les uns des autres par des colonnes et renferment chacun deux figures représentant le riche et le pauvre en conversation. On lit au haut sur une banderole: „Wie der Arm rich wirt vnd der Reich arm.“ Voyez Brulliot, Table générale des Monogrammes etc. p. 491.

    112. Un enfant à trois jambes. Cet avorton est représenté deux fois; à gauche, assis sur un coussin et vis-à-vis couché. A la droite du bas la signature H. B. En haut l'inscription: „Disz Künd ist geboren worden zu Tettnang.“ Au bas un texte explicatif. H. 3 p. 9 l. L. 5 p. 9 l. sans les inscriptions. D'après une notice de Brulliot, Table etc., cet écrivain en vit un exemplaire qui portait en haut un écusson avec la date de 1516.

    113. La colonne avec le vase enflammé. Sur une colonne, à droite, on voit un vase d'où sortent des flammes. Trois paysans sont à genoux en adoration, d'autres paraissent s'enfuir pour

rejoindre une grosse troupe avec des bestiaux que l'on voit dans le lointain. A la gauche du bas la marque H. B. H. 2 p. 6 l. L. 3 p. 10 l. Collection Albertine à Vienne.

114. Un manuel. (Täschenbüchlin.)

„Aus einem closter in dem Riess
Kompt dieses Täschenbüchlin süss
Das der Mensch sol bey jm tragen
Und damit sein veind verjagen."

Augspurg, Hans Miller, 1516. In-8°.

Des 14 gravures qui ornent ce petit livre, 10 appartiennent à Hans Burgmair, une d'elles formant double emploi (les quatre autres sont de Hans Schaeuflein). H. 3 p. 10 l. L. 2 p. 9 l.

a. Dieu le père donnant sa bénédiction.

b. L'annonciation.

c. Le sacrifice de la messe.

d. Le Christ en croix entre la Vierge et St. Jean; pièce répetée comme dixième estampe.

e. La messe de St. Grégoire.

f. St. George tuant le dragon.

g. St. Sébastien et St. Roch.

h. La Sainte Cène.

i. La prière de St. Thomas d'Aquin à Dieu le père. Avec la signature du maître.

Voyez R. Weigel, Catalogue No. 18771.

115. Une chronique. (Eine schöne Chronik uñ Hystoria, wye nach der Synndtflut Noe, die Teutschen, das streitbar volck jren anfang empfangen haben, besonder den ersten namen Schwaben gehaissen worden, Wa und wie sy vō ersten gewont... Auch dar bey von der Kayserlichen Statt Augspurg etc. (publiée par Meisterlin). Augspurg, Melchior Ramminger, 1522. In-fol.)

Le titre, avec St. Ulrich et Ste. Afra, porte le monogramme de Burgmair. Entre autres gravures sur bois, on y trouve une copie d'après Schaeuflein de la bataille de St. Ulrich par le maître (Voyez Brulliot, Dict. I. No. 2502) monogramme que l'on attribue à ℍ𝔖, l'imprimeur Henri Steiner d'Augsbourg qui était probablement aussi graveur sur bois. (Voyez Weigel, Kunstcat. No. 18772.)

116. Le banquet. (Ein nutzlich Regiment der gesundtheyt genant das Vanquete oder gastmal der Edlen Diener von der Complexion etc. gemacht durch ... Dr. Hein. Ludovicum de Avila ...

durch Mich. Krautwadel verteutscht etc. Augsburg., H. Steyner, 1531. In-4°.

Dans ce livre de médecine on trouve six gravures sur bois médiocres dont une, le portrait du docteur de Avila, porte la signature de H. Burgmair. L'édition en espagnol: „Vanquete de nobles cavalleros etc. Vindelicorum Urbe Augusta — per industriosum virum Henr. Stainer chalcotypū." S. A. in-4°. contient huit gravures de plus, en tout quatorze pièces qui sont toutes attribuées à notre maître. (Voyez R. Weigel, Cat. Nos. 12857 et 19438, et Wiechmann - Kadow dans les Archives de Naumann II. p. 158.)

117. La confrérie des fous. (Schelmenzunft — durch Thoman Murner von Strassburg. Augsburg, S. Otmar, 1513 et 1514. In-4°.)

La première des 40 gravures du livre représente l'auteur avec l'inscription: DOCTOR LAVX et porte les initiales H. B. Les autres sont également attribuées à Hans Burgmair, mais paraissent être très-médiocres. (Voyez Wiechmann-Kadow dans les Archives de Naumann II. p. 155.)

118. Portrait de Conrad Celtes. Demi-figure, un peu tournée vers la gauche, sous un arc richement orné, sur lequel on lit l'inscription: EXITVS. ACTA PROBAT. QVI BENE FECIT HABET. Il pose les mains sur quatre volumes de ses œuvres qui portent sur les tranches les titres suivants: GER. ILLVS. — AMOR. — EPIGRA. — ODAR. Aux côtés du bas sont assis deux petits génies en pleurs et dans les coins du haut Apollon et Mercure. Les armoiries de Celtes, un écusson rompu par le milieu, se trouvent à la marge inférieure avec l'inscription suivante:

D. M. S.

FLETE PII VATES ET TVNDITE PECTORA PALMIS
VESTER ENIM HIC CELTIS FATA SVPREMA TVLIT
MORTVVS ILLE QVIDEM SED LONGV VIVVS IN EVVM
COLLOQVITVR DOCTOS PER SVA SCRIPTA VIROS.
CHVN. CIL. PRO VIENNE LAVREE CVSTOS Ē COLLATOR
HIC IN CHRIS. QVIESCIT VIXIT AN. IXL SAL. SESQVIMILL
ET VII.
SVB DIVO MAXIMIL. AVGVST.

Devant lui, l'écusson rompu de ses armes porte deux C adossés à deux vergettes accompagnées de trois étoiles. Sur la marge du bas les initiales H. B.

Cette pièce au lieu d'avoir été gravée à la louange du poète après sa mort le fut, par le vœu de Celtes lui-même, avant son décès et il en fit présent à ses amis. Comme il mourut un an après, on changea la date feinte de 1507 en celle de MDVIII Mensis Februarij, Die IV. (Voyez Naumann's Archiv 1856. II. p. 143.)

119. **Portrait de Jacques Fugger.** En buste, vu de profil, tourné à gauche et la tête coiffée d'une résille. Inscription: Jacobus Fugger Civis Augustus. Cette pièce, gravée par Jost de Necker d'une manière très-fine et très-spirituelle, est une impression en couleurs rouge, brun et noir. La draperie en vert sur fond blanc est d'un effet charmant. H. 8 p. 8 l. L. 6 p. Collection Butsch à Augsbourg, Berlin.

120. **La grande aigle impériale.** Elle est imprimée en noir et contient divers sujets allégoriques. Sur le cou est assis, l'empereur et à ses côtés deux hérauts d'armes. Aux pieds coule un ruisseau, avec l'inscription: FONS MVSARVM et, tout auprès, les initiales H. B. Dans la vasque sont assises les neuf muses; au-dessous d'elles les sept arts libéraux et, plus bas, une composition représente Pâris reveillé par Mercure pour donner son jugement sur la beauté des trois déesses debout devant lui; à droite la Discorde, agenouillée, lui présente la pomme d'or. On lit auprès: MERCVR — DISCORDIA. Sur les plumes des ailes sont quatorze médaillons, en deux séries de sept, contenant les jours de la création et les sept arts libéraux. Au haut l'inscription:

LAVREA SERTA GERIT SACRO JOVIS ALESINORE.
MAXIMILIANIS JAM CELEBRATA SCOLIS.

et plus loin:

AQVILA DIVVS IMPERIALIS DIVINA FABRICA. MAXIMI H. VAÑA
INVĒTA.

Au bas:

BVRGKMAIR HANC AQVILAM DEPINXERAT ARTE JOHAES ET
CELTIS PVLCHRAM TEXVIT HISTORIAM. — ILLE NOVEM
MVSIS SEPTENAS JVNXERAT ARTES QVAS STVDIO PARILI
DOCTA VIENA COLIT.

H. 12 p. 3 l. L. 8 p. 6 l. Collection Albertine à Vienne, Bâle, Munich.

121. **L'aigle impériale.** Dans un écusson se trouve l'aigle impériale couronnée portant en cœur l'écusson parti d'Autriche. Le heaume est sommé d'un vol. Inscription: ARMA ET INSIGNIA SACR.

ROM. IMPERII. 1515. Au bas, aux côtés de l'écusson, les lettres H—B. H. 7 p. 8 l. L. 6 p. Bâle.

122. Écusson à l'aigle simple. L'aigle est imprimée en noir sur fond blanc et porte en cœur l'écusson d'Autriche parti de deux coupé d'un. Au bas la signature H. B. H. 7 p. 4 l. L. 5 p. 6 l. Berlin.

123. Écusson aux deux croissants. Mi-parti avec deux croissants affrontés et timbré d'un heaume ouvert, sommé d'une demi-figure de Vierge tenant de chaque main un croissant. A la droite du bas, tout-à-fait en petit, les initiales H. B. H. 5 p. L. 4 p. Bâle.

124. Écusson au cimier du lion ailé. Écartelé en sautoir; en chef et en pointe à la fasce d'argent; à droite et à gauche de sable au lion d'argent. Le heaume fermé est sommé d'un demi-lion ailé. A la droite du bas les initiales H B très-petites. H. 6 p. 3 l. L. 4 p. 9 l. Bâle.

125. Écusson au griffon rampant. L'écu est écartelé d'argent et de sable à quatre griffons de l'un en l'autre et porte en cœur un écusson coupé ayant en chef un demi-lion, en pointe un chevron pignonné. Le heaume est surmonté d'une couronne entre des plumes de paon. Pièce non signée. H. 7 p. 9 l. L. 4 p. 6 l. Bâle.

126. Écusson aux deux lions d'argent. Il est écartelé; au premier et quatrième de sable au lion d'argent, au second et troisième fretté d'argent et de sable. Le heaume est sommé d'un lion accroupi, couronné, entre deux demi-vols. Bâle.

127. Écusson à l'aigle brochant sur un sautoir. L'aigle est de sable et l'écu est timbré d'un heaume couronné, sommé d'une demi-aigle couronnée, chargée d'une croix de St. André, argent. Bâle.

128. Écu à la tête d'Éole. Elle est tournée à gauche et le heaume est sommé de la figure du champ. L'écusson sur fond noir est surmonté d'un arc ayant aux coins deux têtes d'ange. H. 8 p. 9 l. L. 5 p. 8 l. Bâle.

129. Écusson au lys à pied nourri. L'écu est parti, à gauche d'argent au demi-quintefeuille de gueules, à droite de gueules au lys à pied nourri d'argent. Le heaume est sommé du lys du champ entre deux demi-vols. A droite H B. H. 14 p. L. 9 p. (?) Collection Albertine à Vienne.

130. Initiales avec des enfants. 1521. Ce sont 23 initiales latines, avec des enfants qui jouent; elles se détachent en blanc

sur fond noir et sont renfermées dans un carré avec deux traits de bordure. Le 24e compartiment, un cercle circonscrit par un carré, conclut la série. Au bas on trouve l'adresse imprimée: „Gedruckt zu Augspurg durch Jost De Necker“, ou seulement: „Jost de Negker zu Augspurg“ et près de la dernière lettre la date de 1521. On ne trouve dans aucune des deux éditions la signature de Burgmair, mais dans l'exemplaire de Bâle son nom y est écrit à la main; du reste, le dessin et le genre des enfants et des ornements sont absolument dans la manière du maître et l'opinion qui lui attribue cet ouvrage reçoit encore plus de force par la circonstance qu'il a été gravé par Jost de Necker à Augsbourg.

La troisième édition des initiales porte également sur la lettre Z la date de 1521, mais on trouve sur une boule près de la lettre F le monogramme un peu courbé d'Albert Durer, ce qui a donné récemment lieu à l'opinion qui l'attribue à ce maître. Un exemplaire découpé et contenant 22 initiales appartenant jadis à un amateur de Nuremberg, vint en possession de Mr. R. Weigel de Leipsic (voyez Kunstcat. No. 19099) qui fit exécuter pour son ouvrage intitulé „Holzschnitte berühmter Meister“ deux facsimile des lettres A et F.

Ces initiales, taillées sur deux planches, ne furent point destinées à l'ornementation des livres, mais plutôt pour servir de modèles; ce qui est abondamment prouvé par la circonstance que la queue de la lettre Q empiète sur le fond de la lettre R et de fait on ne les trouve sur aucune des éditions d'Augsbourg.

On en voit néanmoins des copies anciennes dans plusieurs publications de Bâle, Cologne et Nuremberg, entre'autres dans le livre qui a pour titre:

„Theophylacti Enarrationes in quatuor Evangel. Basileæ, Cratander, 1525.“

Puis dans le recueil:

„Ex recognitione Des. Erasmi Roterodami. C. Suetonius Tranquillus. Dion. Cassius. Nicæus. Aelius Spartanus etc. Coloniæ in aedibus Euch. Cervicorni. 1527“

et probablement encore dans l'ouvrage anatomique de Volcker Coiter, Nuremberg 1572 et 1575, in-fol. Toutes ces copies montrent néanmoins des différences fort sensibles. Les meilleures reproductions ne contiennent point les lettres tout en blanc sur un fond noir, mais elles sont divisées en deux parties par un trait et ont un côté ombré; les compartiments ont trois traits de bordure. D'autres portent un trait délié à la gauche des initiales.   La troisième copie a les lettres en blanc, mais la taille en est si mauvaise qu'on les reconnaît immédiatement comme une contrefaçon.

L'alphabet de la première édition ainsi que de la seconde est toujours imprimé sur deux feuilles in folio de 10 p. 4 l. de hauteur sur 5 p. 3 l. de largeur et chaque carré de lettre porte 2 p. à 2 p. 1 l. en tout sens.   Les sujets sont comme suit:

A.   Deux enfants soufflent dans des cornets, celui de gauche est vu de dos.   Au haut une coquille.

B.   Six enfants en partie fournis d'ailes; un d'eux joue de la musette, un autre, à droite, du tympanon.   En haut un oiseau fantastique.

C.   Trois enfants; celui du milieu qui est ailé chevauche un chevreuil.

D.   Trois enfants; celui du milieu est à cheval sur un dauphin et tient un étendard.

E.   Deux enfants sont assis parmi des roseaux.   Celui du milieu tient une grue attachée à un cordon.   Au bas, à droite, une guénon.

F.   Quatre petits Amours jouants.   Celui qui est assis à droite s'appuie sur une boule qui, dans la dernière édition, porte le monogramme courbé de Durer et qui ne se trouve jamais sous cette forme dans ses œuvres.

G.   Quatre enfants.   Celui de droite verse du liquide d'un flacon dans une écuelle que tient un autre enfant assis.

H.   Trois enfants.   Celui du milieu est assis et souffle dans un double chalumeau.

I.   Quatre enfants dont un est assis dans un panier traîné par son compagnon à quatre pattes.

K.   Trois enfants à gauche et un ours dansant à droite.

L.   Cinq enfants; un d'eux chevauche un bâton porté par les autres.

M.   Quatre enfants ailés; un d'eux est debout sur le dos de deux autres couchés à terre.

N.   Cinq enfants, en partie ailés, dont le second, à droite, tient un attrappe-mouches au-dessus d'un autre agenouillé sur le devant.

O.   Six enfants, en partie ailés; au milieu d'eux un bouffon.

P.   Six enfants, pour la plupart ailés, jouent ensemble; deux d'entr'eux s'appuient des deux mains à terre.

Q.   Quatre enfants portent en triomphe un des leurs en guise de Bacchus.   A gauche et au milieu deux autres enfants sont en partie visibles.

R. Trois enfants jouent aux cartes. Au-dessus se trouve un quatrième, vu de dos.

S. Trois enfants partent pour la chasse avec un chien et un faucon. Ils se dirigent à gauche.

T. Deux enfants chevauchent des chevaux marins.

V. Cinq enfants dont deux tiennent un cordon.

X. Cinq enfants ailés dont deux font de la musique.

Y. Cinq enfants jouent au soldat; ils marchent vers la droite, deux d'entr'eux chevauchent des dadas.

Z. Deux enfants sont debout près d'une urne et tiennent des écriteaux avec le millésime 1521. [51])

Gravures à l'eau forte de Burgmair le jeune.

1. **Vénus et Mars.** H. 6 p. 8 l. L. 4 p. 9 l. (Bartsch VII. p. 199. No. 1.) Le libraire Stöckel de Vienne possédait encore en 1820 la planche originale dont il fit tirer des épreuves.

2. **Les armoiries de la ville d'Augsbourg.** L'écu avec la pomme de pin sur le chapiteau d'une colonne a pour supports deux griffons fantastiques. Au bas, dans deux banderoles: HE VOGTHERR. — H. BVRGKMAI. et au-dessus le millésime 1545. H. 7 p. 9 l. L. 5 p. 1 l.

Le maniement de la pointe est absolument le même qu'au No. 1 et à en juger par la date, cette pièce doit appartenir au jeune Burgmair. Ces armoiries se trouvent dans le livre suivant des patriciens d'Augsbourg qui, selon toute apparence, n'a paru cependant qu'en 1618.

3. **Écussons d'armoiries, avec tenants, des patriciens d'Augsbourg.** 80 feuilles. H. 7 p. 9 l. L. 5 p. 3 l.

Les tenants sont pour la plupart des figures couvertes d'armoiries fantastiques ressemblant à celles des statues sur le monument sépulcral de l'empereur Maximilien I. à Insbruck. A côté de chacun d'eux se trouve l'écusson. Aucune de ces feuilles ne porte de monogramme et dans les premières éditions les noms même des familles manquent.

---

51) On trouve encore d'autres initiales avec des enfants qui jouent, entre autres des figures qui sont employées dans les livres imprimés par Steyner d'Augsbourg et qui peuvent être attribuées avec assez de vraisemblance à Hans Burgmair. WIECHMANN-KADOW en décrit plusieurs dans les Archives de Naumann I. p. 126 et nous renvoyons à ce qu'il en dit, dans l'espoir que des recherches ultérieures conduiront à un résultat satisfaisant sur ce point.

Cette première édition a dû paraître vers 1545 puisque les armoiries
ci-dessus de la ville d'Augsbourg servent de titre à l'ouvrage et portent
cette date. Ces armoiries ont le nom de H. Burgmair et de Henri
Vogtherr ⁵²) qui paraissent avoir exécuté ces eaux-fortes en commun.
D'après la notice dans le Dictionnaire de Nagler, cette première édition
ne contient que 23 planches et porte le titre suivant:

Armoiries et Tenants d'armoiries de quelques familles
nobles de la ville du Saint Empire romain, Augsbourg.
(Wappen und derselben Wappenhaltern einiger Adelichen Geschlechte
in der heil. Röm. Reichsstadt Augsbourg.)

53 épreuves de premier tirage de ces gravures à l'eau forte, en
partie numérotées et dont une porte le No. 50, se trouvant dans
un cahier contenant également les dessins originaux à la plume de
Burgmair, ainsi que d'autres de différentes mains et marquées 1547, se
conservent dans la Collection d'estampes à Stuttgart. On en pourrait
conclure que l'on avait tout d'abord en vue une édition plus étendue
que celle des 23 planches et que cette édition a pù paraître vers 1547.

L'édition, notablement augmentée par Zimmermann et comprenant
80 planches, parut à Augsbourg en 1618 in-fol. sous le titre suivant:

„Ernewrtes Geschlechterbuch der löblichen desz heiligen Reichs
Statt Augspurg Patriciorum darunder 80 vorausz lustige zierliche contrafacturen, der Schild, Helm und Wappen Ehregemeldter Geschlech-
tern von weylandt der Kunstreichern Mahlern in Augspurg, Johann
Burckmair und Heinrichen Vogtherr von Anno 1545 in Stahel zierlich
geradiert, die übrigen von Wilhelm Peter Zimmerman auffs fleissigst
hinzugethan worden etc. 1618." In-fol. Sur le titre on trouve les
armoiries déjà mentionnées de la ville d'Augsbourg avec la date de
1545.

L'ouvrage entier est ici divisé en trois parties. Dans la première
se trouvent les feuilles 1, 3, 6, 7, 10, 13, 16, 19, 22, 23, 25, 26,
27, 28, 31, 32, 37, 39, 46, 47 et 49 d'une exécution large dans le
style de Burgmair. D'autres, d'une manière analogue, sont exécutées
d'une pointe plus fine et appartiennent sans aucun doute à Henri
Vogtherr. Les autres, très-médiocres, appartiennent aux pièces ajoutées
ensuite par Zimmermann.

52) Il y a deux artistes du nom de Henri Vogtherr de Strasbourg, un vieux
et un jeune. Un d'eux, selon Paul von Stetten, était déjà établi en 1541 à Augsbourg. Ils étaient tous deux peintres et nous reviendrons sur leur compte en parlant de l'école de Strasbourg.

4. La Vierge et l'enfant Jésus. Elle est debout dans un paysage et tient sur le bras droit l'enfant Jésus qui lui passe les bras autour du cou; elle porte une palme de la main gauche étendue et ses longs cheveux flottent vers la droite. Du même côté se trouvent un arbre délié et un autre plus fort. A droite un paysage rocailleux. H. 6 p. L. 4 p. Berlin.

Cette gravure à l'eau forte, sans signature, est à la vérité traitée tout-à-fait dans la manière de Burgmair, mais elle offre en même temps une très-grande analogie avec une autre pièce à l'eau forte, dans le style de Burgmair, exécutée par le maître Jaccop que nous allons citer et pourrait fort bien lui appartenir.

Le maître Jaccop. (?)

Dans le Manuel de la collégiale de Berne on fait mention sous la date de 1522 d'un maître Jacob auquel on devait s'adresser si, par hasard, Nicolas Manuel n'était pas en état de peindre les bannières (Vennlj — Fähnlein). Voyez Gruneisen, Niclaus Manuel etc. Stuttgart 1837, p. 71. Il reste à savoir si le maître ci-dessus, qui a exécuté la gravure à l'eau forte que nous allons décrire, est le peintre mentionné dans le „Manuel".

1. Le Christ en croix. Les traverses de la croix sont un peu contournées. A gauche on voit deux petits arbres, à droite sur le terrain la tiare. En haut quelques nuages. A gauche près du plus gros des deux arbres on lit le nom Jaccop. Pièce large de style et fortement mordue par l'eau forte dans la manière de Burgmair. H. 4 p. 6 l. L. 3 p. 8 l. A Berlin, où l'exemplaire paraît être une épreuve moderne d'une ancienne planche.

MW

1. La Victoire. Elle est assise, tournée vers la gauche, sur des armes enlevées à l'ennemi et écrit sur un écusson suspendu à un palmier. Un prisonnier assis est attaché à l'arbre. Au milieu trois

autres arbres. A droite les ruines d'un arc sur le socle duquel se trouvent les initiales M W. Pièce gravée à l'eau forte d'une pointe un peu lourde dans le genre de Burgmair. H. 5 p. 5 l. L. 4 p. 4 l. Berlin.

H W. 1504.
(Bartsch VI. p 415.)

1. La Vierge assise. Elle tient l'enfant Jésus sur les genoux. B. No. 1. H. 8 p. L. 6 p.

La taille de ce maître de la haute Allemagne est raide, mais les formes du dessin sont pleines, dans le genre de Burgmair. Voyez aussi relativement à ces initiales la gravure sur bois attribuée à Burgmair sous le No. 107.

Les Hopfer d'Augsbourg.
(Bartsch VIII. p. 471.)

Les seules notices précises que nous ayons sur cette famille d'artistes nous sont fournies par Paul von Stetten dans son livre „Des arts et métiers de la ville d'Augsbourg" (Kunst- und Gewerb-Geschichte der Stadt Augsbourg, 1779) p. 377. Il nous informe que les frères Daniel, Jérôme, David et Lambert étaient les fils d'un Hopfer de Kaufbeuern, peintre qui s'établit à Augsbourg. Daniel se trouve enrégistré dans les livres des peintres de cette ville vers 1500. Jérôme a vécu également à Augsbourg, comme, selon toute probabilité, les deux autres quoiqu'on n'en fasse aucunement mention.

Nous possédons beaucoup de gravures à l'eau forte de Daniel, Jérôme et Lambert. Celles du premier sont les meilleures, quoiqu'il ne possédât pas une grande finesse de dessin et que son travail montre plutôt une certaine adresse mécanique. Plusieurs de leurs pièces sont des copies des gravures des anciens maîtres allemands et italiens; ils nous ont conservé ainsi beaucoup de compositions dont les originaux sont perdus ou ne se trouvent qu'en fort petit nombre d'exemplaires.

Nous ne possédons aucune gravure au burin de David Hopfer, ce qui a porté à mettre en doute qu'il ait réellement existé. Par contre nous trouvons des gravures à l'eau forte, marquées C. B., accompagnées du signe particulier aux Hopfer qui a été pris par quelques-uns comme une tige de Houblon en allusion à leur nom (Hopfe — houblon), par d'autres pour la pomme de pin des armoiries d'Augsbourg. Comme les pièces du maître à ces initiales sont traitées dans la manière des Hopfer on pourrait en conclure qu'il fut leur parent ou leur associé.

D 🎇 H

Daniel Hopfer. 1516—1549.

La seule eau forte que nous ayons de lui avec une date est celle qui représente un bureau ou un armoire (B. No. 125) de l'année 1527. Nous savons qu'il vivait encore à Augsbourg en 1549 par une inscription sur l'intérieur d'une couverture du livre de la Confession d'Augsbourg (Bekenntniss des Glaubens etlicher Fürsten und Stedte: Verantwort Kaiserlicher Majestat zu Augsburg. Anno MDXXX.) où on lit écrit au crayon: Daniel Hopffer von Augsburg maler ist das buch, und sein Trost darin das ewig leben zu finden ist. 1549. (Ce livre appartient à Daniel Hopffer d'Augsbourg, peintre, et sa consolation est d'y trouver la vie éternelle. 1549.) Ce volume se trouve dans la bibliothèque publique de Bamberg. Voyez Heller, „Zusätze" p. 64.

Au sujet des pièces décrites par Bartsch nous n'avons rien autre à remarquer, sinon que celle sous le No. 73 est une copie de l'ancienne estampe italienne, marquée S̃E, qui a été faussement attribuée au Squarcione.

Additions à Bartsch.

134. La Vierge, demi-figure. Elle tient des deux mains l'enfant Jésus. Un livre est posé sur ses genoux et, devant elle sur une table, un vase de fleurs avec l'inscription: „Ave Maria". On y voit

encore deux anges avec les instruments de la passion. Au haut les initiales D. H. H. 8 p. 1 l. L. 5 p. 6 l. Brulliot, Tables No. 1720.

135. St. Roch. Il est assis; devant lui un ange dresse ses plaies. Au-dessous une inscription allemande de neuf lignes. La marque est au milieu du bas. H. 8 p. 4 l. L. 5 p. 6 l. Brulliot, Table No. 1720.

136. La tête de St. Jean Baptiste. Elle est posée sur un plat. Sans marque. H. 3 p. 2 l. L. 5 p. Brulliot, Table No. 743 (note).

137. Montant d'ornements. Il est divisé en quatre compartiments. Celui d'en haut contient deux oiseaux fantastiques, un vase et de chaque côté une femme nue assise. Au milieu on voit un monstre et près de lui deux génies ailés; au troisième un autre monstre avec des cornes, aux côtés des génies avec des torches ardentes. Au milieu du quatrième compartiment un vase, d'où sortent des flammes, avec des anses en forme de dauphins; de chaque côté une demi-figure d'homme qui souffle dans une corne et dont la partie inférieure du corps est engagée dans une corne d'abondance. La signature est au milieu. H. 7 p. 11 l. L. 5 p. 7 l.? Heller, Zusätze etc. p. 65.

138. Autre montant d'ornements en quatre compartiments. Dans celui d'en haut, un grand casque au milieu de deux centaures qui le soutiennent. Dans le second compartiment deux oiseaux tiennent dans leur bec un vase à chante-pleure. Plus bas, un autre vase en forme de poire et à côté un homme et une femme, qui s'embrassent, terminés en rinceaux et au-dessous, deux femmes nues qui tiennent un écusson contourné. La marque est au milieu du bas. H. 6 p. 10 l. L. 3 p. 9 l. Heller, Zusätze etc. p. 65.

139. L'enfant Jésus dans une école sous un arc.

140. Allégorie sur l'avarice.

Ces deux pièces sont mentionnées dans la Collection du comte Renesse-Breitbach.

Gravure sur bois.

1. Bordure d'un titre. Elle est formée de figures fantastiques sur fond noir; au haut une marque avec les initiales $_D{}^N$H. Employée pour la Bible allemande de S. Othmar, Augsbourg 1516. in-fol., comme aussi dans le Sachsenspiegel du même éditeur, 1516. On en trouve un facsimile dans l'ouvrage sur la Gravure sur bois de R. Weigel qui le premier a fait connaître cette pièce. H. 9 p. 2 l. L. 6 p.

I L H

Jérôme Hopfer.

Ses gravures à l'eau forte sont, pour la plupart, des reproductions d'a-
près d'autres maîtres, surtout d'après Albert Durer et les Italiens. Il copia
d'après le maître I B à l'oiseau, nommé aussi Giovan Battista del
Porto, la figure allégorique de la ville de Rome. Quelques-unes de
ses pièces portent les dates de 1520 à 1523. Le combat de cavalerie,
d'après Dom. Campagnola (B. No. 44), porte son nom entier IERONIMV.
HOPFFER. Il a signé quelques autres de ses initiales I. H sans la
plante de houblon.

Addition à Bartsch.

78. Le massacre des innocents. Copie réduite de la gravure de Marc Antoine d'après Raphael. Petite feuille; d'après une
communication de feu Mr. Rechberger de Vienne.

L H.

Lambert Hopfer.

(Bartsch VIII. p. 526.)

Cet artiste signait quelquefois avec les simples initiales L H et
Brulliot donne sous cette marque la pièce suivante, inconnue à Bartsch,
comme étant de notre maître. Dict. II. No. 1870ᵇ.

35. La messe de St. Grégoire. Copie d'après la gravure
sur bois d'Albert Durer. H. 11 p. L. 8 p.

CB

(Bartsch VIII. p. 533.)

Ses gravures portent seulement la date de 1531, à moins que
celle décrite par Brulliot, Dict. III. App. No. 110, ne lui appartienne.

Elle représente David qui étrangle un lion, tandis qu'à droite on voit un ours mort et dans le fond un troupeau au pied d'une colline. Cette pièce est signée ⟨·1528:Є·⟩ H. 2 p. 11 l. L. 3 p. 1 l. Elle est traitée dans le style d'Albert Durer.

Additions à Bartsch.

6. **Un cavalier et une dame à cheval.** Ils s'élancent vers la gauche, suivis d'un petit chien. Un mendiant est appuyé à un arbre et regarde vers la droite où, dans un riche paysage, un soldat à terre est mis en pièces par un autre. La signature est à la droite du bas. A gauche le No. 59 et au haut, dans un écusson, l'inscription:

„Hoffart get vor den Verderben her vnd stoltzer muot vor dem fall. Spruch. Salom. XVI. C. M.D.XXXI."
H. 7 p. 2 l. L. 9 p. 10 l. Francfort s. M., Oxford.

7. **Ornement.** Deux génies sont assis sur des poissons chimériques; de chaque côté du bas une figure ailée tient un écusson, sur celui de droite la signature et la tige de houblon dans un cercle. H. 5 p. L. 2 p. 3 l.

Henri Steiner,
graveur sur bois.

Bartsch place ce monogramme au nombre de ceux dont se servait Schaeuflein, ce qui est assurément une erreur, puisque l'on n'y trouve jamais ajouté la pelle du maître de Nuremberg et que l'artiste auquel cette signature appartient est un graveur très-inférieur dans la manière de l'école d'Augsbourg. Comme dans la gravure sur bois représentant un St. Christophe, il a gravé son monogramme sur un petit vaisseau qui porte également le millésime de 1510, on a voulu en conclure qu'il s'appelait Hans Schiffer, Schiflein ou Schifmann, ce qui ne repose évidemment sur aucun fondement satisfaisant.

L'opinion qui attribue cette marque à Henri Steiner, imprimeur d'Augsbourg, qui se signait aussi quelquefois Steyner et Stainer, a plus de vraisemblance, quoiqu'il n'est pas prouvé que celui-ci fut également graveur sur bois, et Paul de Stetten, dans son livre sur les Arts et Métiers d'Augsbourg, p. 372, nous dit seulement que cet éditeur, qui vivait de 1527 à 1545, publia durant cette période un grand nombre de livres importants avec des gravures sur bois de Burgmair et de Schaeuflein. Ce monogramme, comme nous l'indique Brulliot dans son Dictionnaire I. No. 2502, se rencontre sur les gravures sur bois d'un Xénophon en allemand, in-fol., qui parut en 1540 à Augsbourg chez Henri Steiner. Notre maître copia également la bataille de St. Ulrich d'après le bois de Schaeuflein, en y faisant quelques changements assez maladroits. Nous pouvons conclure d'après toutes ces indices qu'il vécut et travailla à Augsbourg de 1510 à 1540.

Gravures sur bois.

1. **Le symbole de l'église.** Dans un château fort, le Christ est debout à la porte de la tour principale; à gauche, sur une autre tour plus petite, on voit les pères de l'église; sur une troisième des anges avec la croix lancent des flèches contre des démons qui les assiègent du bas. Le donjon du milieu est occupé par l'empereur et le pape accompagnés de leurs suites. A gauche des juifs assiègent la petite tour et, sur le devant, se trouvent des turcs et des hérétiques. Tous ces personnages sont accompagnés de leurs noms et on lit au haut: „Typus Ecclesie". Le monogramme est au milieu du bas. H. 5 p. 21. L. 3 p. 7 l. Cette gravure appartient à un livre allemand et, quoique manquant de finesse, est bien exécutée. **Francfort s. M.**

2. **La Vierge immaculée.** (Le motif en a été pris de la gravure d'Albert Durer B. No. 30.) Elle est debout sur le croissant, couronnée et entourée de rayons et porte, tournée vers la gauche, l'enfant Jésus. Aux quatre coins de l'estampe se trouvent de petits nuages et le monogramme se voit au milieu du bas. Pièce médiocre. H. 5 p. 5 l. L. 3 p. 11 l. **Berlin.**

3. **St. Christophe.** Il s'avance à droite à travers l'eau, portant l'enfant Jésus sur les épaules. A ses pieds se trouve un petit vaisseau avec un matelot et le monogramme accompagné de la date de 1510. A gauche, l'hermite avec la lanterne. Pièce médiocre. H. 10 p. 6 l. L. 8 p. **Berlin.**

☩

George Brew.
(Bartsch VII. p. 48.)

Paul Behaim, dans le catalogue, rédigé en 1618, des gravures au burin et sur bois de sa collection, ajoute à cette marque l'indication suivante: „Georg Broy. 1. Le Christ bafoué et honni par les Juifs pendant la nuit. In-8°." C'est la gravure sur bois décrite par Bartsch, et qui parut en 1515 à Augsbourg dans un livre de la „Passion de Jésus Christ etc.". Nous avons trouvé de ce maître trois tableaux signés et qui, dans la manière, ressemblent beaucoup à ceux de Burgmair; ce sont les suivants:

1. Une adoration des Mages, dans l'église de l'hôpital à Coblence, signée 15 ☩ 18.

2. Une image de la Vierge, demi-figure, avec l'enfant Jésus dans un paysage, portant le même monogramme et la date de 1523, dans la Collection Ambrasienne de Vienne.

3. La victoire de Zama, remportée par Scipion sur Annibal, tableau dans la pinacothèque de Munich qui ne porte pas seulement le monogramme ci-dessus mais, selon l'ancien catalogue, le nom en entier JORG BREW ou d'après le dernier PREW [53]) et près des armoiries de Bavière les initiales H W qui pourraient indiquer le duc (Herzog) Wolfgang (mort en 1514) ou le duc Wilhelm (Guillaume) de Bavière.

On trouve dans l'ancien livre des métiers de la ville d'Augsbourg un Jörg Brue, élève de Thomas Burgkmair, porté parmi les morts en 1536. Le docteur Nagler ajoute encore dans son ouvrage sur les monogrammes, No. 1604, qu'un certain Georg Brey ou Broy vivait à Augsbourg et qu'il y mourut en 1547. Il pense que les deux artistes de ce nom étaient père et fils et que les tableaux décrits ci-dessus

---

53) Le docteur Nagler mentionne dans son ouvrage sur les Monogrammes, sous le No. 1603 un tableau signé „Jorg Prew von Aue. 1501." Le panneau est peint des deux côtés dont l'un représente la nativité et l'autre le couronnement d'épines. La signature se trouve sur la robe de la Vierge et le tableau en question appartient aux chanoines d'Herzogenburg dans le Wienerwalde en Autriche. La différence de l'orthographe du nom par le changement du B en P n'a rien de remarquable puisque nous en avons de nombreux exemples à cette époque et nous citerons seulement à ce propos que les deux Beham ont souvent écrit leur nom tantôt avec un B, tantôt avec un P.

sont en partie de l'un et de l'autre. Cependant les gravures sur bois qui portent le monogramme ᵗᵇ paraissent être d'un seul et même maître.

Gravures sur bois.

1. Le Christ bafoué B. No. 1. Bonne pièce. Parmi les 30 gravures sur bois du livre de la „Passion“, où se trouve celle-ci, on en voit trois qui portent la marque de Schaeuflein et une signée par Burgmair.

2. Le Christ en croix. La Vierge est à gauche, les mains croisées et vue de face; à droite, St. Jean, de profil, lève les yeux vers le Christ. Le monogramme est à gauche sur une pierre. Au bas une inscription: „At famulū tuum etc.“ H. 8 p. 4 l. L. 5 p. 3 l. On en conserve dans le Musée de Berlin un exemplaire sur parchemin avec un texte latin imprimé au revers.

3. L'histoire de Susanne, sur deux feuilles. Susanne au bain est surprise par les vieillards. Susanne devant les juges et sa défense par Daniel. Enfin le supplice des vieillards. La marque est sur le baldaquin du trône où siège le juge; elle est accompagnée du millésime M.D.XXXX. Deux feuilles. H. 18 p. 3 l. L. 12 p. 3 l. Voyez Brulliot, Dict. III. App. No. 106.

Jost de Necker,
graveur sur bois.
(Bartsch VII. p. 243.)

Cet artiste distingué signait également de Negker et Dienecker; il était natif d'Anvers, mais s'établit à Augsbourg vers 1510. Quoiqu'il ne paraisse point avoir gravé ses propres compositions, c'était un artiste dans toute la force du mot et tellement adroit à tailler le bois qu'on doit le mettre au même rang que Jérôme de Nuremberg et Hans Lützelburger de Bâle. On connait fort peu de détails sur sa vie. Dans sa lettre, souvent citée, à l'empereur Maximilien I. il se signe comme suit: „Jos Dienecker Formschneider von Antorff (Anvers) zu Augsburg.“ [54]) Depuis 1510 du moins il travailla d'après les dessins

---

54) Voyez Th. Herberger, Conrad Peutinger etc. p. 29. notes 89 et 91.

.de Burgmair en compagnie d'autres graveurs qu'il dirigeait lui-même, comme on le relève des termes de sa lettre où il dit qu'il travaille aux bois pour l'empereur à l'aide de deux compagnons, mais qu'il les termine tous de sa propre main, afin que les gravures soient uniformes de taille et qu'elles puissent paraître de sa propre main. Il fut en outre, comme nous l'avons déjà dit, l'inventeur de la gravure en clair-obscur de trois planches dont l'exemplaire le plus ancien porte la date de 1510. Nous ne connaissons pas la date de sa mort, mais elle paraît cependant avoir eu lieu avant 1561 puisque David de Necker, graveur sur bois à Augsbourg et probablement son fils, donna en 1561 sous son propre nom les copies de notre artiste d'après la Danse des morts de Holbein publiées in-fol. en 1544. Il en fit paraître une autre édition en 1572 à Leipsic. En 1579 nous le trouvons à Vienne éditant son livre orné de gravures sur bois d'après les dessins de Denis Manhallart, peintre d'Anvers, et de Nicolas Solis de Nuremberg. Ce livre porte pour titre:

„Ain Neues vnnd künstlich schönes Stamm oder Gesellen Büchlein. Gedruckt zu Wien in Oesterreich 1579 durch David de Necker Formschneider." In-4°.

Ce livre contient entre autres une composition montrant les différents âges de l'homme représentés par des hommes et des femmes et terminant par la figure du faucheur. [55])

Hercule de Necker que l'on croit être le fils de David et lui-même graveur sur bois, publia également en 1579 une autre édition de ce livre.

Enfin nous trouvons encore de cette famille de graveurs sur bois un Samson de Necker d'Augsbourg, probablement un autre fils de Jost qui a gravé une grande composition sur quatre planches représentant l'histoire de Bethsabée. Ces quatre feuilles mesurent ensemble H. 24 p. 5 l. L. 34 p. 9 l.

Il ne peut entrer dans nos vues de décrire ici de nouveau les gravures bien connues de Jost de Necker d'après Burgmair et d'autres maîtres et que nous avons déjà mentionnées en leur lieu, nous ne mentionnerons que celles qui portent son nom et dont les dessinateurs ou inventeurs nous sont jusqu'ici restés inconnus.

---

55) Voyez NAGLER, Künstler-Lexikon X. p. 159. Il a également gravé les planètes en signant celle de Saturne: „David de Necker, formschneider."

Gravures sur bois.

1. **La Vierge sur le croissant.** D'après la gravure au burin d'Albert Durer No. 31. (B. VII. p. 243. No. 1.)

2. **L'enfant prodigue.** Demi-figure de grandeur presque naturelle. On le voit assis sur le premier plan près d'une jeune femme richement vêtue qui lui place la main sur la poitrine. A la droite de celle-ci est un jeune homme qui joue de la flûte et derrière lui est debout un homme qui chante, ayant une jeune fille assise à ses côtés. Dans le fond sont représentés plusieurs épisodes de l'histoire de l'enfant prodigue, entre autres quant il garde les pourceaux et quant il retourne chez son père. Cette gravure est entourée d'une riche bordure et porte au-dessous six lignes en vers: „An Gottes Gnad niemand verzag ..... Lasz dir mit mir gefallen dis. et ensuite l'adresse: „Gedruckt zu Augspurg durch Jobst de Negker Formschneyder." En haut l'inscription: „Die Histori vom verlornen Son. Luc. XV." Cette grande gravure sur bois dont le dessin paraît être de Hans Burgmair, est composée de six feuilles réunies et mesure H. 37 p. L. 33 p. 6 l. A Dresde où l'exemplaire est colorié à l'aquarelle.

3. **L'empereur Charles V.** Demi-figure, vue de face, la tête coiffée d'une barrette et tournée à droite; il pose les deux mains sur un coussin placé devant lui; au-dessus un tapis avec les armoiries impériales. Aux deux côtés on voit deux colonnes surmontées par des anges et on lit au bas sur une tablette: Carl der fünft von gottes gnaden Römischer Kaiszer etc., et sur la marge du bas se trouve l'adresse: „Jobst de Necker Furmschneider." H. 14 p. 4 l. L. 9 p. 5 l. Bamberg.

4. **L'impératrice Élisabeth.** Demi-figure, vue de face et regardant à gauche. Elle a la tête nue et place les mains croisées sur un coussin devant elle. De la main droite elle tient un gant. La bordure est la même que dans la pièce précédente dont celle-ci forme le pendant. Au bas: „Elisabeth von gottes gnaden Römische Kaiserin etc." H. 14 p. 5 l. L. 9 p. 5 l. Bamberg.

5. **Louis XII.** Portrait en buste de ce roi de France, presque de profil, tourné vers la gauche. Le fond est parsemé de lys et fermé par un arc dont les boutants s'appuient sur deux colonnes renflées. On lit sur le socle le millésime M.D.XVIIII. et plus bas, imprimée au moyen d'une planche à part, l'adresse: „Jost de Negker zu Augs-

purg." La gravure mesure H. 5 p. L. 4 p. R. Weigel. C'est une
très-belle pièce et vraisemblablement d'après un dessin de Burgmair.

6. Vue du château et de la petite ville de Griechisch-
Weissenburg. A droite, sur une hauteur, le château et au pied
la ville. Sur le devant plusieurs vaisseaux avec des Turcs. On lit en
haut: „Alhie ist abkunterfeet das Schloss Kriechisch Weyssenburgk wo
das Stetleyn etc. Gedruckt zu Augspurg durch Jost Denecker 1522."
Gravure sur bois très-médiocre d'après un mauvais dessin et probablement exécutée par un des aides de Denecker. H. 9 p. 7 l. L. 13 p. 5 l.

7. La danse des morts. C'est une copie en grand format
de celle de Holbein, avec le titre:

Todtentantz.
Das menschlichs leben anders nicht
Dann nur ain lauff zum Tod
Vnd Got ain nach seim glauben richt etc.
Augsburg durch Jobst Denecker. 1544.

Le texte en vers est le même que celui de l'édition de Bâle 1530.
Parmi les sujets on en trouve un qui n'appartient pas à ceux de la composition d'Holbein et que l'on ne retrouve jamais soit dans les originaux soit
dans les copies de cette danse des morts; il représente un couple adultère
au lit, surpris par l'époux outragé qui les perce tous deux de son épée.
La mort se saisit de la femme. Dans une édition postérieure, sans lieu
ni date, cette composition est changée en ceci que les deux adultères
sont assis devant le lit. C'est une gravure assez médiocre marquée ⅋
que l'on a attribuée sans raison à Jost de Necker. (Voyez Brulliot,
Dict. I. No. 1601 et Nagler, Künstler-Lexicon X. p. 157.)

ℏ, ℍ
(Bartsch VII. p. 487.)

La taille de ce graveur sur bois est un peu maigre; dans le dessin il se rapproche en quelque façon de l'école de Martin Schongauer.
Bartsch ne connaissait de lui qu'une pièce représentant une Vierge
avec l'enfant Jésus et Ste. Dorothée et qui a été imprimée à Tubingen.

Additions à Bartsch.

Gravures sur bois.

2. **Le Christ pleuré par les siens.** Le corps, descendu de la croix, est soutenu par St. Jean agenouillé à gauche, tandis que la Ste. Vierge est dans la même position à droite près d'une des saintes femmes. On voit le premier des deux monogrammes ci-dessus au milieu du bois ainsi que l'inscription imprimée au moyen de caractères mobiles: „Alles was jr im Gebet, so jr glaubet, so wird jrs empfangen. Math. XXI.‟ Au bas une autre prière. H. 10 p. 2 l. L. 7 p. 10 l. Gotha.

3. **Le martyre de St. Sébastien.** Il est attaché à un arbre à droite; un bourreau lui décoche une flèche, tandis qu'un autre tend son arbalète. Dans le fond à gauche deux hommes. Cette pièce porte le second monogramme et paraît être du même maître. H. 10 p. 10 l. L. 8 p. 3 l. Gotha.

Le graveur sur bois =C≠C≠ 1520.
(Chez Bartsch VII. p. 466 H. W.)

Il existe quelques erreurs dans les indices que Bartsch nous donne relativement à ce maître. D'abord il a considéré les initiales H W et H L comme désignant des noms d'artistes, tandis que ce sont les premières lettres des noms des ducs Guillaume et Louis de Bavière (Herzog Wilhelm et Herzog Ludwig) qui sont les deux personnages représentés dans les gravures sur bois qu'il décrit. Ensuite il n'indique pas avec précision que le sujet des trois pièces qu'il rapporte et qui ne diffèrent entre elles que par de légères variantes, est toujours la même composition et que, par conséquent, la gravure originale doit se trouver primitivement dans la première édition, celle de 1516, du livre dont il donne le titre (B. No. 2). On l'y trouve en effet et dans cette impression les figures des deux princes sont sans barbe. Le livre sur lequel la gravure sur bois se voit au-dessous du titre porte l'indication suivante:

„Das buch des gemeinen Landpot, Landsordnung, Satzung vnd gebreuch des fürstenthumbs in Obern vnd Niedern Bairn. Im fünftzehn hundert vnd sechtzehenden Jar aufgericht.‟

La gravure mesure H. 5 p. 2 l. L. 6 p. 10 l.

Ce même ouvrage avec la gravure, mais mal imprimée, parut de nouveau, en 1518, sous le titre de: „Reformacion des bayrischen Landrechts etc." (B. No. 1.) Cette pièce est traitée dans le style de Hans Burgmair.

Une copie de plus grandes dimensions de ce même sujet se retrouve sur le titre de l'édition de 1520: „Gerichtzordnung im Fürst'nthumb Obern und Niedern Bayrn Anno 1520 aufgericht." In fine: „München 1520." La composition est comme suit:

1. Les ducs Guillaume et Louis de Bavière, en armure complète, se tiennent près d'une table dont la partie antérieure est ornée de l'écusson de Bavière. Sur le trône qui est en arrière se trouvent deux tablettes avec les initiales H W et H L pour indiquer les deux princes et une troisième tablette porte la date de 1520. Aux deux côtés de la table se tiennent des personnes de différentes conditions. H. 6 p. 10 l. L. 7 p. 1 l.

Brulliot, dans son Dictionnaire des monogrammes II. No. 342, remarque une circonstance qui jusqu'ici avait échappé aux recherches des connaisseurs, savoir qu'au milieu d'un gradin on y trouve la marque = C = C =.

Une composition analogue et qui a dû servir à une autre édition du livre nous montre les deux princes assis à un balcon, avec les deux indications H W et H L et la date de 1520. H. 6 p. 11. L. 7 p. 1 l. Berlin. C'est probablement le No. 3 de Bartsch.

École bavaroise.

𝖙𝖆𝖆, 𝖆𝖆, 𝖆𝖆, 𝖆

Albert Altdorfer.

(Bartsch VIII. p. 41—81.)

Ce peintre et graveur original naquit en 1488 à Altdorf près de
Landshut en Bavière (Oefel, Script. rer. Bav. II. p. 771). Son père
était probablement le peintre Ulrich Altdorfer qui, en 1491, renonça à
son droit de bourgeoisie à Ratisbonne. Notre maître y retourna de
nouveau en 1511 et en 1521, devint membre du conseil privé de cette
ville et plus tard surintendant des bâtiments (oberster Bauherr). En
1528, il refusa l'élection que l'on avait faite de lui comme Bourgmestre,
fit son testament le 12 Février 1538 et mourut une couple de jours
après. D'après son propre désir il fut enterré dans l'église des Augustins de cette ville. On trouve des détails plus étendus sur lui dans
le journal d'art et de littérature Eos, Nuremberg 1820.

Quoique nous n'ayons point d'assurances positives là-dessus, il
est cependant probable qu'il a exécuté lui-même plusieurs gravures
sur bois et surtout le clair-obscur de la „belle Vierge" de Ratisbonne,
décrit par Bartsch sous le No. 51. La plupart des gravures d'un travail inférieur qui lui sont attribuées ont été certainement exécutées
seulement d'après ses dessins.

———

Remarques à Bartsch.

Gravures au burin.

23. St. Sebastien. Les épreuves postérieures indiquent que la planche a été rognée du bas, de manière à ce que le pied gauche de la figure touche le bord inférieur.

28. Hercule et une Muse. Des épreuves postérieures montrent une fente de la planche au-dessous de la corne d'abondance.

Gravures sur bois.

1—40. Ces sujets bibliques ont été publiés en 1604 in-4°, comme un ouvrage d'Albert Durer par le savant libraire George Louis Frobenius à Hambourg. Ces gravures, comme le dit très-bien Joseph Heller, sont en parties des copies.

51. La belle Vierge de Ratisbonne. Les épreuves à quatre couleurs, rouge, vert, bleu et teinte de chair, sont imprimées avec beaucoup d'adresse. Il s'en trouve également à trois teintes, brun, vert bleuâtre et jaune, outre celle du noir d'impression.

Les bois Nos. 41, 43, 44, 50, 53, 54, 57 se sont conservés jusqu'à nos jours et on en trouve des impressions dans l'ouvrage de Derschau.

Additions à Bartsch.

Gravures au burin.

97. St. Sébastien. Il est tourné à gauche, attaché par les bras élevés à un arbre et la poitrine percée d'une flèche. Dans le fond à gauche un peu de paysage où l'on voit une cabane près de quelques arbres. A la gauche du bas le monogramme et la date de 1511 (ou 1531?). Pièce un peu rude et douteuse. H. 3 p. 21. L. 1 p. 10½. Munich.

98. Hercule, enfant, étouffant les serpents. Il est assis, tourné vers la gauche, et tient de chaque main un serpent. Le monogramme est à la droite du haut. Cette pièce qui ne forme pas un carré regulier, mesure 1 p. en tout sens.

99. L'Orgueil, symbolisé par une femme assise sur un serpent ailé; elle tient un miroir de la main droite et pose l'autre sur sa poitrine. Elle est couronnée de fleurs et porte les manches de son vêtement très-larges; fond noir; à droite le monogramme avec la date de 1506 sur une tablette. H. 3 p. 8 l. L. 2 p. 10 l.

100. Le génie à la cornemuse. Il est debout, tourné vers la droite et tient devant lui une cornemuse. Les tailles du fond sont horizontales. En haut, sur une tablette, le millésime 1521, mais point de monogramme. H. 1 p. 10 l. L. 10 à 11 l. Cette petite pièce appartient à la même série que celles décrites par Bartsch sous les Nos. 45 et 46, étant traitée de la même manière.

101. La dame avec un chapeau à panache; demi-figure. Vue de trois quarts et tournée vers la gauche, elle est coiffée d'un petit chapeau surmonté de cinq grosses plumes. Elle semble en se baissant vouloir ramasser quelque chose. Fond blanc et sans monogramme. H. 1 p. 6 l. L. 2 p. 6 l. Musée Germanique. Berlin.

102. Un homme et une femme; demi-figures, le premier à droite, la seconde à gauche, tous deux richement vêtus et coiffés de chapeaux à plumes. L'homme tire de la main gauche un rideau sur lequel se trouve le monogramme. H. 1 p. 10 l. L. 2 p. 10 l. Collection Albertine à Vienne. Berlin. Musée Germanique.

103. Le porte-enseigne et la dame, demi-figures. Il tient de la main gauche un étendard qui touche la marge supérieure de la gravure et, coiffé d'un chapeau orné de grosses plumes, porte la barbe en pointe. La dame à ses côtés est vue de trois quarts, tournée à droite, et sa coiffure est également ornée de plumes. Fond blanc; le monogramme se trouve sur la bannière. Pièce un peu sèche de la jeunesse du maître. H. 1 p. 8 l. L. 2 p. 9 l.

104. La femme au chandelier, demi-figure. Elle est deshabillée, fortement mouvementée vers la droite et tient de la main gauche étendue un chandelier en forme de candelabre qui est marqué, au bas, du monogramme de l'artiste. H. 1 p. 4 l. L. 1 p. 1 l.

105. Un flacon à parfums. Il a la forme d'un vase, sans pied et occupe toute la dimension de la planche. Le couvercle est surmonté d'un anneau qui doit servir à le suspendre. Fond à traits horizontaux; le monogramme se trouve sur l'anneau. H. 13 l. L. 11 l.

106. Arabesque. Rinceaux à enroulements aux côtés d'un candelabre surmonté d'une tête de chérubin. Fond à tailles horizontales. Le monogramme est au milieu. H. 2 p. 3 l. L. 1 p. 6 l. Munich.

107. Ornement. Sur une tête de chien, couronnée de feuillage, s'élève un vase entouré d'un rinceau. Fond à tailles horizontales. Pièce non signée. H. 2 p. 11 l. L. 1 p. 1 l. Berlin.

108. **Une grenade comme pièce d'ornement.** Au-dessous du fruit, un peu grotesque, se voit la tige à droite qui s'élève vers la gauche accompagnée de quelques branches et de feuilles. Le monogramme est à la droite du bas. H. 1 p. 1 l. L. 1 p. 3 l. Berlin.

109. **Paysage.** A gauche, un arbre couvert de feuilles, avec deux branches sèches; à droite, de hautes montagnes et un château sur un rocher. Sur le second plan une ville. La signature est à la gauche du haut. Pièce à l'eau forte. H. 6 p. 6 l. L. 8 p. 8 l. Munich.

Gravures sur bois.

64. **Ste. Catherine.** Elle est debout sur la roue ayant à ses pieds le corps inanimé d'un bourreau. L'épée repose sur son bras droit; elle tient de la gauche une palme et des deux mains un livre dans lequel elle paraît chanter. A gauche, un ange avec une harpe; à droite, un second avec un orgue; d'autres anges tiennent au-dessus de sa tête une triple couronne. La signature est à la droite du bas. H. 6 p. 2 l. L. 4 p. 2 l. Gravure maladroitement exécutée. R. Weigel, Kunstcatalog No. 21497.

65. **Vue extérieure d'une église.** C'est l'église dédiée à l'Immaculée Conception et qui fut bâtie à Ratisbonne sur le site de la sinagogue qui fut détruite en 1519 lorsque les juifs furent chassés de la ville, le jour de la chaire de St. Pierre, comme nous l'expliquent les vers partie en latin, partie en allemand, à droite et à gauche en haut de la gravure. Cette église est surmontée de l'image de la Conception où se trouve, dans le fond, le monogramme. Aux côtés planent deux anges avec les armoiries de l'empire et celles de la ville de Ratisbonne. L'inscription allemande est ainsi conçue:

„Als man nach der Gepurdt christi gezelet hot
Tausendt fünfhundert neunzehn Jahr, also drob
Sind vertriben an Sant Peter Stuelfeyer abent
Auss Regenspurg, beschnitten wucherisch Knaben,
Die Judischheit, Weyb vnd Man, jung vn alt, ich main
Auch an jrer Synagog liess man gar kein stain.
Ain frume gmein, vnd ersamen weisen Rat
Vnleidlich last des wuchers sy bewegt hat.
Demnach pald ain kapellen fur genommen wart
Zu bawen nach diser visier vnd solicher arth
Gott vnd der schönen Maria zu lob vnd Eern
Gross wunderzeichen teglich alda gescheen

Als unzelich pilger bey jrem aydt sagent vnd schreient
Krum lam plind krank sy seind all hertzlich erfreyent."
H. 23 p. L. 18 p. 6 l. Collection Albertine à Vienne; Berlin; Bamberg.

Des épreuves postérieures, sans texte, font voir qu'on a remplacé l'image de la Vierge par un nouveau bois avec la marque de Michel Ostendorfer. Gravure sur bois de trois planches, deux inférieures et une supérieure. H. 24 p. 4 l. L. 19 p. 9 l. Francfort s. M.

⌐W⌐H⌐, W. H.
Wolfgang Huber.
(Bartsch VII. p. 485.)

Paul Behaim, dans son catalogue de 1618 dont nous avons fait souvent mention, donne l'indication suivante à propos du signe W. H.: „Wolff Hueber; sur bois, 9 pièces." Des écrivains postérieurs le nomment Wolfgang Hauber ou Huber en ajoutant qu'il fut élève d'Albert Altdorfer, qu'il naquit en Suisse (?) [56]) et qu'il fut à la fois peintre et dessinateur. Le Cabinet de Berlin conserve de lui un dessin à la plume légèrement lavé à l'encre de la Chine, représentant un St. Christophe (qui ressemble un peu à un lansquenet) et qui porte la marque de W. H. 1513. Un grand nombre de gravures sur bois, exécutées d'après ses dessins, confirment l'opinion qui le fait élève d'Altdorfer, entre autres le St. Christophe No. 6 et le St. George No. 7, décrits par Bartsch. Il semblerait qu'il n'a pas gravé lui-même sur bois, si l'on en juge par la pièce représentant le Jugement de Pâris No. 8, puisque l'on voit, suspendue au bâton de Mercure, une tablette portant la lettre b et qui ne peut indiquer rien autre que le graveur sur bois, comme Brulliot l'a déjà fait remarquer. La taille des gravures sur bois qu'on lui attribue est néanmoins d'une grande franchise, finement conduite et digne de la main du maître lui-même.

---

56) L'opinion qui le fait naître en Suisse repose probablement sur la même erreur qui fait appartenir A. Altdorfer à ce pays et comme celui-ci était d'Altdorf près de Ratisbonne, Huber était probablement natif de la même contrée.

III.

20

Additions à Bartsch.

Gravures sur bois.

10. **Le Christ en croix.** Sur le devant St. Jean debout et les mains étendues. La Vierge est plus en arrière, à gauche, les mains croisées sur la poitrine. Dans les ciels, traités d'une manière très-fantastique, on voit le soleil. A la gauche du bas les initiales W. H. H. 4 p. 5 l. L. 3 p. 4 l.

11. **St. Florian.** Il est occupé à éteindre une incendie. Riche composition avec beaucoup de figures, signée W. H. H. 5 p. 2 l. L. 5 p. 8 l.

12. **Paysage** très-riche de maisons et d'arbres; à gauche un rocher élevé avec une caverne. Près d'une rivière, à gauche, on voit le Christ en conversation avec deux autres personnages. Au milieu, un tronc élevé de sapin. Pièce non signée. H. 3 p. 11 l. L. 7 p. 9 l. Berlin.

Appendice.

Dans le catalogue d'Evans & fils de Londres, 1857, p. 43, on trouve décrites trois gravures sur bois avec les initiales W. H. qui appartiennent probablement à notre maître. Ce sont les suivantes:

13. **Un avorton.** Ce sujet représente la singulière monstruosité d'un enfant né le 26 Octobre 1551 à Dammonville. Une description accompagne la gravure. Le monogramme est à la droite du bas dans un ornement. In-fol.

14. **Un patron de broderie.** En blanc sur fond noir et contenant, dans plusieurs compartiments, des figures et des arabesques. La signature est à la droite du haut dans une couronne. H. 6 p. L. 9 p. 4 l.

15. **Autre patron semblable.** Il est analogue au précédent, mais avec des figures d'hommes et d'animaux chimériques. Pièce non signée. H. 6 p. L. 9 p. 4 l.

Þ ŚŜ 153e ₰

(Brulliot I. No. 2659.)

1. **Paysage.** Au milieu, un groupe d'arbres; dans le fond, une ville avec de grands édifices, en partie tombés en ruines, et qui est

partagée en deux par une rivière avec un pont. Sur le devant, à droite, une femme, presque nue, avec un enfant couché à terre. En haut, à gauche, le millésime 1539; à droite, la signature. Cette gravure au burin est traitée absolument dans le style de A. Altdorfer. In-8° en largeur.

Mathias Géron de Lauingen.
(Bartsch IX. p. 158.)

Ce maître, peintre et dessinateur, travaillait vers le milieu du XVIe. siècle à Lauingen en Bavière, où il peignit, en 1551, pour l'hôtel de ville un tableau représentant l'armée de Charles V. devant cette place. Le monogramme dont il se sert est le même que celui de Mathias Grunewald; l'époque où vivait celui-ci coincide avec celle de notre maître, bien que Grunewald paraisse avoir été plus ancien et qu'il y a lieu de croire qu'il était déjà mort en 1530. De plus, on ignore que ce dernier ait préparé des dessins pour la gravure sur bois, et les pièces qui portent les monogrammes ci-dessus ont beaucoup moins d'analogie avec son style ou sa manière qu'avec celle de Hans Burgmair dont Géron a dû être l'élève. Cette opinion est appuyée par la circonstance que l'on trouve quelques gravures sur bois d'après ses dessins dans le Missel d'Augsbourg de 1555, ce qui fait présumer qu'il était connu dans cette ville. Il n'est point probable qu'il ait été graveur lui-même, si nous en devons juger par l'inégalité dans la taille des pièces qui portent son monogramme.

Observations et additions à Bartsch.

Gravures sur bois.

1. Les visions de l'Apocalypse. On trouve dans un cahier de la bibliothèque de Wolfenbüttel 54 de ces gravures sur bois. Elles rappellent quelquefois, dans leur composition, celles d'Albert Durer, mais sont pour la plupart traitées d'une manière particulière et portent avec la signature du maître les dates de 1544 à 1558. [57] La série est précédée de la gravure sur bois suivante:

---

57) Dans le Kunstcatalog de R. Weigel No. 16754 se trouvent également

9. Le Christ portant sa croix. Demi-figure, portant à la main gauche un fouet et des verges. En haut l'inscription: In imaginem Christi redemptoris; au bas des vers de „Henricus Mollerus Hessus.“

10. Le crucifiement. Le Christ est au milieu entre les deux larrons. A gauche, la Vierge debout avec les mains jointes et près d'elle St. Jean. La Madeleine, à genoux, embrasse le pied de la croix. A droite des cavaliers et des soldats et, dans le riche paysage, la ville de Jérusalem. Le monogramme est au pied de la croix. La composition se trouve sous un portail ayant sur le socle le millésime MDXLII et sur le fronton un ange tenant un écusson avec le monogramme IHS; aux côtés, des anges avec les instruments de la passion. Cette gravure sur bois, qui paraît appartenir à quelque missel, est très-belle de dessin et de taille. H. 9 p. 3 l. L. 5 p. 3 l. Dresde.

D'après une communication de Mr. C. Becker, dans le „Deutsches Kunstblatt“ 1851, p. 204, on trouve les gravures sur bois que nous allons décrire (11—14) de notre maître dans le Missel d'Augsbourg de 1555 qui porte pour titre:

„Missale secundum ritum Augustinensis ecclesie diligenter emendatum et locupletatum, ac in meliorem ordinem q̄ʒ ante hac digestum. Mandato et impensis Rev. ac illust. Principis ac Dñi. Domini Othonis tituli Sancte Sabine presbyteri Cardinalis Episcopi Augustani etc.“ — In fine: „Impressum vero est Missale hoc Dilinge in edibus Sebaldi Meyer. Anno 1555 mense Julii.“ Gr.-in-fol.

11. Titre. La bordure montre, en haut, les armoiries épiscopales timbrées du chapeau de cardinal. L'écu est écartelé, au premier parti; au second et au troisième à trois lions passants superposés qui sont les armes du cardinal-évêque Othon Truchsess de Waldburg (1543—1572) et au quatrième une mitre. A droite du titre l'Homme de douleur; vis-à-vis une tiare et un ornement sacerdotal suspendus à une croix et, au bas, cinq bustes de Saints, Ste. Afra, St. Denis, Ste. Hilaria, St. Narcisse et Ste. Digna.

12. La Vierge et l'enfant Jésus; aux côtés St. Ulrich et Ste. Afra. Deux anges se trouvent de chaque côté des nuages qui portent la figure de la Vierge; deux autres offrent des croix aux deux

---

13 pièces de cette série, la plupart appartenant à l'Apocalypse, avec une gravure sur bois représentant St. Pierre et St. Paul chassant les vendeurs du temple et qui renferme probablement une allusion satyrique au clergé de l'époque.

Saints. Au milieu du haut, le St. Esprit; à gauche, Dieu le père et à droite, où se voit le monogramme accompagné du millésime 1555, deux anges; trois autres, au bas, tiennent des écussons. H. 12 p. 6 l. L. 8 p. 6 l.

Cette gravure sur bois se trouve au revers du titre ci-dessus. Dans les épreuves postérieures on ne trouve point gravées, au bas, les armoiries du cardinal-évêque Othon, mais elles y sont remplacées par une salutation angélique gegrüßt seyst du Maria etc. Le millésime du haut manque également.

13. Le Christ en croix. A gauche, la Vierge les mains croisées sur la poitrine; à droite, St. Jean regardant le Sauveur avec une expression d'étonnement et dans le paysage le portement de croix. Sans monogramme, mais incontestablement d'après un dessin de Mathias Géron. H. 12 p. 3 l. L. 3 p. 6 l. Cette gravure sur bois se trouve devant le canon de la messe.

14. Bordure de titre. Il est répété dix fois dans le missel, étant formé de deux colonnes, aux côtés, avec St. Pierre et St. Paul et qui supportent un arc au centre duquel est le couronnement de la Vierge par la Sainte Trinité. Le cartouche au bas entre les colonnes a été utilisé pour diverses compositions. Bartsch mentionne cette pièce avec la résurrection sous le No. 8. La première, dans le missel, nous offre le sacrifice de la messe; les autres contiennent des sujets de la vie du Christ et de celles des Saints. Au milieu du bas le monogramme.

15. Satyre contre le clergé. On voit bouillir dans une marmite le pape, des cardinaux, des évêques et des moines. Le feu est attisé par deux démons et un ministre protestant; derrière celui-ci un évêque tient la tiare. Dans le paysage se trouve un cavalier. Au bas le monogramme et la date 1546. H. 8 p. 8 l. L. 6 p. Berlin.

Dans la collection à Mahingen, château de plaisance des princes d'Oettingen-Wallerstein, près de Noerdlingen, se conservent 10 pièces de gravures satyriques contre le clergé catholique, du même genre que la précédente et qui portent toutes les dates de 1546 à 1548. Nous ne pouvons dire si cette suite, telle qu'elle s'y trouve, est complète.

M. , M , M.

Michael Ostendorfer.

(Bartsch IX. p. 154.)

Cet artiste distingué se désigne lui-même dans plusieurs documents comme „Maler und Conterfeter" (peintre et dessinateur). Il paraît être né à Gemau, près de Ratisbonne, et avoir été élève d'Albert Altdorfer. Il vécut à Ratisbonne en qualité de bourgeois et de maître de 1519 à 1559, année dans laquelle il mourut. Pour le dessin de la gravure sur bois représentant l'église de la Belle Vierge il reçut, selon les comptes de l'église en 1520, un honoraire de 12 florins et dans une lettre, datée de 1553, à son protecteur le docteur N. Hilltner il envoie un dessin (Abconterfettung) de la ville de Ratisbonne, qu'il promet de dessiner encore mieux sur les bois (auf die Formen zu reissen). Il y propose encore, si le conseil le désire, de dessiner la ville de l'autre côté, c'est-à-dire de la forteresse et ensuite à vol d'oiseau comme il l'a fait de la ville d'Amberg pour l'électeur à Heidelberg dont il avait reçu, à cet effet, 50 florins. Et afin de pouvoir entreprendre ce travail et le continuer sans interruption, il demande une avance de 10 florins et une mesure de farine ou de blé. [58]) Nous devons conclure de ce qui précède qu'il n'était que peintre et dessinateur et non graveur sur bois. Les gravures sur bois exécutées d'après ses dessins portent les dates de 1519 à 1556, et Heller, dans ses „Zusätze", décrit encore de lui une gravure à l'eau forte. On trouve aussi des tableaux d'Ostendorfer dans la cathédrale et dans le local de la Société historique de Ratisbonne. Le premier de ces tableaux porte la date de 1533, le second celui de 1542 (?). Les contours en sont un peu durs, le ton du coloris est pâle, tandis que le traitement du paysage rappelle beaucoup la manière d'Altdorfer.

Additions à Bartsch.

Gravure à l'eau forte.

1. Gaspard Othmayr. Demi-figure, vue de face, la tête couverte d'une barrette. Il écrit sur un papier placé devant lui et sur

---

58) Voyez les notices biographiques sur le peintre et bourgeois Michel Ostendorfer à Ratisbonne par J. R. Schnegraf dans les „Verhandlungen des historischen

lequel on voit à rebours les chiffres 13968. Vers le milieu de la hauteur de la feuille se trouve le premier des monogrammes ci-dessus sur le mur et sur le cintre l'inscription : CASPAR OTHMAYR ÆTATIS SVÆ XXVIII. ANNO 1547. Pièce ronde de 3 p. de diamètre. Voyez Heller, Zusätze p. 100.

Gravures sur bois.

2. Le duc Frédéric à cheval. Cette pièce appartient au livre intitulé: „Wahrhafftige Beschreibung des andern Zugs in Oesterreich wider den Türken gemeyner Christenheit Erbfeindt, vergangens fünffzehn hundert zwei und dreissigsten jares, thätlich beschehen. Und ytztund allererst in diesem 1539 jar in Druck gefertigt, mit lustigen abkonterfetten Figuren etc." In-fol. On y trouve 7 gravures sur bois, in-fol., de Michel Ostendorfer, c'est-à-dire:

a. Le duc Frédéric de Bavière à cheval B. No. 2.

b. Les armoiries du duc.

c—g. Cinq pièces représentant des campements, des batailles etc. dans les environs de Vienne, avec inscriptions. (R. Weigel, Kunst-Catalog No. 12860.)

5. Le Christ en croix. Il est tourné vers la gauche où se tiennent la Vierge et St. Jean; la première regarde vers son fils. Cette pièce se trouve dans le livre intitulé : „Christliche Ausslegung des Evangelium etc. Durch Johann von Eck, Doctor etc. Ingolstadt MDXXX." In-fol.

6. Dieu le père assis dans une gloire. Au-dessous un cercle d'adorateurs et près d'eux, dans le milieu, le premier des monogrammes ci-dessus. H. 4 p. 6 l. L. 3 p. 6 l. Berlin.

7. Saturne et Mars. Le premier est debout, à gauche, devant un de ses fils et tient une faux. Mars, en armure, est debout, à droite, portant de la main droite une hallebarde et ayant à ses pieds un dragon auprès duquel se trouve le monogramme. Au-dessus de la tête de Saturne, une étoile avec le millésime 1533. Au milieu, un petit Triton est occupé à verser de l'eau; devant lui une lune éclipsée. H. 4 p. 6 l. L. 3 p. 9 l. Dans l'ouvrage de Derschau C. 14.

8. Wolfgang, comte-palatin du Rhin et duc de Bavière.

Figure entière, vue de face; en haut ses armoiries avec deux lions pour supports. Au bas le monogramme et la date de 1545. H. 12 p. L. 7 p. L'adresse de l'imprimeur est celle de Hans Guldenmundt à Nuremberg.

9. George, landgrave de Leuchtenberg. Figure entière, se dirigeant à gauche. En haut, à gauche, ses armoiries avec des griffons pour supports. On lit au-dessus de la figure: Georg von Gottes gnaden Landgraff zu Leuchtenberg und Graff zu Halls. A la gauche du bas, le monogramme et la date de 1545, puis l'inscription: Hanns Daubmann. H. 13 p. 3 l. L. 7 p. 3 l. Berlin.

10. Dorothée de Bavière. Figure entière, debout, tournée à droite. A la gauche du haut, les armoiries de cette princesse; à la droite du bas, le monogramme et, dans une banderole, le millésime 1547. Au-dessus de la figure l'inscription: Dorothea von Gottes gna den Pfalzgreffin bey Rein, Hertzogin in Bayern, der Königreich Danne-mark, Schweden, Norwegen, Printzin und Erbin.'' In-fol. Cat. Otto No. 324.

11. Arbre généalogique des Turcs, ou plutôt le progrès de la domination turque de l'an 1300 à 1527 sous douze de leurs monarques. On lit au haut: Amir Sultani turcici. Christiani Imperii, serie continua, usque ad Soleymannum Magnum. Au bas: Ingolstadii MDXXVIII, le monogramme ⌂ et celui d'Osten-dorfer. H. 14 p. 3 l. L. 9 p. 3 l. Berlin.

12. Ratisbonne. Vue de cette ville du côté opposé du Da-nube. Au-dessus, dans les nuages, se trouve Dieu le père, demi-figure. Deux petits génies tiennent les armoiries avec la double aigle et celles de la ville, deux clés en sautoir. Au milieu du bas le monogramme accompagné de la date de 1558. H. 2 p. 10 l. L. 11 p. 3 l. Rud. Weigel.

13. Pèlerinage à la vieille église de la belle Vierge de Ratisbonne. Une foule de peuple se presse dans la petite église devant laquelle se trouve la statue de la belle Vierge et aux pieds de laquelle plusieurs hommes et femmes se sont prosternés en adora-tion. A droite s'avance une procession avec un étendard; on en voit à gauche la queue, tandis que du premier plan elle va tourner autour de l'église. Sans signature. H. 20 p. L. 14 p. 4 l. Collec-tion Albertine à Vienne, Francfort s. M.

On trouve des épreuves de cette pièce avec l'inscription qui suit au bas, mais elle doit avoir été mise vers l'an 1610; elle est sou-vent imprimée sur un autre papier et ajoutée aux anciennes épreuves de la gravure sur bois: „Contrafactur der Kirchen zu Regensburg, welche zu der Schönen Maria genant worden mit beschreibung und verzeichniss der wunderbarlichen und zuvor nie erhorten wallfahrt so im Jahr 1516 daselbst geschehen." Puis une description détaillée de la circonstance. H. 20 p. 4 l. L. 14 p. 3 l. Gotha.

On attribue souvent cette pièce à Albert Altdorfer, mais le dessin des figures rappelle plutôt la manière d'Ostendorfer que la sienne.

14. La vieille église de la belle Vierge à Ratisbonne 1522. Elle a peu d'apparence et a une petite tour pointue. A droite, sur une colonne, on voit une image de la Vierge et sur le piédestal le second monogramme de notre artiste. Aux pieds de la colonne quatre perclus. A la gauche du bas le millésime 1522 et au haut les armoiries de la ville avec l'inscription: Regenſpurg. H. 4 p. 6 l. L. 3 p. 6 l. Cette pièce sert d'ornement au titre du rare livret: „Wunderbarliche czaychen vergangen Jars beschehen jn Regenspurg tzu der schönen Maria der mueter gottes hie jn begriffen." In-4°. D'après Brulliot, Dict. III. App. No. 90, on trouve encore la marque R sur la base de la colonne.

15. Armoiries de Pierre Apian. L'écusson porte une aigle à deux têtes, entourée d'une bordure. Le heaume a pour cimier l'aigle du champ. Au-dessous le troisième monogramme et l'inscription: INSIGNIA PETRI APIANI. H. 12 p. 11 l. L. 10 p. 9 l.

Ces armoiries appartiennent au livre intitulé: „Instrumentenbuch" von Petrus Apianus. Ingolstadt 1540. Doppelmair veut que les figures de mathématiques qui s'y trouvent aient été dessinées par l'auteur et que le reste appartienne à Ostendorfer qui l'aurait gravé. (R. Weigel Cat. No. 19450.)

Les initiales avec des personnages qui tiennent des instruments de mathématiques, se trouvent déjà dans l'ouvrage: „Inscriptiones sacrosancte vetustatis non illæ quidem Romanæ, sed totius fere orbis summo studio ac maximis impensis Terra marique conquisitæ feliciter incipiunt. Magnifico viro Domino Raymundo Fuggero Petrus Apianus ded. Ingolstadii in ædibus P. Apiani. 1534." In-fol. Ce même ouvrage doit renfermer également plusieurs autres pièces d'Ostendorfer. (Voyez Rud. Weigel, Cat. No. 18790.)

16—40. Catéchisme en forme de sermons pour l'église de Ratisbonne. (Catechismus Predigsweise gestellt für die Kirche zu Regensburg, zum Methodo, das ist, ordentlicher Summa Christlicher lere,

wider allerlei newerung und verfalschung. Durch Nic. Gallum, etc.
1554. Gedruckt zu Regenspurg durch Hansen Khol. In-4°.) Les 26
gravures sur bois de ce livre portent toutes le monogramme du maître
et quelques-unes la date de 1554. A part la grande bordure du titre
elles mesurent H. 4 p. 6 l. L. 3 p. 6 l.

    16. Bordure du titre. Au bas, le sermon sur la montagne;
en haut et sur les côtés, des scènes religieuses et des sujets de la
vie de Jésus Christ. H. 5 p. 9 l. L. 4 p. 4 l.

    17. Moïse brisant les tables de la loi.
    18. Le blasphemateur lapidé.
    19. Le sermon du Sabbat.
    20. Loth bafoué par ses fils.
    21. Mort d'Abel.
    22. Bethsabée au bain.
    23. Punition des malfaiteurs.
    24. Susanne devant Daniel.
    25. Conservation des troupeaux.
    26. Chasteté de Joseph.
    27. Dieu le père créant l'univers.
    28. Le Christ en croix.
    29. La Pentecôte.
    30. Jésus prèche dans le temple.
    31. Dieu le père dans les nuages et les fidèles en prières.
    32. Répétition du même sujet.
    33. Le portement de croix.
    34. Le miracle des pains et des poissons.
    35. Pardon des coupables.
    36. La tentation dans le désert.
    37. Jésus guérit l'hémorroisse.
    38. Le baptême dans le Jourdain.
    39. La confession.
    40. La communion sous les deux espèces.

(Voyez Cat. Weigel No. 16355.)

    41—48. La guide du chrétien par Nicolas Gallus. Ce livre
porte pour titre:

Ordentliche und kurze suma, der Rechten waren Lehre unsers
heiligen christlichen glaubens, Welche Lehre ein jeder Christlicher
Haussvatter nit allein für sich selbst zu wissen, sonder auch seine
Kinder und Ehehalden zu leren, oder leren zu lassen schuldig ist.

Sampt einen kurzen auszug einer Gottseligen Haushaltung. (Publié par le curé reformateur de Ratisbonne, Nicolas Gallus.) Gedruckt zu Regenspurg durch Johann Burger M.D.LXXIIII. Pet.-in-8°.

Des 16 gravures sur bois dans ce livre, 8 sont de Michel Ostendorfer et mesurent en carré 2 p. 6—7 l. Trois autres sont de Schaeuflein et les cinq restantes sont peu importantes.

41. Le crime d'idolatrie. A la droite du haut on lit: ABGOT. La signature est au bas, à gauche.

42. Punition des péchés ou le Purgatoire. GESECS SYNS DOT MENSCH. La gravure qui suit immédiatement n'est qu'une répétition de celle-ci.

43. Un sermon dans une église avec beaucoup d'auditeurs.

44. Le baptême.

45. La confession. BEICHT.

46. La communion sous les deux espèces. ABENTMAL.

47. La dévotion privée. GOTSELIG HAVSHALT.

48. Dieu le père dans les cieux sur l'arc-en-ciel avec le globe du monde.

Voyez R. Weigel Kunst-Catalog No. 17030.

49. Un héraut d'armes de l'empire. Il est debout, vu de face, l'aigle impériale brodée sur ses habits et porte de la main droite une baguette, tandis que de la main gauche abaissée il tient sa barrette. A la gauche du bas le second des monogrammes ci-dessus. H. 10 p. 10 l. L. 6 p. 9 l.

50. Armoiries de Reinhart, comte de Solms et Seigneur de Minczenbergk. Elles sont suspendues à un arbre au pied duquel se trouve la signature. Au haut le millésime 1543. H. 6 p. 6 l. L. 4 p. 4 l. (R. Weigel, Kunst-Catalog No. 20471.)

Appendice.

Nous avons déjà mentionné dans l'œuvre d'Albert Altdorfer sous le No. 65 une gravure sur bois représentant la Vue extérieure de la nouvelle église dédiée à l'Immaculée Conception, ou à la belle Vierge de Ratisbonne, en remarquant que la figure de la Vierge a été remplacée par un nouveau bois avec la marque de Michael Ostendorfer. Quelquefois cette nouvelle édition est également accompagnée des inscriptions latines et allemandes dont nous avons donné la dernière.

Ṃ

Hans Muelich.

Cet artiste, dont le nom se trouve souvent écrit Mielich, naquit
en 1515 à Munich et y mourut en 1572. Il était peintre, principalement en miniature, et dessinateur. En 1546 il appartenait déjà comme
maître à la corporation et devint plus tard le peintre ordinaire d'Albert V.,
duc de Bavière. Il dessina entre autres, pour être gravés sur bois,
cinq (?) sujets de guerre qui se rapportent à la ligue de Schmalkal-
den, à Ingolstadt. (Voyez Dict. de Nagler IX. p. 263.) Ce sont probablement ceux que R. Weigel, dans son Kunst-Catalog No. 20469,
décrit comme suit:

Gravures sur bois.

1. Le siége d'Ingolstadt en 1549. Sur 16 feuilles grand-
in-fol. et fol.-oblong qui forment ensemble une représentation gr.-in-
fol. impérial en largeur, de 39 p. de hauteur sur 111 p. 8 l. de largeur, avec une bordure linéaire. On y lit plusieurs inscriptions, entre
autres, sur le premier plan où se trouve également le monogramme
du maître: „Ain halbe notschlanng ist diser zeit mit grosser arbeit
auf unser lieben frawen Kirchdurm gebracht worden uñ etlich schüss
daraus geschehen, auch diss Kaiserlich geleger alda abconterfedt worde
durch hanss Muelich Maler von München." Vers le milieu du haut
une arabesque en dedans de la bordure et en caractères majuscules
l'inscription suivante: „Aparatus Victoriæ Fundatoris quietis Caroli
Maximi .... 1549." — En dehors de la bordure: „Caroli V. rom.
Imperatoris Aug. Castrorum que anno sal. M.D.XLVI suprà Ingolstadiu
habuit, vera atque integra Pictura, simul Schmalkaldicorum, infestas acies,
resque ibi gestas luculenter repræsentans." — Au bas et en dehors
du bord de la planche, on trouve une description en latin imprimée
sur huit feuilles in-fol.-oblong et qui commence: „Praefatio ad specta-
torem. Inter omnia Bella quæ Carolus V. Maximus, Imperator Augustus, in hanc usque diem gessit et confecit, nullum cum eo, quod
in cōspirationem Schmalkaldicam patratum est etc." — In fine: „Mo-
naci excudebatur, impensis Christopheri Zwikopffij, et Joannis Muelichij
Pictoris, civium ibidem. Anno salutis M.D.XLIX. [59)]

---

59) BECKER, dans les Archives de Naumann I. p. 130, donne une description
très-étendue de cette gravure sur bois qui se trouve en possession de S. E. le Feld-

°C °W° 1554., °C W.

L'artiste qui se signe de ce monogramme paraît avoir été peintre et dessinateur, mais il est douteux qu'il ait été également graveur sur bois puisque le couteau à graver n'accompagne jamais ses initiales. Son style de composition rappelle la manière d'Albert Altdorfer et il a dû appartenir à l'école de Ratisbonne, comme on le pourrait conclure du fait que sa gravure de la Cène a paru d'abord dans cette ville sous le titre des: „Sermons du prédicateur Hyrspeck de Ratisbonne."

Gravures sur bois.

1. **Bethsabée au bain.** Elle se lave les pieds, tandis que deux suivantes se tiennent devant elle. David, portant une harpe, l'observe du balcon de son palais. H. 2 p. 5 l. L. 1 p. 8 l.

2. **La Cène.** Le Christ donne à un des disciples qui se lève une bouchée de pain; sur le devant on en voit un autre avec une cruche et St. Jean repose sa tête sur ses mains croisées. On lit en haut: „Wer von diesem brod essen wird, der wird leben in Ewigkeit. Johannes VI." Au milieu du bas la première des marques ci-dessus. Ensuite la signature: Gedruckt in der Erzbischöflichen Statt Salzburg durch Hansen Bawman jn M.D.LIIIj. H. 5 p. L. 4 p. Bamberg.

Cette même pièce se trouve dans le livre suivant au feuillet LXI: Agenda Ecclesiastica sive Ceremoniarum Benedictionum aliorumque mysticorum rituum etc. liber. Würzeburgi Excudebat Ioannes Baumann. Anno Dñi M.D.LXIIII. Petit-in-fol.

---

marschall-lieutenant Hauslaub à Vienne. La ville d'Ingolstadt en possède un exemplaire colorié, avec la description imprimée, en allemand.

École du haut Rhin du XVIe. siècle.

KI, KB, HB.
Hans Baldung surnommé Grün.
(Bartsch VII. p. 301—322.)

Ce dessinateur et peintre distingué naquit, selon quelques-uns, en 1470, selon d'autres en 1476 à Gmünd en Souabe, comme il ressort de l'inscription sur son grand tableau d'autel peint, en 1516, pour la cathédrale de Fribourg en Brisgau: Joannes Baldung cog. Grien, Gamundianus Deo et virtute auspicibus faciebat. Il devait être encore très-jeune quand, en 1496, il peignit pour le cloître badois de Lichtenthal où se trouvait sa sœur et il demeura dans cette région du haut Rhin jusqu'en 1533, date à laquelle il s'établit à Strasbourg où il mourut en 1552. [60])

Sa manière, surtout dans les œuvres de sa jeunesse, se rapproche beaucoup de celle d'Albert Durer, avec lequel, du reste, il était lié d'amitié. Ceci est prouvé par un passage du journal de Durer pendant son voyage dans les Pays-Bas, en 1520 et 1521, où il dit: „J'ai fait présent au maître Joachim (Patenier) des choses de Hans Grün." C'est-à-dire de ses gravures sur bois, („Ich hab Meister Joachim des Grünhansen Ding geschenkt") et aussi par la circonstance qu'après la mort de Durer notre artiste reçut une boucle de ses cheveux qu'il conserva toujours comme une relique précieuse. On sait

---

60) Voyez AD. WALTHER STROBEL „Nachrichten über Strasburger Künstler" dans l'ouvrage intitulé: „Denkmale deutscher Baukunst am Oberrhein," III. Livraison. 1828.

aujourd'hui d'une manière précise par quelles mains cette relique est passée [61]), et nous mentionnerons seulement ici qu'elle parvint avec l'œuvre d'Albert Durer possédé par Hüsgen entre les mains du conseiller Schlosser de Francfort et que la veuve de celui-ci en fit présent avec les gravures au peintre Edouard Steinle de Vienne, professeur à l'Institut de Staedel à Francfort s. M.

Hans Baldung s'est servi de plusieurs monogrammes pour signer ses ouvrages, comme nous l'avons indiqué ci-dessus, mais le troisième HB étant absolument semblable à celui dont fit usage Hans Brosamer et plusieurs autres de ses contemporains, cette circonstance a induit Bartsch en erreur quand il attribue à notre maître plusieurs gravures sur bois qui portent cette marque. Cependant le style énergique de Hans Baldung s'éloigne tellement de la manière plutôt faible de Hans Brosamer, qu'il devient très-facile de distinguer les ouvrages de ces deux maîtres.

On a prétendu récemment que les gravures sur bois représentant des chevaux dans un bois (Bartsch Nos. 56—58) ne sont pas de notre maître, quoiqu'elles portent la signature de BALDVNG et IO. BALDVNG FECIT 1534 et qu'elles doivent être attribuées à un artiste entièrement inconnu portant le même nom. Mais la manière rude dont ces sujets sont représentés s'accorde si bien avec le caractère général des ouvrages de notre maître, que nous n'hésitons pas à les considérer comme un essai de sa propre main dans l'art de graver sur bois.

Additions à Bartsch.

Gravures à l'eau forte.

2. Le palefrenier. Cette belle pièce, d'une excellente exécution, n'était connue de Bartsch que par un exemplaire fort rogné. Elle mesure H. 12 p. 1 l. L. 8 p.

3. Le vieillard et la femme. Demi-figures sous un arc. Un vieillard barbu est debout à droite et porte la main sur le sein d'une jeune femme, tandis que celle-ci fouille dans la bourse du vieux. Sur le pilastre, à droite, se trouve la première des marques ci-dessus et, sur le cintre de l'arc, le millésime 1507. H. 6 p. 4 l. L. 5 p. 2 l. Collection Albertine à Vienne; Berlin, où le millésime est à peine vi-

---

61) Voyez „Kunstblatt" 1846, p. 122, dans une communication de Joseph Heller.

sible, et Dresde où, au-dessous du monogramme, on trouve répétée la date de ⟨051.

Appendice.

Les trois pièces suivantes ne portent point de signature, mais le style et le maniement du burin sont tellement dans le caractère artistique de Hans Baldung Grün, que nous n'hésitons point à les lui attribuer.

4. St. Sébastien. Il est vu de face, les bras attachés à un arbre et porte une auréole. A gauche, on voit une tablette vide suspendue à une branche. H. 4 p. 4 l. L. 2 p. 9 l. Collection Albertine à Vienne. Épreuve mal réussie.

5. Hercule et Omphale. Figures nues, assises l'une à côté de l'autre sur un banc de gazon. Le héros tient une massue de la main droite et embrasse, du bras gauche passée derrière le dos, Omphale qui tient son vêtement de la gauche. Tailles perpendiculaires dans le fond. Sans marque. H. 7 p. 2 l. L. 5 p. 1 l. Berlin. Épreuve très-fraiche de cette gravure à l'eau forte.

6. L'empereur des Turcs. Il est vu de face, assis sur son trône, la tête couverte d'un bonnet élevé et appuyant la droite sur son épée dont la pointe repose sur le terrain. Sans marque. H. 11 p. 9 l. L. 8 p. 2 l.

Duchesne aîné, „Voyage etc." p. 242, croit que cette gravure au burin non terminée et en partie montrant un simple contour, représente Charlemagne et l'attribue au maître de Zwoll (Jean de Cologne) ou à celui du monogramme M B; mais le style et le mode d'exécution appartiennent au XVIe. siècle. Dans la collection des gravures à Amsterdam, où se trouve cette pièce unique, elle est placée dans l'œuvre d'Albert Durer, mais s'éloigne néanmoins de la manière de ce maître pour se rapprocher davantage de celle de Baldung Grün. Cette dernière opinion est corroborée par un dessin original provenant de la Collection Lawrence et qui plus tard parvint entre les mains de Mr. Lüsching de Stuttgart. Ce dessin, attribué également à Durer, porte l'empreinte incontestable du style de notre maître.

Gravures sur bois.

49—54. Les dix commandements. Bartsch ne connaissait que six pièces de cette suite dont nous avons retrouvé encore deux.

Ces gravures appartenaient probablement dans l'origine au petit ouvrage intitulé: „Die zehen gebot in diesem Buch erclert und uss-gelegt durch etlich hoch berühmte lerer etc. Strasburg, durch Johan Grieninger 1516.“ Pet.-in-fol.

1. Un vieillard agenouillé devant le Sauveur. Premier commandement. Bartsch No. 51.

2. Un soldat montrant le crucifix. 2e comm. B. No. 49.

3. Un prêtre disant la messe. 3e comm. B. No. 52.

4. Un jeune homme et une jeune fille agenouillés devant un vieux couple. 4e comm. B. No. 53.

5. Deux combattants. Celui de droite lève une grande épée sur son adversaire qui, vu de dos, pare le coup avec son cimeterre. A la droite du bas, la signature et en haut l'inscription: „das funfft geboth ist, du solt niemand tödten.

6. Un homme embrasse une jeune femme. 6e comm. B. No. 50.

7. . . . .

8. . . . . ,

9. Deux hommes s'approchent d'un usurier assis à une table. 9e comm.

10. Un voleur. A droite est un homme endormi sous une tente; près de lui un enfant. Dans le fond, un homme vole des sacs d'argent dans une caisse. A la gauche du bas, la signature „Das zehnt gebot.“

Additions à Bartsch.

60. Moïse. Il est à genoux, tourné vers la droite et dirige ses regards vers l'Éternel qui apparaît dans les nuages et lui donne les tables de la loi. A gauche, une femme assise dans l'attitude de la vénération et, dans le fond, trois hommes regardant une idole placée sur une colonne. Le monogramme se trouve à la droite du bas. H. 5 p. 6 l. L. 4 p.

Cette gravure sur bois a été exécutée pour un livre des „Épîtres et Évangiles d'Ambroise Kempfer,“ imprimé par Barth. Grieninger à Colmar en 1543.

61. La nativité. La Vierge est à genoux, tournée vers la droite, où l'enfant Jésus, couché sur le manteau de sa mère, est en-

touré de quatre anges. A droite s'avance St. Joseph regardant vers l'âne. Sur un des pilastres, dans le fond, se trouve le monogramme. A gauche, un berger regarde par la fenêtre. Au bas du pilier, à droite, le millésime 1514. H. 8 p. 2 l. L. 5 p. 7 l. Munich, Bâle, Rud. Weigel.

62. Ste. Famille. A gauche, près d'un mur, est assise la Vierge tenant l'enfant Jésus, nu, couché devant elle, et le présentant à Ste. Anne qui le touche d'une façon peu gracieuse. St. Joseph, derrière le mur, contemple cette scène. Dans le paysage, un rocher surmonté d'un château fort. En haut du mur, à gauche, se trouve le millésime 1511. H. 11 p. 6 l. L. 9 p. 2 l.

63. Le Christ en croix avec le donateur. Celui-ci agenouillé tient un cœur dans la main droite. On lit sur une banderole SVRSVM CORDA. La signature est au milieu du bas. H. 4 p. L. 3 p. 3 l.

64. Ecce homo. Jésus est debout, les bras étendus et entouré des instruments de la passion. A la gauche du bas, l'inscription ECCE HOMO. A droite, le coq chante; en haut, le millésime 1522. Clair-obscur de deux planches. H. 11 p. L. 8 p. 4 l. Collection Butsch à Augsbourg.

65. La Vierge, demi-figure. Elle est vue de trois quarts, tournée vers la droite et regarde affectueusement l'enfant Jésus qu'elle tient dans les bras. Elle a une couronne et se voit entourée de nuages au bas desquels est le croissant. A gauche, un écusson chargé de deux lions. Le monogramme est à la droite du bas. H. 5 p. L. 3 p. 5 l.

66. La Vierge avec des anges. Elle est assise sous un arbre et lit dans un livre qu'elle tient de la main droite, tandis que de la gauche elle soutient l'enfant Jésus, agenouillé, qui tend sa petite main vers une pomme que lui présente un ange. Plusieurs autres anges entourent la Vierge; deux d'entre eux soutiennent une couronne au-dessus de sa tête et deux autres font de la musique. Paysage montagneux; à la droite du bas, une tablette avec le monogramme HB. On en trouve des clairs-obscurs à deux planches. H. 14 p. 2 l. L. 9 p. 7 l. Collection Albertine à Vienne, Bâle, Berlin.

67. La sainte famille. Ste. Anne reçoit l'enfant Jésus des mains de la Ste. Vierge. Près d'eux se tiennent St. Joseph et St. Joachim. Signé HB. H. 14 p. 3 l. L. 9 p. 9 l. Voyez Bartsch sous Brosamer No. 6, mais la pièce est incontestablement de Hans Baldung.

68. La Vierge avec le donateur. Elle tient l'enfant Jésus sur le bras; devant elle, à droite, et de proportions plus petites, est

agenouillé le donateur à côté duquel se trouve une tablette avec le monogramme usuel du maître. Au-dessus de lui, dans la niche d'un piédestal, on voit le buste en profil d'une figure virile et qui semble être un portrait. Sur des colonnes aux côtés de l'estampe, trois petits anges jouant de la trompette, et à gauche le St. Esprit. La Vierge, portant une couronne sur ses cheveux épars, est une figure grandiose et la composition est tout ensemble belle et simple. H. 14 p. L. 9 p. 6 l.

69. St. Thomas et St. Barthélemi. Les deux apôtres se trouvent sur la même feuille, séparés par une colonne ornée. La pièce porte le millésime 1518 et au bas l'inscription: Descendit ad infera etc. H. 9 p. L. 6 p. 6 l. Collection Albertine à Vienne. Cette estampe appartient probablement à une série des apôtres avec les articles du Credo.

70. St. Jérôme. Il est agenouillé, faisant pénitence devant un petit crucifix planté sur un tronc d'arbre. A gauche, et suspendu à un autre arbre, une tablette avec la marque HB, ce qui a induit Bartsch à l'attribuer à Hans Brosamer sous le No. 7 de son œuvre. H. 7 p. L. 5 p.

71. Ste. Marie Égyptienne. Elle est agenouillée, les mains jointes, sur des nuages, entourée de six petits anges. En bas, à droite, un hermite la contemple. A la gauche du haut, le monogramme usuel du graveur. H. 4 p. 10 l. L. 3 p. 2 l. Bâle.

72. Ste. Élisabeth. Elle est assise et file, entourée de six femmes. Pièce marquée HB à la gauche du bas, et attribuée par Bartsch à Hans Burkmair sous le No. 28. H. 6 p. 4 l. L. 5 p.

73. Lucrèce, demi-figure. Elle est assise, vue de trois quarts, et s'enfonce, de la main gauche, le poignard dans le sein. La partie inférieure du corps est couverte d'une draperie. En haut, sur une tablette, entre des guirlandes de fruits, on lit le nom LVCRECIA. A la droite du haut, le monogramme usuel. H. 4 p. 9 l. L. 3 p. 3 l. Bâle.

74. Pièce satyrique. Une femme à la tête d'âne et aux pieds de cheval est assise sur une espèce de trône. Devant elle, une autre femme, pareillement à sabots de cheval, semble lui tâter le pouls; en bas, à gauche, et sur le trône le monogramme. H. 6 p. 4 l. L. 4 p. 6 l. Voyez Brulliot, Dict. I. No. 2122. II.

75. La chasse au cerf au Lörserwald. A gauche, dans un bois de chênes, un chasseur, armé d'une arbalète, a tué un cerf. Plus loin et toujours dans le bois, un paysan conduit un chariot attelé de quatre chevaux vers le milieu de l'estampe, où se trouve un cavalier,

et, dans le fond, un grand nombre de cerfs. A droite, sur le premier plan et dans le taillis, trois cavaliers dont l'un paraît être le duc-palatin; celui de devant tient une monture de rechange. Tout à fait à la droite du premier plan, un chasseur dirige son arbalète contre un cerf. Dans le fond, on aperçoit trois hommes, armés d'arbalètes, sous un bouleau; devant eux, une pièce d'eau où se trouve un cerf. Sur un poteau de saint (Heiligenstock) avec les armes du palatinat, on voit le monogramme ⒣⒝ et la date de 1543. Gravure sur bois de trois feuilles avec l'inscription: „Wahrhaftige Contrafactur und Verzeichniss des Neuen Schlosz und des hochgewildts Lösserwald, zwischen dem Necker und Rheyn in der Pfalz gelegen." H. 9 p. 6 l. L. 40 p.   Collection Albertine à Vienne, Gotha. Dans l'exemplaire de cette dernière collection, l'inscription ainsi que le monogramme de Hans Baldung manquent, et la marque d'Albert Durer qui s'y voit est fausse. L'impression de ce bois finement taillé montre des traces de vermoulure et doit être, par conséquent, une épreuve postérieure.

76. Le palefrenier. Il dort, couché et vu entièrement en raccourci. A droite, dans le fond, un cheval et une sorcière, portant une torche allumée, qui regarde par la fenêtre. A la droite du bas, la marque ⒣⒝. Pièce attribuée par Bartsch à Hans Brosamer sous le No. 15. H. 12 p. 9 l. L. 7 p. 4 l.

77. Le hibou. Il est assis sur une tête de mort posée sur un sarcophage. A droite, un paysage avec le soleil levant. A gauche, un pan de maçonnerie avec l'inscription: Ich fyrche den Tag. Pièce non signée, mais tout à fait traitée dans la manière du maître. H. 12 p. 2 l. L. 8 p. 4 l.   Collection Albertine à Vienne.

78. Johannes Rudalphinger. Portrait. Il est vu de trois quarts, tourné vers la droite, coiffé d'une toque et tient de la main gauche un billet avec l'inscription: IOAN RVODALPHINGIVM MVSI-CORVM DECVS HAC SIMETRIA. IOAN. BALDVNGVS. PI. POSTE-RITATI DICAVIT 153⒋. Aux deux côtés, une tige d'arbre surmontée de feuilles. H. 6 p. 11 l. L. 4 p. 6 l.   Bâle.

79. Gaspar Hedion. Buste, tourné vers la droite; il regarde vers le spectateur et porte un bonnet carré, en étendant la main droite sur un rebord d'appui où se trouve un livre fermé. A la gauche du haut, ses armoiries, un dextrochère tenant un bâton brisé surmonté d'une croix, accompagné de trois étoiles, deux en chef, l'autre en pointe; aux deux côtés, une légère bordure. Cette pièce d'un très-beau dessin et d'une excellente taille n'est point signée; elle appartient à la

Chronique de Strasbourg de 1543, dont elle représente l'auteur, le docteur en théologie à la cathédrale de Strasbourg, Gaspar Hedion. H. 6 p. 6 l. L. 4 p. 10 l. Collection Sotzmann, à Berlin.

80. Écusson avec tenants d'armoiries. Un chevalier et une dame tiennent un écusson chargé de trois roses. Ils sont accompagnés de deux bergers dont l'un joue de la cornemuse, ayant près de lui un chien et deux moutons. Sur une banderole, la devise: Ingenium vires superat. A la droite du bas, le monogramme formé de H et G. H. 5 p. L. 3 p. Cette gravure sur bois se trouve à la fin du livre intitulé: „Eyn new Künstliches wohlgegrunds Visierbuch etc. Gedruckt zu Strasburg durch Peter Schaffer 1531." (Voyez Brulliot, Dict. 1. No. 2122. III.)

81. Encadrement de titre. Au bas, dans une salle, est assis l'empereur tenant le sceptre et le globe impérial; à gauche, près de lui, se trouve l'écusson du double aigle et, du même côté, le monogramme usuel du maître. De chaque côté s'élèvent des arabesques dont celles de droite montrent un enfant qui tient en l'air un bouclier rond. Au haut, un écusson avec heaume, massue et masse d'armes. Ce titre a été employé pour le livre intitulé: „Summa Roselle de casibus conscientie etc. H. 8 p. 9 l. L. 6 p. 1 l. Francfort s. M.

82. Autre encadrement. Dans la large bordure formée en haut et en bas par des arabesques, se trouvent sur les côtés, à gauche l'empereur Marcus écrivant sur une tablette, à droite Socrates jouant de la harpe; au-dessous d'eux se tient, à gauche, Aristoteles avec un rouleau de parchemin et à droite SALVIVS. IVL. IVRE-CONS. ROM., près d'un pupitre. Enfin, assis au bas, l'auteur du livre, Ambrosius Calepinus, également à un pupitre, ayant à sa droite plusieurs auditeurs assis, avec des livres ouverts. Au-dessous, dans la tablette du titre, le millésime MDXXXVII. Ce lexique de Calepin, mort en 1540, parut chez Joh. Schott de Strasbourg en 1537 in-fol. H. 8 p. 10 l. L. 5 p. 6 l. Quoique cette pièce ne soit pas signée, nous la croyons gravée d'après un dessin de Hans Baldung Grün, d'autant plus que les ornements sont du style un peu massif qui lui est habituel.

83. Allégorie sur la puissance de la mort. Au milieu de la composition, on voit un cercle contenant des hommes de tous les âges et de toutes les conditions et, sur le devant, un enfant au berceau. Trois squelettes sur le terrain et deux en l'air déchargent des fusils et lancent des flèches; un troisième frappe de l'épée et un

quatrième jette des pierres. Autour du cercle, les différents âges, depuis l'enfant au berceau jusqu'au vieillard décrépit, sont représentés au lit de mort, et au-dessus une flèche. Au bas se lisent des vers latins sur trois colonnes. En haut: ELEGIA h. BEBELII. Au-dessous, l'adresse: „Impressum per Fratrem Nicolaum Köibsz, Plebanum in Durlach." Gravure sur bois, non signée, mais tout à fait dans la manière de Hans Baldung. H. 9 p. 8 l. L. 9 p. 10 l. et une marge inférieure pour les vers etc. de 2 p. 6 l. Berlin.

84. Guilhelmus Rainaldi. Ce chartreux est assis sur un siége, posant ses pieds sur son chapeau de cardinal et a un livre ouvert sur ses genoux. Huit frères de l'ordre sont assis autour de lui et ont des livres devant eux, tandis que leur prieur en élevant les mains paraît leur exposer une thèse. H. 5 p. 7 l. L. 4 p. 1 l. Francfort s. M. Cette pièce est traitée tout à fait dans le style du maître et se trouve dans le livre intitulé: Statuta nova ordinis Cartusiensis in tribus partibus etc. Impensis domus montis Joh. Bapt. prope Friburgum 1510. (Voyez Ebert 9101.)

Appendice.

85. Portrait du pape Paul IV. En buste, vu de profil, tourné vers la droite et la tête nue. Sur la marge inférieure: PAVLVS IIII. PONT. MAX. Au haut, le millésime 1557, et dans le fond, à la gauche du bas, le monogramme ⟨HGⱠ⟩, imprimé d'une couleur bleuâtre. Clair-obscur de trois planches et dont celle imprimée en noir est gravée au burin, le demi-ton et le fond sont brunâtres et les tons les plus foncés bleuâtres. H. 5 p. 3 l. L. 4 p. 4 l. Francfort s. M.

Comme Hans Baldung Grün mourut en 1552, le monogramme sur cette pièce indiquera probablement le graveur sur bois qui, à tout événement, est un maître différent du nôtre.

Johann Wechtlin, de Strasbourg.
(Bartsch VII. p. 449.)

Ce peintre et dessinateur, dont jusqu'ici le nom était resté inconnu, a été, à raison des bourdons qui accompagnent souvent son monogramme, nommé par l'abbé de Marolles „le maître aux bourdons croisés" et par les écrivains allemands Johann Ulrich Pilgrim. Le graveur Loedel de Göttingen fut le premier qui, en 1851, fit dans la bibliothèque de Bâle la découverte que sur le titre d'une Passion gravée sur bois et signée I°V se trouvait l'indication: cum figuris artificiosissimis Joannis Vuechtelin. Sur le titre de l'exemplaire de Bamberg, on trouve ajoutée la date de 1508, et cet ouvrage paraîtrait être, en conséquent, un de ses premiers travaux. Nous devons à l'archiviste feu M. Schneegans de Strasbourg les renseignements ultérieurs qu'il nous a communiqués par lettre, que notre maître est mentionné souvent dans les registres de la ville sous les noms de Hans Wechtelin, Wechtle, Wächtle et Wuechtlin, et qu'il a été inscrit dans le livre de bourgeoisie le jour de la fête de St. Gall, en 1514, sous la rubrique suivante: Item Hans Wechttel der moler hat das burgrecht empfangen von her hans Wechtlin priester sinem Vatter. wil dienen zur steltzen. [62] Actum secunda ipsa Galli. (Lundi le 16 Novembre.); enfin que deux ans plus tard il se trouve désigné comme membre de la maîtrise de la corporation des peintres et indiqué comme un des principaux maîtres dans les différends qui surgirent entre la Municipalité, le Conseil des Vingt et les gâte-métiers, et ceux où fut mêlé Hans Hage, établi depuis 1506 à Strasbourg. En 1517, Wechtlin dessina trois figures anatomiques que maître Hans von Gerszdorff surnommé Schylham, citoyen et chirurgien de Strasbourg, ajouta au traité intitulé: „Anatomy Meister Guido's de Cauliaco montis Persulani," qu'il traduisit en allemand pour

---

62) La corporation des „Stelzen" comprenait les peintres, o-fèvres, sculpteurs, graveurs sur bois et en creux, imprimeurs, etc.

l'unir à son ouvrage: „Das Feldbuch der Wundartzeney.“ En 1519, on voit paraître encore une fois Wechtlin avec trois autres peintres „pour des affaires de la corporation“ dans un différend de celle-ci. Dans la supplique adressée au magistrat pour cette affaire, le nom de notre maître se trouve écrit „Hans Wechtlin“ et dans la signature qui néanmoins n'est pas autographe „Hans Wechtelin“. Mais sur le portrait de Melanchton, exécuté en clair-obscur dans la même année, on trouve l'indication: IO. WECHTLIN. FACIEBAT., ce qui nous a induit à adopter cette orthographe pour son nom. Cette signature semblerait prouver en même temps qu'il était graveur sur bois; il faut remarquer cependant que dans les registres de Strasbourg il est nommé toujours comme peintre, mais jamais comme graveur sur bois, de manière à nous laisser dans l'incertitude quant à cette dernière attribution. La circonstance que dans la gravure sur bois de la Présentation au temple, on trouve sur une des tables de la loi la marque 𝒩, est trop peu importante pour qu'on puisse prendre ce signe pour le monogramme du graveur, mais on doit la considérer plutôt comme indiquant une lettre hébraïque quelconque.

Les deux bourdons qu'il ajoute souvent à son monogramme, semblent marquer qu'il était le fils d'un ecclésiastique, et comme celui-ci habitait Strasbourg, il est probable que notre artiste était né dans la même ville, quoique l'orthographe de son nom, Wächtle, semble indiquer une origine souabe. Nous n'avons, après 1519, aucun renseignement sur lui, ni sur la date de sa mort.

Il se rapproche dans son style de celui de Hans Baldung Grün, mais avec moins de fantaisie et d'énergie dans le dessin. Ses premières gravures sur bois, comme celles de la Passion de 1508 et quelques-unes de ses pièces en clair-obscur, entre autres la Vierge (B. No. 2) et le St. Sébastien (B. No. 5), appartiennent encore à l'ancien style allemand de composition du commencement du XVIᵉ siècle, tandis que ses clairs-obscurs postérieurs dénotent un développement plus libre de son talent et plus analogue à l'époque.

Le docteur Nagler (dans les Archives de Naumann, 1857, p. 58) en prend occasion de déduire que, quoique ces clairs-obscurs portent tous le même monogramme, les derniers appartiennent à un autre artiste qui travaillait spécialement pour les Offices de Jean Schott à Strasbourg et qui „autant qu'il en sait“ se nommait Jean Ulrich, frère de l'imprimeur Ulricus ou Ulrici et qui déjà en 1511 avait atteint l'apogée de son art (celui de graver en clair-obscur?). Cet écrivain nous doit donner cependant encore quelques preuves à l'appui d'une opinion qu'il semble avoir empruntée à Mariette, lequel, ne sachant rien touchant Hans Wechtlin, a présumé que notre maître s'appelait Jean Ulric Pilgrim. Cette hypothèse est répétée par Heinecken (Idée générale p. 289) et par J. G. de Murr (Journal II. p. 147), et ce dernier ajoute à cette occasion que les deux bourdons croisés sont des poinçons ou des couteaux de graveur, instruments avec lesquels ils n'ont pas la moindre ressemblance. L'artiste lui-même nous en fournirait au besoin une preuve dans sa gravure sur bois du pèlerin Gerson; celui-ci porte un bourdon exactement de la forme de ceux que le maître a coutume d'ajouter à son monogramme. Quoique l'erreur sur laquelle s'appuient ces opinions soit évidente et que nous ne possédions même aucun document sur l'existence d'un maître Jean Ulrich, cependant M. Wiechmann-Kadow (Archives de Naumann, 1858, p. 91) accepte ces suppositions comme chose prouvée et ne se laisse nullement influencer par l'inscription placée sur le portrait de Melanchton en clair-obscur par l'artiste lui-même: „I° Wechtlin faciebat.“

Additions à Bartsch.

Gravures sur bois.

5. St. Sébastien. Bartsch ne connaissait de ce clair-obscur qu'un exemplaire rogné par le bas et auquel manquait la bordure inférieure. Cette dernière est formée d'un ornement de feuillage très-fourni, et appuyée sur une plinthe de 1 p. 7 l. de hauteur. La planche entière mesure H. 10 p. L. 6 p. 10 l.

53. La vie et la passion de Jésus Christ. 43 feuilles? H. 7 p. 11 l. L. 6 p. 3 l.

Ces gravures sur bois, d'une exécution très-simple, ont été employées pour divers ouvrages du docteur Geiler de Keysersberg, surtout très-souvent pour ses „Postilles sur les quatre évangélistes,“ mais jamais dans tout leur ensemble. La série fut aussi publiée, en partie seule, sans texte ni date, sous le titre: „Passio Jesu Christi Salvatoris mundi vario carminum genere. F. Benedicti Chelidonii Musophili doctissimi descripta cum figuris artificiosissimis Joannis Vuechtlin.“ Et ensuite dans une édition allemande: „Die Passion oder dasz Lyden Jesu Christi“, contenant 28 gravures, sans texte au verso, mais avec deux inscriptions, l'une d'une ligne au-dessus, l'autre de cinq au-dessous. Celle-ci est mentionnée par R. Weigel dans son Kunst-Katalog sous le No. 19115, et il ajoute que sur la première planche présumée de la série, les fiançailles de la Vierge, l'inscription au haut porte: „Von der vermähelūg vnd uffopferūg im tēpel." Il donne un fac-simile de l'annonciation dans son ouvrage intitulé: „Holzschnitte berühmter Meister. 1854."

La plus ancienne édition, avec date d'une partie de ces gravures sur bois, qui nous soit connue, est celle que nous avons vue dans la collection de Heller conservée dans la Bibliothèque de Bamberg et qui porte pour titre: Das Leben Jesu Christi etc. Darzu vil schoner figuren bedeutung. — Strössburg durch Johannem Knoblouch in dem iar da man zalt MDVIIj. Pet.-in-fol. Cette édition contient 30 gravures sur bois de Wechtlin commençant avec la création de l'homme et terminant par le couronnement de la Vierge. Le titre, où les apôtres sont agenouillés devant le Sauveur, avec les symboles des quatre évangélistes dans les coins, ainsi que la planche 15 avec la résurrection de Lazare, est de Urse Graf et est signé de son monogramme. Quatre autres gravures sur bois, le figuier, le portement de croix, le crucifiement et le Christ en croix portent la signature du maître ∨ᕬ, de manière que l'ouvrage complet contient 36 gravures sur bois.

Le docteur Nagler mentionne, dans son Dictionnaire des artistes, 34 gravures sur bois des sujets de la Passion avec 12 autres pièces de Urse Graf contenues dans l'ouvrage intitulé: Leben Jesu gezogen aus den Evangelisten etc. gedruckt zu Strassburg durch Joh. Knoblouch 1508 nach St. Bartholomæus Tag. In-fol. Ce sont probablement les 34 pièces du Cabinet de Munich, avec un texte allemand imprimé au verso, et dont la première représente la création de l'homme et Adam et Ève chassés du Paradis. Viennent ensuite la naissance de la Vierge et sa présentation au temple; et puis, comme quatrième planche de la série, l'annonciation. Les deux dernières gravures contiennent l'ascension et la descente du St. Esprit.

Comme nous l'avons dit plus haut, nous trouvons principalement ces gravures, en nombre varié et souvent en double dans le même livre, employées plusieurs fois; d'abord, dans l'ouvrage du docteur Keisersberg (Geiler von Keisersberg) intitulé: Passion in Form eines gerichtshandels, deutsch transferiert von Joh. Adelphus,

Phisicus. Gedruckt zu Strassburg durch Joh. Grüninger 1509, avec 21 gravures sur bois dont une double; ensuite, dans le livre du même auteur: Postill über die fyer Evangelia durchs jor etc. en quatre parties, y inclus: Der Passion oder dz lyden Jesu Christi. Strassbourg, Schott und Gruninger 1514—1517, in-fol., ou dans l'édition de Johann Schott à Strasbourg en 1522, qui avec plusieurs petites gravures sur bois de divers maîtres, contient 31 des grandes compositions de Wechtlin, dont 10 doubles, ce qui en porte le nombre à 41.

On trouve dans ces divers ouvrages, quoique la série ne soit pas contenue tout entière dans chacun, les gravures sur bois suivantes:

11. La création de l'homme et Adam et Ève chassés du paradis terrestre.

12. La naissance de la Vierge.

13. Présentation de la Vierge au temple.

14. L'annonciation.

15. Les fiançailles de la Vierge.

16. La nativité.

17. La circoncision.

18. L'adoration des Mages.

19. La présentation au temple.

20. Jésus dans le temple parmi les Pharisiens.

21. Le baptême.

22. La vocation des apôtres Pierre et André.

23. Jésus parmi les docteurs et le sermon sur la montagne.

24. Jésus chez Simon; la Madeleine lui oint les pieds.

25. La résurrection de Lazare et la guérison des malades.

26. L'entrée dans Jérusalem.

27. La Cène.

28. Jésus au jardin des oliviers.

29. Jésus fait prisonnier.

30. Le Christ devant Anne.

31. Le Christ devant Caïphe.

32. Le Christ devant Pilate.

33. La flagellation.

34. Le couronnement d'épines.

35. Ecce homo.

36. Pilate se lave les mains.

37. Le portement de croix.

38. Le Christ attaché à la croix.
39. L'élévation de la croix.
40. Le crucifiement.
41. Le Christ en croix entre la Vierge et St. Jean.
42. La descente de croix.
43. Le Christ pleuré par les siens.
44. La déposition.
45. La résurrection.
46. Le Christ apparaît à sa mère.
47. L'ascension.
48. La descente du St. Esprit.
49. La mort de la Vierge.
50. Le jugement dernier.
51. L'enfer.
52. Le couronnement de la Vierge dans une gloire de saints.
53. Un mourant reçoit d'un prêtre les consolations de l'église.

Derrière le lit se tiennent la Vierge, St. Paul et d'autres saints.

On a de ces gravures sur bois des copies très-médiocres et dont nous avons trouvé trois, savoir: la circoncision, Jésus enfant enseignant dans le temple et la Vocation de Pierre et André, dans le livre intitulé: Evangelien und Epistlen des newen Testaments etc. Durch Ambrosium Kempffen, wonhaft zu Freiburg im Pryssgau zusammen bracht etc. Colmar, Barth. Gruniger 1543. In-fol. Une gravure sur bois, d'une mauvaise taille, représentant le Christ qui chasse les vendeurs du temple et de la même grandeur que les pièces citées, semble avoir été copiée d'un original de Wechtlin. Ce livre contient encore un nombre de gravures sur bois médiocres, mais aussi plusieurs gravures sur métal de l'école de Martin Schongauer, qui sont d'un intérêt particulier pour l'histoire de l'art à cette époque.

54—56. Trois pièces anatomiques. Wechtlin les dessina en 1517 pour l'ouvrage du „Meister Hans von Gerszdorff genannt Schylhans, burger und wundartzt zu Strassburg", intitulé: „Feldbuch der Wundarzney. Straszburg, bei Johann Schott, 1517.[63]," auquel

---

63) Voyez: Rud. Weigel, Kunstcatalog No. 18708c, 18777, 20083. Puis Schneegans dans les Archives de Naumann II. p. 158; Choulant „Geschichte und Bibliographie der anatomischen Abbildung. Leipzig 1852." et du même auteur „Graphische Incunabeln etc. Leipzig 1858." p. 137, où se trouve l'indication de plusieurs éditions postérieures avec des copies des gravures.

il ajouta la traduction du livre: „Anatomy Meister Guido's de Cauliaco montis Pessulani." (Guy de Chautiac de Montpellier.)

Ces mêmes gravures furent employées dans le livre intitulé: „Spiegel der Artzney des geleichen vormals nie vō keinē doctor in tusch ussgangē ist etc. gemacht von Laurentio Phryesen vō Colmar d' Philosophy und Arzney doctor. Strassburg. J. Grieninger. 1518." in-fol. On y lit à la fin: „disz obbeschriebene Anatomy hat der hochberümpt Arzt vnd Meister Guido de Cauliaco montis Pessulani erstlich mitt arbeit zu latein verfasst welche nochmals in teutsch verdolmetscht. Vnd tieweil der augenschyn ain groszer behilff ist findest du in nachgehender vnd zwo vorgenden figuren eygentlich allersychtlichen jnneren vnd uszeren glyderen, beynen, vnd anderen gewiszliche anzöig, so zu Strassburg warlich contrefait vnd deutlich verzeichnet ist ab eim todten vnnd darzu erbettenen man mit dem streng gericht. Anno Christi M.D.XVII." in-fol.

Les sujets en sont les suivants:

54. Un squelette d'homme avec l'inscription: „Anatomia aller beynglieder des Menschen." La première édition de cette gravure porte au haut le millésime 1517 et en lettres mobiles l'inscription: „Ein contrafacter Todt mit sein beinen fugen vnd glydern | vnnd gewerben, vsz beuelh loblicher gedätnüsz hertzog Albrechts bischoff zu Straszburg, durch meister | Nicklaus bildhawer, zu Zaberen worlich in stein abgehawen, vnd noch anzöig rechter gewisszer Anatomy | mit sein lateinischen Namen verificiert." Au bas se trouvent des réflexions morales sur la mort, en 24 vers sur deux colonnes. Cette inscription manque dans les épreuves des éditions de 1518 et 1530. Cette pièce est moins bien gravée que la suivante et il est douteux qu'elle soit executée d'après un dessin de Wechtlin.

55. Un cadavre vu jusqu'aux genoux. Il est ouvert et montre, de chaque côté, les divers organes; avec l'inscription: „Anatomia corporis humani. 1517." Au bas on trouve, comme dans la planche précédente, une explication du sujet en vers allemands, mais cette fois, on mentionne le nom de l'artiste:

> (Mit gzeugnüss sag ich dir fürwor)
> hās Wächtlin hat recht bey ein hor
> ab contrafayt künstlich vnd wol etc.

56. Un tableau de saignée. Un cadavre ouvert montre
les vaisseaux sanguins, accompagné des époques de l'année où, selon
la croyance populaire, il est bon ou mauvais de se faire tirer du
sang. A gauche, l'inscription: „Contrafactor Laszman.‟ C'est
le nom du criminel pendu à Strasbourg en 1517 et qui fut demandé,
comme nous l'avons vu ci-dessus, au Magistrat pour être dessiné. Les
deux dernières pièces montrent toujours le même portrait. Il paraîtrait
aussi que les autres sujets, quoique un peu plus larges de taille, auraient
été exécutés d'après des dessins de Wechtlin.

Une copie de la planche 55, mais sans l'inscription, se trouve
dans „l'histoire des figures anatomiques‟ de Choulant (Geschichte der
anatomischen Abbildungen, Leipzig 1852, in-4°.)

57. Pirgoletes. Il est debout, nu et tourné vers la gauche,
tenant une baguette et un bouclier où se lit son nom. De la main
droite il tient un rapporteur, dont le fil à plomb tombe sur un cube
supportant un compas; dans le fond, des roseaux et des nuages. Clair-
obscur, sans marque. H. 6 p. 3 l. L. 4 p. 7 l. (?) Berlin.

58. Melanchton. Ce portrait de Melanchton, en clair-obscur,
porte le titre suivant: MELANTON ANNO DOMINI MDXIX XXXIII
ANNOS HABVI. Iº. WECHTLIN FACIEBAT. (Communication de M. Lödel à Göttingen.)

59. Gerson en pèlerin. Ce prélat, couvert du chapeau particulier à sa dignité et les pans de son vêtement relevés, s'avance vers
la droite, tenant de la main droite un bourdon de pèlerin, assez semblable pour la forme à celui dont Wechtlin se sert dans son monogramme,
et dans la main gauche un petit écusson portant un cœur ailé avec
un T, entre le soleil accompagné de trois étoilés en chef et de la lune
avec deux étoiles en pointe. Dans le riche paysage on voit, à droite,
un ange qui contemple Gerson. Sans marque. H. 8 p. 2 l. L. 5 p. 6 l.
Francfort s. M.

On trouve cette gravure sur bois dans une édition latine des ouvrages de Jean Gerson et qui paraît avoir été publiée par les libraires
Alantsée et Knoblauch en 1511 à Strasbourg.

60. Encadrement de titre avec cinq enfants. Deux
troncs d'arbres s'élèvent aux côtés en se croisant, entourés de rinceaux
de pampres, en arc au sommet, et soutiennent deux singes et un oiseau. Au bas, deux enfants nus tiennent un écusson vide; au haut,
dans les coins, s'en trouvent deux autres dont celui de droite, debout,
décoche une flèche, tandis que celui assis vis-à-vis tient devant lui un

petit bouclier rond. Cet encadrement a été employé dans un arc autour du titre du livre intitulé: „Inventoriũ eorum que in tribus primis partibus operũ Joānis Gersonis continētur sedulo studio concinnatum." Au revers se trouve imprimée la pièce ci-dessus de Gerson en pèlerin. H. 8 p. 11 l. L. 6 p. 9 l. Francfort s. M.

61. Encadrement de titre à la Sirène. Celle-ci se trouve au milieu de l'arabesque du bas entre deux enfants. En haut, sur les chapiteaux des colonnes, deux écussons dont l'un renferme la marque 1° et l'autre les bourdons croisés. Dans l'exemplaire que nous avons sous les yeux, les listels des côtés n'appartiennent point à la bordure originale et portent le monogramme de Urse Graf. Pièce employée pour le titre du livre intitulé: „Ambrosii Calepini Bergomatis Dictionarium copiosissimum etc." In-fol. H. 8 p. 3 l. L. 6 p. 4 l. Berlin.

On trouve encore cet encadrement dans les deux ouvrages suivants: Otto von Freisingen „Rerum gestarum libri VIII." Strasbourg, M. Schurer, 1515, in-fol., et „Auli Gelli noctium Atticarum libri undecim." Strasbourg, F. Knoblauch, 1517, in-fol.

62. Encadrement de titre au double aigle de l'empire. Cette pièce héraldique se trouve dans un écusson entouré d'une banderole à enroulements. Aux deux côtés s'élèvent de petits arbres avec des grenades et des grappes de raisin becquetées par deux oiseaux. Dans le milieu du haut est perchée une chouette. Cette bordure est employée pour le titre du livre intitulé: „Suma Angelica de casibus conscientie: cũ multis utilibus et valde necessariis additionibus noviter insertis. M.D.XIII. H. 8 p. 4 l. L. 5 p. 3 l. Francfort s. M.

⋎⋎ 1515.

(Bartsch VII. p. 455.)

Le maître connu par ce monogramme appartient, par son style de composition, à l'école du haut Rhin. Bartsch décrit de lui une gravure sur bois avec la marque ci-dessus et le millésime 1515, représentant la Vierge immaculée, sans pourtant nous donner aucun renseignement sur le maître, et nous ne pouvons qu'ajouter à cette gravure la pièce suivante.

Gravure sur bois.

2. St. Michel, archange. Il est debout, fort mouvementé, sur des nuages, dont une partie l'entoure, tenant de la main droite un glaive et de la gauche élevée une balance, dans l'un des plateaux de laquelle se trouve un fidèle en prières, tandis qu'un petit diable, après avoir placé une meule de moulin dans l'autre, s'efforce en s'y suspendant de lui donner plus de poids qu'à l'autre, mais en vain. Pièce bien gravée, mais dont le dessin est un peu tourmenté. Le monogramme se trouve au bas. H. 7 p. 11 l. L. 5 p. Collection Albertine à Vienne, Francfort s. M.

H L . 1516.　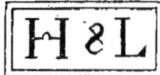　H· L 1522—1533.

H. L. 1522.

(Bartsch VIII. p. 35.)

On n'a point encore déchiffré d'une manière satisfaisante les signatures ci-dessus. L'opinion de Heller, qui croit pouvoir les attribuer à Henri Lautensack ou à Hans Lenker, est erronée, puisque le premier de ces artistes naquit à Bamberg en 1522 et que le second ne vécut que bien tard dans le XVIIᵉ siècle. Ce même écrivain attribue les initiales H. L. également au graveur sur bois Hans Lederer, qui doit avoir vécu vers 1540 et qui, selon Paul Behaim, se signait H. Led. L'attribution, dans l'inventaire d'Amorbach à Bâle, qui donne trois tableaux exécutés en détrempe sur la toile nue qui se trouvent dans la collection de la ville de Bâle, à un maître Hans Leu et auquel appartiendrait l'Orphée, signé HL 1519, semble plus probable. La belle composition de ce sujet correspond parfaitement à celles des gravures sur bois marquées du même monogramme, et nous sommes enclin à considérer celles-ci comme appartenant au même maître. Il doit avoir été tué à la bataille de Coppel en 1531.

Il faut remarquer que le premier des monogrammes ci-dessus correspond aussi entièrement à celui de Hans Lützelburger et que plusieurs dessins dans les collections de Vienne et de Munich, signés HL 1519 et 1525, lui sont attribués, tandis que d'autres du même genre, avec la date de 1526, en possession de M. R. Weigel, passent pour des ouvrages de Hans Holbein le jeune. En effet, ils ont une certaine analogie avec les productions de ce dernier maître, mais ils manquent de cette vivacité, de ce sentiment de la nature qui caractérise ses œuvres. Il en est de même des gravures sur bois qui portent soit ce monogramme, soit la marque H L dans une tablette, comme par exemple le St. George (B. No. 3). On doit, par conséquent, placer ce maître dans le groupe des artistes du haut Rhin ou de la Suisse, de cette époque.

On le retrouve, comme excellent sculpteur en bois, dans le rétable de l'autel principal de la cathédrale de Vieux-Brisach, qui a quarante pieds de hauteur et qui représente le couronnement de la Vierge avec des figures de grandeur naturelle. Deux tablettes portées par deux petits anges contiennent le monogramme H. L. Le style de l'ensemble rappelle la manière énergique de Hans Baldung Grün.

Les gravures sur bois, marquées HL, portent presque toutes le millésime 1516, tandis que les gravures au burin, signées H L ou H. L sont datées de 1522 et 1533. Quelques-unes avec ces marques, mais sans date, ainsi que les gravures sur bois de 1516, sont d'un meilleur dessin et point maniérées comme c'est le cas avec celles de 1522 et encore plus avec celles de 1533. Ces dernières dégénèrent quelquefois dans le fantastique. La pièce décrite par Bartsch No. 9 sous le titre de „Homme et femme qui portent un enfant" et qui est signée HL est faible de dessin et montre déjà l'influence de la manière italienne. La gravure d'un saint portant deux clés suspendues à un bâton et signée HH. L. 1522 est maniérée au plus haut degré. Cependant elle paraît une copie de notre No. 15 ou une épreuve de la planche retouchée.

D'après ce que nous venons de dire, il paraît incertain si le maître des gravures sur bois de 1516 est réellement le même que celui qui a exécuté les gravures au burin de 1522 et 1533. Si cette double série de pièces appartient au même artiste, il faudra admettre que, dans son développement postérieur, il s'est beaucoup éloigné de sa première manière.

Additions à Bartsch.

10. La chute du premier homme. Adam est debout à
gauche, Ève à droite. Celle-ci reçoit la pomme offerte par le serpent qui
est sur l'arbre et vers laquelle Adam tend la main gauche. Tous deux
tiennent des branches de feuillage. On lit sur la bordure noire du
médaillon: ADAM PRIMVS OMO. DAMNAFIT SECVLA POMO. EFA.
AFE. GRA3IA. Pièce ronde de 2 p. 1 l. de diamètre. A gauche,
sur le fond blanc de l'estampe et suspendue par un cordon, une
tablette portant la marque HℓL. Dans l'exemplaire de Dresde, le médaillon d'Hercule est imprimé au bas sur la même feuille. Le dessin, comme celui des pièces 11—14, est bon et nullement maniéré.
La feuille entière mesure H. 4 p. 4 l. L. 2 p. 5 l.

11. L'annonciation. La Vierge est agenouillée devant un
prie-Dieu et vis-à-vis d'elle l'ange, également à genoux et fort mouvementé, tient un document d'où pendent quatre sceaux. En haut, Dieu
le père et le St. Esprit. Médaillon de 2 p. 1 l. de diamètre. Dresde.
Cette pièce est gravée sur la même planche, ainsi qu'imprimée sur la
même feuille que la suivante.

12. La visitation. La Vierge est à gauche et Ste. Élisabeth
à droite, se présentant les mains. A gauche, un courant d'eau et un
abreuvoir. A droite, entre ce médaillon et le précédent, d'une dimension
égale, la marque H. L dans une tablette ronde suspendue à un ciseau.

13. La nativité. La Vierge et St. Joseph sont agenouillés
devant l'enfant Jésus, couché par terre sur le manteau de sa mère.
A gauche, le bœuf et l'âne. Médaillon de 2 p. 1 l. de diamètre; au-
dessous et gravé sur la même planche se trouve le sujet suivant.

14. L'adoration des Mages. La Vierge avec l'enfant Jésus
est assise à droite; devant elle est agenouillé le plus vieux des trois rois,
les deux autres sont debout derrière lui, à gauche, tandis que St. Joseph se tient à droite. Entre ce médaillon et le précédent, pend à un
ciseau, à gauche, une tablette portant la marque HℓL. Dresde.

15. St. Pierre. (?) Il marche en avant, tenant de la main
gauche un livre où il lit, et de la droite un bâton auquel trois clés
sont suspendues. Sur un tronc d'arbre est une tablette marquée
IVZZ (1522) H. L. La tête du Saint est très-petite de proportions

et le dessin maniéré comme celui de l'homme de douleurs, Bartsch No. 1. H. 6 p. 3 l. L. 3 p. 10 l. Paris, Munich, Dresde.

On en trouve une copie ou une épreuve de la planche retouchée avec la marque HHL 1522. H. 6 p. 4 l. L. 3 p. 8 l. Berlin.

16. La décollation de St. Jean-Baptiste. Il est agenouillé au milieu de l'estampe, tandis que le bourreau lève l'épée et que la fille d'Hérodias, agenouillée à gauche, tient un plat. La signature H. L se trouve en dehors du trait de bordure sur une tablette ovale. Pièce ronde de 2 p. 7 l. de diamètre. Munich.

17. St. George. Il est debout, vu presque de dos, et tue le dragon. Une double auréole linéaire lui entoure la tête. Au bas, dans un ovale, les lettres H · L. Pièce ronde de 2 p. 1 l. de diamètre. Dresde.

18. St. Hubert. Il est agenouillé, de petites proportions, dans le fond à droite devant le cerf qui est debout sur un rocher. Sur le devant, un chasseur donne du cor, tandis qu'un second tient deux chiens en laisse. Au bas, sur une tablette ovale, la marque H. L et en haut, en dehors de la bordure, le millésime 1522. Pièce ronde de 2 p. 1 l. de diamètre. Collection Albertine, Munich et Dresde.

19. La conversion de St. Paul. (?) Un vieux cavalier, en armure complète, s'élance sur le devant, vers la droite. A gauche, un autre cavalier, vu de dos. En haut et en dehors de la bordure, les initiales H. L. Pièce ronde de 2 p. 1 l. de diamètre. Munich.

20. Le martyre de Ste. Barbe. Elle est agenouillée au milieu de l'estampe, tournée vers la gauche ayant derrière elle le bourreau; un ange lui offre le calice et l'hostie. La marque est au bas. Pièce ronde de 2 p. 1 l. de diamètre. Munich. (Donné par Brulliot, Dict. I. No. 2387, comme représentant la décapitation de Ste. Catherine.)

21. Le martyre des dix mille. Au milieu de l'estampe s'élèvent des rochers escarpés d'où un soldat précipite avec sa lance un homme nu; un autre est dans l'acte de tomber. Au bas sont étendus plusieurs des martyrs assommés à coups de massue par un homme nu qui en reçoit l'ordre d'un guerrier à droite. Dans le fond, à droite, on voit plusieurs hommes conduits au martyre et auxquels on fait gravir la montagne. Au bas, dans une tablette ovale, se trouvent les initiales H · L. Pièce ronde avec une triple bordure linéaire, de 2 p. 2 l. de diamètre et gravée d'un bon dessin. Francfort s. M.

22. Hercule s'emparant du cerf. Il a attrapé l'animal et le tient par l'oreille droite, assujetti entre les jambes. A droite, sur

tablette attachée à un arbre, la marque H. L. Dans la bordure du haut, HERCVLES. Fond blanc. Un ruban enroulé forme la bordure. Pièce ronde de 2 p. 1 l. de diamètre. Munich, Dresde.

Gravures sur bois.

Toutes ces gravures, quand nous n'indiquerons pas le contraire, portent le monogramme HL 1516.

4. **La sainte famille.** La Vierge, tenant l'enfant Jésus sur les genoux, est assise sous un arbre qui s'élève à gauche. St. Joseph est en adoration à droite. Un petit ange étend la main vers l'enfant qui tient une pomme. Un second petit ange est assis devant la Vierge et feuillette dans un livre, un troisième court avec un moulinet. Un paysage alpestre forme le fond. Le monogramme est sur une pierre. H. 7 p. 10 l. L. 5 p. 6 l. Bâle, Gotha.

5. **St. André.** Il s'avance vers la droite, tenant de la main droite un livre et la gauche posée sur sa croix. Fond de paysage. Le monogramme est au bas. H. 7 p. 1 l. L. 4 p. 9 l. Bâle.

6. **St. Thaddée.** Il est tourné vers la gauche, tenant sur son bras gauche une hache et un livre devant lui. Paysage avec des arbres. Le monogramme est à la droite du bas. H. 7 p. 1 l. L. 4 p. 9 l. Bâle.

Ces deux apôtres appartiennent probablement à une série qui contenait les douze. Les draperies sont largement jetées et la pièce étant très-supérieure de taille à celle de la sainte famille No. 4 doit avoir été gravée par un autre artiste.

7. **St. George.** Il s'élance, l'épée levée, contre le dragon étendu à gauche et dont le cou est déjà percé d'une lance. Dans le fond un rocher élevé avec une caverne, et dans le lointain on voit la princesse agenouillée avec un agneau à ses côtés. Le monogramme se trouve sur un tronc d'arbre au bas. Bonne pièce, mais d'une taille un peu maigre. H. 8 p. 1 l. L. 6 p. Bâle.

8. **St. Florian.** Il est en armure complète et s'apprête, avec un seau, à éteindre les flammes qui font éruption à travers la porte d'une maison. Deux femmes, dans l'attitude du désespoir, paraissent à une fenêtre à gauche. Sur un écusson au-dessus de la porte, le monogramme H. L. H. 7 p. 5 l. L. 5 p. 2 l. Collection Albertine à Vienne.

9. **Ste. Véronique.** On ne voit d'elle que la partie supérieure du corps, le reste étant caché par le voile qui porte, dans de grandes

proportions, la tête du Christ en larmes, et couronnée d'épines. On lit au-dessus: S. Veronica. Au bas, le monogramme HL sans date. H. 11 p. L. 5 p. 7 l. Paris, Oxford, Bâle, Wolfegg. D'après Bartsch, la tête du Christ sur le voile était dans l'origine une gravure d'après Hans Burgmair No. 22, la Véronique y ayant été ajoutée plus tard par le maître H. L.

10. **Un divertissement de danse.** Un roi et une reine, entourés de leur cour, regardent d'un balcon danser cinq courtisans avec des dames de la cour. Un homme jouant du tambour et du fifre compose l'orchestre. La Fortune, sous les traits d'une femme, ample de formes et richement vêtue, est debout sur une boule dans le milieu. En haut, la marque H. L. H. 13 p. 6 l. L. 9 p. 3 l. Collection Albertine à Vienne.

L G. 1515.

Nous ne savons relativement à cet artiste, qui paraît avoir été peintre, rien autre sinon qu'il nous a laissé une gravure au burin et que le même sujet a été gravé sur bois d'après un dessin d'Albert Durer. Son style se rapproche de celui de Hans Baldung Grun.

Gravure au burin.

1. **La Vierge aux chartreux.** Marie, avec l'enfant Jésus, est debout au milieu et tient un sceptre, entre St. Jean-Baptiste, à gauche, et St. Bruno, à droite, qui soutiennent entr'ouverts les pans de son manteau sous lequel on voit onze chartreux à genoux. Aux pieds de la Vierge est couché un moine avec un rosaire. Deux petits anges portent, au bas, une banderole avec l'inscription: Bruder Cunrad ei Mitbruder der grossen kraft hat YSSEM. D'après Brulliot (Dict. II. No. 1864), l'inscription termine par les mots: grossen Karthaussen. En haut, un ornement de feuillage et, au bas, dans le coin à gauche, les initiales L G., à droite, le millésime 1515. H. 6 p. 2 l. L. 4 p. 5 l. Dresde.

℗ 1534.

Gravure à l'eau forte.

1. **La chute du premier homme.** Adam et Ève se tiennent près de l'arbre avec le serpent. Celle-ci, très-corpulente de formes, tient une pomme de la main droite pendant qu'elle semble en tenir une seconde de la main gauche baissée et tenue derrière elle. A droite, Adam qui pose la main droite sur l'épaule d'Ève et porte une pomme dans la main gauche élevée. Derrière Ève on aperçoit un lion et, à gauche, un cerf. Fond obscur. Cette pièce, fortement gravée à l'eau forte, est signée, au bas, du monogramme ci-dessus, accompagné du millésime 1534. H. 3 p. 9 l. L. 2 p. 10 l. Berlin.

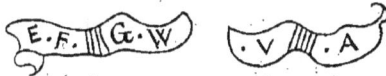

(Brulliot, Dict. II. No. 694.)

Jean Wechtlin, de Strasbourg, ayant fait quelques dessins d'anatomie pour l'ouvrage intitulé: „Spiegel der Arzney etc.", ainsi que nous l'avons indiqué dans l'article précédent, M. Nagler[64] croit pouvoir en déduire que le même artiste a aussi gravé la bordure du titre. Mais les initiales E. F. G. W. V. A. dont elle est marquée, ne nous paraissent pouvoir désigner le nom de Jean Wechtlin, et le style du dessin et de la composition de cette bordure est bien différent de celui que nous trouvons dans les ouvrages de ce maître.

Gravure sur métal.

1. **Encadrement de titre avec une famille de sauvages.** Au bas, est assise une femme nue qui donne le sein à son enfant; à gauche, un vieillard, à droite, un homme dans la vigueur de l'âge, vu presque de dos et tenant une massue sur l'épaule. Au milieu du haut, entre des branches, une chouette étend les ailes. Sur les listels, aux côtés, trois enfants grimpant au milieu de fleurs et de rin-

---

64) Die Monogrammisten etc. II. No. 1581.

ceaux de chardon. Près des deux, à gauche et au-dessous, se voit une banderole avec les lettres E. F. G. W., et aux pieds de l'enfant, à droite, une autre avec les initiales V. A. Le fond noir est pointillé de blanc. H. 6 p. 9 l. L. 5 p. Francfort s. M.

Cette bordure se trouve sur le titre du livre intitulé: **Die zehe gebot in diesem buch erclert etc. durch etlich hoch berumbte lerer etc. Strasburg 1516** (probablement imprimé par Joh. Schott). Elle a été aussi employée pour le „Spiegel der Arzney etc. gemacht von Laurentio Phryesen von Colmar, der Philosophy und Artzney Doctor. Gedruckt Strasburg durch Joh. Schott 1517." 2ᵉ édition de 1519.

⊂ 𝐀 ⊃   C. A.

Brulliot, Dict. II. No. 317.)

Ce dessinateur ou graveur sur bois a travaillé pour les imprimeurs de Strasbourg et de Bâle, mais il n'est connu que par les initiales C. A. sur ses gravures. Il paraît appartenir à l'école de Strasbourg et avoir vécu dans cette ville, du moins n'appartient-il pas aux artistes de Bâle, parce qu'on ne trouve dans le livre rouge de la corporation des artistes „zum Himmel" aucun nom auquel on pourrait appliquer les initiales.

Gravures sur métal et sur bois.

La seconde des signatures ci-dessus se trouve sur des gravures sur bois dans le livre intitulé: Die Geuchmat zu straff allē wybischē Mannen, durch den hochgelehrtē herrē Thomann Murner, der h. schrift doctor etc. Basel, Adam Petri von Langenhoff, MDXIX. In-4°. Ce sont les cinq pièces suivantes. H. 4 p. 6 l. L. 3 p. 7 l.

1. Adam et Ève, près de l'arbre de la science; au bas se trouve la signature C. A.

2. Thaïs jouant de la harpe devant Alexandre. (?) Sa signature au milieu du bas.

3. Un homme et une femme. Ils portent un coussin sur lequel est perché un oiseau. Au bas les initiales C. A.

4. Une femme attire un oiseau. Elle est assise à terre; près d'elle, à droite, un homme avec une grande épée. Les lettres C. A. se voient sur le sein de la femme.

5. Un homme et une femme assis à table. On y voit un plat avec un oiseau. En haut, à gauche, la signature C. A.

Nous avons déjà fait mention dans la partie historique de notre ouvrage, p. 98, de la gravure sur métal avec la première des marques ci-dessus dans l'édition donnée en 1502 par Joh. Grieninger à Strasbourg des œuvres de Virgile sous le titre: „Publii Virgilii Mantuani opera.“ Le même imprimeur employa également cette gravure sur métal pour l'ouvrage de Marsilius Ficinus: „Buch des Lebens, Strassburg 1502.“ In-fol. Elle représente le sujet suivant:

6. Un jeune homme au milieu des jouissances de la vie. Il est assis sous un pommier devant une table servie et tient un verre élevé. A ses côtés, quatre musiciens et une femme s'approchent au jardin. La tablette avec les initiales C. A. pend du pommier au-dessus de la tête du jeune homme. H. 4 p. 4 l. L. 5 p. 5 l.

Henri Vogtherr le vieux et le jeune de Strasbourg.

Il y a deux peintres de ce nom, qu'on croit avoir été frères, et qui ont publié ensemble à Strasbourg, en 1537, un livre de dessin (Kunstbüchlein) orné de gravures sur bois. On y trouve sur le titre leurs portraits, avec des inscriptions dont il ressort que le plus vieux naquit en 1490 et le plus jeune en 1513. Dans la préface du livre, un des Vogtherr, et probablement le plus âgé des deux, se désigne comme peintre et bourgeois de Strasbourg, mais rien ne nous indique qu'il ait été aussi graveur sur bois. Il dit également dans son „Loosbuch“ qu'il l'a „composé et imprimé lui-même“. Il n'est donc point prouvé qu'il ait été graveur sur bois, comme plusieurs le croient. Brulliot (Dict. I. No. 2533) assure que déjà en 1527 il avait publié des éditions à Strasbourg, mais nous ne connaissons de lui qu'une partie du Vieux Testament avec des gravures sur bois, imprimée à Durlach en

1529, tandis que la Bible complète ne parut qu'en 1537 à Strasbourg
chez Joh. Grieninger. Nous apprenons par Paul von Stetten qu'un des
Vogtherr, probablement le plus jeune, se trouvait établi à Augsbourg en
1541, et nous avons déjà vu, dans notre catalogue des gravures à l'eau
forte de Hans Burgmair le jeune, qu'il a gravées et publiées en commun
avec ce maître et en 1545 les armoiries des familles patriciennes
d'Augsbourg avec leurs tenants.

Christ, Papillon et Malpé ont également considéré le monogramme
ci-dessus comme celui des Vogtherr, et en effet on le trouve sur le
titre du Nouveau Testament, mentionné ci-dessous, ainsi que sur
une gravure sur bois de l'école de la haute Allemagne, représentant
la Trinité, et décrite sous le No. 3 de notre catalogue. Nous pouvons
ajouter à ces détails sur leur vie que l'on trouve sur la gravure sur
bois représentant Jésus rédempteur (No. 2) l'inscription suivante:
Hainricus Vogtherr Maler zu Wimpffen, et que V. Steinmeyer,
dans la préface à ses figures sur bois publiées à Francfort s. M. en
1620, le nomme Heinrich Vogtherr zu Stenspurg (Straspurg?).

Gravures sur bois.

1. La Bible avec gravures. Traduction en allemand. La première partie de l'Ancien Testament parut à Strasbourg chez W. Köpphl
(Cephalius) 1530. La seconde partie ibid. 1530. Tous les prophètes,
ibid. 1532. La troisième partie du Vieux Testament à Durlach en 1529.
Les livres apocryphes à Strasbourg en 1532. Tout le Vieux Testament traduit en allemand par M. Luther. „Tout le Nouveau Testament" (Das gantz
neue Testament. Second titre: „Das Neuw Testament" durch Jakob
Beringer Levit) à Strasbourg chez Joh. Grieninger 1537. in-fol. Le beau
titre du Nouveau Testament est signé du monogramme de notre artiste.
Les gravures de l'Ancien Testament sont petit-in-4°. Celles du Nouveau
Testament couvrent toute la page et on y trouve souvent plusieurs sujets
sur une même feuille. (Voyez R. Weigel, Kunst-Catalog No. 14134ª.)

2. Jésus rédempteur. Il présente la main à un homme nu
(Adam?). Au bas, le bon pasteur. A droite, la crucifixion avec des
maximes imprimées et au bas l'inscription: Hainricus Vogther
Maler zu Wimpffen. Gr.-in-fol. royal. (Voyez Catalogue Sternberg II. No. 692.)

3. La Trinité. En haut, Dieu le père, au milieu le Christ, et
entre les deux le St. Esprit, aux côtés duquel se trouvent deux banderoles où on lit: (DA)S. IST. MEIN. LIBER. SVN. — DEN. HÖRET.

MAT. 12. MAR. 9. LVCE. 9. Aux côtés du Christ, deux tablettes avec
les inscriptions imprimées au moyen de lettres mobiles: Das ist das
brot das vom hymel kumpt etc. — Ich bin dz lebendig brot
wer etc. Au bas, on voit les quatre évangélistes instruisant le peuple
agenouillé, et on en remarque, à gauche, le pape, des évêques, etc., à
droite, l'empereur, etc. Au milieu, une tablette avec le monogramme
ci-dessus. H. 7 p. 9 l. L. 6 p. Berlin.

4. La tentation des pusillanimes. Un vieillard devant
sa maison est occupé à tirer un bâton d'une poutre, derrière lui un
monstre le houspille. Une vieille femme regarde par la fenêtre. A
gauche, du paysage et en haut l'inscription: Eyn gleychnus der
versuchung des teufels wider den Kleynmüthigen; et dans
un écusson, à la gauche du haut, cette autre: So nagel ich dich
wacklet merck: an dyr versuch ich bass mein sterck, bis
ich dich gar heraus gewinn etc. Au-dessous de la gravure, on
lit sur trois colonnes des vers commençant: Gleych wie der mann
dem nagel thut etc. In fine: hainrich Vogtherr maler.
H. 13 p. 8 l. L. 9 p. 9 l. Berlin.

Une copie ou plutôt une répétition en petit (H. 6 p. 5 l. L. 4 p. 9 l.)
de cette pièce se trouve au nombre des gravures sur bois du „Memorial der Tugend“ de Jean de Schwarzenberg, „Gedruckt zu
Augsburg durch Hier. Stainer 1534“, feuille CXXI.ᵇ. Le dessin et la
manière se rapportent parfaitement à celles de l'école du haut Rhin
de cette époque.

5. Le petit livre de l'art (Kunstbüchlein). La première
édition de cet ouvrage doit être celle de 1537 qui porte le titre suivant: Ein frembds und wunderbars Kunstbüchlein allen
malern, Bildschnitzern, Goldschmiden etc. hoch nützlich
zu gebrauchen, durch Heinrich Vogthern, Strasburg
1537. In-4°. Ce livre contient 30 feuilles, c'est-à-dire, le titre, une
feuille pour la préface et 28 feuilles avec des gravures sur bois des
deux côtés. De ces feuillets, 2 contiennent des têtes d'hommes avec
diverses coiffures, 4 de femmes avec des ornéments de tête variés, 2
avec des mains, 4½ avec des casques et diverses parties d'armure,
3½ avec des carquois, des épées, des hallebardes et des poignards,
2 avec des boucliers, 8 avec des chapiteaux et des piédestaux de colonnes et des fûts à guise de candélabres. Ces dernières feuilles surtout sont finement gravées et belles de dessin.

Il semblerait que le plus jeune des Vogtherr se soit trouvé blessé

de ce que le titre ne mentionnait qu'un des artistes et que, par conséquent, bientôt après le livre parut avec un autre titre, que Brulliot,
dans son Dictionnaire I. No. 2533, rapporte comme suit: „Kunstbüchlein von allerley seltzamen und wunderbaren frem-
den Stücken;" 28 feuilles avec titre sur lequel se trouvent les portraits des deux Vogtherr en médaillon et autour les inscriptions: Henrich Vogtherr Elter seines alters im XXXXVII. 1537, et pour
le plus jeune: Henrich Vogtherr de Junger seines alters
XXIIII. 1537. On considère cette édition comme étant de 1538; elle
fut suivie de deux autres de 1540 et 1543, in-4°. Christian Müller
de Strasbourg en fit paraître une autre en 1572, in-4°, avec les portraits sur le titre et où il est mentionné que les artistes étaient frères.
Heller en mentionne une autre de 1610.

   6. Le livre du sort (Loosbuch) avec le titre: Eyn schöne
und gotselige Kurtzweil eines christlichen Lossbuchs nach der ordnung
eines alphabets etc. Gedicht und getruckt zu Strassburg von Heyn-
richen Vogtherren. Anno M.D.XXXIX. In-fol. On trouve dans ce
livre plusieurs feuillets entourés d'une bordure d'arabesques sur fond
noir et avec le monogramme du Christ. Sur le titre est un médaillon
ayant autour l'inscription: Treib umb das Kind mit allem Fleis,
Shauw was hinden der Engel weis. En effet, le médaillon avec
la figure de l'enfant Jésus, gravée sur bois, est un disque double, celui du verso contenant un ange avec une main étendue montrant successivement les lettres de l'alphabet gravées autour, à mesure qu'on le
tourne. Sur le dernier feuillet on voit les armoiries des Vogtherr,
une demi-figure d'homme avec coiffure pointue, tenant un sceptre
dans chacune de ses deux mains étendues et qui se trouve sur l'écusson et sur le heaume. En haut, sur une banderole: HEINRICH
VOGTHHER. (Voyez R. Weigel, Kunst-Catalog No. 20099[a].)

   7. Une tige de blé avec quinze épis. Feuille volante avec
l'indication suivante: Ein wunderbare doch fröhliche gestalt
und gewuchs eines halmen zimlichen dicken eines gera-
den mannes hoch, mit fünffzehen Ehren etc. bey Malsch am
Bruchrein im 1541 jar gewachsen. Von Heinrich Vogtherrn conterfeit. Suit un poème commençant:
            Seet zu ir Christen allzugleich
            Was gott fürbildt von himelreich etc.

   8. Une grappe monstre. Feuille volante in-fol., sans lieu
ni date, avec l'indication: „Ein wahrhaft wunderbarlich vor unerhörte

figur und gewächs so zu Alberweiler etc. erfunden worden. Dieser
traub ist von H. Vogtherrn abconterfeit.

    Zwen Trauben an eim rebenast
    Zusammen seind eingewachsen fast etc.

(Voyez Archives de Naumann, 1856, II. p. 134, communication de
M. Wiechmann-Kadow.)

D. K., ·ℝ·, ℝ.
David Kandel de Strasbourg, 1546.
(Bartsch IX. p. 392.)

    Nous ne savons sur le compte de cet artiste autre chose que ce
que nous en dit Hieronymus Bock (Tragus) dans la préface de son
Livre des simples (Kräuterbuch), publié en 1536, où il nous dit
„que sous sa direction à Hornbach, un jeune homme de Strasbourg,
David Kandel, qui avait appris de lui-même et sans maître l'art de
peindre, avait dessiné à la plume les plantes très-exactement" („ohne
etwas davon oder dazu zu thun"). On ne saurait dire s'il les a gravées
lui-même sur bois, mais il n'est guère probable, puisque d'autres pièces
d'après ses dessins portent le monogramme du graveur sur bois ℙ.

Additions à Bartsch.
Gravures sur bois.

    21. **Loth et ses filles.** Il est assis, à droite, dans une grotte
à côté d'une de ses filles qui lui présente une tasse avec du vin, tandis que l'autre tient de la main droite une cruche. Dans le fond, à
gauche, Sodome en flammes. Au bas la signature D K, à droite le
monogramme du graveur sur bois ℙ. H. 4 p. L. 5 p. 4 l.

    22. **Le sacrifice d'Abraham.** Il est debout au milieu, tenant
de la main gauche Isaac agenouillé sur le bûcher et levant de la droite
un cimeterre, tandis qu'un ange qui descend arrête sa main. Dans le
paysage on voit encore Isaac à droite qui porte des fagots. Au milieu du bas, les initiales D K, à droite l'autre monogramme ci-dessus.
H. 4 p. L. 5 p. 4 l.

23. **La table de Cebes.** Cette représentation de la carrière de la vie humaine porte en haut l'inscription: TABVLA CEBETIS. A la droite du bas, sur une colonne du portail, la signature du maître. La composition rappelle celle de Holbein. H. 15 p. 2 l. L. 12 p. 2 l. (Voyez Rud. Weigel, Kunst-Catalog No. 21505.)

24. **Le petit Tiel l'espiègle (Eulenspiegel).** Aux deux côtés sont assis le père et la mère qui tissent au métier. Au milieu, l'enfant dévide une navette. Paysage montagneux. A droite, sur une butte, les initiales D. K. H. 1 p. 11 l. L. 3 p. 6 l. Cette pièce a été employée dans un livre latin.

25. **Hieronymus Bock.** Demi-figure, vue de profil, tournée vers la droite et tenant de la main droite deux perce-neige. La figure est enclose par un portail richement orné et d'où pend une tablette avec l'inscription suivante: EFFIGIES HIERONYMI TRAGI. ANNO ÆTATIS SVÆ 46. et au-dessous, sur les bases des caryatides les initiales D. K. Au bas se trouvent huit vers latins imprimés avec le titre: Ioan. Sapidus Lectori studioso etc. H. 5 p. 10 l. L. 4 p. 4 l.

26. **Les plantes pour le livre des simples.** Elles ne sont pas toujours très-belles ou parfaitement exactes dans le dessin. On trouve plusieurs éditions de ce livre. La première qui nous soit connue porte le titre suivant et dont il résulte cependant que ce n'est pas la plus ancienne: Kreuter Buch durch H. Hieronymum Bock (Hier. Tragum) von newem fleissig übersehen, gebessert und gemacht, dazu mit hübschen artigen figuren allenthalben gezieret. Strassburg, Wend. Richel [65]), 1546. In-fol. Une édition qui suit immédiatement celle-ci, de David Kibero (Kyber), avec une traduction latine, parut chez le même éditeur en 1552 in-4°, et une troisième fut publiée en allemand par Josias Richel de Strasbourg en 1580. Les gravures du quatrième livre sont néanmoins celles de la „Deütschen Speisskammer" et représentent des scènes de la vie commune et dont les dessins ont été exécutés par Tobias Stimmer et C. Maurer.

---

65) Bartsch IX., p. 170, décrit une gravure sur bois avec le monogramme WR sans aucune autre indication. Heller, dans son Histoire de la gravure sur bois, prend cette marque pour celle de l'imprimeur de Strasbourg qu'il nomme Wendel Reich; d'autres l'appellent Wendelin Riehl; d'ordinaire il a latinisé son nom en celui de Richelius.

Veit Rudolph Speckle de Strasbourg, 1542.
Graveur sur bois.

Nous ne connaissons rien de la vie de cet adroit graveur sur bois. Il exécuta les représentations des plantes du Livre de Simples de L. Fuchs, connu sous le titre suivant: „De historia Stirpium commentarii insignes, maximis impensis et vigiliis elaborati, adiectis earumdem vivis plusquam quingentis imaginibus .... Leonharto Fuchsio medico ... autore. Basileæ in officina Isingriniana A. C. 1542." In-fol. Cet ouvrage renferme, outre les figures des plantes, le portrait de Leonard Fuchs, âgé de 42 ans, figure entière; ensuite ceux des peintres Henri Füllmaurer et Albert Meyer, dessinant des plantes, demi-figures sur une seule feuille; enfin celui du graveur V. R. Speckle lui-même, demi-figure imberbe. Il est vu de trois quarts, tourné vers la gauche et tient de la droite son pardessus à manches ouvertes. Cette gravure sur bois, finement exécutée, mesure H. 5 p. 7 l. L. 4 p. 11 l. et porte l'inscription: SCVLPTOR Vitus Rodolph Speckle. Une édition allemande de ce livre parut en 1543, où il se designe „formschneider". Les mêmes figures de plantes, de plus petites dimensions, parurent, sans texte, chez le même éditeur, Michel Isengrin, in-8° et plus tard en petit-in-fol. avec texte hollandais.

Daniel Specklin de Strasbourg.
(Bartsch IX. p. 589.)

Ce célèbre architecte militaire était fils de Veit Rudolph Speckle et naquit, en 1536, à Strasbourg. Nous apprenons par les communications de l'archiviste Schneegans de Strasbourg, contenues dans l'Almanach d'Alsace de Stöber, de 1847, et puisées dans les protocoles du Conseil pour 1565, que Specklin, dans sa jeunesse, était brodeur en soie et graveur sur bois, mais il ne semble pas qu'il ait aussi gravé au burin, comme on l'a souvent cru, puisque le graveur M. Greuter a exécuté plusieurs estampes dont Specklin a été seulement le dessinateur.

Dans les voyages qu'il fit aux Pays-Bas, en Danemark, en Suède, en Pologne, en Prusse, en Transylvanie, en Hongrie et à l'île de Chypre où il assista même au siége de Famagusta, il étudia particulièrement l'art de fortifier, et acquit une telle réputation en ce genre, qu'il fut consulté pour tous les ouvrages de cette nature qui se firent en Allemagne et ailleurs, quand on ne lui en confiait pas à lui-même l'exécution. Revenu à Strasbourg, il reçut de l'archiduc Ferdinand, au service duquel il avait été cinq ans comme chef de l'arsenal, l'ordre d'écrire une description de la haute et de la basse Alsace et d'en dresser une carte qui parut à Strasbourg en 1576. Son ouvrage intitulé: „Architectura von Festungen" qui parut d'abord à Strasbourg en 1589 et depuis en plusieurs éditions jusqu'en 1736, eut une grande réputation. L'auteur mourut à Strasbourg en 1617.

Aucun des ouvrages de sa jeunesse ne semble être venu jusqu'à nous, et le catalogue que nous allons donner des gravures au burin et sur bois qui lui sont souvent attribuées, montrera que Daniel Specklin, bien que grand dessinateur en fait d'architecture, ne doit pas être considéré nécessairement comme graveur au burin ou sur bois.

Gravures au burin.

1. **Vue du dôme de Strasbourg.** A la droite du haut, on lit sur une tablette: „Ante Christi natū Templū argētosalēse ex fructū bellorū Deo Marti quem Teutones Krutzmana ī bellatorē vocāt etc. Daniel Specklin fecit 1587." Dans la bordure ornée, à droite, on voit le monogramme M qui nous indique que M. Greuter en a été le graveur. H. 7 p. 10 l. L. 7 p. 5 l. Dans les épreuves qui ont été faites de la planche, en 1617, pour le „Münsterbuch" de Schadaeus, la tablette manque ainsi que l'inscription; cependant, il y reste encore des traces qui prouvent que ces épreuves ne sont point une copie, comme on l'a cru souvent.

2. **Vue de Strasbourg de 1587.** Au bas se trouve une description. On lit à droite sur une tablette ovale: Daniel Specklin fecit. M. Greuter sculpsit. In-fol. en largeur. Cette feuille est gravée d'une manière très-souple et tout à fait dans le style de la pièce précédente. Il ressort évidemment de l'inscription que le fecit indique le dessinateur, comme c'est le cas pour plusieurs estampes du haut Rhin à cette époque.

3. **Carte topographique de l'Alsace en 1576.** Nous en avons parlé diffusément plus haut.

4. **Architecture des fortifications.** In-fol. Nous avons mentionné plus haut que la première édition de cet ouvrage parut à

Strasbourg en 1589. Les éditions postérieures dans la même ville sont de 1599 et 1608. Toutes les gravures qui s'y trouvent sont traitées dans la manière de M. Greuter, quoique son nom ne se trouve que sur le titre et la planche 16. Dans l'édition de 1608, on trouve encore le portrait de Specklin gravé par Th. de Bry.

Gravures sur bois.

5. Bartsch ne décrit, comme appartenant à Specklin, que la petite vue de la cathédrale de Strasbourg de l'an 1587. La pièce suivante est plus ancienne et de dimensions plus grandes.

6. Vue de la cathédrale de Strasbourg. Elle est dessinée en perspective et prise du côté sud-ouest de manière que la façade du somptueux édifice ainsi que le côté sud avec l'ancien portail sont également visibles. L'inscription est comme suit: Gestellt auffs einfältigst durch Daniel Speckle und Bernhard Jobinn Formschneider zu Strassburg MDLXVI. Sur deux feuilles. H. 19 p. 4 l. L. 13 p. 9 l.

On attribue souvent la gravure de cette pièce à Tobias Stimmer, bien que celui-ci ait été dessinateur et non graveur. Mais la pièce que nous venons de décrire démontre complétement l'erreur de cette attribution, puisque Bernard Jobin nous est désigné comme graveur sur bois. Des épreuves postérieures ont une autre inscription qui contient en 96 vers sur deux colonnes l'histoire de la construction de la cathédrale et termine par l'indication: Bernhard Jobin in Trück gebracht. (imprimé par Bernard Jobin.)

FO., graveur sur bois, 1558.
(Bartsch IX. p. 415.)

Bartsch ne décrit que quelques gravures sur bois du maître aux initiales ci-dessus, en faisant remarquer qu'il travailla d'après Virgile Solis, Jost Amman et autres artistes allemands. C. Becker nous fait connaître, dans le Deutsches Kunstblatt de 1853, p. 318, un autre ouvrage de ce graveur; c'est le suivant:

2. Un alphabet orné. (Ein Kunstlich Alphabet sampt derselben Reimen auch klein vnd grosse geschrifften, vormals dergleichen nit aussgegangen. Durch mich Jörg Schreppler burger und rechen-

meister zu Strassburg geschrieben, gemacht in druck gefertigt vnd den
3. Sept. Anno 54. volendt." On lit sur la dernière feuille: „Gedruckt bey Thiebolt Berger am Weinmarkt zu Strassburg 1558." Cet
ouvrage est composé de 14 feuillets d'écriture cursive avec des lettres
très-grandes et élégamment ornées.

3. Plusieurs escrimeurs avec des épées à deux mains.
Ils se trouvent à la page 48 du livre d'escrime de „Jochaim Meyer
Freyfechter zu Strassburg", qui a pour titre: „Gründliche Beschreibung
Ritterlichen und adelichen Kunst des Fechtens. Strassburg 1570". Pet.
in-fol. Une édition postérieure avec les mêmes gravures sur bois a
parue en 1600 chez Michael Manger à Augsbourg. La dernière édition
publiée par Mathieu Schultes à Ulm a été attribuée erronément à Josse
Amman.

H H, HH, HH , HANS. HOLB.
Hans Holbein le jeune.

Cet artiste distingué est originaire d'Augsbourg, étant un des fils
d'un peintre du même nom, connu comme Hans Holbein le vieux.
Celui-ci, d'après Mechel, naquit vers 1450, fut d'abord bourgeois d'Augsbourg et passa, en 1499, à Ulm, comme le démontre le livre de bourgeoisie de cette ville. Il peignit plusieurs tableaux dans sa nouvelle
patrie jusqu'en 1507, et en 1501 il travailla pour l'église des Dominicains à Francfort s. M. Vers 1516, il s'établit à Bâle où ses trois fils,
Ambroise, Hans et Bruno, le suivirent, et y mourut vers 1526. Notre
Hans Holbein le jeune naquit vers la fin de 1497, comme il est prouvé
par quelques-uns des portraits qu'il peignit de lui-même. Le premier
en date de ces portraits se trouvait dans la collection de F. von Hagen
à Nuremberg et portait l'inscription: Aetatis sue XX. MDXVIII. [66]
Le second, possédé par le doyen von Jaumann à Rottenburg, est signé
H. Æ. 23. 1520 [67]; enfin le troisième, gravé par Hollar d'après un
portrait dans la collection du comte d'Arundel, porte l'indication:

66) C. G. von Murr, Description des choses remarquables de la ville de Nuremberg (en allemand). Nuremberg 1778.
67) Voyez Kunstblatt 1837. p. 359.
III. 23

HH A e. 45. A°. 1543. Il est représenté également comme un enfant de sept ans environ dans le tableau de la conversion de St. Paul que son père peignit en 1504 pour le cloître de Ste. Catherine à Augsbourg. On y voit le vieux Holbein avec ses deux fils aînés; il indique particulièrement le jeune Hans, en lui posant la main sur la tête, tandis qu'il le montre de la gauche, comme s'il voulait dire: „celui-ci promet d'être quelque chose d'extraordinaire." Son frère Ambroise, d'environ 10 ans, ressemble beaucoup à sa mère, d'une taille délicate et svelte, qui est vis-à-vis, tandis que Hans, court et ramassé, diffère de ses parents et montre déjà quelque chose de très-décidé dans l'expression.

Les quatre premiers tableaux de Holbein qui nous soient parvenus se trouvent dans la galerie d'Augsbourg; il les a exécutés en 1512 pour le cloître de Ste. Catherine dans cette ville. En 1516, nous le retrouvons à Bâle occupé à peindre pour un maître d'école une enseigne qui se conserve encore dans la collection de la ville. L'année suivante il orna de peintures à fresque une maison à Lucerne; en 1519, il fut inscrit au livre des métiers de Bâle. Son premier voyage en Angleterre eut lieu vers 1526. En 1529, il revint pour quelque temps à Bâle. Etant retourné en Angleterre, le Conseil de Bâle le rappela en 1532 en lui assurant un salaire annuel de trente pièces d'or, et il répondit à cet appel. [68] Après avoir occupé longtemps le poste de peintre de la cour de Henri VIII en Angleterre, il fit en septembre 1538 une visite de quelques semaines au foyer paternel, mais il obtint le 16 novembre de la même année un rescrit du Conseil de Bâle accordant „au maître Jean Holbein un congé ultérieur de deux ans à l'expiration desquels il devait retourner à faire son service." Il nous est prouvé qu'en effet il retourna en Suisse dans l'année 1540, par la visite qu'il y fit à son oncle Siegmund Holbein de Berne, pareillement peintre, et qui éprouva une si grande joie de la présence de son célèbre neveu, qu'il le fit héritier de ses biens qui étaient assez considérables. Ayant de nouveau passé en Angleterre, il paraît n'être plus retourné à Bâle et il mourut à Londres de la peste en 1554.

Nous n'avons mentionné ces différentes circonstances de la vie de Holbein que pour être à même de préciser avec quelque degré de certitude les différentes époques où il a pu exécuter soit à Bâle, soit à Londres, ses dessins pour la gravure sur bois, la seule partie de son

---

68) Voyez l'ouvrage de ULRICH HEGNER, Hans Holbein der Jüngere, Berlin 1837, où l'on trouvera les justifications de ce que nous disons.

œuvre que nous ayons à considérer ici. Il en résulte déjà, ce qui serait confirmé par le style du dessin et de la composition, que toutes les bordures de titre pour les livres publiés par Jean et Franz Frobenius, Andreas Cratander, Adam et Heinrich Petri ont été exécutées entre les années 1516 et 1526, pendant son premier séjour à Bâle. L'alphabet ou les initiales à ornements de feuillage sont de 1522, et il dut dessiner avant 1526 sa fameuse Danse des morts, où l'on retrouve encore toute la fraîcheur et la précision de sa jeunesse. Ses compositions pour l'Ancien Testament sont d'un style moins soigné et plus large et paraissent dater de 1529. A celles-ci ressemblent, mais d'une manière plus esquissée encore, les deux petites gravures pour le Catéchisme de Cranmer qui parut à Londres en 1548.

Le graveur sur bois le plus distingué de Bâle à cette époque était Hans Lützelburger, surnommé Franck, qui travaillait avec la plus grande finesse et la plus grande maîtrise; c'est lui qui exécuta ce beau monument de la xylographie connu sous le nom de la Danse des morts de Holbein, dont il signa une pièce de son monogramme HL. On possède encore de lui, gravés d'après Holbein, le portrait en pied d'Érasme de Rotterdam, quatre alphabets d'initiales avec figures, quelques bordures de titres, la vente des indulgences, deux gaînes de poignard et quelques autres sujets. Il n'a gravé qu'un très-petit nombre de pièces pour l'Ancien Testament, qui ont été exécutées par plusieurs mains.

D'autres gravures, d'après des dessins de Holbein, pour les titres de livres, ont été exécutées par un maître de Bâle inconnu qui se signait I F, sur métal et même sur cuivre, comme le démontrent deux des planches qui ont été conservées jusqu'à ce jour et qui se trouvent en possession du typographe Guillaume Haas, de Bâle. Comme la plupart des bordures de titres ornent les livres qui ont été publiés par Jean Frobenius de Bâle, on lui en a attribué la gravure, quoique l'on ne sache autre chose à son égard, sinon qu'il a été un des typographes les plus distingués de son époque.

Quelques-unes des grandes gravures sur bois, d'après le dessin de Holbein, comme les âges de l'homme, la mort du bon et du méchant en 8 feuilles, etc., paraissent avoir été exécutées à Augsbourg, la patrie primitive des Holbein, puisque plusieurs de ces grandes pièces d'après les dessins d'autres maîtres y ont paru chez le graveur sur bois Jost Dienecker ou Jobst de Necker, comme on l'appelle ordinairement. Ces pièces d'une grande rareté ne se trouvent que dans quelques-unes des grandes collections, mais aucune dans les anciens cabinets de Bâle, comme c'eût probablement été le cas si elles avaient été gravées dans cette ville.

Les gravures pour le Catéchisme de Cranmer et le portrait de Wyatt, qui ont été exécutées par des graveurs anglais, ne sont point des morceaux d'une grande finesse, quoiqu'elles soient les meilleures des pièces qui ont été exécutées d'après les dessins de Holbein dans ce pays et à cette époque; cependant une petite gravure sur bois représentant trois enfants près d'un pommier, et qui paraît être une marque de libraire, se trouve à la fin d'un poème de John Leland sur la naissance du prince Édouard de Galles en 1543, et appartient à ce que nous avons de mieux en ce genre, étant évidemment gravée par Hans Lützelburger. Il semblerait que l'éditeur Reyner Wolff, fils de l'imprimeur Thomas Wolff de Bâle, ait eu en sa possession, depuis assez longtemps, ce bois, ou qu'il l'ait fait graver par Lützelburger qui se trouvait alors à Londres. (?) Mais cette dernière opinion est en contradiction avec l'assertion des éditeurs de la Danse des morts à Lyon, M. et G. Treschel, que ce graveur sur bois était déjà mort en 1538. La première supposition est donc la plus probable.

Dans la dispute de ceux qui prétendent que Holbein a gravé lui-même sur bois contre ceux qui le nient, nous nous rangeons du côté de ces derniers; d'abord parce que ce n'était pas la coutume dans le XVIe siècle que les grands maîtres de l'art exécutassent eux-mêmes la gravure sur bois de leurs dessins; ensuite parce que l'opinion contraire appartient à des écrivains récents et surtout à C. F. de Rumohr, qui a soutenu hardiment cette opinion en l'appuyant de raisons hasardées et de motifs qui ne résistent pas à un examen sérieux. M. Peter Vischer de Bâle, dans le Kunstblatt de 1838, p. 197, et de 1843, p. 631, a combattu énergiquement cette opinion en prouvant le contraire de la manière la plus satisfaisante. En renvoyant à ce que cet écrivain dit à ce propos, nous nous contenterons d'indiquer ici deux preuves à notre avis très-conclusives. Si l'on veut suivre les données de Rumohr, l'on ne pourrait expliquer comment il se fait qu'en comparant les différents encadrements de titres dont nous pouvons préciser souvent la date et qui, selon cet écrivain, ont été exécutés par Holbein lui-même, on y trouve cependant une grande diversité de taille de l'une à l'autre et telle que l'on peut souvent y reconnaître la manière des différents graveurs auxquels on les doit. Et ensuite que plusieurs de ces travaux d'une date postérieure se trouvent être d'une exécution plus médiocre que les premières, et ceci sera d'autant plus frappant si l'on

veut rapprocher la gravure de la Danse des morts et des initiales de
1522 que Rumohr affirme avoir été exécutée par Holbein de celle des
deux pièces du Catéchisme de Cranmer de 1548, qui leur sont
très-inférieures. C'est ainsi qu'en admettant l'opinion de Rumohr,
nous rencontrons des difficultés continuelles pour la justifier, sans mentionner que l'on ne doute plus que le monogramme HL soit celui de
Hans Lützelburger et non la signature de Holbein.

Mais tout l'échafaudage de raisons à l'appui de cette opinion est
complétement détruit par le témoignage d'un des contemporains du
maître, qui met hors de doute que les gravures sur bois ne sont que
des reproductions des dessins originaux de Holbein. Boniface Amerbach de Bâle, l'ami de celui-ci, après avoir recueilli son œuvre, écrivit
lui-même sur les tiroirs qui le renfermaient les étiquettes que son fils
Basile Amerbach nous a transmises verbatim dans le catalogue de la
collection de son père et qui se conservent à présent dans le Musée de
Bâle. Ce sont les suivantes:

Tiroir V. H. Holbeinio imitatio aliena non propria ejus,
64 (pièces).

Gedruckt (imprimées) III.

Biblia historia. 2.

Totendantz 2. exempl.

Tiroir VI. H. Holbeins genuina, grosz, klein von seiner
Hand 104. (Dessins originaux actuellement dans la
collection de Bâle.)

Moria Erasmi, hin und wider mit figürlen.
(L'éloge de la folie avec les dessins de Holbein en
marge; l'exemplaire existe encore.) Ein Büchlein
darin by 85 Stucklin gerissen.

Ein ander Permentin mit ein Stuck.

Erasmi effigies in ein rundelin mit oelfarben.

Toutes les incertitudes qui auraient pu régner jusqu'ici sur ce
point paraissent devoir disparaître devant cette preuve que nous devons
aux recherches de l'écrivain que nous avons déjà nommé, M. Peter
Vischer, de Bâle.

D'après les assertions de Rumohr, Hans Lützelburger se serait
également occupé de clichés, puisque nous retrouvons dans les éditions
de Strasbourg les mêmes gravures sur bois et sur métal qui ornent
les éditions de Bâle; mais en comparant ces éditions entre elles, il est
néanmoins résulté que l'on a employé dans celles de cette dernière ville

les planches originales, tandis que les gravures des livres de Strasbourg n'en sont que des imitations souvent fort rudes et qui ne peuvent être comparées aux premières. Il faudrait probablement en conclure qu'à cette époque on ne connaissait point encore l'art de faire des clichés sur les planches de bois et de métal.

On a eu également des opinions erronées sur les monogrammes dont Holbein signait ses ouvrages, quoique Brulliot, dans son dictionnaire des monogrammes, ait traité cette matière à fond et ait établi la vérité sur des bases solides. Il ressort de recherches ultérieures à ce sujet que notre maître s'est servi uniquement du double H, quoique sous différentes formes, comme on le fait voir par celles que nous avons données ci-dessus. Le monogramme H H ou HH, avec un canif de graveur, appartient néanmoins à un graveur sur bois qui paraît être Hans Holzmüller de Bâle et qui a travaillé principalement d'après Hans Manuel Deutsch et d'autres maîtres de l'époque.[69]

Holbein ne s'est jamais signé HB ou HL, car il est absolument contraire aux usages du temps que les artistes employassent à cet effet d'autres lettres que les initiales de leurs noms. Parmi ses contemporains, Hans Brosamer et quelquefois Hans Baldung, surnommé Grün, se servirent du premier de ces monogrammes, tandis que nous avons vu que le second appartenait à Hans Lützelburger et se trouve sur des dessins à la plume et au crayon avec les dates de 1519 à 1526, très-ressemblants à ceux de Holbein par le style, mais avec moins de vie et de naturel. On les attribue ordinairement à Lützelburger, mais ils pourraient aussi bien appartenir au peintre Hans Leu de Zurich, qui s'est signé HL 1516 sur des gravures sur bois et qui appartenait au groupe des peintres du haut Rhin dont Hans Baldung Grün était le chef d'école.

Holbein, comme Albert Durer, s'était acquis aussi une réputation comme architecte et recevait à ce titre un salaire de la ville de Bâle, comme Ulrich Hegner le prouve par des documents dans son ouvrage. On lui attribue, en conséquence, plusieurs gravures sur bois contenant des esquisses pour des édifices de luxe et qui ont été souvent reproduites. On les trouve en dernier lieu dans l'ouvrage du „célèbre maître Hans Blum de Lor sur le Mein" (Des berühmten Meisters Hans Blum von Lor am Main nüzlichs Säulenbuch etc. Zürich MDCLXII) et qui a pour titre: „Waarhafte Contrafacturen etlich alt und schöner Ge-

---

69) C. Becker dans le Deutsches Kunstblatt, 1853, p. 318.

bäuen etc." In-fol. Les gravures sur bois de cette édition sont néanmoins d'une date plus ancienne et paraissent avoir servi à l'édition de
Hans Blum donnée en 1567 par Christophe Froschauer à Zurich.
Les gravures avec la représentation d'édifices somptueux dans le style
de la renaissance portent en partie le monogramme ℞ que C. Becker,
lieu cité, explique par le nom de Rudolphe Wyssenbach de Zurich, la
plume ajoutée au-dessus indiquant le dessinateur, tandis que le graveur
est indiqué à son tour par le monogramme ₩ avec la date de 1545
et 1548. Bien que le style d'architecture de ces pièces ait beaucoup
d'analogie avec celui propre à Holbein, nous n'avons rien trouvé qui
pût induire à croire que les esquisses soient de lui, et le monogramme R W. paraîtrait marquer décidément le contraire.

Ouvrages xylographiques.

I. Sujets de l'Ancien Testament.
90 gravures sur bois. H. 2 p. 2—3 l. L. 3 p. 2—3 l.

On en trouve des premières épreuves que l'on croit avoir été imprimées à Bâle en 1530, et cela résulterait de ce que plusieurs imitations de ces gravures se trouvent dans une bible allemande publiée
par Froschauer à Zurich en 1531. L'exemplaire de premières épreuves
qui se conserve dans la collection de la ville à Bâle contient 93 gravures sur bois, dont 89 sont imprimées d'un seul côté, commençant par
la chute du premier homme où le serpent avec une tête de femme
s'élève tout droit du terrain [70]), ensuite le déluge, etc. (Les quatre
premiers sujets de la Danse des morts, imprimés des deux côtés sur
deux feuilles, ne sont point des premières épreuves et n'appartiennent
point à la série qui nous occupe, quoiqu'ils y soient ajoutés.)

Les premières éditions proprement dites de 1538 et 1539 parurent
chez les frères Melchior et Gaspard Trechsel à Lyon. Les deux éditions postérieures de 1543 furent publiées par Jean et François Frellon
de Lyon, et les trois dernières, de 1547 et 1549, par Jean Frellon
seul. Les bois furent aussi employés pour deux éditions de la Bible,
dont la première fut donnée en 1538 par les frères Trechsel et l'autre

---

70) On trouve dans l'ouvrage de M. R. Weigel „Holzschnitte berühmter Meister", Leipsic 1851, Cahier II, un fac-simile de cette rare gravure sur bois qui n'a
été employée que pour l'édition de la Bible de 1538.

de 1544 par les Frellon. L'exécution, pour la taille, des gravures de cette série varie beaucoup et elles doivent appartenir à divers artistes. On ne peut qu'en attribuer un petit nombre à Lützelburger, entre autres la bénédiction d'Isaac, celle de Jacob aux fils de Joseph, Nadab et Abia dévorés par le feu et quelques autres, bien qu'elles ne soient pas signées de son monogramme, ce que Lützelburger faisait rarement. Nous n'avons point à parler ici des copies de ces 90 sujets, et nous renvoyons pour ce qui les regarde à l'ouvrage du docteur Massmann „Literatur der Todtentänze", Leipsic 1840, pp. 68—74.

Les éditions de Lyon.

a. 1538. Historiarum ueteris instrvmenti icones ad uiuum expressæ. Vna cum breui, sed quoad fieri potuit, dilucida earundem expositione. (Avec la marque de Trechsel, trois têtes de Janus avec deux plumes de paon sur une console; devant se trouve un livre ouvert avec une inscription grecque et au bas on lit: Vsus me genuit.) Lvgdvni, sub scvto Coloniensi. MDXXXVIII. In-4°. Cette édition contient les 4 premiers sujets de la Danse des morts en hauteur, puis 80 [71]) sujets du vieux testament en largeur, commençant par l'arche de Noé et terminant avec la représentation II. Machab. V, où une armée apparaît au-dessus de Jérusalem. In fine: Excvdebant Lvgdvni Melchior et Gaspar Trechsel fratres. 1538.

b. 1539. Historiarum veteris Testamenti Icones etc. ... earundem et latina et gallica expositione. (Marque du libraire.) Lvgdvni sub scuto Coloniensi. M.D.XXXIX. In-4°. Avec quatre sujets de la „Danse des morts" et 90 gravures sur bois sur 47 feuilles. In fine: Lvgdvni, Melchior et Gaspar Trechsel fratres excvdebant. et la marque des Trechsel plus grande que sur le frontispice.

c. 1543. Historiarum veteris testamenti icones ad vivum expressæ etc. (La marque des Frellons, un crabe soutenant en l'air un papillon.) Lugduni sub scuto Coloniensi, apud Joannem et Franciscum Frellonios fratres. M.D.XLIII. In-4°.

---

71) D'après l'assertion de Rumohr, dans son ouvrage intitulé: „Hans Holbein der Jüngere in seinem Verhältniss zum deutschen Formschnittwesen", il manque à cette édition l'indication: II. Regum XII. et Esaiæ L.

90 et 4 gravures sur bois. In fine: Lugduni sub scuto coloniési apud
Jo. et Franc. Frellonios fratres. 1543.

d. 1543. Retratas o Tablas de las Historias del Testa-
mento viejo, hechas y desbuxadas por un muy primo y
sotil artifice. Lion de Franciā. 1543. In-4°. In fine: Lugduni sub scuto Coloniensi apud Jo. et Franc. Frellonios fratres. 1543.
94 gravures sur bois.

e. 1547. Icones historiarum veteris Testamenti ad
vivum expressæ, extremaque diligentia emendatiores
factæ, Gallices in expositione homoeoteleutis, ac versuum
ordinibus (qui prius turbati ac impares) suo numero restitutæ. (La
marque de Frellon.) Lvgdvni apud Joannem Frellonium. 1547. In-4°.
94 gravures sur bois.

f. 1549. Retratos o Tablas de las Historias del Testa-
mento viejo, hechas y desbuxadas por un muy primo y
sotil artifice. Lion di Francia. 1545. In-4°. 94 gravures sur
bois.

g. 1549. The images of the old Testament lately ex-
pressed, set forthe in Ynglish and Frenche vuith a playn
and brief exposition. Printed at Lyons by Johan Frellon, the
yere of our Lord God 1549. In-4°. 94 gravures sur bois.

A la fin de cette édition qui, ainsi que les autres, contient les
quatre sujets de la „Danse des morts‘ et les 90 sujets de l'Ancien
Testament, ces derniers én largeur, se trouvent encore sur l'avant-dernière
feuille, dans des ovales, les figures des quatre évangélistes, qui cependant ne sont point de Holbein, mais paraissent avoir été dessinées par
un artiste italien.

Reproductions dans les éditions de la Bible.

h. 1538. BIBLIA vtriusque Testamenti iuxta vulgatam transla-
tionem et eam quam haberi potuit emendatissimam additis verum præ-
cipuis in locis iconibus etc. (Marque des Trechsel.) Lugduni apud
Hvgonem a porta. M.D.XXXVIII. In-fol. On y trouve le sujet de la
chute du premier homme avec le serpent dressé, d'après la gravure de la création dans la Danse des morts, mais les pièces
2, 3, 4 du même ouvrage manquent, tandis qu'ils se trouvent dans les
différentes éditions des „Figures du vieux testament." In fine (feuillet
569): Excvdebant Lvgdvni Melchior et Gaspar Trechsel fratres 1538.
Au revers se trouve encore la marque.

i. 1544. BIBLIA sacrosancta Testamenti veteris et noui, iuxta vulgatam quam dicunt editionem, a mendis quibus innvmeris scatebat etc. Lugduni apud Hugonem et hæredis Aemones a Porta. 1544. In-fol. In fine: Lugduni excudebant Joannes et Franciscus Frellonii fratres. 1544.

La Danse des Morts. [72])
58 gravures sur bois. H. 2 p. 5 l. L. 1 p. 10 l.

On a souvent mis en question si Hans Holbein a été l'inventeur de cette célèbre Danse des Morts, quoique le témoignage de ses contemporains, Érasme de Rotterdam [73]), Nicolas Borbonius [74]) et Boniface Amerbach [75]), la tradition constante depuis l'époque de Carl van Mander [76]), et enfin les preuves intrinsèques de cet œuvre d'art concourent à prouver qu'elle est une des productions les plus extraordinaires du maître lui-même. Une autre controverse à ce sujet a été suscitée par C. F. de Rumohr [77]), savoir si Holbein lui-même ou, comme il a été d'abord mis en avant par Mechel [78]), si Hans Lützelburger de Bâle a exécuté ces gravures sur bois. Cette dernière opinion est décidément confirmée non seulement par le monogramme de Lützel-

---

72) Ce sujet porte aussi le nom de „Danse Macabre“, ainsi nommée du poète allemand Exemius Macabre qui, un des premiers, traita ce sujet bizarre en vers allemands que P. Desrey de Troyes traduisit en latin en 1460. — Voyez H. Hammann „des Arts graphiques.“ Génève et Paris 1857, p. 149.

73) Dans la préface qu'écrivit Érasme en 1533 et qui se trouve dans la reproduction de la Danse des morts par Birkmann en 1555.

74) Dans ses Nugæ, imprimées à Bâle en 1540, on trouve l'épigramme suivante:

De morte picta a Hanso pictore nobili.
Dum mortis Hansus pictor imaginem exprimit,
Tanta Arte mortem retulit ut mors vivere
Videatur ipsa; et ipse se immortalibus
Parem Diis fecerit operis hujus gloria.

75) Dans le Catalogue rédigé par Basile Amerbach de la collection de son père Boniface où se trouvent les inscriptions des tiroirs V et VI que nous avons citées plus haut.

76) Het Schilder Boeck fol. 145. ... neffen den doon-dans, die van hem in druck uytcomt in houtez Print.

77) Kunstblatt 1823. No. 32 et dans „Hans Holbein d. J. in seinem Verhältniss zu dem deutschen Formschnittwesen.“ Leipsic 1836.

78) Journal de DE MURR pour l'histoire de l'art, XVI, p. 10.

burger sur le sujet de la Comtesse, mais par la ressemblance de la
taille de la Danse des morts avec celle de l'Alphabet avec les
mêmes sujets, dont un tirage à part sur une seule feuille porte le nom
entier du graveur Hans Lützelburger, comme aussi par l'usage constant de cette époque où le peintre avait la coutume de dessiner les
sujets sur la planche de bois qui était ensuite taillée par des graveurs
(formant alors une corporation fort étendue) avec plus ou moins d'a-
dresse. L'opinion contraire de Rumohr qui, à part les mérites de ses
recherches dans le domaine de l'art, se plaisait souvent à émettre des
conjectures hasardées en opposition aux idées communément reçues,
repose sur des combinaisons trop artificieuses, les fondements en sont
si incertains et les conclusions si erronées qu'il n'a pas été difficile à
Peter Vischer [79]) d'établir le contraire par une exposition simple et claire
des faits et de prouver que nous devons à Hans Lützelburger une
œuvre qui n'a pas été surpassée jusqu'ici, celle de la Danse des
morts, ainsi que plusieurs autres travaux qui appartiennent à ce qui
a été fait de mieux dans cet art.

Il nous reste à établir l'époque où Lützelburger a exécuté la Danse
des morts. C. von Mechel, à l'endroit cité plus haut, croit pouvoir
en fixer la date à 1530. Cette opinion paraît confirmée par la circonstance que la reproduction des „Icones historiæ veteris Testamenti"
dans la bible de Zurich, imprimée par Froschauer en 1531, renferme
celle des quatre premiers sujets de la Danse des morts [80]) et que
d'autres copies parurent déjà en 1535 à Anvers chez Jacob van Lies-
velt. Ces premières épreuves des bois originaux qui parurent en 1530,
contiennent 40 sujets avec les indications au-dessus dans le dialecte
de Bâle (Usztribung, Rychmann) des personnes entraînées par la mort.
Les gravures sont les mêmes que celles des éditions de Lyon de 1538
avec 41 sujets, à l'exception de celle de l'Astrologue que l'on a ajouté
dans cette ville. Elles sont imprimées de ce beau noir dont l'usage
était alors limité à l'Allemagne, tirées avec soin et d'une fraîcheur particulière. Ces circonstances prouvent qu'elles ont été imprimées à Bâle,
d'autant plus que les tirages de Lyon n'ont pas été exécutés avec le
même soin et n'ont point cette belle teinte noire de ces épreuves premières. On ne saurait décider si la première impression eut lieu par

---

79) Kunstblatt No. 50, 54 et 1843, p. 63, ainsi que dans notre notice biographique.

80) Voyez MASSMANN, Literatur der Todtentänze, p. 7 (note).

les soins de Holbein quand en 1529 il retourna d'Angleterre à Bâle
pour quelque temps, ou par l'entremise de Lützelburger, auquel il aurait pu avoir vendu les dessins déjà faits sur les bois en 1526. Cette
dernière opinion semble la plus probable, si l'on réfléchit que Holbein
ne resta alors que quelques semaines à Bâle, que Lützelburger publia
de la même manière, en le signant de son nom comme éditeur, l'Alphabet avec la Danse des morts de Holbein; enfin que les anciens pro-
priétaires des bois, Melchior et Gaspar Trechsel de Lyon, ne connais-
saient point l'inventeur de ces compositions, mais seulement le graveur
dont ils annoncent la mort et déplorent la perte dans la préface de
l'édition de 1538, en ajoutant qu'ils possédaient encore quelques dessins
(sur des bois) pour la gravure desquels ils n'avaient point encore trouvé
des graveurs qui puissent l'égaler dans son art. [81]) Cependant les frères

81) Le passage y relatif est conçu comme suit: „Très grandement vient à re-
greter la mort de celuy qui nous en a icy imaginé si élégantes figures ..... qui me
faict penser que la mort craignant que cet excellent painctre ne la paignist tant vifve,
qu'elle ne fut plus crainte pour mort. Et que pour cela luy accelera si fort ses
jours, que ne peut pas achever plusieurs aultres figures já par lui trassées etc.“
Comme Holbein ne mourut qu'en 1554, ce passage ne peut s'appliquer qu'à
Hans Lützelburger, donné ici erronément pour l'inventeur de la Danse des morts.
On ne doit pas prendre au pied de la lettre l'expression „cet excellent painctre,
qui avait imaginé si excellentes figures“, mais dans le même sens que plusieurs doctes écrivains de cette époque l'ont eux-mêmes employée. Borbonius aussi
s'est servi d'une expression analogue dans ses vers au commencement de l'édition
de l'ancien testament déjà cité où, en parlant des gravures sur bois d'après les dessins de Holbein, il dit:
Nam tabulam si quis videt quam pinxerit Hans Holbinus etc.
Nous trouvons les mêmes expressions appliquées dans le distique au-dessous du portrait d'Érasme, gravé par Lützelburger d'après le dessin de Holbein:
Corporis effigiem si quis non vidit Erasmi
Hunc scite ad vivum picta tabella dabit.
Ajoutons à cela que Crozat à Paris possédait 46 dessins à la plume de la Danse
des morts de Holbein et que Mariette dans son Catalogue donne comme ceux
d'après lesquels on aurait gravé les bois. Ces dessins avaient d'abord appartenu
au peintre hollandais Jean Boerckhorst, surnommé Langhen Jan. De la Collection
Crozat, ils passèrent dans celle du conseiller intime Fleischmann de Strasbourg, et
le prince Galitzin, ambassadeur à Vienne, les acheta plus tard dans cette ville.
C. v. Mechel en avait fait en 1780, avant qu'ils passassent en Russie, une copie
gravée au burin, mais tellement dans le goût maniéré de son siècle qu'ils nous
paraissent une mauvaise imitation du XVIIIᵉ siècle. Du reste, il faut remarquer à
ce sujet que Sandrart mentionne dans son Academia avoir appris de Rubens lui-
même que le grand peintre, dans sa jeunesse, avait trouvé ces gravures sur bois
tellement de son goût qu'il en avait fait une copie à la plume. C'est peut-être la

Frellon, qui succédèrent aux Trechsel, trouvèrent un artiste qui put exécuter les douze pièces qui restaient. Celui-ci se montre assez adroit, mais sa taille est plus raide et surtout plus sèche que celle de Lützelburger, dont l'exécution est plus nourrie et montre une certaine profondeur dans les ombres; son imitateur, au contraire, est uniforme dans la taille qui est sèche et d'un ton égal dans le travail. Même la pièce de l'Astrologue qui parut dans la première édition de Lyon de 1538, montre la même sécheresse dans l'exécution.

Danse des morts.

Première impression de Bâle en 1530. Chaque pièce a une double bordure linéaire. H. 2 p. 4—5 l. L. 1 p. 9—10 l.

On en trouve trois diverses éditions, toutes de 40 sujets imprimés d'un seul côté de la feuille.

a. Les quarante sujets se trouvent imprimés dix à dix (sur quatre feuilles), ayant au-dessus de chacun une inscription en allemand imprimée avec des caractères mobiles et en caractères italiques, dans l'ordre suivant:

1. Die Schöpfung aller ding. La création.
2. Adam Eua im Paradysz. Adam et Ève dans le paradis terrestre.
3. Vertribung Ade Eue. Adam et Ève chassés du paradis.
4. Adam bawgt die erden. Adam cultive la terre.
5. Gebeyn aller Menschen. Les ossements du genre humain.
6. Der Bapst. Le pape.
7. Der Keyser. L'empereur.
8. Der Künig. Le roi.
9. Der Cardinal. Le cardinal.
10. Die Keyserin. L'impératrice.
11. Die Küniginn. La reine.
12. Der Bischoff. L'évêque.
13. Der Hertzog. Le duc.
14. Der Apt. L'abbé.
15. Die Aptiszin. L'abbesse.
16. Der Edelmann. Le gentilhomme.
17. Der Thumher. Le chanoine.

---

même dont il s'agit ici. Ces dessins de la Danse des morts passèrent par héritage au prince Al. Iwan Dolgoruckow de Moscou. Voyez la Gazette de St. Pétersbourg, 19/31 décembre 1846.

18. Der Richter. Le juge.
19. Der Fursprach. L'avocat.
20. Der Ratszherr. Le conseiller.
21. Der Predicant. Le prédicateur.
22. Der Pfarrherr. Le curé.
23. Der Münch. Le moine.
24. Die Nunne. La nonne.
25. Dasz Altweyb. La vieille femme.
26. Der Artzet. Le médecin.
27. Der Rychmann. Le rentier.
28. Der Kaufmann. Le marchand.
29. Der Schiffman. Le nautonnier.
30. Der Ritter. Le chevalier.
31. Der Groff. Le comte.
32. Der Altmann. Le vieillard.
33. Die Greffin. La comtesse.
34. Die Edelfrau. La dame noble.
35. Die Herzogin. La duchesse.

(En bas, sur le lit, se trouve le monogramme de Hans Lützelburger HL dans un petit écusson.)

36. Der Kramer. Le boutiquier.
37. Der Ackerman. Le laboureur.
38. Das Jung Kint. Le petit enfant.
39. Das Jüngst gericht. Le jugement dernier.
40. Die Wapen desz Thottz. Les armoiries de la mort.

Un exemplaire de cette impression se conserve dans la collection de la ville à Bâle, un second dans la collection Albertine à Vienne.

b. L'exemplaire du cabinet de Berlin contient une disposition particulière de la série des 40 gravures sur bois. Il commence avec les armoiries de la mort; viennent ensuite les personnages appartenant à la hiérarchie ecclésiastique, ceux des conditions laïques, le vieillard, la vieille femme, l'enfant, les ossements du genre humain, pour terminer par le jugement dernier. (Voyez Massmann, Littérature des Danses Macabres, Leipsic 1840, p. 9.)

Nous pouvons conclure que cette édition a paru en plusieurs exemplaires par la circonstance que le même ordre a été suivi dans une couple de reproductions, tandis que les autres copies sont plus ou moins conformes à la série des éditions de Lyon.

c. Il se trouve encore des exemplaires de première édition qui, au lieu des inscriptions allemandes au-dessus du sujet, portent au bas des inscriptions en vers également allemands. Tel est un exemplaire complet avec les 40 pièces qui appartenait à M. Young Ottley et qui a été acquis pour le Musée Britannique.[82]) Nous faisons suivre en guise d'exemple l'inscription pour l'évêque ou l'abbé.

Nun mustu sterben drauff sey bedacht
Die Zucht hastu gar wenig geacht
Dein gottesforcht und frumbkeit frey
Ist alles eitel heucheley.

Dein thorheit hat dein herz betrogen
Dasz du bist falschen weg gezogen
Jetzt bin ich Bischoff du bist bader
Ich frag nit viel nach dem geschnader.

Éditions originales de Lyon.[83])

La première édition proprement dite parut en 1538 chez les frères Gaspard et Melchior Trechsel à Lyon, et les cinq suivantes de 1542 à 1547 chez les frères Gaspard et Melchior Trechsel à Lyon et les frères Jean et François Frellon de la même ville, enfin trois autres éditions de 1547, une de 1549 et la dernière de 1569 chez Jean Frellon seul. Celle de 1554 à Bâle parait y avoir été imprimée par les éditeurs de Lyon, puisque huit ans après nous en retrouvons encore les bois chez Jean Frellon. Les quatre premières éditions ont 41 gravures, les sept suivantes 53 et à la douzième et dernière de 1562 on ajouta encore cinq sujets, ce qui porte le nombre des pièces à 58, comme nous le dirons bientôt plus en détail. Toutes les compositions, à l'exception de la dernière, „les armoiries de la mort" sont imprimées de chaque côté des pages.

1. (1538.) Les Simulachres et HISTORIÉES FACES DE LA MORT, autant élégamment pourtraictes, que artificiel-

---

82) J. Jackson, A Treatise on Woodengraving, London 1839, p. 400. — Peter Vischer mentionne cette suite dans le Kunstblatt dé 1823, p. 235, comme étant imprimée sur 40 feuilles différentes.

83) Nous avons emprunté les détails suivants à l'ouvrage de M. H. F. Massmann „Literatur der Todtentänze," Leipsic 1840. L'auteur mentionne, autant qu'il est à sa connaissance, l'endroit où les diverses éditions se trouvent, les auteurs qui en ont parlé et quelles en ont été les diverses contrefaçons et les copies. Comme il dépasserait notre but et nos limites de consigner ici ces détails, nous nous contenterons de renvoyer le lecteur à cet excellent ouvrage.

lement imaginées [84]) A LYON soubz l'eccu de COLOIGNE.
M.D.XXXVIII. Petit-in-4°, avec 41 gravures sur bois, le sujet de l'Astrologue s'y trouvant ajouté à ceux des 40 gravures de l'impression
de 1530; avec inscription latine, tirée de la bible, au-dessus de chaque
pièce et quatre vers français de Corroset au-dessous. Trois feuilles de
texte et dédicace à Johanne de Touszèle, abbesse du monastère de St.
Pierre à Lyon „Salut d'un vray Zèle." In fine, entourée d'une bordure ornée; sur bois, l'adresse: EXCUDEBANT LUGDUNI MELCHIOR
ET GASPAR TRECHSEL FRATRES. 1538. Nous donnons ici comme
exemple des inscriptions françaises et latines, celles qui se trouvent appliquées au sujet de la Duchesse, qui porte le monogramme de Hans
Lützelburger.

De lectulo super quem ascendisti non descendes, sed morte morieris.

    IIII   REG   I

    Du lict sur lequel as monté
    Ne descendras a ton plaisir.
    Car Mort t'aura tantost dompté,
    Et en brief te uiendra saisir.

Nous avons déjà fait voir plus haut que le sujet de l'Astrologue,
ajouté ici sous le No. 27, n'a point été gravé par Lützelburger. Le
rentier porte le No. 28 et ainsi de suite jusqu'aux „Armoiries de la
mort" No. 41.

    2. (1542a.) Les Simulachres et HISTORIÉES FACES DE
LA MORT, contenant la medecine de l'ame, vtile et neces-
saire non seulement aux malades, mais à tous ceux qui
sont en bonne santé et disposition corporelle. Davantage, La forme et manière de consoler les malades. Sermon de Sainct Cecile Cyprian, intitulé, de Mortalité.
Sermon de S. Jan Chrysostome, pour nous exhorter à patience: traictant aussi de la consommation de ce siècle,
et du second aduenement de Jesus Christ, de la joye éternelle des iustes, de la peine et damnation des chrestien,
pour bien viure et bien mourir. A Lyon à l'eccu de Coloigne, chez Jan et Francois Frellon frères. 1542. In-8°.

---

84) Suit une gravure sur bois représentant trois têtes couronnées d'un Janus
et deux plumes de paon sur un socle sur lequel on voit un livre ouvert avec l'in-
scription grecque: ΓΝ | ΩΘΙ | ΣΕ | ΑΥ | ΤΟ | Ν et au-dessus: Usus me ge-
nuit. (Marque des Trechsel.)

41 gravures sur bois, texte jusqu'à la signature O3. Le premier
sujet „de la création" est encore intact, mais seulement un peu rompu
à la marge du bas, à droite. Après la gravure Rom. 5.

In fine: Imprimé à Lyon à l'escu de Coloigne par Jan
et Fraçois Frellon, frères. 1542.

3. (1542ᵇ.) IMAGINES DE MORTE et Epigramata, e gallico idiomate * His accesservnt, medicina animæ, tam iis
qui firma, quam qui aduersa corporis valetudine prædity
sunt, maximè necessaria. Ratio consolandi ob morbi gra-
vitatem periculosè decumbentes. D. Cæcilii Cypriani episcopi Carthaginensis, Sermo de Mortalitate. D. Chrysostomi Patriarchæ Constantinopolitani, de Patiētia et consummatione hujus seculi, de secundo Aduentu Domini
deq;; æternis Justorū gaudiis, et Malorū poenis, de Si-
lētio et aliis homini christiano valde necessariis, Sermo *
Lvgdvnj, sub scuto Coloniensi, apud Joannem et Franciscum Frellonios, fratres. 1542. In-8°.

Verso du titre blanc. — 41 gravures sur bois.

In fine: Lugduni, Excudebant Joannes et Franciscus
Frellonii fratres, 1542.*

4. (1545ª.) IMAGINES MORTIS *⁎* His accesservnt Epigrammata e Gallico idiomate a Georgio Aemylio in latinum
translata. Ad haec: Medicina animæ, tam ijs qui firma,
quam qui aduersa corporis ualetudine prædity sunt, maximè necessaria. Ratio consolandi ob morbi grauitatem
periculose decumbentes. Qvæ his addita sunt, sequens
pagina commonstrabit. (Une gravure sur bois représentant un
crabe qui tient un papillon élevé dans ses pinces et le mot MATVRA
— marque d'imprimerie des Frellon — le tout dans un encadrement.)

In fine: Lugduni Excudebant Joannes et Franciscus
Frellonii fratres. 1545. In-8°.

41 gravures sur bois.

Au verso du titre, 14 lignes commençant par: Index eorum quæ
his mortis Imaginibus accesserunt etc. Du reste, cette édition
est absolument semblable, pour la disposition et le contenu, à celle de
1542 en latin, dans laquelle le verso du titre est en blanc. La première gravure est pendue perpendiculairement et la marge inférieure, à
droite, entamée, ce qui se remarque également dans les éditions suivantes.

Fr. Douce, p. 104, (Londres) 1833, mentionne cette édition avec une gravure de plus, c'est-à-dire avec 42 sujets. Mais dans les reproductions postérieures de celle-ci, on en ajouta 12 pièces, ce qui porta le nombre des gravures à 53. Ces douze sujets sont les suivants:

1. L'homme de guerre. (42)
2. Le joueur. (43)
3. Le buveur. (44)
4. Le vieux bouffon. (45)
5. Le voleur. (46)
6. L'aveugle. (47)
7. Le voiturier. (48)
8. Le pauvre. (49)
9. Un enfant avec bouclier et flèche. (50)
10. Trois enfants dont le premier est monté sur une flèche. (51)
11. Quatre enfants qui en portent un cinquième, comme un Bacchus, en triomphe. (52)
12. Trois enfants dont le premier porte un trophée. (53)

5. (1545 b.) IMAGINES MORTIS *** Le titre est exactement semblable à celui de l'édition de 1545 (No. 4), avec la différence qu'à la fin l'adresse: LVGDVNI SVB SCVTO COLONIENSI 1545, est imprimée en capitales au lieu de l'être en italique. In-8°.

53 gravures sur bois. La première est divisée par une fente perpendiculaire à travers la figure de Dieu le père et la cuisse d'Adam, et brisée à la marge inférieure de droite. Au revers des „armoiries de la mort" on lit: MATTH. XVI. Qvid prodest homini si totvm mvndvm lvcratvs fverit animæ vero suæ jactvram fecerit. Le revers du titre et l'indication finale sont les mêmes que dans l'édition précédente.

6. (1547 a.) IMAGINES MORTIS. Dvodecim Imaginibus praeter priores, totidemque inscriptionibus,[85]) praeter epigrammata è gallicis[86]) a Georgio Aemylio in latinum versa, cumulatæ. Qvæ his addita sunt, sequens pagina commonstrabit. (Marque de l'imprimeur dans une bordure.) Lvgdvni, sub scuto Coloniensi. 1547. In-8°.

In fine: LVGDVNI. Excudebant Joannes et Franciscus Frellonii fratres. 1547.

---

85) On y trouve pour la première fois, sur le titre, mention des additions.

86) Cette indication se trouve ici pour la première fois, au lieu de celle de „è gallico idiomate" des éditions précédentes.

7. (1547^b.) IMAGINES MORTIS. Duodecim Imaginibus præter priores, totidemque inscriptionibus, præter epigrammata è Gallicis à Georgio Aemylio in latinum versa, cumulatæ. Quæ his addita sunt, sequens pagina commonstrabit. (Le crabe dans une bordure.) LVGDVNI sub scuto Coloniensi. 1547. In-8°.

Au verso: Index eorum, quæ his mortis Imaginibus accesserunt; Medicinà Animæ, tam ijs qui firma, quam qui adversa corporis valetudine præditi sunt, maximè necessaria. Paraclesis ad periculose decumbentes. D. Cæcilii Cypriani episcopi Carthaginensis Sermo de Immortalitate. Oratio ad Christum in gravi morbo dicenda. D. Chrysostomi Patriarchæ Constantinopolitani, de Patientia et Consummatione hujus seculi etc.

In fine: LVGDVNI Excudebat Johannes Frellonius 1547.

8. (1547^c.) ICONES MORTIS. Duodecim Imaginibus præter priores, totidemque inscriptionibus, præter epigrammata è gallicis à Georgio Aemylio in latinum versa, cumulatæ * Quæ his addita sunt sequens pagina commonstrabit. (Le crabe de Frellon dans une bordure.) LVGDVNI, sub scuto coloniensi. 1547. In-8°.

Au verso: Index eorum quæ his mortis Imaginibus accesserunt. Medicina animæ, tam ijs etc.

In fine: LVGDVNI, Excudebat Joannes Frellonius 1547.

9. (1547^d.) Les Images de la mort. Auxquelles sont adioustées douze figures. Davantage, la Medecine de l'âme, la consolation des malades, un Sermon de mortalité[87]) par Sainct Cyprian, un Sermon de patience, par Sainct Jehan Chrysostome ...... (La marque de Frellon.) A Lyon à l'escu de Cologne, chez Jehan Frellon. 1547. In-8°. Avec les vers de Corrozet et d'autres analogues pour les douze gravures ajoutées.

In fine: Imprimé à Lyon à l'escu de Coloigne, par Jehan Frellon 1547.

10. (1549.) SIMOLACHRI, HISTORIE, E FIGVRE DE LA MORTE. La Medicina de l'anima. Il modo, e la via di consolar gl' infermi. Vn sermone di San Cipriano, de la

---

87) Sans l'erreur „de l'immortalité" des éditions précédentes.

mortalità. Due orazioni, l'vna à Dio, e l' altra à Christo. Vn sermone di S. Giovan Chrisostomo, che ci essorta a pazienza. Agiuntovi di nuovo molte figure mai più stampate, (Le crabe de Frellon.) In Lyone appresso Giovan Frellone, M.D.XLIX. In-8°. 53 gravures sur bois, 83 feuilles de texte. Une feuille d'avant-propos du 7 avril 1549, où Frellon se plaint de la contrefaçon faite à Venise, et qui parut en 1545 par les soins du Français Vaugris.

In fine (après les gravures se trouve l'inscription „Rom. 5" en 9 lignes imprimées d'une manière espacée) la grande figure du crabe avec MATVRA dans une bordure ronde.

11. (1554.) ICONES MORTIS, Duodecim Imaginibus praeter priores, totidemque inscriptionibus, praeter epigrammata è gallicis à Georgio Aemylio in latinum versa, cumulatæ. Quæ his addita sunt, sequens pagina commonstrabit. Basileæ, 1554. In-8°. 53 gravures sur bois.

Sans indication d'éditeur, ni au commencement ni à la fin, et sans pagination, mais avec la signature de A à L.8 et huit feuilles par signature. Caractère italique.

12. (1562.) LES IMAGES DE LA MORT. Auxquelles sont adioustées dix-sept figures. Davantage, la medecine de l'âme. La consolation des malades. Vn sermon de mortalité, par Saint Cyprian. Vn sermon de patience, par saint Jehan Chrysostome. (Le crabe de Frellon avec le MATVRA.) A Lyon par Jehan Frellon 1562. In-8°.

In fine: A LYON par Symphorien Barbier.

Cette dernière édition des gravures originales sur bois contient 58 sujets avec des inscriptions françaises au haut et en bas de chacune. La première gravure montre une fente perpendiculaire et une brisure en bas, à droite. Les cinq pièces qui s'y trouvent ajoutées sont d'après les dessins de Holbein et représentent la jeune épouse (54); la mort l'entraîne tandis qu'elle pleure, et l'époux marche devant eux en jouant du luth. Le jeune époux (55). La mort le saisit par son manteau, tandis qu'elle danse vers la droite en soufflant dans un cornet.[88]) Viennent ensuite deux feuilles avec des jeux d'enfants. Dans l'une un enfant est porté en triomphe par ses compagnons de jeu

---

88) M. Rud. Weigel donne de bons fac-simile de ces deux sujets dans son Kunst-Catalog No. 20206.

(56); dans l'autre, un enfant à cheval, portant un étendard, est entouré d'autres enfants joyeux (57). La cinquième pièce se trouve après la préface de la „Médecine de l'âme" et représente une marche d'enfants vers la droite; ils sonnent de la trompette et sont précédés d'un autre enfant qui joue du tambour (58).

On trouve de nombreuses copies des 58 gravures originales sur bois, mais qu'il n'est point nécessaire de les mentionner particulièrement ici, puisqu'elles sont minutieusement décrites dans l'ouvrage de M. le docteur H. F. Massmann „Littérature des Danses Macabres, Leipsic 1840" et auquel nous renvoyons à ce sujet. On ne trouve point, ainsi qu'on l'a présumé, des clichés de ces bois, puisque ceux qu'on a considérés comme tels montrent tous des différences avec les originaux.

Quatre Alphabets d'Initiales en lettres romaines.
Gravés sur bois par H. Lützelburger.

3. La petite danse des morts, 24 initiales en carré de 10 à 12 lignes.

Ces initiales et d'autres analogues se retrouvent dans les éditions d'Hervagius, de Frobenius, de Bebelius [89]), de Cratander, d'Isingrin et d'autres.[90]) Lützelburger, qui a gravé ces initiales, les a d'abord imprimées sur des feuillets détachés avec son adresse, dans le seul but de les recommander aux éditeurs, feuillets dont il aura fait ensuite des reproductions.

On connaît trois espèces de ces feuilles d'épreuves, imprimées d'un seul côté.

a. Sur une grande feuille in-folio en largeur, en quatre rangées superposées et avec une inscription de quatre lignes, sous les lettres **W** et **X**, contenant l'adresse du graveur en ces termes: **H** (dans un carré orné) 𝔄𝔫𝔫𝔰 𝔏𝔲𝔱𝔷𝔢𝔩𝔟𝔲𝔯𝔤𝔢𝔯, 𝔣𝔬𝔯𝔪𝔰𝔠𝔥𝔫𝔦𝔡𝔢𝔯, 𝔤𝔢𝔫𝔞𝔫𝔱 𝔉𝔯𝔞𝔫𝔠𝔨. On en trouve des exemplaires à Bâle, Berlin et Dresde. M. Rud. Weigel a fait exécuter un bon fac-simile de cette feuille par M. H. Lödel de Gœttingue.

b. Également sur une grande feuille in-folio en largeur, sur quatre

---

89) Dans le Nouveau Testament grec de Bebelius publié à Bâle en 1524.

90) Les initiales, de dimensions un peu plus grandes, qui parurent dans la Bible grecque, publiée en 1526 par Cephaleus de Strasbourg, et qui représentent également une danse des morts, paraissent avoir été exécutées d'après des dessins de Urse Graf et sont trop peu importantes pour qu'on puisse les attribuer à Holbein.

rangées superposées, mais sans l'adresse de Lützelburger, qui est remplacée par une inscription au commencement et à la fin, avec des passages de l'écriture sous chaque lettre. La première est comme suit:

„Drey ding sind mir schwer vnd das vierd weysz ich gar nit Den weg eins adlers im lufft, Den weg einer waldschlangen vff dem felsen, Den weg eines schiffs in mittem meer, Den weg eines mans in der iugent."

Au bas: Esaie ꝛl. Alles fleysch ist heuw, vnd all synn glory wie die blum des ackers etc. Aber das wort des herren blybt in ewigkeit.

Nous donnons ici un échantillon de quelques inscriptions sous les initiales qui se composent souvent de deux passages de l'écriture.

A avec les ossements de mort. I. Cor. xv. Wie sy all sterben in adam etc. Apoc. viij. We, We, We etc.

B avec le pape. Esa. xiiij. Vnd du bist verwundt wie wir etc. Deyn hoffart ist herabgezogen zu der hell.

C avec l'empereur. Esa. xxij. Du must sterben etc.

Z avec le jugement dernier. Ro. xiiij. Wir werden alle ston vor dem richterstul Christi. Math. xxiiij. Darumb wacht etc.

Cet exemplaire, probablement unique, de la collection ducale de Cobourg doit être celui qui se trouvait anciennement dans le Cabinet Winkler à Leipsic.

c. Exemplaire complet avec des textes de la vulgate, et qui se trouvait chez M. Douce à Londres, relié comme un livre.

Les initiales avec la Danse des morts dans les éditions de Christophe Froschauer de Zurich, de Schott et Cepaleus à Strasburg, de Henri Stainer à Augsbourg et autres sont des contrefaçons des gravures originales. (Voyez Douce „The Dance of Death", London 1833, pp. 102 et 216.)

4. Vingt-quatre initiales avec des danses de paysans et quelques autres représentations libres. En carré de 8½ à 9 l. Les impressions ordinaires se trouvent dans les livres des éditions de Bâle déjà mentionnés, entre autres dans le Galen grec de 1538. On en trouve des exemplaires de première épreuve dans la collection de la ville de Bâle[91]), à Dresde et chez M. Douce à Londres (probablement

---

91) Douce, dans son ouvrage intitulé „Dance of death", London 1804, décrit les épreuves des initiales avec danses des morts et des paysans et ajoute qu'elles se trouvent dans la collection de Bâle. Mais elles en furent détournées plus tard et vinrent en possession d'un marchand d'objets d'art dont M. Peter Vischer les acheta pour les léguer avec d'autres pièces très-rares à la même collection

à présent dans le Musée Britannique) sur une feuille in-fol. en largeur.

5. Vingt-quatre initiales avec des jeux d'enfants; 7 l. carré. Les impressions ordinaires se trouvent dans les livres des éditeurs de Bâle ci-dessus mentionnés, entre autres dans le Galen latin de Cratander, Bâle 1529.

Un tirage d'épreuve, sur une feuille in-folio en largeur et d'un seul côté, se trouve dans les collections de Bâle et de Dresde. M. Douce de Londres en possédait également un exemplaire.

6. Vingt-trois initiales avec des ornements. H. 3 p. L. 5 p. 6 l.

Le Cabinet de Berlin en possède deux feuilles diverses d'épreuve, in-folio oblong. Elles sont toutes deux finement gravées.

a. Les lettres sont disposées sur trois rangées en largeur et se trouvent divisées par sept ornements en guise de colonnes. Sous chaque lettre se trouve un cartouche blanc sans inscription. La 24e division est formée par un écusson vide surmonté d'un heaume.

b. Seconde feuille d'épreuve où une lettre noire se trouve imprimée dans chacun des cartouches vides de la première. Dans la partie supérieure de la feuille, on voit une tablette de 4 p. 3 l. de hauteur, sur laquelle on lit un alphabet d'initiales romaines qui sont gravées en blanc sur un fond à traits horizontaux et sont entourées d'une bordure. Sur deux petits écussons, la marque H. L. F. (Hans Lützelburger Formschneider) et la date 1522. [92])

publique. Les initiales de 11 l. de hauteur avec des danses de paysans et dont M. Rud. Weigel nous a donné un fac-simile du T dans ses „Gravures sur bois d'après les maîtres célèbres", sont trop peu importantes pour qu'on puisse les attribuer à Holbein.

92) Dans le Cabinet de Berlin, on trouve encore six Alphabets d'initiales latines gravées sur métal et probablement exécutées par le maître I F. Elles ont quelque rapport au style de Holbein, mais avec moins de sentiment de la nature et de la beauté que l'on est en droit d'attendre de ce maître. Ce sont les suivants:

a. Avec des sujets de l'Ancien Testament; dans l'A la création d'Ève; sur fond noir, avec bordure 1 p. 8 l. en carré. Ce sont probablement celles que M. R. Weigel a mentionnées dans son Catalogue de 1852, p. 79.

b. Jeux d'enfants, sur fond noir. 1 p. 1 l. en carré.

c. Diverses figures; sur fond blanc. 1 p. en carré.

d. Avec rinceaux de feuillage, mais rarement avec des enfants. 1 p. en carré.

e. Jeux d'enfants, sur fond à traits horizontaux. 10 l. en carré.

f. Jeux d'enfants, sur fond blanc. 9 l. en carré.

Ces quatre alphabets se trouvent employés dans plusieurs éditions de Bâle, notamment dans celles d'Hervagius, Frobenius, Cratander, Bebelius et Isengrin. Ceux avec la D a n s e d e s m o r t s et l e s p a y - s a n s se trouvent, entre autres, dans le G a l e n grec, in-fol., 1538. (Voyez v. Rumohr, Hans Holbein le jeune, Leipsic 1836, p. 106.)

c. Nous avons encore vu 4 très belles initiales d'un alphabet grec, tirées d'un Galen grec, imprimé par J. Hervagius et Jo. Eras. Frobenius à Bâle en 1538. Ayant 1 p. 8 l. En carré. Ce sont les suivantes:

Δ D e l t a. Un gros jeune homme couronné de pampre est assis sur un porc, tandis qu'un homme maigre, à droite, tient une écuelle pour lui verser du vin dans sa bouche ouverte.

Θ T h e t a. Samson à genoux exprime son étonnement de voir jaillir de l'eau de la machoire d'âne, dont il a arraché une dent.

Π P i. L'enfant prodigue mange avec les pourceaux.

Ω O m e g a. Un enfant assis dans une coquille nage sur la mer et tient des deux mains une voile.

Gravures sur bois. Sujets divers.

7. L'U n i v e r s. Titre de l'Ancien Testament publié en 1524 à Bâle par Adam Petri. Au milieu, la création d'Ève. La composition est ronde, entourée d'eau et ensuite de nuages, avec le soleil, la lune et les étoiles. Dans le haut, on voit Dieu le père, sur un trône, entouré d'une gloire d'anges qui font de la musique. Dans les coins, les quatre principaux vents. Pièce bien gravée, sans signature. H. 5 p. 3 l. L. 5 p. 2 l. Dans le Cabinet de Bâle.

7ª. T r o i s s u j e t s d e l a c r é a t i o n. Ils se trouvent sur une seule feuille, sous trois arcades de rinceaux et divisés par des colonnes en guise de balustrade. Ce sont les suivants: Dieu le père sépare la lumière des ténèbres et bénit de la gauche, tandis qu'il s'avance vers

---

g. J e u x d ' e n f a n t s dans de grandes et petites initiales du Nouveau Testament de Bâle 1523. Nous en avons parlé plus au long en décrivant cette édition.

h. I n i t i a l e s a v e c d e s a n i m a u x, gravées sur métal par le maître I F, probablement d'après l'invention de Holbein. Nous les trouvons dans les ouvrages suivants imprimés par Froben: Erasmi Adagia 1529. — Calendrier hébraïque de Munster, 1527. Un N avec un lion est signé I F. 1520.

la droite; il sépare la terre des eaux; enfin il crée le soleil, la lune et les étoiles et bénit de la main gauche. H. 2 p. 6 l. L. 4 p. 8 l.

7[b]. Dieu crée les poissons et les oiseaux. Il est debout, vu de face. H. 2 p. 4 l. L. 1 p. 6 l.

7[c]. Adam et Ève chassés du paradis. L'ange est à droite. La pose d'Adam est un peu maniérée. H. 2 p. 3 l. L. 1 p. 6 l.

7[d]. Nos premiers parents condamnés au travail. Adam bêche la terre; Ève file, assise à gauche; devant elle sur le terrain est couché un enfant emmailloté. H. 2 p. 4 l. L. 1 p. 6 l.

Ces compositions ont toutes, comme dans la première, de petites colonnes sur les côtés qui soutiennent des arcs de feuillage. Elles sont bien gravées et paraissent avoir été destinées à l'ornement d'une édition de l'Ancien Testament et peut-être de celle de 1524, citée ci-dessus. Ces gravures sur bois se trouvent dans la collection de Bâle.

8. La Sainte Cène. St. Jean repose sur le sein de Jésus. Dans le fond se trouvent sept apôtres et, sur le devant, deux autres vus seulement à moitié et de plus fortes proportions que les autres. De chaque côté, deux colonnes et le tout est fermé par un arc. Pièce finement traitée, in-fol. oblong de 9 p. de hauteur, mais rognée sur la largeur. M. Johnson à Oxford.

9—16. Huit petites gravures sur bois sur une feuille in-fol. ob-long représentant des sujets pieux et probablement destinées à un bré-viaire. Le dessin révèle la première manière de Holbein; l'exécution en est bonne, sans avoir pourtant rien d'extraordinaire. H. 2 p. 2 l. L. 1 p. 8 l. Bâle.

9. L'adoration des Mages. La Vierge est à gauche, les trois rois à droite.

10. La descente du St. Esprit. La Vierge, déjà âgée, est assise au milieu. Au-dessus plane le St. Esprit dans une gloire formée de rayons.

11. Ste. Véronique. Elle est debout, tenant le voile avec la sainte face. Sur l'arc en haut, deux médaillons dont l'un avec une couronne de lauriers, l'autre avec un heaume.

12. Ste. Barbe. Elle est tournée vers la gauche et tient devant elle un calice avec l'hostie. Deux colonnes, aux côtés, sou-tiennent un arc orné.

13. St. Antoine. Il est debout sous une porte cintrée, un peu tournée vers la gauche, tenant de la droite un crucifix et de la gauche un bâton avec une cloche. Le pourceau est à gauche.

14. St. Bernard. Il est à genoux, tourné vers la gauche où la Vierge, demi-figure, avec l'enfant Jésus, presse de son sein un jet de lait qui retombe sur lui. Devant le Saint, sur le terrain, se trouve sa crosse d'abbé.

15. La messe de St. Grégoire. Le Saint est tourné vers la droite où le Christ lui apparaît debout dans un sarcophage. Sur le devant est agenouillé un diacre. A gauche, un cardinal avec une autre figure.

16. La communion. Un prêtre, tourné vers la droite, donne l'hostie à un homme agenouillé devant lui. Derrière celui-ci, deux autres figures.

Les huit gravures sur bois suivantes se trouvent dans le Nouveau Testament allemand qui a été imprimé en 1523 à Bâle par Adam Petri. Elles sont toutes très-bien exécutées dans la manière de Hans Lützelburger. H. 3 p. L. 2 p. 5 l.

17. St. Mathieu. Il écoute le discours du petit ange, debout à gauche devant lui. Sur le mur, la représentation de la nativité.

18. St. Marc. Il est assis sur un banc, tourné vers la droite, devant un pupitre. Sur la muraille, le sujet de la résurrection. Le lion est à droite.

19. St. Luc. Il écrit, assis devant un pupitre et tourné vers la droite; du même côté se trouve le bœuf. Sur le mur, le Christ en croix entre la Vierge et St. Jean.

20. St. Jean. Il est vu de profil, assis sur une pierre et regarde en l'air vers la droite où le Christ lui apparaît dans une gloire. Devant lui, l'aigle.

21. La descente du St. Esprit. La Vierge est assise au milieu, les apôtres aux côtés. Tous ont des langues de feu sur la tête et au-dessus d'eux plane le St. Esprit. Aux côtés, des candélabres qui soutiennent un arc.

22. La conversion de St. Paul. Il est à demi renversé, mais sans être démonté de son cheval qui s'est abattu sous lui et regarde en arrière, à gauche, où paraît en haut la main de Dieu entourée de flammes. Son épée est devant sur le terrain. De chaque côté, des candélabres en guise de colonnes sur lesquelles deux petits anges jouent de la trompette, et soutiennent un arc.

23. St. Paul. Il est debout, tourné vers la droite, sous un frontispice qui s'appuie sur deux colonnes accouplées et richement

ornées. Il lit dans un livre et tient une épée appuyée sur le bras droit.
(Voyez v. Rumohr, p. 93.)

24. St. Pierre. Il est à genoux, tourné vers la gauche et regardant Dieu le père qui apparaît vers le haut de l'estampe. Devant lui, un drap avec tous les animaux réputés immondes et qui est tenu par un petit ange. Devant le Saint, une grosse clef.

Dans le même Nouveau Testament, on trouve encore quelques apôtres, comme les SS. Pierre, Jacques et Judes, de plus petites dimensions, dont la gravure n'a point été exécutée d'après les dessins de Holbein, mais bien d'un maître plus ancien. Par contre, les grandes et petites initiales qui ornent ce volume et qui offrent souvent des jeux d'enfants, sont tellement dans la manière de Holbein que nous n'hésiterions point à les lui attribuer. Les plus grosses de 1 p. 9 l. en carré, sur fond noir, sont particulièrement excellentes, entre autres:

B avec un petit ange qui porte un poignard suspendu à son cou; à droite, un autre enfant avec un dada. Médiocre de taille.

D Un enfant assis, jouant de la contrebasse. A droite, un autre enfant debout; d'une belle exécution.

D Un enfant à genoux jouant de la flûte.

I Deux enfants avec un homme s'avancent vers la droite. L'enfant qui se trouve sur le devant porte un panier sur les épaules.

Même dans les petites initiales de 11 l. en carré, on trouve des enfants jouant avec des mouvements très-gracieux et dont nous ne pouvons attribuer le dessin qu'à Holbein, comme aussi ceux de quelques perroquets, oiseaux de proie, d'un chien avec des brebis, etc. L'exécution dans quelques-unes de ces lettres est belle, dans d'autres médiocre. Le fond est toujours à traits horizontaux.

25. St. Paul. Il est tourné à gauche, debout dans une niche d'où pendent des rinceaux. Il tient un livre de la droite, et de la gauche une épée baissée. Au-dessous: S. PAVLVS. H. 3 p. 6 l. L. 2 p. 5 l. Gravé par H. Lützelburger. Berlin.

26. Les saints protecteurs de la ville de Fribourg dans le Brisgau. La Vierge avec l'enfant Jésus est assise sur un trône en forme de niche entre St. George, à gauche, et un évêque (St. Conrad?), à droite; en haut, sur l'architrave, huit enfants qui jouent; en bas, à gauche, les initiales de Holbein H. H., avec l'inscription à la partie inférieure: Numine Uirgo etc. H. 9 p. 11 l. L. 6 p. 7 l.

Cette gravure sur bois, un peu rude d'exécution, sert de titre au livre intitulé: Nüwe Stattrechten vnd Statuten der lobli-

chen Statt Fryburg im Prysgaw gelegen. Gedrückt von
Adam Petri 1519 (et 1520). (v. Rumohr p. 97.) Sur le revers
sont les armoiries de la ville ayant pour supports deux lions.

27. Le jugement dernier. La tête du Christ, assis en jugement, est entourée de flammes. A sa droite se tient la Vierge avec
quelques saints; à sa gauche est agenouillé St. Jean-Baptiste et d'autres
bienheureux. Sous le globe du monde qui sert de marchepied au
Christ, deux anges sonnent les trompettes de la résurrection. Au bas,
les élus et les damnés sortent de leurs tombeaux. H. 5 p. 8 l. L. 4 p. 3 l.
Bâle.

28. Jésus Christ et le pape. Au milieu de la gravure en
guise de frise, brûle un cierge sur un chandelier richement orné. A
gauche, le Christ, debout, s'entretient avec une foule de gens qui semblent
l'écouter avec avidité, tandis que montrant le cierge il semble dire:
„Je suis la lumière du monde.‟ A droite, le pape avec des ecclésiastiques et d'autres personnages qui se détournent du Sauveur pour
suivre Aristote et Platon; ce dernier paraît sur le point de tomber
dans une fosse. Belle pièce gravée par Lützelburger, mais sans signature. H. 3 p. 2 l. L. 10 p. 2 l. Berlin.

29. Le trafic des indulgences. Cette gravure est divisée
en deux compartiments. A gauche, dans les nuages, Dieu le père; devant
lui, le roi David à genoux, Manassé debout et un jeune homme contrit
joignant les mains. Tout auprès, l'inscription: OFFEN SYNDER. (Pécheur
sincère.) Le compartiment de droite offre le pape Léon X, dont les armoiries se voient sur des drapeaux et sur les murs, qui remet à un ecclésiastique un bref d'indulgences. Des cardinaux et des prêtres sont présents
à cette cérémonie solennelle. Sur le premier plan est représenté le
trafic des indulgences où l'on voit un pauvre malade repoussé dure-
ment par les vendeurs, tandis qu'à droite deux confesseurs ont devant
eux des cassettes, dans l'une desquelles une femme jette une pièce d'or.
Belle gravure de Lützelburger, sans signature. H. 3 p. L. 9 p. 11 l.
Bâle.

30. Le juste et le pécheur au lit de mort. En haut est
assis sur le globe du monde et comme juge, le Christ avec une épée
et une tige de lys aux côtés. Autour de lui sont disposés six médaillons,
dans lesquels sont représentées les œuvres de miséricorde. A gauche, la
visite des malades, le soin des prisonniers, des pauvres nus; à droite,
des affamés, des sitibonds et des pèlerins. Aux côtés, des anges son-
nant de la trompette. Dans la partie inférieure de l'estampe, on voit

couchés, sur un lit alongé, deux mourants, à droite le juste dans sa foi, à gauche le pécheur dans son désespoir. Au milieu et dans le fond s'avance un ange, et sur le dossier du lit, où se trouve le juste, un autre ange se courbe, tenant d'une main une couronne de laurier et de l'autre une banderole sur laquelle on lit: Danksagung. Il est entouré de trois femmes avec des écriteaux: Hofnung, Glaube, Liebe. Vis-à-vis, à droite et derrière le pécheur, se tient la mort avec un sablier, devant elle s'enfuit une femme richement parée: Die Welt. En bas, à droite, s'avance un démon qui saisit le mourant par le bras et tout près sur un écriteau: Sind nüchter und wacker, Dan Ewer widersacher der Teufel gadt umher etc. Et au-dessus d'un autre démon, au côté du lit: Des ist das Ort von den die Godt nit erkendt. Job. XVIII. Cette grande pièce, très-bien gravée, se compose de huit feuilles; elles n'ont point de signature, mais le tout correspond tellement à la manière de Holbein que l'on ne peut douter qu'il en ait fait le dessin. H. 36 p. L. 24 p. 8 l. Gotha.

31. Les divers âges de la vie. On en trouve ici neuf où l'homme est placé successivement sur cinq marches ou degrés et, après avoir atteint le point culminant, descend sur les quatre autres jusqu'à ce qu'il ait atteint l'extrème vieillesse. Dans une niche sur chaque degré se trouve un animal allégorique. 1. à côté de l'enfant, un biquet qui sautille. 2. à côté du jeune homme, une chienne. 3. de l'homme avec un étendard, un bœuf. 4. de l'homme agenouillé, un lion. 5. de l'homme qui lit, une banderole et un renard derrière lequel la mort tient un arc. 6. de l'homme barbu, un loup. 7. du vieillard avec un rosaire, un chien. 8. de celui avec les béquilles, un chat. 9. enfin à côté de l'homme décrépit jouant avec un enfant, un âne. Sous la voûte des gradins est représenté le jugement dernier; à droite, dans un caveau, une bière et sur un piédestal le millésime MDXXXX. Cette grande pièce sur deux feuilles est aussi excellente de dessin et de taille que la précédente. H. 18 p. L. 24 p. 3 l. Paris.

32. Un roi. Il est vu de dos, regardant vers la droite et tient un long sceptre, en guise de bâton; un manteau lui descend jusqu'à mi-jambe. H. 3 p. L. 1 p. 11 l. Pièce douteuse qui appartient à un livre latin traitant des empereurs et des rois.

33. Un astronome. Il est assis, à droite, devant une table ronde, sur laquelle sont posés des instruments de mathématiques, et contemple un globe céleste. Dans les airs, la lune et les étoiles. Cette

figure représente Ptolomée et se trouve dans la Cosmographie de Séb. Munster de 1578, au chapitre intitulé: „Was Ptolomœus im 3. und 4. Capitel seines ersten Buchs handelt." H. 1 p. 11 l. L. 2 p. 8 l. Bonne pièce, dans le genre de Lützelburger.

34. Des mathématiciens, 34 demi-figures, et souvent près d'eux le soleil et la lune. Ils se trouvent dans des cercles formés par deux bordures linéaires, de 1 p. 6 l. de diamètre. La taille en est belle, dans le genre de Lützelburger. Berlin.

35. Les enfants près d'une vasque. Il y en a huit dont quatre jouent dans la vasque même. Au-dessus de celle-ci s'élève un entablement sur lequel se trouve le buste d'un homme barbu, avec chapeau entouré d'une couronne, et qui tient une queue de poisson. Au-dessus, dans les coins, sont assis des enfants armés tenant des cornes d'abondance. H. 4 p. 2 l. L. 3 p. 11 l. Belle pièce, gravée sur métal, employée pour la „Cosmographie de Munster." Bâle chez Heinrich Petri 1574 et 1578. In-fol.

36. Un enfant offert en sacrifice. Cette composition se divise en deux compartiments, l'un supérieur, l'autre inférieur. En haut est assis un homme ou une idole nue (Moloch) sur un panier d'osier; elle tient de la main droite une corne d'abondance d'où s'élancent des flammes. A ses côtés se trouvent des rinceaux de feuilles avec un enfant couché près de chacun. Dans le compartiment inférieur est représenté, avec de petites figures, un enfant que l'on amène pour être sacrifié. De chaque côté, des instruments de musique. H. 4 p. 2 l. L. 3 p. 11 l. Gravure sur bois employée dans un livre allemand d'histoire romaine. Tirage postérieur.

37. Carte terrestre du globe, intitulée: Typus cosmographicus universalis. Cette composition, imprimée sur deux feuilles in-folio, montre dans un cercle tourné par deux anges au moyen de manivelles les quatre parties du monde, c'est-à-dire l'Europe, l'Asie, l'Afrique et l'Amérique, mais cette dernière seulement comme une île. Sur la feuille de gauche, on voit dans la mer en haut un requin, en bas deux gros dauphins et un vaisseau à voile. Sur celle de droite nage une Sirène et on y voit deux tablettes avec des inscriptions au moyen de caractères mobiles. La première commence: INDIA ab Indo fluv. sic appellata oppidis adeo exculta dicitur, ut quidam 5000 in ea esse dicat etc.; l'autre commence: SCYTHARVM natio primo parva et contempta fuit, sed postea in magnum imperium et gloriam pervenit etc. Dans les quatre coins

des feuilles, on trouve les compositions suivantes. A gauche, au haut, un éléphant qui saisit avec sa trompe un homme nu étendu par terre, tandis qu'un autre individu, caché derrière un arbre, tire une flèche contre l'animal; derrière lui s'avancent deux gros serpents ailés, dont l'un avale un mouton; un peu plus bas, on voit deux hommes nus avec de grosses lèvres inférieures pendantes. Dans le coin inférieur sont représentés des antropophages (canibali) occupés à couper en morceaux un homme, ou à rôtir à la broche des membres humains. Plus loin, à droite, vient un homme avec un cheval à la selle duquel sont suspendus deux prisonniers. Dans le coin supérieur, à droite, se voient deux hommes vêtus d'une manière fantastique ayant une femme assise auprès d'eux; ensuite plusieurs arbres nommés Piper, Muscata et Gariofoli. Dans le coin du bas, on voit le voyageur errant Vartomanus et le même représenté encore une fois en chemise qui assomme un mouton avec une massue, tandis qu'une dame couronnée contemple cette scène d'un balcon. Les deux feuilles réunies mesurent H. 13 p. L. 20 p. 3 l. Les noms de pays sont imprimés au moyen de caractères mobiles; le dessin est très-beau et de la meilleure époque du maître, mais l'exécution n'en est pas aussi fine ni aussi intelligente que celle de Lützelburger.

Cette pièce remarquable se trouve dans le livre intitulé: „Novus orbis regionum ac insularum veteribus incognitarum, una cum tabula cosmographica et aliquot alijs consimilis argumenti libellis, quorum omnium catalogus sequenti patebit pagina etc. Basileæ apud Jo. Hervagium Anno M.D.XXXII.“ L'auteur de cette compilation, en elle-même peu importante, est un certain Grynæus, et l'ouvrage est souvent connu sous son nom. On en trouve deux éditions postérieures de Bâle du même éditeur, l'une de 1537 et l'autre de 1555, qui contiennent également la carte, quand elle n'en a point été enlevée, comme il arrive souvent. Dans les éditions postérieures, la carte diffère en ce que les inscriptions sur les tablettes sont en plus petits caractères que dans la première et laissent au-dessous un espace en blanc.

38. Le nid du perroquet. Dans le chapitre XXX du même ouvrage: „De Psitacis et aliis avibus“, on trouve encore une gravure sur bois représentant la manière dont ces oiseaux bâtissent leurs nids en les suspendant à un arbre, et comment deux serpents s'efforcent de l'atteindre. Cette gravure est traitée si finement dans la manière de Holbein que nous n'hésitons pas à lui en attribuer également le dessin.

On y trouve encore sur le titre et à la fin une gravure sur bois dans le genre du maître représentant un H e r m e s à t r o i s t ê t e s qui tient un caducée, mais d'un dessin différent et qui est deux fois plus gros, à la fin du livre. C'est la marque de libraire de Hervagius.

39. 40. L'île U t o p i a et l'e n t r e t i e n à ce sujet avec T h o m a s M o r u s. Ces deux pièces se trouvent dans le livre intitulé: „De Optimo Reip. statu. deque noua insula Vtopia libellus uere aureus, nec minus salutaris quam festiuus, clarissimi disertissimiq; uiri Thomae Mori inclytae ciuitatis Londonensis ciuis et Vicecomitis. — Epigrammata clarissimi dissertissimiq; uiri Thomae Mori, pleraq; è Graecis uersa. Epigrammata. Des. Erasmi Roterodami. Apud inclytam Basileam." — In fine sous la marque du libraire Frobenius: „In inclyta Germaniae Basilea M.D.XVIII.

Ce livre contient outre deux titres ornés, deux gravures sur bois ou sur métal d'après les dessins de Holbein, mais d'un travail assez médiocre. On trouve à page 12:

39. La v u e de l'Ile U t o p i a. Au haut, on lit l'inscription: VTOPIÆ INSVLÆ TABVLA. Cette île presque de forme ronde, est entourée de rocs et contient plusieurs bâtiments désignés par des inscriptions dans des tablettes, comme suit: „A m a u r o t i i v r b s." — „Fons Anydri." et „Ostium Anydri." Devant l'île voguent deux vaisseaux, et tout en avant sur le continent se tient H y t h l o d a e u s parlant à un homme, qui paraît représenter Thomas Morus, puis plus à droite se trouve un autre homme avec une épée, probablement Pierre Aegidius d'Anvers. Cette gravure est très mal exécutée et mesure 6 p. 7 l. en hauteur et 4 p. 5 l. en largeur.

40. L'E n t r e t i e n de R a p h a e l H y t h l o d a e u s avec T h o m a s M o r u s et P e t r u s A e g i d i u s. Ils sont assis sous des arbres dans un jardin; le premier à gauche adresse la parole à „Thomas Morus", assis au milieu, et à „Petrus Aegidius", assis à droite. Le jeune fils du dernier, „Johannes Clemens", sort très-empressé de la maison à gauche et porte quelque chose des deux mains. Le fond offre un pays montagneux. Le nom de chaque personnage se trouve imprimé avec des lettres mobiles au bas de chaque figure et en dehors de la gravure. C'est une charmante composition et un peu mieux exécutée que la gravure de l'île. H. 2 p. 5 l. L. 3 p. 11 l. Francfort s. M.

41. L'h o r l o g e s o l a i r e (Das Horologium) avec les signes du Zodiaque aux côtés. Cette gravure sur bois, imprimée sur une grande feuille in-folio en largeur, se trouve à la fin de l'ouvrage intitulé:

Rudimenta mathematica. Autore Seb. Munstero. Basileæ. Hen. Petri 1551., avec une gravure sur le titre qui n'appartient en aucune façon à Holbein. Mais la dernière feuille est absolument dans sa manière. On y voit, au milieu du haut, le soleil avec le millésime 1531; aux deux côtés, dans des banderoles, les signes du Zodiaque qui révèlent absolument la manière du maître. Cette feuille porte au haut l'inscription suivante: Typus horologiorum muralium, quadruplices complectens horas, æquales, inæquales, Bohemices et Italices. Praeteræa signis Zodiaci additis: menses Romani, quantitates dierum atq3 noctuum ortus et occasus solis, domus planetarium, literæ dominicales atq3 anni bissexti; et au bas: Per Sebastianum Munsterum. Gr.-in-fol. en largeur.

Cette même gravure se trouve sur la seconde feuille, après le titre, du livre intitulé: Der Horologien, oder Sonnenuhren Kunstlich beschrieben wie dieselbigen nach mancherlei ahrt an die Mauren, Wendte etc. auffzureissen, durch Sebastianum Munster etc. Gedrückt zu Básel in der officin Hericpetrina im Jahr nach Christi geburt M.D.LXXIX.

La gravure porte ici pour inscription au sommet de la page: Ein generalfigur der Sonnenuhren so an die Mauren gerissen, welche vierley Stunden begreiffen etc.

A en juger d'après la date qui se trouve près du soleil, de l'année 1531, on aurait pu croire que la gravure se trouverait pareillement dans le livre intitulé: Compositio horologiorum in plano etc. Autore Seb. Munstero. Basileæ Hen. Petri 1531, in-4°, mais nous ne l'y avons jamais trouvée non plus que dans l'édition postérieure latine du même éditeur de l'année 1533.

Mais dans cette édition on trouve imprimées dans le texte et une à une les douze figures du Zodiaque qui se trouvent également aux pages 168 à 177 de l'édition de 1551, et qui dans le dessin ressemblent beaucoup à la manière de Holbein, quoiqu'elles pussent néanmoins appartenir à son frère Ambroise. Nous croyons pouvoir aussi attribuer à ce dernier deux des Sept planètes, tandis que les cinq autres doivent avoir été dessinées par un artiste médiocre.

42. Gaîne de poignard avec la figure de Vénus. Elle est debout en haut sur des nuages et tenant une torche, tandis qu'un petit Amour près d'elle décoche une flèche vers le bas. Dans le premier des deux autres compartiments trois enfants sur un coquillage,

plus bas deux autres, debout, en costume antique; à la pointe de la
gaîne, une tête d'enfant ailée.   Belle pièce de Hans Lützelburger.
H. 9 p. 1 l. L. 2 p. (v. Rumohr pp. 72 et 97.) Bâle, Dresde.

    43. Gaîne de poignard avec la Fortune. Celle-ci est de-
bout sur une conque et portée sur la mer. Au bas, un ornement de
feuillage.   On croit déchiffrer sur un anneau les initiales H H.; mais,
ce sont des traits qui servent d'ornement. Cette pièce est aussi bien
traitée que la précédente. H. 8 p. (v. Rumohr pp. 72 et 97.) Bâle
et Dresde.

    On trouve souvent la poignée ajoutée à ces deux gaînes. Voyez
R. Weigel, Kunstcatalog 1853. No. 19735.

    44. Grande initiale Q. A gauche est assis le roi Ferdinand I,
et au-dessus de lui une banderole avec l'inscription: REX. FER. un
ecclésiastique offre au roi le livre dont il est l'auteur. Dans les
coins du carré qui contient la lettre, on trouve quatre écussons tenus
chacun par un petit génie. Le premier porte l'aigle à une tête, le
second est burelé de huit pièces, le troisième porte le lion de Bohème
et le quatrième est d'Autriche. H. 3 p. 3 l. L. 2 p. 10 l. Pièce mal
gravée.   Francfort sur Mein.

Gravures sur bois exécutées en Angleterre ou pour ce pays.

    45—48. Catéchisme de l'archevêque Cranmer de Canterbury,
de 1548. [93]) Il contient 29 gravures sur bois dont quatre appartiennent
à Holbein, tandis que les autres, qui s'éloignent entièrement de sa manière, portent plutôt le caractère de l'école française de Fontainebleau
et passent pour avoir été exécutées par Bernard Salomon, appelé
communément le petit Bernard. Dans la manière un peu maigre
de celui-ci sont exécutés le titre et 24 autres des petits sujets, tandis
que la gravure sur bois du verso du titre révèle tout-à-fait la manière
de Holbein.

    45. Le roi Édouard, assis sur son trône, reçoit la Bible
qui lui est présentée par l'archevêque, agenouillé à gauche; à ses

---

93) Nous avons déjà mentionné cette édition dans notre dissertation sur les
gravures anglaises sur bois et sur métal. L'édition d'Oxford de 1829 renferme les
fac-simile de toutes les gravures qui se trouvent dans l'ouvrage original. Deux
d'entr'elles, le Moïse et le démon chassé, ont été reproduites par R. Weigel
dans ses „Gravures sur bois d'après les maîtres célèbres", II. Cahier. Leipsic 1851.
Voyez aussi Jackson, Treatise on Woodengraving pp. 455, 456.

côtés sont agenouillés deux évêques, et plus loin, en arrière, deux autres ecclésiastiques; à droite, quatre Seigneurs. H. 4 p. L. 3 p. 2 l. La composition est grandiose et tout à fait digne de Holbein, de manière que nous n'hésitons pas à lui en attribuer le dessin.

46. Moïse reçoit les tables de la loi. Il est agenouillé sur le sommet de la montagne et reçoit les deux tables entourées de nuages de feu d'où sortent quatre trompettes. Au bas, sur une tablette: EXOZI. H. 2 p. 1 l. L. 1 p. 8 l. La composition est dans le style de Holbein, mais l'exécution en est très-médiocre.

47. Le pécheur contrit. Devant l'autel, à gauche, est agenouillé un ecclésiastique en prières. Le publicain contrit s'avance vers lui. A droite, le Christ avec trois apôtres indique la scène. Près de l'autel, à gauche, et sur le terrain un livre avec les initiales H H. H. 1 p. 7 l. L. 2 p. 2 l.

48. Le Christ chasse un démon. Le possédé, dans de fortes convulsions, est agenouillé à droite, maintenu par un autre homme, près d'eux trois docteurs de la loi. Le Christ, avec trois autres personnages à gauche, ordonne au démon de s'éloigner et celui-ci, en forme de petite figure ailée, abandonne le possédé. On lit au-dessous du sujet: HANS. HOLBEN. H. 1 p. 6 l. L. 2 p. 2 l.

Ces deux dernières petites compositions révèlent d'une manière bien plus décisive que les précédentes le style de Holbein, et comme elles sont toutes deux marquées de ses initiales ou de son nom en entier, cette circonstance a donné lieu de présumer qu'elles ont été gravées par lui-même. Nous ne pouvons néanmoins nous rallier à cette opinion, d'abord pour les raisons données plus haut et qui nous empêchent de croire que Holbein ait jamais gravé de sa propre main, ensuite parce que la taille ne rend pas le beau dessin auquel on doit s'attendre d'un aussi grand maître, et reste très en arrière de l'excellence technique que l'on admire dans la Danse des Morts, dont l'exécution, fort antérieure à celle des pièces qui nous occupent, est également attribuée à Holbein par ceux qui prétendent qu'il a gravé lui-même sur bois.

49. Le pasteur infidèle. Le Christ, entouré de ses disciples, montre un moine qui s'enfuit devant le loup qui attaque son troupeau. Inscription: John X. Ezech. XXXIII, Mich. V. I am the good shepehearde. A good shepehearde geveth his lyfe for the shype. The hyred servaunt flyeth, because he is an hired servaunt and careth not for the shepe. Au bas: HANS. HOLBEIN.

Cette petite pièce est parfaitement analogue à celle que nous avons décrite plus haut et orne le titre du livre intitulé: A lytle treatise after the maner of an Epystle wryten by the famous clerk, Doctor Urbanus Regius etc. Printed by Gwalter Lynne. 1548. In-24°. On en trouve un fac-simile dans l'ouvrage de Dibdin: „A Tour in the northern countries of England and Scotland II. p. 341. Douce mentionne également cette gravure. (v. Rumohr p. 96.)

50. Le Christ devant Pilate. Douce mentionne cette petite pièce, de la même dimension que la précédente, dans son ouvrage „Dance of Death", London 1833, et dit qu'elle se trouve au Musée Britannique.

51—53. Dans le poème sur la naissance du prince Édouard de Galles, fils de Henri VIII, on trouve trois petites gravures sur bois qui ont été indubitablement exécutées d'après les dessins de Holbein. Le titre du poème est le suivant: Genethliacon illustrissimi Eäduardi Principis Cambriæ Ducis Coriniæ et Comitis Palatini; libellus ante aliquot annos inchoatus: nunc vero absolutus et editus: Joanne Lelando Antiquario Autore etc. Londini Anno M.D.XLIII. In fine: Londini apud Reynerum Vuolfium[94]) in Coemiterio Paulino ad œneum serpentem. 1543. Brochure in-4°.

51. Le cimier du Prince de Galles. Dans un cercle rayonnant, les trois plumes d'autruche dans une couronne et au bas, dans une banderole, la devise: ICH DIEN. Aux côtés les initiales E. P. Ce sujet peu important est dessiné et gravé de main de maître et se trouve au verso du titre.

52. L'initiale S. Cette lettre, renfermée dans un carré de 1 p. 3 l., se trouve au commencement du poème latin sur la seconde feuille et représente la scène historique suivante: De la droite s'avancent deux ambassadeurs des Samnites qui apportent des présents à Curius Dentatus; celui-ci est agenouillé devant le feu d'une cheminée préparant un potage de raves qu'il marque de la main. Le dessin de cette composition est tout à fait dans le style de Holbein, mais l'exécution en est médiocre.

53. Trois enfants près d'un pommier. Cette compo-

---

94) Ce Reynier était très-probablement fils de Thomas Wolff, imprimeur de Bâle, qui publia en 1523 et 1525 des ouvrages ornés de gravures de Lützelburger d'après Holbein.

sition orne la dernière feuille de la brochure, n'a point de bordure linéaire et mesure 3 p. de hauteur. Deux des enfants sont occupés à abattre des pommes avec des gaules, tandis que le troisième recueille les fruits qui sont tombés. Sur l'arbre se trouve une banderole vide d'enroulements et aux deux côtés le mot CHARI — TAS. Les figures d'un dessin plein de mouvement et de vie sont tellement bien gravées qu'on ne peut en attribuer l'exécution qu'à Lützelburger, mais comme cet artiste était déjà mort en 1543, il faut en conclure que le bois existait avant cette date et qu'il avait été déjà employé dans d'autres ouvrages probablement comme vignette d'imprimeur

Nous devons la connaissance de ces trois pièces intéressantes à feu M. Detmold de Hanovre. Voyez aussi les Archives de Naumann, Leipsic 1856, Vol. II, p. 136.

54. Bordure de titre avec la résurrection du Christ. En haut, dans un arc, on voit le Christ ressuscité, la mort et le diable sous ses pieds, devant un tombeau. Dans les listels aux côtés, richement ornés dans le style de la renaissance, se trouvent, à gauche, St. Pierre, à droite, St. Paul, ce dernier indiquant vers le haut. Les deux apôtres tiennent une large bande de parchemin destinée à recevoir le titre d'un livre, mais cette bande est vide dans l'exemplaire que nous décrivons. Au bas se trouvent les armoiries de Henri VIII, roi d'Angleterre, écartelées au premier et au quatrième de trois fleurs de lys, au second et au troisième de trois léopards. Les supports sont un lion et un dragon. Dans l'arc en haut se trouve l'inscription: CONFIDITE. EGO VICI MVNDVM. IO XVI. L'exécution de cette pièce est très-fine et digne de Hans Lützelburger. H. 4 p. L. 2 p. 3 l. Collection Meyer à Hilbourghausen.

Appendice
aux gravures sur bois exécutées pour l'Angleterre.

55. Quatre personnages occupés d'opérations d'arithmétique dans une chambre. Le premier ressemble à Érasme de Rotterdam. Sur le mur on voit les lettres VDMIE et le millésime de 1543; petit-in-8° en largeur. Cette pièce se trouve sur le titre du livre intitulé: The ground of artes, teachyng the worke and practice of arithmetike etc. By Robert Recorde. London, R. Wolfe, 1543. In-8°. Singer en donne un fac-simile dans ses

„Researches into the history of Playing-cards etc. London 1816, p. 225,"
et où il remarque que le même bois a servi pour un livre flamand de
la même époque (v. Rumohr p. 95). A en juger par le fac-simile, cette
pièce n'a rien qui rappelle la manière de Holbein.

56. Bordure de titre, in-folio, de la Bible anglaise intitulée:
„The great Bible" ou mieux: The Byble in Englyshe. London,
Rich. Grafton and E. Whitchurche, 1539, in-fol., publiée par
Miles Coverdale et Cranmer. (Voyez Amet et Herbert, Typographical
Antiquities I. p. 513. Lowndes, Bibliogr. Manual I. p. 169. v. Rumohr p. 107. Cotton, History of English Bibles, Oxford, in-8°, et
Falkenstein, Geschichte der Buchdruckerkunst p. 283.) Nous n'avons
jamais vu cette Bible nous-même; von Rumohr croit que cette édition,
ainsi que celles postérieures de la Bible de Cranmer, contient les pièces
mentionnées par Douce p. 99 et dont l'une avec le Christ et le pape
a été décrite dans notre catalogue sous le No. 28. Les deux autres
gravures représentent un empereur qui tient une cour de justice, et deux
sujets sur la même feuille: le jugement de Salomon et l'adultère, signé
du millésime 1539. H. 2 p. 4 l. L. 6 p. 1 l. Mais ces deux pièces
paraissent exécutées d'après des dessins de H. S. Beham pour l'illustration d'un livre.

Portraits.

57. Érasme de Rotterdam. Figure entière, debout, tournée
vers la droite et tenant la main droite sur un Terme au-dessous d'un
arc richement orné. Du haut pend une tablette avec l'inscription:
ER. ROT. Dans un compartiment au-dessous, une inscription qui varie
selon les différentes impressions des épreuves et qui est imprimée au
moyen de caractères mobiles. Belle pièce de Hans Lützelburger.
H. 10 p. 5 l. L. 5 p. 7 l. (v. Rumohr pp. 73 et 93.)

    a. 1ᵉʳᵉˢ épreuves avec deux lignes de texte:
       Corporis effigiem si quis non vidit Erasmi
       Hunc scite ad vivum picta tabella dabit.

    b. 2ᵈᵉˢ épreuves avec quatre lignes de texte:
       Pallas Apellæam nuper mirata tabellam
       Hanc ait, æternum Bibliotheca colat.
       Dædaleam monstrat Musis Holbeinnius artem
       Et Summi ingenii Magnus Erasmus opes.

    c. 3ᵉᵐᵉˢ épreuves. Elles ont l'inscription ci-dessus de quatre lignes,
mais imprimée au moyen d'autres caractères et avec l'indication suivante

au-dessous: **Erasmi Rotterdami Effigies edita ex lignea tabula quæ Basileæ in Museo Feschiano asservatur.** Cette indication est souvent enlevée, pour faire passer l'exemplaire comme une épreuve de second état.

d. Épreuves tout à fait récentes. Elles ne portent point d'inscriptions et sont tirées sur le bois qui appartient à présent au Musée de la ville de Bâle. Ce bois est d'une seule pièce, et non avec la bordure architectonique ajoutée, comme l'avance M. v. Rumohr, afin d'appuyer l'opinion émise par lui que la bordure n'a pas été exécutée d'après le dessin de Holbein, mais bien à Lyon dans le style des sculpteurs français de l'école de Fontainebleau sous le règne de François I. Il est donc prouvé à présent que ce bois n'a jamais été à Lyon et que la bordure d'architecture a été même faite d'après les dessins de Holbein.

On en trouve un fac-simile dans l'ouvrage de R. Weigel: Gravures sur bois des maîtres célèbres, etc. Leipsic. IVe livraison.

On en trouve également une ancienne copie au burin, en contre-partie, avec l'inscription de deux lignes. La tablette est ici portée par deux Satyres et au milieu du bas se voit un masque et au-dessous le monogramme 𝕭. H. 11 p. 1 l. L. 6 p. Une autre copie, également au burin, porte l'adresse: **Frans van den Wyngarde excudit.**

58. **Érasme de Rotterdam.** Buste en médaillon. Cette pièce, finement gravée, nous montre le même portrait que ci-dessus et se trouve imprimée au verso du titre du livre intitulé: **Erasmi Adagia. Basileæ Frobenius 1536.** In-fol. (v. Rumohr p. 93.)

Il existe une copie médiocre de cette pièce, gravée sur métal, et qui se trouve dans la Cosmographie de Sébastien Münster de 1578. Le buste est sans mains, tourné vers la droite. H. 3 p. 8 l. L. 3 p.

59. **Thomas Volffius.** On trouve cette inscription sous la figure d'un homme qui, sortant de la porte de sa maison, pose un doigt de la main droite sur sa bouche, tandis qu'il lève la gauche comme s'il allait parler. On lit au-dessus: **Digito compesce tabellam;** tout près, à droite: **Dixisse aliquando poenituit, tacuisse nunquam,** et à gauche: **Multa quidem audienda, pauca vero dicenda.** Au revers de cette pièce on trouve l'adresse: **Basileæ 1525.** H. 3 p. 4 l. L. Bâle.

60. **THOMAS VVOLF.** Ce nom, imprimé avec des caractères mobiles, se trouve sous une figure d'un homme qui est debout à droite

près d'un mur orné d'arabesques. Il est vu de profil, tourné vers la gauche et tient l'index de la main gauche sur la bouche. Au fond, à gauche, deux nuages. Au côtés du sujet se trouve la même inscription que sur la gravure Nᵒ. 59. Pièce détachée d'un livre. H. 2 p. 7 l. L. 2 p. Berlin.

Thomas Wolff, comme nous l'avons déjà dit, était un des bons imprimeurs-éditeurs de la ville de Bâle. Il avait déjà fait graver par Hans Lützelburger la belle bordure de titre avec le baptême du Christ pour son édition du Nouveau Testament de 1523, et il paraît avoir employé le même artiste pour l'exécution de la pièce Nᵒ. 59 que nous venons de décrire.

61. Jean Stoefler. Buste de vieillard, sans barbe, vu de profil et tourné à droite. Il porte un bonnet fourré et croise les mains l'une sur l'autre en tenant un rouleau et un livre, sous un arc de feuillage. Sur le fond à droite, on lit: Effigies Jo. Stoefler annorum LXXIX. Très-belle pièce. H. 4 p. 1 l. L. 3 p. 6 l. Berlin. Francfort s. M.

Des épreuves postérieures, sans inscription, mais avec texte latin au verso, doivent se trouver dans des livres latins de „Johannes Stöflerus“, mathématicien et professeur à Tübingen, né en 1452 et mort en 1531. Une copie de cette gravure se trouve parmi les portraits de Tobie Stimmer dans le livre intitulé: Reusners contrafectenbuch. Strassburg. B. Jobin 1587. In-8ᵒ. Nᵒ. 13.

62. Nicolas Bourbon. Portrait signé HL. On le trouve dans le livre intitulé: Nicolai Borbonii Nugæ. Basileæ 1533, 1538 et 1540. Lützelburger paraît avoir exécuté la gravure d'après un dessin de Holbein. (Voyez Nagler, Künstler-Lexicon VIII. p. 110 et 116.)

63. Thomas Wyatt. Buste d'un jeune homme barbu, vu un peu plus que de profil et les yeux dirigés vers le haut. Il est dans un double cercle de trois traits chacun et mesure en dedans du cercle intérieur 1 p. 8 l. de diamètre. On lit au-dessous:

IN EFFIGIEM THOMAE VIATI.

Holbenus nitida pingendi maximus arte,
Effigiem expressit graphice, sed nullus Apelles
Exprimet ingenium felixque animum Viati.

Au côté du médaillon se trouvent les initiales T. V. et au-dessous l'inscription suivante:

Aetas Viati. Syderei peteret cum coeli regna Viatus
Tempera lustrorū non dum compleverat octo.

Les traits de ce poète ont quelque chose de distingué et de fin. On sait qu'il fut un des partisans de Jane Gray et qu'il fut décapité en 1541. Le dessin du portrait est incontestablement de Holbein, cependant nous ne savons point quel est le graveur qui a exécuté cette pièce d'une manière assez maladroite. On la trouve au revers du titre d'un livret in 4° de 6 feuilles intitulé: „Naeniae in mortem Thomae Viati equitis incomparabilis Joanne Lelando antiquario autore. Londini anno M.D.XLII. A la fin du poème, on trouve l'adresse: Londini ad signum Aenei Serpentis, ce qui indique l'imprimerie de Reynerus Wolffius. D'après Lowndes, Bibliographer's Manual, cette gravure se trouverait également sur le titre de la brochure: An excellent Epitaffe of Syr. Thomas Wyatt etc. Jackson, dans son traité de la gravure sur bois (Londres 1839, p. 454), en donne un fac-simile. Un autre se trouve dans les Archives de Naumann, Leipsic 1856, Vol. II. p. 136.

64. Buste d'une jeune dame. Elle est vue de trois quarts, tournée vers la gauche, la tête couverte d'une résille et d'une barrette. Celle-ci ainsi que sa robe tailladée, sont richement ornées de perles. A son cou est attaché un collier avec un pendant formé d'un médaillon double orné de pierreries et soutenant une grosse perle. Cette gravure sur bois en clair-obscur de deux planches est traitée avec soin, et l'unique exemplaire connu à Berlin est imprimé d'un ton brunâtre. On croit y reconnaître le portrait de Jane Gray, qui, à peine âgée de 17 ans, fut proclamée reine, mais décapitée à Londres avec son mari et son beau-père, en 1554, par les ordres de la reine Marie, sa soeur aînée. Cependant ce portrait diffère beaucoup de celui peint par Lucas de Heere et qui nous est communiqué par Dibdin dans son Decameron III. p. 249.[95]) La gravure originale mesure 7 p. 4 l. en carré. R. Weigel, dans son ouvrage intitulé: „Gravures sur bois des maîtres célèbres,“ en a donné un beau fac-simile gravé par H. Lödel.

[95] D'après M. Rud. Weigel, ce portrait aurait quelque ressemblance avec celui de l'impératrice Anne de Hongrie, femme de Ferdinand I, qui se trouve, peint sur parchemin, avec l'inscription: Anna Regina Aetalis 17. 1521, avec celui de l'empereur, son mari, peint sur bois, dans la Collection de S. M. le roi de Prusse. Un portrait, peint par Holbein et correspondant à la gravure sur bois, se trouvait anciennement à Bâle où il passait pour celui de Jane Gray et fut lithographié par J. Brodtmann. Ce portrait passa ensuite en Angleterre et c'est probablement le même que possédait, en 1822, le Col. Elliot à Nottingham et qui fut gravé au pointillé par R. W. Sievier. Ce portrait est néanmoins ici tourné à droite.

Appendice aux portraits.

On attribue encore à Holbein les portraits suivants que nous n'avons point eu occasion de voir:

65. **Sébastien Münster.** Demi-figure, avec l'inscription: Séb. Munst. ayant 60 ans. In-4°. (Voyez Catalogue R. Weigel 1852. p. 80. No. 31.)

66. **Un ecclésiastique,** en buste. Il est tourné à droite, la tête couverte d'un bonnet. Au-dessous, imprimée en caractères mobiles, l'inscription: Quæ est vita nostra? Vapor etc. M.D.XLIII. In-fol. (Voyez R. Weigel, Catalogue 1852. p. 80. No. 30.)

Bordures de titres.

Ces bordures pour titres de livres, gravées sur bois ou sur métal, d'après les dessins de Holbein, varient entre elles d'exécution et de taille. Quelques-unes, gravées par Lützelburger, sont d'un excellent travail, d'autres se rapprochent de sa manière, tandis que le reste est d'une exécution raide et souvent très-rude. Un très-petit nombre parmi les gravures sur métal est signé, et la plupart de celles-ci portent les initiales d'un maître I F, qui était le meilleur de ces graveurs sur métal, quoique sa taille soit un peu maigre. Une initiale N avec un lion porte, outre la signature I F, le millésime 1520. On a attribué cette signature à Jean Froben, mais sans preuves suffisantes, car nous ne savons rien autre de lui, sinon qu'il fut un savant imprimeur-éditeur de Bâle, et rien ne nous dit qu'il ait été aussi graveur. On a aussi voulu y voir les initiales de Jean Franck, mais cette opinion est également conjecturale, puisqu'il nous est seulement connu pour avoir gravé sur bois à Augsbourg d'après les dessins de Burgmair. La signature I F ne peut marquer non plus Hans Lützelburger, dit Franck, qui s'est toujours servi du monogramme HL ou des initiales H.L, et de plus il était un artiste bien supérieur à celui indiqué par les lettres I F.

Souvent les bordures sont composées de listels séparés, de manière à pouvoir être réunies de différentes manières; en sorte que le sujet principal qui se trouve ordinairement dans celui du haut ou du bas a souvent des latéraux très-différents entre eux. Les gravures sur métal de cette époque paraissent avoir été presque toutes faites sur cuivre, et l'on conserve encore aujourd'hui des listels et des planches de cette matière. Il ne nous a pas toujours été donné d'indiquer les livres auxquels ces bordures ont été appliquées, puisque nous n'en connaissons quelques-uns que par les exemplaires d'épreuve conservés dans la Collection de Bâle et dans lesquels le titre ne se trouve pas imprimé ou a été emporté en les découpant, et dans plusieurs cas on ne trouve même que des parties de bordures; il reste donc souvent à rechercher quels sont les livres où elles ont été employées, en tenant compte de la circonstance que les mêmes planches ont été souvent employées pour des ouvrages différents.

67. **David dansant devant l'arche.** La marche, au bas, se dirige vers la gauche où la reine regarde, placée sur un balcon; dans les listels de côté, à gauche, des musiciens; à droite, les évangélistes et plusieurs saints. Dans le listel supérieur, au milieu, l'agneau divin; à gauche, David jouant de la harpe, à droite, l'homme de douleurs. Sous l'agneau on trouve la marque de l'éditeur Adam Petri de Bâle. H. 6 p. 21. L. 4 p. 31. Bonne gravure sur bois, dans le style de Lützelburger, employée dans l'ouvrage: **Pom. Bugenhagen, in Libri Psalmorum interpret.** Basileæ 1524, in-4°, et dans la **Cosmographie de Münster** de 1544 à 1574. (v. Rumohr pp. 114 et 115. [96])

Copie sur métal. Elle est en contrepartie et n'a point la marque d'éditeur. Dans la Cosmographie de Munster de 1578.

68. **David et Bethsabée, et Salomon adorant les idoles.** Ce sont les latéraux de la bordure du Jugement de Pâris No. 87 et nous les décrirons à cette occasion.

69. **Le baptême de Jésus.** Cette composition se trouve dans le listel supérieur, entre les symboles des évangélistes. A gauche, on voit St. Paul jetant la vipère dans le feu, à droite, le baptême de l'eunuque par St. Philippe. Au bas, un homme debout près d'un écusson portant la marque ci-contre et à côté l'inscription: **Digito compesce tabellam,** entre la conversion de St. Paul, à gauche, et, à droite, St. Pierre avec le drap contenant des animaux immondes de toute espèce. Sur une pierre les lettres H. L. FVR. (Hans Lützelburger Furmschneider). H. 5 p. 9 l. L. 4 p. 2 l.

Très-belle gravure sur bois employée pour le livre intitulé: **Das**

---

96) Nous devons à l'obligeance de M. R. Weigel la connaissance d'un exemplaire du catalogue que fit Rumohr de l'oeuvre de Holbein et enrichi d'additions importantes par M. W. et qu'il a gracieusement mis à notre disposition. Mais on ne doit pas oublier de remarquer à ce sujet que Rumohr est partisan de l'opinion que les artistes peintres, et Holbein lui-même, ont exécuté des gravures sur bois de leur propre main.

néue Testament jetzt klärlich ausz dem rechten grundt teutscht. Basel 1523. Durch Thoman Wolff. (v. Rumohr pp. 12 et 111.)

70. Multiplication des pains et des poissons. De cette petite composition, qui se trouve au bas de la feuille, s'élèvent aux côtés des rinceaux de feuillage avec des enfants, qui forment en même temps la partie supérieure de la bordure. H. 4 p. 6 l. L. 3 p. 3 l.

Elle se trouve dans le livre intitulé: Joannis Bugenhagij Pomerani, In regum duos ultimos libros Annotationes, post Samuelem jam primis emisse. Apud Adamum Petri Basileæ anno MDXXV. et Cosmographie de Münster 1578. (v. Rumohr p. 115.)

71. La décollation de St. Jean-Baptiste. Dans le compartiment inférieur, on voit le bourreau debout près d'une table à jeu à laquelle deux hommes sont assis. Devant eux est étendu le corps du précurseur dont Hérodiade tient la tête. On la voit de nouveau à droite agenouillée aux pieds d'un autre personnage et ayant la tête du Saint devant elle. Un arc richement orné d'arabesques montre au milieu, suspendu à un rinceau, un écusson avec la marque de Froben, le caducée surmonté d'un oiseau et soutenu par une main. H. 6 p. 7 l. L. 4 p. 6 l.

Cette bordure gravée sur bois d'une exécution médiocre se trouve employée pour les livres suivants: Institutio principis Christiani etc. per Erasmum Roterodamum etc. Basileæ. S. A. — Erasmi Rot. Moriæ encomium etc. Basileæ Frobenius 1515. — Scip. Casteromachi Oratio de laudibus litterariis. Basileæ 1517. — Pomponius Mela, de situ orbis. Basileæ 1517. — Luciani Cynicus etc. Basileæ. Frobenius 1517. — Auctarium sel. aliq. epist. Erasmi. Basileæ 1518 et 1520. — Erasmi Paraclesia. Bas. 1519. — Ph. Melanchthon. De corrig. Adulescent Studiis. Bas. 1519. — J. L. Vivis Somnium. Bas. 1521. — Epist. aliquot eruditorum virorum. Bas. 1520. — Caii Ursini Velii poemata. Bas. 1522. (v. Rumohr p. 90.)

Copie A, sur métal. H. 6 p. 6 l. L. 4 p. 5 l. Dans le livre intitulé: Epitome aliquot erudit. virorum ex quibus perspicuum quanta sit Eduardi Lei virulentia (Erasmi Rot.) Basil. Froben. M.D.XX.

Copie B, également sur métal, d'un plus petit format et ayant, au lieu de l'écusson suspendu aux rinceaux, un lapin. H. 6 p. 2 l. L. 4 p. 5 l. mais la planche a dû être rognée, car tout le pied manque.

Cette bordure a été employée pour les ouvrages suivants: Divi Ambrosii Officiorum et Rodolphi Agricolæ Phrisii de inventione dialectica etc. Coloniæ apud Heronem Alopicium Anno M.D.XXIII. Mēse Augusto.

72. **Huit enfants avec les instruments de la passion.** Ils se trouvent dans huit compartiments des latéraux; le listel supérieur montre le suaire tenu par deux anges, l'inférieur un canon dirigé vers le spectateur et dont les servants sont un chat, un chien, un bélier à jambes humaines, portant des hallebardes. A gauche s'élève du terrain la demi-figure d'un homme barbu et devant lui deux autres figures humaines à têtes d'oiseau. H. 6 p. 1 l. L. 4 p. 2 l.

Cette gravure sur métal, très-médiocre, est exécutée d'après un beau dessin de Holbein et se trouve dans le livre intitulé: Theologia Teutsch etc., avec une préface du docteur Luther. Gedruckt zu Strassburg durch Joannem Knoblouch am Mitwoch nach Sant Jacob des tzwolffpotten tag. Nach Christi Geburt, im Funfftzehundert und zwentigsten jar. (1520). (Panzer's Annalen I. No. 970.)

73. **St. Pierre et St. Paul.** Ils sont debout aux côtés, tenant chacun un livre avec leurs attributs respectifs. Aux quatre coins se trouvent les symboles des évangélistes, et en haut les armes de la ville de Bâle avec deux basilics pour supports et l'inscription: INCLYTA BASILEA. Au bas, un enfant monté sur un lion et tenant un étendard, sur lequel on voit entre le nom d'Adam Petri son monogramme, surmonté du millésime 1523. H. 9 p. L. 6 p. 1 l.

Cette très-belle gravure de Hans Lützelburger se trouve dans le livre intitulé: **Das new Teſtament, petz und recht gründlich teutſcht.** et dans d'autres éditions, entre autres dans la troisième imprimée par Adam Petri à Bâle en 1525; dans le Ptolomée latin de Sébastien Münster, Bâle 1545, et dans la Cosmographie du même auteur, mais sans inscription sur l'étendard.

74. **Même sujet en petit.** Les figures sont néanmoins diverses; St. Pierre tient sa grosse clef tournée vers le bas; sur l'étendard, porté par l'enfant monté sur le lion, le monogramme I H̄ S et au bas, dans une banderole, le nom et le monogramme de l'éditeur. H. 4 p. 9 l. L. 3 p. 2 l.

Cette belle gravure sur bois est également de Hans Lützelburger et se trouve dans la Cosmographie de Münster de 1544, 1547, 1550, 1553, 1569, 1576 et 1578, mais elle doit avoir servi à d'autres livres antérieurs. (v. Rumohr p. 115.)

75. **Dispersion des apôtres pour prêcher l'évangile.** Ils partent deux à deux, excepté St. Paul, à gauche, et St. Pierre, tenant une grosse clef, qui s'en vont seul. Cette composition, dans la partie inférieure de la bordure, porte l'inscription: ITE IN MVNDVM VNIVERSVM etc. Les listels des côtés renferment, en quatre compartiments, les symboles des évangélistes. Dans l'arc du haut, on voit la Sainte Trinité entourée d'anges. Le Christ est représenté ici comme médiateur devant Dieu le père qui tient une épée de la main droite, tandis qu'il pose la gauche sur un globe; au-dessous de lui plane le St. Esprit. On lit dans la frise: VNVS DEVS. VNVS CONCILIATOR etc.; les initiales I F se trouvent sur le cintre et sont répétées sur un des listels aux côtés, à droite, et sur la banderole du St. Simon. H. 9 p. 6 l. L. 6 p. 3 l.

Cette bonne gravure sur métal paraît avoir été exécutée d'après un dessin de la jeunesse de Holbein. La planche, en cuivre encastrée dans du plomb, qui représente la Sainte Trinité dans la partie supérieure, se conserve encore et se trouve dans la possession du typographe de Bâle Wilhelm Haas. La bordure entière a été employée pour l'ouvrage intitulé: Theophylacti enarrationes ap. Andr. Cratandrum. Anno 1525 (et 1527). In-fol. (v. Rumohr p. 110.)

Cette même bordure aurait été aussi employée pour la Byble (publiée par E. Becke), London, Day et W. Serer 1549. (Voyez le Manuel bibl. de Lowndes I. p. 171.) Peut-être cette biblé aura-t-elle été imprimée chez Cratander à Bâle. On sait que Froschauer à Zurich a souvent imprimé pour l'Angleterre. (Voyez la vie de cet imprimeur, Zurich 1840. In-4°.)

76. **Un évêque couché.** Il se trouve sur la partie inférieure de la bordure. De sa poitrine s'élèvent, en se dirigeant vers les latéraux, deux rinceaux avec trois mathématiciens, demi-figures, sortant d'autant de fleurs, de chaque côté, avec des porte-étendards. En haut deux banderoles vides. Aux coins des écussons; en haut, à gauche, l'aigle double avec l'écusson d'Autriche. H. 8 p. 2 l. L. 6 p.

Cette bonne gravure sur bois se trouve dans le livre intitulé: Geographia universalis A. Ptolomæï enarrat. etc. lat. ed. Seb. Münster. Basileæ per Henricum Petrum 1545, et probablement dans d'autres ouvrages antérieurs. (v. Rumohr p. 114.)

77. **Vénus et Cupidon.** Listel inférieur: La déesse, vêtue, est montée sur un char traîné par des chevaux à la course; devant elle l'Amour debout et les yeux bandés lance des flèches vers la gauche

où une femme et six hommes déjà frappés de ses traits et qui représentent les diverses conditions et les différents âges, suivent le char. Devant s'avance un homme barbu qui s'appuie sur deux bâtons. H. 1 p. L. 4 p. 8 l.

Cette partie d'une bordure gravée sur métal et d'exécution médiocre, a des latéraux de peu d'importance et dont l'un est marqué des initiales I F quand l'ornement entier se trouve dans l'Antibarbarorum d'Érasme, Bas. 1520.

Dans l'ouvrage du même auteur: In epistolam Pauli apostoli ad Romanos Paraphrasis per Erasmum Roterodamum, le listel avec la Vénus et le Cupidon se trouve à la partie supérieure de la bordure. Le listel inférieur, gravé sur bois, contient huit enfants gracieusement mouvementés et au milieu le caducée de Frobenius dans un écusson. Les latéraux, d'une bonne exécution sur métal, renferment dans six compartiments les sept péchés capitaux, distingués par leurs noms. H. 9 p. 4 l. L. 6 p. 7 l.

78. Hercule et Orphée. Celui-ci est couché en haut dans un arc et souffle dans un fifre. Aux côtés sont représentés deux des travaux d'Hercule; à gauche, quand il étouffe le lion de Nemée; à droite, quand il assomme le Cerbère. Au bas, deux génies ailés tiennent un écusson vide. Le riche ornement d'architecture avec deux colonnes contient encore d'autres figures. H. 6 p. L. 4 p. 6 l.

Cette belle gravure sur bois a été employée pour l'ouvrage: Wider die himlischen Propheten von den bildern und Sacrament etc. Mart. Luther. Imprimé à Bâle avec la marque d'Adam Petri. Ensuite dans le livre intitulé: Geographia universalis etc. de Sébastien Münster. Bâle, Henri Petri 1545. (Voyez von Rumohr p. 114.)

79. Tantale. Au bas sont assis Jupiter, Cérès et Mercure à une table où l'on sert Pelops en ragoût. Cérès mord dans un des bras. En haut, à gauche, on voit Pelops agenouillé en suppliant, et au bas, Tantale plongé jusqu'au cou dans le Styx et ouvrant la bouche vers les fruits d'or suspendus au-dessus de lui. Dans le listel de gauche se trouvent Jupiter et Mercure debout, et plus bas Cérès qui saisit par un bras le cadavre de Pelops. En haut, dans l'arc soutenu par de riches colonnes, est suspendue la marque d'imprimeur de Valentin Curion, une main tirant un trait sur une tablette. Deux hommes nus soutiennent des festons. H. 7 p. L. 4 p. 10 l. Cabinet Sotzmann à Berlin.

80. **Même sujet.** Tantale offre aux dieux Jupiter, Mercure et Cérès son fils Pelops à manger. Dans les listels de côté, on voit à gauche, Tantale dans l'attitude de suppliant, à droite, Jupiter et Mercure. Sur les colonnes se trouvent des hommes nus avec massue et torche. Au haut, dans le fronton, est suspendu un écusson avec les initiales H H et une main tirant un trait, marque de Curion. H. 7 p. L. 4 p. 9 l.

Cette bonne gravure sur bois se trouve dans l'ouvrage intitulé: Urbani grammaticæ institutiones etc. Basileæ Anno M.D.XXIIII. et plus tard dans la Cosmographie de Münster. (v. Rumohr p. 114.)

81. **Même sujet.** Dans le listel inférieur, on voit Tantale plongé jusqu'au cou dans le Styx et cherchant à saisir les fruits d'or suspendus au-dessus de lui. Dans les latéraux, à gauche, Tantale indiquant le corps de Pelops en pièces et regardant vers Jupiter et Mercure qui, du haut, contemplent ce spectacle. Dans celui de droite Pelops est soulevé par Cérès; en haut, Jupiter et Mercure. Dans l'écusson qui porte le nom de Tantale se trouvent les initiales I. F. sur fond noir. H. 9 p. 7 l. L. 6 p. 5 l.

Cette gravure sur métal sert d'encadrement à un discours Reverendissimo in Christo patri, principi, ac domino D. Stanislao Turzo Episcopo Olomutzensi etc. dignissimo, Beatus Rhenanus Seletstadiensis. S. D. Les latéraux avec Tantale et Pelops servent également à une autre bordure, mais s'y trouvent à droite, tandis qu'un petit ornement occupe le côté gauche et la place du listel inférieur. L'ornement supérieur se compose d'une bande gravée sur métal, contenant une Réunion et un combat de Tritons. Ce sont huit figures, montées sur des hippocampes et d'autres animaux marins. A gauche est agenouillée une femme; la cinquième figure se bat avec un paquet de poissons contre un Triton à gauche. Tout à fait vers la droite un écusson. H. 9 p. L. 4 p. 9 l.

82. **Marche de Tritons et d'enfants**, avec un écusson d'armoiries. Neuf Tritons et une Néréide se voient en marche joyeuse sur un socle au bas. Au-dessus deux enfants ailés portent un écusson vide. Les latéraux sont formés d'arabesques avec des têtes de bœuf et trois petits génies en haut. Gravure sur métal assez raide. H. 6 p. 9 l. L. 4 p. 8 l.

Dans les livres suivants: Galeoti Martii Narniensis, de homine. Libri duo. Basileæ. Froben 1517. — Luciani Saturn. etc.

Bas. Frob. 1517. — Erasmi Apol. ad Jacobum Fabrum. Bas. Frob. 1518. — Joa. Aurellii Augurelli P. Ariminensis Chrysopoeiae libri etc. Bas. 1518. (v. Rumohr p. 90.)

83. Marche de Tritons. Gravure sur métal pour encadrement de livre; elle porte au revers l'inscription suivante: Theses Theologiæ, de merito bonorum operum. La composition contient douze figures dirigées vers la droite; à gauche, un Triton est agenouillé sur un poisson; devant lui, monté sur un cheval, est un homme armé d'un trident; plus loin, à droite, un centaure marin combat contre un homme qui a saisi par les cheveux une femme que le centaure porte. H. 1 p. 1 l. L. 3 p. 4 l.

84. Génies et monstres marins aux côtés. Sur le socle, ressemblant à une console, orné d'un médaillon et portant les initiales H H, s'élèvent deux colonnes qui soutiennent un toit fantastique. In-8°. Von Rumohr, pp. 28 et 94, mentionne cette bordure comme appartenant au livre intitulé: Catalogus omn. Erasmi Roterodami lucubrationum etc. Basileæ in ædibus J. Frobenii M.D.XXIII. In-8°. Le même écrivain mentionne (p. 29) une „répétition de ce sujet avec de meilleures proportions dans les détails architectoniques et un dessin plus exact dans les figures." La bordure en question aurait été employée pour l'ouvrage intitulé: Das gantzen Lands Africe, ein gemeine Beschreibung XXV. Avec une carte géographique au verso. On sait que ces feuilles appartiennent à la Cosmographie de Münster.

Le Gentleman's Magazine, Vol. 86, part. I. p. 130 (Londres 1813), mentionne un titre gravé sur bois d'après les dessins de Holbein et signé H H, qui est probablement le même que celui que nous venons de décrire et qui se trouve dans le livre: Propugnaculum summe sacerdotii Evang. etc. Editum per Fovelum adversus M. Lutherum. Londini in ædibus Ogusou 1523. In-4°. Comme Holbein n'est venu pour la première fois en Angleterre qu'en 1526, il est probable que cet ouvrage aura été imprimé à Bâle.

85. Marche de Tritons et jeux d'enfants. Le listel supérieur contient huit Tritons montés sur des poissons ou des chevaux marins et se dirigeant vers la gauche. Dans le listel inférieur, sept enfants dansent au son d'un tambour dont joue un huitième. De chaque côté, un enfant embrasse les colonnes qui forment les latéraux. H. 4 p. 5 l. L. 3 p. 7 l. (v. Rumohr pp. 93, 114, 115.)

Ces listels, gravés sur métal, se trouvent dans la Cosmographie de **Münster** en combinaison avec d'autres ornements analogues, entre autres avec des rinceaux de pampres portant au milieu une tête de bœuf. Les deux colonnes, embrassées par des enfants, appartiennent à un socle en guise de console, avec un médaillon. Sur l'architrave qu'elles soutiennent on voit deux Faunes terminant en rinceaux et qui tiennent entre elles un vase. H. 4 p. 9 l. L. 3 p. 1 l.

86. **Une bacchanale.** Au milieu se voit Silène soutenu par deux Faunes; à gauche, un gros homme près d'un couple couché à terre; à droite, un homme armé en frappe un autre renversé à terre; au-dessus de ceux-ci, une tablette avec les initiales I. F. Les listels aux côtés, marqués des mêmes initiales, sont formés d'arabesques où, en bas à gauche, un Satyre embrasse une femme. A droite, un autre Satyre, avec des enfants, qui porte une corbeille. En haut se voient trois médaillons avec des bustes d'hommes. H. 8 p. 11 l. L. 6 p. 3 l.

Cette bonne gravure sur métal se trouve dans le livre intitulé: **Theophylacti Enarrat. in quatuor Evang.** Basileæ, Cratander, 1525. (Voyez Cat. de R. Weigel, Nᵒ. 19101, p. 80.)

87. **Le jugement de Pâris.** Cette composition se trouve au bas. Mercure tient la pomme d'or, sur laquelle est écrit SCENON et réveille Pâris, en armure, qui dort près de son cheval. A droite, les trois déesses. Dans les listels aux côtés se trouvent **David apercevant Bethsabée et Salomon adorant les idoles**; en haut, l'histoire de **Pyrame et Thisbé.** H. 6 p. 3 l. L. 4 p. 4 l. On conserve dans la collection de Bâle un exemplaire d'épreuve de cette gravure sur métal très-nette, d'après un bon dessin.

88. **La Fortune.** Elle est nue, assise sur un cheval sauvage, dans le listel inférieur; à gauche, un hallebardier frappé par la mort. Dans les latéraux, à gauche la **Prudence,** à droite l'**Espérance.** Au haut, la **Justice** entre la **Superbe** et l'**Avarice;** en bas, à gauche, les initiales **I F.** H. 4 p. 8 l. L. 3 p.

Gravure sur métal dans le livre intitulé: Epistola nuncupatoria ad Carolum Caesarem etc. Paraphrasis in Evang. Mathæi, per Erasmum Roterodamum etc. Basileæ in aed. Jo. Frobenii Anno M.D.XXII. in-8°, et dans une édition postérieure de 1523. (v. Rumohr p. 109.)

89. **La mort fauchant les populations.** A gauche, trois cadavres sont couchés, dans le listel inférieur. Dans les latéraux, l'**Espérance et la Prudence**; en haut, la **Superbe et l'Avarice** de chaque côté de la **Justice.** H. 5 p. 3 l. L. 3 p. 5 l.

Gravure sur métal employée pour l'ouvrage: Melanchton Annot. in Evang. Matth. Basileæ 1523. (v. Rumohr p. 109) et pour
la Biblia sacrosancta ad hebraicam veritatem etc. Bas.
apud Nicolaum Bryling. Anno M.D.LXII. Au milieu du titre
se trouvent trois lions assis dont celui de droite tient un sablier élevé;
c'est probablement la marque de l'imprimeur. Le dessin de cette figure
sur bois assez belle pourrait être facilement attribué à Holbein.

90. La table de Cebes ou le cours de la vie humaine. Cette
bordure très-riche montre au bas plusieurs enfants qui jouent et à
l'ouverture d'un mur d'enceinte un vieillard: GENIVS, qui donne à l'un
des enfants un billet que celui-ci saisit avidement; dans la cour, sur
le devant, la Fortune, debout sur un globe, distribue ses dons aux personnes, vieillards et jeunes gens, qui l'entourent. A gauche, la Per-
suasion, SVADELA, vers laquelle s'avancent les Opinions, OPINIO(N)ES.
Le long des latéraux, montent des figures allégoriques représentant des
vices, la Pénitence, la vraie et la fausse Discipline et les Vertus. Au milieu du haut, s'élève un édifice à guise de château: ARX VERÆ FE-
LICITATIS, à côté duquel est assis le Bonheur couronnant un personnage agenouillé qui est arrivé jusqu'à lui. Sur le mur du bas, à
gauche, se trouve le monogramme ⱵⱵ. H. 10 p. 2 l. L. 6 p. 11 l.

Cette gravure sur bois rappelle le faire de Hans Lützelburger,
mais avec moins d'entente du dessin. Elle a été employée dans les
ouvrages suivants: Nov. Testamentum Erasmi. Basil. 1522. —
Quæ hocce libro continentur, Lexicon Græcum etc. Basil.
apud Valentinum Curionem. — Cornucopiæ, seu lat. lin-
guæ Commentarii locupletissimi, Nicolao Perotto etc. Val.
Curio. Bas. Anno 1532. — Calepini Dictionarium. Bas. J.
Walder 1538. — Lexicon Greco-latinum etc. Basileæ ex
officina Valderiana Anno 1541. — Seb. Munsteri Cosmographia 1574 (ainsi que dans l'édition allemande de 1578). — De
Justificatione, capita ad disputandum proposita ab illustr.
et gen. Domino D. Hieronymo, Senior Schlick, Bohemo etc.
Basileæ ex off. Oporiniana M.D.XXCI. Il en existe une excellente
épreuve à Bâle. (v. Rumohr p. 92.)

a. Une imitation en contre-partie de cette table, signée, à gauche,
H-H et du nom de HERMAN, a été employée dans l'Index in quin-
que tomos operum etc. Chrysostomi etc. Basileæ per And.
Cratandrum. Anno M.D.XXII. H. 10 p. L. 6 p. 8 l. C'est une
gravure sur bois très-grossièrement exécutée.

26 *

b. Seconde imitation, mais non pas aussi riche et de dimensions plus petites, sur métal. Ici, le vieillard, à droite, reçoit également les enfants à la porte d'entrée; les hommes sont assemblés autour de la Fortune qui ici est à gauche. Au bas, dans un compartiment étroit, plusieurs représentations avec les inscriptions correspondantes: Luxuria, Incontinentia, Avaritia, et dans le listel à gauche: Poenitentia, Falsa Disciplina et en haut Vera Disciplina etc., qui s'avancent vers le Bonheur, gardien du château. Dans le listel de droite, l'Audace grimpe par un chemin très-raide sur un rocher dont la Force a déjà atteint la cime. En haut, dans les coins, le soleil, la lune et les étoiles. H. 9 p. 3 l. L. 6 p. 3 l. Employé dans l'ouvrage: Anagramatissimus inauguratis juveni eruditissimo D. M. Matthia Erbinæo Arnobio Bohemo missus etc. Ensuite dans le livre intitulé: Augustinus: ad Marcellinum de Civitate Dei contra Paganos. Jo. Frobenius. Basileæ 1522.

c. Troisième imitation de la table de Cebes. La Fortune est encore ici tournée à gauche. Les listels supérieur et inférieur sont bien plus étroits que dans les pièces précédentes. Au haut, dans les coins, des ornements sur fond noir. Gravure sur métal médiocre. H. 9 p. 7 l. L. 6 p. 6 l.

Dans l'ouvrage intitulé: Q. Septimij Florentis Tertuliani, Presbyteri, de Patientia liber.

91. Mutius Scevola en présence de Porsenna. A gauche, le héros place sa main dans le feu en présence du monarque. A droite, une tente où un guerrier poignarde un des deux personnages assis à une table. Listels d'arabesques aux côtés, celui de gauche contient un écusson avec les initiales H. H. En haut, huit enfants dont les deux du milieu soufflent dans des cornes. H. 6 p. 9 l. L. 4 p. 6 l.

Gravure raide sur métal, employée dans les ouvrages suivants: Aen. Platonici lib. de immortalitate animæ. Bas. 1516. — Erasmi Encomium matrimonii. Bas. 1518. — Hadriani Chrysogoni Presb. Card. Bolonien. de Sermone latino etc. Basileæ Froben 1518. — Erasmi Rot. D. Henrico Afini Lyramonis Medico 1518. — Apologia Erasmi Rot. refellens quorumdam seditiosos clamores apud populum, qui velut impium insectabantur etc. Basileæ ap. Jo. Frobenium Anno 1520. — Rhetores antiqui ed. Erasmus. Bas. 1520. — T. Mori Epigrammata. Basil. 1520.

Cette même bordure, ou une copie, se rencontre encore dans des éditions anglaises, entre autres dans: C. Tonstalli de Arte supputandi liber. London, Pynson 1522. — Henrici VIII. Assertio septem sacramentorum adv. M. Lutherum. London S. A. Dibdin en donne un fac-simile dans ses Typographical Antiquities I. f. XLVII. (v. Rumohr p. 90.)

92. Tarquin et Lucrèce. Elle est à genoux, dans l'acte de se poignarder et accompagnée de deux femmes. A côté de Tarquin se trouvent deux autres personnages; aux côtés, des enfants tiennent des écussons vides. Les latéraux sont formés par de riches arabesques. En haut, un écusson avec la face du Christ tenue par deux enfants. H. 6 p. 9 l. L. 4 p. 6 l.

Dans les ouvrages suivants publiés par Froben: Erasmi declamatio de morte. Basileæ 1517. — T. Mori Utopia. Bas. Frob. 1518. — Erasmi querela pacis. Bas. S. A. et Froben 1517. Erasmi responsio. Bas. 1520. (v. Rumohr p. 90.)

93. Mort de Lucrèce. Elle est étendue à terre, dans les bras de son père, entre deux hommes debout, vus de dos. Pilastres aux côtés. Dans le triangle du haut est suspendu un écusson avec la main, marque du libraire Valentin Curio. Cette bonne gravure sur bois ne répond pas tout à fait au beau dessin de Hans Holbein. Elle se trouve dans la Cosmographie de Münster de 1578 et indubitablement dans quelques livres précédents édités par Valentin Curio.

94. M. Crassus. Il est assis à terre, maintenu par un soldat, tandis qu'un autre, agenouillé à droite, lui arrache la langue avec des tenailles. Aux deux côtés, on voit des gens de guerre déplorant ce spectacle et derrière un mur d'appui, près de deux colonnes à guise de candélabres, deux autres spectateurs, vus à moitié. En haut, aux côtés d'un arc richement orné, sont assis deux hommes tenant des écussons. Dans l'arc même se trouve la marque d'imprimeur de Valentin Curio, une main tirant un trait entre deux autres sur une tablette. Gravure sur bois d'une bonne exécution. H. 6 p. 9 l. L. 4 p. 6 l. Employé dans le livre: Luciani Samosatensis diälogi aliquot græci lepidissimi in usum studiosorum delecti etc. Basileæ apud Valentinum Curionem Mense Feb. Anno M.D.XXII.

95. Pyrame et Thisbé. Voyez plus haut le Jugement de Pâris No. 87.

96. Cléopatre. Elle est couchée sous un arc et tient deux aspics contre sa poitrine. Sur le listel de gauche et sur une base se tient un homme avec des chaînes qu'un roi cherche à saisir; vis-à-vis,

Esculape que Dionyse prend par la barbe; sur la corniche supérieure, un vase entre deux enfants ailés montés sur des dauphins. Pièce non signée sur bois, mais d'une exécution tellement bonne qu'on peut l'attribuer à Hans Lützelburger. H. 10 p. 4 l. L. 6 p. 10 l. Dans les livres intitulés: D. Erasmi Rot. Paraphrasis Evang. sec. Joannem etc. Basileæ in off. Frobeniana M.D.XXIII. — Divi Hilarij Pictanorum episcopi lucubrationes per Erasmum Rot. etc. In off. Frobeniana Basil. Anno 1523 m. feb.

a. On en trouve une copie de plus petites dimensions sur métal dans le livre intitulé: T. Livii Patavini, historici etc. L. Flori Epitome. Eucharius Cavicornus excud. Anno 1528. H. 8 p. 7 l. L. 6 p.

b. Une autre copie sur métal porte un fronton avec le millésime 1523, dans un écusson à la gauche du haut et à droite les initiales C. V. dans le piédestal au bas. On en conserve un exemplaire d'épreuve dans la collection de Bâle. H. 6 p. 5 l. L. 4 p. 6 l.

c. Une troisième copie en contre-partie montre à gauche Dyonisius et Esculapius, à droite le roi et au haut une tablette avec le millésime 1524, H. 6 p. 3 l. L. 4 p. 4 l. Pièce d'une médiocre exécution sur métal et employée dans l'ouvrage: Sphæræ atque astrorum coelestium ratio etc. MDXXXVI — Valderus — et dans la Cosmographie de Münster de 1578.

97. Homère couronné par Calliope. Le poète est entouré des autres muses. Sur les latéraux, dans cinq compartiments, se trouvent deux à deux les figures de plusieurs poètes ou écrivains anciens. En haut, sont placés également les portraits, demi-figures, d'Aristote, Platon, Salomon, Socrate et Pythagore. Belle gravure sur métal portant à la gauche du haut les initiales IF. H. 10 p. 11 l. L. 6 p. 9 l. Dans les ouvrages suivants: Erasmi Adag. Bas. 1520. — Divi Clementis recognitionum libri X. ad Jacobum fratrem Domini Rufino Torano Aquiliense etc. In inclyta Germaniæ Basilea 1526. (v. Rumohr p. 109.)

98. Calepinus. Il est assis à la gauche du bas devant un pupitre et tient un discours à plusieurs vieux élèves, assis à droite, „Calepini auditorium“, tandis qu'il écrit en même temps. Sur les listels, aux côtés, on voit 1. Marcus (Aurelius) imp. qui écrit son livre. 2. Socrates qui apprend dans sa vieillesse à jouer de la harpe. 3. Aristoteles, en bas à gauche. 4. Salvius iul. ivreconsultu. En haut, l'inscription au moyen de caractères mobiles: Semper et

sedulo discendum. Bonne gravure sur bois. H. 8 p. 11 l. L. 5 p. 4 l. Dans le Dictionnaire de Calepin, édition de Strasbourg de 1537.

99. Paysans à la poursuite d'un renard qui s'enfuit avec une oie dans la gueule, dans la partie supérieure de la bordure composée de quatre listels séparés, dont l'inférieure représente:

100. Une danse de paysans de trois couples, avec un joueur de cornemuse à gauche et deux hommes à droite; les riches latéraux sont formés de colonnes autour desquelles un pommier ou une vigne se trouve enroulé avec des enfants qui grimpent. Belle gravure. Les deux morceaux des listels latéraux, gravés sur cuivre, se trouvent en possession de M. W. Haas à Bâle. H. 9 p. L. 5 p. 11 l. Dans le Galenus latin. Basileæ. — Clementis I. recognitionum lib. Basileæ 1526. — De re medica. Bas. Cratander 1528. — Plutarchi opuscula lat. Basileæ Cratander 1530. — Polyd. Vergilii hist. angl. Basileæ 1540. (v. Rumohr p. 93.)

101. Danse de paysans. Elle se trouve au bas; aux côtés, deux paysans faisant de la musique et quatre enfants qui grimpent sur un arbre. En haut, une danse de dix enfants au son d'un tambour que joue l'enfant à gauche. H. 4 p. 5 l. L. 3 p. 1 l. Bonne gravure sur métal. Dans la Geogr. universalis Cl. Ptolomaei enarrat. etc. Basilæ p. Henricum Petri 1545 (v. Rumohr p. 114). Et dans la Cosmographie de Münster 1578.

102. Le buveur de bière. Au bas, deux hommes fortement mouvementés tiennent un écusson chargé d'une croix entourée d'un serpent. Dans les latéraux, à gauche, un joueur de fifre; à droite, un gros buveur de bière; en haut, un autre qui dort. Grossière gravure sur bois. H. 6 p. 5 l. L. 4 p. 6 l. Dans la collection de Bâle, avec le titre découpé et enlevé.

103. Neuf petits génies et enfants. Au bas et surmontant une marche de Tritons en bas-relief, sont assis deux génies qui tiennent un écusson avec les armoiries ou la marque de Frobenius, le caducée; aux côtés, deux enfants debout tenant des lances, et au-dessus d'eux, deux petits génies qui tiennent la feuille d'une adresse de Frobenius au lecteur. En haut, près du cintre, sont assis deux enfants ailés, et un troisième, placé sur un rinceau, souffle dans une corne. Dans les coins sont suspendues deux tablettes avec le nom du maître: HANS. HOLB. Gravure sur bois d'une taille assez maladroite. H. 6 p. 7 l. L. 4 p. 5 l. Dans les ouvrages suivants: Erasmus de octo orat. part. constructione. Bas. Frobenius, 1515 et 1517.

— Isagoge in musicam Henr. Glaream etc. Bas. Frobenius, 1516. — Th. Mori Utopia. Bas. Froben. 1518. — Erasmi Paraphr. in epist. Pauli ad Galatas. Bas. 1519. — Erasmi Ratio seu comparatio veræ Theol. Bas. 1519. — M. Dorpii oratio in prælect. epist. Pauli. Bas. 1520. — Erasmi Antibarbarorum lib. Bas. 1520 et dans d'autres publications du même éditeur. (v. Rumohr pp. 25, 89.) Rumohr tient cette gravure pour un travail de Holbein lui-même, mais elle n'est pas seulement traitée dans plusieurs parties avec une telle maladresse que l'on ne pourrait qu'à peine l'attribuer à la jeunesse du maître qui n'avait alors que 17 ans, elle est en outre exécutée avec si peu d'entente artistique dans le dessin qu'à part les objections que nous avons déjà faites à ce sujet, nous ne pouvons nous ranger à cette opinion.

On trouve de cette gravure sur bois une copie sur métal d'une exécution assez rude, mais sans le nom de Holbein et avec un écusson vide dans la partie inférieure. On la trouve dans l'ouvrage: C. Plinii secundi novacomensis Epistolarum libri decem etc. C'est probablement la même dont fait mention Mr. Rud. Weigel, dans l'ouvrage de Mr. de Rumohr p. 89, comme se présentant dans des éditions de Strasbourg, entre autres dans: Erasmi Jac. Lossini Stunica etc. Argent. Muhard 1522. In-4°. Une autre copie sur bois, sans l'écusson et sans le nom de Holbein, orne le titre du livre intitulé: Ain schön Sermon gepredigt zu Nurnberg etc. 1523. In-4°.

104. Enfants et Satyre. Dans le listel supérieur est assis un Satyre dans une cuve que tient un bélier. A côté de lui, un enfant qui, tout en saisissant une cicogne, se défend avec un bouclier contre un autre enfant qui l'attaque avec un trident. A gauche, un quatrième enfant en frappe un autre renversé à terre. Les arabesques des latéraux contiennent chacune trois enfants dont un, à gauche, joue du tambour et l'autre, à droite, déchire la gueule d'un lion. En bas, deux enfants vêtus tiennent la marque de Frobenius, deux autres enfants sont couchés près d'eux. H. 7 p. L. 5 p. 2 l. Employé pour les livres: Erasmi ratio seu comparatio veræ Theol. Basileæ 1519. — Erasmi querela pacis etc.

105. Sept enfants représentant les arts. Ils se trouvent dans le listel inférieur et sont en partie occupés avec des instruments de mathématiques. Les latéraux sont formés d'arabesques. En haut, un petit génie couronné assis sur un trône, auquel deux enfants

ailés présentent une épée et une branche de laurier, tandis que deux autres jouent de la trompette. H. 10 p. 1 l. L. 6 p. 9 l. Dans les ouvrages: Erasmi Annotationes. Bas. 1518. — Maximi Tyri, philosophi Platonici sermones etc. Bas. Frob. 1519 et dans: Erasmi Adagia Frob. Bas. 1523 où cette pièce forme la bordure du titre après l'index.

106. Trois enfants en traînent un autre qui est couché à terre sur le dos; un d'entre eux sonne de la trompette. Des colonnes très-renflées forment les latéraux. En haut, un vase avec des Sphynx et trois urnes. Gravure sur bois très-médiocre. H. 5 p. 9 l, L. 4 l. Dans la collection de Bâle et découpée hors du titre.

107. Triomphe d'enfants. Six enfants en portent en triomphe un septième qui tient un drapeau. Devant, marchent quatre autres qui font de la musique et autant à la suite sont traînés captifs. Dans chacun des listels de côté, six enfants qui grimpent vers le haut. En haut, dans une arabesque, deux Sphinx tiennent un médaillon. Gravure médiocre sur métal. H. 6 p. 7 l. L. 4 p. 5 l. Dans les ouvrages: Erasmi, Querela pacis etc. Bas. Froben. 1517. — M. Ritii de regib. Francorum. Bas. 1517. — Erasmi aliquot epist. Bas. 1518. — Officia Ciceronis rursus accurate recognit. per Erasmum Roterodamum. Bas. Froben. 1520.

108. Deux enfants en portent un troisième qui est assis sur une civière couverte d'une peau et qui souffle dans une corne. De chaque côté, un enfant près d'un candélabre à guise d'arabesque et qui termine par un médaillon contenant un buste sur fond noir. Au milieu du haut, un vase d'où sort une flamme et tout auprès des enfants qui terminent en rinceaux. Gravure sur bois. H. 5 p. 9 l. L. 4 p. Dans: Erasmi, querela pacis etc. Basil. 1518. — M. Lutheri Lucubrat. in Psalm. XXI. Bas. Frob. 1522. — M. Lutheri de votis monasticis. Bas. 1522, et plus tard dans diverses éditions de la Cosmographie de Münster. (v. Rumohr p. 91.)

On en trouve une copie sur métal dans le livre intitulé: Margarita philosophica etc. Anno Domini M.D.XVII. (auteur George Reitsch). H. 5 p. 10 l. L. 4 p.

Au verso du titre, on voit encore une gravure sur bois. A gauche, est assise une femme couronnée qui offre un livre à une femme agenouillée devant lui et accompagnée de quatre hommes debout. De celle-ci s'élève un arbre avec neuf demi-figures des sciences et des arts. Dans le coin de gauche, la Vierge immaculée; au milieu, la Ste. Trinité

et à droite les quatre docteurs de l'église. Au-dessous de cette pièce
in-4°, l'inscription: Jo. Schottus Argentinen. lectori. S. Hanc
eme, non pressam mendaci stigmate, Lector: Pluribus
ast auctam perlege, doctus eris. Basileæ MDXVII. Elle est
d'une taille maladroite, mais d'après un bon dessin qui doit appartenir
à un maître du haut Rhin. On trouve dans ce livre encore quelques
autres gravures sur métal d'après divers dessinateurs. Le sujet de la
Rhétorique et celui où l'Astronomie montre les étoiles à Pto-
lemée ont quelque chose de la manière d'Urse Graf.

D'après une communication qui nous a été faite par M. Rud.
Weigel, il existerait d'autres copies de cette bordure dans les livres intitulés: De origine Guelphorum et Ghibellinorum. Bas. A. Cratander.
1519. Les bustes dans les médaillons sont remplacés par du texte.
Ensuite dans: Th. Murner utriusque iur. Tituli etc. Bas. A. Petri,
1518, in-4°, et dans les éditions allemandes de 1519.

109. Deux enfants tenant un écusson. Ils sont placés au
bas. De chaque côté s'élèvent sur des piédestaux des colonnes derrière lesquelles se tiennent des hommes fortement mouvementés. Un
arc en plein cintre, richement orné, forme le haut. Gravure sur bois
peu importante. H. 6 p. L. 4 p. 6 l. Dans la collection de Bâle,
avec le titre enlevé.

110. Deux enfants ailés sont assis au bas près d'un grand
écusson; ils jouent du tambour et de la trompette. Aux deux côtés,
s'élèvent des colonnes près desquelles on voit de petits personnages couronnés. Au haut, dans un arc d'architecture, deux figures tenant un
écusson. Gravure d'une exécution rude; H. 5 p. 9 l. L. 4 p. 3 l. Collection
de Bâle, avec le titre enlevé.

111. Cupidon et enfant. Ils se tiennent chacun à une des
colonnes qui forment les latéraux. La partie inférieure montre au milieu un médaillon, et la supérieure un vase tenu par un homme et une
femme, terminés par des rinceaux. H. 4 p. 9 l. L. 3 p. 2 l. Dans
la Cosmographie de Münster 1578.

112. Quatre enfants dans des rinceaux. Ils forment la
partie supérieure de la bordure; la partie inférieure ainsi que les latéraux consistent en listels étroits ornés d'arabesques. A gauche, sur
une tablette, les initiales I F. Gravure sur métal. H. 5 p. 8 l. L. 3 p. 5 l.
A Bâle, avec le titre enlevé.

113. Enfants dans les listels latéraux. En haut, une
tête de mort avec le millésime 1520; au bas, une fontaine; in-8°.

Dans l'ouvrage: Erasmus, ein schön Buch wie man Gott bitten soll etc. Basell, Froben, 1525. In-8°. (v. Rumohr p. 109.)

114. Portail orné. Au milieu du haut, une tête d'ange, aux côtés, des chevaux terminés en guirlandes de fleurs; in-4°. Dans: Erasmi, Apol. declamatio de laude matrimonii. Basileæ Frobenius 1519. In-4°. (v. Rumohr p. 91.)

Additions aux bordures.

Nous mentionnerons sous ce titre les bordures dont il est incertain si Hans Holbein a fourni les dessins, qui lui sont néanmoins fort souvent attribués.

115. Moïse. Trois compositions de son histoire dans le listel inférieur; des arabesques forment les latéraux. En haut, à gauche, la création du monde et de l'homme; à droite, Moïse avec les tables de la loi; au milieu, la marque du libraire Adam Petri. H. 4 p. 8 l. L. 3 p. 2 l. Gravure sur bois médiocre dans la Cosmographie de Münster.

116. Jésus avec ses disciples. Il appelle à lui les aveugles et les perclus; sur les côtés, des candélabres; en haut, le Saint Esprit. H. 4 p. 8 l. L. 3 p. Gravure sur bois médiocre, dans la Cosmographie de Münster.

117. Concert d'anges. Au bas de la bordure, à gauche, la sainte famille; à droite, Ste. Élisabeth et St. Jean; aux côtés, des anges dans des buissons; en haut, d'autres anges font la moisson. Bonne composition et qui se rapproche plus du style de Cranach que de Holbein. In-folio et employé pour plusieurs des écrits d'Érasme par Froben de Bâle. (v. Rumohr p. 109.)

118. St. Pierre et St. Paul. Demi-figures au haut et au bas de la bordure avec les symboles des évangélistes aux coins. Dans les compartiments des latéraux, quatre demi-figures des pères de l'église. Gravure sur bois. H. 9 p. 2 l. L. 6 p. 3 l. Dans la Geographia universalis. — Cl. Ptolomæi enarrationes etc. Lat. ed. Seb. Münster. Bas. p. Henri Petri 1545 et dans les diverses éditions de la Cosmographie de Münster de 1545 à 1574.

119. Actéon changé en cerf. Dans la partie inférieure, Diane avec trois nymphes se baigne dans un ruisseau au milieu d'un bois. A droite, Actéon qui les contemple et dont la tête est déjà changée

en celle d'un cerf. Dans les latéraux, deux petits génies tiennent des écussons avec la figure allegorique de l'occasion qui est la marque de André Cratander de Bâle. La partie supérieure montre une jeune femme qui traverse un bois sur un traineau attelé de deux cerfs. Sur le bord inférieur se trouve le millésime 1520. H. 6 p. 2 l. L. 4 p. 7 l. Cette pièce est exécutée sur métal d'après un assez bon dessin dans la manière d'Ambroise Holbein. Une copie se trouve dans l'ouvrage intitulé: De gaudio resurrectionis, sermo etc. Jo. Oecolampadio autore. Elle est gravée dans le même sens et également sur métal, mais sans la date de 1520.

120. Curtius à cheval se précipite dans l'abîme, au milieu d'une foule de spectateurs. En haut, une riche architecture. H. 4 p. 8 l. L. 3 p. 3 l. Gravure sur métal, nette et maigre et pour le style et le dessin ressemblant aux compositions d'Urse Graf. Dans l'ouvrage intitulé: Bugenhagen Annot. in Deuteron. Bas. Ad. Petri 1825 et dans la Cosmographie de Münster ou Geographia Claudii Ptolomæi. Basileæ 1552.

121. Salomon accompagné de vingt philosophes et poètes de la Grèce et de Rome. Demi-figures, dans des compartiments cintrés; au milieu du haut, Salomon entre Homère et Hésiode; au bas, un jardin clos d'une haie et quatre fontaines. Les têtes ont de l'expression, mais l'exécution sur métal est médiocre. H. 9 p. 11 l. L. 6 p. 11 l. Employé dans plusieurs des éditions de Froben de 1520 à 1528, entre autres dans Erasmi Adagia. Bas. 1523.

122. Érasme et Ulric von Hutten, dans des médaillons, dans le livre intitulé: Ulric ab Hutten cum Erasmo Roter. Presbytero theol. expostulatio. S. l. et a. (Bâle). In-4°. On trouve encore à la fin un portrait de U. v. Hutten. (Voyez v. Rumohr dans le Kunstblatt 1823, p. 126, d'où il ne resulte point cependant que cette pièce soit une bordure. M. R. Weigel l'a indiquée pour la première fois dans v. Rumohr p. 94.)

123. L'Occasion. Une femme nue, les ailes aux pieds, dans un écusson tenu par deux enfants. (C'est la marque du libraire André Cratander.) Dans les latéraux, on voit debout Lucrèce à gauche, Judith à droite. En haut, un fronton avec des enfants aux côtés. H. 6 p. 5 l. L. 4 p. 7 l. Gravure sur métal médiocre et comme il semblerait d'après un dessin d'Ambroise Holbein. Dans la Cosmographie de Séb. Münster de 1578, mais on doit la trouver employée auparavant dans les éditions de Cratander, entre autres dans le livre in-

titulé: Quod non sit onerosa Christianis confessio, paradoxa Joannis Oecolampadii. Bas. André Cratander. 1521.

124. Deux enfants ailés, assis, dans le listel inférieur. A côté des colonnes qui forment les latéraux, on voit un enfant qui en porte un autre sur les épaules. En haut, de chaque côté du fronton, un petit Amour. Gravure sur bois bien exécutée. H. 5 p. 9 l. L. 4 p. 3 l. A Bâle, avec le titre enlevé.

125. Deux guerriers et trois enfants. Ces derniers sont assis en haut sur une corniche et deux d'entre eux soufflent dans des cornes. L'espèce d'architrave qui déborde de chaque côté repose sur des colonnes richement ornées, derrière chacune desquelles on aperçoit un guerrier armé à l'antique. H. 6 p. L. 5 p. 1 l. Gravure sur bois, dans la „Geographia Cl. Ptolomæi etc. Basileæ Henr. Petri MDLII,“ mais elle a dû être utilisé auparavant puisque dans cette impression le bois paraît déjà très-usé.

126. Deux latéraux avec des colonnes à guise de candélabres. Elles sont placées devant deux pilastres et soutenues au bas par deux et trois petits enfants. En haut, sur l'architrave et de chaque côté, un enfant tenant devant lui une boule. Bonne gravure sur bois et dessinée dans le style de Holbein. H. 9 p. 4. L. 1 p. 2 l. Ces deux listels se trouvent souvent employés avec différents autres en haut et en bas dans la „Geographia Cl. Ptolomæi etc. Bas. H. Petri 1552,“ après l'avoir été probablement dans d'autres éditions antérieures.

127. Deux latéraux, chacun avec un enfant. Sur un socle orné, l'enfant, qui est vu de face, porte un trophée; l'autre, tourné un peu de côté à gauche, un pot-à-feu; au-dessus de ce dernier se trouve une tablette avec l'inscription: ONOIA. H. 4 p. 4 l. L. 10 p. Bonne gravure sur bois d'après H. Holbein dans la Cosmographie de Münster, avec des listels différents en haut et en bas qui n'y apartiennent pas.

128. L'homme subjugué. Dans une vigne, au bas, une femme est assise sur un vieillard qui se traîne à terre et le conduit avec un cordon au cou. Dans les ornements aux côtés, un homme, à droite, tient un bouclier rond et de l'autre se trouve un porte-enseigne presque nu qui sur la pique ou hampe porte une tête virile enfilée. Dans le listel supérieur, on voit sur un plat une tête de mort entre une femme qui se lamente, assise à gauche, et un homme debout qui contemple dans l'étonnement. Bonne gravure sur bois. H. 5 p. 4 l. L. 3 p. 6 l. Dans la Cosmographie de Münster.

129. **Plusieurs sujets de la vie commune.** Dans l'ouvrage intitulé: TACVINI SANITATIS ELLVCHASEM ELIMITHAR Medici de Baldath, De sex rebus non naturalibus etc. Argentorati apud Joannem Schottum etc. M.D.XXXI. Dans ce livre, on trouve au bas de 41 feuilles plusieurs sujets représentés à guise de frise et qui se rapportent au texte, comme des fruits, des plantes, des vases, des mets, des oiseaux, des poissons, des animaux domestiques et autres sujets ayant rapport aux conditions et aux actions de la vie. Ils sont pour la plupart gravés au simple contour et si naturels, si vrais et si beaux de dessin qu'il devient probable que l'invention en appartient à Holbein. La gravure sur bois ne correspond cependant point au talent de l'inventeur, surtout en ce qui regarde les têtes et le mouvement des mains des figures d'hommes, et le livre ayant paru à Strasbourg, on a aussi attribué les bois à Henri Vogther le jeune de cette ville.

Marques de libraires.

Le talent de Holbein fut mis en réquisition par les libraires pour leurs marques, aussi bien que pour les bordures des livres qu'ils publiaient, et notre artiste se distingue ici également pour la beauté et la richesse des dessins et des compositions comme dans l'invention souvent pleine de fantaisie. Les marques que nous allons décrire portent tellement le caractère de beauté propre à Holbein que nous croyons pouvoir les lui attribuer quoiqu'elles ne portent point de signature.

130. **Le Caducée.** Marque de libraire de Jean Froben ou Frobenius de Bâle. Le Caducée, surmonté d'un oiseau et tenu par deux mains, se trouve dans un écusson suspendu à un ruban mêlé de fruits et de feuilles et tenu par deux petits génies. Au bas de l'écusson se trouvent deux enfants dont l'un est assis et l'autre couché. Fond de paysage. Le tout est renfermé dans un arc richement orné. En haut, dans un petit écusson au milieu des rinceaux, se découvrent quelques traits irréguliers que von Rumohr prend pour le monogramme HB, mais qui n'indiquent point la signature de Holbein. H. 3 p. 9 l. L. 2 p. 7 l. (Von Rumohr p. 98.) Belle gravure sur bois. On en a aussi une copie médiocre sur métal.

131. **Le même.** Dans l'ensemble, la composition ressemble à la marque ci-dessus, avec la différence que des enfants ailés sont debout au bas de l'écusson et soufflent dans des trompes. Fond noir avec un

escalier. Dans les rinceaux du haut, on ne retrouve ni l'écusson ni les traits ressemblant à une signature. H. 3 p. 6 l. L. 2 p. 4 l. Forte gravure sur métal, mais d'une exécution médiocre. On la trouve dans les éditions de Froben de 1516 à 1518.

132. Même sujet. Le Caducée est tenu par deux mains sortant de nuages, sur fond blanc, sans encadrement et entre les deux syllabes FRO — BEN. Au bas, l'inscription: Basileæ, in officina Frobeniana Anno M.D.XXXII. La figure mesure 4 p. 2 l. L. 2 p. 6 l. Gravure sur métal d'un bon dessin. On en trouve une copie médiocre dans des éditions de 1567.

133. Un ours qui cherche du miel. Marque du libraire Mathias Apiarius de Berne. L'animal grimpe sur un arbre, dans les branches duquel se trouve une ruche; il est entouré à droite par sept, à gauche par cinq abeilles. Au pied de l'arbre, on voit une couple de plantes. Cette composition fait allusion au nom ainsi qu'à la patrie du libraire. Cette gravure sur bois est très-belle et semble un travail de Lützelburger. H. 2 p. 6 l. Une copie de 3 p. de hauteur sur 2 p. de largeur, attribuée à Jacques Kerver, est rapportée dans les Archives de Naumann I. p. 53.

134. Composition analogue. L'ours est ici debout contre un sapin dans lequel se trouve une ruche. On voit trois abeilles à droite et une araignée suspendue à un fil. Un oiseau, à droite, saisit une des abeilles. Un maillet est suspendu à une branche au devant de l'entrée de la ruche. Sur le terrain gît un livre hébraïque ouvert, sur les feuilles duquel quelques abeilles sont posées. Gravure sur bois d'un beau dessin et d'une belle exécution. H. 3 p. 3 l. L. 2 p. 2 l. Tout autour, se lit l'inscription suivante imprimée au moyen de caractères mobiles: Brevis in volatilibus apis, et initium dulcoris habet fructus illius. Eccl. XI. Cette vignette se rencontre dans des éditions de 1550.

On trouve une imitation, médiocre dans la composition et le dessin, de cette gravure sur bois, dans un écusson chantourné, terminé par des lys. L'ours grimpe sur l'arbre, le maillet pend à droite et la vignette a la même inscription en caractères mobiles; dans des éditions de 1550.

135. Un saule sur lequel grimpent des grenouilles. Marque du libraire Christophe Froschauer de Zurich. Dans une banderole sur l'arbre on voit l'inscription: CHRISTOF FROSCHOVER ZVO ZVRICH. Le tout entouré d'une riche bordure. Excellente gra-

vůre sur bois de Hans Lützelburger. H. 3 p. 1 l. L. 2 p. 1 l. Cette vignette se trouve dans les éditions de 1548.

136. Un enfant à cheval sur une grenouille colossale qui, entourée de quatre autres de la même espèce mais plus petites, se dirige à droite. L'enfant nu regarde à gauche; derrière lui se trouve un saule avec une banderole contenant l'adresse: CRISTOF FROSCHOWER ZǓ ZVRCH. Le fond de paysage montre le lac de Zürich. Pièce d'un beau dessin et d'une bonne exécution. H. 3 p. L. 2 p. 1 l. Cette vignette se trouve dans les éditions de 1546 à 1555 et probablement dans quelques-unes antérieures à cette date.

137. Même composition. L'enfant est monté sur une grenouille colossale, dirigée vers la droite, et élève la main comme pour la frapper, tandis que celle-ci tourne la tête en ouvrant la gueule comme pour crier. A droite deux petites grenouilles, à gauche une troisième, tandis qu'une quatrième grimpe sur un saule. Fond de paysage montagneux. Sans inscription. Pièce d'un beau dessin mouvementé, mais d'une exécution médiocre. H. 2 p. 5 l. L. 1 p. 6 l. On trouve cette vignette dans un livre publié par C. Froschauer en 1550.

138. Un palmier dans les branches duquel est couché un homme. L'homme nu est presque entièrement renfermé dans les branches et écrasé sous un couvercle massif, sous lequel il s'agite en criant. Derrière l'arbre, on lit sur une banderole à enroulement: PALMA. BEB. Marque du libraire Jean Bebelius. H. 3 p. 11 l. L. 2 p. 6 l. Cette vignette, sans encadrement, est très-bien exécutée sur bois par Lützelburger. On lit au-dessous l'inscription au moyen de caractères mobiles: Basileæ ex ædibus Joannis Bebelii, mense Augusto, Anno M.D.XXIX.

139. Une tablette avec une main qui tire un trait entre deux autres lignes perpendiculaires. Marque du libraire Valentin Curio de Bâle. Dans un arc de riche architecture deux petits génies tiennent un écusson, dans le champ duquel on voit une tablette, sous laquelle une main, sortant des nuages, trace avec un pinceau un trait perpendiculaire. Au bas sont assis deux autres génies et on voit debout sur les colonnes deux hommes couverts de casques, soufflant dans des trompes. On lit dans l'arc: VALENTINVS ∽ CVRIO. H. 3 p. 7 l. L. 2 p. 9 l. Cette belle gravure sur bois se trouve dans les éditions de 1523.

140. Autre marque de Curio. La main tirant un trait sur la tablette se trouve dans un écusson tenu par deux enfants qui ter-

minent en rinceaux. Sur l'arc soutenu par des colonnes, deux demi-figures d'enfants tenant des torches. H. 3 p. 1 l. L. 2 p.

141. Autre marque du même. La main sortant des nuages et tirant un trait sur la tablette, est renfermée dans un écusson très-élégant et rempli d'ornements dans le style des orfévres. Très-belle vignette sur bois de Hans Lützelburger. H. 2 p. 11 l. L. 1 p. 11 l., sans bordure. On trouve encore cette pièce d'une plus grande dimension de 3 p. 9 l. de hauteur.

142. Un Hermes à trois têtes. Marque du libraire Jean Hervagius de Bâle. Sur un fût de colonne, orné de guirlandes de fruits et d'une tête de lion, s'élève la demi-figure d'un homme nu à trois têtes couvertes de morions et tenant dans la main droite le caducée. Sans bordure. H. 3 p. 10 l. et largeur du terrain 2 p. 2 l. Cette bonne vignette sur bois orne un livre de 1535. On en trouve une mauvaise copie, avec des différences, de 2 p. 2 l. de hauteur seulement. On la rencontre sur le titre de l'ouvrage intitulé: Cosmographie de Grynæus. Avec la signature: Fata viam invenient, Basileæ per Joannem Hervagium 1550.

Appendice.

Nous ferons encore mention ici de quelques gravures sur bois et sur métal qui sont communément attribuées à Holbein, mais dont l'exécution est en partie si mauvaise et en partie d'un caractère si éloigné du style du maître, que nous avons peine à nous ranger à l'opinion qui les lui donne.

143. Quatre sujets de la vie de Jésus Christ. Assez bonne gravure sur métal du maître I F. H. 4 p. 6 l. L. 2 p. 11 l. Berlin.

  a. La trahison de Judas.
  b. Le crucifiement.
  c. La descente du St. Esprit.
  d. Le couronnement de la Vierge.

144. Deux évangélistes. Gravures sur métal du maître I F. H. 2 p. 1 l. L. 1 p. 8 l. Berlin.

  a. St. Matthieu. Il est assis, tourné vers la gauche et regarde dans un livre que lui tient un ange. La signature à la gauche du bas.

III.

b. Le lion ailé de St. Marc. Il est tourné à gauche; à droite, une colonne. Dans le cintre: S. MARCVS.

Du même genre sont les quatre évangélistes gravés sur bois, H. 2 p. 2½ l. L. 1 p. 9 l., qui se trouvent dans l'ouvrage intitulé: „Les figures du Nouveau Testament, à Lyon, par Jan de Tournes M.D.LIIII." La composition de ces sujets se rapporte assez au style de Holbein, surtout dans le St. Luc et le St. Jean, mais pas autant dans le St. Matthieu. L'exécution sur bois est bonne. Toutes les autres gravures de ce livre sont bien diverses et traitées dans le goût français. Nous décrirons ici les quatre évangélistes.

145. St. Matthieu. Il est assis, tourné vers la droite où un ange lui tient un livre. A gauche, vue de paysage; à droite, un vase avec des fleurs.

146. St. Marc. Il est assis, la tête tournée à droite, tandis qu'il écrit dans un livre; à gauche, le lion et une fenêtre avec vue sur des édifices et un obélisque.

147. St. Luc. Il est assis, tourné de profil à gauche et écrivant. A droite, le bœuf. Fond de paysage montagneux.

148. St. Jean. Il est assis, tourné vers la gauche, près d'un figuier et tient devant lui une tablette, tandis qu'il regarde en haut où la Vierge ailée est debout sur le croissant. L'aigle est à la gauche du bas. Dans le fond, la mer avec des îles.

149. Sujets de l'Apocalypse. 18 gravures sur bois dans le „Newe Testament, deutsch. Basel. Henri petri, 1523." In-folio. Ces compositions sont pour la plupart empruntées à Albert Durer, quelques-unes seulement sont originales et traitées dans le style de Holbein, entre autres celles où l'ange marque les croyants d'une croix, la source de feu, l'incendie de la ville et les quatre désespérés. (v. Rumohr p. 103.)

Des copies in-8° que l'on attribue à Hans Brosamer, parurent à Francfort s. M. en 1553.

150. Un pape donne sa bénédiction à un évêque. Il est assis, à gauche, sur un trône, tenant de la main gauche un livre et levant la main droite pour bénir un évêque qui semble prononcer un discours. De chaque côté du pape se tient un cardinal; plus en arrière, à droite, divers ecclésiastiques et une abbesse. Gravure sur bois finement exécutée. H. 2 p. 5 l. L. 3 p. 9 l.

Le bois original est en la possession du baron d'Aufsess, à Nuremberg, qui en a fait tirer quelques impressions. On n'en connaît point d'anciennes épreuves. A Nuremberg, on croit qu'il a été gravé par un maître, d'ailleurs inconnu, nommé Jacques Kübel. La composition et le dessin en sont très-beaux et dignes de Holbein.

151. **Deux princes qui se querellent.** A droite, un personnage vêtu d'une longue robe se trouve devant un jeune homme armé; tous deux se prennent aux cheveux et semblent se disputer une couronne qui plane au-dessus d'eux. De chaque côté, des portes, avec vue sur un paysage. A droite et aux pieds du jeune homme, la marque H.H. H. 2 p. 6 l. L. 3 p. 2 l.

Gravure très-nette, d'après un dessin qui pourrait être de Holbein, et qui, à Bâle, est unie à son œuvre. Cette pièce paraît avoir eu une inscription qui a été rognée et qui aurait pu nous donner une idée du sujet. Nous la trouvons employée plus tard dans la Cosmographie de Séb. Münster de 1578. Voyez Bartsch IX. p. 411. No. 27.

152. **Quatre personnages de distinction.** Ils sont placés l'un à côté de l'autre, à gauche le plus jeune, à droite le plus vieux. H. 2 p. 1 l. L. 5 l. Cette gravure sur bois est traitée comme la précédente et se trouve dans la même édition de la Cosmographie de 1578 avec l'inscription: **Von dem Adel woher der komen ist.**

153. **Quatre lapins dans un paysage.** L'un entre dans son trou. H. 1 p. 5 l. L. 2 p. 4 l. Le dessin dans cette composition montre tant de vie et d'observation de la nature, qu'il est tout à fait digne de Holbein. Cette pièce se trouve également dans la Cosmographie de Münster de 1578.

154. **Triomphe de l'hiver.** Cette pièce parfaitement inconnue est venue du cabinet Durand dans la collection Albertine de Vienne. On la croit gravée d'après un dessin de Holbein. (Voyez von Rumohr p. 107.)

155. **Deux astronomes.** Cette gravure sur métal se trouve sur le titre imprimé en rouge du livre intitulé: **Ausslegung dess Instruments so von dem hochgelerten etc. Seb. Munstero über die zwei liechter, nemlich der sonnen und dess monts leuffen, in latinischer sprach gemacht ist, jetzt aber in teutsch sprach verfertiget etc. durch Marcum Wallpachium.** In-4°. Sous ce titre, la gravure en métal est imprimée en noir et montre, dans un paysage, les diverses phases de la lune éclairée par le soleil dans quatre positions. A la gauche du bas, on voit un astronome avec un compas près d'un globe céleste, et qui regarde vers le haut. A droite, un autre, tourné vers la gauche et les

yeux élevés, tient devant lui un quart de cercle. Bonne composition dans le style de Holbein. H. 4 p. 4 l. L. 3 p. 8 l. A la fin du volume, on lit: Gedruckt zu Basel bey Jacob Kündig im M.D.LIIII. jar.

156. L'Ancien Testament en allemand. Basel, Adam Petri, 1524. 2 parties in-fol. Mr. Rud. Weigel, dans son catalogue No. 17891, nous informe que parmi les différentes gravures sur bois signées respectivement: I F — H F — Æ. A. P. et H. L. F., il s'en trouve quelques-unes dont il croit pouvoir attribuer l'invention à Holbein, comme, entre autres, la création du ciel, de la terre et la création d'Ève dans un disque avec des anges priant et faisant de la musique. Le monogramme Æ. nous indiquerait Ambroise Holbein et les initiales H. L. F. Hans Lützelburger.

157. Encadrement de titre avec les sept vertus cardinales. Dans le listel inférieur, on trouve les trois vertus théologales avec leurs noms: FIDES — SPES — CHARITAS sur des écriteaux volants. Les quatre vertus cardinales avec leurs dénominations: IVSTICIA — PRVDENCIA — FORTITVDO — TEMPERANCIA et de plus des inscriptions sur des tablettes. En haut, au milieu d'ornements, une tête de chérubin. H. 4 p. 10 l. L. 3 p. 4 l. Dans le livre intitulé: D. Henrici Glareani Poetæ laureati de Geographia, Liber unus. Basileæ, anno M.D.XXVII. Excudebat Joannes Faber Emmais iuliacensis. — Le dessin de cette gravure sur métal est grandiose, mais non point tel qu'on puisse l'attribuer à Holbein, mais bien peut-être à son frère Ambroise, ce que l'on pourrait mieux décider si l'exécution en était meilleure.

158. Aristote et Phryné. Dans le listel inférieur, une jeune femme chevauche un vieillard et tient les rênes à la bouche, tandis qu'elle le frappe du fouet. Dans le fond, à droite, Alexandre-le-grand et un autre personnage contemplent cette scène de la terrasse d'un palais. Les latéraux contiennent chacun un écusson, dont un est celui de Bâle. En haut, à gauche, Virgile descendu de la fenêtre dans une corbeille; à droite, Salomon adorant les faux dieux. H. 5 p. 5 l. L. 4 p. 2 l. (?) On trouve cette gravure médiocre sur métal, exécutée selon toute apparence d'après un dessin de Holbein, dans les éditions de Bâle de 1528.

159. Actéon. Au bas, Diane avec trois Nymphes se baigne au milieu d'un bois; à droite, Actéon, dont la tête est déjà changée en celle d'un cerf. On lit auprès: ACTÆON I CERVV̄. Dans les latéraux,

un petit génie de chaque côté tenant un écusson avec la marque de
André Cratander de Bâle. En haut, une jeune chasseresse traversant
un bois dans un chariot traîné par deux cerfs. Dans la bordure intérieure du bas, on lit le millésime 1520. H. 6 p. 1 l. L. 4 p. 6 l.
Gravure sur métal, en apparence d'après un dessin d'Ambroise Holbein.

160. Les divers états de l'âge. Le listel inférieur montre,
à gauche, un enfant qui traîne une caisse ornée devant laquelle se
tient un jeune homme et dans laquelle un jeune couple couronné se
trouve assis. Derrière, un vieillard semble vouloir la retenir, une vieille
femme se trouve à côté de lui. Les listels aux côtés sont ajoutés à
caprice, ainsi que celui d'en haut, où deux petits génies tiennent
un écusson avec la marque ci-contre, qui est probablement celle
de l'éditeur qui a publié les „Predigten über das Evangelium"
en 1531, et sur le titre de la seconde partie desquels se trouve cette
pièce. H. 8 p. 4 l. L. 5 p. 4 l.

AH
1717

Ambroise Holbein.

Ambroise était le frère aîné de Hans Holbein le jeune et, d'après
C. von Mechel, naquit à Augsbourg en 1484, mais on n'a trouvé jusqu'ici aucun document qui pût justifier cette assertion. Sur le tableau
déjà souvent nommé de la conversion et du baptême de Saint Paul,
il est représenté comme un enfant âgé de 10 à 12 ans, et comme ce
tableau a été peint par le vieux Hans Holbein en 1504, il s'ensuivrait
qu'Ambroise a dû naitre au commencement de la dernière décade du
15e. siècle. Cette opinion serait plus d'accord avec le fait de sa ré-
ception dans la confrérie des peintres le jour de St. Matthias, 1517,
puisque on le trouve consigné comme peintre d'Augsbourg dans le livre
de la Corporation „Zum himmel" de Bâle.

Dans son style de dessin, surtout à la pointe d'argent, il s'approche
beaucoup de celui de son frère Hans; il l'a suivi même de très-près
dans la manière de peindre, mais il est moins empâté et plus faible dans
son coloris. On trouve de lui, dans la collection de Bâle, quatre petits

tableaux à l'huile et trois portraits finement exécutés à la pointe
d'argent, dont l'un, celui d'un homme, porte son monogramme Æ 1517;
le second, celui d'une femme, le millésime 1518.

Ambroise Holbein a fourni beaucoup de dessins de bordures aux
libraires de Bâle. Nous ne pouvons néanmoins en indiquer qu'un
qui porte son monogramme avec la date de 1517. Mais d'autres
pièces de ce genre sans signature, quoique très-analogues à celles de
Hans Holbein, montrent tellement le caractère particulier du style d'Ambroise, que nous n'hésitons point à les lui attribuer. On les reconnaît
au style des draperies moins composées et aux petites figures allégoriques dont les mouvements sont moins naturels, et même un peu
maniérés.

Bordures de titres.

1. La Calomnie d'Apelles. Dans le listel inférieur, on voit
assis le juge ou le prince aux longues oreilles entre les figures allégoriques de l'Inconstance et du Soupçon. Il prononce la condamnation
de l'Innocence, qui, sous la figure d'un enfant, est traînée par les cheveux par la Calomnie. Tout près se tiennent l'Envie, la Fraude et
l'Embûche (Invidia, Fraus et Insidiæ) derrière lesquelles s'avancent
le Repentir et la Vérité (Penitudo et Veritas). Toutes ces figures
portent le costume du XVIᵉ. siècle. Sur le petit mur d'enceinte se lit
l'inscription „Apelles hujusmodi pictura calumniam ultus
est". Dans les latéraux se trouvent les figures allégoriques de la
Justice et de la Tempérance, de la Force et de la Charité. La bataille d'Ariminius est représentée dans le listel supérieur. Dans le
coin de droite, l'inscription: „Tandem vipera sibilare desisto",
et au-dessous, le millésime 1517 avec le monogramme Æ. H. 9 p.
8 l. L. 6 p. 3 l.

La gravure sur bois, assez maladroitement exécutée, se trouve
dans les ouvrages suivants: Max. Tyrii Sermones. Basileæ Frobenius
1519 in fol. — C. Cypriani Opera. 1521 in fol. — Erasmi Adagia.
Bas. 1523 in fol. (v. Rumohr p. 111.)

2. L'Hercule gaulois. Il est debout, à gauche, près d'une
table, avec l'indication: Hercules gallicus, et décoche une flèche
contre une multitude d'hommes qui sont attachés à des chaînes sortant

de sa bouche. On lit en haut, sur une tablette: Typus Eloquen-
tiæ; à la droite du bas, près du millésime 1519, le monogramme du
graveur HF.

Dans les pilastres des latéraux se trouve, au-dessus d'un écusson,
la marque d'Andrea Cratander: L'Occasion ou la Fortune avec des
ailes aux pieds. [96]) A gauche, Lucrèce, et à droite, Judith. Dans
le listel inférieur, on voit représentés, avec des inscriptions explicatives
en grec, à droite un homme qui se plaint de ne pas avoir eu l'occasion de lire les anciens auteurs, au milieu une femme, probablement
le Monde, qui se lamente avec lui, enfin, à gauche, l'Occasion qui
leur promet de ne point leur manquer à l'avenir. H. 9 p. 9 l. L.
6 p. 6 l.

Cette bonne gravure sur bois se trouve dans les ouvrages suivants: Dictionarium Graecum. Basileæ 1519. — Topica Claudii, can-
tiunculae etc. Ex inclyta Bassileâ 1520. — Pomponii Melæ, de situ
orbis libri tres etc. Basileæ Annô M. D. XXII. (v. Rumohr p. 110.)

3. La vie des courtisans représentée. — (Imago vitae
aulicae.) Dans le listel inférieur sont assises, à droite, l'Opulence sur un
trône élevé, et l'Espérance; un homme qui s'avance s'adresse à
celle-ci. De l'autre côté, à gauche, „Servitus et Fallacia" conduisent
un individu vers un autre, dont le nom est Labor. Celui-ci et l'Espérance le conduisent ensuite vers un vieillard courbé par les ans,
„Senectus". Ensuite Contumelia l'amène à Desperatio. Enfin,
au bout de la salle soutenue par des colonnes, le Repentir, Penitudo,
est debout devant un vieillard nu, agenouillé, qui est battu par le
Désespoir. Dans les latéraux se tiennent les figures allégoriques de
l'Adulation et de la Fortune, et au-dessus de l'une, Cupidon
qui lance une flèche, et vis à vis, Vénus. Dans les compartiments
du haut, on voit Apollon présentant une harpe à Mercure, et le même
Dieu poursuivant Daphné. Pièce non signée. H. 8 p. 10 l. L. 6 p. 4 l.

Cette gravure sur bois se trouve avec celle de la Calomnie
d'Apelles dans l'ouvrage: Max. Tyrii Sermones. Bas. Frob. 1519, et
à ce propos, feu M. Pierre Vischer a pu remarquer avec raison que
les deux pièces sont tellement analogues dans la manière, qu'on peut
les attribuer à un seul et même maître, à Ambroise Holbein. La bordure

---

96) Cette marque de libraire, avec le monogramme ⊕, se trouve souvent dans
les éditions de Andrea Cratander de Bâle.

que nous décrivons se trouve encore dans le Frobenii thesaurus. Basileae 1522. Ex recognitione Des. Erasmi Rot. — C. Suetonius Tranquillus. — Erasmi praefat. ad nuper electum pontificem. Bas. Frob. 1522 etc. (v. Rumohr p. 92.)

Appendice.

Nous avons déjà remarqué, dans le catalogue de l'oeuvre de Hans Holbein le jeune, que deux bordures que nous y avons décrites sont tellement dans le style d'Ambroise, qu'on devrait peut-être les lui attribuer; nous les mentionnerons ici encore une fois.

4. Lucrèce morte entre les bras de son père. Voyez N. 93.

5. La figure allégorique de l'Océanus dans un écusson tenu par deux enfans. Dans les latéraux, Lucrèce et Judith. Voyez No. 123.

6. Sujets de la Bible. M. Rudolphe Weigel mentionne dans son Kunst-Catalog, No. 17891, le Vieux Testament en allemand, imprimé en 1524 à Bâle par Ad. Petri, 2 parties in-fol. et dans lequel se trouvent, entre autres gravures sur bois in-8. en largeur, quelques-unes avec le monogramme d'Ambroise Holbein; mais comme il ne les décrit point particulièrement, et que l'ouvrage n'est jamais venu à notre connaissance, nous devons nous contenter de faire mention de cette circonstance, en renvoyant à ce que nous avons déjà dit à ce sujet, dans l'oèuvre de Hans Holbein, sous le No. 135.

7. Les armoiries de l'empereur Charles V. Elles sont entourées du collier de l'Ordre de la toison d'or. Une banderole volante contient l'inscription: Quy vouldra. Puis, à gauche, le monogramme Æ, avec le millésime 1517. H. 3 p. 5 l. L. 4 p. — Cette gravure sur bois se trouve dans plusieurs livres imprimés par Pamphilius. Gegenbach, à Bâle.

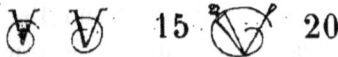

Urse Graf, Orfévre et graveur en acier de Bâle.
(Bartsch VII. p. 456.)

Nous avons déjà fait remarquer, en parlant du maître Vσ, dont la manière se rapproche de l'école de Schongauer, que Bartsch s'est trompé en confondant l'œuvre de cet artiste avec celui de Urse Graf de Bâle, qui travaillait dans le premier quart du XVIe siècle, et qui s'est uniquement servi des monogrammes ci-dessus composés d'un V et d'un G. entrelacés. [97]) On doit par conséquent séparer dans le catalogue de Bartsch les pièces qui appartiennent à ces deux maîtres, ce que nous avons déjà fait en ce qui concerne le premier. Bartsch ne semble pas avoir connu des gravures au burin ou à l'eau forte d'Urse Graf; il nous a été donné d'en trouver 13, qui portent les dates de 1512 à 1523. Nous avons pu également augmenter de beaucoup le catalogue de ces gravures sur bois et sur métal, bien que nous ne puissons encore le considérer comme complet, puisque Graf a dessiné pour les éditeurs de Bâle et probablement aussi de Strasbourg, des encadrements qu'il n'a point signés de son monogramme et que par conséquent nous ne pouvons déterminer d'une manière positive. M. Dr. Dronke, dans le Kunstblatt de 1823, p. 349, mentionne un Alphabet d'initiales avec des figures finement gravées, de 9 l. en carré, qu'il croit pouvoir attribuer à notre artiste et dont la N est marquée $\lessgtr$, mais comme ce signe non-seulement s'éloigne beaucoup des monogrammes indiqués ci-dessus, mais qu'il est composé des initiales V. C., nous ne pouvons nous ranger à l'opinion que Urse Graf en soit l'auteur.

---

97) On prend souvent le poignard ajouté au troisième monogramme pour un couteau de graveur sur bois, bien que la forme de ce dernier instrument soit tout à fait différente. Comme preuve que l'instrument dont il s'agit ici est véritablement un poignard, nous indiquerons un petit Amour, sur une bordure, qui porte suspendue à son cou une arme absolument semblable. Nicolas Manuel Deutsch a souvent ajouté ce poignard à son monogramme et comme on trouve dans la collection de ses dessins à Bâle plusieurs lansquenets qui se servent de cette arme dans le combat, on pourrait en déduire qu'il ait voulu signifier par là qu'il avait été lui-même lansquenet, ou que du moins il avait fait son service militaire sous François I.

Gravures au burin.

1. **Tobie.** Il est assis sur la rive d'un fleuve, tandis que l'Ange lui montre un gros poisson qui nage devant lui. Dans le fond du paysage, on voit un moulin. La signature est au bas. Pièce ronde de 2 p. 5 l. de diamètre. — Bâle.

2. **L'homme de douleurs.** Il est assis sur un banc, les mains étendues devant lui sur ses jambes. Sa tête couronnée d'épines est entourée de rayons et il tient un fouet de la main droite. Sur une pierre à la droite, au bas, la date 1523 accompagnée du monogramme. H. 3 p. 6 l. L. 2 p. 8 l. — Oxford.

3. **St. Christophe.** Il traverse l'eau pour chercher l'enfant Jésus assis sur l'autre rive. Derrière lui, dans le lointain, l'ermite avec la lanterne. Au bas, le monogramme à rebours. Pièce ronde de 2 p. 4 l. de diamètre. — Bâle.

4. **Même sujet.** Il marche vers la gauche portant l'enfant Jésus, qui donne sa bénédiction et qui se tient à une mèche des cheveux du Saint. A gauche, on voit, en partie, l'ermite avec la lanterne. Sur une tablette suspendue à un arbre, au premier plan, le monogramme à rebours. Pièce ronde de 2 p. 7 l. de diamètre. — Bâle.

5. **Un enfant nu.** Il est debout sur une boule, coiffé d'un chapeau à plumes, un poignard à la ceinture et s'appuie de la gauche sur une branche sèche, d'où pend une tablette avec le millésime 1513, à rebours. Le monogramme se trouve sur la boule. Pièce ovale avec une bordure de trois traits. H. 2 p. 2 l. L. 1 p. 5 l. — Bâle.

6. **Le soldat assis.** De la main droite élevée il tient une lance et pose la gauche sur une épée placée en travers sur ses genoux. Derrière lui, à gauche, un tronc d'arbre; à droite, un paysage avec fleuve, un pont et une ville. Le monogramme est au haut avec la date de 1515. H. 3 p. 9 l. L. 2 p. 9½ l. — Oxford.

7. **Le vieillard subjugué.** Une femme nue coiffée d'un grand chapeau à plumes chevauche sur un vieillard à longue barbe. Elle tient la bride et brandit un fouet. Dans le mur d'enceinte, il y a un trou où s'est posé un oiseau. A la droite du bas, la date de 1519 et le monogramme. Pièce magistralement traitée à l'eau forte. H. 3 p. 3 l. L. 3 p. — Bâle.

Gravures de poignard.

8. Huit enfans jouent dans des rinceaux de feuillage. Celui d'en haut, à droite, est armé d'une épée et d'un poignard; en bas à droite, la marque. Largeur en haut 1 p. 1 l., en bas 11 l. — à Bâle.

9. Une femme nue. Elle se trouve au milieu, montrant un assez gros ventre et se tourne vers la droite. Elle est debout sur un rinceau terminé par une grenade et tient l'extrémité d'une banderole à enroulements. Sans marque. H. 8 p. Largeur du haut 3 p., du bas 8 l. — à Bâle.

10. Une femme nue. Elle est vue debout, sur une grosse pomme avec une tige feuillée et tient une banderole avec la marque du maître. H. 7 p. Largeur du haut 1 p. 8 l., du bas 6 l. — Bâle.

11. L'Amour. Il est en haut de l'estampe et tient une tablette avec le monogramme du maître. Au milieu, un écusson contient le millésime 1512 à rebours. H. 6 p. 2 l. L. en haut 11 l., en bas 6 l. — à Bâle.

12. Un homme armé de toutes pièces. Il est debout vers le haut, tourné à droite et tient suspendus à une lance un arc, des flèches et un bouclier. A ses pieds se trouve un écusson avec la marque du maître. Au bas, des arabesques. H. 8 p. 11 l. L. en haut 1 p. 2 l., en bas 6 l. — à Bâle.

13. Un listel avec quatre guerriers. Celui du milieu tient sa hallebarde dirigée contre un homme barbu qui se trouve au bas. Au-dessus de lui, le troisième guerrier tend la main vers le quatrième, dont on ne voit que le pied dans l'exemplaire de Bâle. Le reste manque. H. 3 p. 9 l. (?) Largeur du haut 1 p. 6 l. — à Bâle.

Gravures sur bois.

1. Jacob tue Amasa. Le monogramme se trouve à la gauche du bas. (Bartsch No. 1.)

2—84. La vie de Jésus-Christ. 83 compositions signées la plupart du monogramme de Urse Graf. H. 1 p. 7 à 8 l. L. 1 p. 3 l. Ces gravures sur bois mal exécutées furent employées pour l'ouvrage in-

titulé: Christian Maier. Postilla Guillermi super Epistolas et Evangelia per totius anni circuitum etc. Basileæ
1511. On en trouve une édition postérieure de 1515. Toutes deux
ont, sur le titre, une gravure sur bois avec le monogramme de Urse
Graf. Dans le milieu, Jésus entouré des apôtres et du peuple s'avance
vers une femme avec un enfant. En haut, en bas et sur les côtés
se trouvent les symboles des évangélistes; dans les coins, Daniel, St.
Pierre, Jacques frère du sauveur et St. Paul, demi-figures. H. 4 p.
6 l. L. 3 p. 5 l.

Outre les 33 petites pièces, il s'en trouve encore 18 autres, qui
ne sont que des reproductions des 83 bois. Les 16 compositions
mentionnées par Bartsch sous le No. 4 comme pièces de l'Evangile,
appartiennent à la série que nous décrivons.

85—104. Vingt sujets de la passion de Jésus-Christ.
(Bartsch No. 3.) H. 1 p. 7 à 8 l. L. 1 p. 3 l.

Ces petites gravures sur bois, d'une taille un peu raide, portent
en partie le monogramme de Urse Graf, comme aussi la composition
du Christ au jardin des Oliviers, qui montre également la
marque M sur une pierre carrée, et qui indique le graveur sur bois.
Nous trouvons ces gravures employées pour le livre intitulé: Passio
Domini nostri Jesu Christi etc. p. fratrem Danielē Agri-
colā etc. Basileæ 1511 in-4°. et dans les éditions postérieures de
1512 et 1514 du même ouvrage. Le titre est orné de la même gravure
sur bois que dans les Postilla ci-dessus. En tête de l'ouvrage est un
„Directorium in dñice passionis articulos etc." avec une bordure, où l'on
voit en haut deux petits génies, à côté d'un ornement ressemblant à un dauphin et au milieu une tablette avec le nom MARIA. Dans le listel inférieur
se trouve une autre tablette avec le monogramme de Urse Graf, et le
millésime de 1513 au milieu. H. 6 p. 3 l. L. 4 p. 6 l. Des éditions postérieures ou mieux des contrefaçons portent la date de 1518. Nous
voyons ces 20 pièces avec beaucoup d'autres, dont quelques-unes de
Hans Schaeuflein, dans la Vie de Jésus-Christ mentionnée ci-dessus, et
dans le livre intitulé: „Das Plenarium oder Ewāgely buoch,
Summer vnd Winter teyl etc. gepredigt durch einen
geistlichen ordensman etc. Gedruckt durch etc. Adam Petri
von Langendorff, burger zu Basel. 1514." in-fol.

105. Le Christ instruit ses disciples (Bartsch No. 5).
Il est debout à droite et les envoie prêcher dans toutes les parties du
monde. Au bas, le monogramme avec le rochoir. H. 7 p. L. 5 p. 9 l.

Feuille de titre pour l'Histoire de la passion du maître V ɕ. Bartsch
No. 2.

106—113. L'oraison dominicale. Suite de 8 pièces
gravées sur métal et dont 8 portent le monogramme de Urse Graf.
Toutes ont au-dessus des inscriptions dans le dialecte suisse imprimées
au moyen de caractères mobiles. H. 3 p. 3 l. L. 2 p. 5 l. La marge
a 5 l. et l'exemplaire de Bâle n'a point de texte au revers. L'édition
latine postérieure porte pour titre : Precatio Dominica in septem por-
tiones distributa per D. Erasmum Roderadamū, avec la marque de
libraire de Frobenius, deux mains soutenant un caducée, surmonté
d'une colombe. R. Weignl, Kunst-Catalog No. 23444. 21131.

114. L'intercession. Devant Dieu le père sont agenouillés
le Christ et Marie, qui intercèdent pour un homme que l'on voit en
bas dans un paysage et pareillement à genoux. A droite, sur une
pierre, se trouvent les armoiries de la ville de Bâle et le monogramme
du maître. En haut, sur le baldaquin du trône de Dieu le père, le
millésime 1514. H. 5 p. 6 l. L. 4 p. 4 l. On en a un fac-simile
dans les gravures sur bois de R. Weigel No. 14.

115. Pyrame et Thisbé. Il est étendu sur le devant de
l'estampe après être tombé sur son épée. Elle est debout devant lui
se tordant les mains de désespoir. Dans le fond, à droite, derrière la
fontaine, on aperçoit le lion. Au milieu du bas, on lit le nom de
PYRAMVS sur un écriteau, et auprès, le monogramme du maître.
H. 11 p. 7 l. L. 8 p. 2 l. Fac-simile dans l'ouvrage de R. Weigel.
No. 41.

116. La famille du Satyre. La femme assise tient un
enfant devant elle. A gauche, le Satyre debout souffle dans une corne.
A un tronc d'arbre sec pend une tablette avec le monogramme du maître
dans lequel le jambage gauche du V représente un poignard, avec le
millésime 1520 aux côtés. Le fond de cette gravure sur bois est
noir et les contours sont en blanc et fort bien dessinés, le tout étant
traité d'un style très-fantastique. H. 7 p. 4 l. L. 4 p. 3 l. — à Bâle.

Il parait que l'artiste lui-même a exécuté cette gravure dont le
dessin a été taillé dans le bois même d'une manière caractéristique et
avec beaucoup de liberté.

117. La Mort et les deux soldats avec une femme, de
1524 (Bartsch No. 16). On en trouve un fac-simile dans Ottley.
(Collection of 129 etc.)

118—130. Les porte-bannières de la Suisse. 13 pièces,

chacune avec un porte-étendard, dont la bannière montre les armoiries d'un des cantons suivants : Zurich, Berne, Uri, Schwytz, Zug,
Glarus, Bâle, Fribourg, Schaffhouse, Appenzell, Saint Gall, Coire et
Vaud. Quelques-unes de ces pièces portent la date de 1521, mais
aucune le monogramme, quoiqu'il soit indubitable qu'elles appartiennent
à Urse Graf et qu'elles soient traitées de la même manière que la famille du Satyre (No. 116), c'est-à-dire que le fond soit noir et les
contours et les lumières en blanc. H. 7 p. 4 l. L. 4 p. — à Bâle.

131. Un porte-étendard. Il s'avance vers la droite, coiffé
d'une barrette richement ornée des plumes d'autruche et élève de droite
à gauche un petit étendard dont on ne voit qu'une partie marquée du
millésime 1527. Sans monogramme. La figure, sur fond blanc, est
noire avec les contours et les lumières en cieux. H. 7 p. 6 l. L. 4 p. 7 l.
— Francfort s. M.

132. Un écrivain présente un ouvrage au pape. Ce-
lui-ci est assis à gauche sur un trône et tient le livre, que lui donne
un ecclésiastique. A droite, on voit plusieurs autres ecclésiastiques et
docteurs debout qui expriment leur étonnement. Au bas se trouvent
cinq petits médaillons dans des arabesques avec plusieurs sujets dont
celui du milieu représente un prêtre disant la messe. Le monogramme
est sur le baldaquin du trône. Dans l'arc du haut, on aperçoit sept
petits anges. H. 8 p. 10 l. L. 7 l.

Sur le revers se trouvent les armoiries de Bâle avec un basilisque
pour support. On lit dans un petit écusson : BASILIAE 1511 et en
bas, à droite, les lettres D. S. qui forment probablement la marque
du graveur sur bois. — Coll. Albertine à Vienne. L'écusson manque
quelquefois.

Ces armoiries se trouvent également sur le revers d'une gravure
sur bois du Gratian où celui-ci est représenté assis et écrivant, tandis qu'il regarde à droite, où se trouvent le pape, des cardinaux, des
évêques et plusieurs savants, qui lui présentent leurs livres. Dans la
bordure se trouvent les figures des prophètes, des évangélistes et des
pères de l'église. H. 8 p. 7 l. L. 7 p.

133. L'écusson au double aigle. Sur sa poitrine se trouvent
les armoiries de l'Autriche; l'écusson a pour supports deux lions; à
droite une tablette avec le monogramme. H. 1 p. 9 l. L. 3 p. 10 l.
(Bartsch No. 17.)

134. Arabesque avec le sacrifice d'Abraham. Cette
composition se trouve au bas, le monogramme est sur l'autel. H. 4 p.

6 l. L. 3 p. Employé au centre du titre: „Paraphrasis in epistolas Pauli ad Timotheum etc. per Des. Erasmum Roterdamum S. l. et a."

135. Arabesque avec deux bustes. H. 2 p. 2 l. L. 5 p. 4 l. (Bartsch 12.)

136. Arabesque au génie sur un serpent. H. 1 p. 1 l. L. 6 p. 1 l. (Bartsch 13.)

137. Bordure de titre. Deux génies au bas, soutiennent un écusson avec les mots: IO. PROBE TYPIS EXCVDEBAT etc. En bas, à droite, le monogramme. Les latéraux montrent des colonnes ornées; en haut, à gauche, une femme nue (Eve) tenant un serpent de la main gauche et montrant avec le doigt vers le bas, où, sur la colonne, se trouvent les lettres MVA. H. 10 p. L. 7 p. 4 l. Employée dans le livre intitulé: „Ludovici Cælii Rhodigeni in antiquarum lectionem libros etc."

138. Bordure de titre. En haut, dans les coins, se trouvent deux médaillons avec des bustes d'homme et de femme. A gauche, le monogramme. Au bas, sur la plinthe, on lit à gauche ESIMI: à droite, A M. Cette gravure sur bois in-fol. se voit dans des éditions de Andreas Petri, à Bâle, pendant les années de 1515 et 1516.

139. Bordure de titre avec Adam et Eve. Les deux premiers parents se voient en haut, près de l'arbre de la science. Au milieu, un écusson avec le monogramme d'Adam Petri. Aux deux côtés, à côté des colonnes, se trouvent un homme et une femme nus; en bas, deux génies près d'un vase, avec le monogramme d'Urse Graf. Sur les colonnes, le millésime 15—16. H. 6 p. 7 l. L. p. 8 l. Employée dans le livre intitulé: „De ratione syllabárum brevis isagoge etc. "

140. Bordure de titre. De chaque côté, une colonne, et tout près, un candélabre. On voit au-dessus de la colonne, à gauche, un homme nu; à droite, une femme également nue. En haut, un arc surbaissé, avec deux hommes agenouillés dans les coins. Dans l'arc même, un écusson avec deux petits Amours. Le monogramme se trouve en bas, à droite, au pied d'une des colonnes. Employée pour le livre intitulé: „Morale reductorium super totam bibliam, fratris Petri Berthorii Pictaviensis etc. Anno M.D.XVII," chez Adam Petri; in-fol.

141. Bordure de titre. Au bas, cinq petits génies, dont trois tiennent un écusson vide, tandis que le quatrième, debout à droite, souffle dans une corne. Sur les listels aux côtés, à gauche, est assis

un enfant tenant un trophée d'armes, et au-dessous de lui se trouve
une tablette avec le millésime 1523. En haut, deux génies assis dans
des rinceaux. H. 4 p. 9 l. L. 3 p. 2 l. — Gravure sur métal traitée
tout à fait dans le style de Urse Graf, mais sans monogramme. Employée dans la „Geographia Ptolomæi" de Sébastien Münster.
Bâle 1552.

142. Bordure de titre. En haut, la demi-figure de l'apôtre
Saint Pierre, en bas, celle de St. Paul, et dans les quatre coins les
symboles des évangélistes. Dans les latéraux, les quatre pères de l'église.
Pièce non signée. H. 9 p. 1 l. L. 6 p. 2 l.

On trouve souvent cette bordure dans les éditions de Henri Petri
de Bâle et entre autres dans la Geographia universalis et dans
la Cosmographia de Sébastien Münster; éditions de 1540 et 1574.

143. Bordure de titre avec le Christ et les Apôtres.
Ces derniers sont agenouillés devant le Sauveur, et dans les quatre
coins se trouvent les symboles des évangélistes. En haut, on voit
Dieu le père avec le Saint Esprit. Au bas, le monogramme, avec le
rochoir. Cette gravure sert de titre à la „Vie de Jésus-Christ" de
Jean Wichtlin, publiée en 1508 à Strasbourg par J. Knoblauch.

144. Bordure de titre avec la figure Humanitas. Elle
est assise en haut sur un char traîné par quatre personnages, Virgile, Homère, Tullius (Cicero) et Demosthènes. Sur les latéraux, deux
figures, ΤΟΥΚΑΙΡΟΙ Τ̓ ΝΕΜΕΣΕ. sur deux colonnes. La marque est
au milieu du bas. H. 10 p. L. 6 p. 6 l.

145. Bordure de titre avec quatres listels. A gauche
et à droite, deux colonnes doubles ornées, sur la plus petite desquelles
se trouvent, à gauche, un homme nu avec une épée ceinte à son côté, à
droite, une femme également nue. Sur la plus grande des colonnes
sont agenouillés deux hommes tenant un rinceau au-dessus d'un arc
sur lequel on voit deux petits Amours avec un écusson vide. A la
droite du bas, au pied de la colonne, la marque. Employée dans les
ouvrages de Jean Gerson publiés à Bâle en 1518. H. 7 p. 11 L. 6 p. 3 l.

MM ᵧ MMD . ND

Nicolas Manuel (surnommé Deutsch).

(Bartsch VIII, 468.)

Ce peintre, qui était probablement en même temps graveur sur bois, naquit à Berne en 1484 et, selon toutes les probabilités, était le fils naturel d'un certain Manuel Alleman et de la fille également naturelle du secrétaire de la ville Dr. Thüring Frickart; cette fille se nommait Marguerite et devint plus tard la femme de Hans Vogt. A son entrée dans la vie, notre artiste se vit néanmoins obligé de changer son nom de famille Alleman en celui de Manuel, auquel il ajouta, par allusion au nom de son père, la designation de Deutsch. En 1509, il épousa Catherine Frisching, et nous remarquons parmi les signataires du contrat de mariage un certain Nicolas Dutzmann (où Deutschman, autrement Alleman); cette circonstance indiquerait donc une proche parenté entre celui-ci et notre peintre. En 1511, il devint membre du grand Conseil des 200 à Berne, et nous le trouvons plus tard en 1528 dans le Conseil restreint, ce qui donna souvent lieu à ce qu'il fût employé dans des missions ayant pour but de pacifier les troubles occasionnés par l'introduction de la Réforme. Dans la collection de la ville de Bâle, on trouve de lui des dessins au crayon avec la date de 1511 et des portraits à l'huile avec celle de 1517. Mais le plus célèbre de ses ouvrages est sans contredit la Danse des Morts, qu'il peignit à fresque de 1515 à 1521 dans le cloître du monastère des Dominicains à Berne. La circonstance que l'on trouve des listels pour ornements de livres, de peu d'importance il est vrai, mais qui se trouvent signés de son monogramme, paraîtrait prouver qu'il a été aussi graveur sur bois. Et, comme il le dit lui-même dans un rapport au Conseil, sa profession de peintre ne pouvant le nourrir, quoiqu'il fût un homme actif et de talent, il n'est pas improbable qu'il ait eu recours à la gravure sur bois pour subvenir à ses besoins et à ceux de sa famille. On doit néanmoins remarquer, à ce sujet, que le poignard qui se trouve à côté de l'inscription NICLAUS MANVEL VN BERN 1518, sur une copie de la peinture à fresque représentant Salomon entouré de ses femmes, qu'il exécuta sur la façade de sa maison dans la même ville, ne représente pas plus que ce n'est le cas pour Urse Graf, un canif de graveur, mais seulement un poignard, en signe de son service militaire, qu'il avait fait en Italie. Ceci appert encore de plusieurs de ses dessins dans la collection de Bâle, où les lansquenets portent un semblable poignard et où une Judith même en montre un pareil passé dans sa ceinture.

On trouvera dans l'excellent ouvrage intitulé „Nicolaus Manuel, Vie et oeuvres d'un peintre, poète, guerrier, homme d'état, et réformateur du 16ᵉ. siècle," du Dr. C. Grüneisen, Stuttgart, 1837 in-8°, que notre artiste prit du service en France en 1522 et qu'il se trouva à l'assaut de Novare, où il fut blessé à la main gauche; que dans l'année suivante, néanmoins, il retourna à Berne et fut nommé bailli d'Erlach sur le lac de Biel, qu'il composa ensuite plusieurs poèmes et divers écrits, qui sont pour la plupart religieux ou politiques, mais aussi quelquefois satyriques, selon la coutume de l'époque. Menant une vie aussi accidentée que laborieuse, il n'atteignit que l'âge de 46 ans et mourut à Berne en 1530.

Dans les tendances de l'art, il s'approche beaucoup d'Urse Graf; dans ses compositions, il est plein de fantasie, quelquefois surabondant; il donnait beaucoup de soin à l'exécution de ses tableaux et de ses dessins, mais il lui manquait le sens de la beauté. Ses ornements même sont pour la plupart rudement exécutés.

Bartsch ne connaissait de notre maître que dix gravures sur bois représentant les vierges sages et les vierges folles. Nous avons trouvé dans la Geographia Ptolomæi de Sébastien Münster quelques petits listels avec arabesques, d'un travail rude, mais qui sont marqués de son monogramme. Grüneisen, dans l'ouvrage que nous avons cité ci-dessus, indique (page 195) plusieurs ouvrages de Manuel ornés de gravures sur bois qui, bien que non signées, doivent lui être attribuées. Ce sont les suivantes.

Gravures sur bois.

11. Ein schon bewerts lied vonn der reynen unbefleckten empfangnuss Marie, in d' weyss Maria zart. Unnd darbey die wor histori von denn fier Ketzeren prediger ordens der observantz zu Bern inn Eydgenossen verbrannt kurtz noch der geschicht begriffen, mit vil hübschenn figuren.

Un beau cantique sur la conception immaculée de la Vierge, suivant la mélodie „Maria zart.“ — Puis la vraie histoire des quatre hérétiques de l'ordre des Prédicateurs à Berne, où ils ont été brûlés, rélaté par apris, avec beaucoup de figures.

On voit trois différentes éditions de ce petit écrit. Une d'elles, en dialecte suisse et probablement la plus ancienne, contient 17 compositions xylographiques dont la première, composée de deux bois réunis représentant la Vierge avec l'enfant Jésus et vis-à-vis les moines prêcheurs, orne le titre.

La seconde édition, en dialecte allemand, représente sur le titre: „l'introduction de Jezer dans le couvent des Prédicateurs“ et au revers, en haut, la Vierge avec l'enfant Jésus dans une gloire, abaissant leurs regards vers une figure de femme couronnée. A gauche sont imprimés les vers qui dans la première édition sont divisés entre la page de titre et la dernière de l'opuscule. Ces deux éditions se trouvent dans la Bibliothèque de Munich, mais on rencontre plus souvent la troisième édition avec le titre suivant:

Die war history von den vier ketzer prediger ordens zu Bern in der Eydgenossenschaft verbrant.

Ein schön lied von der unbefleckten empfangknuss Marie.

Et au-dessous une grande gravure sur bois, qui représente l'accueil de Jezer dans le cloître. Les autres gravures des premières éditions manquent.

12. Ein Fassnachtsspyl so zu Bern vff des hernfassnacht in dem M.C.XXiI jare, von Burgersssönen offentlich gemacht ist, darin die warheit in schimpfswyss vom Bapst und seiner priesterschafft gemeldet würt.

Item ein ander spyl, daselbs vff der alten fassnacht darnach gemacht, anzeigende grossen vnderscheid zwischen dem Bapst und Christum Jesum unserem seligmacher.

(Un jeu de carneval, qui a été exécuté publiquement en M.D.XXII à Berne par les fils des bourgeois, figurant en raillerie la vérité sur le pape et son clergé.

Item un autre jeu dans la même ville à la „alten Fassnacht“, indiquant la grande différence entre le pape et Jésus Christ, notre sauveur.)

Cette édition, la plus ancienne de celles qu'on a retrouvées aujourd'hui, contient à la fin l'indication suivante: Gedruckt im Meyen im iare **M.D.XXIIII. Pet. in-8°.**

Entre ces deux pièces de théâtre se trouve une gravure où l'on voit deux paysans suisses, avec l'inscription: Rude Fogelnest, Cleywe pflug; tous deux avec des bordures distinctes, se tiennent l'un vis-à-vis de l'autre.

L'édition qui suit immédiatement la précédente, a in fine: Gedruckt im dritten tag Jenners im Iar. M.DXXV. Sur le titre on voit une gravure sur bois représentant un Suisse portant suspendus plusieurs des écussons de la Confédération et qui tient dans la main droite une bourse et de l'autre un parchemin, entouré de quatre personnages en vêtements de bouffon, qui lui persuadent de faire alliance avec eux et de leur fournir une pension.

Une troisième édition, avec le titre un peu changé, porte in fine l'indication „Anno 15.29. Jar." Sous le titre se trouvent les armoiries de Berne tenues par deux ours. On voit également une mauvaise petite gravure sur bois devant la seconde pièce représentant deux paysans suisses qui s'entretiennent ensemble.

Une quatrième édition, sans date, mais en dialecte allemand, semble aussi appartenir à 1529 et porte sur le titre les armoiries de Berne soutenues par deux ours, dont celui de gauche tient une épée.

Une cinquième édition se termine comme suit: „Erstlich getruckt zu Bern by Matthia Apiario in 1540 jar." C'est donc la première imprimée à Berne.

Nicolaus Manuel paraît avoir fourni les dessins des bois pour les deux premières éditions, quoique sa marque ne s'y trouve point. On trouvera des détails plus précis sur ces divers ouvrages dans l'ouvrage mentionné de Grüneisen, p. 204--208.

13. Ein hüpsch new lied und verantwortung des Sturmes halb beschachen zu Pigpopa, In der wyss wie das Passier lied. Ceci est le titre d'une feuille volante petit in-8°, sans lieu ni date, qui se trouve dans la bibliothèque de Zurich. La vignette montre un Suisse avec épée et lance. Le texte contient la réponse d'un Suisse à un lansquenet allemand, qui reproche aux confédérés l'impetuosité qui leur fut si fatale à la bataille de la Bicocca, et cherche aussi à se venger des moqueries que l'on avait coutume d'adresser aux lansquenets. V. Grüneisen p. 214.

Nicolas Manuel a composé encore plusieurs autres écrits et poèmes d'un caractère satyrique, politique et religieux, et doit avoir même publié plusieurs feuilles volantes de ce genre, après les avoir ornées de quelques compositions gravées sur bois; il semble néanmoins qu'aucune de ces pièces ne soit parvenue jusqu'à nous, tandis que les premières, dont Grüneisen parle encore plus amplement que nous ne l'avons fait, ou ne contiennent point des gravures sur bois, ou en contiennent qui ont été exécutées après la mort du maître et par conséquent n'ont rien de commun avec son style ou sa manière.

R MD.   PMD HR MANVEL D.

Hans Rudolphe Manuel Deutsch.

(Bartsch IX. 324.)

Il était fils de Nicolas Manuel, naquit en 1525 à Erlach, et fut, comme son père, peintre, dessinateur et poète. Il apprit la peinture en 1544 chez le maître Maximin à Bâle, mais il est douteux qu'il ait été en même temps graveur sur bois, puisque plusieurs des gravures marquées de son monogramme portent en même temps les signatures de divers graveurs sur bois. Nous trouvons également quelquefois accompagnant son monogramme, comme c'est le cas pour Urse Graf et Nicolas Manuel, le petit poignard, qui ne doit pas certainement indiquer le graveur sur bois; c'est ce qu'on voit entre autres sur les dessins de deux hérauts d'armes, de l'an 1540, dans la collection de Bâle. Nous trouvons dans l'ouvrage de Grüneisen „Nicolas Manuel etc." p. 286 quelques détails sur ses pièces, et nous apprenons, par la chronique manuscrite de Jean Haller, que notre maître formait, en 1560, partie du grand Conseil à Berne, qu'il obtint, en 1562, le bailliage de Morsen, et qu'il mourut en 1571. Le chroniqueur remarque à son sujet: „bonne tête et merveilleux artiste, mais malheureusement fort travaillé par la goutte."

Additions à Bartsch.

30. **Occupations dans le travail des Mines.** 260 gravures sur bois dans l'ouvrage intitulé: „Georgii Agricola de re metallica libri XII etc. Basileæ 1556. 57. 61. Froben". In-fol. Plusieurs de ces pièces sont marquées de la signature de H. R. Manuel. Les plus grandes pièces mesurent 8 p. 9 l. en hauteur, 5 p. 2 l. en largeur; les plus petites H. 5 p. et 5 p. 3 l. L. 5 p. (Voyez Heller, Additions à Bartsch et R. Weigel, Kunstcatalog No. 17913ᵇ. 18410. 21922.)

31. **Les portraits des empereurs;** depuis Jules César jusqu'à Charles V. 118 médaillons avec les têtes vues la plupart de profil et entourées du nom de l'empereur. Dans le médaillon entouré d'ornements on trouve, entre deux demi-colonnes et près des piédestaux à gauche, la marque R ⊂⇒ W de Rudolphe Wyssenbach graveur sur bois de Zurich, qui publia, en 1549, un alphabet de grosses lettres ornées sur une seule feuille (Voyez Becker, Deutsches Kunstblatt 1853 p. 319). A droite, à côté d'une plume, la marque de H. R. Manuel Deutsch. Au-dessus de chaque portrait se trouve encore une fois le nom de l'empereur. On lit sur le premier: EFFIGIES CAI JVLII CAESARIS PRIMI IMPERATORIS, et sur le dernier: EFFIGIES CAROLI V XXXIX GERMANORVM IMPERATORIS. H. 16 p. 2 l. L. 12 p.

Il faut pourtant remarquer que la bordure seule, d'après un dessin de H. R. Manuel Deutsch, a été gravée par R. Wyssenbach. Les têtes des empereurs, imprimées à part, diffèrent du style des deux maîtres dans le dessin et l'exécution et sont assez maigres et rudes de taille.

Le titre de l'ouvrage porte une gravure sur bois marquée du monogramme de Christophe Schweitzer, graveur sur bois de Zurich, monogramme qui est composé d'un C et d'un S (Voyez Bartsch IX. p. 412 et Becker, Deutsches Kunstblatt 1853 p. 318). Ce sont des rinceaux de fleurs et de fruits avec des génies, dont deux en bas portent la vignette de l'imprimeur André Gessner de Zurich, qui entourent le titre suivant:

Imperatorum romanorum omnium orientalium et occidentalium verissimæ imagines etc. Descriptiones ex thesauro Jacobi Stradæ etc. Gr. in-fol.

32. **Un guerrier.** Il est vu de profil tourné à droite, porte un

grand chapeau à plumes, une chaîne suspendue sur la poitrine, et pose la main gauche sur le pommeau de son épée. A la gauche du bas se trouve le millésime 1547 avec le monogramme 𝕎 et à droite, sur une tablette, l'inscription **HR. MANVEL D.** En haut, à gauche, des vers allemands commençant ainsi: 𝕭𝔦𝔰 𝔪𝔦𝔯 𝔴𝔦𝔩𝔨𝔬𝔪𝔪𝔢𝔫 𝔅𝔯𝔲𝔡𝔢𝔯 𝔘𝔶𝔱 etc. H. 14 p. 9 l. L. 11 p. 1 l. (?) — Berlin.

33. **Un guerrier.** Pendant de la pièce précédente. Il est vu de face, la tête tournée à gauche, et porte un chapeau orné de plumes. De la main gauche, il tient un verre, et son épée est posée en travers sur le corps. A la droite du bas, une tablette avec les lettres: HRMD, près d'une plume; ensuite le monogramme R W 1547 du graveur Rud. Wyssenbach, à côté d'un couteau de graveur. Au-dessus, à droite, on lit: 𝔥𝔬𝔯𝔠𝔥 𝔪𝔢𝔦𝔫 𝔖𝔠𝔥𝔴𝔢𝔶𝔷𝔢𝔯 𝔦𝔠𝔥 𝔴𝔦𝔩 𝔡𝔦𝔯𝔰 𝔰𝔞𝔤𝔱 etc. H. 15 p. 2 l. L. 10 p. 1 l.

Ulrich Hegner, dans sa Monographie sur Hans Holbein (p. 64), attribue ce monogramme à Hans Galatin, dont on trouve souvent en Suisse des dessins au crayon, qui ressemblent beaucoup à ceux de Holbein. On voit encore de lui des gravures sur bois dans des ouvrages qui parurent à Berne durant la première moitié du XVIe. siècle. A l'opinion qui donne ce monogramme à Hans Galatin, on pourrait opposer qu'il est orné de H C et non de H G, comme l'exigerait le nom de ce maître. Brulliot (Dict. I. No. 1223) n'explique point ce monogramme et dit seulement, que le maître a fait plusieurs dessins pour les imprimeurs de Colmar et de Berne, qui, gravés sur bois, parurent dans les livres de 1540 à 1545. A en juger d'après la seule gravure sur bois qui nous soit connue de ce maître, il appartenait à l'école du haut Rhin en suivant les tendances de celle de Hans Baldung Grun, sans se montrer néanmoins pour cela un artiste distingué.

Gravure sur bois.

La Nativité. La vierge et St. Joseph sont agenouillés auprès de l'enfant Jésus couché par terre. Sur une colline à droite, l'Annonciation aux bergers. Le monogramme est à la gauche du bas. H. 3 p. 9 l. L. 4 p. 8 l.

Cette gravure se trouve dans le livre intitulé: „Evangelien und Episteln des neuwen Testaments etc. durch Ambrosius Kempffen zu Freiburg in Pryssgau. Colmar, Bartholomeus Gruninger 1543. In-fol.

$\cancel{H}$ $\cancel{H}$ 1516, **H. F.**

(Bartsch VII. p. 452.)

La première de ces marques se trouve sous la gravure sur bois d'un Saint Etienne entre deux Saints, gravure que Bartsch décrit une première fois sous le No. 1 du monogramme qui nous occupe, et une autre fois sous la rubrique d'Albert Durer No. 109. Mais comme dans les premières épreuves, on trouve encore l'indication 1512 $\cancel{W}$ qui est connue comme celle d'un graveur sur bois de l'an 1516 (Voyez Brulliot, Dict. I. No. 3160 et III. app. No. 352); il en ressort, que ce premier monogramme appartient à un dessinateur sur lequel nous n'avons encore aucune donnée certaine.

On doit néanmoins attribuer les deux marques HF et H. F. à un seul et même graveur sur bois dont les œuvres se trouvent dans les livres qui, de 1516 à 1519, ont été imprimés à Strasbourg par Jean Gruninger ou à Bâle chez André Cratander. Heller se trompe cependant quand il donne ces signatures sur des gravures comme celles de Hans Frank, qui travailla à Augsbourg au Triomphe de Maximilien I. par Burgmair, puisque celui-ci était un artiste beaucoup plus adroit que celui dont il est question ici. L'opinion de Brulliot (Dict. I. No. 1881), qui appelle notre maître Hans Furtenbach, est plus probable. Nous avons déjà mentionné ce graveur dans la description des pièces d'après Ambroise Holbein à l'occasion de la pièce de l'Hercule gaulois de 1514. Bartsch décrit six gravures sur bois de notre graveur de 1516, qui se trouvent dans le livre intitulé: „Die Brosamlein Doct. Keiserpergs etc.

Strassburg 1517 bei Johann Gruninger. In-folio. Nous pouvons y ajouter les suivantes, qui, en commençant par le No. 8, se trouvent dans le même livre.

Additions à Bartsch.

Gravures sur bois.

8. **La tentation de Jésus.** Sur le premier plan, à gauche, se trouve le Christ qui repousse le démon lui offrant des pierres pour les changer en pain. Dans le fond, on voit Satan debout auprès de Jésus, sur le pinacle du temple, et encore à droite sur la cime d'un rocher; sur une des nombreuses pierres gisant sur le terrain se trouve la signature H. F. H. 6 p. 10 l. L. 5 p. 1 l.

9. **Le marchand qui fait un serment.** Il est debout à droite près d'une table avec des livres et jure devant un homme et sa femme, dont il reçoit de l'argent. Dans le fond, une autre femme, qui regarde d'un air moqueur. La signature et la date de 1516 se trouvent sur la colonne à gauche. H. 3 p. 8 l. L. 5 p. 3 l.

10. **Le vendeur de poissons.** Un monsieur marchande un brochet à un pêcheur, près duquel on voit un autre homme et derrière lui un jeune matelot; à gauche, une servante. Sur le devant, on voit courir un crabe. Sans signature et de la même dimension que la pièce précédente.

11. **Le banquier de jeu ambulant.** Il se trouve près d'une table de jeu avec trois hommes, dont l'un jette les dés. Sans marque et même dimension.

12. **Le diable en marchand de cartes, de dés etc.** Il est debout derrière son étalage et souffle dans un fifre. A gauche, un autre jeune homme qui en fait autant; à droite, deux hommes, dont l'un tient un dé. Pièce non signée et de la même dimension que les précédentes.

Dans le même livre des sermons de Kaisersberg, on trouve encore trois gravures sur bois, qui appartiennent indubitablement au même dessinateur, mais qui, dans la taille, sont traitées d'une manière plus riche que les autres, et qui, par conséquent, doivent avoir été exécutées par un autre graveur sur bois. Ce sont les suivantes:

13. Le docteur Keyserperg. Il est assis à droite devant son bureau, tandis que le frère Johannes Paulin recueille dans un panier les feuilles écrites qui se trouvent sous la table. A droite, un domestique qui sort. Sans signature et même dimension que plus haut.

14. La fontaine de l'amour divin. D'une même source s'écoulent trois ruisseaux marqués: „Liebe, Geduld, Wahrheit.“ Près de la source est assise une jeune fille avec un agneau couché près d'elle. Sans marque et de la même dimension que la précédente.

15. Utensiles domestiques et instruments de Musique. Ils pendent ou sont posés sur une table et par terre. Au-dessus, imprimée en caractères mobiles, l'inscription: „Hie angezögt zu feilem Kauff als zu Franckfurt ist ein mesz, zu Zurtsach ist ein marckt vnder dem hymmel; in den Sttete ist der tüffels marck an manchē ort, ein gimpelmarckt ist zu Strassburg“. Avec l'inscription H. 4 p. 5 l. L. 4 p. 9 l. Cette gravure sert de titre à un Sermon „Des six marchés.“

NH   1522.

(Bartsch VII. p. 522.)

Dans le catalogue des gravures au burin du maître néerlandais N. H. (Bartsch VII. p. 548), nous avons déjà fait remarquer que la gravure sur bois décrite par Bartsch p. 552 sous le No. 1, représentant un combat dans une forêt, diffère beaucoup, dans la manière, de cette gravure au burin, et qu'elle devait appartenir à un maître de l'école du haut Rhin. Cette opinion est encore confirmée par la circonstance que Hans Lützelburger avait gravé à Bâle ce même sujet sur bois, circonstance inconnue à Bartsch, puisqu'il n'en connaissait qu'un exemplaire incomplet. Nous décrivons donc ici cette pièce en entier en y ajoutant deux autres feuilles qui appartiennent probablement au même maître.

Gravures sur bois.

1. **La séparation des Apôtres.** Ils se voient dans un paysage et sont partagés en divers groupes. Au milieu du bas, on lit: DIVISIO APOSTOLORVM. A gauche, sur une pierre, on trouve la signature NH au-dessus la date de 1522. H. 12 p. 8 l. L. 18 p. 8 l. (Brulliot Dict. I No. 2439). La taille est différente et moins bonne que celle de Lützelburger dans la pièce suivante.

2. **Combat dans une forêt.** Des paysans armés de fourches, de fléaux et de divers autres instruments, combattent contre une troupe d'hommes nus qui sont armés de sabres et de rondaches. Le fond offre une forêt de pins. A la gauche d'en bas se trouve une tablette avec les lettres N. H. écrites à rebours. H. 5 p. 9 l. L. 10 p. 11 l.

En bas, dans le coin à gauche, on lit sur une tablette: HANNS LEVCZELBVRGER FVRMSCHNIDER 1.5.2.2. Vis-à-vis, à droite, se trouve une autre tablette avec un alphabet de 23 initiales en caractères romains et au bas, sur trois colonnes, 34 vers rimés imprimés en caractères mobiles:

Ain Insel haißt Utopion
Die leyt nit ferr von Morion
Da geschah ain sollichs schlagen
. . . .

Après avoir loué les peintres grecs, on passe aux louanges du créateur sur son trône:

Der alle gaben tailt gar schone
Mit rechter Masz wer es begerte
Des maalens seind nit vil gelerrte
Darumb man billich loben soll
Den, der sein kunst beweiset wol
Als diser auch ain maister was
Doch ist jm lieber das wein glasz
Das braucht er fur ain langen Spiesz
Er thûc jms nach, den das werdriesz.

Ces vers se trouvent sur l'exemplaire du cabinet de Dresde. Le Dr. Nagler fait remarquer avec raison que les premiers vers font allusion à l'Utopia de Thomas Morus et à l'Eloge de la folie (Moriæ encomium) d'Erasme et que la conclusion se rapporte à H. Holbein, en ajoutant que la marque H. N. pourrait indiquer la première et la dernière lettre de son nom de famille, sur la gravure certainement exécutée par Hans Lutzelburger. Mais cette idée est tellement contraire aux usages de l'époque, que nous devons hésiter à l'accepter, malgré toutes les apparences qu'elle peut avoir eues à sa faveur. Du reste, cette signature doit se lire N. H. et non H. N. ce qui s'oppose encore davantage à cette hypothèse.

3. Enfants avec des rinceaux de fleurs. Des rinceaux avec deux anges et cinq enfants, dont l'un joue du tambour et l'autre du fifre. Sur une tablette, on voit le monogramme NH. Le dessin de cette gravure est tout à fait dans le style de Holbein. — à Bâle (Dr. Nagler, Künstler-Lexicon VIII. p. 110).

Bartsch (vol. VII. p. 545) décrit une gravure au burin avec le monogramme NH accompagné d'un poignard, gravure qui est traitée dans le style de l'école du haut Rhin, et qui doit appartenir au maître des gravures sur bois décrites plus haut.

1. La Sainte Vierge. Elle est debout sur le croissant, tenant de la main gauche un sceptre, et sur le bras droit l'enfant Jésus, qui de sa main gauche porte à sa bouche un grain de la grappe de raisin qu'il a sur ses genoux. Toute la figure de la Vierge est entourée de rayons. Le chiffre du graveur se voit en bas, à droite. H. 5 p. 1 l. L. 4 p. 7 l. — Dresde. Oxford.

Le poignard au-dessous de ce monogramme rappelle un indice du même genre sous les signatures de Urse Graf et de Nicolaüs Manuel Deutsch. Cela signifie qu'ils avaient servi comme lansquenets à l'étranger.

H. H. L. FVR.

Hans Lützelburger ou Leutzelburger, surnommé Franck.

Peintre et graveur.

C'est une communication de C. de Meckel de Bâle à M. de Murr (Journal XVI. p. 11), qui a attiré pour la première fois l'attention sur ce prince de tous les graveurs sur bois. Nous n'avons aucunes données certaines sur les circonstances de sa vie, et il est encore douteux si Bâle, où il a demeuré, est aussi le lieu de sa naissance. M. Nagler croit devoir opiner qu'il est natif du Luxembourg, comme son nom de Lutzelburger pourrait le donner à penser (Compag. f. e. Expositio fratris Bernardi de Lutzenburgo in Symb. Athanasii. Cologne 1512 4°.) ainsi que la forme bas-allemand du mot Furmschnider qui accompagne sa signature. Du reste, il devait se trouver encore très-jeune à Bâle, si la notice dans l'appendice du livre de la corporation des métiers et des arts „Zum Himmel" à Bâle, où on lit que „Bog aus hans frank der moller" 1513, se rapporte à lui. Il alla donc, selon l'usage, après avoir fini son apprentissage, faire „le tour d'Allemagne" et si nous admettons que cet événement doit avoir eu lieu avant sa vingtième année, nous trouverons l'an 1495 pour celui de sa naissance.

Il paraît s'être arrêté quelque temps, de 1516 à 1519, à Augsbourg, et y avait exécuté, sous la direction de Jost de Negker, quelques gravures pour le triomphe de l'empereur Maximilien I., puisque le nom de Hans Franck se trouve écrit à l'encre au dos de plusieurs des bois de cet ouvrage (Voyez Bartsch P.-G. VII. p. 236).

Il nous est prouvé qu'il était déjà établi en 1522 à Bâle, et qu'il y exerçait son art de graveur, par une couple de gravures sur bois au moyen desquelles il cherchait à se faire connaître aux imprimeurs. La première, comme nous l'avons dit ci-dessus, porte l'inscription : Hanns Lutzelburger formschnider genannt franck, et l'autre, du Combat dans un bois, à côté du monogramme du maître N. H., l'indication HANNS LEVCZELBVRGER FVRMSCHNEIDER 1.5.2.2. On trouve son monogramme HL sur la composition de la Duchesse dans la Danse des Morts de Holbein, et la marque H. L. FVR (Hans Lutzelburger formschneider) sur la bordure du titre avec le baptême du Christ d'après Holbein, pour le nouveau Testament publié en 1523 chez Th. Wolff, de Bâle.

Dans notre catalogue de l'œuvre de Holbein, nous avons vu le nombre considérable de gravures sur bois exécutées par Lutzelburger, principalement sur les dessins de ce maître, pour les libraires de Bâle et Froschauer de Zurich, et, en 1530, la Danse des Morts et quelques pièces de l'ancien Testament pour les frères Trechsel de Lyon. Nous avons mentionné aussi comment ces derniers, dans la préface à la première édition de la Danse des Morts, en 1538, expriment leur regret que l'auteur de ces ouvrages fût mort avant que tous les dessins eussent été gravés sur les bois et qu'ils ne trouvassent personne qui pût le rivaliser en adresse. Mais puisque Holbein se trouvait à Bâle précisément durant le mois de septembre 1538, et qu'il vécut longtemps après, les frères Trechsel ne pouvaient avoir en vue que le graveur sur bois Lützelburger. Cependant, nous trouvons une circonstance qui pourrait nous faire croire que Lutzelburger pouvait vers ce temps-là s'être rendu en Angleterre, puisque nous trouvons dans le poème de John Leland sur la naissance du prince Edouard de Galles, fils de Henri VIII., publié en 1543, quelques gravures sur bois d'après des dessins de Holbein exécutées dans la manière incomparable de Hans Lützelburger et d'une telle manière, que nous n'hésiterons point à les lui attribuer. Cependant il serait hasardé de vouloir avancer là-dessus quelque chose de plus qu'une simple opinion, et nous devons laisser à des recherches ultérieures le soin de constater le contraire ou de confirmer cette hypothèse.

La fine intelligence du dessin et la taille pittoresque et hardie qui distinguent entre toutes les autres les gravures sur bois de Lützelburger, nous prouvent évidemment qu'il reçut une éducation d'artiste, comme c'était l'usage pour les peintres, éducation qui ne se trouve point chez les graveurs sur bois exercés purement et simplement dans leur métier. C'est pour cette raison que l'opinion exprimée ci-dessus qu'il sortit comme peintre de Bâle pour commencer son tour d'Allemagne, trouve sa confirmation. Nous devons laisser indécis s'il a exécuté des gravures sur bois d'après ses propres compositions, puisque nous pouvons supposer, que les pièces marquées ҢL 1516 et H. L., que nous avons décrites en parlant des maîtres du haut Rhin, appartiennent à Lützelburger. D'un autre côté, nous avons mentionné, d'après une notice d'Amorbach, que ces mêmes monogrammes pouvaient se rapporter au peintre Hans Leu de Zurich, auquel appartiennent ces dessins au crayon et à la plume qui, marqués de ҢL 1519 à 1526, se trouvent dans plusieurs collections et dont nous avons déjà eu occasion de parler dans l'œuvre de Holbein.

Bien qu'il soit encore absolument inconnu qu'à cette époque l'on fit usage de clichés d'après les gravures sur bois, cependant M. de Rumohr, qui paraît avoir eu en vue de diminuer ou même de contester la valeur artistique de Lützelburger, maintient qu'il s'est occupé principalement dans ce genre de travaux et croit le prouver en disant que plusieurs des éditions de la Danse des Morts qui furent publiées hors de Lyon ne sont que des clichés de celles qui furent publiées dans cette ville. Mais, déjà, feu M. le directeur W. Schorn de Berlin, qui avait comparé toutes ces éditions, sans exception aucune, avec les éditions originales, a trouvé que les premières n'étaient que des copies des secondes, dont elles différaient en plusieurs points, peu importants du reste. On peut dire la même chose de quelques-unes des bordures de titres exécutées par Lützelburger pour Frobenius et d'autres imprimeurs de Bâle, de manière que cette supposition de Rumohr tombe d'elle-même.

Dans le catalogue de l'œuvre de Holbein et du maître N. H., nous avons déjà indiqué les gravures qui appartiennent à Hans Lützelburger et il serait superflu de les répéter ici; nous nous contentons de renvoyer à ce que nous avons déjà dit à ce sujet. A part les gravures en question, il n'est rien à notre connaissance qu'une pièce avec des initiales que Lützelburger a exécutées d'après les dessins de différens maîtres; c'est la suivante:

Gravure sur bois.

1. **Epreuve d'Initiales** d'après les dessins de différens maîtres. Elles sont disposées en six rangées au-dessus l'une de l'autre, et les plus grosses des quatre premières rangées sont figurées. D'abord un alphabet avec des jeux d'enfants de 11 p. en carré, puis dix lettres grecques avec des sujets bibliques de la même grandeur. Ensuite un alphabet avec des ornements de 7 l. en carré sur deux rangées. Enfin, à gauche, un grand G, où l'on voit un homme qui contemple un cadavre coupé en plusieurs morceaux, de 1 p. 3 l. en carré, à droite un C avec un portrait d'homme. H. 1 p. 10 l. L. 1 p. 7 l. et au-dessus un 〰 orné. In-fol. en largeur. Dresde.

Quoiqu'il n'y ait aucune indication de graveur sur la pièce, indication qui aurait pu être enlevée, la bonté et le style de la taille prouvent qu'elle ne peut appartenir qu'à Lützelburger.

H⊢E   ⊣H 1546.

(Brulliot Dict. I. No. 1765.)

Gravures sur bois.

Cet excellent artiste de Zurich faisait ordinairement suivre son monogramme du mot TIGURI et du millésime MDXLVI et on le trouve sur une demi-sphère portant l'inscription VNIVERSALIS COSMOGRA-PHIA, feuille qui, avec d'autres sans inscription, se voit dans l'ouvrage intitulé: „Rudimenta Cosmographica. Tiguri apud Froschoverum anno MDXLVI." 8°.

On trouve le même monogramme sur une feuille de la Danse des Morts, en grande partie d'après Holbein, que Jobst de Negker publia en 1544 à Augsbourg. La gravure sur bois qui porte le monogramme en question représente l'avocat. Le travail y est beaucoup plus médiocre que dans la pièce de l'hémisphère, de sorte que l'on n'y peut reconnaître l'excellent graveur de cette dernière pièce.

R⅋   R W. 1547.   ⅄⅋

Rudolph Wyssenbach.

(Bartsch IX. p. 168.)

Les deux premières marques forment la signature du dessinateur et graveur sur bois Rudolphe Wyssenbach de Zurich, ce qui appert de ces gravures sur bois où, à côté de son monogramme, se voit une plume, et auprès duquel on trouve ordinairement la marque formée de I et W. accompagnée d'un couteau de graveur. Notre artiste ajoute lui-même sur une gravure d'un alphabet indiquée par Becker composé de grandes lettres ornées: „Gedruckt zu Zurych by Rudolff Wyssenbach Formschneider 1549." Il a gravé également d'après des dessins de Hans Rudolph Manuel Deutsch, entre autres le guerrier No. 33 et ensuite la riche bordure du No. 119 des portraits des empereurs No. 31.

Nous n'avons, du reste, aucun autre renseignement sur lui; nous savons seulement, en tenant compte des dates ajoutées à ses gravures, qu'il a exercé son art de 1545 à 1558.

Additions à Bartsch.

Gravures sur bois.

1—10. Gravures et dessins d'Architecture. Bartsch décrit seulement dix de ces feuilles représentant des édifices somptueux dans le style de la renaissance, et il ignorait que sept autres se trouvaient dans l'ouvrage, publié plus tard, le „Säulenbuch," du célèbre maître Hans Blum de Lor-sur-le-Main etc. etc. Zurich MDCLXII, sous le titre de: „Waarhafte Contrafacturen etlich alt und schöner Gebäuen etc." On ne connait rien touchant l'invention de ces dessins „d'édifices somptueux", quoiqu'il ait été souvent dit qu'ils étaient de Hans Holbein le jeune, puisqu'en effet ils montrent une grande analogie de style avec les compositions de ce maître. Il ne paraît pas vraisemblable qu'ils puissent être des inventions du graveur Rudolph Wyssenbach lui-même, qui, dans ce cas, aurait dû acquérir quelque réputation comme architecte, et il est plus probable qu'il a gravé ces pièces d'après des dessins originaux. Nous donnons ici les pièces inconnues à Bartsch.

11. Vestibule avec cinq portes d'entrée, deux ailes en saillie et deux coupoles placées l'une derrière l'autre.

12. Edifice somptueux représentant un palais avec la façade à droite et deux étages. L'édifice du fond a six fenêtres. In-fol. en largeur.

13. Arc de triomphe avec trois ouvertures; au-dessus, cinq petites fenêtres.

14. Arc de triomphe composé de trois arches, une grande et deux petites. Au milieu, une attique avec un bas-relief de femmes sacrifiant et, aux côtés, des ornements avec des Amours assis sur des monstres.

15. Vestibule à colonnes avec trois portes; au-dessus, une coupole élevée avec lanterne.

16. Palais à trois étages avec des colonnes encastrées, sortant des trois quarts, d'ordre dorique en bas, d'ordre ionique au milieu et d'ordre composite au haut. A la gauche du bas se trouve le mo-

nogramme de R. Wyssenbach, et au-dessus une plume; à droite, la marque avec le I. W, et un couteau de graveur.

17. Vestibule voûté; au-dessus, un espace vide avec deux fenêtres cintrées.

18. Un temple circulaire avec trois vestibules et une coupole élevée avec une petite lanterne. Dans les vestibules, à droite et à gauche, les deux monogrammes avec le millésime 1558.

19. Coupe d'un édifice circulaire avec coupole.

Urbanus Wyss. 1549—1556.

Cet artiste était maître d'écriture ou calligraphe (et graveur sur bois) et demeurait en 1549 à Zurich, où il a publié des exemples d'écriture gravées sur bois. Il semble avoir publié ces genres d'ouvrages quand il était maître d'écriture à Bischoffszel. C'est la seule indication que nous avons à son égard, et elle nous est fournie par deux de ses ouvrages que nous allons décrire.

1. Von Mancherley Geschrifften ein zierlich nüw fundament Büchle, Yede besonder mit Ihrer eigentlichen Punctur, Buchstaben und Alphabet zu underwysung mengeklichen Innsonders aller blüenden Jugendt zu nutzlicher dienstbarkeit, durch Urbanum Wyss diser Zyt Schulmeister zu Bischoffszel geordnet unnd ussgangen. Sans lieu ni date.

Une autre édition de ce petit ouvrage porte le même titre, avec l'addition: „Durch Urbanum Wyss diser zyt sesshaft in Zurich, et avec une gravure sur bois représentant le calligraphe dans sa chambre de travail, avec l'indication: „Gedruckt zu Zurich by Christoffel Froschauer."

2. Dix feuilles d'écriture courante et de Chancellerie. Libellus valde doctus, elegans et utilis, multa et varia scribendarum literarum genera complectens — conscripta, insculpata et impressa per Urbanum Wyss Tigurinum A. D. 1549. Sur une des feuilles, on trouve le signe donné plus haut, avec l'inscription: DEVS NOBIS — CONTRA

NOS. D'après Breitkopf II. 57, on trouve sur la dernière feuille, à côté de la marque du maître celles de Jost Amman et de Tobias Stimmer. Tout l'ouvrage n'est cependant qu'une imitation de celui de l'Italien Giov. Batt. Palatino intitulé: „Libro nuovo d'imparare a scrivere etc." In-4°.

3. Ecriture ronde, de chancellerie et cursive allemande, 38 feuilles. Le livre porte le titre suivant: „Ein neuw Fundamentbuch darinn allerley Tütsche Geschrifften nach irer waren art etc. fleissig furgestellt werdend etc. Erstlich durch Vrbanum Weyss zu Strasburg ausgegangen; jetzsonder aber durch Christoffel Schweytzer Formschneider zu Zurych zu nutz aller Jugend widerum zugericht und in Truck gebracht 1562." In fine: „In dem jar Als man zalt nach Christi Jesu vnnsers lieben Herren vnd seligmachers geburt Tausend fünffhundert funfzig vnd sex (1556) hab ich Vrban Wyss Rechenmeyster dise geschrifften voliendet."

Le graveur sur bois Christophe Schweytzer, qui a pris soin de cette édition, est sans doute le même qui a travaillé d'après Virgile Solis, H. R. Manuel Deutsch et Jost Amman, et qui s'est signé C Ƨ S et ⸦ avec le couteau de graveur (V. Bartsch IX, 412 et C. Becker, Kunstblatt 1853 p. 318).

H H. H. H. 1550—1557.

(Bartsch IX. No. 408.)

Les gravures de ce maître, qui ont été exécutées en partie d'après des dessins qui appartiennent à l'école de Holbein, en partie d'après H. R. Emmanuel Deutsch ou Virgile Solis, prouvent qu'il a appartenu à l'école du haut Rhin ou de Bâle, comme le démontrent, par exemple, en ce qui regarde l'école de Holbein, les deux princes qui combattent, B. No. 27, quoiqu'on n'y rencontre jamais son nom. Cependant, on semblerait devoir le trouver dans l'ouvrage qui a pour auteur Henri Holzmüller, intitulé: „Liber perutilis nunc primum editus continens formulas Latinarum et Germanicarum scripturarum . . . . . Autore Heinrycho Holzmullero Modista (c. a. d. Calligraphe). 4°. „Ein schön Grund vnd

Fundamentbuch lateinischer und Teutscher geschrifften, gemeinem nutz zu gut, künstlich inn grund gelegt etc. Basileæ 1553."

Cet ouvrage contient 16 feuilles d'écriture de toutes sortes, ainsi que des notes de musique. Au verso du titre, on voit une gravure sur bois représentant une main qui écrit (Voyez C. Becker, Deutsches Kunstblatt. 1853 p. 318).

Additions à Bartsch.

Gravures sur bois.

28. **Titre (à . . . . ?) La nativité.** La Vierge à genoux tient l'enfant Jésus. Derrière elle le boeuf et l'âne, à droite St. Joseph, en arrière et plus loin deux bergers. La bordure est formée de quatre colonnes avec une figure chacune. Michée 5: „Aus dir soll mir kommen etc." St. Jacques-le-majeur, le deuxième article du Credo: „Und an Jesum Christum seinen eigenen Son, unsern herrn." En haut, un arc, au côté duquel se trouve un ange avec une épée flamboyante et Balaam avec son âne. Au bas, la première des marques ci-dessus. H. 8 p. 5 l. L. 7 p. 5 l. — Wolfegg.

29. **Joachim de Beust.** Demi-figure devant une table, un peu tournée vers la gauche; elle porte une très-longue barbe et tient de la main droite un livre. Dans la bordure ovale, avec les quatres évangélistes, l'inscription: JOACHIM A BEVST IN PLANITZ J. C. EFFIGIES. En bas, dans la bordure, le monogramme et les initiales du dessinateur C. K. Et tout à fait en bas, au milieu, la marque de Henning Gross. H. 4 p. 5 l. L. 2 p. 10 l. Cette gravure appartient à un ouvrage de de Beust, imprimé par Gross.

30. **Une grande Aigle impériale.** Elle porte tout autour le collier de la toison d'or et montre sur la poitrine les armoiries d'Autriche. Cette pièce est signée H. H., mais sans le couteau, et se voit au revers du titre de l'ouvrage suivant:

„Anfang Vrsprung und herkommen des Thurniers inn Teutscher nation. Wievil Thurnier bisz vff den letstern zu Wormbs. Auch wie vnnd an welchen orten die gehalten, uñ durch was Fürsten etc. sie der zeit besucht worden sind etc. Siemern 1532. In-fol."

On trouve encore dans ce livre beaucoup de gravures sur bois de diverses dimensions, et dont les plus grandes sont souvent répétées. Cependant aucune d'elles ne porte de signature.

Tobias Stimmer.

(Bartsch IX. 330.)

Cet artiste rempli de talent naquit en 1534, à Schaffhouse, et vécut longtemps à Strasbourg, où il mourut. Il était surtout peintre à fresque et dessinateur. Il n'est aucunement prouvé qu'il ait été graveur sur bois, comme plusieurs le prétendent, puisque nous ne trouvons que sur une seule de ses pièces le couteau de graveur à côté de son monogramme, pendant que la plupart du temps un autre monogramme, celui du graveur sur bois, prouve que Stimmer lui-même n'a point exécuté la gravure. Nicolaus Reusner dit également dans la préface des Portraits (Icones) publiés par lui en 1587, que Tobias Stimmer en avait fait les dessins, mais qu'il ne les avait pas gravés sur bois. On lui attribue aussi deux eaux-fortes, nommément le **Christ devant Pilate** (Voyez Hirsching, Nachrichten von Kunstsammlungen VI. 21.) et la **Tentation de St. Antoine** (Brulliot, Dict. II. No. 2539). Nous avons vu seulement la dernière de ces deux pièces, qui porte néanmoins une signature St. F. fort diverse, et qui est traitée dans un style tout à fait différent de celui que nous sommes habitués à voir chez notre artiste. Nous ne croyons point, par conséquent, devoir les lui attribuer.

Observations à Bartsch.

Gravures sur bois.

6. **Jeune femme les yeux bandés.** Elle représente l'ancien Testament. On en trouve un pendant (le nouveau Testament) décrit sous notre No. 88.

8. Ce portrait représente: „Stephan Brechtl, Arithmeticus.‟ Berlin. Les premières épreuves ont une suscription latine, et au-dessous douze vers également latins. La seconde édition porte le nom comme suscription, mais n'a que cinq lignes au-dessous. Dans plusieurs éditions, le nom manque.

37—45. Les musiciennes. Ces gravures sur bois sont traitées tellement dans la manière de Hans Guldenmund de Nuremberg, que nous n'hésitons pas à les lui attribuer. Aucune d'elles ne portent de signature.

63. Histoire juive de Josèphe. Nagler mentionne sous le No. 35 le même ouvrage, qui a paru en 1581 chez Th. Rihel à Strasbourg, ensuite des éditions postérieures de 1597 et 1601, qui toutes doivent avoir les mêmes gravures; voir aussi le Kunst-Cat. de R. Weigel.

66. Plusieurs bêtes de chasse en 68 feuilles. Une édition plus ancienne, avec le même nombre de gravures, porte le titre: „New Jäger-buch: Jacoben von Fouilloux, einer fürnemen Adelsperson inn Frank-reich auss Gastine in Poitou. Erst frisch von neuwen auss dem Fran-zösischen in gut Weydmannisch Teutsch-verteuscht und vertirt, als Anhang Wolffsjagt etc. (avec 68 belles gravures sur bois de T. Stimmer et Ch. Maurer). Gedruckt zu Strassburg durch B. Jobin.‟ Fol. (Voyez Nagler, Künstler-Lexicon No. 50).

Additions à Bartsch.

67. Adam et Ève. Ils sont assis sous l'arbre de la science. Ève offre à Adam le fruit défendu. Pièce signée. H. 5 p. 3 l. L. 3 p. 9 l.

68. St. Christophe. Il s'avance avec l'enfant Jésus sur les épaules à travers la mer, tandis que l'hermite l'éclaire. Avec le mo-nogramme et le millésime 1538 dans un ovale orné (Nagler, Künstler-Lexicon No. 29).

69. Portraits des papes. Sous le titre suivant: Accuratæ effigies pontificum max. n°. XXVIII etc. Ab Onuphrio Panvino. — Eygenwissenliche und wohlgedenkwürdige Contrafeytungen oder Ant-litzgestalten der Röm. Bäbst, an der Zahl 28 etc. MDLXXIII. Gedruckt zu Strassburg durch Bernhard Jobin etc. Fol.

Dans la préface, Jobin dit que son „cher compère Tobias

Stimmer" n'a point seulement contribué à l'ouvrage par ses talens divers artistiques, mais aussi au moyen des portraits actuels des papes de Rome. Ces portraits sont librement copiés de ceux qui parurent à Rome en 1570 avec le texte de Panvinius (Nagler, Künstler-Lexicon No. 15).

70. Portraits des capitaines célèbres. Sous le titre suivant: Pauli Jovii Novocomensis Episcopi Nucerini Elogia virorum bellica virtute illustrium VII libris jam olim ab autore comprehensa et nunc ex ejusdem museo ad vivum expressis imaginibus exornata, opera et studio Petri Pernæ typographi. Basil. 1575. Fol. 134 gravures avec bordures.

En 1578, on en fit paraître une nouvelle édition latine, avec le titre: „Musei Joviani imagines etc., nec minori industria Th. Mulleri Marpurgensis musis illustratæ; ex officina Petri Pernæ 1578. Cette édition a quelques portraits de plus que la première, cependant les impressions en sont moins belles, et elles paraissent pour la plupart des copies (Nagler No. 15).

Une édition allemande du même ouvrage porte le titre suivant: „Eigentliche und gedenkwürdige Contrafacturen berühmter Kriegshelden verteuscht von Th. Muller von Marpurck. Basel bei P. Perna 1577", avec 134 portraits, qui ont été employés plus tard dans le livre intitulé: „Mich. Beuther's warhafftiger kurzer bericht von mancherley Kriegs und anderen Händeln. Basel, 1588." Fol. (Nagler No. 17.)

71. Portraits d'hommes célèbres. Sous le titre: „Pauli Jovii illustrium virorum tomis vitæ duobus comprehensæ et propriis imaginibus illustratae. Cum rebus et vitis Imp. Turcarum. Basileæ 1578 in-fol." Cet ouvrage renferme beaucoup de portraits avec des bordures allégoriques (Nagler No. 14).

72. L'empereur Maximilien (Kaiser Maximilian. Dieses namens der erste etc.) 8°.

73. Jean Casimir (Johann Casimir Pfalzgraf bey Rhein, Herzog in Baiern. Gedruckt in Neustatt an der Hardt bei Mattaes Harnisch). En médaillon. In-fol.

74. Othen Henri, Comte Schwarzenburg-p. B. Jobin MDLXXIIII. In-fol.

75. Henri Bullynger (Ecclesiæ Tigurinæ pastor primarius. Per Bernardum Jobinum, Argentorati Anno MDLXX). In-fol.

76. Jacob Sturm. Prefecti urbis Argentoratensis de Eccl. rebus etc. Schola optim. meriti 1577. In-fol.

77. Johannes Sturm (Vera effigies clar. viri Joannis Sturmii

natus anno 1507 cal. octobris. Sculptus anno 70). Demi-figure dans une bordure; pièce non signée.

78. Gaspar Coligni. Amiralus Franciæ 1577. Gr.-in-fol.

79. Mathias Flaccus Illiricus. 1577. Pet.-in-fol.

80. F. von Gotteshein (einer der Dreizehner des geheimen Regiments zu Strassburg). Portrait à demi-corps avec barette, vu de face. Ovale H. 5 p. 6 l. L. 4 p. 1 l.

81. Jab. Taurellius, alias Oechst. 1575. Aetatis 50. Dans une bordure ornée avec la signature T à gauche, S à droite. H. 6 p. L. 4 p. 10 l.

82. Johannes Frisius, Tigurinus ætatis suæ LX. MDLXIII. Dans un ovale avec quatre génies. La marque est au haut. H. 4 p. 6 l. L. 3 p. 6 l.

83. Melchior Newsidler, ætatis suæ XXXXIII. Joueur de luth et compositeur; sans marque et dans un médaillon de 4 p. 7 l. de diamètre.

84. Justus Goblerus. Demi-figure vue de trois quarts. Il porte une chaîne au cou. 1550. 8°.

85. Johannes Planerius Quintianus, Doctor. Petit ovale avec deux génies.

86. G. Costeley. Il est représenté dans la 38⁰. année de son âge. Petit portrait entouré des neuf Muses.

87. Johannes Rantzonius. Dans un ovale avec des figures allégoriques, Minerve, Apollon etc. Au bas, 38 vers latins. In-8°.

88. Le nouveau Testament. Figure allégorique. Une jeune femme couronnée tient de la main droite une croix et de la gauche un calice. A travers un édifice en ruine, on voit dans le paysage l'Annonciation aux bergers. Clair-obscur de trois planches. A la droite du bas, la signature à rebours de Stimmer ressort en blanc. Pendant de la pièce No. 6. L'ancien Testament. H. 13 p. L. 9 p. 10 l. R. Weigel Kunst-Catalog, No. 22335

89. Les ordres de moines déchaussés et le différend pour la ceinture: „Sihe wie der arm Sanct Franciscus etc." Ceci est la suscription de la composition dans laquelle ils s'arrachent et se disputent la discipline, la ceinture et la robe du Saint. Derrière, à gauche, le pape. Pièce non signée. H. 4 p. 11 l. L. 8 p. 9 l. Ensuite une explication en vers sous 26 No. Sur deux feuilles on trouve seulement le texte, commençant ainsi: „Da ich in Welschland

war vor jaren, zu Senis etwas zu erfahren" etc., in fine: „und dann des Benedicter Sieg." — Bâle.

90. Caricature sur le pape. C'est un portrait composé de plusieurs objets. Le nez est représenté par un poisson, le menton par un peigne etc. Dans la bordure ovale, on lit: „Gorgoneum caput", et au-dessus: Der gorgonisch Meduse Kopf, Ain fremd Romisch Mörwunder etc. Au bas, une pièce de vers commençant ainsi: „Man hat etwa die Mör gefunden etc." et terminant par ces mots: „Der wird mit ja umkommen schnöd. 1577." H. 15 p. L. 10 p. 1 l.

91. Die brille Krottestisch Mül zu Romischer frucht. Dans un moulin où l'on jette à droite une quantité de prêtres, on voit sortir au bas une quantité de figures grotesques. A gauche, la mort chevauche.

Au-dessus de l'inscription ci-dessus, on lit encore:

Wie das Korn ist, so gibt es Mäl
Am Korn ist hie die grosste fäl etc.

Au bas de la composition, on trouve des vers sur trois colonnes, vers qui commencent comme suit:

Das Korn und mäl, Müller und Knecht etc. . . . . Weil die figuren ja erquicken. Anno MDLXXVII. Gr.-in-fol.

Au verso de cette pièce, à Berlin, on trouve la notice que Jean Fischhart (Jesuwald Pickhart): „der poetische Kornwerfer dieser Mül sei beweist sich zuerst aus seinem Bienenkorb. Ausgabe von 1580 fol. 242ᵃ. Ausg. von 1581 fol. 336."

92. L'horloge de la Cathédrale de Strasbourg. Suscription: „Aigentlich Furbildung und Beschreibung des Neuen Künstlichen astronomischen Vrwerkes zu Strassburg im Mönster des MDLXXIIII Jar vollendet zu sehen."

Et au bas:

„Mit Rö. Kaiserlicher Maiestat Befreiung auf zehn Jar." En haut dans les coins se trouvent deux grandes tablettes sur lesquelles on lit à gauche des citations des Saintes Écritures, et à droite une inscription terminant ainsi: „Calculirt inns werk gericht und verfertigt durch Conradum Dasypodium, David Wolkenstain, Mathematicos, und Isac Habrecht, Vrenmacher und von Tobia Stimmer gemalet." Ensuite, à gauche, on trouve une description en vers de cet ouvrage terminant comme suit:

„Hat Bernard Jobin solcher masen
Scheinlich das Werk fürmalen lasen."

Cette pièce en deux feuilles mesure H. 19 p. 3 l. L. 10 p. 9 l., avec les inscriptions dans une bordure ornée H. 21 p. 4 l. L. 13 p. 10 l. — Francfort.

Cette pièce ne porte pas, il est vrai, le monogramme de Stimmer, mais le dessin en est tout à fait dans sa manière, et comme il a exécuté toutes les peintures pour cette horloge, on peut admettre qu'il ait fait le dessin pour la gravure sur bois. [98])

93. Emblemata. Nicolai Reusneri aureolorum emblematum liber singularis Tobiæ Stimmerj iconibus affabre effictis exornatus. Ad Ser. Princ. D. Huldricum Norvegiæ Haeredem etc. Argentorati apud Bernard Jobinum. 1591. 8°. Avec 115 gravures sur bois (Nagler, Künstler-Lexicon No. 32).

94. Nicolai Reusneri Agalmatum aureolorum Liber singularis. I. Septem virtutes. II. Septem artes. III. Quatuor artes majores. IV. Novem Musæ. V. Tres gratiæ. VI. Septem planetæ. VII. XII. Anni tempora. Ad seren. princ. D. Joannum Norvegiæ haeredem. Argentorati apud Bern. Jobinum. Avec 43 gravures sur bois, le portrait et les armoiries de Reussner. Les compositions dans ces deux ouvrages parurent en bordures avec des suscriptions latines et des souscriptions en vers latins et allemands (Nagler, K.-L. No. 33).

On trouve beaucoup d'autres gravures sur bois attribuées à Tobias Stimmer, mais qui ne portent pas son monogramme; de sorte qu'il ne serait donné qu'à une comparaison attentive de ces gravures avec les ouvrages bien reconnus du maître de pouvoir décider si elles lui appartiennent réellement.

---

98) Le Dr. Nagler mentionne dans son „Dictionnaire des Artistes", sous le No. 51, une vue du côté sud de la cathédrale de Strasbourg, gravée sur bois, qu'il attribue également à Stimmer. A la droite du haut se trouve la description, puis l'inscription: „Gestellt aufs einfältigst durch Dan. Speckle und Bernhard Jobin, Formschneider zu Strassburg MDLVI." H. 20 p. L. 14 p. Mais il en résulte clairement que le célèbre architecte D. Speckle a fourni le dessin de cette pièce gravée par B. Jobin. D'ailleurs, en 1556, Stimmer était encore un enfant.

H ¢$

Hans Christoph Stimmer.
Dessinateur et graveur sur bois.

Sandrart, dans son ouvrage: „Teutsche Akademie" II.
p. 254, dit que le plus jeune frère de Tobias était Christophe Stimmer, graveur célèbre sur bois, comme le prouvent les petites figures
bibliques[99]), le Josèphe[100]) et le petit livre d'emblèmes ainsi que d'autres
ouvrages appréciés des amateurs de l'art.

Fussli, qui le désigne sous le nom de Jean Christophe Stimmer,
nous donne la notice qu'il se signait en 1581 comme: „Der Löbl. V.
O. drey Landstände Diener und General-Einnehmer des Messpfennings
Elsass und Sundgauisches Gestades."

L'opinion de Bartsch qu'un percepteur d'impôts ne pouvait pas être
en même temps graveur sur bois et que, par conséquent, le monogramme
attribué à Stimmer et composé de CMT (B. X No. 222) appartient à
Christophe Maurer de Zurich, n'est point soutenable, car d'abord notre
artiste, de même que Nicolas Manuel, pouvait aisément couvrir deux
emplois, ou bien s'être occupé de gravure dans sa jeunesse, tandis
qu'il serait entré plus tard dans la carrière des emplois; ensuite Bartsch
ne semble pas connaître le monogramme ci-dessus, composé de C. H. S.,
qui ne peut s'adapter qu'à Hans Christophe Stimmer ou, selon d'autres,

---

99) Ce livre a pour titre: „Neue Künstliche Figuren Biblischer Historien,
gründlich von Tobia Stimmer gerissen. Gedruckt zu Basel bey Thomas Gwarin
1576." 4°.

100) La bordure du titre de l'ouvrage de Josephus Flavius: „Historien und
Bücher von allen Jüdischen Geschichten." Strasburg, Th. Rihel, 1574, représente
un portail sur le cintre supérieur duquel le Christ est assis en jugement; à ses
côtés, deux anges jouant de la trompette et le combat de la mort et du diable.
Aux côtés, deux rois assis s'appuient sur des boucliers, entre eux un potentat assis
sur le globe du monde. A droite et à gauche, le monogramme de l'artiste. On
s'est servi de la même bordure pour l'ouvrage d'Hégésippe: „Fünf Bücher vom
Jüdischen Krieg," Strassburg 1575. Le monogramme de Christoph Stimmer se
trouve encore sur une feuille du livre intitulé: „Grundliche beschreibung der
freyen Ritterlichen und Adelichen Kunst des Fechters etc. durch Joachim Meyer,
Freyfechter zu Strassburg. Gedruckt zu Strassburg 1570", quarto oblong. La
gravure sur bois représente deux escrimeurs qui tirent l'épée en présence du maître.
Dans le fond, trois hommes à table. H. 9 p. 6 l. L. 7 p.

à Christophe Henri Stimmer, tandis qu'il a parfaitement raison d'attri
le monogramme formé de CMT à Maurer.

On doit encore mentionner ici la marque ، C ، S ،, qui est égale
attribuée à Christophe Stimmer, d'autant plus que le possesseur
monogramme a gravé d'après les dessins de Virgile Solis, H. R. De
et même Tobie Stimmer. Mais comme sa Vue de Rome porte la
de 1549, et que Christophe Stimmer doit être né après 1534, l'anné
son frère aîné Tobie vint au monde, ce monogramme ne peut êt
sien. On devra plutôt l'attribuer à Christophe Schweitzer, graveur
bois de Zurich qui, en 1562, reproduisit l'Alphabet de Urban W
(Voyez C. Becker, D. Kunstblatt 1853 p. 318).

Nous verrons bientôt qu'il ne peut y avoir le moindre d
qu'il n'ait existé un graveur sur bois nommé Christophe Stimmer
est moins certain que le monogramme ci-dessus, dont se serva
frère de Tobie, lui appartienne décidément. Voici quelles sont
pièces où Christophe Stimmer s'est désigné comme en étant le grav

---

Gravures sur bois.

1. Quatre alphabets (Vier künstlich Alphabeth oder A
allen Cantzley und Gülden schreibern nützlich und lustig zu
brauchen. Christoff Stimmer der jung von Schaffhausen. Gedr
zu Frankfurt am Mayn, durch Hermann Gulffrichen in der Sch
gasse zum Krug 1552). 8 feuilles avec quatre Alphabets avec
objets pour écrire. Le dernier feuillet montre un écusson d'armo
fort bien gravé, portant un demi-sauvage couronné de laurier et b
dissant des verges de la main droite. Au-dessus de l'écusson, un
où l'on voit dans les coins deux anges, qui soutiennent un rin
de fruits.

2. Un autre livre du même genre. Ein Nüw Kunstr
Fundamentbuchle von Mancherley guten Tütschen und Lateinischen
schrifften gar gründlich geschrieben durch den jungen Christ
Stimmer von Schaffhausen, jetztund Guldinschreiber und Rächenmey
zu Rottweyl. Basel 1596 in quarto oblong. On en a publié
quatrième édition en 1604 à Bâle.

Nous avons trouvé le monogramme CHS donné ci-dessus
diverses gravures sur bois, entre autres sur plusieurs portraits

papes par Tobie Stimmer décrits au No. 69 et encore dans les éditions allemandes de Flave Josèphe, du Tite Live et du Florus allemand, et une fois avec la date de 1569. Nagler mentionne de plus, dans son Dictionnaire des Artistes, comme étant de lui, 73 gravures sur bois appartenant au livre de Joachim Meyer intitulé: „Grundliche beschreibung der freien Ritterlichen und Adelichen Kunst des Fechtens etc. Augsburg bei Nic. Wanger 1600.“ Petit-in-fol. oblong, ainsi que les gravures dans le „Livre des simples de Matthiolus“, Frcft. s. M. S. Feyerabend 1586. Brulliot décrit encore (Dict. I. No. 130) une eau-forte qui porte le monogramme de notre artiste.

„Eau forte.

Ecusson aux fleurs de lys de la famille patricienne des Stromer de Nuremberg. Sur le heaume, on voit un bourrelet avec trois baguettes terminées en fleurs de lys. Cet écusson se trouve dans un ovale entouré d'ornements; dans celui d'en haut, deux demi-figures nues, et au bas deux génies. En bas, à gauche, la signature. H. 4 p. 11 l. L. 3 p. 3 l. La marge inférieure mesure 6 l.

1578. $\mathcal{AS}t \sim\mathcal{SI}$

Abel Stymmer.
(Bartsch IX 559.)

Le maître qui se sert de ce monogramme doit avoir été un des frères de Tobie Stimmer de Schaffhausen, qui se signait Abel Stimmer et était un bon peintre sur verre, en miniature et en émail. Dans la collection du Doyen Veith se trouvait, en 1835, un portrait de l'historien Jean Sleidanus peint par lui.

Ses dessins et ses eaux-fortes n'ont point de finesse, bien qu'ils soient traités avec une certaine franchise.

Eaux-fortes.

1. **Lazarus Schwendi**, 1579. Cette eau-forte, la seule décrite par Bartsch, a, dans les exemplaires entiers, une souscription en caractères mobiles accompagnée de 30 vers allemands. A Strasbourg, chez Bernard Jobin MDLXXIX.

2. **Jean Hartung**. Demi-figure vue presque de face et tenant de la droite un livre. Sur la table, on lit le millésime 1579, et dans l'ovale, l'inscription: „Joannes Hartungus ætatis suæ LXXV." Au-dessous, dans un écusson, se trouvent des inscriptions grecques et latines, et au-dessous, à droite, le premier des monogrammes ci-dessus. H. 10 p. 9 l. L. 7 p. 1 l. — Berlin.

3. **Vénus**. Elle est couchée et endormie la tête appuyée contre un arbre vers la droite. De la gauche, elle tient un vêtement étendu près d'elle; un peu plus loin, à gauche, l'Amour couché dort également. Fond de paysage avec une montagne. On lit au-dessus: „Venus und kind sind alle baide blind", avec le second des monogrammes ci-dessus. H. 3 p. 6 l. L. 3 p. 1 l. — Berlin.

4. **Allégorie**. A droite est couchée une femme à demi vêtue, devant elle on voit des instruments de dessin, une tablette, des pinceaux. Mercure s'avance de la gauche, et au milieu, Minerve accompagnée d'un roi conduisant un homme dont les mains sont attachées derrière le dos. A gauche, dans le fond, on voit un homme debout avec un grand bocal; une femme s'enfuit ainsi qu'un jeune homme avec une tablette. Sur une hauteur, on aperçoit deux figures devant une maison. Cette pièce est signée du premier des monogrammes ci-dessus. H. 9 p. L. 7 p. 6 l.

5. **Un grand cheval**. Il s'avance vers la gauche. Dans le fond, trois hommes à la porte d'une écurie, dont deux courent après le cheval, tandis que le troisième tient une bride. Au bas, à droite, le premier des monogrammes ci-dessus avec le millésime 1578. H. et L. 6 p.

Appendice.

Le Dr. Nagler mentionne dans son Dictionnaire des artistes la pièce suivante, qui n'est pas signée:

6. **Christophe, Baron de Teuffenbach**, général de l'empire. Figure en pied, debout et en armure complète. Eau-forte sans signature, mais tout à fait dans la manière de Abel Stimmer. Cette pièce appartient à la première édition de l'ouvrage de Campenhouten: „Merkwürdigkeiten des Schlosses Ambras" et porte un texte au revers. Gr.-in-fol.

IA, I A, A, A, H, H, X, M, H, A, A.

Jost Amman de Zurich né en 1539, mort à Nuremberg en 1591.

(Bartsch IX, 351.)

Cet artiste éminemment productif était principalement célèbre, selon Sandrart, pour ses dessins à la plume et au crayon, dont il a exécuté un plus grand nombre que personne au monde, et qu'il a publiés en même temps au moyen de la gravure sur bois. Quoiqu'il ne soit pas encore bien clair qu'il ait gravé lui-même, cependant son monogramme, accompagné quelquefois du couteau, montre qu'il a été aussi graveur sur bois. Ces pièces sont aussi meilleures de taille et préférables à celles en quantité beaucoup plus considérable exécutées par d'autres mains, et qui portent d'autres signatures. Comme artiste, Amman était plutôt un dessinateur adroit, mais un peu maniéré, que doué d'un sentiment vrai de la nature. Ce qui donne toutefois à ses compositions une valeur particulière, c'est qu'il nous fait connaître, mieux que tout autre artiste, dans la richesse de leur variété, les usages et les costumes de son temps en Allemagne. Comme l'ouvrage de C. Becker intitulé: „Jost Amman, dessinateur et graveur sur bois et à l'eau-forte," Leipsig, chez R. Weigel. 1854. 4°., donne un catalogue beaucoup plus complet de son œuvre que celui de Bartsch, nous devons y renvoyer, ne pouvant nous-même y ajouter que fort peu de chose.

Additions à C. Becker.

Pages 1 à 13. La bible (Biblia, das ist: die gantze heylige Schrifft, Teutsch. D. Mart. Luther etc. Die Propheten all Teutsch etc. Das Neuwe Testament etc. 2 Theile. Frankfort am Mayn durch Kilian Han in verlegung Weygand Hanen Erben 1574 in-fol. avec plusieurs gravures sur bois de grand format par J. Amman (Voyez R. Weigel, Kunst-Cat. No. 20,102).

2. Biblia, das ist: Die gantze heilige Schrift deutsch auffs new zugerichtet D. Mart. Luth. 3 Theile. Gedruckt zu Frankfurt am Mayn 1593. Gr.-8°. Avec plusieurs gravures sur bois de Jost Amman en petit format dans des ovales oblongs aux coins pleins. Les premières gravures sont plus grandes et copiées d'après les gravures de la bible de T. Stimmer (Voyez R. Weigel, Kunst-Cat. No. 20,103).

3. (Page No. 16.) Le nouveau testament. (Das New Testament, Teutsch, D. Martin Luther. Auss sonderlichem Fleiss auffs neuw mit schönen Figuren, Argumenten oder jnhalt eines jeden Capitels, sampt einem Register uber alle Soñtags Evangelia und Episteln, gezieret und zugericht. 2 Theile. Frankfurt am Mayn bey Georg Raben, in Verlegung Sigmund Feyerabends 1573. 8°. Avec plusieurs gravures sur bois de Jost Amman in-4° oblong, ovale avec coins pleins (Voyez R. Weigel, Kunst-Cat. No. 20104).

4. (à p. 103 No. 28.) Plutarchi Cæhronensis Summi et Philosophi et Historici Parallela, id est, Vitæ illustrium Virorum etc. Francofurti ex Officina Chalcographica Joannis Saurii, impensis Eliæ Willeri, 1600. In-fol. Avec la gravure de Jost Amman, Becker No. 28 (Voyez R. Weigel, Kunst Cat. 20105).

5. Pauli Jovii von Com. Bischoffs zu Nocera: „Warhafftige beschreibung aller Chronickwirdiger namhafftiger Historien und Geschichten, so sich bei Menschengedächtniss . . . . zugetragen und verlauffen. Auss dem lateinischeu ins Deutsche von G. Forberger und H. Halverium. 2 Theile. Frankfurt am Mayn bei G. Raben in verlegung Petri Perne zu Basel 1570.“ In-fol. Avec plusieurs gravures sur bois de Jost Amman et d'autres, qui ont été également employées pour d'autres ouvrages (Voyez R. Weigel, Kunst-Cat. No. 20110).

Gravures au burin et à l'eau-forte.

Au No. 111. Un événement à Wolzen en Hongrie, designé par Becker comme des Turcs s'exerçant au tir, puisqu'il n'avait devant lui qu'un exemplaire mutilé sans l'explication. Plusieurs Turcs à cheval tirent vers un but placé sur une haute perche. Sur le devant se voit un chrétien attaché à un poteau et contre lequel on lance un lion, qui cependant déchire les Turcs. A gauche, deux autres lions enchaînés. Au milieu du bas, la signature I A, et, sur une pierre, un écusson coupé, au 1er. de trois étoiles, au 2e d'un pal. Comme cet écusson se rencontre également sur d'autres pièces du maître, on doit présumer que ce sont ses armoiries. L'inscription est la suivante : Wahrhaftige Historia die sich unlängst zu Wolzen in Ungarn mit einem gefangenen Christen und Löwen zugetragen hatt. Au-dessous, une explication en caractères mobiles. In fine: Nuremberg bei Jost Amman, Reisser. H. 8 p. 9 l. L. 10 p. 2 l. — Berlin.

139. Des sénateurs vénitiens reçoivent deux envoyés turcs. Ils se trouvent dans un paysage. Sur le devant, huit personnages somptueusement vêtus. Ovale en largeur ayant au bas, dans les coins, I A — v Z. H. 9 p. 10 l. L. 13 p. 13 l. — Berlin.

140—143. Marche d'armée et campement. Quatre gravures à l'eau-forte avec des renvois en lettres et en chiffres qui se rapportent aux passages d'un livre. Signés I A. H. 9 p. 9 l. L. 13 p. 8 l.

144. Chasse au cerf. A droite, on voit dans l'eau l'animal attaqué par trois chiens et à gauche par un cavalier l'épée à la main. H. 2 p. 4 l. L. 4 p. 9 l. Collection Meyer No. 1010 du catalogue.

Christophe Maurer de Zurich, né en 1558, mort en 1614.

(Bartsch IX. 383.)

Cet artiste, connu également sous le nom de Murer, était en même temps peintre, dessinateur et graveur à l'eau-forte. Il est douteux, qu'il ait été également peintre sur verre, quoiqu'il ait fait des dessins pour cette branche de l'art. Il n'était certainement point graveur sur bois, puisqu'on trouve souvent sur les gravures à l'eau-forte le premier monogramme employé par Maurer, et qui est semblable à un autre monogramme accompagné d'un couteau de graveur, qui se trouve en même temps que sa propre signature, sur des gravures sur bois. Le monogramme CM   ℓM avec le couteau, appartient donc à un graveur sur bois qui a travaillé d'après des dessins de Tobias Stimmer et Jost Amman. C. Becker, dans le D. Kunstblatt 1853, p. 318, exprime l'opinion que ce graveur pourrait être le même qui, en 1575, a gravé l'Alphabet de Jacobell à Heidelberg, et qui selon lui s'appelait Conrad Maréchal de Brunnentraut, tandis que Nagler est plutôt d'avis que l'on doit attribuer ce monogramme à Christophe Meier de Strasbourg, qui a travaillé pour le Livre des simples de Matthioli.

Christophe Maurer s'est formé à l'école de Tobie Stimmer à Strasbourg, et s'est tellement conformé à la manière de son maître, que ses dessins sont très-souvent pris comme l'œuvre de celui-ci. Comme membre du grand Conseil de Berne, il eut la charge d'économe de l'état à Winterthour, où il mourut en 1614.

Additions à Bartsch.

Gravures à l'eau-forte.

Titres de livres. Bartsch mentionne le titre de 40 gravures à l'eau-forte comme suit: Emblemata miscellanea nova etc. 1622, et nous ajouterons que dans la bordure ornée on trouve, au haut la Renommée (Fama), et au bas l'Industrie et le Travail (Industria, Labor). Titre: XL Emblemata miscella nova, Das ist XL underschiedliche etc. Les armoiries de l'artiste portent un mur avec des créneaux et sur le heaume un demi-lion. Les gravures très-bien exécutées des Emblemata portent des inscriptions allemandes et latines p. e.: Ehrsucht, Ambitio et aussi une souscription en vers de six lignes. Presque toutes sont marquées du premier des monogrammes ci-dessus. H. 3 p. 2—6 l. L. 4 p. 2—8 l. Nagler, dans

son ouvrage: „Die Monogrammisten" II. p. 148, a une description détaillée de cet ouvrage.

4. Judith. Elle tient la tête d'Holopherne et sa servante porte
le sac qui doit la recevoir. A gauche, la tente. La signature est à
la gauche du bas. H. 4 p. 8 l. L. 2 p. 7 l. Coll. Meyer No. 998.

5—6. Scènes de l'histoire descriptive de la Suisse.
Deux feuilles de compositions relatives à la vie de Guillaume Tell, avec
Nos. d'ordre, in-fol. oblong. Elles appartiennent probablement à la
gravure représentant le meurtre de l'empereur Albert I. etc. Bartsch
No. 1. Elles se trouvaient dans la collection du chanoine Veith de
Schaffhausen, avec les gravures à l'eau-forte qui suivent:

7. Les douze écussons d'armoiries de la Suisse. Ils
sont tenus par deux enfans dans un encadrement à colonnes et le
tout en une feuille sur deux rangées. H. 10 p. L. 16 p. 10 l.

8. Les armoiries de St. Gall et de Zurich. Elles ont
pour supports deux soldats suisses. „Concordia." H. 5 p. L. 4 p. 11 l.

9. Auto-da-fé, avec la suscription: „Hispanische Inquisition."
H. 3 p. 6 l. L. 4 p. 11 l.

10. Titre pour une bible. Aux côtés, deux colonnes avec
Moyse et Aaron; David à gauche, et Salomon à droite sont assis. Le
monogramme est à gauche; petit-in-fol.

Gravures sur bois.

1—5. Sujets de la bible. Bartsch ne donne que cinq pièces qui
appartiennent à une bible; on en trouve 52 dans un exemplaire
de la collection de Berlin. Plusieurs portent le premier monogramme
de Maurer donné ci-dessus, tandis que les autres ont divers monogrammes des graveurs comme, par exemple,

L. ⌒ G, ℒ $ L. F. ⌒ ↄ Ⅴ

Deux autres marques formées des lettres F. L. M. ont le chiffre 70 ajouté,
ce qui indique probablement le millésime 1570. H. 3 p. 11 l. à 4 p.
11 l. L. 5 p. 5—7 l.

6—15. Diverses chasses. Elles se trouvaient déjà dans une
édition antérieure portant pour titre: „New Feldt und Ackerbaw,
darinnen deutlich begriffen wie man auss rechtem grund der Natur
auch langwiriger erfahrung so beydes alhier in XV bücher beschrieben
ist, jedes Landgut etc. Erstlich durch Petrum de Crescentiis, be-

schrieben etc. Strasbourg, Laz. Zetner 1602. fol." Avec plusieurs gravures sur bois, de plantes, d'animaux et avec les chasses de Stimmer et de Maurer (Voyez R. Weigel K. C. No. 20116).

16. Titus Livius und Lucius Florus, von Ankunfft und Ursprung des Römischen Reichs etc. jetzund auff das newe auss dem Latein verteutscht. Gedruckt zu Strassburg durch Theodorum Rihel 1574. D'autres éditions parurent en 1581 et 1596, in-fol. Cet ouvrage renferme beaucoup de gravures sur bois d'après Tobias Stimmer, J. Bocksberger, C. Maurer etc.

17. Novæ sacrorum Bibliorum figuræ versibus latinis et germanicis expositæ. Das ist: Neue biblische Figuren mit lateinischen und deutschen versen aussgelegt durch M. Samuelem Glonerum, Poëtam Lauretanum. Strassburg, gedruckt bei C. van Heyden MDCXXV. Dans la série des 304 sujets, on en trouve beaucoup qui portent le monogramme de C. Maurer, et qui ne paraissent être que des répétitions des gravures sur bois indiquées aux Nos. 1 à 5 et des dimensions égales.

18. Torturalis quæstio. Das ist die gründliche Verweysung von Peinlichen Fragen vermehrt durch Abraham Sauwrn, Frankfurt am Meyn MDXCIII. In-folio. Des gravures sur bois qui se trouvent dans cet ouvrage, une seule porte le monogramme de C. Maurer. Elle représente le jugement d'un criminel dans un paysage désert. Le juge assis à gauche lit la sentence et le président de la cour rompt la baguette. Dans le fond, le criminel est conduit au lieu de l'exécution. H. 3 p. 5 l. L. 5 p. 1 l.

19. Plan de Zurich 1595 (Bartsch No. 16). Vue perspective. A la droite du bas, le monogramme, à gauche, une tablette avec l'inscription: LVDWIG FRIG G. C. Cette pièce se trouve dans la Cosmographie de Munster, Edition de 1628. H. 6 p. 8 l. L. 14 p. 2 l.

20. Vue de la ville de Zurich, avec le monogramme accompagné d'une plume. H. 4 p. 11 l. L. 6 p. 3 l. Dans la Chronique suisse de Stumpfen de 1606.

CM CM CM M

(Bartsch IX. p. 417.)

Nous trouvons ce monogramme sur des gravures sur bois d'après les dessins de C. Maurer, T. Stimmer, Jost Amman etc., cependant on n'a point réussi jusqu'ici à le déchiffrer. Dans l'article précédent, nous avons démontré qu'il ne pouvait appartenir à C. Maurer, comme on l'a souvent prétendu. D'après l'opinion exprimée par C. Becker dans le Deutsches Kunstblatt 1853 p. 318, ce monogramme, en plusieurs occasions du moins, a dû appartenir au graveur sur bois Conrad Maréchal de Brunnentraut, dont il nous décrit un livre d'exemples d'écriture sous le titre suivant: Ein kunstreich Fundamentbuch von mancherlei zierlichen Teutschen und Lateinischen Schrifften ... durch Jacob Jacobell von Newenmark auss Schlesien, teutscher Schulmeister zu Heidelberg durch Johann Meier, geschnitten aber durch Conrad Mareschall von Brunnentraut, Formschneider. 1575.

Cet ouvrage renferme 4 feuilles de dédicace et de préface avec des gravures sur bois représentant les différentes manières de tenir la plume, 27 feuilles gravées sur bois d'écriture ronde et de Chancellerie et une feuille de finales. Aucune de ces pièces ne porte de monogramme.

Le Dr. Nagler, dans son ouvrage: Die Monogrammisten, Vol. II No. 414, exprime l'opinion que le graveur d'une partie des planches qui portent ce monogramme, est Christophe Meier de Strasbourg, que C. C. Schmiedel, l'éditeur de la nouvelle édition de l'Opera botanica de Conrad Gessner, nomme parmi les graveurs qui ont exécuté les illustrations du „Livre des simples" de Matthioli. Il cite entre autres les artistes suivants: Hans Asper de Zurich, Wolfgang Meierpeck de Meissen, Peterlin de Nuremberg, et les artistes de Strasbourg B. Jobin, Sébastien Franck et Chr. Meier etc. L'édition complète du „Livre des simples", pour laquelle J. Camerarius se servit des „Collectanea" de Conrad Gessner et qu'il illustra de nouvelles gravures, parut sous le titre suivant:

„Kreutterbuch dess hochgelehrten und weitberühmten Herrn D. P. A. Matthioli jetzt wiederumb mit viel schönen neuwen figuren gemehret etc. — durch Joachimum Camerarium. Frankfurt am Mayn in verlegung Sigm. Feyerabends etc." 1586. In-fol. Dr. Nagler remarque en outre, que ce Chr. Meier a travaillé pour Feyerabend de Francfort, et peut-être aussi pour Basseus, et peut avoir exécuté une partie des gravures marquées de C. M. accompagnés du canif et qui ont été faites en partie d'après des gravures de Jost Amman.

Comme Bartsch l'a déjà remarqué, le maître au monogramme ci-dessus a exécuté d'après Tobie Stimmer les pièces No. 1 et 64 de ce maître; d'après Jost Amman, les No. 4 et 9 (gravures sur bois) et d'après Christophe Rudolph Maurer, les No. 11 et 15 (idem) et il ajoute encore une autre gravure sur bois d'après un dessinateur in-connu, représentant les vierges sages et folles devant le Christ. Les deux pièces suivantes doivent appartenir au même maître.

2. **Philippe de Valois.** Statue équestre représentant celle qui fut érigée à ce souverain en 1328 dans l'église de Notre-Dame de Paris en commémoration de sa victoire dans les Pays-bas. Le fond représente l'intérieur de l'église, à gauche, deux petites statuettes sur des colonnes. Signée, au milieu du bas, C M avec le couteau de graveur. H. 4 p. 1 l. L. 5 p. 8 l. Cette gravure se trouve dans la Cosmographie de Séb. Munster dans le IIIe Livre Gallia p. 233. — Berlin.

3. **L'exécution de plusieurs criminels.** 8°. oblong. Voyez Cat. Sternberg II. No. 1415.

Christophe van Sichem.
Graveur sur bois.
(Brulliot, Dict. I. No. 1478—79.)

L'aîné des artistes de ce nom vivait à Bâle et travaillait depuis la moitié du XVIe. siècle, jusqu'à la fin et peut-être plus tard encore. Il exécuta entre autres plusieurs gravures sur bois d'après T. Stimmer pour l'ancien Testament, pour lequel Chr. Stimmer a gravé aussi comme nous l'avons dit et qui parut pour la première fois chez Th. Gwarin, à Bâle, en 1576. Ces gravures mesurent H. 4 p. L. 5 p. 6 l.

Un autre livre pour lequel il a fait des gravures est intitulé: „Die dreizehn Ort der löblichen Eydgenossenschaft des alten Bundes hoher Teutscher Nation mit gar lustichen und schönen Figuren abconterfeyt etc. Gedruckt zu Basel bei Christoffel van Sichem, Formschneider. 1573." Fol.

Nous trouvons également son monogramme sur des gravures pour les livres publiés à Strasbourg par Théodore Rihel, comme p. e. dans le Titus Livius de 1590 et dans le Flavius Josephus de 1601. Ensuite dans l'ouvrage imprimé à Augsbourg en 1600 par Michel Manger, intitulé: „Grundliche beschreibung der Ritterlichen und Adeligen Kunst des Fechtens etc. durch Joachim Meyer, Freyfechter zu Strasbourg." In-fol. oblong.

Brulliot mentionne encore une gravure au burin, copiée d'après la pièce de Henri Aldegrever: „le Père sévère", (Bartsch No. 73), qui est marquée du monogramme ci-dessus accompagné du millésime 1569, et qui doit aussi être attribuée à Christophe van Sichem le vieux.

Nous regardons comme un plus jeune artiste du même nom celui qui vécut à Amsterdam et qui, de 1617 à 1636, a illustré de gravures sur bois les livres publiés dans cette ville par P. Jocobz Paets. On connaît de lui plusieurs gravures d'après A. Durer, H. Goltzius etc. sur lesquelles on trouve des détails dans le Dict. de Nagler. Comme il s'agit d'un artiste du XVIIᵉ. siècle, nous ne nous y arrêterons pas, nous contentant de renvoyer à Nagler à ce sujet.

---

15 ᗰ 91   ᗰ   15 ᗰ 93   ᗰ

Daniel Lindmeir.

(Bartsch IX. 420.)

Cet artiste, né à Schaffhouse, florissait assez tard dans la seconde moitié du XVIᵉ. siècle. Il était en même temps peintre, dessinateur et graveur. Il n'est pas vraisemblable, quoiqu'en dise Heller, qu'il ait été également graveur sur bois, puisque le canif n'accompagne jamais son monogramme. Jusqu'ici, on ne connaît de lui que trois gravures sur cuivre, tandis qu'on trouve plusieurs gravures sur bois qui portent son monogramme et qui sont inconnues à Bartsch.

Gravures au burin.

1. **Henri Jules, évêque de Halberstadt.** Il est tourné
à gauche et porte la main sur la tête d'un chien. Au-dessus, l'écusson
de ses armoiries, et dans les coins, les quatre éléments représentés par
des enfans. Autour de l'ovale on lit: „Henricus Julius D. G. Postu-
latus episcopus Halberstadensis, Dux Brunsvicensis et Luneburgensis,‟
et au-dessus: „Daniel Lindemeir sculp. et excud.‟ In-fol. (Heller, Zusätze p. 85.)

2 et 3. **Deux couples dansants et un joueur de cornemuse.** Un joueur d'orgue de Barbarie et un autre de clarinette, à
droite un couple dansant. En haut, le monogramme et le millésime 1591.
Faiblement rendus à l'eau-forte. H. 2 p. L. 2 p. 10—11 l. (Coll.
Meyer Cat. No. 937.)

Gravures sur bois.

2. **Une chasse au cerf.** Chasseurs et chiens poursuivent un
cerf enveloppé dans des filets. Inscription: **Königlingraben.** La
signature est au milieu du bas. H. 4 p. L. 5 p. 6 l.

3. **Une chasse au loup.** On voit au milieu, entre des arbres,
une chasse au loup. Sur le devant, un chasseur s'avance à droite
menant un chien en laisse. H. 4 p. L. 5 p. 6 l.

4. **La vendange.** A gauche, on voit un homme devant une
tonne et vis-à-vis une femme avec une cuve pleine de raisins. H. 4 p.
1 l. L. 15 p. 6 l.

5. **Un paysan qui laboure.** Il laboure avec deux bœufs.
Dans le paysage, plusieurs autres personnes sont occupées de travaux
champêtres. La signature est à la gauche du bas. H. 4 p. 1 l. L. 5 p. 7 l.

6. **Dix chevaux.** On les voit dans un paysage; à droite un
étalon saillit une jument. H. 4 p. L. 5 p. 6 l.

Ces gravures sur bois se trouvent dans l'ouvrage intitulé: „Künstliche wohlgerissene Figuren und Abbildungen etlicher jagdbaren Thiere
etc. von den beyden berühmten und vornehmen Malern Tobias Stimmer
und Christoph Maurer zu Zurich gerissen.‟ Strassburg 1605. 4°. A ce
titre appartient encore la gravure décrite par Bartsch sous le No. 1.

S I.

(Bartsch IX. 423.)

Gravure sur bois.

1. Titre d'une bible. Plusieurs sujets bibliques en six compartiments. On lit au milieu: „Die Propheten, all Teutsch. D. Mart.
Luth. Frankfurt 1570." H. 10 p. 5 l. L. 6 p. 11 l.

H S ⚬═══

(Bartsch IX. 425.)

Gravures sur bois.

1. Une arabesque. A droite et à gauche, la moitié d'une
tête. Au milieu, deux génies s'appuyant à un vase et deux autres
génies debout dans le rinceau inférieur. La marque se trouve au
milieu. H. 14 p. L. 10 p. 10 l.

2. Marque de libraire. C'est celle de Mr. Beckern à Francfort s. M. A la fin de l'ouvrage intitulé: „Anatomia Equorum Caroli
Ruini, in Teutsch gebracht durch Petr. Uffenbach etc." 1603.

L. F.

Ludwig Frig.

Graveur sur bois.

(Bartsch IX. 417.)

Ce graveur peu important de Zurich travailla de 1570 à 1595, et
la plupart du temps d'après les dessins de C. Maurer et de Jost Amman. Il signait ses ouvrages du monogramme ci-dessus, accompagné
quelquefois du canif ou même de son nom en entier, comme nous
l'avons vu sur le plan de Zurich de C. Maurer (B. No. 16), qui se
trouve dans la Cosmographie de Séb. Munster.

Hans Asper.

Ce peintre 'de l'école de Holbein naquit en 1499 à Zurich, et mourut dans la même ville en 1571. Il fit plusieurs dessins pour la „Helvetia sancta" de Murer, qui furent gravés à l'eau-forte par Rudolphe Meyer, et, comme le veut Fussli, les figures d'animaux, oiseaux et poissons dans l'édition de Zuric de Gessner: „Historia animalium." On trouve aussi son monogramme sur une gravure sur bois, sans que l'on en doive conclure cependant qu'il ait été également graveur sur bois.

Gravure sur bois.

1. Ulrich Zwingli. Il est tourné de profil à droite, la tête couverte d'un capuchon. Dans le fond, une architecture ornée de colonnes. La signature est au haut. 2 p. 7 l. en carré. Cette pièce bien gravée se trouve dans la seconde partie (p. 163) de l'ouvrage intitulé: „Gemeiner löblicher Eydgenossenschaft, Stetten, Landen und Völckeren Chronik etc. durch Johann Stumpffen etc." Zurich 1548. Grand-in-folio.

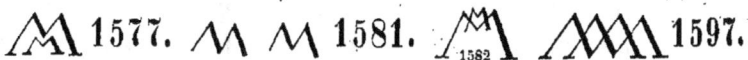

Melchior Meier.
(Bartsch XVI. 246.)

Ce graveur au burin est resté inconnu aux historiens de l'art en Suisse, bien qu'il ait vécu à Fribourg; il est par conséquent douteux qu'il soit suisse de naissance. Ses gravures sont bien dessinées dans le goût italien et dans le style un peu maniéré de la dernière moitié du XVIᵉ. siècle. Il paraît avoir passé quelque temps en Italie, particulièrement à Florence, puisqu'il dédie sa gravure d'Apollon et Marsyas à François de' Medici, et qu'en 1582 il a gravé le portrait du Cardinal Ferdinand de' Medici. Mais l'indication: „Sc. et excudit in Fryburgi helvet." qui accompagne son monogramme dans la pièce No. 3 du St. Guillaume, prouve qu'il s'est établi plus tard à Fribourg en Suisse. Martin Martini, orfévre de Lucerne, s'est servi également d'un monogramme semblable au quatrième de ceux que nous avons donnés plus haut, mais en l'accompagnant ordinairement d'un rochoir; ses gravures sont néanmoins mal taillées et médiocres dans le dessin et ses figures généralement trop courtes. Il vécut, du reste, au commencement du XVIIe. siècle.

Gravures sur cuivre.

1. La nativité. La Vierge est agenouillée à gauche devant l'enfant Jésus couché sur un pan de son manteau. A droite, St. Joseph, sous les traits d'un vieillard et les mains croisées, devant lui un petit ange. Dans le fond, un autre petit ange avec le bœuf et l'âne. A gauche s'avance, par la porte, un jeune berger et deux autres contemplent la scène à travers un pertuis dans le mur. Dans le fond, l'annonciation à trois bergers. Très-belle pièce qui porte, au devant du petit ange, le 4e. des monogrammes ci-dessus avec le millésime „1597 Lucern." Cette dernière indication semble néanmoins avoir été ajoutée après coup, puisque la gravure est trop finement exécutée pour être de M. Martini. H. 3 p. 6 l. L. 2 p. 9 l. — Berlin.

2. La résurrection. Le Christ plane sur des nuages, assis et donnant sa benediction; il est entouré d'une gloire de Chérubins. Au bas, un ange, qui pousse la pierre du tombeau, et devant, quatre soldats, dont trois sont couchés par terre. Sur le sabre du 3e on lit le millésime 1577, et sur la hallebarde de celui qui dort à droite, le premier des monogrammes ci-dessus. H. 6 p. 10 l. L. 4 p. 7 l. Francfort s. M.

3. St. Guillaume. Il est debout en armure complète et porte de la droite une bannière. Inscription: „Miles an Monachus dictor Guihelmus utrusq. Vox michi Bernardi nomen dedit." Avec le monogramme des deux M réunis suivi de l'inscription: sc. et excudit in fryburgi helvet. In-folio. (Brulliot, Dict. No. 2887 et Nagler K. L.)

4. Le corps de Ste. Cécile. Cette pièce porte la quatrième des signatures ci-dessus, mais surmontée d'une plante. 16°. (Brulliot, Dict. No. 2887.)

5. Apollon et Marsyas. Le dieu a écorché Marsyas attaché à un arbre et présente sa peau au roi Midas assis à droite. A droite et à gauche dans le fond on voit plusieurs figures. Une tablette est

suspendue à l'arbre avec l'inscription: FRANC. MED. MA ETRVR. D. II. P. B. M. 15. DD. 81. MM. Dans un exemplaire de la collection du Comte Fries à Vienne, Bartsch trouva l'inscription suivante contemporaine écrite à la main: Anno 1582 6 Decemb. Ex liberali Donatione Melchioris Meiers hujus tabulæ autoris. Joannes a Palm. Ce fut cette inscription qui fit connaître pour la première fois le nom de notre artiste. (Voyez Bartsch XVI. p. 247.)

6. Le cardinal Ferdinand de' Medici. Buste de trois quarts tourné à gauche. Le premier des monogrammes ci-dessus avec la date de 1582 se trouve à la moitié de la hauteur de la pièce. Gr.-8°. (Brulliot, Dict. II. No. 2887.)

Appendice.

α. La conversion de Saint Paul. Belle et riche composition délicatement exécutée. Sans marque. Gr.-8°., mentionnée par Nagler, K. L. No. 4, qui renvoie à Bartsch p. 246, mais celui-ci ne mentionne que la Résurrection et Apollon et Marsyas. N'y aurait-il pas ici un quiproquo avec la première de ces deux gravures?

β. La déesse protectrice de la Toscane. Elle est assise sur un banc et tient deux couronnes au-dessus de deux médaillons avec les portraits d'Alexandre et de Côme de' Medici. A la gauche du haut, le monogramme ⚹. Voyez Bartsch T. IX. p. 281. No. 105 qui attribue cette pièce à Martin Rota, en expliquant le monogramme pour celui de Martinus Sebenicensis. Brulliot croit plutôt que la pièce est de Melchior Meier et explique le monogramme par Meier sculpsit (Dict. I. No. 2953).

γ. Nagler croit que huit autres pièces (No. 7—14) qui portent en partie le quatrième des monogrammes ci-dessus, mais accompagné du rochoir, et que nous avons reconnues comme étant de Martin Martini, appartiennent à Melchior Meier. Elles appartiennent à l'ouvrage intitulé: Speculum Pœnitentie „Das ist das Leben Mariæ Magdalenæ, den auch Marthæ und Lazari. Anjetzo Durch den Hochwürdigen Fürsten und H. Herrn Augustin Abbte unser liben frawen zu Einsideln als den Author widerum ubersehen und gemehrt mit schönen figuren in druck geben." 8°. (Voyez Brulliot, Dict. I. No. 2888.)

G. K. 1.5.9.9. CK CÆB K CÆB K 1599.
1598

Gabriel Krammer de Zurich.

Cet ébeniste et dessinateur de Zurich se trouvait, à la fin du XVIe. siècle, à Prague en qualité de fifre au service de l'empereur, mais s'occupa continuellement de dessins d'architecture et de musique pour les menuisiers et les musiciens. Son ouvrage sur les cinq ordres d'architecture contient 24 feuilles gravées à l'eau-forte dans la manière de Venceslas Hollar et signées, soit des monogrammes ci-dessus, soit de son nom en abrégé ou en entier. Cet ouvrage a le titre suivant:

1. Architectura. Von den fünf Seulen sambt iren Ornamenten und Zierden als nemlich Tuscan. Dorica. Jonica. Corintia. Composita in rechter Masstheilung und proportion etc. Mit sonderlichem Fleiss zusammen getragen und gebessert durch Gabriellen Krammer von Zürich, Dischler und Ihr. Röm. Kays. Mays. Leib Trabanten, guardi pfeiffer, Jetzo zu prag. Au-dessous: Marco Sadeler excud. 1600. H. 10 p. 9 l. L. 7 p. (Voyez R. Weigel, K. C. No. 16420, et Thiele, la Coll. Roy de Gravures à Copenhague p. 37 qui cite une éd. de 1606.)

2. Schweifbuchl. Un ouvrage avec ce titre contenant 24 gravures à l'eau forte de notre artiste doit avoir paru en 1611 chez Bussemacher de Cologne. Nous n'avons pu nous procurer des renseignements plus précis à cet égard.

TABLE ALPHABÉTIQUE

DES MAÎTRES MENTIONNÉS DANS CE TROISIÈME VOLUME.

TABLE DES MONOGRAMMES

QUI SE TROUVENT DANS CE TROISIÈME VOLUME.

---

p. 94.

Albert Altdorfer 301.

Andreani, Andrea 173.

1599.

1598

Gabriel Krammer 477.

Alart Claessen 34.

1565 46.

Adrian Collaert 35.

312.

Albrecht Durer 144. 173.

1545. 98.

Augustin Hirschvogel 257.

1717 Ambrosius Holbein 421.

Jost Amman 463.

III.

p. 298.

Hans Asper 474.

15.

95.

1528. 11.

Petrak 152. 153. 154.

Abel Stimmer 461.

95.

298.

George Brew 265. 294.

291.

Hans Baldung Grün 318.

Hans Baldung Grün 267. 318

174. 265.

C A. 343.

31

CA Cornelius Matsys p. 97.

C C 1520. 299.

E C 2 Σ Σ 22.

CME Cornelius Matsis 97.

H H Hans Christoph Stimmer 459.

C. F. Inventor anno 1554. C. Floris 105.

M 90.

L 467.

CM M Christoph Maurer 465.

R 218.

15 C 45 Joh. Cornelius Vermeyen 103.

CM 109.

CL Lucas Cornelisz 133

C M CM CM

M 469.

C V M 470.

or Cornelius Floris 105.

P P, C P, P 91.

S S Christophe Schweytzer 451.

V Christophe van Sichem 470.

C T C T Cornelius Teunisse 30.

C W 1554. p. 317.

JG Jacob de Gheyn sen. 115.

JG Jacob de Gheyn jun. 115.

D H Daniel Hopfer 289.

RMD R MD Hans Rudolph Manuel Deutsch 437.

SD F 96.

K K D. K. David Kandel 348.

MD . ND Nicolaus Manuel gen. Deutsch 433.

15 M 91 DM DM

AM Daniel Lindmeir 471.

D P Doen Pieterzoon 27.

D T D T p. 85.

D B 86.

D V Dirk van Star 23.

1516 G E 22.

E. F. G. W V . A 342.

HE HE 1546. 448.

E E Erhard Schön 243.

48. 84.

E. S. 84.

V 467.

F. C. ' 22. Frans Crabbe p. 21.

G 423.

HH HF 1516. 162. 440.

HF 1572. 108.

HF 1527. 158.

F. O. 1558. 352.

H Hans Baldung Grün 318.

H 326.

H Hans Galatin? 439.

CK GK 1599. Gabriel
Krammer 477.

G 109.

M, M Math. Geron 307.

V V 15 V 20 Urse Graf
425.

H 1528 94.

H 94.

H B, h B. Hans Burg-
mair le vieux 264.

H bb Hans Burgmair le jeune
(?) 276.

H F. 440.

H. G Hans Guldenmundt 247.

H. H. HH, HH Hans Holbein
le jeune 353.

H.H. 419.

HH H. H. Heinrich Holz-
müller? 451.

HH L. 1522. 336.

HK HK . Hans von Kulmbach 177.

HK p. 14.

HSK Hans Springinklee 239.

HL HLF. HL. FVR.
Hans Lutzelburger 445.

HL HL 1515. Hans Leu (?) 336.
358. 446.

H L. 1522—1533. 336.

HL HSL Hans Sebald Lautensack
260.

HM Hans Muelich 316.

NH 1522. ·И·Н· 442.

NH 20.

NH 444.

PH 210.

HSI HSI Hans Schaeuflein 229. 268.

HSI Hans Schaeuflein 227.

H S 473.

HS Heinrich Stainer 229. 279. 292.

M Heinrich Vogtherr le vieux
et le jeune 344.

HW. 1504. 288.

HW 276.

I ° Y Johann Wechtlin 327.

IA. D. B. Jacob de Barbarj 137.

IWB Jodocus Badius Ascensius 213.

I A A Jacob Cornelisz von Oostsanen p. 24.

I F. 375. 394.

I G sc. Jacob de Gheyn, le vieux 115.

I H Hieronymus Hopfer 291.

I M S. Jean de Mabuse (?) 23.

I V. I o Y , Johannes Wechtlin 327.

P s S 153 e & 306.

$ — Johann Schaeuflein 227.

$ 467.

S Jan Swart 14.

I V M 6.

V J. van Stalburch 106.

W 359.

R 391.

L Lucas de Leyde 3.

L. F. Ludwig Frig 467. 473.

L G 1515. 341.

L H. Lambert Hopfer 291.

L H. 15.

L K Ludwig Krug 132.

L 1534. 342.

L S Lambertus Suavius 109.

M 1577. M M 1581.

M 1582 M 1597. Melchior Meier 474.

M , M p. 88.

N M Nicolaus Meldemann 244.

M Nicolas Manuel Deutsch 433.

M , M , M Michael Ostendorfer 310.

M R 1518. 93

M S 476.

W 421.

M W 287.

v N v H v 1523—1523. 46.

N : M Nicolaus Meldemann 244.

P 348.

P F , P F, P. F. Peter Flötner 253.

P. H. Pieter Huys 107.

P v L, P v L Pieter van Leyden (?) 12.

R 313.

R W R W. 1547 R w Rudolph Wyssenbach 448.

W R p. 349.

S , S. 1519. 1520. 47.

S E 48. 78. 84.

S F, 47.

S I 473.

S S Tobias Stimmer 453.

T 87.

W. Traut p. 198.

p. 162.

45.

Urbanus Wyss 450.

178.

1427. 96.

1515. 335.

17013 6.

W. F. Σ. N. Wolfgang Resch p. 253.

W H W H. Wolfgang Huber 305.

W. R., W. R. F. Wolfgang Resch 252.

87.

Jacob de Barbarj 134.

Maître à l'écrevisse

François Crabbe 15.

ADDITIONS ET ERRATA.

Page 5, ligne 24, ajoutez : Le monogramme IVM, qui se trouve sur plusieurs estampes, qui ne sont pas gravées par Israel van Meckenen paraissent appartenir à un peintre Johann Hollandicus de 1479, à Munich ou à maître Jan, ou même au peintre Johann von München qui a vécu entre 1502 à 1511 dans cette ville, et à propos duquel nous attendons encore des renseignements plus précis de M. Nagler, qui le premier nous a fait connaître cet Artiste.

7, 1 ajoutez ; Pièce à l'eau-forte.

21, 25, ajoutez : Frans Crabbe, sa marque **E C** où la barre inférieure de F avance plus qu'il ne convient à cette lettre, avait laissé dans l'incertitude, si elle représente un E ou un F, mais après un nouvel examen, qui nous fait voir la barre inférieure bien plus courte que la supérieure, il n'y a plus de doute, que la marque represente les initiales F. C. ou le nom de Frans Crabbe, nommé le Maître à l'écrevisse.

22, 26, ajoutez : Un des plus beaux tableaux de Jean de Mabuse de sa meilleure époque représentant l'adoration des Mâges, et provenant de la galerie Orleans, appartient à d'Earl Carlisle et a été exposé en 1857 à Manchester. Voyez: Waagen, Kunstwerke und Künstler in England und Paris, 2. Bd. p. 412.

34, 17, ajoutez : La Collection de M. le Professeur de Reider a passé dans le Musée national de Munich.

34, 21, ajoutez : Aux gravures sur bois de Cornelis Teunisse d'Amsterdam.

16. Le siège de la ville de Térouane (en 1553 ?). Gravure sur bois de quatre feuilles, in-folio, en largeur. La ville avec une grande église se trouve au milieu, entourée de collines. Les deux feuilles inférieures avec l'indication : Xoerden, montrent une division de cavaliers de l'empire en armure avec des lances, qui passent près d'un camp, derrière un village. Dans une tablette on lit : Hier lept het groete ruiter leegheren mpn herr va molebans rptmeester. Un peu plus dans le fond, à gauche, on voit un grand carré de soldats avec neuf drapeaux et près de là le camp du comte d'Espynoys. Un sentier étroit mène vers la droite au camp du capitaine van Bredenro. Sur les deux feuilles supérieures est representée la ville de „Terwaeghe", qui est bombardée de deux côtés. Derrière une montagne, on voit la rencontre de la troupe française avec leurs adversaires. En haut, dans une banderole, se trouve l'inscription : Dit is het beled va terwaenghe conterfept na id leuen. Puis a droite

dans le coin le monogramme **C T**. A deux

cartouches, à gauche, manquent encore les inscriptions. Les quatre feuilles jointes ensemble mesurent 19 p. 9 l, en hauteur, et 26 p. en largeur. (Communication de M. de Bruyn à Utrecht.)

37, » 33, ajoutez: No. 68½. Le Christ en croix. La vierge à gauche est vue de face, les mains croisées sur la poitrine, St. Jean à droite regarde en haut et élève la main droite, en tenant un livre de la gauche. Marie Madeleine à genoux embrasse le pied de la croix. Le fond offre, à gauche, une ville fortifiée et à droite, un rocher escarpé, puis deux montagnes pointues dans le lointain. Sans marque. Cette gravure est traitée dans la manière du maître, mais avec moins de finesse dans le dessin et le burin. H. 9 p. 5 l. L. 6 p. 5 l. Cat. Drugulin, L'Amateur des Beaux-Arts No. 4.

38, » 39, ajoutez: No. 87½. La vierge couronnée par deux anges. Elle est assise sur une siége de gazon et tient l'enfant Jésus, assis sur ses genoux, qui a dans ses mains une poire et un oiseau. Vers la droite de l'estampe, un homme vu à mi-corps, fait un signe à un enfant, qui est debout, à gauche, tenant une tablette. H. 7 p. 2 l. L. 5 p. Coll. D. G. de A. à Paris (M. de Arozarena) Catalogue No. 130.

77, » 21, ajoutez: La légende dit, que Ste. Gertrude de Landen avait donné à l'eau d'un puits la propriété d'éloigner les rats. (Ajoutez aussi cette remarque à page 90 No. 11 et à page 93 No. 11.)

» 83:   Additions à l'oeuvre du Maître $\mathfrak{S}$. Le catalogue de la collection de M. Paelinck (Bruxelles 1860) fait encore mention des pièces suivantes: La Passion de Jésus-Christ. Collection de neuf estampes cintrées, collées dans un vieux livre de prières flamand. Petit in-12. H. 2 p. 10 l. L. 1 p. 8 l. Paelinck No. 17.
Sujets de la Vie de la Vierge et Jésus-Christ. Suite uniforme de 12 pièces. H. 2 p. 7 l. L. 1 p. 8 l. Cat. P. No. 403. Il paraît, que ces estampes font partie de la Série de notre Catalogue No. 6—59.
Jésus-Christ, debout. Il est vu de face, tenant un globe de la main gauche et donnant la bénédiction. A gauche et à droite des ornements servant de piédestaux à deux anges, dont l'un pince la mandoline et l'autre la harpe H. 2 p. L. 2 p. 4 l. Cat. P. No. 405.
Ste. Catherine. A droite et à gauche des ornements. H. 4 p. 6 l. L. 3 p. Cat. P. No. 406.
Ste. Barbe. Pendant de l'estampe précédente. Cat. P. No. 407.

109, » 1 au lieu de $\mathfrak{CM}$ ce monogramme se compose des lettres GML

109, » 18, ajoutez: Le catalogue de la collection des estampes de M. Paelinck à Bruxelles 1860 p. 81 nomme le maître L. S. (Lambert Suavius de Liège) „J. de Swaaf." Il ne donne aucun renseignement sur cette dénomination, et quoique nous n'ayons rien trouvé a ce sujet nous avons pourtant cru devoir faire mention ici de ce nom.

142, » 28, au lieu de: A la marche inférieure, lisez: tout autour près du bord on voit huit têtes.

ADDITIONS A L'OEUVRE D'ALBERT DURER.

Page 148, ligne 23, ajoutez: Le Musée Britannique possède une épreuve de la gravure d'Adam et Eve No. 1, où seulement le fond à gauche et au milieu est presque terminé, tandis que la partie à droite et les figures ne sont indiquées qu'au trait.

151, 11, ajoutez: Il y a deux états de la Vierge à la couronne d'étoiles (No. 31).

1er. Etat: Avant que les petits rayons de la Gloire n'aient été achevés. Cabinet de Paris.

2me. Etat: Les petits rayons de la Gloire, qui, dans le premier état, s'arretaient à la hauteur des pieds de l'enfant Jésus, ont été continués, à droite, jusqu'au rayonnement du nimbe de notre Seigneur, et à la gauche jusqu'à la chevelure de la vierge. (E. Galichon dans la Gazette des Beaux Arts. Vol. VII. p. 86.)

151, 14, ajoutez: Dans les dernières épreuves de la Vierge couronnée par deux anges (No. 39), les tailles légères qui dessinent, au-dessus de la barrière, à gauche, les montagnes du lointain offrent des solutions de continuité, et même ont fini par disparaître complétement. (E. Galichon.)

151, 15, ajoutez: Il y a deux états de la Vierge au singe (No. 42). Le premier n'a pas encore les deux traits échappés l'un sur le nez du singe, l'autre presque vertical sur le dos de l'animal même. La planche de cette gravure existe encore à Paris et on en tire des épreuves entièrement dépouillées (E. Galichon).

151, 24, ajoutez: La Sainte famille au papillon (No. 44). Les belles épreuves se reconnaissent aux traits légers et nombreux qui coupent en tout sens le fond. Le modelé du visage de la Vierge a disparu dans les épreuves postérieures. Mr. Galichon croit, que cette pièce a été gravée vers 1494, lors d'un premier voyage d'Albert Durer à Vénise. La barque a la structure des gondoles vénitiennes et de plus est conduite suivant la manière usitée seulement par les bateliers de cette ville.

151, 35, ajoutez: On a trois états de la Vierge à la porte (No. 45) savoir.

1er Et. Avant le ciel.

2me Et. Avant une bordure distante de la gravure de quelques millimètres.

3me Et. Avec une bordure assez large qui encadre la composition.

152, 6, ajoutez: S. Paul (No. 50). Il y a une épreuve de la planche non terminée où seulement la figure sur le terrain avec l'épée, et le monogramme sont légèrement gravés. Le mur à gauche, et à droite manque, ainsi que la mer avec le petit vaisseau et les montagnes du lointain. La figure et surtout la draperie ne sont pas tout à fait terminées. Cette pièce curieuse se trouve dans la collection de M. Seibt à Francfort s. M.

152, 6, ajoutez: La planche du S. Eustache (No. 57), que l'empereur Rodolphe II. a fait dorer, a été vendue à Prague en 1782, comme un objet peu important par le commissaire imperial, chargé de ne conserver que les choses les plus précieuses de la collection. C'est ainsi, que passant par plusieurs mains, elle est devenue la propriété de M. Joseph Redtendacher à Kirchdorf en Autriche, où elle se trouvait encore en 1826.

La collection du Louvre possède une fort belle étude du paysage coloriée à la gouache, que Albert Durer a reproduit dans cette estampe.

Page 152, ligne 22, ajoutez : Les toutes premières épreuves du S. Jérôme en pénitence (No. 61), sont avant un trait échappé sur les montagnes qui s'élèvent dans le fond à droite.

» 153, » 5, ajoutez : Le jugement de Pâris (No. 65), ou plutôt le roi Alfred et les trois filles de Guillaume d'Albonac est considéré par M. E. Galichon comme n'étant pas une gravure d'Albert Durer, parce qu'il ne peut se persuader que ce maître ait pu dessiner ainsi Pâris et Mercure, et qu'il croit, que la jeune femme, qui occupe le milieu est copiée sur la grande Fortune de cet artiste. Nous devons d'abord faire remarquer que, si le maître a voulu représenter la légende d'Alfred, il a été en plein droit de donner aux personnages le costume du moyen âge, mais en outre il est assez fréquent que les artistes de son temps aient représenté Pâris en armure de chevalier. Quand à la figure de la jeune femme au milieu, elle ne répond guère à celle de la grande Fortune, puisque le mouvement du bras droit, et la pose des jambes en diffèrent tout à fait; il n'y a de commun entre elles que la circonstance qu'elles sont vues de profil et tournées vers la droite. Le seul exemplaire connu de cette gravure se conserve dans la collection Albertine à Vienne, dont l'oeuvre d'Albert Durer provient à ce qu'on croit en grande partie de la collection de l'empereur Maximilien I.. ce qui donnerait un grand poids à l'opinion de Bartsch, qui ne doute nullement que cette gravure-nielle ait été exécutée par Albert Dürer.

» 153, » 25, ajoutez : La collection Albertine à Vienne possède une toute première épreuve de L'effet de la jalousie (No. 73), où le Satyre à gauche, l'enfant et le paysage à droite ne sont indiqués qu'au contour.

» 153, » 37, ajoutez : Dans les épreuves d'un tirage recent du groupe des quatre femmes nues (No. 75) les jambes des femmes ont été retravaillées dans leurs contours. (Galichon.)

» 154, » 14, ajoutez : Les dernières épreuves de la petite Fortune (No. 78) se reconnaissent à une grande éraillure courbée, au-dessus du chaudron, un peu à droite, qu'on n'aperçoit point dans celles du tirage ancien (Galichon).

» 154. » 29, ajoutez : Il y a deux états de la Dame à cheval (No. 82). 1er Et. Avant la retouche sur les montagnes du fond et sur l'épaule de la femme. 2me Et. Le contour de la montagne la plus rapprochée à l'épaule droite de la Dame est exprimé dans toute sa largeur par un double trait, tandis que dans le premier état une seule ligne en indique la forme (Galichon).

» 154, » 29, ajoutez : La planche de l'Oriental et sa femme (No. 85) existe encore (Galichon).

» 154, » 35, ajoutez : Les premières épreuves du Violent (No. 92) ne laissent voir qu'un trait échappé près du tronc d'arbre à gauche. Les dernières en ont un second au même endroit, qui coupe obliquement le voile de la femme (Galichon).

Page 154, ligne 36, ajoutez: Il y a deux états de la gravure des offres d'Amour (No. 93).

1er Et. Avant la retouche faite par une main inhabile. Les belles épreuves de cet état se reconnaissent aux montagnes du fond, dont la silhouette s'est altérée par l'effet du tirage et offre dans les dernières épreuves quelque solution de continuité.

2me Et. Les contours des personnes ont été recreusés. Les montagnes du loin ont entièrement disparu et des tâches d'oxydation se remarquent sur le fond à droite, ainsi que sur la figure de l'homme. (Galichon.)

Ce sujet est quelquefois désigné sous le titre de Juda et Thamar (?) ou sous celui de Berthold Tucher et Anne Pfinzing de Nuremberg.

, 154, , 37, ajoutez: Il y a trois états de la gravure du Seigneur et la Dame (No. 94).

1er Et. La gravure en est très-fine et dans le visage de la Dame on ne trouve pas encore les hachures perpendiculaires, qui forment une demi-teinte entre le nez et la joue.

2me. Et. Les épreuves en sont encore très-belles et les hachures perpendiculaires entre le nez et la joue de la dame y ont été ajoutées par le maître lui-même.

3me. Et. C'est celui qui a été retravaillé à l'eau forte, et qu'on trouve le plus souvent.

, 155, , 4, ajoutez. M. E. Galichon donne l'explication suivante sur la gravure du petit cheval. (No. 96) Le vase enflammé qui brûle sur un mur ruiné, le casque en forme de papillon métallisé, et les talonniers, semblent se rapporter à Persée venant tuer Méduse, qui habitait près des portes de l'enfer.

, 156, , 13, ajoutez: Albert Durer avait commencé le portrait d'Erasme de Rotterdam (No. 107) en 1520, pendant son voyage dans les Pays-Bas. L'exaltation des querelles religieuses les brouilla, et le portrait resta inachevé pendant plusieurs années. Ce ne fut que sur l'instance de Pirckheimer, auquel le philosophe écrivait souvent à ce sujet, en 1524 et 1525, qu'Albert Durer consentit à l'achever. Mais exécuté de souvenir, ce portrait ne satisfit point entièrement Erasme qui, dans une de ses lettres, en parle en ces termes: „Nous ne sommes plus ce que nous avons été il y a cinq ans; aussi la gravure ne s'accorde-t-elle plus tout à fait avec les traits de ma figure." (E. Galichon.) Le Musée Britannique possède une toute première épreuve d'une vigueur de ton rembranesque.

, 156, , 23, ajoutez: (No. 109.) Le crucifiement. Dans la collection de M. Sotzmann à Berlin, se trouvait un exemplaire de cette estampe, sans la marque d'Albert Durer, mais présentant, du reste, les particularités de l'original. C'est donc probablement une épreuve avant que le monogramme y ait été mis. On reconnaît l'original de la copie de Nussbiegel surtout par les différences suivantes dans le paysage:

a. A droite du bâton se trouve un bâtiment rond et bas avec une entrée voutée, dans laquelle l'épaisseur du mur est indiquée par un trait courbé, mais qui n'atteint pas le sol, comme dans la copie:

b. A droite et en arrière de ce même bâtiment rond

se trouve tracé très-distinctement une espèce de petit monticule qui n'est indiqué que très-faiblement dans la copie.

c. Plus loin, au-dessus de ce même bâtiment, se trouve une tour ronde avec une cheminée qui descend jusqu'au bord du toit, tandis que dans la copie elle ne s'élève que du milieu du toit:

d. Près du bord droit de l'estampe les lignes des crevasses du roc forment un petit carré, dont le trait droit descend plus bas, ce qui n'est pas le cas dans la copie.

Voir aussi: Naumann, Archives, VI. année. 1860, page 222 à 224.

L'exemplaire de M. Sotzmann, actuellement dans la riche Collection de M. de Rettberg à Munich, est imprimé sur un papier qui porte le filigrane des Armes de la ville d'Amsterdam, ce qui pourrait faire croire, qu'Albert Durer a fait cette gravure pendant son voyage dans les Pays Bas. Mais cela ne peut être le cas, puisqu'une étude de l'apôtre St. Jean, que M. R. Weigel suppose d'être un portrait du Dr. Martin Luther, (voir Deutsches Kunstblatt I. année, 1850, No. 38 page 297), et qui se trouve dans la Collection Albertine à Vienne, porte le millésime 1523, et quatre autres études pour la même composition et marquées des années 1521 et 1523, ont fait partie dit on de la Collection Lawrence.

Mr. R. Weigel a eu connaissance depuis la publication de la huitième Partie de son Kunst-Catalog, où l'estampe est indiquée sous le No. 8742, de non moins de dix exemplaires, dont la plupart sans le monogramme du maître; les épreuves étaient les unes sur papier avec le filigrane des Armes d'Amsterdam, les autres avec l'Aigle Impériale assez mal formée.

Page 157, ligne 21, au lieu de: avec des, lisez: sans inscriptions.
, 160, , 28, , heimliche, lisez: heimlich.
, 160, , 29, , sur la dernière page: Gedruckt zu Nurnberg, lisez: au revers de la feuille No. 73, Gedrücket zu Nurnbergk.
, 160, , 39, , quadrigintesimo, lisez: quadringentesimo.
, 163, , 17, , Beschreibū lisez: Beschreibūg.
, 166, , 6, , No. 221, lisez: No. 217.
, 166, , 9, , No. 187, , No. 185.
, 166, , 12, , No. 272, , No. 274.
, 174, , 2, , se trouve comme titre dans, lisez: se trouve dans.
, 174, , 3, , Teutsche Cicero, lisez: Officia M. T. Ciceronis, Ayn Buch, so Marcus Tullius Cicero der Römer et Teutsche Cicero.
, 174, , 4, , 1531, lisez: 1534.
, 176, , 8, , pour le livre, lisez: pour la feuille volante.
, 176, , 12, , gravés, lisez: imprimés.
, 176, , 13, , Dec. 1524, lisez Dec. 1526
, 176, , 15, , 3. April u. 2. Mars, lisez: 5. April u. 21. Mars.
, 183, , 29, , Brigitte, lisez: Birgitte.
, 186, , 30, , gauche, lisez: droite.
, 188, , 18, , Nurenberge, lisez: Nurnberge.
, 188, , 24, , L. 10 p. 9 l., lisez: L. 9 p.
, 190, , 21. , Pirckeymero, lisez: Pirckeymhero.
, 191, , 15, , partes, lisez: parteis.
, 191, , 26, , Nurembergae, lisez: Nurenbergen.
, 191, , 30, , ac, lisez: ae.
, 193, , 2, , Fridericum .. Anno 1513, lisez: Fridericu... Anno &c. XV.

Page 193, ligne 5. au lieu de : Beatissimi, lisez : Beatiss.
„   194, „   23,   „   No. 22, lisez : No. 52.
„   196, „   27,   „   honor, lisez: honos.
„   207, „   39,   „   No. 81, lisez: 31.
„   208, „   11,   „   Dir ist der getz, lisez : Die ist dir yetz.
„   221, „   28,   „   MDXXXIII, lisez : MDXXIII.
„   221, „   36,   „   Ann. p. 172, lisez: Ann. Pars VII. p, 172.
„   294, „   1,   „   p. 48, lisez: p. 448.
„   295, „   3, ajoutez :   Dans la maison des tisserants à Augsbourg, près de la
                              porte de la chambre, on lit: „Anno Dom. 1457 was es
                              dusz man die Stube (des Weberhauses) malen liesz,
                              Peter Kaltenhoff der maler hiesz. — Anno doni. 1533
                              da malt der j u n g G ö r g B r e u, das alt Gemäld wie -
                              der neu." (En 1457 on fit peindre la chambre des
                              tisserants, et en 1533 le tableau fut repeint par George
                              Breu le jeune.)   Ce qui confirme l'assertion de M.
                              Nagler sur un vieux et un jeune George Breu, peintres
                              à Augsbourg.   En 1601, ces peintures ont été de nou-
                              veau restaurées par Johann Herzog.

                       Appendice

„   432, „   33, ajoutez :   M. Hammann, „Souvenir d'un Voyage en Suisse par un
                              Iconophile.   Genève 1860" mentionne page 26 :
                              Passion de Jésus-Christ in-fol. Les figures, les orne
                              ments et les initiales sont sur fond noir.
„   457, „   39, au lieu de: Scheinlich das Werk furmalen lassen, lisez: Hiemit es
                              auch fürmalen lassen.
                                 Il y a une autre gravure sur bois, moins grande ou
                              l'inscription est: Scheinlich das Werk hat fürmalen lassen,
                              voir R. Weigel, Kunst-Catalog No. 12719.
„   479, „   28,   „   353, lisez 252.

EXTRAIT DU CATALOGUE

DES

LIVRES DE FONDS DE RUDOLPH WEIGEL

A LEIPZIG.

Archives *des arts du dessin, spéc. de la gravure sur bois et sur métal.* Archiv für die zeichnenden Künste, mit besonderer Beziehung auf Kupferstecher- und Holzschneidekunst und ihre Geschichte. Im Vereine mit Künstlern und Kunstfreunden herausgeg. von Dr. R. Naumann, unter Mitwirkung von Rud. Weigel. I—VI. Jahrgang. 8. (I. Jahrg. $3^2/_3$ Thlr. — II. Jahrg. $3^1/_5$ Thlr. — III. Jahrg. $3^1/_2$ Thlr. — IV. Jahrg. $4^5/_6$ Thlr. — V. Jahrg. $3^1/_{12}$ Thlr. — VI. Jahrg. $2^1/_2$ Thlr. — Wird fortgesetzt.) $20^3/_4$ Thlr.

Baudicour, **Prosper de.** *Le Peintre-Graveur français continué* Ouvrage faisant suite au peintre-graveur français de Mr. Robert-Dumesnil. Tome I. II. Paris, 1859—61. (VIII u. 312 S. — VIII. u. 328 S.) à $2^1/_6$ Thlr.

Becker, **C.** *Vie et oeuvres de Jobst Amman.* Jobst Amman, Zeichner und Formschneider, Kupferätzer und Stecher. Nebst Zusätzen von R. Weigel, 16 eingedr. Holzschnitten und Register (XX und 235 S.). 1854. Kl. 4. 3 Thlr.

——— *Vie et oeuvres de Tilman Riemenschneider, sculpteur allemand du XV. et XVI. siècle.* Leben und Werke des Bildhauers Til-

man Riemenschneider, eines fast unbekannten aber vortreff-
lichen Künstlers, am Ende des XV. und Anfang des XVI. Jahrhund.
1849. (24 S.) Mit 7 Kupfertafeln und 2 Vignetten, gez. von F.
Leinecker u. A. und gest. von L. Regnier. fol. In Umschlag
5⅓ Thlr.

Catalogue *des estampes anciennes qui composent le magazin de
Hermann Weber, marchand d'estampes, Bonn, No. 56 Neuthor.
Ire. partie. A. s. le t.: Catalogue raisonné d'une belle et nombreuse collection de portraits gravés par et d'après Antoine van
Dyck; dont la vente se fait aux prix annoncés dans le catalogue
au magazin de Hermann Weber.* Bonn 1852. (IV et 128 p.) in
8. br.   ⅓ Thlr.

Choulant, Dr. Ludwig. *Histoire et bibliographie des images anato-
miques.* Geschichte und Bibliographie der anatomischen Abbildung
nach ihrer Beziehung auf anatomische Wissenschaft und bildende
Kunst. Nebst einer Auswahl von Illustrationen nach berühmten
Künstlern, Hans Holbein, Lionardo da Vinci, Rafael, Michelangelo
Buonarroti, Rosso de' Rossi, Stephan von Calcar, Arphe, Rubens,
Berrettini da Cortona, Rembrandt van Ryn, Gerard de Lairesse,
Wandelaer, Flaxman, Hamman u. A. in 43 Holzschnitten und 3 Chro-
molithogr. beigegeben von Rud. Weigel. 1852. (XXXVIII und
204 S.) 4. In Lwdbd.   6⅔ Thlr.

Choulant, Dr. Ludw. *Incunables graphiques de l'histoire naturelle et
de la médecine.* Graphische Incunabeln für Naturgeschichte und
Medicin. Enth. Geschichte und Bibliographie der ersten naturhistor.
und medicinischen Drucke des XV. u. XVI. Jahrhund., welche mit
illustrirenden Abbildungen versehen sind. Nebst Nachträgen zu des
Verfassers „Geschichte und Bibliographie." 1858. (XX u. 168 S.)
8.   1⅓ Thlr.

Detmold, H. *Sur quelques gravures sur bois de Jean Holbein.*
Ueber ein Paar Holbein'sche Formschnitte. Nebst 3 eingedr. Holzschnitten. 1856. (8 S.)   ¹/₁₀ Thlr.

Frenzel, J. G. A. *La collection d'estampes du feu roi Frédéric
August de Saxe.* Die Kupferstichsammlung Friedrich August II.,
König von Sachsen, beschrieben und mit einem histor. Ueber-
blick der Kupferstecherkunst begleitet. Mit 1 Chromolithogr.: Das
Schweisstuch der heil. Veronica. 1854. (XVI u. 150 S.) Gr.-8.
2⅔ Thlr.

Frenzel, J. G. A. *La conversion de St. Paul, gravure inédite d'Alb. Durer.* Die Bekehrung des Paulus, ein dem Albrecht Dürer zuzueignendes, bis jetzt unbekanntes Kupferblatt aus des Meisters frühester Periode, in lith. Facsimile, mit Erläuterungen. 1854. fol. $1/2$ Thlr.

Geyser, G. W. *Histoire de la peinture à Leipzig.* Geschichte der Malerei in Leipzig, von frühester Zeit bis zu dem Jahre 1813. (Sep.-Abdr. aus dem Archiv.) Nebst alphabet. Künstler-Verzeichniss. 1858. (VII u. 107 S.) 8. $5/6$ Thlr.

Hagen, Dr. A. *La disputa de Rafael.* Rafaels Disputa. (Sep.-Abdr. aus d. Archiv.) 1860. (22 S.) 8. $1/4$ Thlr.

Harzen, Ernst. *Sur Bartolomé Zeitblom comme graveur.* Ueber Bartholomäus Zeitblom, Maler von Ulm, als Kupferstecher. (Sep.-Abdr. a. d. Archiv). 1860. (57 S.) 8. $1/2$ Thlr.

Keil, Dr. Georg. *Catalogue de l'Oeuvre de J. F. Bause, graveur.* Catalog des Kupferstichwerkes von Joh. Friedr. Bause mit einigen biographischen Notizen. Mit dem Portrait des Künstlers, lith. von Fr. Pecht. 1849. (XVIII u. 168 S. incl. Nachtrag.) 8. $1 1/3$ Thlr.

Le Blanc, Charles. *Le graveur en taille douce ou catalogues raisonnés des estampes dues aux graveurs le plus célèbres. I. A. s. le t.: Catalogue de l'oeuvre de Jean Georges Wille graveur, avec une notice biographique.* 1847. (XVI et 150 p.) in-8. $1 1/3$ Thlr.

———— Le même. II. *A. s. le t.: Catalogue de l'oeuvre de Rob. Strange graveur, avec une notice biographique.* 1848. (XVIII et 72 p.) in-8. $2/3$ Thlr.

Linck, J. F. *Catalogue de l'oeuvre de Ch. G. E. Dietrich.* Monographie der von dem vormals K. Poln. und Churfürstl. Sächs. Hofmaler und Prof. etc. C. W. E. Dietrich radirten, geschabten und in Holz geschnittenen malerischen Vorstellungen. Nebst einem Abrisse der Lebensgeschichte des Künstlers. Berlin 1846. (X u. 310 S.) 8. 2 Thlr.

Loecherer, A., *Copies photographiques de plus rares gravures criblées, estampes etc. du XV. et XVI. siècle qui se trouvent dans la collection royale d'estampes à Munic. Avec permission de sa Majesté le roi de Bavière publ. par R. Brulliot.* (10 Lfgn. à 5 Bl.) Munic 1855. fol. 40 Thlr.

Meaume, Ed. *Recherches sur la vie et les ouvrages de Jacques Callot, suite au peintre-graveur français de M. Robert-Dumesnil.* Tome I et II. Paris 1860. (Tome I. XII u. 137 S. — Tome II, 704 S.)   5 Thlr.

Passavant, J. D. *L'art chrétien en Espagne.* Die christliche Kunst in Spanien. 1853. (VIII u. 184 S.) 8.   1 Thlr.

Quandt, Joh. Gottl. von. *Catalogue raisonné de ma collection d'estampes.* Verzeichniss meiner Kupferstichsammlung als Leitfaden zur Geschichte der Kupferstecherkunst und Malerei. Nebst 1 Kupfertaf. 1853. (VIII u. 320 S.) 8.   2 2/3 Thlr.

Robert-Dumesnil, A. P. F., *Le Peintre-Graveur français, ou catalogue raisonné des estampes gravées par les peintres et dessinateurs de l'école française. Ouvrage faisant suite au Peintre-Graveur de M. Bartsch.* Tome I à VIII. Paris 1835 à 1850. (2510 p. avec 15 tables lith.) in-8.   17 1/3 Thlr.

Rumohr. C. F. von und Prof. J. M. Thiele. *Histoire de la collection d'estampes royale à Copenhague.* Geschichte der königl. Kupferstichsammlung zu Copenhagen. Ein Beitrag zur Geschichte der Kunst und Ergänzung der Werke von Bartsch und Brulliot. 1835. (VIII u. 100 S.) 8.   3/4 Thlr.

Rumohr, C. Fr. von. *Jean Holbein et la gravure sur bois en Allemagne.* Hans Holbein der Jüngere, in seinem Verhältniss zum deutschen Formschnittwesen. 1836. (IV u. 128 S. mit 1 Titelvignette.) 8.   3/4 Thlr.

———— *Remarques sur l'histoire et théorie de la gravure sur bois.* Zur Geschichte und Theorie der Formschneidekunst. 1837. (138 S. und 9 Holzschnitttafeln.) 8.   1 Thlr.

———— *Recherches sur Maso Finiguerre comme inventeur de l'impression des planches gravées en métal.* Untersuchung der Gründe für die Annahme: dass Maso di Finiguerra Erfinder des Handgriffs sei, gestochene Metallplatten auf genetztes Papier abzudrucken. 1841. (60 S.) 8.   1/2 Thlr.

Schuchardt, Chr. *Recherches sur l'origine de l'impression sur papier des planches gravées en métal.* Revision der Akten über die Frage: Gebührt die Ehre der Erfindung des Papierabdruckes von gravirten Metallplatten den Deutschen oder den Italienern? Mit einem

Papierabdruck von einem Schwefelabguss. (Sep.-Abdr. a. d. Archiv.) 1858. (IV u. 45 S.) 8. 16 Ngr.

Szwykowski, Ignaz von. *Catalogue raisonné des éditions de l'Icono-graphie d'Ant. van Dyck.* Anton van Dycks Bildnisse bekannter Personen. *Iconographie ou le Cabinet des Portraits d'Antoine van Dyck.* Ausführliche Nachricht über diejenigen 185 Platten, welche von und nach den Werken des Meisters im Kunstverkehr unter diesen generellen Bezeichnungen verstanden werden, sowie sie vom Jahre 1632 bis 1759 durch 15 verschiedene Ausgaben und Auflagen bekannt geworden sind. (Sep.-Abdr. a. d. Archiv.) 1859. (408 S.) 8. 3 Thlr.

——— *Catalogue raisonné des éditions de la collection de portraits d'artistes néerlandais de J. Cock et H. Hondius.* Historische Skizze über die frühesten Sammel-Werke Alt-Niederländischer Maler-Portraits, bei Hieronymus Cock zu Antwerpen und Heinrich Hondius im Haag, gegen Ende des 16. und zu Anfang des 17. Jahrhunderts. Nebst Auskunft über 6 verschiedene Ausgaben. (Sep.-Abdr. a. d. Archiv) 1856. (54 S.) 8. ¹/₃ Thlr.

Thienemann, G. A. W. *Catalogue de l'oeuvre de J. E. Ridinger, peintre et graveur.* Leben und Wirken des unvergleichlichen Thiermalers und Kupferstechers Johann Elias Ridinger, mit dem ausführlichen Verzeichniss seiner Kupferstiche, Schwarzkunstblätter u. der von ihm hinterlassenen grossen Sammlung von Handzeichnungen. Nebst Ridingers Porträt in Stahlstich und 12 aus seinen Zeichnungen entlehnten Kupferstichen. 1856. Nebst Nachträgen. 1856. (XXI u. 300 S.) Gr. 8. 3 Thlr. — Prachtausgabe in gr. 4. geb. 5²/₃ Thlr.

Umbreit, Aug. Ernst. *Sur l'originalité des gravures sur bois des peintres.* Ueber die Eigenhändigkeit der Malerformschnitte. 2 Heftchen. 1840 u. 1843. (144 S.) 8. ³/₄ Thlr.

Weigel, Rudolph. *Alphabet en gravures sur bois allemand du XVI. siècle.* Altdeutsches Holzschnitt-Alphabet oder mit Figuren und figürlichen Compositionen gezierte Initialen deutscher Künstler, meist aus der Blüthezeit oder der 1. Hälfte des 16. Jahrhunderts, eines Dürer, Burgkmair, Holbein, Urse Graf, Lützelburger u. A. In treu copirten Proben, mit Anmerkungen versehen etc. 1856. (38 S. mit eingedr. Holzschnitten.) 8. ¹/₂ Thlr.

Weigel, R. *Catalogue du magazin d'estampes et de livres d'art.* Kunstlager-Catalog. I. Band. (1—7. Abthlg.) Nebst Register. 1838. 8.   2 Thlr.

———— II. Band. (8—14. Abthlg.) Nebst Register. 1843. 8.   2 Thlr.

———— III. Band. (15—21. Abthlg.) Die 16. Abthlg. enthält eine wissenschaftliche Uebersicht der in den ersten 16 Abtheilungen aufgeführten Schriften über die schönen Künste, nebst Anhängen über illustrirte Bücher, über Holzschneidekunst in Büchern etc. Nebst Register. 1850. 8.   3 Thlr.

———— IV. Band. (22—28. Abthlg.) Die 27. Abtheilung enthält eine grosse Sammlung von Künstler-Portraits in Werken und in einzelnen Blättern von frühester Zeit bis zur Gegenwart; die 28. Abtheilung enthält einen Nachtrag zu dieser Sammlung, und J. E. Ridinger's und D. Chodowiecki's Kupferstiche nach den neuen Catalogen der Herren G. A. W. Thienemann und W. Engelmann geordnet und mit Verkaufspreisen versehen. Nebst Register.   3¼ Thlr.

NB. Die Verzeichnisse der Ridinger'schen und Chodowiecki'schen Kupferstiche sind auch in Sep.-Abdrücken vorhanden.

———— 29—31. Abthlg. Die 29. Abtheilung enth. u. A.: Künstler-Portraits — Fortsetzung zur 27. u. 28. Abthlg. — Kupferstiche, Lithographieen etc., nach neueren deutschen Künstlern (Fortsetzung zu der 12. Abthlg.) 1859—61. 8. (à 15 u. 7½ Ngr.)   1 Thlr.

———— **Handzeichnungen** berühmter Meister, *(Dessins originaux des grands maîtres de la collection Weigel publiés en facsimile)* aus der Weigel'schen Kunstsammlung in treuen in Kupfer gestochenen Nachbildungen, herausgegeben vom Besitzer derselben. In 12 Lfgn. mit 36 Blatt, nebst Vorwort und Inhaltsverzeichniss. 1854—61. Gr. fol.   48 Thlr.

———— **Holzschnitte** berühmter Meister. *Gravures originales sur bois des grands maîtres, publiées en facsimile.* Eine Auswahl von schönen, characteristischen und seltenen Original-Holzschnitten oder Blättern, welche von den Erfindern, Malern und Zeichnern eigenhändig geschnitten worden sind. In treuen Copien von bewährten Künstlern unserer Zeit und als Bildwerk der Holzschneidekunst herausgegeben. In 12 Lfgn. (mit 60 Holzschn.) u. 4 Suppl.-Lfgn. (mit 4 Bl. in Clairobscur) nebst beschreib. Text. 1857. Fol. (à Lfg. 3 Thlr.) Compl. in Mappe   50 Thlr.

(Weigel, R.) *Supplémeuts au Peintre-Graveur de Adam Bartsch, récueillis et publiés par Rudolph Weigel. Tome I. Peintres et dessinateurs Néerlandais.* 1843. (VIII et 350 p.) in-8. 2²/₃ Thlr.

Wussin, Johann. *Catalogue de l'oeuvre de J. Suyderhoef.* Jonas Suyderhoef. Beschreibendes Verzeichniss seiner Kupferstiche. (Sep.-Abdruck a. d. Archiv.) 1861. (85 S.) 8.   ⁵/₆ Thlr.